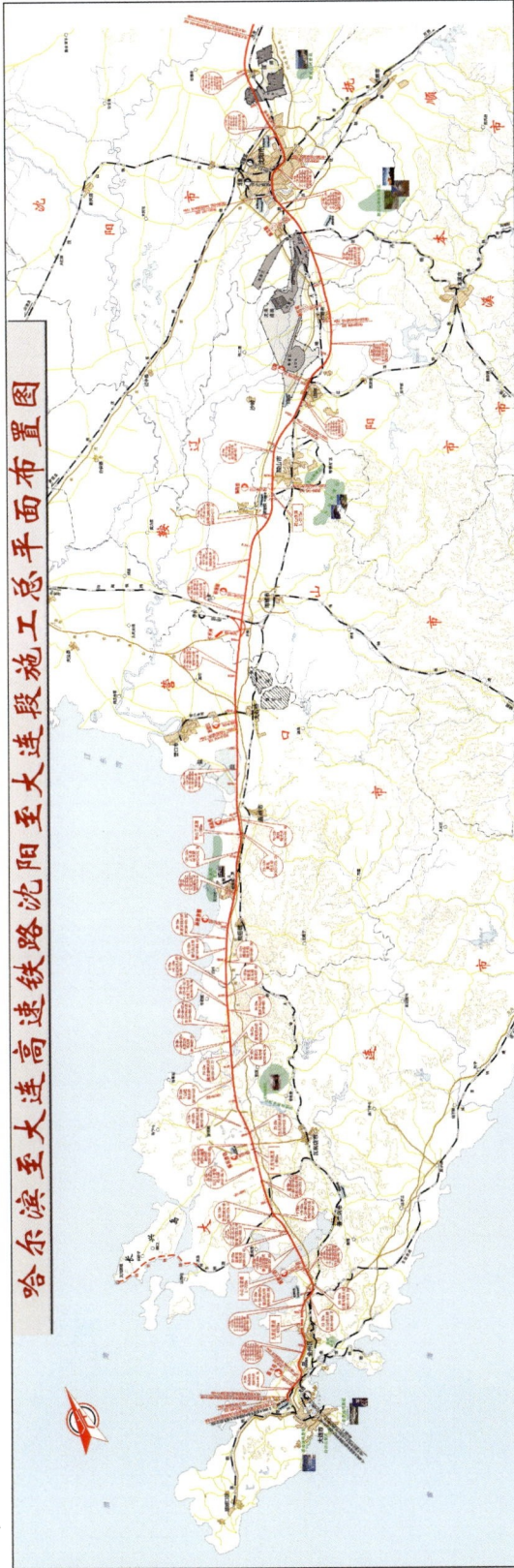

哈尔滨至大连高速铁路沈阳至大连段施工总平面布置图

中国中铁董事长李长进陪同原铁道部副部长卢春房视察

中国中铁副总裁刘辉陪同原铁道部副部长卢春房视察

全线首片箱梁浇筑

全线第一个梁场区间架梁贯通

全线第一墩

普兰店海湾特大桥节段拼装梁施工

建设中的营海特大桥

建设中的海鞍特大桥

建设中的马总屯特大桥

建设中的九里庄隧道

建设中的瓦房店车站路基

全线第一块 CRTS Ⅰ 型无砟轨道板

全线钢轨首铺仪式

风雪中抢建四电工程

有电　无电

现代化动车检修库

改造后的沈阳站候车厅

动车组列车通过普湾跨海大桥

梦幻高铁

丹青水墨绘宏图

严寒地区高速铁路综合建造关键技术

——哈大高速铁路沈大段工程实践与创新

《严寒地区高速铁路综合建造关键技术》编委会　编

中国铁道出版社

2018年·北京

内 容 简 介

　　哈大高速铁路是世界上第一条穿越高纬度严寒地区的无砟轨道高速铁路,其修建难度之大前所未有,是对我国高速铁路修建技术水平的一次巨大挑战与考验。本书共十章,分别为综述、大临工程、路基工程、桥涵工程、隧道工程、轨道工程、精密测量工程、站房工程、四电工程、科技创新。本书以一批具有代表性的工程为例,从施工特点、施工组织与方案、施工工艺方法、安全质量保证措施、取得的成效等方面对哈大高速铁路建造主要关键技术进行了分析和总结,反映了哈大高速铁路建造取得的重要技术创新成果。

　　本书是对我国严寒地区高速铁路建造技术的总结和升华,有利于促进我国高速铁路建造技术的交流与发展,为类似工程提供有益的经验,可供工程建设单位参考、学习。

图书在版编目(CIP)数据

严寒地区高速铁路综合建造关键技术:哈大高速铁路
沈大段工程实践与创新/《严寒地区高速铁路综合建造
关键技术》编委会编. —北京:中国铁道出版社,2018.10
　ISBN 978-7-113-24786-7

　Ⅰ.①严… Ⅱ.①严… Ⅲ.①寒冷地区-高速铁路-铁路
工程-工程建设-研究-中国 Ⅳ.①F532.3

中国版本图书馆 CIP 数据核字(2018)第 175574 号

书　　名:严寒地区高速铁路综合建造关键技术——哈大高速铁路沈大段工程实践与创新
作　　者:《严寒地区高速铁路综合建造关键技术》编委会 编

责任编辑:高 楠 张 婕　　　编辑部电话:(010)51873656　　　电子信箱:83262198@qq.com
编辑助理:赵雅敏
封面设计:郑春鹏
责任校对:苗 丹
责任印制:高春晓

出版发行:中国铁道出版社(100054,北京市西城区右安门西街 8 号)
网　　址:http://www.tdpress.com
印　　刷:北京建宏印刷有限公司
版　　次:2018 年 10 月第 1 版　　2018 年 10 月第 1 次印刷
开　　本:787 mm×1 092 mm　1/16　印张:33.25　插页:6　字数:701 千
书　　号:ISBN 978-7-113-24786-7
定　　价:240.00 元

《严寒地区高速铁路综合建造关键技术》编委会

主　　任：李长进

副 主 任：刘　辉

委　　员：刘宝龙　黄天德　成爱民　赵剑发　胡守正　权有勇

王树伟　卢　炜

马江黔　郭民龙　王　猛　陈诗平　林　原　郭相武

陈建明　黄振庭

主　　编：刘　辉

副 主 编：刘宝龙　黄天德　成爱民　卢　炜

主要编写及审稿人员：（按姓氏笔划排列）

丁厚勇　于朕鹏　马永林　王长江　王永胜　王志朋

王松亮　王治国　王树森　王艳伟　王海波　王　娟

王　强　井国庆　尹翔飞　孔庆祥　田利锋　付　洵

白鹏程　权建明　刘乃生　刘广超　刘　壮　刘普文

刘富胜　刘　鑫　安德智　孙宝荣　杜强明　杨宝生

杨建滨　杨　晖　杨　雍　李永青　李先明　李武荣

李尚琰　李　荣　李战江　李彦斌　李海洋　肖　伟

肖承倚　吴问兵　余志强　邹宏伟　汪志鹏　宋　林

宋　博　张业忠　张丛峰　张红卫　张志民　张　武

张剑啸　张　勇　张桂林　张德铭　张德强　陈一鑫

陈　宏　陈建申　陈　彬　陈跃龙　陈　麟　林　勇

易图斌　罗承平　罗贻声　金卫华　金　耀　郑玉明

郑晓峰　赵培岳　赵勤俭　胡志华　姜成财　姜贵元

娄　建　贾有权　铁大禹　徐劲翔　徐换财　高安荣

高朋新　郭　煜　唐　华　黄　斌　戚玉明　寇利红

韩顺学　鲁建邦　谢秉军　谢洋斌　蔡以智　臧胜高

谯生有　熊士坤　魏松旗

主编单位：中国中铁股份有限公司

参编单位：中铁一局集团有限公司

中铁二局集团有限公司

中铁五局集团有限公司

中铁八局集团有限公司

中铁九局集团有限公司

中铁大桥局集团有限公司

中铁电气化局集团有限公司

中铁建工集团有限公司

序

哈大高速铁路是国家"十一五"规划的重点工程,是我国"四纵四横"高速铁路网的重要组成部分。哈大高铁从"北方明珠"大连到"东方鲁尔"沈阳,经"北国春城"长春,再到"冰城"哈尔滨,途经3个省会城市(哈尔滨、长春、沈阳)、1个计划单列市(大连)和6个地级市(营口、鞍山、辽阳、铁岭、四平、松原)及其所辖区县,线路全长903.939 km,其中辽宁境内553.103 km,吉林境内269.685 km,黑龙江境内81.151 km,设计时速350 km。哈大高铁自2007年8月开工建设,于2012年12月1日正式通车运营。哈大高铁的成功建设,改善了整个东北地区的交通运输结构,对促进东北地区经济社会持续健康发展具有十分重要的意义。

哈大高铁是世界上第一条穿越高纬度严寒地区的无砟轨道高速铁路。中国中铁股份有限公司作为哈大高铁建设的主要参建单位之一,承担了哈大高铁沈阳至大连段站前(TJ-1标)、站房(ZH-1标)、四电工程施工任务。项目规模宏大,线下标段长376.907 km,是中国中铁有史以来以总承包方式承建的最大的单体铁路工程。工程专业类别齐全,包括路基、桥涵、隧道、站场、轨道、房建、四电等站前站后工程。建造技术标准高,新技术、新材料、新工艺应用多,对工程质量与精度的要求非常严格。工程地质条件复杂,不良地质地段多,主要有季节性冻害、松软地基、顺层不稳定斜坡、地震液化、岩溶等。气候环境条件特殊,冰冻期长,温差大,有效施工期短。哈大高铁为首次在高纬度严寒地区修建高铁,无成熟经验可供借鉴,其修建难度之大前所未有,是对我国高速铁路修建技术水平的一次巨大挑战与考验。面对困难与挑战,中国中铁秉承"勇于跨越,追求卓越"的企业精神,攻坚克难、锐意创新,通过不断探索与实践,成功解决了一大批建造中遇到的复杂技术难题,掌握了严寒地区高速铁路建造的一系列关键技术,取得了大量科技创新成果,为优质高效建成哈大高铁并确保运营安全提供了重要保障。

全面总结高纬度严寒地区高速铁路建造关键技术,将对今后类似工程提供有益借鉴。为此，中国中铁组织专家和工程技术人员，编写了《严寒地区高速铁路综合建造关键技术》。其中涵盖了路基、桥梁、隧道、轨道、站房、四电等专业内容，选择具有代表性的工程，详细介绍了高纬度严寒地区建造高速铁路的主要关键技术及措施，总结了建造过程中取得的经验与教训，展示了严寒地区高铁建造技术的重要创新成果。

《严寒地区高速铁路综合建造关键技术》的出版，是对我国严寒地区高铁建造技术的总结和升华，必将对我国高铁建造技术的交流与发展起到积极的推动作用。

中国铁路工程集团有限公司董事长、党委书记
中国中铁股份有限公司董事长、党委书记
中国中铁股份有限公司哈大高铁工程指挥部指挥长

2018 年 10 月

前　言

  哈大高铁是世界上首条高纬度严寒地区高速铁路,设计速度 350 km/h,正线主要采用 CRTS I 型板式无砟轨道结构。中国中铁承担哈大高铁沈阳至大连段施工任务,标段长 376.907 km,本工程具有工程规模大、专业类别齐全、技术要求高、工程地质条件复杂、气候环境条件特殊等特点。自 2007 年 8 月 23 日开工以来,坚持"知行合一、永争第一"的哈大精神,强化"百年哈大、质量第一"理念,坚持以质量保证体系为核心,以技术标准、规范、工艺、工法为保障,以现场原材料控制、工序过程控制为重点,针对串珠状发育溶洞、地震液化、季节性冻害、盐渍土等复杂的地质条件及冻融剥蚀、冻胀等难题,先后攻克了季节性冻土地区防冻胀路基施工、深厚软土地基处理、海湾深水特大桥基础施工、56 m 箱梁节段拼装、大型箱梁制运架、严寒地区高性能混凝土冬季施工、超大断面隧道施工、CP III 测量与评估、严寒地区 CRTS I 型无砟轨道板预制与铺设、大号码无砟道岔铺设、严寒地区无砟轨道无缝线路铺设与精调、接触网架设精度控制、站房钢结构施工等关键技术。特别是路基防冻胀,是公认的世界级技术难题;无砟轨道与接触网的质量控制,是保障良好轮轨与弓网关系的基础,也是高铁修建的关键。哈大高铁建设成功地解决了上述关键技术问题,为严寒地区高速铁路建造作出了积极探索,取得了丰硕的技术创新成果,丰富了我国高铁建造技术知识体系,可为今后类似工程提供借鉴。

  《严寒地区高速铁路综合建造关键技术》是哈大高铁实践的结晶。本书共十章,分别为综述、大临工程、路基工程、桥涵工程、隧道工程、轨道工程、精密测量、站房工程、四电工程、科技创新。书中以一批具有代表性的工程为例,从施工特点、施工组织与方案、施工工艺方法、安全质量保证措施、取得的成效等几方面,对哈大高铁建造主要关键技术进行了分析和总结,反映了哈大高铁建造取得的重要技术创新成果。

在本书的编写过程中,哈大客专公司给予了大力支持,各位参编人员付出了诸多心血,在此一并表示感谢!最后,向为哈大高铁建设做出贡献的参建将士致以崇高的敬意。

由于参编人员视野与水平有限,书中难免存在疏漏和谬误,还请读者批评指正。

主编 刘程

2018 年 10 月

目　　录

第一章　综　　述 ……………………………………………………………………… 1

　　第一节　TJ-1 标工程概况 ……………………………………………………… 1

　　第二节　工程特点及难点 ………………………………………………………… 6

　　第三节　工程实施情况 …………………………………………………………… 10

第二章　大临工程 …………………………………………………………………… 12

　　第一节　东四方台制梁场 ………………………………………………………… 12

　　第二节　辽阳轨道板场 …………………………………………………………… 22

　　第三节　西柳铺轨基地 …………………………………………………………… 28

第三章　路基工程 …………………………………………………………………… 33

　　第一节　DK103 + 166 ~ DK105 + 226 段岩溶路基工程施工 ………………… 33

　　第二节　DK113 + 600 ~ DK114 + 500 段冻胀路堑施工 ……………………… 40

　　第三节　DK148 + 071 ~ DK149 + 045 段岩溶及松软地基路堤施工 ………… 53

　　第四节　DK179 + 540 ~ DK179 + 830 段多种支挡防护措施路堑施工 ……… 64

　　第五节　营口东站 CFG 桩板复合地基施工 …………………………………… 78

　　第六节　基床表层级配碎石改良技术 …………………………………………… 89

　　第七节　严寒地区既有高速铁路新增渗水盲沟施工 …………………………… 93

第四章　桥涵工程 …………………………………………………………………… 106

　　第一节　普兰店海湾深水特大桥施工技术 ……………………………………… 106

　　第二节　西海跨海产品养殖区特大桥施工技术 ………………………………… 118

　　第三节　鲅鱼圈特大桥连续梁施工技术 ………………………………………… 124

　　第四节　海鞍特大桥跨高速公路连续梁施工技术 ……………………………… 129

　　第五节　32 m/900 t 后张法预应力混凝土箱梁施工 …………………………… 135

　　第六节　长大桥梁运架梁会车平台施工技术 …………………………………… 147

　　第七节　高速铁路箱梁移动模架施工 …………………………………………… 153

第八节　钢混结合梁施工技术 …………………………………………… 166

第九节　高性能抗冻混凝土冬季施工技术 ……………………………… 177

第五章　隧道工程 …………………………………………………………… 191

第一节　九里庄隧道施工 ………………………………………………… 191

第二节　鞍山隧道施工 …………………………………………………… 206

第三节　超大断面隧道施工技术 ………………………………………… 215

第六章　轨道工程 …………………………………………………………… 236

第一节　严寒地区 CRTS I 型板式无砟轨道底座施工 ……………… 236

第二节　严寒地区 CRTS I 型混凝土轨道板预制技术 ……………… 251

第三节　严寒地区 CRTS I 型轨道板铺设技术 ……………………… 263

第四节　严寒地区 CA 砂浆干粉拌制技术 ……………………………… 276

第五节　一次性铺设跨区间无缝线路施工技术 ………………………… 284

第六节　严寒地区长枕埋入式无砟道岔施工技术 ……………………… 294

第七节　无砟轨道精调技术 ……………………………………………… 304

第八节　道岔精调及工电联调技术 ……………………………………… 313

第七章　精密测量工程 ……………………………………………………… 325

第一节　高速铁路精密控制网复测 ……………………………………… 325

第二节　路基沉降变形观测与评估 ……………………………………… 333

第三节　桥涵沉降变形观测与评估 ……………………………………… 338

第四节　隧道沉降变形观测与评估 ……………………………………… 343

第五节　CP III 控制网测量与评估 ……………………………………… 346

第八章　站房工程 …………………………………………………………… 359

第一节　大连北站站房关键施工技术 …………………………………… 359

第二节　营口东站、盖州西站站房钻孔灌注桩工程施工技术 ………… 386

第三节　鞍山西站站房钢结构屋面滑移工程施工技术 ………………… 394

第四节　辽阳天桥结构工程施工技术 …………………………………… 402

第五节　无站台柱风雨棚钢结构施工 …………………………………… 423

第六节　中间站站台风雨棚金属板屋面施工 …………………………… 435

第七节 铝板幕墙施工 …………………………………………………… 440

第八节 玻化砖墙面背槽式干挂施工 ……………………………………… 446

第九章 四电工程 ……………………………………………………… 459

第一节 严寒地区冬季恒张力接触线架设施工 …………………………… 459

第二节 接触网腕臂预配施工技术 ………………………………………… 466

第三节 电缆爬架安装施工 ………………………………………………… 474

第四节 高寒地区 220 kV 组合电器牵引变电所施工 …………………… 479

第五节 综合接地系统 ……………………………………………………… 497

第十章 科技创新 ……………………………………………………… 506

第一节 高速铁路季节性冻土路基变形机理及地基沉降控制技术 ……… 506

第二节 深厚软土层 CFG 桩板复合地基工作机理及变形控制技术 …… 507

第三节 高速铁路季节性冻土路基施工关键技术 ………………………… 508

第四节 路基数字化施工技术 ……………………………………………… 508

第五节 海湾深水区域岩溶地质条件下高速铁路桥梁施工技术 ………… 509

第六节 高性能混凝土抗冻性研究及冬季施工技术 ……………………… 511

第七节 严寒地区 32 m/900 t 后张法预应力混凝土箱梁制运架技术 … 512

第八节 严寒地区 CRTS Ⅰ 型无砟轨道板预制铺设技术 ……………… 513

第九节 严寒地区跨区间无缝线路及大号码高速无砟道岔施工技术 …… 515

第十节 大连北站综合施工技术研究 ……………………………………… 516

第十一节 接触网腕臂及吊弦数控预配技术 ……………………………… 517

参考文献 ………………………………………………………………… 519

第一章 综 述

哈大高速铁路是国务院批准的《中长期铁路网规划》"四纵四横"客运专线网中京哈客运专线的重要组成部分,是国家"十一五"计划的重点工程。哈大高铁从"北方明珠"大连到"东方鲁尔"沈阳,经"北国春城"长春,再到"冰城"哈尔滨,途经 3 个省会城市(哈尔滨、长春、沈阳)、1 个计划单列市(大连)和 6 个地级市(营口、鞍山、辽阳、铁岭、四平、松原)及其所辖区县,线路全长 903. 939 km,其中辽宁境内 553. 103 km,吉林境内 269. 685 km,黑龙江境内 81. 151 km。

2005 年 12 月 23 日,国家发展改革委批准立项,哈大高铁于 2007 年 8 月 23 日开工建设,于 2012 年 12 月 1 日开通运营。哈大高铁是世界上第一条在严寒地区修建的时速 350 km 高速铁路,在勘察设计、工程管理、技术创新等方面取得了瞩目成就,形成了一批具有自主知识产权的严寒地区高速铁路成套技术,推动了我国铁路建造技术的可持续发展。

第一节 TJ-1 标工程概况

一、工程规模

哈大高速铁路正线共分 3 个土建标,采取总公司级承包的招标方式。中国中铁股份有限公司(以下简称"中国中铁")中标承担 TJ-1 标即沈大段施工任务,标段里程为 DK0 +681. 9 ~ DK390 +865. 344,正线全长 376. 907 km,,位于辽宁省大连市、营口市、鞍山市、辽阳市、沈阳市境内。TJ-1 标是中国中铁成立以来以总承包方式承建的最大的单体铁路工程,参建单位有中铁一、二、五、八、九、大桥局等六个集团单位。DK0 +681. 9 ~ DK439 +424. 8 范围内的站房工程 ZH-1 标段则由中铁建工集团施工,通信、信号、电力及牵引供电(简称"四电")系统集成由中铁电气化局集团与相关联合体施工。

1. 线路概况

沈大段线路自大连 DK0 +681. 9 起,利用既有哈大铁路经沙河口、周水子至 K12 +200,然后利用既有哈大线双线绕行改线地段,在哈大线左侧 DK18 +100 设新大连站。沿高速公路西侧前行钻平顶山后,为绕避三十里堡军用机场线路跨至沈大高速公路至东侧,经三十里堡东再跨沈大高速公路至西侧,普兰店湾南侧设新普湾站,大老虎屯设新瓦房店站。沿高速公路西侧跨熊岳河,在沈大高速公路战备机场西南侧设新鲅鱼圈站,在团山子附近设新盖州站,在柳树镇北设新营口站,跨盘营和盘海高速公路,并设沟海联络线,跨海城河设新海城站后,线路折向东北跨沈大高速公路至东侧行进,设新鞍山站,线路折向东北引入既有辽阳站。在灯塔市东侧预留新灯塔站,在小羊安村西预留新沈阳站,跨沈苏快速路、环城高速沿既有线跨浑河,到达本标段的终点,里程为DK390+865.344;长轨铺设至沈阳北,里程为DK404+200。

2. 主要工程数量

沈大段线下工程长度376.907 km,正线路基长103.939 km,占线路总长27.6%,路基土石方2 385.9万 m³,其中区间路基土石方1 459万 m³、站场路基土石方926.9万 m³。正线桥梁93座计263.039 km,占线路总长的69.8%,涵洞251座6 510.48横延米。隧道工程8座9.929 km,占线路总长的2.6%。建设12个箱梁预制场并预制架设32 m/24 m/20 m简支箱梁7 523孔。正线铺轨762.847 km,其中无砟轨道680.018 km,有砟轨道68.89 km,站线61.087 km,铺高速无砟道岔72组,有砟道岔147组。建设6个CRTS Ⅰ型轨道板预制场并制铺140 631块轨道板。

车站11个。其中新建8个:大连北站、普湾站、瓦房店西站、鲅鱼圈站、盖州西站、营口东站、海城西站、鞍山西站;改建1个:既有辽阳站。另预留灯塔站和沈阳南站。新建车站站房面积11.34万 m²。

哈大高铁全线电力及牵引供电系统工程:承导架设2 500条千米;新建牵引变电所19个;新建变配电所19个,电力贯通电缆6 624 km;全线设置一套供电SCADA系统;四电配套房屋共计31 479 m²。

3. 主要重点工程

(1)重点隧道工程

九里庄隧道、鞍山隧道。

(2)重点桥梁工程

金州湾2号特大桥、普兰店海湾特大桥、鲅鱼圈特大桥、西海特大桥、营海特大桥、海鞍特大桥、鞍辽特大桥、太子河特大桥、北沙河特大桥、马总屯特大桥。

(3)重点预制梁场

鲅鱼圈梁场、海城梁场、辽阳梁场。

(4)重点预制板场

瓦房店轨道板场、鲅鱼圈轨道板场、海城感王轨道板场、辽阳轨道板场。

(5)重点站场

大连北站、鞍山西站。

二、主要技术标准

铁路等级:客运专线;

正线数目:双线;

速度目标值:350 km/h,初期运营速度300 km/h;

最小曲线半径:7 000 m;

正线线间距:5 m;

限制坡度:一般地段20‰,困难地段25‰;

到发线有效长度:650 m;

轨道结构型式:正线主要采用CRTSⅠ型板式无砟轨道,高速道岔采用长枕埋入式;

牵引种类:电力;

机车类型:动车组;

列车运行方式:自动控制;

行车指挥方式:综合调度集中;

三、自然特征和地质概况

1. 地形地貌

哈大高铁沈大段沿线经过地区地貌单元可分为剥蚀丘陵区、滨海平原、冲洪积平原。

大连至大石桥段:以剥蚀丘陵为主,地形起伏变化较大,沟谷及洼地发育。其中金州湾、复州湾以及九寨至大石桥为滨海平原,地形平坦开阔,大部地段地势低洼,养殖场较多。

大石桥至沈阳段:为冲洪积平原,地形平坦开阔,局部地段地势稍高,主要为辽河、太子河、浑河及其支流冲洪积形成,平原区大部为耕地。

管段沿途集镇、村庄广布,农田、灌渠纵横,城镇范围厂矿、企业林立,房屋、人口密集。

2. 气象特征

沿线气候由南向北变化较大,在气温、湿度、雨量等方面由南向北都有过渡性,南段大连至鞍山一带属暖温带~温带、湿润~半湿润的季风气候,鞍山至沈阳段属温带、湿润~半湿润的季风气候。年平均气温8.9 ℃~10.9 ℃,最冷月平均气温 -3.9 ℃~ -11.3 ℃;极端最高气温35.0 ℃~36.7 ℃,极端最低气温 -18.8 ℃~ -33.1 ℃;年平均降水量591.5~674.7 mm,年平均相对湿度56%~64%,年平均蒸发量1 506.9~1 985.6 mm;主要风向N、SSW,最大风速12.7~35.6 m/s;土壤最大冻结深度0.93~1.48 m。

3. 地质构造

哈大高铁在大地构造位置上属中朝准地台的辽东台隆、华北断坳和吉黑褶皱系的张广才岭优地槽褶皱带及松辽坳陷。辽南地区主要构造体系有东西向构造和北东—北北东向构造,局部有北西向构造。

东西向断裂构造主要分布在金州至营口之间,主要断裂有复州—达子营断裂和金州—登沙河韧性断层带,与线路大角度相交,对线路影响不大。

北东—北北东向的威远堡—盘山断裂带和辽中—大洼断裂带,北延与依兰—伊通断裂相接,断裂带位于线位西侧,距离线位较远,对线路影响不大。

4. 地震动参数

沿线地震动参数见表1-1。

表 1-1　地震动参数划分

里　程　范　围	地震动峰值加速度 g	地震基本烈度（度）
K0 +000 ~ DK24 +140	0.10	Ⅶ
DK24 +140 ~ DK58 +274	0.15	Ⅶ
DK58 +274 ~ DK68 +173	0.20	Ⅷ
DK68 +173 ~ DK111 +910	0.15	Ⅶ
DK111 +910 ~ DK138 +730	0.10	Ⅶ
DK138 +730 ~ DK252 +800	0.15	Ⅶ
DK252 +800 ~ DK335 +000	0.10	Ⅶ
DK335 +000 ~ DK352 +635	0.05	Ⅵ
DK352 +635 ~ DK418 +018	0.10	Ⅶ

5. 工程地质特征

（1）沿线地层分布

新生界、中生界、古生界、元古界、太古界地层在沿线均有出露。

第四系全新统人工堆积层：包括填筑土、素填土、杂填土，主要分布于既有路堤、河堤及城市附近。

第四系全新统冲洪积层及冲积层：主要分布在冲洪积平原区及丘陵区的沟谷洼地，岩性以黏性土、粉土、黄土、砂类土及圆砾土为主，个别地段分布有淤泥质黏性土。

第四系上更新统冲洪积层：主要分布在丘陵区边缘附近的冲洪积平原、河流二级阶地、黄土台地，岩性以粉质黏土、粉土、黄土、粉、细砂、细、粗圆砾土、卵石土为主。

第四系中更新统：多分布于高级阶地，岩性主要为黏质黄土、粉质黏土、粉土、角砾土，一般厚度为 0 ~ 2.0 m。

侏罗系：主要分布于普兰店至熊岳城一带及瓦房店附近长大铁路两侧，岩性为粉砂岩、砂岩、砾岩、泥质灰岩、页岩夹煤线以及安山岩、火山角砾岩、凝灰岩、流纹岩。

二叠系：出露本溪市西侧，主要岩性为含砾石英岩、砂岩、板岩、砾岩、页岩、铝土岩等。

石炭系：在金州东侧董家沟及复州湾附近零星出露，主要岩性为页岩、砂岩、砾岩、黏土矿、煤层等。

奥陶系：出露于金州至三十里堡西部沿海及辽阳附近，主要岩性为中厚层灰岩、白云质灰岩夹页岩及泥灰岩。

寒武系：出露于金州至三十里堡西部及首山至张台子以东，主要岩性为灰岩、页岩、砂岩、白云质灰岩、泥灰岩。

青白口系：主要出露金州至三十里堡，在南关岭西也有零星出露，岩性为灰岩、泥灰岩、石英砂岩、页岩、板岩、白云岩。

蓟县系：分布于大连至普兰店一带，主要岩性为灰岩、泥灰岩、页岩、板岩、粉砂岩、白云质惠岩、石英砂岩、白云岩等。

长城系:分布于大连至沈阳间,主要岩性为石英岩与板岩互层、千枚岩、长石石英砂岩、泥灰岩、灰岩、白云岩。

元古界辽河群:出露于普兰店至熊岳城、沙岗至海城及铁岭至开原间东部低山区,主要为片岩、片麻岩、角闪岩、混合岩、石英岩等。

太古界鞍山群:主要出露于金州至万家间,主要岩性为片麻岩、斜长角闪岩、片岩、千枚岩、黑云变粒岩、浅粒岩夹磁石英岩,局部夹薄层大理岩。

岩浆岩:沿线岩浆岩比较发育,分布广泛,主要有花岗岩、辉绿岩、闪长岩、安山岩、流纹岩、玄武岩,其次还有花岗斑岩、闪长玢岩、伟晶岩等。

混合岩:在三十里堡至沈阳,沿线零星分布有太古界及元古界的混合岩及混合花岗岩。

(2)不良地质

标段线路大部分走行于平原阶地区,不良地质现象主要有岩溶、顺层不稳定斜坡、季节性冻害、雪害、地震液化及松软地基等。

岩溶:主要发育在大连至普兰店及瓦房店附近的长城系、蓟县系、青白口系、寒武系、奥陶系灰质岩中,主要岩溶形态有溶洞、溶隙、溶孔等,部分溶洞呈串珠状发育,溶洞竖向直径 $0.3 \sim 1.6$ m,埋藏深度 $4.6 \sim 48.0$ m,充填物较少;在鞍山附近第四系覆盖层之下的灰岩中也发育有溶洞,溶洞的竖向直径 $1 \sim 3$ m。

顺层不稳定斜坡:辽南丘陵区,沿线挖方地段较多,局部挖方地段岩层走向与线路走向基本一致,倾角 $12° \sim 45°$,特别是有地表水渗入或地下水的作用时,倾向线路一侧在开挖时易产生顺层滑动。

季节性冻害:本标段处于东北季节冻土区,沿线季节性冻土层厚度由南向北在 $0.93 \sim 1.48$ m 间,沿线季节性冻土发育,在冻胀性地基土上填筑路基,必须满足其稳定和变形要求。

地震液化:沿线地震动峰值加速度 $0.10g$ 的段落,滨海平原、漫滩和一级阶地分布有第四系全新统冲积成因的饱和粉土、粉、细、中砂层,经原位标贯试验判定,局部为地震液化层,液化土层的分布极不规律,多呈夹层及透镜体状。

松软地基:在滨海平原、冲洪积平原和局部的丘洼地,普遍分布第四系全新统黏性土、黄土、粉土和砂类土,由于部分黏性土的孔隙比较大且呈软塑状态,粉土砂类土呈松散、饱和状态,基本承载力一般小于 150 kPa,为松软地基。松软地基一般分布在地表以下 15 m 之内,局部地段较深,累计厚度一般小于 10.0 m,滨海平原地段较厚。

(3)特殊地质

沿线分布的特殊岩土主要有软土、膨胀岩土、盐渍土和黄土等。

软土:本线的软土在辽河冲积平原区广泛分布,其余地段软土主要分布于河流的一级阶地和河漫滩及丘陵洼地内。含较多腐殖质,具腥臭味,软塑~流塑状。

松软土:本线的松软土广泛分布,土层多为粉质黏土、粉土、黄土及部分粉、细砂层,埋深多在 10 m 以上,部分埋深达 35 m,厚一般 $2 \sim 25$ m 不等。

膨胀岩土:辽南丘陵区的灰岩地段表层分布有不连续的风化残积红黏土,褐红色,硬塑~坚硬,具弱~强膨胀性,该段堑坡应放缓并防护,基床需换填处理。

盐渍土:DK193 + 579.2 ~ DK238 + 122.4 段分布中~弱氯盐渍土,线路以路堤形式通过时,需进行处理。

黄土:沿线湿陷性黄土工程地质分区属边缘地区,主要分布在河流二级阶地和波状平原上。经取土试验,一般具Ⅰ级非自重湿陷性,湿陷土层厚度为 2 ~ 9 m,最厚达 15 m,局部具Ⅱ级非自重性。整体上讲,全线湿陷性黄土湿陷等级低,湿陷土层厚度不大,对工程影响较小。

6. 水文地质特征

(1)地表水系

沿线河流众多,沈大段线路所经河流属辽河水系。主要河流有大清河、复州河、沙河、浮渡河、熊岳河、盖县河及淤泥河、海城河、太子河、浑河、辽河及其支流蒲河等。

(2)地下水

沿线地下水按赋存条件可分为第四系孔隙水、基岩裂隙水、岩溶水,其补给来源主要是大气降水以及河流的侧向补给,埋藏条件随地貌单元不同而变化。地下水一般埋藏深度为 1.0 ~ 25.0 m。

(3)水质评价

沿线部分地段的地表水或地下水对混凝土结构具化学侵蚀性,以硫酸盐侵蚀、二氧化碳侵蚀为主,环境作用等级一般为 H1,少量为 H2;部分地段的地表水或地下水对混凝土结构具有氯盐侵蚀,环境作用等级一般为 L1,少量为 L2。

第二节　工程特点及难点

一、施工管理特点及难点

哈大高铁工程实施大标段总公司级承包模式,标段规模大、类型全、技术标准要求高、气候条件差,外部施工环境复杂,主体工程实际工期又相当紧迫,在施工管理上面临着新的要求与挑战。

1. 大标段施工总承包管理模式,管理跨度与难度大

项目采用施工总承包管理模式,参建单位多,管理跨度大,综合性强,需通过统一组织,有效调配各参建单位人、财、物等资源,最大限度发挥资源利用效率,保证项目质量、安全、进度、投资等目标的顺利实现,这对指挥部的组织管理、协调沟通、技术指导等业务能力与水平提出了更高挑战与要求。

2. 工程规模大,施工组织要求高

标段线路长度 376.9 km,路基、桥涵、隧道、站场、轨道、房建、"四电"等工程类型齐全,工程规模大,作业面多,工序转换多,征地拆迁、施工过渡、枢纽改造、"四电"集成等协调难度大,不确定影响因素多,需适时动态调整施工,合理组织图纸供应、技术储备、

物资采购、机械和模具配备、劳力资源等生产要素,这对施工组织提出了相当高的要求。

3. 工期紧,任务重,资源投入大

根据原铁道部、辽宁省要求,总工期提前一年,再加上严寒地区冬季气候影响,施工时间紧,施工强度大,实际混凝土月产量高峰期达 28 万 m^2,单个梁场最高月制梁达到 93 孔、单机架梁 109 孔,单作业面日铺板 130 m,单机日铺轨 3.5 km,部分工点采取了冬季施工以满足工期要求,整个项目施工人员、设备、料具等资源投入大。

4. 工程建设标准高,质量要求严格

哈大高铁建设坚持标准高、目标高原则,速度目标值设置为时速 350 km,无砟轨道结构毫米级精度要求,严格的工后沉降控制,严寒地区路基防冻胀和融沉,混凝土工程防开裂、冰雪环境下室外设备工作的可靠性和耐久性等,对工程质量提出了高要求。本标段涵盖专业多,涉及原材料、物资设备种类多且数量大,在质量管理上面临着更加严峻的挑战。通过采取精细化、标准化和规范化的质量管理措施,实施源头把关和过程控制,改进施工工艺和流程,为工程质量提供了物资和技术保障。

5. 施工环境复杂,安全风险管理压力大

项目总体施工环境复杂,不良地质条件施工和既有线施工工点多,桥梁深水基础施工、岩溶地质钻孔桩、大吨位箱梁架设、节段拼装制梁、上跨高速公路及既有铁路连续梁等;大断面隧道开挖、隧道下穿铁路军用线;轨道工程铺设范围广,涵盖大连北、沈阳两大枢纽,涉及大量既有线施工和驳接;大型设备和特种设备投入多、线上线下交叉作业多;整个项目点多线长,作业面广,安全风险点多,现场施工安全控制难度大,安全风险管理压力大。

6. 征迁工作难度大,环水保要求高

施工管段位于辽宁省经济较发达地区,沿线房屋、厂矿、农田的拆迁及"三电"迁改干扰大,征迁协调工作重,部分拆迁工作至 2010 年 5 月才完成(鞍山隧道),对工期影响极大。沿线经过水养殖区、基本农田且村镇居民点较多,防止污染、水土保持、降噪措施等要求严格,环水保要求高。

二、工程技术特点及难点

哈大高铁作为我国乃至世界上首条严寒地区设计时速达 350 km 的高速铁路,正线主要采用 CRTS I 型板式无砟轨道,设计上有不同于其他铁路的显著特点,施工质量上有其特殊要求,建设过程中所应用的新技术、新工艺、新材料、新设备比较多,实施时又无成熟经验可供借鉴,对施工企业科技创新能力和施工技术水平均要求较高。本段工程主要施工技术特点及难点如下。

1. 路基工程

(1)高铁路基沉降控制标准要求高,无砟轨道地段允许的工后沉降不大于 15 mm,差异沉降不大于 5 mm,对路基施工质量提出了严格要求;且哈大高铁又地处东北严寒地区,路基经受周期性冻融循环作用,极易引起冻胀,因此控制工后沉降和消除冻胀影响是全线路基工程的重点难点。

(2)标段线路途经滨海平原、冲洪积平原,软土、松软土等不良地质分布较广,地基加固处理工程量大,路基与各种结构物间的过渡段多,地基处理、过渡段施工工艺及质量控制是本段工程重点;路基沉降观测工作量大、周期长,必须符合《客运专线铁路无砟轨道铺设条件评估技术指南》的要求,也是工程重点之一。

(3)严寒地区高铁路基对防冻胀有着特殊设计及要求。各种防冻胀处理措施的施工,如非冻胀土填料、砂垫层及土工膜、渗沟(盲沟)及保温补强、地表封闭防水层、底座伸缩缝填充、线间排水系统、基床水排泄通道(路肩墙无砂混凝土块)等,其原材料的选用、施工工艺及过程中质量的控制,将直接影响线上轨道的几何状态。

2. 桥梁工程

标段内水文地质复杂,河流众多,并多处跨越既有铁路及公路,长大桥梁数量较多,桥型、梁型种类多,预制箱梁数量庞大,工期紧且需冬季施工,桥梁工程是标段内重点控制工程。

(1)900 t大型预应力混凝土箱梁的制造过程中,在东北地区温差大的情况下如何防止温度裂纹的产生,冬季制梁如何采取保温措施等是预制施工难点。

(2)采用的大型吊、运、架设备受到走行半径、道路坡度的限制,给箱梁的运输和架设带来一定难度。特别是冬季运架梁如何确保机械设备的正常运转,如何保证支座重力式灌浆的施工质量,是架梁施工难点。

(3)桥梁沉降要求高,变形控制严。施工中需采取严格的技术、工艺保证措施,控制墩台沉降、梁部收缩徐变、连续梁线形等,确保满足无砟轨道结构铺设要求。

(4)跨既有铁路及公路桥、深水桥和防腐蚀的海湾大桥,施工中采用了连续梁挂篮施工、岩溶地质深水基础施工平台、箱梁节段预制移动支架整孔拼装、配制防海水腐蚀混凝土等新技术、新工艺,施工难度大。

3. 隧道工程

哈大高铁共有隧道8座,总长9 946 m,均为双线隧道,全部在沈大段范围内。其中有4座隧道,为全线重点工程。

(1)九里庄隧道全长4 340 m,为全线控制性重点工程。由于隧道施工线路长且位于单一纵坡上,洞内供电、供水、运输距离长,反坡开挖排烟、排尘及排水困难,施工难度较大。

(2)台山隧道和笔架山隧道为满足运架梁通行需要,采用超大断面设计,开挖断面达到了205 m²,为国内最大断面的高速铁路双线隧道断面,给施工带来了诸多的难度。

(3)鞍山隧道全长2 440 m,中部50 m采用浅埋暗挖法通过铁路专用线地段,其余采用钻孔灌注围护桩明挖法或放坡明挖法施工。衬砌结构型式多,各种开挖防护措施如降水井降水、旋喷桩止水、围护桩加钢支撑防护、大直径管幕支护施工等工作量大,地表沉降控制、结构防水等要求严格,施工难度大。

4. 轨道工程

高速铁路精度要求非常高,从混凝土底座施工、轨道板的预制、铺设到其上轨道几何状态的静态精调、动态调整,毫米级的精度控制贯穿始终。

(1)严寒地区水泥乳化沥青砂浆配合比、原材料技术要求、施工工艺和质量检验等技术标准尚不成熟,设计、施工仍处于探索阶段,是哈大高铁工程的技术难点。

(2)CPⅢ控制网测量是实施时无砟轨道施工中的新技术,不仅精度要求高,而且对测量设备、测量环境要求苛刻,是本段工程技术难点。

(3)严寒地区高铁对无缝线路稳定性要求严格,跨区间无缝线路的现场闪光接触焊、线路锁定、无砟道岔铝热焊接与锁定,工艺要求高,锁定温度控制难度大,无缝线路施工是本工程的技术难点。

(4)国产18号、42号高速无砟道岔首次应用于严寒地区高铁,道岔结构复杂、技术设备新,铺设、精调、工电联调难度大。

5. 混凝土工程

严寒地区高速铁路对混凝土结构的耐久性提出了更高要求,桥梁基础、墩台身、箱梁、轨道板及底座等各类高性能混凝土配合比设计是本工程的技术难点。

(1)严寒地区高速铁路要求混凝土结构具有良好的抗裂防冻性能,对裂缝的控制更严格,因此对施工过程中原材料、混凝土拌制、捣固、养护以及钢筋制安、预应力施加等各个环节的工艺标准、质量控制标准更高,施工难度比较大。

(2)为满足工期要求,严寒地区冬季混凝土工程施工较其他地区环境温度更低,冬季施工难度更大。

6. "四电"工程

在站后"四电"施工方面,沈阳、大连枢纽改造、严寒地区特有的防雪灾、接触网和道岔区防冰冻等,给哈大高铁的设计和施工提出了更严格的要求。

(1)由于枢纽改造引起的"四电"配套过渡工程量大,过渡方案复杂,营业线施工行车安全风险极高,必须精心策划和组织。

(2)为保证"四电"设备在低温工作环境下满足良好的可靠性及耐久性,设备和材料的合理选型是本线的关键技术。

(3)东北地区低温季节较长,冬季杆上作业、野外配线作业工作效率极度下降,大型室外设备安装配线环境相对恶劣,容易诱发施工质量问题,如何保证冬季设备安装工效和质量是本线的技术难点。

(4)严寒地区冰雪对设备正常使用和行车安全的不利影响非常大,道岔融雪(除雪)、接触网融冰是严寒地区高铁技术难题。

7. 站房工程

哈大高铁站房工程在建筑造型、结构型式、节能处理、装饰装修等方面大量应用新技术、新材料、新工艺,施工技术水平要求高。

(1)新型客站结构型式复杂,技术标准高,专业接口多,施工难度大。

（2）与站前站后工程交叉作业多，各专业间协调工作量大。

（3）部分站房工程涉及既有铁路施工，安全防护措施要求严。

（4）装饰装修工程工序多，施工工艺标准要求高。

8. 工程接口

管段工程各专业接口多，含路堤与路堑、路桥（涵）、路隧过渡段；无砟与有砟过渡、底座与梁体和隧道的连接；综合接地，电缆过轨、过桥、上桥；接触网支柱基础、接触网滑槽、电缆槽道、自动过分相；道岔工电安装、联调、融雪装置预留管道、隧道照明、站场及房建综合管线等，涉及到各种技术标准，质量控制较难，接口施工是本工程的难点之一。

第三节　工程实施情况

一、开工准备

2007 年 7 月至 8 月，完成机构组建、施工调查、项目策划、设计核对、施组方案优化、施工队伍及设备调转、临时房屋、运输便道、电力通信等施工准备工作，完成混凝土拌和站、梁板场、铺焊轨基地等大临设施的规划、设计、现场调查等前期准备工作，8 月 23 日沈大段全面开工。

二、施工阶段

2007 年 8 月 23 日正式开工。

2007 年 10 月至 2010 年 5 月，线下桥梁、路基、隧道主体工程施工，其中 2008 年与 2009 年为线下工程施工高峰阶段。

2008 年 5 月至 2009 年 12 月，开展制架梁施工，其中 2009 年为制架梁高峰阶段。

2009 年 9 月至 2010 年 7 月，开展无砟轨道底座及轨道板铺设，施工进入决战决胜阶段。

2010 年 8 月至 2010 年 12 月，标段铺轨（岔）施工阶段。

2011 年，工程进入收尾完善、竣工及验收阶段。

2012 年 5 月，开始联调联试，12 月 1 日开通运营。

三、施工里程碑

2007 年 8 月 23 日，中国中铁召开哈大高铁开工动员大会，沈大段正式开工。

2007 年 10 月 10 日，中铁九局哈大项目部施工的马总屯特大桥开钻第一根桩，哈大高铁进入实质性施工阶段。

2008 年 5 月 23 日，哈大高铁全线首片箱梁在中铁二局哈大项目部辽阳桥梁厂（10号梁场）浇注。7 月 24 日，10 号梁场获得 32 m 预应力混凝土铁路简支箱梁生产许可证，成为哈大高铁首个一次性通过原铁道部认证的梁场。

2008 年 7 月 29 日，哈大高铁全线首孔箱梁在中铁二局哈大项目部施工的鞍辽特大桥上架设成功。

2009 年 5 月 6 日,哈大高铁全线首段梁场区间架梁在营海特大桥贯通。

2009 年 9 月 9 日,哈大高铁站房建设开工典礼在海城西站举行,哈大高铁全线站房正式动工兴建。

2009 年 10 月 27 日,哈大高铁第一根电气化接触网杆在太子河大桥 666 号墩架立,标志着哈大高铁电气化工程全面展开。

2010 年 1 月 12 日,中铁一局哈大项目部施工的九里庄隧道(4 340 m)胜利贯通。

2010 年 3 月 27 日,哈大高铁沈大段 7523 孔箱梁架设任务全部完成。

2010 年 3 月 27 日,中铁二局哈大项目部施工的无砟轨道先导段一次性通过评估,标志着哈大高铁全线无砟轨道工程进入大规模施工。

2010 年 5 月 23 日,中铁二局哈大项目部施工的哈大高铁首组无砟道岔鞍山西车站 11 号 18 号道岔一次浇筑成功,拉开了全线道岔铺设的序幕。

2010 年 6 月 28 日,哈大高铁首根钢轨在营海特大桥铺设,全线开始铺轨。

2010 年 8 月 18 日,哈大高铁首条电气化接触网导线在营海特大桥完成架设,哈大高铁电气化工程进入挂网架线阶段。

2010 年 12 月 28 日,哈大高铁全线轨道铺通仪式在文官屯特大桥工地举行。

四、竣工验收

2011 年 1 月开始静态验收及整改工作,2012 年 4 月通过静态验收,具备联调联试条件。

2012 年 5 月开始动态检测,2012 年 10 月 8 日,通过动态验收,开始试运行。

2012 年 10 月 20 日通过原铁道部初步验收。

2012 年 10 月 28 日通过原铁道部安全评估。

2012 年 12 月 1 日哈大高铁全线开通运营。

第二章 大临工程

大型临时工程是高速铁路工程重要组成部分,是启动哈大高铁施工建设的重要前期工作。股份公司指挥部组织各参建单位精心策划、合理组织、统筹安排,对前期大型临时工程的规划、建设工作进行了详细的研究部署,确保了各项大型临时工程项目顺利推进。如东四方台制梁场采用双层存梁技术,综合评分列为哈大高铁梁场第一位;辽阳轨道板场采用与梁场共建方案,布局合理,实现了设备、技术、管理、劳动力等资源共享,节约了建厂费用,缩短了建厂周期;西柳铺轨基地布局合理,建设有序,坚持标准施工、规范作业,全面推进铁路建设项目标准化管理,在全线率先实现铺轨。这些大临工程的建设发挥出了样板作用,为顺利推进哈大高铁建设打下了重要基础。

第一节 东四方台制梁场

桥梁工程是高速铁路土建工程重要组成部分,所占比例大,跨度长。沈大段东四方台制梁场由中铁二局哈大项目部施工,北京铁城监理公司监理,于 2007 年 10 月 26 日正式开工。

一、工程概况

东四方台制梁场预制供梁起讫里程:DK256 + 920.71 ~ DK283 + 737.23,全长 26.82 km,包含海鞍特大桥、将军屯大桥、名甲山特大桥。箱梁预制主要工程数量为 32 m-741 孔、24 m-25 孔、20 m-2 孔,共计 768 孔。

二、工程特点及难点

哈大高铁辽宁省内段受季节性气候影响较大,有效施工期较短,全年可施工时间只有 8 个月。由于桥梁下部构造施工滞后影响,使得箱梁无法及时运出架设,直接影响梁场生产能力,从而影响施工工期。为保证箱梁预制正常有序施工和节约梁场占地面积,决定采取双层存梁方式,这样梁场存梁能力提高一倍,扩大存梁能力,可有效缓解箱梁架设对预制正常生产的制约问题。每孔 32 m 箱梁长 32.6 m,高 3.05 m,重达 804.8 t,该型箱梁双层存放主要体现在存梁台座承载能力要求高、落梁稳定性和安全性及存梁支点高差控制严格等诸多技术难点。

三、施工组织

1. 总体规划

梁场设置制梁台座 12 座,其中 32 m 箱梁制梁台座 11 座,32 m/24 m/20 m 箱梁制梁台座 1 座;存梁台座 81 座,其中单层存梁台座 42 座,双层存梁台座 39 座;钢筋预扎台座 6 座(底腹板钢筋和顶板钢筋预扎台座各 3 座),内模拼装台座 6 座,采用现场制梁方案。

箱梁模板采用整体式外侧模、液压收缩式内模;混凝土浇筑采用输送泵一次浇筑成型及蒸汽养护工艺;箱梁初张拉完成后由 900 t 轮胎式搬运机从生产台座吊移至存梁台座在满足条件后进行终张拉;箱梁架设采用提梁机提梁上桥、900 t 运梁车运输、JQ900A 型架桥机架设的工艺流程。

2. 施工进度计划

东四方台制梁场工期安排为:2007 年 9 月 30 日至 2009 年 10 月 8 日,计划总工期 24 个月。梁场制梁 768 孔,根据架梁进度安排梁场生产规模,最大生产能力按 75 孔/月考虑。

3. 选址方案

根据该制梁场划分原则,从 2007 年 8 月 28 日至 2007 年 8 月 30 日对现场进行了踏勘,调查情况如下。

(1)拟订方案

东四方台制梁场拟在海城市东四方台镇榆树台村选址,其中心里程为 DK269 + 095。场址处供梁范围:大连方向供梁 380 孔,哈尔滨方向供梁 388 孔,其中海鞍特大桥 635 孔,蒋军屯大桥 4 孔,名甲山特大桥 129 孔。

(2)场址基本情况

①交通:该场地离 101 省道 0.6 km,交通方便,改建便道约 600 m。

②建场条件:该场地占地 240 亩,地势平坦,农作物以玉米地为主,无民居。场地规模满足月产 75 孔梁的生产条件,能保证一套运架设备日架 2 孔梁的进度。距该场地最远供梁点为 DK283 + 737.23,供梁距离最远 14.642 km。在梁场临时设施的布置上,该场地地势开阔,可直接按设计方案布置梁场建设,满足箱梁预制的生产需要。相对处于两侧供梁范围的中间位置,平均运距较小,满足架梁进度需要。

③经济

场址离城市相对较远,以玉米地为主,且无民居,拆迁、征地经济费用低;施工便道距离短,在原村道上扩建施工便道费用低。

④社会效益

场址场地空旷平坦,施工干扰小且附近无民居,施工噪声对村民影响小,场内施工便于管理。扩建的施工便道同时方便当地村民出行,造福一方。综上所述,该梁场选址在工期、成本、环保、质量和安全等各方面均符合条件,施工干扰少也便于管理且供梁运距合理,风险较小,经多方对比最优,适宜建设箱梁预制场。

4. 管理目标

(1)质量目标

为确保工程质量全面达到高速铁路工程质量验收标准和设计要求,按高速铁路工程质量验收标准进行检测,一次验收合格率达到100%。

(2)工期目标

从2007年9月30日开始梁场基础设施建设,2008年5月23日开始制梁,2009年10月8日制梁完成。

(3)职业健康安全目标

坚持"安全第一,预防为主"的方针,建立健全安全管理组织机构,完善安全生产保证体系,杜绝死亡事故,防止重伤事故发生,消灭一切责任事故,创建安全生产标准工地。

(4)环保、水保目标

严格执行国家环境保护法、水土保持法和地方政府有关规定,认真落实"三同时"制度,采取各种工程防护措施减少工程建设对沿线生态环境的破坏和污染,确保沿线景观不受破坏,江河水质不受污染,植被得到有效保护。

(5)成本目标

对技术方案、工期安排、资源配置、临时过渡工程布置和安全、质量、环保保障措施逐级优化,实现施工方案对项目成本的有效控制。

5. 劳动力配置

东四方台制梁场设场长、支部书记、常务副场长和总工程师各1人,设生产副场长2人。下设8室,即技术室、机电室、安全环保室、质管室、办公室、材料室、调度室、试验室,共配备41人,根据本工程实际需要,繁忙时期配备制梁作业人员近千人。

6. 设备配置

梁场主要施工机械设备配置见表2-1。

表2-1 梁场主要施工机械设备配置

序号	名 称	型号规格	单 位	数 量
1	柴油发电机组	350 kW	台	2
2	柴油发电机组	200 kW移动式	台	1
3	电力变压器	500 kVA	台	2
4	蒸汽锅炉	DZL4-1.25-A	台	1
5	混凝土拌和站	HZN90、90 m³/h	台	3
6	混凝土输送泵	HBT80-16-110S	台	3
7	混凝土布料机	HGY18、18 m	台	4
8	混凝土搅拌车	8 m³	台	2
9	龙门起重机	45 m/50 t	台	4
10	龙门起重机	17 m/16 t或10 t	台	3

续上表

序号	名 称	型号规格	单 位	数 量
11	提梁龙门起重机	MQ450/起升高度 28 m	台	2
12	轮胎式搬运机	900 t	台	1
13	交流电焊机	BX1-400	台	15
14	直流电焊机	ZX7-400	台	10
15	对焊机	UN1-100	台	3
16	钢筋调直切断机	GT4/14φ4/14 mm	台	1
17	钢筋切断机	GQ50A	台	5
18	钢筋弯曲机	GW-40	台	4
19	钢筋弯曲机	GW50A	台	5
20	电动油泵	ZB4-500	台	8
21	压浆机	—	套	2
22	张拉千斤顶	YCW300B-200	台	8
23	静载试验千斤顶	600 t	台	12
24	张拉千斤顶	YCW60B-200	台	4
25	电动卷扬机	JK-5 t	台	2
26	电动卷扬机	JG3/3 t	台	1
27	真空负压装置	—	台	2
28	电子汽车衡	SCS-120	台	1
29	供暖生活锅炉	DZW2.8-0.7/95/70	台	1
30	生活锅炉	LSG-0.04-AⅢ	台	1
31	轮式装载机	ZL50、3 m³	台	2
32	叉车	CPCD60H、6 t	台	1
33	静载试验架	—	套	1
34	载重汽车	8 t	台	1
35	32 m 侧底模	—	套	12
36	32 m 内模、端模	—	套	8
37	24 m 侧底模	20 m 与 24 m 共用	套	1
38	24 m 内模、端模	20 m 与 24 m 共用	套	1
39	遮板模板	—	套	83
40	盖板模板	—	套	1 000
41	主筋预扎架	—	套	3
42	面筋预扎架	—	套	3
43	内模吊架	—	套	1
44	钢筋吊架	—	套	1
45	蒸养棚架	—	套	6

四、关键施工技术及措施

1. 制梁区

制梁区主要布置有制梁台座、钢筋加工区、钢筋预扎台座、内模拼装台座等。

(1)制梁台座

按照总体工期的要求,梁场最大生产能力应满足月产 75 孔,日最大生产量为 2.5 孔。按照制梁台座 5 天一孔梁的生产周期,梁场设置 32 m 制梁台座 12 座,制梁台座设计为简支结构,在两端设置承台,单个承台设两根钻孔桩,单根桩长 30 m。制梁台座中部采用钢筋混凝土扩大基础,在承台处设置沉降缝,扩大基础混凝泥土厚 50 cm,底部地基采用 50 cm 山皮石换填原状粉质土。底模垫梁采用 3 条钢筋混凝土条形结构形式。

(2)钢筋加工区

钢筋加工区包括钢筋加工房和钢筋存放区,钢筋加工房占地面积 1 500 m²,日最大加工能力为 300 t。钢筋存放区占地面积 2 640 m²,前期可兼作模型加工和组装区。钢筋底腹板、顶板预扎台座各设置 3 个。

2. 存梁区

梁场设置 81 个存梁台座,其中包括 12 个 24 m/32 m 共用台座、29 个 32 m 单层存梁台座,39 个双层存梁台座和 1 个静载试验台座;制梁台座可存 12 孔,最大存梁能力 132 孔。台座间距按纵向 10.4 m、横向 1 m。采取双层存梁的方式,以缓解架梁滞后对制梁生产的制约问题。

(1)工艺流程

存梁台座施工及箱梁存放工艺流程,如图 2-1 所示。

(2)存梁台座施工

由于双层存梁时重量达到 1 639 t,所以要求存梁台座必须有足够的承载力,满足存梁要求。存梁台座桩基础采用 C20 钢筋混凝土灌注桩;存梁台座尺寸长为 900 cm、宽为 200 cm、高为 75 cm,采用 C30 钢筋混凝土浇筑成型,覆盖养护,保证台座强度;支承垫石尺寸长为 120 cm、宽为 80 cm、高为 25 cm,采用 C30 钢筋混凝土,浇注完成后,采用水磨机打磨,平整度≤2 mm,四个垫石高差≤2 mm,保证了存梁对于支点高差的要求。灌注桩施工完成后,委托某地质勘察院进行了基桩反射波检测,其中Ⅰ类桩达到 93%,同时还进行了桩基静载试验,根据上述资料,对台座基础承载能力进行了验算,结果表明采用双层存梁时,存梁台座的基础满足两孔箱梁荷载的作用。

(3)底层箱梁的存放

首先将支撑垫石打磨平整,四个支撑垫石高差≤2 mm,存梁支点距梁端 1.5 m,距梁中心线 2.15 m 的位置,具体如图 2-2 所示。

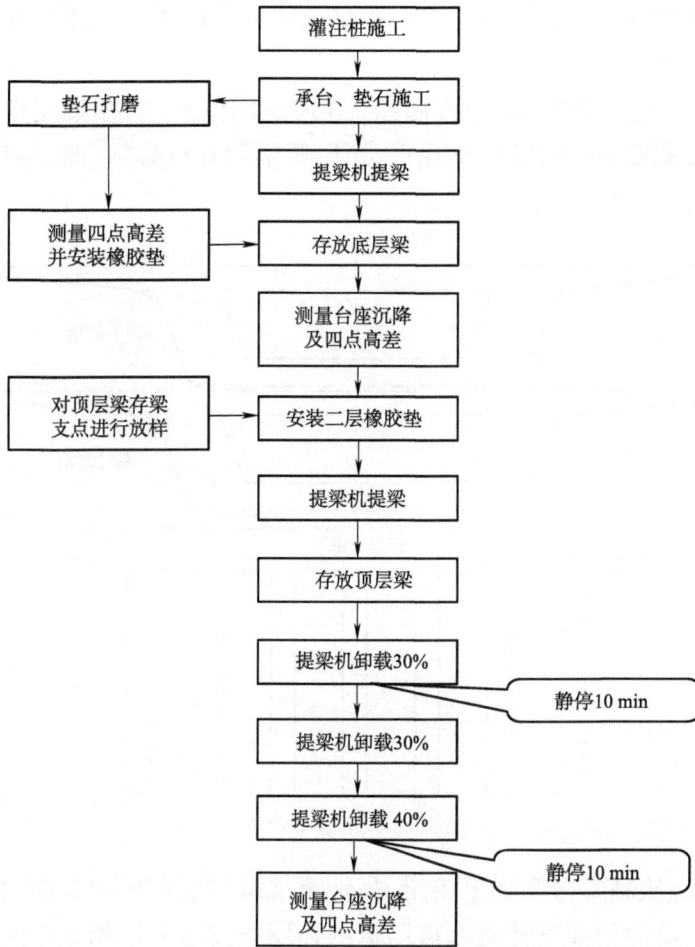

图 2-1 存梁区地基施工及箱梁存放工艺流程示意

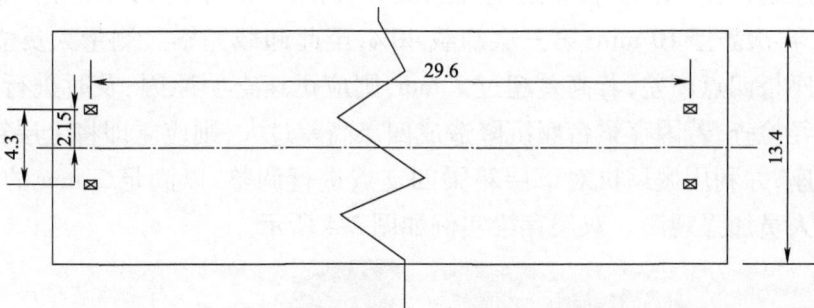

图 2-2 存梁支点布置示意(单位:m)

其次按支点位置放置 500 mm×500 mm×70 mm 的橡胶垫,并测量四点高差,超过 2 mm 的,采取措施进行调整。如在 3 mm 以下,则采用细砂找平,在 3 mm 以上的用钢板垫平,四点高差控制在 1 mm 以内,后由轮胎式搬运机存放箱梁,存放过程中,轮胎式搬运机不摘钩,由测量人员用水平仪检测梁底四个支座板位置高差,如超过 2 mm,由轮胎式搬运机提起箱梁对支点处进行处理,确保梁体的支座板位置不平整度≤2 mm。

(4)顶层箱梁的存放

由技术人员在底层梁的顶板上按照图2-3所示的位置,对存梁支点进行放样,放置500 mm×500 mm×50 mm的橡胶垫找平,顶层箱梁的支点必须和底层箱梁的支点处于垂直线上,具体如图2-3所示。

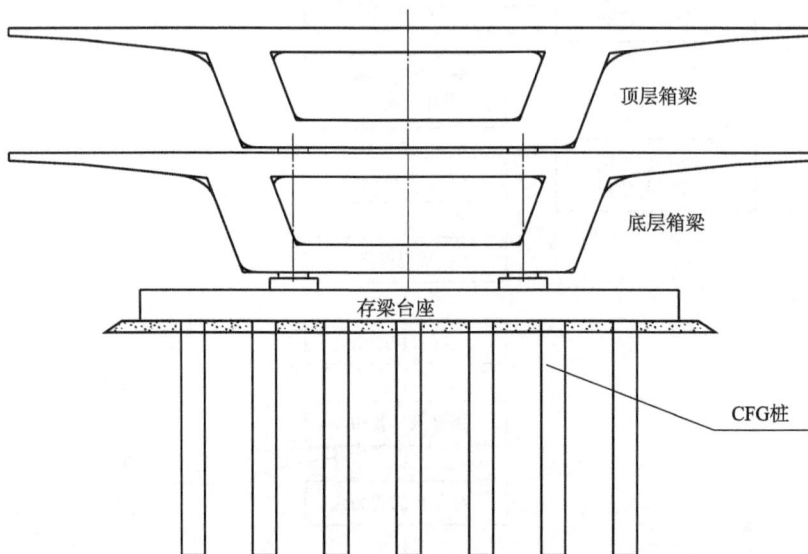

图2-3 双层存梁示意

轮胎式搬运机从制梁台座提出箱梁,吊运至准备双层存梁的台座,移动至第一层箱梁上方,在专职人员的指挥下使搬运机吊运的顶层箱梁与底层箱梁中线对齐,随后缓慢下落顶层箱梁,箱梁底面接近橡胶垫时,重新调整搬运机进行精确对位,然后开始落梁。为减小对台座的冲击,落梁时,搬运机分三次卸载,第一次卸载30%,静停10 min;第二次卸载30%,再次静停10 min;第三次卸载40%,至此卸载完毕。测量人员立即测量台座沉降及支座板四点高差,若高差超过2 mm,则应迅速查明原因,及时进行处理,严防损伤箱梁。经检查,若因存梁台座沉降造成四点高差过大,则应立即将上层箱梁吊运至单层存梁台座,并利用搬运机对下层箱梁四支点进行调整,以满足2 mm的高差要求,并安排测量人员加强观测。双层存梁实例如图2-4所示。

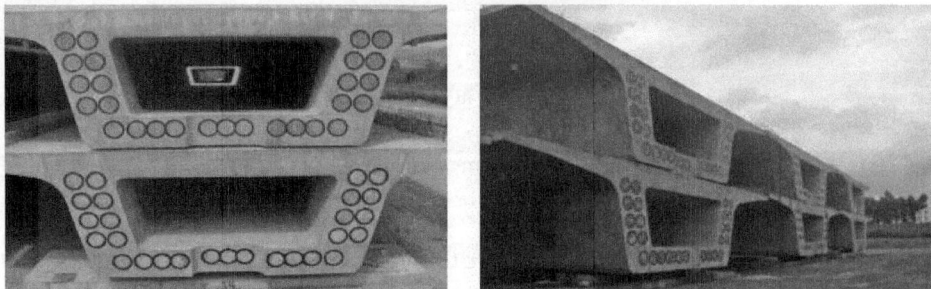

图2-4 双层存梁实例

3. 混凝土拌和站

日生产 2.5 孔梁,且同时供应小预制件和桥面系施工所需的混凝土,拌和站日产量应达到 800 m³ 混凝土以上,混凝土工厂配备 3 台 90 m³/h 全自动控制混凝土拌和站。散装水泥及矿物掺合料储存罐的储备能力应满足连续 5 天以上的正常生产需求。

4. 砂石料存放区

考虑本地区冬季施工的特殊性,砂石料场需储备本年度 12 月份和次年 3、4 月份封冻期内的砂石料,以满足施工生产的连续进行。砂石料场须按砂石料种类、粒径大小分仓隔离,隔离采用砖砌体隔墙,隔墙高度和厚度需满足堆料要求,并按待检仓和合格仓分类,砂石料仓上部遮盖采用棚架结构,避免阳光直射和雨雪污染,若组织冬季施工,还应按要求对料仓采取保温加热措施。

五、主要管理措施

1. 建立健全各种规章制度

东四方台制梁场严格实施"三检"制度,确保产品质量。制定年度和专项培训制度,分层次、分岗位对工作人员进行全员、全过程培训,保证所受培训的人员满足有关工作的规定要求;对国家规定的特殊工种人员由地方劳动部门培训并取得操作证书后方可上岗。严格按《客运专线铁路桥涵工程施工质量验收暂行标准》《铁路混凝土工程施工质量验收补充标准》及《客运专线高性能混凝土暂行技术条件》等要求进行工序质量检查,确保箱梁质量合格。制定不合格品控制程序,对产品制造过程中出现的不合格原材料、半成品、成品和设备进行质量监督控制,并妥善处置不合格品。制定梁场信息管理制度,梁场设专人负责信息管理工作,各科室、班组均设信息员,负责质量信息的收集,建立健全质量回访制度,并在生产、服务过程中及时纠正。

2. 质量管理措施

(1)建立质量保证体系

建立由梁场场长和常务副场长、总工程师、质检负责人及科室负责人组成的制梁场质量管理领导小组,组织实施制梁场质量管理工作,兑现质量目标。质量管理领导小组组织质量自检小组和质量控制小组开展保证工程质量的各项攻关和管理活动。实行逐级负责制,质量管理室是工程实施过程中质量管理的执行机构,在进行质量专检的同时,对质量管理制度、标准和规定的执行情况进行监督、检查,实行质量管理"一票否决权"。

(2)建立质量监察体系

制梁场按项目法人管理模式组织施工,推行场长领导负责制,为确保工程质量,建立以场长为组长的质量监察体系,如图 2-5 所示。质量监察体系负责项目的工程质量检查及施工质量监察工作。

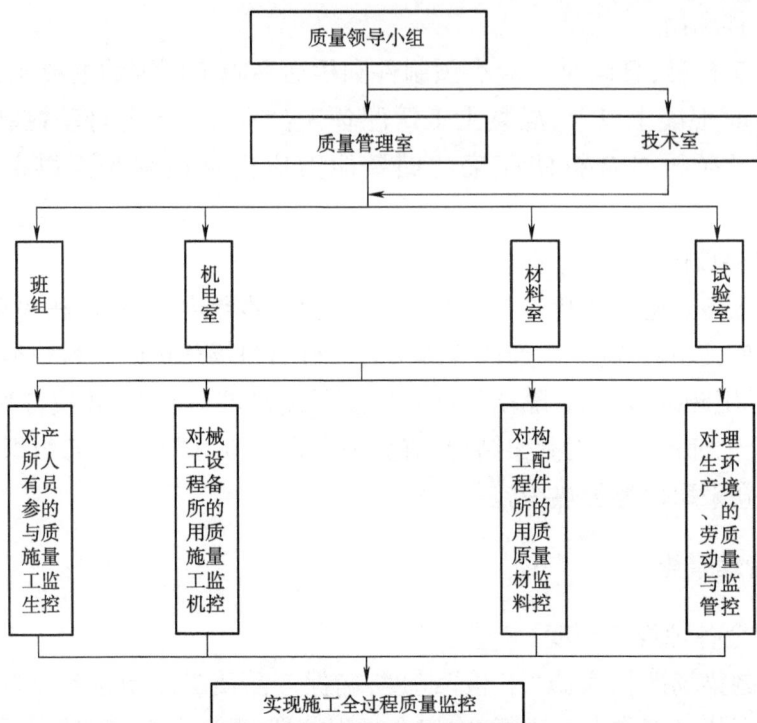

图 2-5　施工全过程质量监察体系示意

3. 工期保证措施

（1）进度的主要影响因素

①线路周边地区属于温带亚湿润季风区气候，冬季气温低，施工影响大。

②施工设备需求量大，配套要求高，供应难度极大。

③人员、物资、设备组织压力大。

（2）从计划安排上保证工期

①组建"精干、高效、权威"的梁场管理层，从组织上确保场部的权威性和政令畅通。

②根据建设单位的工期要求和工程的具体情况安排，就近调集与本工程相适应的专业施工队伍和机械设备。

③全体参战人员树立时间就是效益，质量、安全就是信誉的思想。

④坚持"围绕重点，兼顾全局"的原则组织生产，加强重点工序管理，加强技术和施工力量配置，保证机械设备正常运转。

（3）从资源上保证工期

①抓关键、保重点，加强宏观控制，确保重点工程。针对本工程特点，在设备配备和队伍选择上严格挑选，在人员、资金、物资、机械上优先保证重点工程。

②做好设备的选型及配件供应工作。设备的选型力求实用、多效、耐用，防止待机误工，施工中备足易损件，做到随坏随修。

③合理配置通信设施。为加强联系，根据本工程需要，配备必要通信设备，如对讲机、无线电话、有线电话等，以利于指挥协调。

④按要求配备主要施工机械及试验检测设备,保证工程施工进度的需要。

⑤抓好材料采购、储备和供应工作,确保进度和满足季节性施工需要,同时合理安排施工顺序,坚决杜绝返工和窝工现象的出现。

(4)从技术上保证工期

①以施工设计和实施性施工组织设计为依据,根据现场实际情况和业主要求,不断优化施工组织方案,落实重点工程及关键技术项目的施工技术方案,科学、合理地调配各种生产资源。

②施工过程中,及时详尽地组织技术交底,阐明设计意图,细化或示范工艺操作流程。

③建立从场部到现场各工班生产调度指挥系统,逐步实行微机动态网络管理。全面及时掌握并处理影响施工进度的关键问题,对工程交叉和施工干扰加强指挥与协调,对重大关键问题超前研究,制订措施,及时配置或调整人、财、物、机,保证制梁工程的连续性和均衡性。

④根据工程总网络进度计划,编制分阶段和月度网络进度计划,及时找出和发现关键工序的转化,分析原因,确定阶段工作和重点,使制梁工程始终处于受控状态。

4. 建立良好的卫生生活保障

(1)梁场遵循"以人为本"的方针,切实杜绝职业病发生,通过调节劳动强度,最大限度地保护员工身心健康。

(2)为全体施工人员提供充足的医疗保障。在施工现场放置急救工具箱,并配备足够的医务人员,确保施工人员的及时就诊和医治。针对所处的地理环境和气候特点,做好医疗保障工作,保证施工顺利进行。

5. 建立环境保护长效机制

梁场成立以场长为第一责任人的环保领导小组,环保小组负责在梁场办公会和生产调度会上提出、研究和解决环保问题,做到施工及生活废水排放符合国家和地方政府规定,施工扬尘得到有效控制,施工场界噪声排放达标;施工弃渣按设计规定堆放处理。实现节约能源、降低消耗、保护环境的目的。

6. 开展劳动竞赛

梁场注重发挥党组织的政治核心和战斗保垒作用、党员的先锋模范和青年突击队作用,认真做好艰苦条件下的职工思想政治工作,运用企业内部贯标程序和方法进行建功立业劳动竞赛、开展综合评比考核,使工地物质文明和精神文明取得双丰收,涌现出了一大批先进典型人物。

六、主要成效

取得的主要成效如下:

(1)圆满实现了工期目标,确保了梁场制梁工作按时完成,为哈大高铁总体工期的实现提供了有力保证。

(2)取得了时速350 km高速铁路后张法预应力混凝土简支梁国家生产许可证,创造了日生产 3 孔 32 m 箱梁和 1 孔 24 m 箱梁的生产速度,在哈大高铁已获得生产许可证的 20 多家梁场中,获得综合评分第一。

(3)双层存梁技术的应用,解决了制梁场预制与架设时间不统一的问题,保证了箱梁正常预制,减少了存梁区占地面积,为梁场带来了显著的经济效益。

第二节　辽阳轨道板场

一、工程概况

沈大段辽阳轨道板场位于辽宁省辽阳市首山乡,与辽阳梁场合建。板场中心里程 DK301 + 350,供板范围 DK270 + 650 ~ DK308 + 663。供板线路长度约 37.65 km。生产区占地面积 15 亩,配备生产台座 53 个。板厂预制轨道板 15 858 块,其中 32 m 梁 P4962 型板 11 970 块、32 m 梁 P3685 型板 3 388 块、24 m 梁 P4856 型板 500 块。

二、工程特点与难点及主要管理措施

(1)轨道板场与制梁场合建,场地较狭窄,场地布置和运输组织是保证安全质量的关键,需精心安排。

(2)作为全线第一个开工的轨道板场,担负着多种工法与工艺的科研试验工作,对模板精度控制、钢筋绝缘、钢棒张拉、锚穴封堵、免凿毛、水养与蒸汽养护及板的存放运输等多项技术有待攻破,是生产出高精度规范合格产品的试验基地,需要投入雄厚的技术力量。

(3)面对工期紧张局面,除严格控制工艺外,还需要研究出一套可行合理的工序安排,压缩生产循环工期,对每道工序时间严格控制,合理安排。

(4)为克服上述特点与难点,板场在管理上下足了功夫。将生产区与生活区分开设置,对每个区域精心规划;进行混凝土搅拌设置时充分考虑了运输时间要求;在吊装与存储环节精心安排,考虑细节;在职工倒班与休息上合理安排,以达到满足工程质量与安全的必要条件。

三、施工组织

1. 场地选址原则

按预制到铺设完成总成本费用最低,制铺工期最合理作为选址指导思想,充分考虑水电和燃料持续供应,对比原材料供应和成品运输费用;充分利用现有资源和地形条件,布局力求紧凑,节约土地;充分考虑原材料存放场及成品存放场按当地运输、供应条件,合理确定面积,并留有一定余地。

2. 板场总体规划

(1)经现场踏勘、多方比选、充分论证,在综合考虑征地拆迁、建设工期、投入产出、施工管理等多方面因素基础上,采用与梁场共建的方案,与梁场共用混凝土拌和站、砂石料存放系统、试验室、办公生活区等临时设施,从而达到缩短建场时间和减少投入的目的。

（2）板场总平面布置：遵循施工生产组织有序、流水作业合理，各施工作业面交叉作业影响小、保证大型机械畅通运行等原则，设置轨道板预制车间、湿养区、张拉封锚区、临时存放区和其他配套设施，混凝土生产区、办公生活区则与辽阳梁场既有设施共用。各工序的衔接采用龙门吊（桁车）、专用运输车等机械，各生产区根据工序特点配备专用的生产加工机具。

3. 施工进度

2008年完成板场主要临时设施的建设，并完成厂房内桁车的安装与调试；于2009年3月15日至4月30日完成所有龙门吊和生产设备的安装、调试；于2009年4月开始试首块轨道板生产，经反复调试后在5月中旬达到批量生产条件。

板场基础设施建设分为两部分，于2008年完成生产车间厂房、钢筋加工房的搭设、完成钢筋房5t桁车安装；于2009年3～4月完成湿养池、物资库房、办公室、工班宿舍、临时存板区等基础设施的施工及生产车间内台座基础、供电、供气管道安装和模型安装等场内细部设施工作。

4. 劳动力配置

板场建场主要劳动力配置见表2-2。

表2-2 板场建场主要劳动力配置

序号	工　种	数量（人）	工作内容
1	钢筋工	15	钢筋下料、加工、绑扎
2	模板工	15	模板安装
3	混凝土工	20	混凝土下料、振捣
4	机操工	10	机械操作及维修
5	普工	30	配合各专业的施工
6	测量工	4	施工前的测量定位
7	试验工	4	工程试验
8	电工	3	施工用电的安装与管理
9	建场安装工人	20	建场、安装
合　计		121	—

5. 机械设备配置

建场主要机械设备配置见表2-3。

表2-3 板场建场主要机械设备配置

序号	设备名称	单　位	数　量	备　注
1	汽车吊	台	1	与梁场共用
2	挖掘机	台	1	租赁
3	压路机	台	1	租赁
4	切割机	台	1	—
5	其他	—	—	与梁场共用

四、关键施工技术及措施

1. 板场总体布置

轨道板预制场布置考虑经济、合理、适用的原则,采用工厂化生产工艺布局。板场平面规划布置如图 2-6 所示。

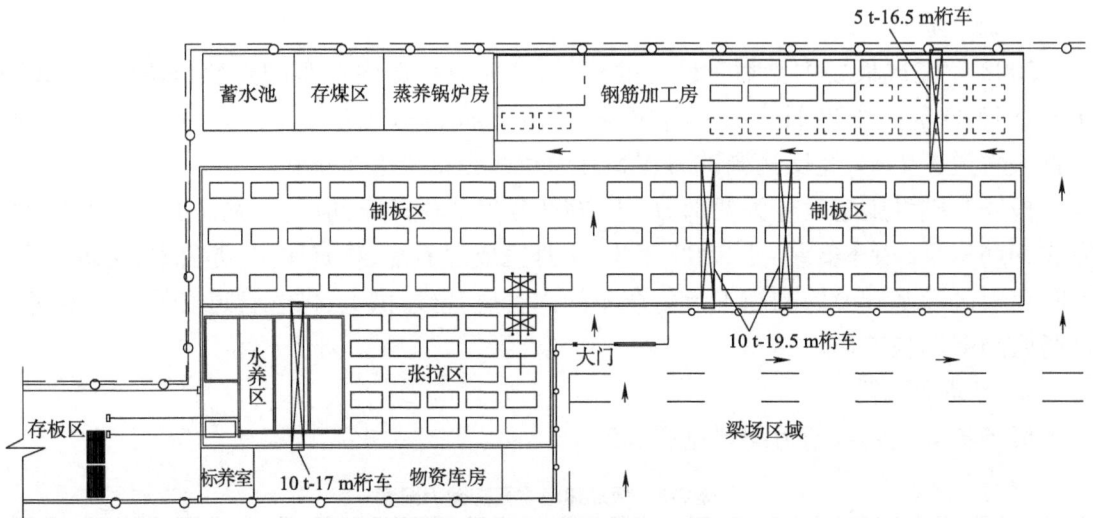

图 2-6　板场平面布置示意

2. 钢筋加工房

轨道板钢筋加工房设置于预制车间的东侧,占地 1 480 m²。包括原材料存放区、钢筋加工区、PC 钢棒与环氧树脂涂层钢筋存放区、钢筋笼绑扎区及钢筋笼存放区。钢筋加工区设有两台切断机、四台弯曲机,在钢筋加工区内设置有环氧涂层钢筋修补区。绑扎区共设置 9 个预扎胎具。钢筋房内的所有吊装作业由 1 台 16.5 m 跨 5 t 桁车完成,钢筋笼利用自制小车运输进入预制车间。PC 钢棒按一个月消耗量进行储备,并按照规格分开进行堆放,堆放高度不超过 5 层。环氧钢筋堆放时每层间用方木进行支垫。螺旋筋焊接在钢筋方旁设立临时区间进行。桁车布置如图 2-7 所示。

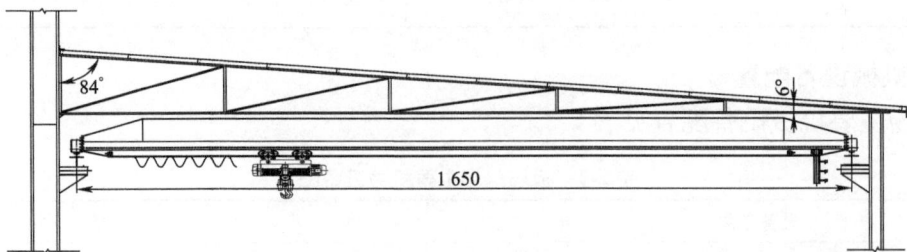

图 2-7　桁车布置示意(单位:cm)

3. 预制车间

预制车间为板场核心车间,车间占地 2 757 m²。轨道板采用台座式生产,将钢模放置在预制工作基础上,振动器直接安装在钢模底侧,生产时由底模附着式振动器进行振动密实,轨道板表面再用小型振动器进行面振,保证产品表面光滑、美观。

台座基础纵向最小间距按照 1.4 m 设置,各类型板型综合搭配,减少车间空间浪费。考虑均衡生产,轨道板预制区设 53 个台座,配置 53 套标准板模型。其中 P4962 型 38 座、P3685 型 12 座、P4856 型 2 座、P4856A 型 1 座。

轨道板模型台座采取板式混凝土扩大基础,并在台座设置位置加铺助钢筋网片予以补强。模型基础结构示意如图 2-8 所示。

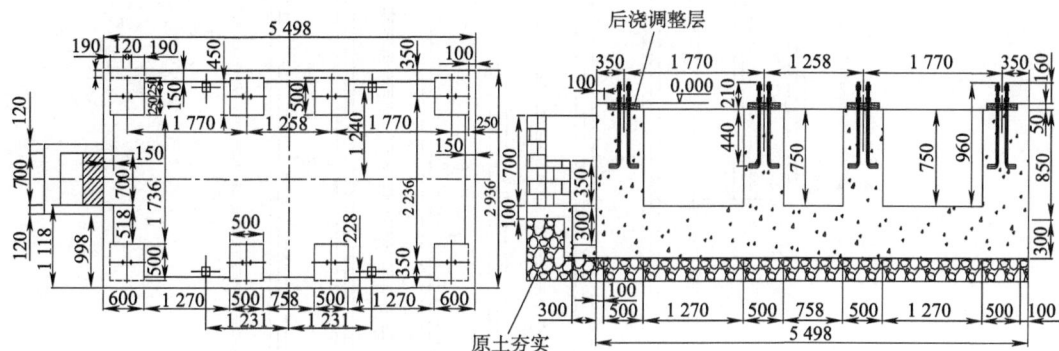

图 2-8　轨道板模型基础结构示意图(单位:mm)

在轨道板预制台座中间设置 2 条通道,横向通道 1 条,净宽 4.8 m,形成纵横运输通道。车间内设置 2 台 19.5 m 跨 10 t 桁车组成 1 条生产线,完成各预制台座的钢筋笼入模、合模、混凝土浇筑与脱模等工序的吊装作业。预制车间布置如图 2-9 所示。

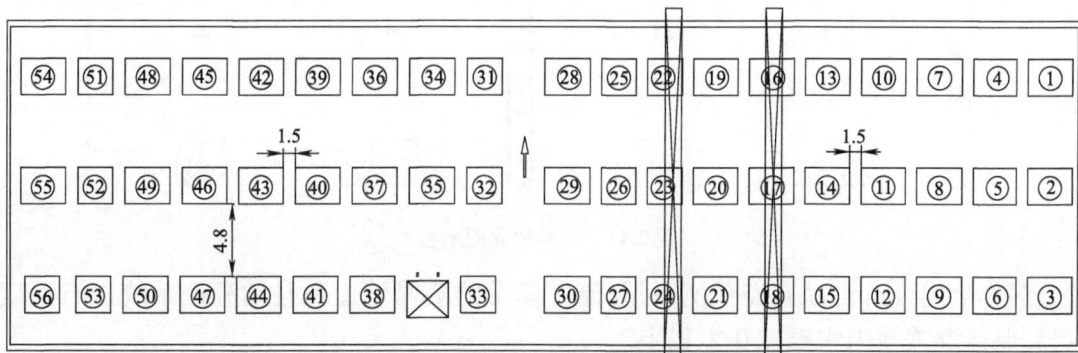

图 2-9　预制车间布置示意(单位:m)

4. 张拉、水养车间

在预制车间西侧设置一条轨道板的湿养、张拉封锚作业流水线,作业区内设置 1 台 17 m 跨 10 t 桁车。轨道板由车间与湿养区间的运板通道及运板小车运至张拉车间,利用龙门吊在张拉台座上完成轨道板的翻转作业,并进行质量检验。质量检验合格的轨道板才能进行张拉作业。张拉封锚区共设置 24 个张拉台座、封锚台座,张拉台座上轨道板叠加不超过 3 层。张拉场地内设 8 台 YGB180-120 千斤顶,8 台张拉油泵,可同时张拉 4 块轨道板。张拉封锚区内的吊装、翻转作业均由 10 t 龙门吊完成。

待张拉封锚完成后,利用10 t龙门吊将轨道板吊入湿养池进行养护,存放方式为立放,养护时间为3天。为减少养护水的干扰以及考虑轨道板的养护周转,共设置4个湿养池,每个湿养池可存放1天轨道板产量。水池间的隔墙上方设置槽口,以便存取板时池内水位的平衡。湿养池侧墙设有工装,池内轨道板用卡具进行固定,以防止轨道板倾倒。湿养池平、立面布置如图2-10、图2-11所示。

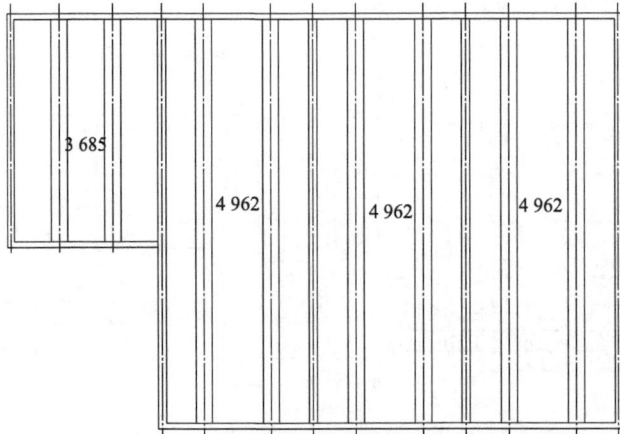

图2-10 湿养池平面布置示意(单位:mm)

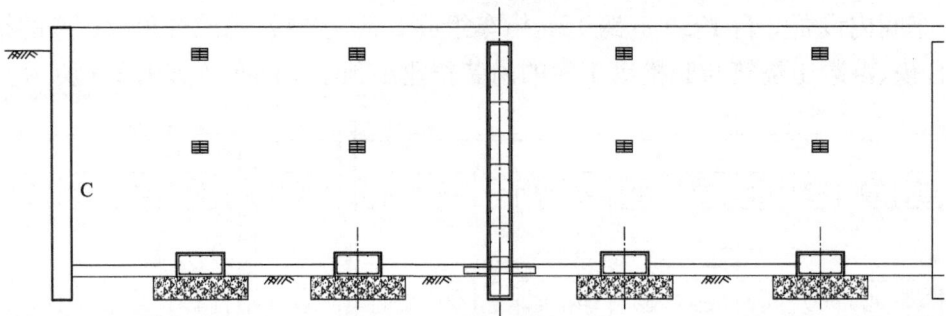

图2-11 湿养池立面示意

湿养池内设有自动温控系统,利用预先埋设的蒸养管道和自动温控系统进行温度控制,保证湿养池内水温在0 ℃以上。

5. 存板区

板场存板区设有场内临时存板区和桥下存板区。场内临时存板区位于张拉封锚区西侧,最大存放能力800块。主要是为了避免轨道板因强度与龄期不足以及不确定因素等不影响正常施工生产而规划的临时存放区。场内临时存板区基础为40 cm×30 cm混凝土条形基础,基础上支垫10 cm×10 cm方木,以保护轨道板,避免碰撞破损,其间距为轨道板起吊点间距,避免轨道板产生变形。存板区两侧设有三角挡墙,以保护轨道板,轨道板间用卡具进行固定,防止轨道板倾倒。

为减少土地征用与后期复垦的费用,结合箱梁架设及连续梁施工的工期安排和后期轨道板铺设时运输便捷,在沿线路18 m红线范围设置存板区,轨道板生产完成并经出厂检验合格后,利用运板车将轨道板运至相应上桥位处的存板区存放,存放方式为立放。存放前对地基进行处理,在轨道板起吊点位置支垫方木。存板区基础如图 2-12 所示。

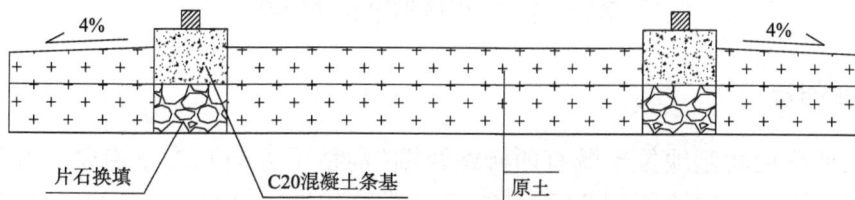

图 2-12 存板区基础设计示意

6. 蒸汽养护设备及设施

轨道板预制车间的蒸汽养护由 1 台供汽量为 4 t/h 的蒸汽锅炉提供,蒸汽管道采用保温管线供汽,铺设在轨道板台座下,设置蒸汽控制分汽缸,并在每个台座下设蒸汽开关,利用自动系统进行控制,可单独控制每一个台座,保证每块轨道板蒸养时间到达 16 h,蒸养温度不超过 41 ℃。

轨道板蒸汽养护篷罩采用简易可拆装式钢管架,外罩隔热篷布,蒸养完成后,将钢管架及篷布放至模型附近,以便下次使用。每块轨道板设置一套养护装备。具体布置如图 2-13 所示。

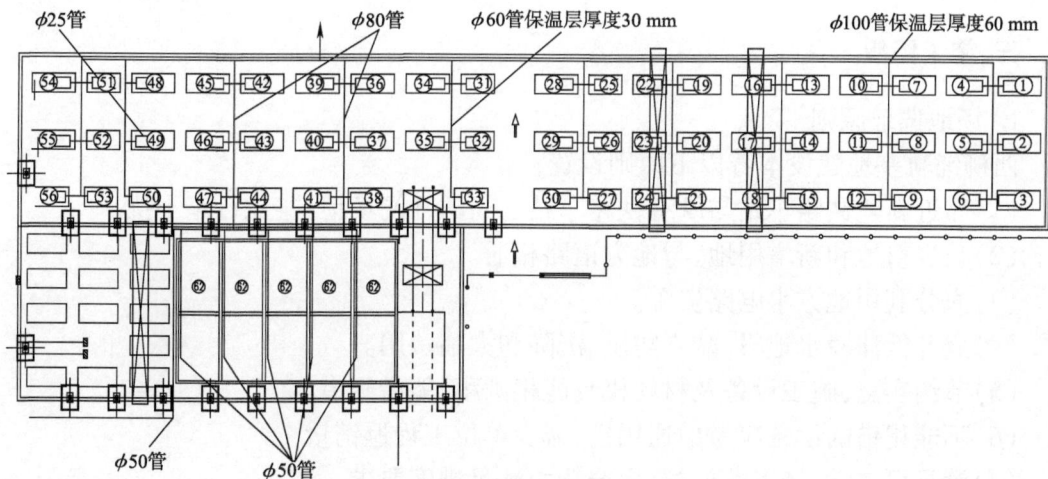

图 2-13 蒸养管道布置示意(单位:mm)

五、主要成效

取得主要成效如下:

(1)轨道板厂与梁场共建方案,实现了设备、技术、管理、劳动力等资源共享,节约了建厂费用,缩短了建厂周期,取得良好经济效益。

(2)围绕 CRTS Ⅰ 型轨道板生产工艺特点及生产任务要求,在功能分区上布局合理,资源配置适当,建成后形成了一条高效、优质的生产线,产品质量及产能得到充分保证,顺利完成轨道板预制施工。

第三节 西柳铺轨基地

一、工程概况

沈大段西柳铺轨基地位于既有西柳站西端(沟帮子方向),在既有牵出线终点引出与哈大高铁线下夹河线路所(K246 + 163.73)线路相连。铺轨基地所处位置属开阔地带,地势平坦、施工干扰少。主要用于存放 500 m 的长钢轨、道砟、轨料、车辆装运、列车编组调车、机车整备等。按功能划分为长钢轨存放区、定尺轨存放区、轨料及道岔存放区、轨枕存放区、道砟存放区、办公生活区 6 大区域。总占地面积 507 亩,根据铺轨工期,使用年限为 2009 年 4 月~2011 年 8 月。

二、工程特点与难点

铺轨基地的设置地点需考虑与既有铁路联络便利,同时也需考虑水源、电源、公路运输等条件,尽可能减少临时工程,少占农田耕地,场地选址规划要求高。西柳铺轨基地承担沈大段铺轨、铺岔任务,存轨能力要求大,场地规模大;大型专用设备多,安装质量要求严格;工期短,仅有 6 个月建设时间,基建任务重。

三、施工组织

1. 场地选址原则

西柳铺轨基地建设本着以下原则设置:

(1)靠近新建铁路车站与既有铁路车站之间的开阔场地,避免行车干扰。

(2)减少耕地和新增用地,与地方道路相通。

(3)充分利用地方水电路资源。

(4)避开低洼浸水地段,减少防洪、沉降和大临费用。

(5)节约实惠,施工设备及材料机具能租则租,能借则借。

(6)不能租借的设备应考虑通用性,减少单位工程返销量。

(7)满足可靠性、经济性要求,生产能力满足进度要求。

(8)轨道布置满足施工车辆存放及调车的要求。

(9)少占农田、坟地、林地资源。

2. 总体规划

根据地质条件和地形特点,结合总工期的铺轨进度需要,须在铺轨开始前达到一定存轨量,从而确定铺轨基地总占地面积为 507 亩。并将铺轨基地划分为:2 个长钢轨存放区、1 个定尺轨存放区、1 个轨料及道岔存放区、1 个轨枕存放区、1 个道砟存放区和办公生活区 6 个场区。

铺轨基地存放能力为：500 m 长钢轨 460 km；站线用定尺轨 20 km；站线轨料 20 km；无砟道岔 30 组；道砟 50 000 m³。

根据铺轨拟安排两套铺轨设备的施工要求，基地内设 500 m 长钢轨装车线 1 条，设两个长钢轨存放场；道岔料、轨枕、站线钢轨、轨枕配件料装车线 1 条；装砟线与工程列车编组线共用 1 条；安全线 1 条，股道数量见表 2-4。

表 2-4　西柳铺轨基地股道数量

序号	股道名称	单 位	数 量	备 注
1	1 道	m	3 190.996	装卸线
2	2 道	m	1 732.446	轨料运输线
3	3 道	m	828.791	存砟、调车线
4	4 道	m	84.991	安全线
5	合　计	m	5 888.696	不含龙门吊走行线

3. 施工进度计划

（1）前期准备

按照哈大客专公司总体工期安排要求，于 2009 年 3 月 1 日成立西柳铺轨基地组织机构，开始前期施工调查、征地拆迁、现场施工测量、施工图纸审核、编制施工方案、协调外部关系、确定临时轨道轨料供应、组织轨料、道砟货源等工作，并于 2009 年 4 月 15 日顺利完成铺轨基地临时征地。

（2）场地建设

铺轨基地于 2009 年 4 月 16 日开始进行土方填筑施工，8 月 20 日完成土方填筑 26.9 万 m³、完成基地生活及办公设施建设、完成 500 m 长轨存放场 2 个、安装 2 t 固定式门吊 64 台、100 m 定尺轨存放场 1 个、轨料及道岔存放场 1 个、安装 4 台 10 t 轨行式龙门吊的安装。完成铺轨基地联络线施工，完成基地专用线路开通准备工作，完成铺轨基地接既有西柳车站西端牵出线拨接施工。8 月 28 日通过监理、铁路局验收达到存轨条件，2009 年 10 月 16 日存放第一车长轨。

4. 组织机构及劳动力配置

结合本工程规模、特点和工期要求，成立中铁二局哈大高铁西柳铺轨基地项目部，统一组织指挥，科学组织施工，合理配置生产要素，下设专业施工队作为施工生产管理机构，包括路基填筑工班、混凝土施工工班和联络线轨道铺轨工班，总计劳动力 100 人。

5. 设备配置

单个存轨场设 32 台 21 m 跨 2 t 固定龙门吊进行 500 m 长钢轨的存放及装车等作业，在 100 m 定尺钢轨、轨枕存放、轨料存放区和道岔存放区设 4 台 17 m 跨 10 t 龙门吊进行 100 m 定尺钢轨、道岔、轨枕、扣配件的整备、存放和装车作业等。主要设备配置见表 2-5。

表 2-5　西柳铺轨基地设备配置

序号	名　　称	规　　格	数　　量
1	龙门吊	MD10 t×17 m	4
2	龙门吊	MD2 t×21 m	64
3	落锤试验机	—	1
4	变压器	500 kVA	1
5	变压器	315 kVA	1

四、关键施工技术及措施

1. 存轨台座方案

长钢轨存放场的路基采用重型振动压路机碾密实,密实度要求不低于85%。台座采用C30钢筋混凝土现场浇筑。考虑到长钢轨的装卸线宽度和两端预留的安全距离,台座的长度设置为15 m,台座的顶面宽度为0.5 m,底面宽度为1.2 m,分上下两层浇筑,上层厚度为0.5 m,下层为0.2 m,中间用直径为16 mm的钢筋连接。铺轨基地内设两个存轨场,每个存轨场500 m范围内共布设84个存轨台座,长钢轨两端各悬空1 m,其余台座间距均为6 m。钢轨层与层之间采用空心方钢(5 cm×5 cm×0.4 cm)支垫,顶面应水平。相邻台座同层方钢高度差不大于10 mm,整体高度差不大于20 mm,定期做沉降观测。钢轨存放区域设1%的单向排水横坡。

2. 路基填筑

在路基施工过程中提前测放出线路主要控制桩,对施工现场按设计断面进行复核(包括中线、标高、水准点的复查与增设,横断面的测量与绘制),放出路基坡脚和施工边线以及排水沟的具体位置,在施工前做好排水系统的施工。填筑区段完成一层卸料后,根据设计填土高度及分层松铺厚度,采用推土机摊铺平整,做到摊铺面在纵向和横向平顺均匀,以保证压路机压轮表面能均匀地接触地面进行碾压,达到碾压效果。

随着路基填筑达到要求,为保证总体施工进度和其他施工项目的顺利开展,通过对各设施的统筹规划,合理安排场内设施的施工顺序,在已成型的路基上建立铺轨基地办公区;通过对地基承载力的检测确定存轨台座的间距,进行长轨存放区存轨台座施工,对不符合承载力要求的路基段进行重复碾压。

铺轨基地内联络线轨道是连接既有线与新建高铁线的纽带,通过采购铁路局二级再用轨及旧木枕等旧轨料进行联络铺设,节约了施工成本投入。在联络线轨道施工中着重把握临时轨道的轨向、水平、高低、轨距,以及与龙门吊间距等重要环节,确保施工质量。

3. 长钢轨进场前检测

长钢轨进场后按以下主要检测项目进行检测签收。

(1)查验钢轨产品质量证明文件。

(2)焊接接头探伤检查记录。

（3）逐根丈量长钢轨长度。

（4）外观检查：检查长钢轨是否按照配轨表的要求进行长钢轨编号，是否标明钢轨工作边位置（左股或右股）及焊头编号；用1 m直尺测量钢轨焊接接头纵向平直度，其偏差应满足规范要求；检查焊缝两侧各100 mm范围内是否有压痕、碰痕、划伤等缺陷；检查钢轨焊头轨顶面及侧面是否打磨圆顺，轨底是否打磨平整。

4.长钢轨的卸车及存放

（1）长钢轨编号：长钢轨由焊轨厂按照配轨表的要求进行编号，实现可追溯性。焊轨时在每个焊头附近钢轨外侧轨腰上标明钢轨工作边位置（左股或右股）、长钢轨编号及焊头编号。长钢轨编号应用油漆标记。编号应色泽鲜明，字体端正、清晰、大小统一。

（2）长钢轨卸车：500 m长钢轨存放区设有32台固定式龙门吊，龙门吊电动葫芦采用单控和集中控制相结合。从长钢轨运输平板车辊轮线上吊轨时，确保每一个夹具夹紧钢轨轨头后，使用集中控制系统将长轨起吊、横移、下落放置在存轨台上，并逐一摘去夹具。在长钢轨吊起行走过程中，设专人检查32台龙门吊电动葫芦统一运行情况，保证相邻两个夹具高度差不大于15 cm、水平位置直线偏差不大于15 cm，防止长钢轨吊装过程中变形。各台龙门吊起吊和走行应保持同步，作业过程中应保证钢轨平顺。钢轨起吊、走行、下落应分步动作。钢轨应水平起吊，到位后方可走行，走行期间应避免钢轨摆动。走行到位确认钢轨平稳后方可下落。装卸过程中应避免钢轨摔跌、撞击钢轨和挤压轨底的现象。

（3）长钢轨存放：长轨存放区的存轨台间距为6 m，多层存放时，保持轨下支垫方钢的上下对齐稳定。长钢轨存放台基础牢固且满足承载要求，并分左右股钢轨整理堆码，标明其长度。长钢轨存放台平整、稳固，各层钢轨之间采用5 cm×5 cm×0.4 cm方钢支垫，支垫跨距6 m，上下对齐，与各层钢轨垂直放置。钢轨正向平排码放在存放台上，排列整齐、平直、稳固，钢轨端部应对齐，相错量不大于200 mm。存放作业中禁止损伤钢轨。每个存放场钢轨采取分层堆放，底层为98根（宽度为15 m），依次每层递减1根，最上层89根，共10层，总计935根，可存放钢轨233.75单线铺轨公里。

五、主要管理措施

主要管理措施有：

（1）建立健全组织机构，实行岗位责任制，合理分工，严格考核。

（2）建立健全各种规章制度，制定作业标准及操作工艺，加强监督检查，确保贯彻落实。

（3）做好施工技术、安全质量交底工作，对作业人员进行培训考试，合格后方能上岗。

（4）加强物资设备管理，定期盘点物资、检修设备，确保物资及时供应，设备性能良好。

（5）加强对外协调工作，依法依规做好临时用地、青苗补偿等工作。

六、主要成效

该铺轨基地自开工建设以来,一直"以技术为先导,以保证建场工程低成本、高效益为根本"开展各项技术工作,均衡组织好各项施工生产任务。从破土动工到存放第一车长轨仅用6个月达到投产使用,确保了哈大高铁铺轨工期。2009年度完成500 m长钢轨储备297.1 km,为后续铺轨工程奠定了坚实基础。

第三章　路　基　工　程

高速铁路路基工程承受着自身结构重量和轨道结构及车辆荷载向下传递的重力，是整个高速铁路工程的重要基础。沈大段路基工程91段，总长103.939 km，占线路总长27.6%，处于季节性冻土区域，沿线地质条件复杂，路基工程类型多，技术要求高，主要有松软地基处理、岩溶路基、冻胀路堑、高边坡支护、封闭式路堑、扶臂式挡墙、渗水盲沟等。

第一节　DK103 + 166 ~ DK105 + 226 段岩溶路基工程施工

一、工程概况

哈大高速铁路 TJ-1 标 DK103 + 166 ~ DK105 + 226 段由中铁一局哈大项目部施工，铁三院设计，北京铁城铁科院监理站监理。

DK103 + 166 ~ DK103 + 750 段线路以填方通过丘间平地，路堤中心最大填高6.93 m，边坡最大高度7.28 m。地基处理形式包括岩溶注浆、强夯，边坡防护形式为浆砌片石拱形骨架防护。DK103 + 750 ~ DK104 + 370 段为深挖方地段，路堑中心最大挖深14.13 m，边坡防护形式为挡土墙、浆砌片石防护墙。DK104 + 370.00 ~ DK105 + 226 段为填挖结合地段，路堤中心最大填高5.53 m，路堑中心最大挖深3.05 m，边坡防护形式为六边形空心块防护，其中DK104 + 860 ~ DK105 + 200 左右侧设置渗水盲沟，向小里程排水。

二、工程特点及难点

1. 工程特点

此段路基具有地基处理复杂、高填、深挖等特点。

(1)岩溶地区的水文地质和工程地质条件复杂，由岩溶作用所形成的溶洞、暗河、陷落柱、淤泥带等构造，对工程施工危害较大。

(2)路基填方最大高度6.93 m，属于高填方地段，路基沉降控制难度大。

(3)路堤填料来源于此段路堑开挖石方，经大解小后用于路堤填筑，薄片状泥灰岩无法满足填筑压实标准，须掺拌改良。

2. 工程难点

(1)岩溶地基处理结果检测复杂。

(2)路基范围过渡段多，存在路桥过渡段2个、路涵过渡段3个、堤堑过渡段3个，过渡段不均匀沉降控制难度大。

(3)路堤填料质量控制、高填路基填筑质量控制难度大。

三、关键施工技术及措施

1. 基底处理施工

岩溶地段采取注浆加固,上部粉质黏土采用强夯加固处理。

(1)岩溶注浆施工

①地质复核

施工前根据设计图确定岩溶发育地段,通过地质钻探复核洞穴、陷穴范围,如钻探结果与设计不符及时提出变更。地质复核后根据设计孔位用全站仪进行现场注浆孔定位放样,并在现场用桩橛标定、编号。

②工艺性试验

施工前选择有代表性地段进行现场注浆工艺性试验,确定合理的注浆工艺,注浆压力、浆液配比、停止注浆条件等施工参数。

③钻孔

采用 CL-351 型和 XY-100 工程地质钻机钻孔,开孔时轻压、慢速,防止孔斜。开孔及土层钻进采用 ϕ120 mm(钻具 ϕ118 mm),岩层钻进及终孔孔径为 ϕ110 mm(钻具 ϕ108 mm),钻孔时下套管护壁以防垮孔。钻进过程中现场技术人员及时填写施工记录并准确测量土石界线及土洞、溶洞、裂隙深度、溶洞、裂隙的充填及水文地质等变化,特别是钻进中漏水情况的描述和绘制柱状图等,以便根据实际情况采取相应措施。钻孔至设计标高后及时用水冲洗并用木板盖好孔位,钻机移位施打下一孔位。

④注浆

注浆前对钻孔的清洗效果直接影响到钻孔的注浆质量。通过改进施工工艺,加工了直径为 50 mm 的小导管,插入钻孔底部用注浆泵大压力、大流量洗孔,特别对岩溶发育部位的充填物清洗得比较彻底,不但保证了洗孔质量,而且提高了工作效率。

钻孔清洗达到要求后,每次正式注浆前,首先用 1.2~1.5 倍的注浆终孔压力对整个注浆管路系统进行耐压试验,检查孔口套管固结密封程度,确定浆液品种和初始浓度,耐压试验持续时间不少于 15 min,无渗漏时方能进行钻孔注浆施工。

因该岩溶处理用套管护壁,并且施工时套管固结在基岩上,对此采用分段上行式注浆,即先期注浆岩层,注浆段长度取 12 m,达到终压后上提套管 1~1.5 m 开始注浆土体。为防止注浆液体沿套管壁冒出,影响注浆质量,施工时对套管进行二次固结,具体做法是在管口周围下挖地表土 0.2~0.35 m,直径为 1.2~2.5 m(视土体结构确定),采用 75 号水泥砂浆加水玻璃进行管口固结,通过施工验证效果良好。注浆过程中密切观察压力的变化和吸浆量的增减,并随时做好记录,在浆液控制上,浆液的浓度由稀到浓,压力由低到高,浆液凝胶时间由长到短,这样可以使浆液扩散距离远,保证注浆质量。

⑤注浆效果检测

通过钻探取芯、压水实验和物探检测检测注浆效果。钻探取芯在注浆结束28天后进行,此段检查的30孔中有26孔见有水泥结石,可见结石率86%,满足设计要求。选择代表性地段作钻孔压水试验30次,其中土层15次,岩层15次,实验结果为合格。本段物探检测采用瞬态瑞雷面波方法,对1 001个注浆孔进行了大面积检测,检测结果:注浆效果良好的占总检测孔的92.8%,效果较好的占7.2%,满足设计要求。

(2)强夯施工

①测量放样:测放第一遍夯击点位并编号,并对原地面抄平,撒出白灰点。

②开挖减振沟:在强夯区距离民房较近一侧开挖不低于2 m的减振沟,防止强夯施工造成损坏。

③夯机就位:强夯设备就位,设备进行调试并调整好机位,按照预定夯击能量调整好夯锤落距,使夯锤中心对准夯点位置。

④夯击:将夯锤吊至预定高度,然后脱钩自由下落,完成一次夯击。若发现因坑底倾斜而造成夯锤歪斜时,及时铺垫碎石将坑底整平。一个点连续夯击5～15次,并随时测量每次夯击完成后的沉降量,最后两次沉降量差若大于50 mm,再继续夯击,直至最后两击沉降量差小于50 mm,平整夯坑,并测量场地高程。在规定的间隔时间后,进行第二遍夯击点夯击,夯击点由测量放样而定,夯击方法同上。

2. 路堤填筑施工

(1)基床以下与基床底层路堤填筑

基床以下与基床底层路基填料采用AB组料填筑,其填料填筑压实施工按照常规"三阶段、四区段、八流程"的机械化流水作业施工工艺组织施工。

①施工准备区段:测量放样,逐层放出中线和填筑边线,逐层抄平,严格控制每层填料厚度和填筑层标高。在路基上采用白灰点方格网控制填料量,方格网纵向间距不宜大于10 m,横向分别在路基两侧及路基中心设方格网控制桩。在两侧路肩边缘外和中线设标高控制桩,控制每层的填料厚度和路基填筑标高。

②摊铺区段:填料应全断面均匀摊铺,不宜中断,路基横向设置2%路拱横坡。当填土高度达到基床底层最低点时在断面范围内按4%调整路拱横坡,严格控制填土高度。松铺厚度定为30 cm,施工中根据压实情况以每5 cm为一级进行调整松铺厚度。根据中桩、边桩位置用白灰点控制自卸车倒土密度,确保压实厚度15～40 cm。填料摊铺完后,先用人工配合推土机初平和整形,再用平地机进行精平。为保证路基边缘有足够的压实度,路基两侧各加宽不小于50 cm。方格网布置形式可根据填筑面宽度变化调整纵横向宽度。

③碾压区段:摊铺结束后用重型振动压路机在路基全宽内碾压。碾压时先静压后弱振、再强振的操作程序进行碾压。碾压顺序为横向先两边后中间;保证行与行之间的轮迹重叠不小于40 cm。碾压至无明显轮迹。碾压过程中,表面应始终保持湿润,严禁有弹簧、松散、起皮等现象产生。

④检测报验区段：碾压过后无明显轮迹时开始检测压实度检测采用灌砂法，强度检验采用 K_{30}、E_{v2} 两种方法同时检测。

（2）土工格栅加筋土路堤填筑

此段路堤中心最大填高 6.93 m，要求对于填高大于 6 m 地段每填高 0.6 m，铺设土工格栅一次。

施工工艺要点：当路堤填土高度接近第一层土工格栅铺设高程时，及时进行高程复测，精确定出高程及边线位置，放出控制桩。沿路基横向铺设土工格栅，使强度方向与受力方向一致，不得不搭接铺设时，其连接必须牢固，另一方向密贴排放，幅与幅之间用土工绳绑扎，铺平、绷紧、拉直，用 U 形卡固定，边缘铺至边坡预留保护层处；铺设过程中严禁机械设备在上面直接碾压通过。铺设完成后，对铺设范围、铺设方向、连接方法、连接强度进行检测，合格后及时用填料覆盖。摊铺第一层填土用轻型推土机或前置式装载机采用进占法卸料，铺土厚度不得小于 30 cm。

（3）堆载预压施工

①测量放样

在施工前，按照设计图提供的预压范围进行测量放样，放出预压边桩并钉好木桩。

②堆载预压

施工前先于路基基床底层顶面铺设一层短纤针刺非织造土工布，铺设土工布时其路基表面碾压密实且平整，铺设时拉紧并固定后保证其与路基面密贴。土工布铺设其横向搭接宽度不得小于 20 cm，采用 U 形卡加固，严禁碾压及运输设备直接在土工布上碾压行走作业。铺设完成后在其上填筑一层 20 cm 的砂垫层。土工布铺设采用分段铺设，完成后分段分层填筑。

预压土填筑高度 3.0 m，采用分层碾压填筑，每层厚度不得大于 100 cm，为确保每级荷载下的路基稳定性，碾压后平均重度不得小于 18 kN/m³。横向边坡坡度 1:1，工点端部纵向边坡坡度 1:2，向外延伸，桥头未架设地段采用编织袋装土堆码。填筑完成后进行测量刷坡，完成后将土工布回折于预压土顶面，每侧宽度不小于 2.0 m，边缘用砖石压好，防止水土流失。

③沉降观测

堆载完成后，加强沉降观测，绘制"填土高度—时间—沉降量"观测曲线图，并进行分析预测工作，为确定预压土卸载时间提供依据，堆载预压时间不少于 12 个月。

④预压土卸载

根据在预压期内呈报的沉降观测资料，由建设单位组织设计、施工和监理单位共同研究确定卸载时间。挖除预压土时应分层进行施工，上部由机械来完成，剩余 0.2 ～ 0.3 m 厚的预压土由机械配合人工进行，减小机械施工时对原基床底层顶面的扰动。卸除预压土后，由平地机及人工对原基床顶面进行平整，然后由压路机进行碾压，直到符合验标要求。

（4）过渡段施工

①路桥过渡段

桥台基坑回填 C15 混凝土,基底挖除地基表层粉土,换填级配碎石至原地面。

采用 YZ25B 振动压路机具压实 6 遍(静压 1 遍、弱振 1 遍、强振 2 遍、弱振 1 遍、静压 1 遍)、松铺厚度 20 ~ 30 cm,压实厚度 15 ~ 25 cm。每层碾压完,自测合格后报验监理工程师抽检。合格后进入下一层填筑施工,若两层施工间隔大于 2 h,采用土工布进行覆盖养护。桥台锥体和相邻路堤与过渡段路堤同步填筑。水泥级配碎石在拌和站集中拌和,自卸汽车运输,人工配合装载机、平地机摊铺,重型碾压设备及小型振动压实设备夯实。大型压路机碾压不到的部位及在台后 2.0 m 范围内,采用小型振动压实设备进行碾压,填料的松铺厚度宜按 20 cm 控制。

②路涵过渡段

施工前,做好涵洞两侧的排水施工,防止水流对填料的浸泡或冲刷,路堑地段做好结构物基坑边坡整形。涵洞过渡段必须在涵洞主体及防水层施工完成后进行施工,进行两端过渡段对称分层填筑,并应与相邻路堤同步施工。靠近涵洞的部位,应平行于涵洞进行横向碾压。结构物顶的填料与结构物两侧 2 m 范围内的水泥级配碎石同时采用小型振动机碾压成型,大型压路机碾压不到的部位应用小型振动压实设备分层进行碾压。

采用 YZ25B 振动压路机具压实 6 遍(静压 1 遍、弱振 1 遍、强振 2 遍、弱振 1 遍、静压 1 遍)、松铺厚度 20 ~ 30 cm,压实厚度 15 ~ 25 cm。每层碾压完,自测合格后报验监理工程师抽检。合格后进入下一层填筑施工,若两层施工间隔大于 2 h,则采用土工布进行覆盖养护。

(5)基床表层级配碎石填筑

基床表层的填筑工艺按照验收基床底层、铺设土工布及砂垫层、级配碎石搅拌运输、摊铺碾压、检测修整的"五区段"和修正基床底层非冻胀土顶面、铺设土工布及砂垫层、拌和、运输、摊铺、碾压、检测试验、修整、养护的"八流程"施工工艺组织施工。各区段或流程只能进行该区段和流程的作业,严禁几种作业交叉进行。

①验收基床底层

基床表层填筑前应检查基床底层几何尺寸核对压实标准,不符合标准的基床底层应修整达标。

②铺设土工布及砂垫层

在非冻胀土层验收合格的基床底层上铺设土工布和砂垫层,摊铺宽度为 13.80 m。变更后砂垫层厚度为 5 cm,采用人工摊铺砂垫层,并根据含水量洒水静压(三遍)。土工布采用热熔焊机进行焊接,纵向和横向搭接长度 10 cm。

③测量放样

测量队进行试验段测量交底,按 10 m 一桩放中线和边线,设置钢丝绳基准线。

④拌和

级配碎石混合料采用级配碎石拌和设备在拌和站集中进行拌和。

⑤运输

装料时,车要有规律的移动,使混合料在装车时不致产生离析。采用自卸车运输,运输过程中用防水篷布覆盖。保证足够的运输车辆,使摊铺机能够不间断的连续摊铺。运料汽车在摊铺机前10～30 cm处停住,不得撞击摊铺机。卸料过程中汽车挂空挡,靠摊铺机推动前进,以确保摊铺层的平整度。

⑥摊铺

表层级配碎石第一层及第二层采用摊铺机分双幅摊铺,幅宽分别为第一层13.85 m、第二层13.35 m、第三层12.56 m,其中两侧各加宽0.2 m,按1:1溜坡,并辅助人工拍坡;基床表层级配碎石试验段摊铺中心分层厚度(压实厚度)由下到上为:15 cm + 20 cm + 20 cm。

⑦碾压

采用20 t振动压路机进行碾压。试验两种碾压组合方式,分别为:静压1遍—弱振1遍—强振2遍—弱振2遍—静压1遍、静压1遍—弱振1遍—强振3遍—弱振1遍—静压1遍。碾压遵循先轻后重、先慢后快的原则。直线地段,由两侧路肩开始向路中心碾压;曲线地段,由内侧路肩向外侧路肩进行碾压。各区段交接处相互重叠压实,纵向搭接压实长度不小于2.0 m,纵向行与行之间的轮迹重叠不小于40 cm,上下两层填筑接头应错开不小于3.0 m。

⑧检测

级配碎石碾压第七遍后开始进行试验检测。砂垫层上最底层级配碎石检测标准采用基床底层标准检测,上部采用基床表层级配碎石标准检测,严格按照规范要求的试验方法、试验点数、检验频次,逐层分段、分部进行试验检测,合格后报验监理工程师抽检。

⑨修整、养护

对构造物等基础周围采用人工及小型机具摊铺整形,小型振动夯实机具夯实。整形后,应采用土工布进行覆盖养护。

(6)基床表层防水混凝土施工

防水混凝土施工必须严格按照设计图纸及规范要求进行,做好防水层排水坡度、疏通底座泄水管以利于线间积水排出。

对基床表层C40防水混凝土进行实验测得最佳配比,提高质量防止混凝土开裂、起皮。

纤维混凝土与轨道板底座及电缆槽接缝处塑料薄膜隔离层,采用热沥青砂浆浇注。伸缩缝沥青砂浆浇注前必须清理缝隙内垃圾,露出新鲜级级配碎石面,且沥青砂浆浇注必须饱满,不得留有空隙,防止雨水灌入。

(7)沉降观测

在两水准基点之间沿线路方向按间距不大于200 m且距线路中心距离不超过100 m的地方布设工作基点。工作基点布设在不受施工影响的稳定土层内,以便长期使用和保存。点位埋设的方式同水准基点相同,并编写工作基点号。

路基面采用沉降观测桩,地基面采用沉降板、剖面沉降管进行观测。各种观测桩、管等根据设计要求进行埋设并设专人进行检查保护,避免施工过程中损伤、位移。

施工过程中设立沉降观测小组,每 7 天将观测数据以电子文件形式及时报给分析评估单位;路基填筑完毕,路基面观测桩开始监测后每半个月上报一次,以便对沉降发展情况分析,提出相应建议。

3. 路基填料掺拌改良

根据设计调配,本段填料主要来源为利用挖方段泥灰岩填料。挖方段除表层不能利用的粉质黏土和全风化覆盖土层外,主要为需爆破开挖的强—弱风化泥灰岩。根据试验情况该种料在碾压过程产生滑移,内部骨料不能互相咬合紧密,在碾压过程很难趋于稳定;表面片状骨料被压碎,细骨料在振动碾压作用下落,表层形成大小不一的粗骨料层,在一定碾压遍数后,特别在振动作用下内部结构趋于松散出现检测值下降的情况,无法达到质量标准,不能直接作为路基填料使用。

针对泥灰岩填料难以压实的实际情况,结合本地区复州河道天然砂砾较丰富的资源条件,经设计、监理、施工现场研究,进行了按 1:1 掺拌比例掺拌天然砂卵(砾)石的物理改良试验。通过填料试验,按 1:1 掺拌后,填料为 A 组级配好的细角砾,颗粒密度 2.64 g/cm^3。经工艺试验确定物理改良的泥灰岩填料通过压实内部镶嵌紧密,碾压 7 遍后达到压实质量各项指标要求。

四、主要管理措施

1. 工程技术管理

工程技术管理主要由总工程师负责,具体工作如下:

(1)施工前组织进行图纸审核,对发现的问题及时与设计院进行沟通解决。

(2)组织进行施工调查并形成施工调查报告。

(3)主持、督促完成地基处理、路基填筑的开工报告编制及审批工作。

(4)编制及下发岩溶注浆、强夯、路基填筑等工序作业指导书及技术交底,并由工程管理部组织对劳务作业队进行交底,保证交底到最底层。

(5)完善技术工作等各项制度,包括技术交底、施工日志、内业资料、设计变更、原始记录等,并每周进行例行检查、督促。

2. 工程物资、设备管理

(1)生产副经理根据工程管理部提供工程数量、技术交底、工期计算等安排物质设备部租赁或购买机械设备,满足现场施工要求。对于岩溶注浆钻孔设备潜孔钻、强夯、运输车、推土机、装载机等设备采用租赁。

(2)物质设备部根据工程部提供的甲供材料(包括土工布、水泥、土工格栅等)清单向指挥部上报材料计划,并购买自购材料设备。

(3)物质设备部定期盘点物资、检查设备性能,保证物资到位,设备性能良好。

(4)做好项目部与劳务作业队、劳务作业队之间的周转材料统计、签认工作。

3. 安全质量管理

（1）编制及下发岩溶注浆、强夯、路基填筑等工序安全施工技术交底资料，并对劳务作业队工人进行全员培训。

（2）做好日常监督检查工作，对发现的问题进行记录并下发整改通知单要求劳务作业队进行限期整改，必要时根据项目部规章制度采取罚款等措施。

4. 劳务队伍管理

项目部与劳务作业队签订岩溶注浆、强夯、路基填筑施工劳务合同。严格按照合同要求进行管理及验工计价工作。向劳务作业队认真做好技术交底工作。

5. 征地拆迁管理

（1）根据国家法律、法规进行征地拆迁工作，保证人员、设备迅速进场打开作业面。

（2）及时协调解决日常工作中遇到的突发阻工等事件。

（3）做好对外协调如临时占地、大临用电、青苗补偿等工作。

6. 文明施工

做好施工现场文明施工工作，包括标识、标语、标牌。组织各种培训提高参建人员综合素质，展现"人文哈大、科技哈大、创新哈大"的精神面貌。

7. 环保、水保措施

（1）废气污染：通过租赁新型、新购设备，合理利用机械设备作业时间，提高使用效率，减少机械设备排放废气污染。

（2）废水污染：在施工现场开挖污水池，集中排放、引流、沉淀，避免四处污染，解决岩溶注浆阶段产生的废水、废液排放污染。

（3）噪声污染：通过避开村民休息时段施工，在可施工时间内提高工作效率，为机械加设减噪设备等，降低机械设备的噪声污染。

（4）扰动污染：通过在施工区域内挖设减振沟，减少扰动，减少强夯施工过程中产生的扰动污染。

（5）烟尘污染：通过在钻孔阶段临近村庄侧设置彩条布屏障，路基填筑阶段利用水车随时洒水降尘等，减少岩溶注浆钻孔阶段产生烟尘及路基填筑阶段机械拉运填料产生烟尘污染。

五、主要成效

岩溶地段注浆加固效果明显，经检测达到了预期加固效果。路基工后沉降符合设计要求，累计沉降量小于 15 mm，线路路基质量达标。

第二节　DK113+600~DK114+500段冻胀路堑施工

一、工程概况

DK113+600~DK114+500 段路堑采用路堤式路堑，路堤部分高 0.7 m。其中部分路段基床表层换填 0.55 m 厚的级配碎石,路堑中心最大挖深 17.49 m,边坡最大高度 20.18 m。

地质情况如下:地层:填筑土,褐黄~褐红色,密实,潮湿,主要由中砂组成,含约 30%~40% 粗角砾及细角砾,成分为石英砂岩,充填少量黏性土,层厚 0~1.70 m。粉土:黄褐色,稍密,稍湿,含少量细角砾及中砂,厚度 0~0.5 m。砂岩:褐红色,主要矿物成分为长石、石英,中砂结构,厚层状构造,节理裂隙发育,岩层产状 185°∠10°、351°∠6°,勘测期间孔深范围未见地下水。

地震动峰值加速度 0.10g,土壤最大冻结深度 0.93 m。

二、工程特点及难点

1. 工程特点

(1)路基工程量大,且地处严寒地区,由于气候因素的影响,施工难度较大,有效施工工期较短。

(2)路基基床填料质量要求高,基床表层级配碎石细颗粒含量施工须严格控制。

2. 工程难点

(1)有效施工工期短,且地处东北严寒地区,冬季一般持续 3~6 个月,工程任务重与施工工期短的矛盾尤为突出。

(2)本线处于季节性冻土区域,路基冻害比较严重。由于特殊的地理环境和气候条件,形成了由南向北逐渐增厚(大连段冻结深度 0.93 m)的季节性冻土层。施工前重点考察和了解东北地区路基的冻害现状,针对冻害存在的各种形式制定出有效防治路基冻害的具体措施。

(3)路基质量标准高、技术新、技术难。

(4)路基防护工程类型多、数量大。

三、施工组织

1. 劳动力配置

根据本工程工期紧的特点,安排 2 个施工队进行开挖,2 个施工队伍进行碎石回填及铺设保温板、砂垫层,2 个施工队伍进行废渣的外运工作等,2 个施工队伍进行侧沟混凝土施工,2 个钢筋加工厂,1 个混凝土拌和站。

根据渗沟工程数量和工期要求,主要劳动力配置见表3-1。

表 3-1 主要劳动力配置

工 种	数量(人)	职 责
钢 筋 工	70	负责钢筋加工与绑扎
混凝土工	52	负责混凝土施工
木 工	60	负责模板加工及安装
普 工	450	配合其他施工

续上表

工 种	数量(人)	职 责
司 机	62	负责混凝土运输和弃土运输、运料
电 工	2	负责施工用电及维护
其他机械操工	8	负责挖掘机、拖式地泵
修 理 工	2	负责机械维修

2. 机械设备配置

主要机械设备配置见表3-2。

表3-2 主要机械设备配置

设备名称	规格型号	单 位	数 量	状 态	备 注
挖 掘 机	EX240	台	12	良好	配合破碎锤
挖 掘 机	EX330	台	2	良好	修路堑便道
破 碎 锤	EX350	台	26	良好	开挖渗沟
装 载 机	ZL50 型	台	2	良好	配合施工
吊 车	QY25T	台	4	良好	下 料
混凝土拌和站	HZS90	座	1	良好	—
混凝土运输车	12 m³	台	20	良好	—
地 泵	HBT40S-07-45	台	4	良好	—
钢筋切断机	GQ40-3	台	4	良好	—
钢筋弯曲机	GW40A	台	4	良好	—
风 镐	3 m³	台	100	良好	—
自 卸 车	6 m³	台	40	良好	—
发 电 机	50 kW	台	20	良好	—
污 水 泵	50 m 扬程	台	20	良好	—
插入式振捣器	2 kW	台	20	良好	—

四、关键施工技术及措施

工程措施有：路堑施工、路基基底换填、路堤与路堑过渡段、预应力锚杆格梁、孔窗式护坡及护墙，后期新增渗沟。

1. 路堑施工

（1）土质路堑施工

①施工准备：按设计进行测量放线，清除堑顶草皮、杂物、树根并用白灰线控制堑顶边线。路堑开挖前做好天沟、排水沟，以防雨水冲刷边坡。

②开挖方法：开挖自上而下纵向分段、水平分层进行，纵向坡度不小于4%，一般按4~6 m为一层，采用推土机推土，装载机或挖掘机配自卸车装运的方式，分层开挖，开挖一级，加固防护一级。

③边坡整修:主要采用机械整修边坡,人工配合,按设计边坡利用坡度尺拉线,根据拉线修整边坡,开挖与修整边坡同步进行,超挖部分,采用路基填料进行回填。然后开始第二层开挖,依次循环。需做防护的边坡,当防护不能紧跟开挖时,暂留了一定厚度的保护层,做防护时人工修整边坡到设计位置。

④弃土:弃土场的位置与高度应保证路堑边坡、山体和自身的稳定,且不得影响附近建筑物、农田、水利、河道、交通和环境等。

⑤冬季施工:路堑开挖不能一次性挖至设计标高,路堑边坡和基床要预留最大冻融深度待冻融结束后才能开挖。

(2)石质路堑施工

①施工准备:石质路堑采用爆破法施工,首先进行坡口桩及坡面放样,坡口桩放样完成后对施工对进行技术交底,交底内容包括:本级台阶坡率和台阶高度以及碎落台宽度和在刷坡过程中应该注意的问题和严格遵守的规范。

②施工方法:采用手风钻或潜孔钻钻孔进行浅孔控制爆破,反铲挖掘装运汽车运输的机械化施工方法。具体爆破开挖纵向分台阶开挖,从上而下分层依次分块分次实施爆破进行。边坡部位采用预留 1 m 厚光爆层进行光面爆破,有助于提高边坡稳定性和美观程度,局部人力风镐清除施工。

③布孔:光面采用"一字形",主炮孔采用"梅花形"布孔形式,光面爆破孔间距 0.8 m,炮孔直径 100 mm。布孔须由专门技术人员,按设计孔网参数现场布设,并用红油漆或木(竹)桩标明孔位。

④钻孔:技术人员按照孔网参数现场布孔,并做好孔位标示,由现场专业施工人员实施操作,基本操作方法:软岩慢打,硬岩快打,采用手风钻和潜孔钻相结合方式。光面采用"一字形",主炮孔采用"梅花形"布孔形式,根据爆破分层台阶高度,光面孔、主炮孔深度确定为 5 m。钻孔要求"对位准""方向正""角度精"。"对位准"就是布孔桩位准确钻孔;"方向正"就是钻孔必须垂直于边坡底线;"角度精"就是按设计坡率钻孔,从而保证了边坡的稳定、平整、光滑美观。

⑤钻孔保护:钻孔完成后,经检查深度符合要求,吹净残渣后用编织袋将孔口保护好,防止地表水或碎石注入孔内造成塌孔或堵孔。

⑥装药与堵塞:装药结构分集中连续装药、间隔装药及不耦合装药。集中连续装药、间隔装药用于主炮孔装药,不耦合装药用于光面爆破。装药必须由经公安部门培训后,持爆破员作业证,方可上岗装药。装药人员必须按设计的装药结构和装药量逐孔进行。严禁多装药和乱装,装药中要保护好爆破线。光爆孔装药采用间隔一定距离的药串联结构即纵向空气间隔装药。在孔口 1.5 m 左右不装药,进行加强堵塞,堵塞段以下 2 m 左右线性装药为装药密度的一半。选用优质炮泥堵孔,按设计长度进行堵塞,分层捣实。做好严格按设计装药,做好堵塞,是确保爆破效果和爆破安全的重要手段。

⑦起爆网络:起爆网络是爆破成败的关键,必须做到按设计网络的起爆顺序、起爆间隔、起爆时间完全准爆。光面爆破部分采用同一段雷管并联,主炮孔按爆破顺序采用

不同段雷管并联、串联,导爆管串联汇总处用电雷管引爆。

⑧安全要求:爆破钻孔要避开裂隙,选用适当段位雷管和合理爆破时间差,以减少冲击波、爆破地震波作用。飞石及空气冲击波控制,深孔爆破按《爆破安全规程》规定,最小安全允许距离不小于200 m,并根据每次爆破规模、天气情况确定,有风时必须加大距离。此外,为有效控制爆破飞石不产生飞散还应保证炮孔堵塞长度等于或大于最小抵抗线或20倍炮孔直径、炮孔覆盖软垫防护。所有人员撤离200 m以外地区(按警戒规定范围)可控制飞石不伤人。爆破过程配备专业警戒人员,对爆破区域进行重点专业防护。爆破器材严格按照有关规定进行申领,爆破器材未能在当天当次爆破中使用完的,要严格按照规定退库。

2. 路基基床填筑施工

(1)基床表层填筑前对基床底层的压实质量和几何尺寸进行复查确认。

(2)依照设计资料精确测放路基边线及线路中心线,打桩标示;直线地段每20 m一个桩,曲线地段每10 m一个桩,并在桩间挂线标示出填料分层摊铺厚度。

(3)根据级配碎石配合比进行材料拌和,严格控制好级配碎石的细颗粒含量(不超过5%)、含水率等技术指标。

(4)将级配碎石生产厂拌和好的级配碎石混合料用自卸汽车尽快运输到现场,防止水分蒸发损失过多。

(5)采用摊铺机按工艺试验确定的每层摊铺厚度分层铺摊(分3层施工,底层压实厚度2层均为20 cm,面层压实厚度15 m),左右幅应同时进行摊铺碾压,避免形成纵向施工缝。根据所在地段级配碎石的总厚度均匀分层,但分层的压实厚度最大不超过20 cm,最小不低于10 cm。摊铺前根据测量标线调整好摊铺机左右的控制高度。

(6)摊铺时,在摊铺机后面配备人员及时消除粗细集料离析、集窝现象。对于粗集料"窝"和粗集料"带"应添加细集料并拌和均匀;对于细集料"窝"应添加粗集料并拌和均匀。

(7)整形后,当表面尚处湿润状态时应立即进行碾压。如表面水分蒸发较多,明显干燥失水,在其表面喷洒适量水分,再进行碾压。

(8)直线地段,由两侧路肩开始向路中心碾压;曲线地段,由内侧路肩向外侧路肩进行碾压。碾压时,压路机的碾压行驶速度开始采用慢速,以后几遍逐渐加快,但最大速度不超过4 km/h。沿线路纵向行与行之间压实重叠不小于40 cm,各区段交接处,纵向搭接压实长度不小于2 m。曲线地段两线间及曲线外侧台阶部位采用冲击夯夯实。

3. 路堤与路堑过渡段施工

(1)过渡段填筑前,先平整地基表面,碾压密实;并挖除堤堑交界坡面的表层松土,按照设计要求做成台阶状。路堤与路堑连接处,顺原地面纵向挖成1:2的坡面,坡面上开挖台阶,台阶高度0.6 m左右,开挖部分填筑要求同路堤。

(2)过渡段填筑施工应与相邻路堤同步进行,大型机械能碾压到的部位其施工方法应符合《客运专线路基施工技术指南》的有关规定,即靠近堤堑结合处应沿堑坡边缘进行横向碾压,大型机械碾压不到的部位应采用小型振动压实设施分层进行碾压,填料的松铺厚度不宜大于 20 cm,同时不宜小于 10 cm,碾压遍数应通过试验确定。

（3）施工前应做好路堤与路堑的排水施工,防止水流对填料的浸泡或冲刷。

（4）人工配合机械处理路堤基底和路堑表层并按设计要求人工开挖台阶,过渡段本体分层填筑、分区分层碾压,基床表层采用水泥级配碎石填筑。

4. 路基路堑边坡支挡、防护工程施工

（1）预应力锚索、锚杆施工

①定位:锚索（杆）孔定位采用全站仪测量,在岩面上标出孔位,在排架平台上标出后视点确定钻孔方位。

②钻孔:锚索（杆）孔采用的是地质潜孔钻机钻孔,钻头钻进 20～30 cm 后进行一次角度校核,在钻进过程中要工作一段时间、钻进一定深度后进行孔斜的测量,以确保钻孔倾角、方位角均能依照设计要求控制在 5°以内。锚索（杆）钻孔要求干钻,禁止水钻,以确保锚索施工不致于恶化边坡岩体的工程地质条件和保证孔壁的黏结性能。为清除钻孔及孔壁上附着的粉尘、泥屑等,钻孔完成后必须使用高压空气（风压 0.2～0.4 MPa）将孔中岩粉及水全部清除出孔外,以免降低水泥砂浆与孔壁岩体的黏结强度。保证孔内干燥和孔壁的干净粗糙,钻孔完成并清洗干净后应对孔口进行暂时封堵,不得使碎屑、杂物进入孔口。

③记录:钻进过程中应对每个孔的地层变化,钻进状态、钻压、钻速、地下水及一些特殊情况作现场记录,如遇地层松散、破碎时应采用跟套管钻进技术,以使钻孔完整不坍。如有地下水从孔口溢出时应采用固结注浆,以免锚固段注浆体流失或强度降低。如遇坍孔应立即停钻进行固壁灌浆处理,灌浆压力控制在 0.1～0.2 MPa,待水泥砂浆初凝后重新扫孔钻进。

④锚索编制:经检验合格的钢绞线在下料前,将有锈坑的清除不用,然后将表面无损伤、无死弯的钢绞线平放在厂房施工区外侧的专用工作平台上进行处理。为避免使用电弧和乙炔焰切割时使钢铰线受高温加热而改变其物理力学性能,对钢绞线的切割必须采用机械切割。

编制锚索时,将钢绞线和注浆管平摊于工作台上,对钢绞线进行编号,并在出口段（外端）用不同的颜色或挂牌区别。将注浆管、钢绞线捆扎成束。在钢绞线和注浆管之间用隔离支架分离,两对隔离支架间绑扎一道无锌铅丝成枣核状。在进行该步骤施工时,要求施工人员确保钢绞线平行,不产生交叉、缠绕的现象。

⑤锚索穿索:锚索穿索入孔时采用卷扬机牵引配合人工定位的施工方法进行。

⑥锚固段灌浆:采用孔底返浆进行注浆。注浆管应随锚体一同送入孔底,在注浆时边注边拔,使注浆管始终有一段埋于注浆液中,直到注满。当孔中存有积水时,注入的浆液会将积水全部排出,待溢出浆液的稠度与注入浆液的稠度一样后再抽出注浆管,注浆压力≥0.3 MPa。灌浆结束标准,主要以灌浆量大于理论耗浆量,回浆比重不小于进浆比重,且孔内不再耗浆为控制依据。灌浆过程中对耗浆量、止浆环气囊压力及回浆压

力等诸项数据进行仔细检查。若耗浆量过大、气压或回浆压力偏小,判断可能存在地质缺陷、裂隙漏浆等异常情况,则必须进一步分析检查。

⑦锚索(杆)张拉:张拉前必须对张拉设备(千斤顶和油压表)进行标定,按照标定方程式计算出张拉力对应的油压表读数,同时计算出每个阶段锚索(杆)的理论伸长值,张拉吨位以张拉力控制为主。采用张拉力与伸长值同时控制的双控标准,若张拉伸长量的实测值未超出计算值6%允许偏差范围,则符合规范要求。通过伸长值的校核,可以综合反映张拉力是否足够以及预应力筋是否有异常现象等。张拉工序出现的夹片滑丝、实测伸长值超标等异常情况时,进行更换夹片重新张拉、单根补偿张拉、整束锚索返工等措施处理。在锚索张拉符合要求或出现异常情况但经处理符合要求之后方准许进入下道工序。

⑧张拉段灌浆:原材料检查及取样检测与锚固段灌浆浆材的质量控制相同。锚索在张拉锁定后即进行张拉段灌浆。灌浆压力控制在0.2~0.7 MPa。结束标准,注浆时间30 min,实际耗浆量大于理论耗浆量,回浆比重不小于进浆比重,且孔内不再耗浆。

(2)孔窗式护坡及护墙施工

①边坡砌筑应在坡面密实、平整、稳定后,方可铺砌。对坡脚位置进行测量放样,准确无误后挂线开挖基槽,开挖前做好临时排水设施。

②护坡及护墙施工采用人工配合机械挖基、刷坡,砌筑前将基底平整夯实,检查合格后方可进行砌筑。

③采用M7.5片石挤浆法施工。铺砌时先在坡面处挂线找平,然后自下而上进行砌筑,砌块不得大面平铺,石块应彼此交错搭接,错缝一般为7~8 cm,不得松动,严禁浮塞。砂浆在砌体内必须饱满、密实,不得有悬浆。砌体宜用15 cm以上的块(片)石。

④勾缝采用凹缝,凹缝成多边形。勾缝前先将松动和变形处修整完好,浆砌片石进行洒水养护。勾缝须嵌入砌缝内不小于2 cm,砌体勾缝牢固和美观。砂浆凝固后,墙面全部刷干净,使外貌整洁美观。

⑤混凝土预制块拼装排列整齐、平顺、紧密、美观,并与坡面及相邻浆砌片石砌体衔接密贴、稳固。

⑥沉降缝、伸缩缝、排水孔数量质量需符合设计要求,基底土质变化处设沉降缝,每隔20 m设一道沉降缝,缝宽2 cm并填塞沥青麻絮等防水材料。泄水孔采用PVC管,孔径10 cm,流水横坡4%,排水孔墙后设置碎石反滤层。

⑦砌体填筑完成后及时覆盖,进行洒水保持湿润养护。

5. 后期新增渗沟施工

(1)渗水盲沟施工主要工程数量、计划工期、材料、模板

①主要工程数量

DK113+600~DK114+500段为挖方路基,全长900 m,该挖方两侧的侧沟下方后期增设矩形渗沟,设置范围为DK113+535~DK114+685,长度为2 300单线m,渗沟主要工程数量见表3-3。

表3-3 主要工程数量

材 料 名 称	规格尺寸	数 量	单 位
钢 筋	$\phi 8$ mm	53.83	t
XPS 保温板	—	7 520	m²
PVC 带孔双壁波纹渗水管	315 mm	2 369	m
土 工 布	400 g/m²	14 628	m²
	200 g/m²	4 485	
碎 石	—	5 694.62	m³
伸缩缝板	—	113.7	m²
沥青麻筋	—	113.7	m²
混 凝 土	C35	1 104	m³
	C25	552	
混凝土圆管	$\phi 1$ 200 mm	216	m
凿除混凝土水沟	—	1 196	m³
凿除基岩	—	5 023.2	m³
废渣外运数量		6 824.2	m³

②计划工期

施工工期计划见表3-4。

表3-4 施工工期计划

施 工 项 目	开、竣工日期	有效工期(天)
施工准备	2012.3.10 ~ 2012.3.11	2
凿除钢筋混凝土侧沟	2012.3.12 ~ 2012.3.15	4
开挖基岩	2012.3.16 ~ 2012.3.30	15
弃渣集中清运	2012.3.31 ~ 2012.4.1	2
盲沟底部混凝土施工	2012.4.2 ~ 2012.4.2	1
盲沟底部混凝土养护	2012.4.3 ~ 2012.4.3	1
渗水管安装	2012.4.4 ~ 2012.4.4	0.5
检查井施工	2012.4.4 ~ 2012.4.4	1
盲沟内碎石运输及施工	2012.4.5 ~ 2012.4.6	2
中粗砂找平及保温层铺设	2012.4.7 ~ 2012.4.8	0.5
水沟底板钢筋混凝土施工	2012.4.8 ~ 2012.4.9	2
水沟侧壁钢筋混凝土施工(含养护)	2012.4.10 ~ 2012.4.12	3
水沟平台恢复	2012.4.13 ~ 2012.4.13	1
种植池恢复	2012.4.14 ~ 2012.4.14	1
清理现场	2012.4.15 ~ 2012.4.15	1

③材料

用于该处渗沟施工的钢筋、水泥、保温板由哈大铁路客运专线有限责任公司统一招标供应,属于甲供材料在所涉及的材料进场后经试验检验合格后方可用于施工。

混凝土由项目部拌和站集中拌和,采用混凝土罐车运至施工现场,经现场检验合格后用 HBT40S-07-45 拖式混凝土输送泵进行混凝土浇注施工。

④模板

侧沟结构尺寸 0.6 m×0.8 m(深×宽),因施工时无便道、工作面狭小、运输困难等因素影响,经合理优化方案,决定采用竹胶板进行模板加工,用 6 cm×9 cm 方木作为背肋及横向支撑,保证模板质量、强度及稳定性,一次性投入 2 050 m 的水沟模板,确保项目保质保量按时完成渗沟施工。

(2)渗沟施工方案

①渗沟开挖

本段渗沟共投入 EX350 以上破碎锤 26 台,小挖掘机 13 台。施工 24 h 进行作业,2 台 EX330 破碎锤、1 台小挖掘机为一组,2 台破碎锤进行凿除混凝土水沟及渗沟开挖,小挖掘机配合将凿除的废渣进行翻倒,给破碎锤提供工作面,每 3 m 长为一循环。EX350 破碎锤利用原有侧沟平台及边坡侧的种植池作为临时通道进入施工场地,凿除钢筋混凝土水沟、盖板及沟内结冰;挖掘机将破碎的混凝土及石砟向后翻挖、向后翻挖出的石渣直接摊铺在原有水沟及平台上,作为下一步机械施工的车行通道,为下一层 EX350 破碎锤凿除作业提供工作面,地下水丰富地段用污水泵将水抽排至路堑顶部天沟内;EX350 破碎锤第二层施工,凿除 0.6 m 厚岩石,挖掘机将破碎的混凝土及石渣向后翻挖、修道,为下一层 EX350 破碎锤凿除作业提供工作面,污水泵抽水;EX350 破碎锤第三层施工,凿除 0.6~1.2 m 厚岩石;如此循环直至开挖到渗沟设计标高。渗沟开挖如图 3-1 所示。

图 3-1 渗沟开挖

由于渗沟开挖过程中出水量大导致无法正常作业,施工单位利用 20 台 50 kW 发电机、20 台 50 m 扬程的污水泵,配备 40 名工人进行抽水,及时将沟内的积水抽至堑顶天沟,为破碎锤开展作业面。

设计渗沟宽度为 1.2 m、深度 2.2 m,开挖采用破碎锤施工,无法上下垂直进行凿除开挖,为保证底宽满足设计要求,必须进行超宽开挖,才能满足设计尺寸要求,并在挖除弃方之后，采用人工风镐修槽。

渗沟施工必须将原有侧沟凿除并下挖一定深度才能够施做。挖方左右侧同时进行开挖，开挖至上跨桥桥墩处，采用人工风镐配合破碎锤完成凿除工作，以保证上跨铁路桥安全及稳定性。

渗沟开挖完成之后，没有工作面其余材料无法进入，因此在开挖完成后采用装载机在料场装料、自卸汽车运料至路堑内、挖掘机平整、人工配合局部修整，在渗沟上部修筑临时便道，随后利用自卸汽车进行碎石存储施工，碎石必须全部存放在底座外边缘与护肩之间，碎石只能卸至临时便道之上，然后人工进行二次翻倒，直至存放位置、卸料位置铺设彩条布，确保碎石含泥量（重量计）小于2%的设计要求，并保证碎石存放之后横向有足够宽度，供列车安全通行。

渗沟每间隔30 m设置一处检查井，直径1.2 m、深度2.7 m，检查井采用预制的圆管，现场进行拼装，并配有相应的圆形C20混凝土井盖，圆管必须同碎石采用同样的方法存放，最后，人工与吊车互相配合进行下管安装。

②废渣外运

凿除的混凝土水沟之中钢筋较多，与混凝土连成大整块，考虑到运渣时不好装卸且运存碎石、检查井圆管等材料时对运输车辆的轮胎易造成损坏，影响正常安全行驶，故安排10名工人，配备5套气焊进行钢筋头切割，确保施工现场运输安全。

开挖完成以后开始废渣外运，外运时难度较大，作业面狭小，只能从挖方中心向两侧施工，由于条件限制仅分为4个作业面，24小时装卸，每个作业面配挖掘机1台，自卸汽车4辆，将废渣运至10 km外的弃土场，装载机进行平整。

③沟槽清底、渗沟底找平层混凝土施工

废渣是从挖方中心向两侧外运的，开始人工配合小挖机进行槽底清渣，松散的石块全部清除到沟槽之外，局部超挖的用混凝土进行回填，局部尺寸不满足设计要求的采用人工风镐修整，为施工找平层混凝土做准备。清理完成之后及时报请设计院及监理单位对基底进行验槽并复核基底标高和坡度，满足设计要求之后再进行找平层混凝土施工。

找平层混凝土标号为C25，其主要作用为后期排水通畅做保障，施工时技术人员必须全程跟踪，利用水准仪控制高程。混凝土施工采用4台HBT40S-07-45拖式混凝土输送泵，人工配合浇筑混凝土，12 m³混凝土运输车20台，人工翻倒混凝土，插入式振捣器振捣，最后人工收面，保证排水坡方向正确，双壁波纹渗水管安装轴线统一，覆盖土工布进行养护。

④检查井安装、铺设渗水管、土工布、回填碎石

检查井采用预制圆管，对于吊车能安装地段，采用人工配合吊车使用软式吊装带，每根圆管缠绕两端各一圈，保证圆管不旋转、不脱落，直接安装到指定位置；吊车不能施工地段，人工用绳子缠绕圆管两端，缓慢将圆管滚入沟槽内，采用人工、架立三脚架配倒链葫芦进行扶立，然后缓慢安装到位。利用冲击钻在圆管与渗水管相交位置，钻直径

315 mm 的圆孔,保证圆管顺利通过,以利排水。

在混凝土找平层上方铺设 PVC 带孔双壁波纹渗水管,施工时注意渗水管接头是承插式的,确保安装牢固。渗水管的出水口必须畅通,出口要高于地面,避免出水口回流。

人工铺设土工布并固定四周,下道工序是碎石回填,人工进行碎石回填并每填高 0.3 m,利用小型打夯机进行打夯处理。由于施工场地受限,碎石为提前存放到底座外边缘与护肩之间,进行了超宽开挖,才能满足设计尺寸要求。碎石回填到一定高度,另外在检查井处不能回填到平台顶面,需留出 0.8 m 的高度(具体位置为检查井的大小里程各 5 m 范围内),以方便施工侧沟,待侧沟施工完成之后再进行该部分的碎石回填。

⑤砂垫层、保温板铺设

将包裹碎石的土工布折回,重叠搭接不小于 0.2 m。中粗砂铺设利用三轮车、人工配合运到现场,铺设厚度为 5 cm,找平之后铺设 2 层 XPS 保温板,2 层保温板之间接缝必须错开,然后在保温板上方铺设 5 cm 厚的中粗砂找平,便可进行下道工序施工。

(3)渗沟侧沟及保温出口施工

①侧沟钢筋绑扎及底板施工

侧沟施工计划安排 2 个施工队,分 4 个作业面进行施工,设钢筋加工场 2 处,用三轮车将加工成型的钢筋运至路堑之内,分散在各作业面位置进行钢筋绑扎,每隔 10 m 设置一道伸缩缝。底板混凝土浇筑施工,采用 HZS90 型拌和站集中搅拌,混凝土标号为 C35,现场利用 4 台 HBT40S-07-45 拖式混凝土输送泵,人工配合施工,12 m³ 混凝土运输车 20 台,人工进行翻倒,插入式振捣器振捣,水沟底板面应收光压实,严格控制水沟排水坡并及时覆盖土工布进行养护,在挖方的左右侧同时进行施工,且从挖方中心向两侧进行。

②模板架立、侧壁浇筑

由于工期紧,任务重,为达到施工目标,合理优化施工方案,本段水沟模板采用竹胶板加工成型,通过计算共配备 2 050 m 模板。因水沟结构尺寸为 0.6 m×0.8 m(深度×宽度),故在模板背面采用 6 cm×9 cm 的方木做背肋及中间的横向支撑,保证模板强度。施工时为保证水沟侧壁厚度及遇检查井能圆顺过渡避免造成反坡积水,经计算在检查井大小里程 5.27 m 范围内现场施工时架立 3 面模板以满足要求。混凝土施工受边坡高等因素影响,现场采用 4 台 HBT40S-07-45 拖式混凝土输送泵,人工配合施工,12 m³ 混凝土运输车 20 台,钢筋混凝土水沟每间隔 10 m 设置一道伸缩缝,严格控制伸缩缝的留设位置,侧壁伸缩缝与底板伸缩缝必须上下统一,伸缩缝宽 2 cm,缝内填塞沥青麻筋。

③水沟平台恢复及保温出口施工

水沟平台是指水沟与护坡之间的平台,该平台厚度 0.3 m,施工时采用 C30 混凝土浇筑,采用竹胶板加工模板,HBT40S-07-45 拖式混凝土输送泵及溜槽配合施工,人工翻倒混凝土,插入式振捣器振捣。

保温出口严格按照设计图纸施工,保温出口中心位置设置集水井,混凝土管底设

C25 混凝土基础。集水井于垂直线路与线路夹角 45°方向设置圆形出口,直径 0.3 m,出口底高出地面不小于 0.3 m,出口处设置铁篦子,蓄水带为片石码砌,其顶部高出出水口顶以上 0.5 m,片石四周设 0.3 m 厚的碎石垫层,并于碎石顶部铺设 2 层 XPS 保温板,厚 0.1 m,蓄水带设干砌片石出口,厚度不小于 0.5 m。保温出口内干砌片石蓄水带范围设置端墙,采用 C30 混凝土浇筑,胸坡 1:0.25,背坡上 1:0.25,墙底水平设置,埋深不小于 1.0 m。保温出口地面采用 M10 浆砌片石砌筑,厚 0.3 m,顶面采用 0.02 m 厚 M10 水泥砂浆抹面。

五、主要管理措施

1. 安全管理措施

(1)加强安全检查和检测。路堑开挖时经常检查坡面的稳定。每天开工前、收工前将对坡面、坡顶附近进行观测,如发现有裂缝和塌方的迹象或有危石时立即处理。凡不能处理且对施工安全有威胁时,暂停施工并报告处理。路基不良地段施工时开挖前和开挖过程中及时检查坡面情况,发现情况及时处理。遭遇阴雨天气时加强安全检查,必要时坡面覆盖防护。加强量测监控工作,认真分析数据,做好不良地质情况预报预测,同时准备好抢险预案。

(2)规范安全操作工艺。通过分段跳槽开挖、快速砌筑工艺做好挡护或坡面防护工程基础。护坡砌筑到一定高度时要设防护栏杆加安全网。路堑上方布置临时设施时,距坡顶线保留一定的安全距离,距边坡线 3 m 范围内硬化,并设置坡顶截、排水沟,大型施工车辆不得靠近坡顶线行驶,以免边坡局部集中受力失稳。按指定地点弃土,保证弃土堆的自身稳定,防止弃土对农田、河道的污染。

(3)醒目安全标识。在施工现场醒目位置悬挂危险源辨识牌,加挂安全警示标牌等,实时提醒现场每位施工人员安全意识。

2. 质量保证措施

(1)原材料质量保证措施

原材料按技术质量要求由专人采购与管理,采购人员和施工人员之间对各种原材料认真做好交接记录。

原材料进厂(场)后对原材料的品种、规格、数量以及质量证明书等进行验收核查,并按有关标准的规定取样和复验。经检验合格的原材料方可进厂(场)。对于检验不合格的原材料,按有关规定清除出厂(场)。并及时准确建立"原材料管理台账",内容包括材料名称、品种、规格、数量、生产单位、供货单位、"质量证明书"编号、"复试检验报告"编号、检验结果以及进货日期等。

按照工厂化生产要求,原材料合理堆放并明确标识,标明材料名称、品种、生产厂家、生产日期和进厂(场)日期。水泥、矿物掺和料等采用散料仓分别存储。袋装粉状材料在运输和存放期间采用专用库房存放,不得露天堆放且特别注意防潮。粗骨料按技术条件要求分级采购、分级运输、分级堆放、分级计量。对骨料堆场进行硬化处理,并设置必要的排水条件。

（2）人员保证措施

安排得力技术骨干，充实各关键技术岗位，选派专业理论强且有丰富施工经验的人员担任各部门质量负责人，各施工队和作业班组选派有丰富施工经验的人员负责，结合本工程特点和要求开展岗前培训和技术交底。

（3）技术保证措施

认真会审图纸，吃透设计意图并组织对施工现场进行深入踏勘和调查，制定切实可行的施工方案。努力推广适用的新技术、新工艺、新材料、新结构，建立二级复核制，由项目部工程科、质检科、试验室等有关科室和施工队相关人员形成二级控制，坚持复核制度。

（4）特殊季节工期保证措施

①雨季施工

本标段所在地区雨季为 3～8 月份。拌和场和路基施工受雨季影响较大，为确保工期目标不受雨季影响，采取了以下措施：

a. 工地生产调度加强对气象、气候信息的收集，提出现场措施和准备，减少雨、汛停工损失，雨后及时恢复施工。

b. 疏通既有排水系统，保证排水畅通。

c. 备齐备足防洪物资、排水设备，减少损失，提前储备施工材料，保证汛期施工连续性。做好施工现场排水，防止生产材料、设备和临时设施被淹。

d. 为防止雨水对路基边坡造成冲刷，下雨前，路基边坡用塑料薄膜覆盖，将路基面汇水引至路基坡面的临时排水沟，排出路基外。边坡临时排水沟深 40 cm、宽 60 cm，全沟均顺铺塑料膜，以防止雨水渗至路基体内。路堑地段及时施作边坡防护、排水系统工程，使其尽早发挥功能。

②冬期施工

本标段受冬季影响的工程主要是指坉土施工，因此，在进行坉土施工时，主要采取了如下措施：

a. 制定详细工程防寒保温、防滑保稳、防冻害施工方案，从设施、环境上按安全度冬的要求配置、改良修建，切实做好保温、防冻等安全措施。

b. 为预防气温突然下降对工程施工的影响，在冬期施工前后时间，收集气象资料，随时关注天气变化，及时采取防冻措施，如水循环散热、机械设备停机时放水等，预先做好各项防冻准备工作。

c. 严格按冬季施工相关规定和规范要求组织施工。

六、主要成效

该段路基及渗沟施工中，严格按照设计及规范要求施工，保证了工程质量、安全及工期；克服了工期紧、交叉施工的干扰，使用的工法工序经优化，大大提高了劳动效率，节约了成本。新增渗沟施工有效防止了冻胀问题,为以后的路堑高边坡防护及路基冻胀处理施工积攒了宝贵的施工经验。取得的主要成效有:

(1)渗沟施工期间加强对接触网基础及已开挖渗沟的路堑边坡进行监测,尤其是护墙防护段的监测,监测主要采用人工巡检配合仪器监测,经监测对有可能出现滑坡的地段提前采取相应措施进行支护,使得施工过程中无滑坡,效果良好。

(2)在每一级路堑边坡平台及堑顶按照设计断面进行位移观测桩的设置,经观测,边坡位移量满足设计及规范要求。

(3)按照设计要求在每一里程断面左右线凸台上新增设沉降观测点,渗沟施工期间全程不间断监测,经监测新增渗沟施工对无砟轨道未造成影响,无砟轨道结构稳定。

(4)路堑浆砌片石护坡及护墙防护勾缝美观,片石颜色均匀,整体平顺,经破检检查,所用材料及施工质量均达到设计要求。

(5)孔窗式浆砌片石护坡按照设计要求种植紫穗槐绿化,现场紫穗槐成活率高,绿化效果明显。

(6)新增渗沟保温出口处冬季未见大块结冰现象,并且有水流流出,保温及排水效果明显。冻融期前后不定时采用安伯格轨道检查小车对该段进行数据采集分析,结果表明新增渗沟满足设计要求,有效防止了冻胀问题,效果良好。

第三节 DK148+071~DK149+045段岩溶及松软地基路堤施工

一、工程概况

本段路基位于辽宁省盖州市,长度为974 m。线路以填方通过丘陵区,地形略有起伏,地表果树及大棚较多。地层从上至下依次为:粉砂、粉土、粉质黏土、中砂、大理岩。岩溶地质有溶洞、溶隙、溶孔等。地震动峰值加速度0.15g,土壤最大冻结深度1.06 m。地表水及地下水对混凝土均无侵蚀性。

二、工程特点及难点

1. 工程特点

(1)清表较厚:本段路基通过丘陵区,地表果树及大棚较多,土壤为种植土,含有植物根系,最大清表厚0.9 m。

(2)地基处理种类繁多,包括强夯、岩溶注浆、CFG桩。

(3)路堤填方较高:路堤中心最大填高9.14 m。

2. 工程难点

(1)路堤最大填高9.14 m,确保路基本体及地基工后沉降满足设计要求是本段路基施工的难点。

(2)采用强夯对松软地基进行处理时,消除对周边建筑的影响是本段路基施工的难点。

三、施工组织

1. 总体规划

因受考古影响,全线便道无法贯通,本段路基施工采用新建便道引至202国道,保证本段路基施工是材料设备顺利进场。

2. 进度计划

(1)施工准备:2007年9月1日~2007年11月1日;

(2)松软地基加固:2007年10月15日~2008年5月14日;

(3)土石方填筑:2007年10月15日~2009年9月14日;

(4)堆载预压:2008年9月15日~2009年9月14日;

(5)基床施工:2008年4月1日~2009年12月15日;

(6)路基附属施工:2008年4月1日~2009年12月15日。

3. 人员配置

(1)管理人员

现场副经理1人,现场技术人员3人,领工4人。

(2)劳动人员

每台机械配置操作手2名,其他辅助人员配置20人(根据施工进度及内容再作调整)。

4. 主要机械设备配置

根据本段路基施工内容,主要配备以下机械设备:填料拌和站1座,平地机1台,振动压路机2台,光钢轮压路机2台,装载机2台,推土机(带铧犁)2台,挖掘机2台,手扶振动压路机2台,内燃夯实机5台,自卸汽车15台,洒水车1台,CFG桩机6台,强夯设备1套。

5. 临时设施布置

本着节约、经济、实用的原则,合理布置临时设施,减少建设成本。临设尽量集中布置,尽量少占或不占已有设施,充分利用既有公路、便道进入施工工点。优化施工平面布置,节约投资。

(1)驻地布置

工区驻地设在归州农贸市场旁(DK150+150右300 m),驻地面积约300 m^2。各工点不修建临时房屋(除必要看守棚外),确需修建的,按规定标准修建。房屋标志、色彩等均严格按照统一要求执行。

(2)施工便道

施工便道多为连接国道的施工便道和利用既有的乡村便道。施工便道结构形式:单车道,泥结石路面,一般地段宽度3.5 m,路基宽度4.5 m。每隔500 m设一个汇车道,汇车道长度30 m,宽度7 m。另在通往弃土场、拌和站等均设有临时便道,能满足正常施工的需要。

（3）混凝土拌和站

混凝土拌和站设在归州农贸市场旁（DK150+150右200 m），拌和站配备HZS75型和HZS90型搅拌机各1台（散装水泥储存罐4个共计400 t，散装粉煤灰储存罐2个共计200 t，矿粉储存罐2个共计200 t），负责该段路基所有混凝土的搅拌，碎石清洗设备一套，并按规定标准设有粗细骨料等原材料储料场。

（4）填料拌和站

在DK147+000左50 m设置基床底层以下填料及级配碎石拌和站。进行填料及级配碎石破碎、筛分、级配改良拌和，填料拌和后直接运抵施工现场填筑。

（5）工区试验室

工区试验室设置在归州农贸市场旁，距离混凝土拌和站约200 m，主要以完成现场的取样、现场质量监控、配合检验测试、钢筋力学性能、水泥试验、粗细骨料试验、混凝土配合比试验等。工区试验室设工具室、标养室和办公室等。

（6）施工用电

本段路基设置2台200 kVA变压器提供施工现场用电，部分地段临时配备柴油发电机提供施工用电。

（7）施工用水

钻井取用地下水，钻井深度50~60 m。钻取的地下水对混凝土无侵蚀性，可以直接作为施工用水。

（8）取弃土场

取土场为位于DK144+000的浮渡河取土场；弃土场位置位于DK146+000。路堑挖方采用集中弃土，弃土场的排水沟、挡墙及边坡防护结合当地政府（村）土地规划等确定，并符合环保的有关规定。弃土时要分层进行压实，并注意每层厚度不得超过60 cm，以防下雨后车辆不能进入弃土场，造成弃土场储量的浪费，弃土场在具体设置时要按实际的弃方数量进行弃土场的规划。

四、关键施工技术及措施

根据该段特点，不同区段采取不同工程措施：DK148+081~DK148+800采用岩溶注浆和强夯，K148+800~DK149+045采用岩溶注浆和CFG桩相结合的复合地基处理方式。边坡采用拱形骨架、六边形空心砖护坡进行防护。

1. 基底处理

（1）强夯

①强夯施工参数确定

本工程地基强夯加固区域，根据施工场地地质条件、设计院的技术要求、结合工艺性试验的实践及检测效果确定本段路基强夯施工参数为：单击夯击能4 000 kN·m；点夯2遍，低能量满夯2遍；间歇时间10~15 d；第一遍夯点中心距为5 m，正方形布置，第二遍夯点在第一遍夯点正方形中心；满夯夯击能2 000 kN·m。

②主要机具

强夯机一套,其中夯锤重 27.2 t,起重设备的最大起重质量 50 t,最大起重高度为 30 m。

③施工流程

清理并平整施工场地→标识出第一遍夯点位置,并测量原地面高程→起重机就位,使夯锤中心对准夯点,测量夯前锤顶标高,确定零高度→将夯锤吊到规定高度,脱钩夯锤自由下落→放下吊钩,测量锤顶标高,记录与零高度差值,若发出现因坑底倾斜而造成夯锤歪斜时,及时做填平处理→重复夯击,完成一个夯点的夯击→换夯点,重复第三步至第六步流程,完成第一遍全部夯点的夯击→采用碎石将夯坑填平,并测量场地高度。按上述步骤逐次完成强夯夯击遍数,在规定时间间隔后,最后完成低能量满夯,将夯坑回填碎石压实。

④控制要点

在满夯时搭接面积不小于夯锤底部面积的四分之一。开夯前必须检查夯锤重量和落距,以确保夯击能量符合设计要求。夯坑中心偏差不应大于 0.1D(D 为夯锤直径),发现偏差过大,需及时调整。附近有建筑物时,必须先挖减振沟,才能进行强夯施工,减振沟挖设在强夯加固区域外侧 10 m 处。

⑤检测项目

强夯施工完成后,采用静力触探和平板荷载试验对夯击效果进行检验,本段路基强夯后检测结果满足设计及规范要求。

(2)CFG 桩

根据本段路基水文地质情况,采用长螺旋钻进法进行施工。

①施工流程

a. 放线:施工前根据设计图纸,定测 CFG 桩位置。

b. 成孔顺序:路基横向由较高侧向低侧依次施工,纵向从较高侧向低侧推进。

c. 钻机就位:钻机就位后调整液压支腿使钻杆垂直对准桩位中心,现场技术人员检查调整桩位偏差及垂直度。保证桩位偏差(纵横向)不大于 5 cm,垂直度偏差不大于 1%。

d. 钻进成孔:钻孔开始时关闭钻头阀门,向下移动钻杆至钻头触及地面时,启动马达钻进。先慢后快,同时检查钻孔的偏差并及时纠正。在成孔过程中发现钻杆摇晃或难钻时放慢进尺,防止桩孔偏斜、位移及钻杆、钻具损坏。

e. 灌注及拔管:钻孔至设计标高后停止钻进。开始进行 C20 混凝土灌注,钻杆芯管充满混凝土后开始拔管,严禁先提管后泵料。钻杆应采用停钻提管,施工中严格控制钻杆提拔速度和混凝土的泵送量,泵送量应与拔管速度相配合,保证连续提拔,保证桩体连续、均匀、密实。灌注高度为平整好的地面高度,现场技术人员应记录灌注的起止时间并根据泵送次数推算单桩混凝土灌注量。灌注成桩后桩顶盖土封顶予以保护。

f. 移机:灌注完一根桩后,钻机移位,进行下一根桩的施工。在下钻前要根据轴线或周围桩的位置对所需施工的桩位进行复核,保证桩位准确。

　　g. 桩帽施工:CFG 桩桩体质量检测合格后采用无齿锯对桩帽进行切除,桩间土采用人工清除。

　　h. 褥垫层施工:褥垫层铺设采用人工配合机械进行,虚铺后采用静力碾压。

　　②控制要点

　　CFG 桩的数量、布置形式及间距符合设计要求。桩长、桩顶标高及直径符合设计要求。施工中每台班均制作检查试件,进行 28 d 强度检验。

　　③检测项目

　　低应变检测,CFG 桩施工完毕后按成桩总数量的 10% 进行检测且每检验批(沿线路纵向连续路基长度每 100 m 或 ≤100 m 的单个工点)不少于 5 根。桩体质量检验在成桩后 28 d 进行,采用低应变动力检测 CFG 桩桩身完整性,其检验结果均满足设计要求。

　　平板载荷试验检测,检测数量:成桩总桩数的 2‰ 且每检验批不少于 4 根(1 根单桩承载力试验,3 根复合地基承载力)。其检验结果均应满足设计要求。

　　(3)岩溶注浆

　　DK148 +081 ~ DK148 +800 段先强夯,再对 DK148 +080 ~ DK149 +045 段 CFG 桩施工,随后对岩溶较发育地段采用注浆加固处理。未见溶洞地段注浆孔间距 5.0 m,梅花形布置;可见溶洞地段注浆孔间距 3.5 m,梅花形布置。与 CFG 桩加固处理重叠地段注浆孔布置为正方形,孔间距 4.5 m,注浆孔设置于 CFG 桩之间。

　　①岩溶注浆施工参数确定

　　本工程地基岩溶注浆加固区域,根据地质条件、设计院的技术要求、结合工艺性试验及检测效果确定本段路基岩溶注浆施工参数如下:注浆采用一次性全孔注浆;水泥采用 P. O42.5 水泥,浆液水灰比为 1:1;孔口压力维持在 0.5 MPa,保持几分钟压力不下降后停止注浆。注浆完成后立即拔起套管,用 M5 水泥砂浆封孔。

　　②机械选择

　　本段路基采用地质钻成孔。

　　③施工工艺

　　a. 钻孔:注浆钻孔孔径 110 mm。钻孔前先按设计进行孔位放线定位做好标记,埋设护筒。移动钻机就位,调整桩架并固定。如遇有塌孔采用套管跟进。钻至设计标高后提出钻杆,清孔,安装注浆管。注浆孔采用跳孔施钻跟孔注浆。施工顺序自路基坡脚向线路中心顺序进行,先两侧后中间,钻孔时孔位偏差不大于 5 cm。

　　b. 注浆:进浆量较大时提高浆液的浓度;若遇到空的岩溶通道、岩洞,根据溶洞、通道大小,先向溶洞中快速压一定数量的纯水泥浆,随后向洞中灌注中粗砂或水泥浆液(可含碎石),直至溶洞充填后才能进行注浆;注浆过程中若发现窜孔时停止注浆,密封被窜孔,继续注浆,注浆完毕,被窜孔重新钻孔注浆;当单孔连续注浆超过 15 t 不见升压时提高浆液浓度,必要时间歇注浆,若注浆量过大时提请有关四方会勘,采取适当的工程措施进行处理;注浆过程中如压力骤然上升或浆液流量突然加大或注浆加固区外出现跑浆冒浆现象应立即停注,查明原因并处理后再恢复注浆。

④控制要点

注浆钻孔孔位偏差不能超过 5 cm。开钻前必须保证机身平稳,钻孔偏斜 <1%,钻进时应保持中速,遇硬层应减速慢钻,以防卡钻。注浆过程中尽量不中途中断。注浆过程加强地面观测并做好记录。在注浆区域埋设观测桩,在注浆前后观测冒浆点的位置、地面沉陷等。

⑤检测项目

注浆结束 28 d 后采用钻孔取芯、压水试验和瞬间面波法进行检测。检查孔数为 5% 且不少于 5 个,本段路基岩溶注浆检测结果均满足设计及规范要求。

2. 路堤填筑

路堤填筑施工按照"三阶段、四区段、八流程"施工工艺进行。机械化、短区段、快速、流水作业施工。对本段路基填筑,按横断面全宽纵向水平分层填筑压实,路基两侧超填宽度不小于 50 cm。基床表层级配碎石填料采用拌和站集中拌制,自卸汽车运输,摊铺机现场摊铺;基床表层以下填料取至 A、B 填料加工场,采用挖掘机或装载机配合自卸汽车运输,推土机整平,均使用振动压路机进行压实。填料的松铺厚度、压实遍数、最佳含水量,严格按试验的参数进行施工。

(1)施工流程

①填料选择:从取土场取样送检,用于路堤填筑的填料必须满足规范和设计要求,严格检查 A、B 料的粒径(最大不超过 6 cm),随时现场取样检测填料的细颗粒含量、含水率等指标,把好材料质量关。

②填料卸料与摊铺整平:填料摊铺前根据松铺厚度和自卸车装载量,确定每车填料的摊铺面积,随后再根据每车填料摊铺面积在路基面上用石灰线标示网格,路基平整面做成向两侧 4% 的横向排水坡。本段路基基床表层以下填筑松铺厚度控制在 35 cm 以内,压实厚度控制在 30 cm 以内。

③洒水晾晒:填料碾压前进行含水量检测并控制在施工允许含水量范围内再进行碾压。当填料含水量较低时采取洒水措施。当含水量过大时采取在取土场内挖沟拉槽降低水位和晾晒的方法以降低含水量。

④碾压夯实:按先两侧后中间,先静压后弱振再强振的操作程序进行碾压。各区段交接处互相重叠压实,纵向搭接长度不小于 2 m,沿线路纵向行与行之间压实重叠不小于 40 cm,上、下两层填筑接头错开不小于 3.0 m。为保证路肩压实度,边缘处多碾压一遍,最后静压一遍,沉降观测标周围碾压不到的边角部位采用人工配合小型冲击夯机夯实。

⑤断面控制:断面坡脚边线按超填宽度进行控制,为保证断面几何尺寸准确,采用边桩控制断面尺寸,直线段边桩设置间距 20 m,曲线段边桩设置间距 10 m。

⑥路基整修:包括路基高度、宽度、横坡、平整度、边坡等整修。严格按照设计结构

尺寸进行,对于加宽部分在整修阶段人工挂线清刷夯拍。

（2）控制要点

路基填筑过程中应严格控制几何尺寸。路基每层填筑完成后,需检测合格后才能进行下层填筑。施工中认真作好原始记录、积累资料,路基填筑过程中要认真进行沉降观测,控制和指导施工。路堤填到设计高度后按路基宽度、预留边坡土的厚度及坡率清刷边坡,清刷多余填料并运走,使边坡整齐美观。边坡整修要与边坡防护相结合进行,及时修建排水系统并保证沟渠排水畅通。

（3）试验检测

根据《哈大客专路基检测和质量控制指导意见》（哈大客专技质〔2008〕116号）,哈大高铁路基填筑的压实标准和检测频率比设计文件和规范要求更为严格,确保了哈大高铁路基填筑质量。

3. 基床表层填筑

级配碎石进行集中拌制,各种规格矿料采用电脑控制、电子计量,拌和站由专业技术人员分别对设备进行保养、调试,原材料和混合料进行跟踪控制和检测。整个进料、拌和、出料过程为连续作业,通过配电箱和电脑行操控,基本为机械化操作。级配碎石直接卸入运输车车斗内,由自卸汽车运至现场,采用摊铺机进行摊铺。

（1）施工流程

①设备准备:路基施工过程中即开始安装灰土及级配碎石拌和站。铺筑现场配备自卸汽车、摊铺机、振动压路机、洒水车、平板振动夯等机械设备。

②材料准备:为保证级配碎石符合设计要求,选用大粒径、中粒径、小粒径和石屑四种规格的石料,材料符合相应设计及技术规范要求。在集料厂对地坪进行硬化,并根据要求对不同粒径进行分隔。

③下承层准备,施工放样:基床表层的下承层平整、坚实、具有规定的路拱、平整度和压实度,没有任何松散材料和软弱点。底层检验合格后放置时间不能过长。符合要求后在下承层上恢复中线,直线段每20~25 m设一桩并在两路肩边缘0.3~0.5 m设标示桩。水平测量时在两侧标示桩上用明显标记标出每层虚铺厚度。

④拌和:在正式拌制混合料前,先调试设备,分两步进行混合料试拌。不加水进行混合料试拌,对拌和的混合料进行筛分检测,调整拌和设备,使其混合料颗粒符合规定要求,当原材料发生变化时重新调试拌和设备。混合料级配符合规定后加水进行试拌,测定含水量,拌和后的混合料含水量视天气情况而定,如果气温较高比最佳含水量高1%~2%,以补充混合料在运输和摊铺过程中的水分散失。

⑤混合料运输:混合料运输采用自卸汽车,自卸汽车尽量用同一种型号。混合料装车时控制每车料的数量基本相等。由于级配碎石材料的特殊性,容易在装料、运输和卸料过程中产生粗细料离析,因此,在装料时拌和机出料口距车箱保持尽可能小的高度。

⑥摊铺整形:级配碎石用摊铺机进行摊铺。由于铁路路基路面宽、横坡较大,采用两台摊铺机一前一后摊铺。经常检查控高钢丝和调整传感器,防止标示桩移位。保持

整平板前的混合料高度不变,螺旋分料器80%的时间在工作状态,防止粒料离析。减少停机、开机次数,避免运料车碰撞摊铺机,设专人指挥卸料,摊铺机料仓还余半仓料时运输车及时缓缓接上仓,慢速将料卸入料仓,卸完后立即开走。

⑦碾压:

a. 静压。整形达到需要的断面和坡度后,当混合料的含水量达到最佳含水量时,立即用压路机在路基全宽内进行静压。

b. 压实。压实采用重型压路机碾压,压路机重量分级别成梯次配备,以便于试验研究;压实遍数通过试验施工确定。

c. 表面压实。压实遍数达要求后,采用双钢轮压路机对表面碾压,使其表面无松散混合料。

⑧接缝处理:同日施工的两个工作段的衔接,从整形到碾压都进行搭接施工,搭接长度控制在一个桩位长度。每天施工最后一段时,整形结束后人工将末端修齐,放置与施工层压实厚度相同的方木,第二天施工时去除方木并用人工将下承层清扫干净。用摊铺机摊铺混合料时靠近摊铺当天未压实的混合料,可与第二天摊铺的混合料一起碾压,但注意此部分混合料的含水量,必要时可人工补洒水,使其含水量达到规定要求。

(2)控制要点

严格按设计配比配料拌和。拌好的级配碎石搁置时间不易太久,否则容易出现离析现象。为保证基床表层边缘压实度及压路机作业安全,路堤本体及基床底层施工后不易急于刷坡,适当加宽铺筑断面。碾压时压路机轮压重叠1/3,并对路基边缘及加宽部位压实。

(3)质量检验

孔隙率在相同位置同时采用环刀法和灌砂法检验。力学指标 K_{30}、E_{vd} 及 E_{v2} 值采用 K_{30} 荷载仪、E_{vd} 动态变形模量测试仪及 E_{v2} 静态变形模量测试仪。压实标准符合设计及规范相关的标准要求。

4. 路基边坡防护及路基相关工程

(1)边坡防护

本段路基护道及以下采用六边形空心砖、护道以上采用拱形骨架对边坡进行防护。

①施工放样

以线路中线控制,依据设计图纸段落内护坡道标高与路床顶面高差按照边坡坡率推算坡脚位置,段落内坡脚位置点进行加桩设置,放样出边坡尺寸。

②坡面修整

依据设计坡率采用挂线法进行清刷;完成后对坡体进行整平、夯实。

③挂线找平,开挖沟槽

按照设计骨架防护形式挂线成型进行沟槽开挖,按照骨架各侧部深度开挖成型,开挖时要做到型式、尺寸准确,基底土质密实。

④边坡砌筑及空心砖铺设

砌筑时先在坡面铺一层砂浆再摆放片石。摆放时上下层片石要错缝摆放,避免出现通缝。每砌筑一层片石再铺一层砂浆,依次砌筑。片石与片石之间的缝隙用砂浆填满。铺设混凝土空心砖,要求排列整齐不得扭曲。铺设时应使用橡皮锤击打使砖与坡面紧贴。铺设完成后,砖的空心部分及骨架内回填适宜植物生长的黏性土,再进行植物防护。

⑤养护

砌筑完成后 12~18 h 之间及时洒水养护,用麻袋片覆盖养护,使砌体保持湿润并避免碰撞和振动。洒水养护时间不少于 7 d。

（2）水沟施工

本段路基两侧排水设计为钢筋混凝土水沟。

①水沟基坑开挖

据设计尺寸及坡率进行开挖,开挖前在上方作好防、排水设施。土质地基时挖掘机能到位,用挖掘机开挖,不能到位的采用人工开挖。机械开挖基坑时预留一定厚度由人工开挖。

②水沟浇筑流程

浇筑垫层混凝土→绑扎侧沟钢筋→浇筑底板混凝土→侧沟模型→浇筑侧沟混凝土→养护。

（3）路基相关工程

过轨管埋设、接触网基础施工、电缆槽安装、电缆井施工根据路基施工进度安排,按照设计及验收标准与路基施工同步进行。

5. 路堤堆载预压

基床底层施工完成后再进行堆载预压,堆载预压时荷载分级逐渐施加以确保每级荷载下路基的稳定性。

（1）堆载材料

选用施工场地附近合格的土源作为堆载材料。

（2）选用机械

施工时采用自卸汽车与推土机联合作业。

（3）施工流程

①土工布铺设:在路基基础底层铺设一层复合土工布,铺设宽度为 15.4 m,防止堆载料与路基填料直接接触。

②测量放样:用钢筋桩标记出预压土的范围。

③预压土的摊铺:为防止在堆载预压施工过程中,路基出现较大的不均匀沉降,堆载预压采用分层施工,每层厚度松铺厚度控制 0.7 m 以内,采用推土机平整,再进行下层施工。

④断面控制:用水准仪和全站仪随时测量预压土的标高和坡度,保证预压土高度和宽度及坡比满足设计要求。

⑤卸载:采用自卸汽车和挖掘机联合作业,分层卸载,每层卸载厚度控制在 0.7 m 以内。

（4）控制要点

在已施工完成的基床底层表面铺设一层复合土工膜,随后即可进行堆载。第一级荷载采用轻型机械作业,之后堆载采用自卸汽车与推土机、挖掘机联合作业。预压土底宽 13.4 m,顶宽 5.4 m。并随着堆高进行分层平实后,保证路基得到均匀充分的加固。堆载预压施工中,作用于地基上的荷载不得超过地基的极限荷载。采用分级加载的方式,注意控制每级加载重量的大小和加载速率,使之与基底的强度增长相适应,以免基底发生剪切破坏。施工中最大下沉量控制在 10 mm/d,水平位移控制在 4 mm/d,根据沉降评估软件分析,评估结果满足工后沉降要求即可卸载。堆载过程中在堆载区周边的地表设置位移观测桩,用精密测量仪器观测水平位移和垂直位移;在堆载区周边的地下安装钻孔倾斜仪,测量地基土的水平位移和垂直位移。

6. 路堤施工过程中沉降观测

(1)在松软地基处理完成后按照设计要求埋设沉降观测桩。

(2)路基填筑过程中妥善保护各种沉降观测装置,观测基桩必须置于不受施工影响的稳定地基内并定期复核校正。

(3)沉降观测按设计要求连续进行,具体频次见表3-5。

表 3-5　沉降观测频次

观　测　阶　段	观　测　频　次	
填筑或堆载	一般	一次/天
	沉降量突变	2~3 次/天
	两次填筑间隔时间较长	一次/3 天
堆载预压或路基施工完毕	第 1 个月	一次/周
	第 2、3 个月	一次/10 天
	3 个月以后	一次/2 周
	6 个月以后	一次/月
	冬季:冻结期与冻融期	观测频次比平时多一倍
无砟轨道铺设后	第 1 个月	一次/2 周
	第 2、3 个月	一次/月
	3~12 个月	一次/3 月

(4)当填筑至接近设计高度时按设计要求加密沉降观测频次,严格控制填筑速率,并随施工过程及时整理观测结果,观测资料齐全、详实、规范、符合设计要求。

(5)堆载预压填筑前按设计要求对沉降观测点进行加密。检验数量为每 100 m 检查 6 处,检验方法是水准仪测量,按设计要求方法进行。

(6)堆载预压完成后用水准仪对全部沉降观测点进行测量。

经检测沉降评估软件 LevlPro(铁四院开发)及第三方评估单位分析,本段路基工后沉降满足设计及规范要求。

7. 主要技术措施

(1)严格核实设计地质情况。原设计清除地面表层 0.3 m 厚种植土,在施工过程中发现地表90%以上种植为果树且树径较大根系发达,原地面松散,软表土较厚,清表0.3 m不能满足《客运专线铁路路基工程施工质量验收暂行标准》(铁建设〔2005〕160号)关于原地面处理的相关要求,现场实际清表厚度为0.8～0.9 m。

(2)松软地基处理。由于路堤基底存在压缩性较大黏性土,经沉降估算分析,工后沉降不满足要求,根据地质条件综合分析确定,本段地基采用强夯、岩溶注浆、CFG桩复合地基加固处理。

(3)路基填料的选择及压实厚度的控制。由于填土较高施工时必须严格控制压实质量,选择合格的填料,按工艺性试验所得参数,确定路基填筑厚度,保证路基填筑质量及工后沉降满足设计规范要求。

(4)在本段路基施工过程中为加快地基和路基本体固结沉降,采用堆载预压处理,堆载预压高度4 m,横向坡度1:1,纵向坡度1:2,碾压后的平均土重不小于18 kN/m³。

五、主要管理措施

1. 技术管理措施

(1)编制详细的实施性施工组织设计,并适时调整和优化施工计划,确保工序按时或提前完成。

(2)对各项细审核、严交底、勤检查、抓落实,充分发挥技术管理的保障作用。对难度大的技术问题,积极会同建设、设计、监理单位共同研究解决方案。

(3)专业技术人员深入一线跟班作业,及时发现和解决问题。

(4)建立项目总工程师为首的技术保障、决策体系,加强技术岗位负责制,行使技术否决权。成立施工技术攻关小组,确保方案和技术措施可靠,工艺先进,工序合理,从而保证施工顺利进行。

2. 物资保障措施

(1)统一采购。除甲方组织采购物资外,凡涉及路基工程质量和使用安全的工程物资,均由物资设备部负责统一招标采购。

(2)严控质量。严格按本单位《物资采购控制程序》的规定,进行进货检验、试验,做到购进的材料、设备满足设计、规范要求,并提供产品合格证明及检验材料。

(3)确保数量。物资设备部按工程施工进度安排组织不间断供料,同时要按物资核算办法加强工程材料的成本控制,加强工程材料的计划性,实行限(定)额发料,严格材料核算核销工作。

(4)做好物资储运。对进库(场)的物资做到数量准确、手续齐备、质量完好、凭证齐全、标识清楚、记录详细,做好对进库(场)的原材料、半成品的防护,确保物资完好无损。

3. 安全保障措施

(1)建立安全组织机构,明确安全管理责任。

(2)加强宣传教育工作,强化全员安全意识,建立完善的安全保证体系,使安全管理制度化、常规化。

(3)安排、检查、落实施工任务的同时把安全生产贯穿于施工全过程,确保安全工作万无一失。

(4)坚持定期的安全教育培训,树立职工超前的安全思维,成立工地安全监督岗,充分发挥群安员的安全监督作用。

(5)各种机械操作人员必须持证上岗。

(6)用电线路架设符合规定要求,室外配电箱和闸刀有良好的防护措施。

4. 质量保证措施

(1)健全质量组织机构,成立以项目经理为组长,副经理、总工为副组长,各部部长及各专业作业队负责人为组员的质量管理领导小组,贯彻《建设工程质量管理条例》,制定切实可行的质量保证措施、工程质量奖罚办法及工程质量检查制度,严格控制工程质量,及时解决存在的质量问题及潜在的质量隐患,确保质量体系有效运行。

(2)强化质量意识,完善质量管理责任制。针对本项目要求,制订各级、各岗质量工作岗位责任制,并在施工中严格贯彻执行,各供应部门(包括材料、设备、劳动力)对所供应物资设备质量和所组织人员素质负责,明确参与施工的各部门的质量职责,确保施工质量满足设计规范要求。

(3)实行质量承包合同,奖罚与质量挂钩,形成质量一票否决制。

5. 环保措施

(1)合理规划施工便道,少占或不占绿地。

(2)严格按设计和环保部门要求选定取、弃土场。

(3)根据施工方案合理安排,尽量避免或减少环保与正式工程之间的干扰和交叉,及时做好边坡防护及绿化。

(4)临时工程使用结束后尽量恢复原貌。

六、主要成效

取得的主要成效如下:

(1)路基填筑直至施工完成,严格按照沉降观测相关要求进行监测,根据最新推导的沉降拟合曲线进行工后沉降预测,按三个月至少两次作为观测周期并检查所有观测断面的预测工后沉降满足要求,经第三方分析评估,沉降稳定且工后沉降满足要求。

(2)经开通运营及后期路基观测数据表明,该段路基稳定达标。

第四节 DK179+540~DK179+830段多种支挡防护措施路堑施工

一、工程概况

DK179+540~DK179+830段路基位于鲅鱼圈特大桥和大房身特大桥之间,路基形式属于路堤路堑,本段线路地势起伏,路堑中心最大挖深14.91 m,最大边坡高约

22.6 m。

地质情况:底层为千枚岩,褐灰色~青绿色,全风化~弱风化,其中 4.5~7.1 m 岩芯呈砂土状,局部土状,7.1~26.0 m 岩芯呈砂土状,局部块状,以下岩芯呈短柱状,节理裂隙发育。岩层产状 95°∠15°,左侧岩层倾向线路,走向与线路夹角 19°,视倾角 14°。

地下水主要为基岩裂隙水,主要受大气降水补给,水位埋藏较深,局部钻孔地下水埋深 8.70 m。地震动峰值加速度 0.15g,土壤最大冻结深度 1.06 m。

二、工程特点及难点

1. 工程特点

(1)本段路基工程长度 290 m,工程措施较多,边坡支挡防护有预应力锚杆格梁、预应力锚索、预锚固桩、片石混凝土挡土墙、土钉墙、桩间挡土墙、砂浆锚杆和孔窗式护坡 8 种型式。

(2)工程地处严寒地区,施工难度较大,有效施工工期较短,工程质量控制难度大。

(3)路基基床填料质量要求高,粒径小于 6 cm,基床表层级配碎石细颗粒含量控制严格。

2. 工程难点

本工程的难点主要有:高边坡支护工程;路基防护形式多;工序繁琐,交叉作业多,施工组织困难。

三、施工组织

1. 施工进度计划

(1)本工程开工时间为 2007 年 11 月 17 日,竣工时间为 2009 年 9 月 15 日。

(2)路堑开挖施工时间为 2007 年 11 月 17 日~2009 年 7 月 24 日。

(3)路基基床换填施工时间为 2009 年 4 月 15 日~2009 年 8 月 15 日。

(4)路基路堑边坡支挡、防护施工时间为 2008 年 3 月 15 日~2009 年 5 月 20 日。

(5)路基排水施工时间为 2008 年 6 月 20 日~2009 年 8 月 30 日。

2. 机构设置

中铁八局哈大项目部设"六部一室",即工程技术部(含计划、协调)、安全质量部、物资设备部、合同部、财务部、综合部和中心试验室。该段项目部下设一个作业队。劳动力组织方式采用"架子队"模式,即采用作业队、架子队、专业工班三级管理模式,作业队根据现场施工需要成立路基架子队,组织路堑开挖、路基换填、路堑边坡支挡、防护和路基排水。

3. 劳动力及机械设备配置

(1)劳动力配置。

主要劳动力配置见表 3-6。

表 3-6　主要劳动力配置

岗　位	人数（人）	岗位职责
作业队长	1	负责全盘施工管理和生产
副队长	1	协助队长全盘管理和施工，负责现场质量控制，抽查施工质量
技术主管	1	掌握规范和设计要求，负责现场质量控制，抽查施工质量，处理技术问题
技术员	4	负责施工现场技术指导，施工放样，质量检查及自检资料的填写
施工员	4	负责施工现场工序检查，人员及机械管理
安全员	2	现场安全管理，文明生产
后勤人员	4	提供后勤保障
圬工班	60	挡土墙、排水沟、边坡圬工等
路堑开挖	20	土石方开挖、运输及边坡修整
抗滑桩	30	抗滑桩开挖、钢筋制安、混凝土浇筑等
土钉、锚索、锚杆	20	钻孔、安装锚杆
路基填筑	20	路基的摊铺、平整、碾压

（2）机械设备配置

主要机械设备配置见表 3-7。

表 3-7　主要机械设备配置

序号	机械设备名称	规格及型号	数　量
1	CAT 挖掘机	PC320	2
2	CAT 推土机	TY220	1
3	平地机	PY190A	1
4	振动压路机	BW2250D-3BVC	2
5	光钢轮压路机	SD175PP	2
6	装载机	ZL-50	12
7	空压机	20 m³	1
8	空压机	3.5 m³	12
9	汽车吊	25 t	2
10	潜孔式冲击钻机	QZJ-100B	1
11	洒水车	—	1
12	注浆机	LB400×2 螺杆泵注浆机	1
13	砂浆搅拌机	—	4
14	千斤顶	YCM-100-200 型	2
15	油泵	YB4/500	2
16	电焊机	—	4
17	搅拌站	HZS90 型	1
18	混凝土运输罐车	8～12 m³	4
19	振捣棒	50 型	12

四、关键施工技术及措施

工程措施包括:路堑开挖;路基基床换填;路基路堑边坡支挡、防护;路基排水等。

1. 路堑开挖施工

(1)施工工艺流程:测量放线→清除表土→施工截水沟→挖运土石方→清理边坡→复核控制桩→重复挖运至设计标高→地基处理→检测。

(2)施工准备:按设计进行测量放线,清除堑顶草皮、杂物、树根并用白灰线控制堑顶边线。路堑开挖前做好天沟、排水沟,以防雨水冲刷边坡。

(3)深路堑施工做好土石方开挖与支挡加固工程的有机结合和进度协调,坚持"分级开挖、分级支护"的原则,自上而下开挖一级,加固防护一级。

(4)开挖方法:开挖自上而下纵向分段、水平分层进行,纵向坡度不小于4%,分层高度根据施工机械性能确定,一般按4~6 m为一层,采用推土机推土,装载机或挖掘机配自卸车装运方式,石方采用预裂光面爆破。

(5)边坡整修:主要采用机械整修边坡,人工配合,按设计边坡利用坡度尺拉线,根据拉线修整边坡,开挖与修整边坡同步进行,超挖部分采用路基填料进行回填。随后开始第二层开挖,依次循环。需做防护的边坡,当防护不能紧跟开挖时暂留了一定厚度的保护层,做防护时人工修整边坡到设计位置。

(6)土质路堑及软质岩石路堑开挖时两边边坡和接近基床底部均预留保护层。

(7)弃土:弃土场的位置与高度保证路堑边坡,山体和自身的稳定,不得影响附近建筑物、农田、水利、河道、交通和环境等。

(8)冬季路堑开挖不能一次性挖至设计标高,路堑边坡和基床预留最大冻融深度待冻融结束后才能开挖。

2. 路基基床换填施工

本段路基对基床进行换填处理,其中换填深度分别为1.9 m和2.7 m,基床表层厚度0.55 m,基床底层厚度为1.35 m和2.15 m(非冻胀层厚度为0.9 m)。本段路基路堑挖方(强风化千枚岩)经试验检测不能作为路基填料,故采用外借A、B组料进行填筑。

每层填筑须按规定方法和频度进行检测,达到要求后方可进行下一层的填筑施工。采用推土机初平,平地机精平,轮式压路机碾压。

(1)基床底层施工

①进行试验段得出试验工艺的试验参数:松铺厚度不超过35 cm,分层最大压实厚度可以控制在规范要求的30 cm以内;碾压方式为静压1遍、弱振1遍、强振3遍、弱振1遍和静压1遍。

②路堑开挖至换填层底部后进行复合排水网的铺设。复合排水网的搭接长度、接头的错开距离要满足规范要求且排水网要密贴于基床底部。

③填筑过程中,按照"三阶段、四区段、八流程"的施工工艺进行施工。严格检查填

料的粒径(最大不超过 6 cm),随时现场取样检测填料的细颗粒含量(尤其是非冻胀层的细颗粒含量要控制在 15% 以内)、含水率等指标,把好材料质量关。

④分层填筑:路基填筑采用横断面全宽一次分层填筑、纵向分段压实方法。不同性质的填料分别填筑,不得混填,每一水平层的全宽采用同一种填料填筑,每种填料层累计总厚度不小于 50 cm。对于不同种类的填料,遵循有利于层间土层渗透反滤的原则施工,其粒径符合 $d_{15} < 4d_{85}$。按工艺试验确定的合理摊铺层厚,进行分层上土,松铺厚度控制采用"方格网法"和"挂线法"。

⑤摊铺平整:填料摊铺平整使用推土机进行初平,再用平地机进行精平,控制层面应无显著的局部凹凸,平整面应做成向两侧的横向排水坡。

⑥洒水或晾晒:严格按照工艺试验确定的施工允许含水率控制填料的含水率。

⑦碾压夯实:压路机的碾压行驶速度最大速度不宜超过 4 km/h。各区段交接处应互相重叠压实,纵向搭接长度不小于 2 m,沿线路纵向行与行之间压实重叠不小于 40 cm,上下两层填筑接头错开不小于 3 m。沉降标周围碾压不到的边角部位,采用小型冲击夯夯实。

⑧路基基床表层以下的堆载预压,由于施工工期紧,为使基床表层一下路床沉降稳定,基床表层施工前利用冬季间歇期进行路基的堆载预压。其控制要点是根据级配碎石的理论重量和预压土的容重计算出堆载预压土的填高。

(2)基床表层施工

①基床表层填筑前对基床底层的压实质量和几何尺寸进行复查确认。依照设计资料精确测放路基边线及线路中心线,打桩标示;直线地段每 20 m 一个桩,曲线地段每 10 m 一个桩并在桩间挂线标示出填料分层摊铺厚度。

②按设计铺设两布一膜复合土工布和厚 5 cm 的中粗砂。铺土工布前将表层底部杂物清扫干净,用压路机碾压平整。

③根据级配碎石配合比进行材料拌和,严格控制好级配碎石的细颗粒含量(不超过 5%)、含水率等技术指标。将级配碎石生产厂拌和好的级配碎石混合料用自卸汽车尽快运输到现场,防止水分蒸发损失过多。采用摊铺机按工艺试验确定的每层摊铺厚度分层铺摊(分 3 层施工,底层压实厚度 2 层均为 20 cm,面层压实厚度 10 cm),左右幅应同时进行摊铺碾压,避免形成纵向施工缝。根据所在地段级配碎石的总厚度均匀分层,但分层的压实厚度最大不超过 20 cm,最小不低于 10 cm。摊铺前根据测量标线调整好摊铺机左右的控制高度。摊铺时摊铺机后面配备人员及时消除粗细集料离析、集窝现象。

④整形后当表面尚处湿润状态时应立即进行碾压。如表面水分蒸发较多,明显干燥失水,在其表面喷洒适量水分,再进行碾压。直线地段由两侧路肩开始向路中心碾压;曲线地段由内侧路肩向外侧路肩进行碾压。碾压时压路机的碾压行驶速度开始采用慢速,以后几遍逐渐加快,但最大速度不超过 4 km/h。沿线路纵向行与行之间压实重叠不小于 40 cm,各区段交接处纵向搭接压实长度不小于 2 m。曲线地段两线间及曲

线外侧台阶部位采用冲击夯夯实。

⑤路基严实度检测:路基检测主要指标有:压实系数 K(或孔隙率 n)、地基系数 K_{30}、动态变形模量 E_{vd}、静态变形模量 E_{v2}、颗粒粒径、含水率等。

3. 路基路堑边坡支挡、防护工程施工

路基路堑边坡支挡、防护工程,从上至下分别有:左侧第三级孔窗式护坡,左侧第二级锚杆格梁护坡,左侧第一级预加锚固桩、土钉墙、砂浆锚杆、重力式片石混凝土挡土墙护坡。

(1)孔窗式护坡施工

①施工方法:护坡施工前先将坡面夯实整平,整修成新鲜坡面并将边坡上的凹陷部分挖成台阶,用砌体相同的圬工砌补,避免出现空洞。并根据设计图纸测量放线,挖掘机开挖基槽、人工配合清基;浆砌片石选用合格石料,现场机械拌和砂浆,采用挤浆法顺边坡自下而上,挂线砌筑。砌体要错缝砌筑,浆满缝实,表面平整,勾凹缝。

②边坡砌筑在坡面密实、平整、稳定后方可铺砌。石料等级符合设计要求。砌筑前其表面泥土、水锈清洗干净。对坡脚位置进行测量放样。

③护坡施工采用人工挖基、人工刷坡,砌筑前将基底平整夯实,检查合格后方可进行砌筑。

④采用 M7.5 片石挤浆法施工。铺砌时先在坡面处挂线找平,随后自下而上进行砌筑,砌块不得大面平铺,石块应彼此交错搭接,错缝一般为 7~8 cm,不得松动,严禁浮塞。砂浆在砌体内必须饱满、密实,不得有悬浆。砌体宜用 15 cm 以上的块(片)石。

⑤勾缝采用凹缝,凹缝成多边形。勾缝前先将松动和变形处修整完好,浆砌片石进行洒水养护。勾缝须嵌入砌缝内不小于 2 cm,砌体勾缝牢固和美观。砂浆凝固后,墙面全部刷干净,使外貌整洁美观。

⑥混凝土预制块拼装排列整齐、平顺、紧密、美观并与坡面及相邻浆砌片石砌体衔接密贴、稳固。

(2)预应力锚杆格梁护坡

①工艺流程:上层边坡开挖、修整→上排锚孔钻孔→锚杆安装→锚孔注浆→下层边坡开挖、修整→下排锚孔钻孔→锚杆安装→锚孔注浆→格梁施工→锚杆张拉、锁定、二次注浆及封锚。

②钻孔:钻机严格按放样孔位、倾角(与水平面呈 30°)、方位角准确就位,采用量角器控制角度。钻孔达到深度后,不得立即停钻,要稳钻 3~5 min,防止孔底尖灭。钻孔必须干钻,禁止水钻,钻进过程中必须对每孔地层情况(岩粉情况)、进尺速度(钻速、钻压等)、潮湿程度等进行现场记录。如遇塌孔,采用套管跟进组合钻具作业或注水泥砂浆处理。下锚前采用高压风反复清孔并用一根聚乙烯管复核孔深,待孔内粉尘吹净且孔深不小于锚杆设计长度时拔出聚乙烯管,将孔口塞好备用。

③锚杆制作:锚杆杆体为全长黏结型预应力锚杆,锚杆材料采用 $\phi25$ mm 精轧螺纹钢,杆体采用厂家原配的连接器连接成一体。锚固对中支架采用套筒触角支架绑扎定

位。距锚杆底部 50 cm 左右开始设置对中支架,其余间隔 2 m 设置一个。触角用 $\phi6$ mm 钢筋支架点焊与套筒上,每个套筒电焊 6 根对中支架。锚固段与张拉段之间间隔段的锚杆防腐处理采用喷砂除锈、电弧喷锌、环氧涂层喷涂和橡胶套管的复合防护体系,即采用喷锌 0.2 mm,变形环氧涂层 0.2 mm 外加 6 mm 橡胶套管封闭的防腐处理措施。在锚固段(长度 8 m)与张拉段处设置两个对称的纸浆袋,止浆袋间隔 50 cm;注浆管分一次注浆管和二次注浆管,均采用 $\phi25$ mm 的塑料管,一次注浆管从杆体底部开始绑扎与杆体上,其长度应比杆体长 50 cm;二次注浆管从纸浆袋处开始设置,其长度同样要比张拉段杆体长 50 cm;排气管采用 $\phi15$ mm 的塑料管,从距第一层止浆袋 50 cm 开始绑扎,其外露长度与二次注浆管长度相同且与二次注浆管绑扎在一起。

④锚杆注浆:注浆材料为 M40 砂浆。浆液严格按照配合比进行配置,搅拌均匀。注浆压力控制在 0.6~0.8 MPa 范围内,注浆至注浆管口灌满砂浆为止。

⑤格梁施工:待边坡锚杆一次注浆完毕后,对格梁进行施工,按照锚杆位置拉线进行基础开挖,清除松散土体,基础清理完毕后进行垫层混凝土施工,钢筋骨架安装控制好钢筋间距、数量等。模板采用竹胶板,模板接缝严密,混凝土控制好塌落度(160~180 mm),确保混凝土振捣密实,且表面整平压光。

⑥锚杆张拉:待格梁混凝土达到设计强度的 75% 后进行锚杆张拉。锚杆张拉前要对千斤顶进行标定,标定满足张拉拉力要求的才能用于施工;检查油压表、发电机等性能是否良好。锚杆设计荷载 300 kN,锚杆张拉分五级进行,每级荷载分别为设计拉力的 25%、50%、75%、100% 和 110%(即 75 kN、150 kN、225 kN、300 kN 和 330 kN),除最后一级稳定 10~20 min 外,其余每级均稳定 5 min,并分别记录每一级钢筋的伸长量。在每一级稳定时间内必须测读锚头位移三次。当张拉到最后一级荷载且变形稳定后,卸荷至锁定荷载锁定锚杆。锚杆张拉完毕并进行二次注浆和封锚。

(3)预加锚固桩桩体施工

①施工方法为路堑挖方挖至设计平台后,采用人工隔孔开挖,现场安装钢筋骨架及浇筑混凝土的施工方法。

②抗滑桩开挖采用隔孔开挖,不允许同时开挖相邻的桩孔。抗滑桩开挖前,在桩孔开挖面四周设置临时排水沟防止地表水流入桩孔,影响施工期间的安全。

③桩孔锁口要高出地面至少 30 cm,锁口与护壁和护壁节段之间的钢筋要连接在一起使护壁形成一个整体,有效防护孔壁。

④挖孔桩土方、支模浇筑混凝土护壁:桩孔由人工自上而下逐层用风镐开挖,本段没有采用爆破方式进行开挖。挖土次序为先挖中间部分后挖周边土体,弃土装入吊篮,用手摇绞车提升,吊至地面后用手推斗车运出。

⑤每循环开挖高度 0.5~1.0 m,开挖后施工钢筋混凝土护壁,随后再开挖下一循环直到挖至设计桩底高程。每开挖一段对岩性进行记录核对地质情况,如实际位置与设计有较大出入,将发现的异常及时向业主、监理及设计人员报告,及时变更设计,挖至设计标高后会同设计单位现场确定地质情况,经设计同意后方能进行下一步工序。桩

孔开挖过程中随时检查桩孔的孔径、垂直度,避免桩孔开挖倾斜和缩径的现象发生。并且在孔口附近设置位移观测桩,随时监测位移情况,保证施工安全。

⑥检查标高:桩孔开挖完成后进行桩底标高检查,检查方法采用绳吊法,根据锁口顶面标高及桩长确定桩底标高,桩孔开挖至设计标高后必须将孔底浮渣清理干净。

⑦钢筋制作满足相应质量要求,安装采取现场孔内安装。

⑧桩孔混凝土浇筑采用串筒浇筑,混凝土出口距桩底或混凝土面不得超过 2 m,混凝土垂直灌入桩孔内并连续分层浇筑,每层厚度不超过 30 cm,采用振动棒振实。浇筑时混凝土达到一定深度后或混凝土下落高度小于 0.5 m 时,逐节拆除串筒直至桩顶。

⑨抗滑桩质量检测内容:桩孔位置、桩孔尺寸、垂直度、地质岩层情况、钢筋骨架制作与安装质量、预埋件位置和混凝土浇筑质量。

(4)预加锚固桩锚索施工

①工艺流程:施工准备→锚孔钻造→锚索制安→锚孔注浆→框架梁施工→锚孔张拉锁定→验收封锚。

②锚索孔定位采用全站仪测量,在岩面上标出孔位,在排架平台上标出后视点确定钻孔方位。

③锚索孔采用的是地质潜孔钻机钻孔,钻头钻进 20~30 cm 后进行一次角度校核,在钻进过程中要工作一段时间、钻进一定深度后进行孔斜的测量,以确保钻孔倾角、方位角均能依照设计要求控制在 5°以内。锚索钻孔要求干钻,禁止水钻,以确保锚索施工不致于恶化边坡岩体的工程地质条件和保证孔壁的黏结性能。为清除钻孔及孔壁上附着的粉尘、泥屑等,钻孔完成后必须使用高压空气(风压 0.2~0.4 MPa)将孔中岩粉及水全部清除出孔外,以免降低水泥砂浆与孔壁岩体的粘结强度。保证孔内干燥和孔壁的干净粗糙,钻孔完成并清洗干净后,对孔口进行暂时封堵,不得使碎屑、杂物进入孔口。钻进过程中对每个孔的地层变化,钻进状态、钻压、钻速、地下水及一些特殊情况作现场记录,如遇地层松散、破碎时,采用跟套管钻进技术,以使钻孔完整不坍。如有地下水从孔口溢出时,应采用固结注浆,以免锚固段注浆体流失或强度降低,如遇坍孔,应立即停钻,进行固壁灌浆处理,灌浆压力控制在 0.1~0.2 MPa,待水泥砂浆初凝后,重新扫孔钻进。

④锚索的编制:将经检验合格的钢绞线平放在厂房施工区外侧的专用工作平台上进行处理,对钢绞线的切割必须采用机械切割。编制锚索时,将钢绞线和注浆管平摊于工作台上,对钢绞线进行编号,并在出口段(外端)用不同颜色或挂牌区别。将注浆管、钢绞线捆扎成束。在钢绞线和注浆管之间用隔离支架分离,两对隔离支架间绑扎一道无锌铅丝成枣核状。施工时要求施工人员确保钢绞线平行,不产生交叉、缠绕的现象,锚索穿索入孔时采用卷扬机牵引配合人工定位的施工方法进行。

⑤锚固段灌浆:采用孔底返浆进行注浆。注浆管随锚体一同送入孔底,在注浆时边注边拔,使注浆管始终有一段埋于注浆液中直到注满。当孔中存有积水时,注入浆液会将积水全部排出,待溢出浆液的稠度与注入浆液的稠度一样后再抽出注浆管,注浆压力

大于等于 0.3 MPa。灌浆结束标准主要以灌浆量大于理论耗浆量,回浆比重不小于进浆比重且孔内不再耗浆为控制依据。灌浆过程中对耗浆量、止浆环气囊压力及回浆压力等诸项数据进行仔细检查。若耗浆量过大、气压或回浆压力偏小,判断可能存在地质缺陷、裂隙漏浆等异常情况并作进一步分析检查。

⑥锚索张拉检测:张拉前对张拉设备(千斤顶和油压表)进行标定,按照标定方程式计算出张拉力对应的油压表读数,同时计算出每个阶段锚索(杆)的理论伸长值。张拉是预应力锚索施工的关键工序,张拉吨位以张拉力控制为主。采用张拉力与伸长值同时控制的双控标准,若张拉伸长量的实测值未超出计算值 6% 允许偏差范围,则符合规范要求。通过伸长值的校核,可以综合反映张拉力是否足够,以及预应力筋是否有异常现象等。张拉工序出现的夹片滑丝、实测伸长值超标等异常情况时,进行更换夹片重新张拉、单根补偿张拉、整束锚索返工等措施处理。在锚索张拉符合要求或出现异常情况但经处理符合要求之后方准许进入下道工序。

⑦张拉段灌浆:原材料检查及取样检测与锚固段灌浆浆材的质量控制相同。锚索在张拉锁定后即进行张拉段灌浆。灌浆压力控制在 0.2 ~ 0.7 MPa。结束标准,注浆时间 30 min,实际耗浆量大于理论耗浆量,回浆比重不小于进浆比重且孔内不再耗浆。

⑧预应力锚索质量检测内容:钻孔位置、倾角、钻孔孔径、地层情况、钻孔深度、锚索编制情况、张拉值及注浆饱满程度。

(5)土钉墙(锚杆)施工

①土钉墙施工工艺流程:边坡开挖、修整→施工平台搭设→钻孔→土钉安装→注浆→钢筋网片安装→混凝土喷射。

②边坡放线测量、土石方开挖:根据设计提供的施工图确定边坡开挖线,施工时从路堑顶往下分层开挖,土质边坡开挖每层控制在 2 ~ 3 m,岩质边坡每层可适当增大。开挖时按设计坡率进行,尽量使开挖面平整。

③喷射第一层混凝土:自下而上喷混凝土,喷头与受喷面距离控制在 0.8 ~ 1.5 m 范围内,射流方向指向喷射面,但在钢筋部位应先喷填钢筋后方,然后再喷填钢筋前方,防止钢筋背面出现空隙。继续进行下步喷射混凝土时仔细清除预留施工缝接合面上的浮浆层和松散碎屑并喷水使之湿润。对土质路基边坡,由于其自稳性差先行喷射 5 cm 的混凝土进行封闭,喷射混凝土按试验室提供的配合比进行施工,为便于衔接上部留 30 cm 暂不喷射。待 5 cm 的混凝土喷射完成后即可进行钻孔,对岩质路基边坡可直接钻孔。

④钻孔按设计布置土钉孔位,施工时采用风钻和水钻按设计倾角、长度进行施钻。钻孔完成后进行清孔检查,对孔中出现的局部渗水塌孔或掉落松土进行处理。

⑤土钉制作、安装及注浆:土钉材料采用 $\phi 25$ mm Ⅱ 级钢筋,严格按设计要求进行制作。为确保土钉居中,在土钉钢筋置入孔中前沿杆长每 2 ~ 3 m 焊接一个中支架,支架的构造以不妨碍注浆时浆液的流动为前提采用金属或塑料件材料制作。土钉安装完毕后即可灌注 M35 水泥砂浆,灌浆时将塑料管插入孔底,用挤压式压浆机注浆。注浆

有重力、低压(0.4~0.6 MPa)或高压(1~2 MPa)三种方法注浆填孔,其中水平孔采用低压或高压方法注浆,下倾孔采用重力或低压注浆的方法。压力注浆时需在钻孔口部设置止浆塞,注满后保持压力3~5 min。重力注浆以满孔为止,在初凝前需补浆1~2次。下倾孔采用重力或低压从底部注浆时,注浆导管底端先插入孔底,在注浆同时将导管以匀速缓慢撤出,导管的出浆应始终处在孔中浆体的表面以下,保证孔中气体全部逸出。水平孔采用口部压力注浆或分段压力注浆时,需配排气管并与土钉钢筋绑扎,在注浆前与土钉同时送入孔中。

⑥铺设钢筋网:当一幅内土钉全部施工完毕后即进行施挂钢筋网,钢筋网由 $\phi 8$ mm钢筋编制而成。$\phi 8$ mm钢筋调直后截成5~6 m及2~3 m两种,然后在现场采用焊接或绑扎编制成网并与土钉钢筋通过螺纹、螺母、垫板进行有效连接,且保证钢筋网与开挖面之间留有一定的保护层。钢筋网铺设时每边的搭接长度不小于网格边长或200 mm。

⑦喷射第二层混凝土并进行养护:钢筋网铺设完成后即可进行喷射第二层混凝土,对于土质路基边坡第二层喷射混凝土厚度为8 cm,喷射第二层混凝土施工完成后及时组织养护。

(6)片石混凝土挡土墙施工

①工艺流程:挡土墙基坑开挖→基底验收→垫层混凝土浇筑→模板安装→混凝土浇筑→混凝土养护。

②基坑开挖:根据施工放样进行基坑开挖及边坡修整,开挖长度根据现场地质情况进行分段开挖,每段15 m或20 m。机械开挖至基底设计标高以上10 cm时重新进行测量放样,确定开挖正确不偏位的情况下改用人工进行基底清理,报请设计单位到施工现场确认地质条件,确保基底符合设计及相关规范要求。

③模板安装:模板采用胶合木模板或钢模板,具有足够的强度、刚度和稳定性,能承受新浇筑混凝土的重力侧压力及施工中可能产生的各项负荷。保证混凝土结构和构件各部分设计形状尺寸和相互间位置正确。模板之间粘贴双面不干胶带,以减小模板缝防止漏浆,保证混凝土面的观感质量。在浇筑混凝土前模板应浇水湿润,但模板内不应有积水,模板与混凝土的接触面清理干净并涂刷脱膜剂,不得影响模板结构性能。模板采用 M14×500 螺栓与预埋钢筋(或土钉、砂浆锚杆)拉结配 D48×3.5 钢架管横、竖龙骨加固并配以大号蝶形卡紧固,对拉螺杆按 1 000 mm×500 mm 的间距布置,设置时将泄水孔位置与螺杆紧贴布置以防扔填片石碰坏 PVC 管。紧贴模板的竖向龙骨间距不得大于300 mm。同时在模板底角外侧设置地锚,地锚间距和埋置深度根据混凝土侧压力及地质情况计算而定。混凝土浇筑采用串筒输送混凝土至模内。

④采用机械振捣混凝土时应符合下列规定:采用插入式振捣器振捣混凝土时,插入式振捣器的移动间距不宜大于振捣器作用半径的1.5倍,且插入下层混凝土内的深度宜为50~100 mm,与侧模保持50~100 mm的距离。当振捣完毕需要变换振捣棒在混凝土拌和物中的水平位置时应边振动边竖向缓慢提出振动棒,不得将振动棒放在拌和

物内平拖或用振动棒驱赶混凝土。表面振动器的移动距离应能覆盖已振动部分的边缘,应避免碰撞模板、钢筋及其他预埋件。浇筑完成后,混凝土初凝前将预埋钢筋埋入混凝土中,并在混凝土接茬面栽少量片石。片石体积不超过片石混凝土总体积的25%。

⑤填放于混凝土中的片石强度等级不应小于 MU30,最大尺寸不应大于结构最小尺寸的1/4,最小尺寸不应小于 15 cm。片石在填放前用水冲洗干净,采用人工摆放的方式进行,不能碰伤模板及 PVC 管。均匀分布安放稳妥,片石间净间距不得小于 15 cm,与模板间净间距不宜小于 25 cm。最上层片石顶面覆盖不小于 25 cm 的混凝土层。

⑥墙身于地面以上部分,每隔 2 m 呈梅花形交错设置泄水孔。严格控制泄水孔位置,保证其位置准确,横平竖直。孔内预埋 ϕ10 cm PVC 管伸入墙背 10 cm,端部 20 cm处用土工布包裹。最底排泄水孔下部及墙顶以下 0.5 m 的范围内设夯填黏土防渗层。同时施工过程中严格控制泄水孔4% 的流水坡度并保证泄水孔向外排水顺畅。

4. 路基排水工程施工

(1)渗水盲管施工

路堑挖方挖至路床底层后进行渗水盲管的施工主要有以下要求:

①根据渗水盲管的设计位置进行施工放样,同时注意排水方向,避免形成倒流现象,影响排水效果。

②所用的原材料满足验收标准的相关规定,根据数量进行取样送检检测。

③填充的碎石粒径满足设计要求且要冲洗干净,保证渗水效果。

④包裹碎石的土工布搭接宽度不小于 10 cm,避免路基填料堵塞盲管,影响渗水效果。

⑤出水口畅通并高于地面,避免出水口形成回流现象。

(2)路基地表排水沟施工

①砌体、混凝土所用材料的品种、规格、质量要符合设计要求,进场时检验合格方可使用。

②新设排水系统要确保排水顺畅,临时排水设施与永久性排水设施相结合并与原有地表排水系统相适应。排出的水不得损害路基及附近建筑物地基、道路和农田。

③从下游出口向上游开挖排水沟渠。路堑施工应先做好堑顶截、排水并经常检查防止渗漏。堑顶为土质或含有软弱夹层的岩层时,天沟及时铺砌或采取其他防渗措施。排水设施沟基稳固,排水沟严禁设在未做处理的废渣、弃土上;沟形整齐,沟坡、沟底平顺,沟内无浮土及杂物;水沟排水不得对路基产生危害;排水沟应挖在原地面以下,不应在地面坑凹处通过;当需要通过时按照路堤填筑压实的要求将坑凹填平,然后挖沟,并防止填土沉降变形。

④滑坡地段地面排水工程先做好滑坡体外的截、排水沟,并随开挖随铺砌。对施工用水应严加管理,防止流入滑坡体内。滑坡体上不得积水,夯填密实裂缝,整平压实洼地。

5. 路基沉降观测及边坡位移观测方案及要求

（1）路基沉降观测：本段路堑基床设置了 D 型路基面沉降观测桩（每 50 m 一个断面，每个断面在路基中、路肩两侧设置），观测采用徕卡 DNA03 电子水准仪按照一等水准测量进行观测，采用平差软件进行平差。每 7 天观测一次，连续观测 6 个月，根据累计沉降量分析拟合曲线和相关系数是否满足观测要求。

（2）边坡位移观测：本段路堑边坡有 4 个断面设置了位移观测桩，分别在堑顶外、堑顶、平台等位置设置观测桩。利用精度为 2″ 的全站仪进行观测，采用直角坐标法量测。通过数据处理分析，分析坡面几何外观的变化情况，绘制坡面各点在施工过程中的水平位移变化情况，从而了解边坡滑动范围和滑动情况，提供预警信息。观测点埋设完毕后，稳定 2～3 天之后再进行初测。对石质边坡利用稳固石块作为观测标记代替观测桩。监测基点设置在稳定的区域并远离监测坡体，避免在松动的表层上设点。测点埋设在边坡开挖前完成，埋设后即开始监测，监测过程持续到边坡加固工程完工后 6 个月或当年雨季结束后 3 个月无明显位移即可结束，监测频率按要求控制，变形量增大和变形速度加快时加大监测频率。边坡稳定性评价主要根据以下几点进行综合判断：

①最大位移速率小于 2 mm/d。

②边坡开挖停止后位移速率呈收敛趋势。

③坡面、坡顶有无开裂，裂缝的变化趋势。

在实际监测的过程中如果出现有上述一点或几点现象时，都应引起注意，及时对各项监测内容作综合分析并通过其他项目的监测资料相互进行对照、比较，以进一步讨论边坡的稳定性，及早发现安全隐患情况，采取相应补救措施。

五、主要管理措施

1. 组织保证措施

（1）成立精干项目管理机构。由具有丰富铁路工程施工经验和项目管理经验的人员担任项目经理，并授予项目经理在项目人事、机械设备、物资和资金等方面的调配、使用和管理权限；选派具有丰富生产组织指挥经验的人员担任项目各主要部门负责人；配备足够的业务尖子担任技术主管、质监、安检、测量、试验工程师和各项业务主管，确保项目顺利实施。

（2）健全项目管理各项制度。项目部建立岗位责任制，将项目管理目标分解到全体职工，制定详细科学的施工作业计划，全面实现计划目标。

（3）投入专业化施工队伍。挑选具有长期类似工程施工操作经验、较强技术素质和专业技能的青壮技工担任现场主要工序操作手和工班技术骨干；安排有较强管理能力的技术人员组成一线管理队伍，对所有参加施工人员进行岗前培训，提高业务素质和工作效率。

2. 合理布置施工工序，优化施工组织

本段路堑由于工程加固措施多、交叉作业多，因此合理布置施工工序，合理配置资源显得尤为重要。

(1)制定详细的实施性施工组织设计和分部、分项工程的专项施工方案,适时调整和优化施工计划,确保工序按时或提前完成。

(2)采取平行作业、顺序作业和流水作业方法科学组织施工,加强各工序间的配合,尤其是路基挖方和边坡支护工程工序的衔接。

(3)快速组织人员、设备进场,按时开工,在保证工期、安全和质量的前提下,以最少的资源完成工程项目。集中优势力量,确保难点工程。

(4)施工以机械化为主,人工配合为辅,提高机械化程度和劳动生产率,减轻职工体力劳动强度,并合理安排多机联合作业,加快施工进度。

(5)积极主动地做好各方面的协调,争取各方面的理解和支持,为工程顺利实施创造良好的外部条件。

3. 质量保证措施

(1)严格执行《客运专线铁路路基工程施工技术指南》《客运专线铁路路基工程施工质量验收暂行标准》《铁路混凝土工程施工质量验收补充标准》等规范、标准,并满足设计文件要求。

(2)严格控制每一施工环节,保证路基工程质量零缺陷,满足高铁铺设无砟轨道基础高平顺性要求。

(3)施工前组织相关管理人员、技术人员、作业人员进行技术培训和交底,将各分项工程的技术标准、质量标准、施工方法、施工工艺、保证质量及安全措施等向领工员、工班长书面交底,使全体施工人员充分了解设计意图,熟悉工程内容、特点、施工方案及各项要求,确保工程顺利进行。

(4)编制路基重点(控制工程)施工组织设计以及路基各类工程施工作业指导书指导施工。

(5)健全全面质量管理体系,成立质量 QC 攻关小组,提高施工水平,保证工程质量。

(6)构筑纵横立体监测网络,对路基本体及地基沉降进行全面、系统的监测,并通过沉降预测、评估技术,达到优化设计、控制工后沉降,确定无砟轨道结构施工和铺轨时间。

4. 安全保证措施

(1)建立安全管理机构。成立安全领导小组,建立健全安全管理组织与工作制度,制定安全生产细则和年度安全生产管理方针、目标,全面负责安全管理工作。

(2)加强安全检查。开展月、季安全检查,在山区施工时由于地形比较复杂,加强了检查频率,及时发现安全隐患,采取有效措施。

(3)对安全风险较大分项工程制定专项施工方案。如开挖沟前调查地下隐蔽设施情况,有电缆管道等隐蔽设施时,先与有关部门联系,签订配合协议,做好防护后才开始施工;做好预加锚固桩的桩体开挖、预应力锚索、锚杆的张拉及路堑边坡开挖等专项施工方案,确保施工安全。

（4）强化安全教育。对职工进行安全意识的教育，施工过程中每天进行班前讲话，提醒安全事项。

5. 环、水保保护措施

（1）严格遵守《中华人民共和国环境保护法》以及相关的法律、法规、规章制度，保护和改善作业现场的环境，控制现场各种粉尘、废水、废气、固体废弃物、噪声、振动等对环境的污染和危害。

（2）规定施工区域内的植被、树木等尽量维持原状。需砍除树木和其他经济作物时，事先应征得环境保护和水土保持部门、所有者同意，严禁超范围砍伐。

（3）严格按设计规定的征地范围和数量丈量用地，严禁超范围占用土地和水面。临时生产生活设施、施工便道的设置，必须先设计规划申请，按照批准同意后的方案实施，依据环保的相关要求做好环境的保护工作。

（4）施工中弃土、排污等按设计文件与当地环保部门签订的有关协议和要求进行处理。对有害物质（如燃料、废料、垃圾等）按规定进行处理，以减少对环境的污染，防止对动、植物造成损害。

（5）路基的防护工程施工要紧跟开挖、填筑工序，边开挖、填筑边防护，缩短施工作业面暴露时间。绿化植草防护马上衔接，路堑开挖后尽快选用根系发达、适应性强的多年生草种及时植草。开挖或填筑的路基土质边坡及时采取工程或植物防护措施，防止雨水冲刷造成水土流失。

6. 物资保证措施

（1）抓好采购环节：除甲方组织采购的物资外，凡涉及路基工程质量和使用安全的工程物资，如油料、片石、土工布、级配碎石、复合土工膜等，均由物资设备部负责统一招标采购。批量使用的其他材料，由物资设备部负责牵头组织各专业物资人员进行招标采购。低值易耗品和工程用的其他零星材料由所属各专业材料组在货比三家的基础上就近采购，合理贮存，满足工程需要。

（2）严格质量控制：严格按照业主制定的《物资管理办法》以及本单位《物资采购控制程序》规定，严格进货检验、试验，做到购进材料、设备满足设计、规范的要求，并提供产品合格证明及检验材料。

（3）基准数量控制：物资设备部和各专业施工队材料组按工程施工进度安排组织不间断供料，同时要按物资核算办法加强工程材料的成本控制，加强工程材料的计划性，严格材料核算核销工作，每季度或每月进行材料消耗核算。

（4）加强物资储运：依据材料的质量、体积、形态、性能特点等要求，选择相应的搬运工具，安排熟悉搬运操作规程的人员搬运，避免搬运过程中材料受损和降低材料性能。在库物资遵照先进、先出、先用的原则，存放时进行正确标识，防止混用或误用；凡有保质期的物资，做到合理储备，在保质期内使用完毕。对进库（场）的物资做到数量准确、手续齐备、质量完好、凭证齐全、标识清楚、记录详细，做好对进库（场）的原材料、半成品的防护，确保物资完好无损。

六、主要成效

取得的主要成效如下：

(1)路堑基床设置了沉降观测标,按照沉降观测的相关要求进行了监测,经评估单位评估,工后沉降量满足设计及规范要求,满足无砟轨道铺设条件,运营至今路基基床沉降稳定。

(2)在每一级路堑边坡平台及堑顶按照设计断面进行了位移观测桩的设置。经观测路基边坡在施工过程中稳定。

(3)施工工序交叉作业,通过科学组织设计、优化施工方案,全面实现了施工进度、安全和质量目标。

第五节 营口东站 CFG 桩板复合地基施工

一、工程概况

1. 工程背景

沈大段新营口车站土建工程由中铁五局集团有限公司哈大项目部施工,车站位于营口市老边区柳树镇,属于辽河、渤海滨海相沉积地层区域,全长2.2 km。

2. 原设计情况

新营口车站地基为软土地基,原设计采用 CFG 桩复合地基进行处理。CFG 桩与搅拌桩交叉呈三角形布置,正线及挡墙下桩间距均为1.5 m,其余为1.6 m。CFG 桩桩径0.5 m、桩长30 m;搅拌桩桩径0.5 m、桩长12 m,并于桩顶设0.6 m 厚碎石垫层,于垫层内铺设两层土工格栅。

3. 设计变更

通过进行工艺试验、试桩和补充地质钻探发现营口东站松软土层厚度大于50 m,并与流塑状饱和粉质黏土互层,在试桩过程中出现相邻桩基窜孔、缩颈、扩径以及桩基灌注完成后,混合料初凝前混凝土面显著下沉现象,混凝土超灌严重,对此设计院进行了如下变更设计。DK217+241.6~DK219+005.7 正线下路堤,正线轨道板下1:1 范围内桩长30 m,桩顶加0.5 m 厚的 C30 钢筋混凝土板,板纵向伸缩缝间距20 m,可现场调整,板长度与宽度不大于30 m,板下设0.1 m 厚碎石垫层,并用 C20 混凝土找平。轨道板以外两侧桩长变为25 m,站台下桩长变为20 m,桩顶设砂夹碎石垫层,厚0.6 m,垫层内夹铺两层高强度土工格栅。除站台下桩间距为1.6 m,其余均为1.5 m,桩径与桩布置形式与原设计相同,具体情况如图3-2 所示。

4. 工程地质情况

(1)地形、地貌特征:线路所经地区地形为滨海平原及冲洪积平原,地形平坦、开阔,海拔3~7 m。地表主要为鱼塘、旱田及大棚蔬菜种植区。

(2)工程地质特征:地表覆盖粉黏土、黏土、淤泥土和砂类土,厚度7~50 m。下伏片麻岩、千枚岩、花岗岩或角闪岩,风化程度较高,部分地段有盐渍土及软土发布。

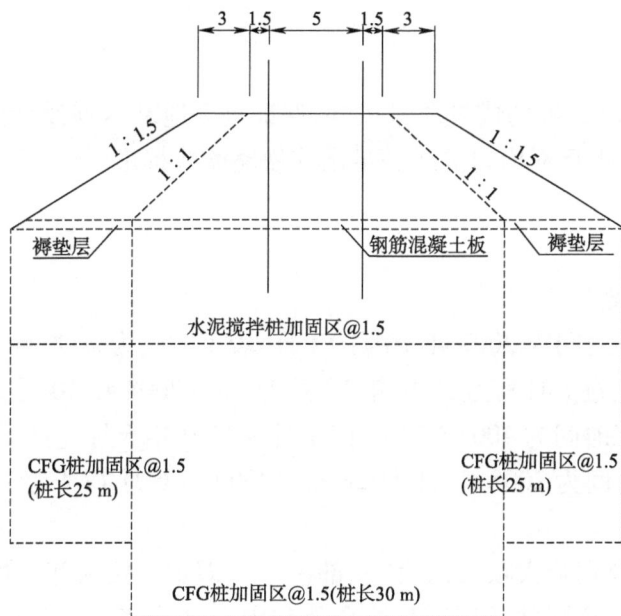

(a) 变更后标准地段地基加固立面示意

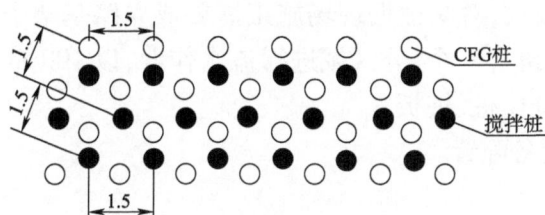

(b) CFG桩与搅拌桩布置平面示意

（搅拌桩布置于呈三角形分布的 CFG 桩形心处）

图 3-2　CFG 桩与搅拌桩布置示意（单位:m）

（3）水文特征:地表水多为农业用水,主要接受大气降水和渠道补给。地下水丰富,地下水水质良好,对垗工无腐蚀性,施工、生活用水都可以打井取水。

（4）气象特征:属暖温带~温带、湿润~半湿润的季风气候。年平均气温 8.9 ℃ ~ 10.9 ℃,最冷月平均气温 –3.9 ℃ ~ –11.3 ℃;极端最高气温 35.0 ℃ ~36.7 ℃,极端最低气温 –18.8 ℃ ~ –33.1 ℃;年平均降水量 591.5 ~674.7 mm,年平均相对湿度56% ~64%;年平均蒸发量 1 506.9 ~ 1 985.6 mm,主要风向 N、S、WS;最大风速 12.7 ~ 35.6 m/s,土壤最大冻结深度 1.06 m。

二、工程特点及难点

1. 工程特点

该工程地处滨海相沉积地层,软土深厚,采用 CFG 桩(长桩) + 水泥搅拌桩(短桩) + 褥垫层 + 桩板复合结构进行地基加固,桩间距小,工程量大,并且 CFG 桩桩长达30 m,

属于超长 CFG 桩施工。

2. 工程难点

难点在于超长 CFG 桩的成桩质量控制,保证复合地基达到设计要求和实际使用功能,确保路基工后沉降及不均匀沉降满足高速铁路验收标准。

三、施工组织

1. 施工进度计划

(1)本工程开工时间为 2007 年 10 月 17 日,竣工时间为 2009 年 6 月 17 日。

(2)水泥搅拌桩施工时间为 2007 年 10 月 17 日~2008 年 10 月 27 日。

(3)CFG 桩施工时间为 2007 年 10 月 24 日~2009 年 6 月 2 日。

(4)桩板施工时间为 2008 年 11 月 26 日~2009 年 6 月 17 日。

2. 机构设置

中铁五局有限公司哈大项目部设"六部一室",即工程技术部(含计划、协调)、安全质量部、物资设备部、合同部、财务部、综合部和中心试验室。该项目部下设三个总队。新营口站由下属第一总队施工,劳动力组织方式采用"架子队"模式,即采用总队、架子队、专业工班三级管理模式,总队根据现场施工需要成立路基架子队,组织水泥搅拌桩工班、CFG 桩工班、圬工班各一个,分区域进行流水作业,以 100 m 为一个区域单元,施工顺序为水泥搅拌桩、CFG 桩、桩板。

3. 劳动力及机械设备配置

(1)劳动力配置

主要劳动力配置见表 3-8。

表 3-8　主要劳动力配置

岗　　位	人数(人)	岗　位　职　责
队　　长	1	负责全盘施工管理和生产
副队长	1	协助队长全盘管理和施工,负责现场质量控制,抽查施工质量
技术主管	1	掌握规范和设计要求,负责现场质量控制,抽查施工质量,处理技术问题
技术员	8	负责施工现场技术指导,施工放样,质量检查及自检资料的填写
施工员	12	负责施工现场工序检查,人员及机械管理
安全员	2	现场安全管理,文明生产
后勤人员	4	提供后勤保障
圬工班	120	钢筋工程、模板工程、混凝土浇筑及养护
水泥搅拌桩工班	60	水泥搅拌桩施工
CFG 桩工班	80	CFG 桩施工

(2)机械设备配置

主要机械设备配置见表 3-9。

表 3-9 主要机械设备配置

机械设备名称	规格及型号	数 量
CAT 挖掘机	PC320	1
日立挖掘机	PC300	1
日立挖掘机	PC220	1
推 土 机	TY220	1
推 土 机	TY 150	1
发 电 机	159 kW	1
CFG 钻机	GZL-90	18
平 地 机	PY180	1
压 路 机	TY180	2
装 载 机	ZF50	2
汽 车 吊	20 t	1
洒 水 车	—	1
水泥搅拌桩机	DB-5A	20

四、关键施工技术及措施

1. 水泥搅拌桩施工

（1）工艺试验

水泥搅拌桩采用"四搅二拌"的施工工艺,工艺简单,钻机质量轻并可以通过自身液压系统移位,操作简单,成孔速度快。在搅拌桩正式开工前,根据地质情况选取具有代表性的施工地段,做工艺性试桩且不少于 5 根,以便取得可靠的、符合设计要求的工艺控制数据,其中包括制浆工艺、水灰比、注浆压力、钻具钻进速度、提升速度、提升时钻头反转速度、搅拌遍数、复拌深度、单位时间注浆量、每延米注浆量等数据,并经质量检验合格后写出试桩总结报告,经相关部门审批后方能正式开工。工艺试验所取得的各项数据参数作为现场施工的控制依据,通过严格规范和认真执行来保证施工质量和进度。

（2）主要工艺流程

①清表

采用大型推土机与平地机对原地面进行整平,清除表层 30 cm 种植土、树根、建筑垃圾等,水塘应排水、清淤,并用黏土回填整平,清表后顶面高程按桩顶标高增加 50 cm 控制。

②测量放样

根据搅拌桩布桩图,用全站仪放出布桩控制点,再用钢尺放出每个桩位,在桩位中心打入竹片,用白灰标明并做好记录。

③钻机就位

钻机就位时,应用钻机的垂球检查塔身导杆,校正位置,使钻机垂直对准桩位中心,每根桩施工前现场工程技术人员进行桩位对中及垂直度检查,桩机垂直度允许偏差≤1%,桩位允许偏差≤5 cm。满足要求后再开钻,为了准确控制钻孔深度,在桩机支架上做出控制深度的标尺,以便在施工中观测、记录。

④预搅下沉

先将搅拌桩机用钢丝绳挂在起重机上,用输浆胶管将贮料罐砂浆泵与搅拌桩机接通,开动搅拌机电动机,搅拌机叶片相向而转,放松起重机钢丝绳,借设备自重使搅拌机沿导向架搅拌切土下沉至要求加固深度,下沉的速度可由电机的电流监测表控制。正常控制在 0.38 ~ 0.75 m/min。

⑤拌制水泥浆

待搅拌机下沉到一定深度时开始按试桩确定的配合比拌制水泥浆,将水泥浆存放在集料斗中。

⑥提升喷浆搅拌

搅拌机下沉到达设计深度后开启灰浆泵将水泥浆压入地基中,以 0.3 ~ 0.5 m/min 的均匀速度提起搅拌机,边喷浆边搅拌,由搅拌叶片将水泥浆与深层处的软土搅拌直到提至地面,即完成一次搅拌过程。

⑦重复预搅下沉、提升喷浆搅拌

为使软土和水泥浆搅拌均匀,再次将搅拌机边搅拌边沉入土中,桩端原位搅拌时间约 2 min,至设计加固深度后再将搅拌机提升喷浆搅拌出地面,即完成一根柱状加固体。

⑧水泥搅拌桩检测

搅拌桩达到 28 d 龄期后全长抽芯取样进行无侧限抗压强度试验,按总桩数的 2‰ 抽检且每批次不少于 3 根,其无侧限抗压强度不得少于 1.2 MPa。并采用平板荷载试验做复合地基承载力试验,检验数量为总桩数的 2‰ 并不少于 3 根,要求处理后的复合地基承载力不小于 0.15 MPa。

复合地基承载力的检测方法:由压重反力架和配重组装成压重平台,试点最大试验荷载为设计复合地基承载力特征值的 2.0 倍,压重总重量为最大试验荷载的 1.2 倍;加荷方式为液压千斤顶和高压油泵;加荷量用 RS-JYC 桩基静荷载分析仪控制;用 2 个位移传感器测试桩的沉降;试验加压荷分为 8 级进行。

(3)质量控制技术

所用固化剂、外掺剂的品种、规格、性能应符合设计,必须通过抽检合格方能进场使用。固化剂、外掺剂等材料的现场存放应严格防水、防潮,符合其存放要求。

搅拌机械必须配置自动记录仪,施工前对其进行标定;宜用流量泵控制输浆速度,根据试桩工艺使注浆泵出口压力保持合适值,并使搅拌提升速度与输浆速度同步。

严格按设计配合比搅拌,制备好的浆液应持续搅拌,不得离析。供浆必须连续,拌制浆液罐数、固化剂和外掺剂用量以及泵送浆液时间等有专人记录。施工过程中随时检查施工记录,对每根桩进行质量评定。搅拌机喷浆提升的速度和次数必须符合施工工艺要求,有专人记录搅拌机每米下沉和提升时间。

为保证桩端施工质量,在预计浆液达到钻头出浆口后,喷浆座底超过 30 s 时开始提升钻头,保证浆液完全到达桩端。成桩过程中若因故停浆,继续施工时应将搅拌机下沉至停浆点以下 0.5 m,待恢复供浆时再喷浆提升。若停机超过 3 h,应拆卸输浆管路,清洗干净,在原桩位旁边补桩,并报监理和设计确认。

2. CFG 桩施工

(1)工艺试验

新营口车站 CFG 桩于 2007 年 10 月 8 日~10 日在 DK218+700 左侧红线外进行了试桩工作。试桩按边长为 1.5 m 的等边三角形布桩,于 10 月 8 日、9 日、10 日分别钻入,共成桩三根。施工时平均钻进速度为 1.2 m/min,灌注中平均提管速度为 1.8 m/min,泵送压力控制为 4.8 MPa,坍落度控制在 170~190 mm 之间。因相邻桩施工间隔时间长,前一根桩形成初凝后,对下一根桩施工不构成自身的扩孔及桩头下沉现象,经检测桩身完整,其他各指标均符合规范要求。本次试桩共灌注混凝土 26.7 m³,平均单根超灌 2.9 m³。

2007 年 10 月 24 日开始正式施工 CFG 桩,施工时采用"隔一打一"的方案进行,即按照 3 m 的间距施工。其桩位分布在 DK218+694.95~+702.75 左中心线左侧。施工中桩头大面积下沉 0.8~3.9 m,桩基扩孔现象严重,混凝土超灌达到 38%~50%。

为摸索施工经验,2007 年 10 月 28 日,又在 DK218+705.35~+736.55 按桩间距为 4.5 m,在线路左侧位置进行隔二跳打施工。超灌方量和桩头下沉仅有小幅度减少。

2007 年 11 月 2 日,哈大客专公司组织设计、咨询、监理等单位共同到现场进行地质核查,并对该段 CFG 桩施工检查后要求通过工艺实验进一步探明该段地质具体情况以及对成桩质量的影响。2007 年 11 月 14 日至 17 日期间,施工单位在 DK218+694.95~DK218+739.15 段完成 28 根 CFG 桩施工,采用桩间距为 4.5 m,在线路左侧位置进行隔二跳打施工,发现桩头普遍存在 1~2.5 m 的下沉情况,跟以往采用"隔二打一"的方法情况类似。

2007 年 11 月 24 日,由中国建筑科学研究院阎明礼教授、哈大客运专线有限责任公司、设计院、中国中铁指挥部等单位专业人员组成的专家组对该站 CFG 施工进行了现场调研。通过分析施工过程中钻出的土样,推断该段在地面以下 3~9 m 及 23~30 m 处存在两个饱和粉质黏土层,易液化成流塑性,具备窜孔的充分条件,扩孔系数大。专家组建议:加大施工桩间距,既能充分发挥桩周土的侧摩阻力,又能有效防止灌注时对相临桩体的影响。经过多次现场试验,最终采用"隔三打一"的施工措施,有效解决了窜孔和成桩后混凝土面下沉问题。通过 CFG 桩工艺试验,确定出配合比等各项工艺参数,水泥规格为 P.O 42.5,碎石粒径为 5~25 mm,坍落度 160~200 mm。

(2)主要工艺流程

①测量放样

作业区域内水泥搅拌桩施工完成检测合格后重新进行场地平整,用全站仪进行 CFG 桩位放样,用竹签和白灰明确标记。

②钻机就位

钻机就位时使钻杆垂直对准桩位中心,确保 CFG 桩垂直度容许偏差不大于 1%。

现场采用在钻架上挂垂球的方法测量该孔的垂直度。

③钻进成孔

钻孔开始时关闭钻头阀门,向下移动钻杆至钻头触地,启动马达钻进,先慢后快,同时检查钻孔的偏差并及时纠正。在成孔过程中发现钻杆摇晃或难钻时放慢进尺,防止桩孔偏斜、位移和钻具损坏。根据钻机塔身上的进尺标记,成孔到达设计高程时停止钻进。

④混合料集中拌和、运输

混合料在拌和站集中拌和,罐车运输至施工现场。

⑤灌注及拔管

钻孔至设计高程后停止钻进。试验人员监测混合料塌落度,合格后进行混合料的投料,开始泵送混合料灌注,当钻杆芯管充满混合料后开始拔管并保证连续拔管。严格控制拔管速率,拔管速率控制在 2~3 m/min。拔管速率太快会导致桩径偏小或缩颈断桩,而拔管速率过慢又会造成水泥浆分布不匀,桩顶浮浆过多,桩身强度不足和形成混和料离析现象。施工桩顶高程高出设计高程 50 cm,灌注完成后桩顶盖土封顶进行养护。

⑥CFG 桩截桩头

先用小型挖掘机对设计标高以上的桩间土进行清除,桩间土清除后截除桩顶设计标高以上桩头,采用截桩机截桩。截桩后采用人工修凿桩头,CFG 桩顶端浮浆清除干净直至露出新鲜混凝土面。清除浮浆后桩的有效长度满足设计要求。桩头修整至设计高程以上 3~5 cm 时将桩顶从四周向中间修平至桩顶设计标高,桩顶允许偏差 0~20 mm。如果在基槽开挖和截桩头时造成桩体断至桩顶设计标高以下必须接桩达到桩顶设计标高,剔平桩顶,用与桩体材料、配合比相同的混合料接桩并超出桩周 200 mm。根据断桩位置的深浅接桩有两种处理方式。方法一:浅部断桩,在断桩位置挖一个比设计 CFG 桩直径大 20 cm 的圆坑,圆坑和 CFG 圆坑和 CFG 桩同心,挖至断桩面下 10~20 cm 处,灌注混凝土至设计桩顶标高。方法二:断桩位置较深须扩孔下挖,支模板浇注混凝土,模板直径比 CFG 桩直径大 20 cm,安装固定后与 CFG 桩同心,下部比断桩面低 10~20 cm,拆模板后用原土夯实回填。

⑦CFG 桩检测

在 CFG 桩施工 28 d 后对其进行检测,检测包括低应变对桩身质量的检测和静载试验对单桩承载力的检测,静载试验数量取桩总根数的 2‰且不小于 3 根,低应变检测数量取总桩数的 10%。CFG 桩竖向抗压承载力不小于 800 kN(涵洞基底处理 CFG 不小于 288 kN)。

CFG 桩单桩承载力的检测方法:由压重反力架和配重组装成压重平台,试点最大试验荷载为单桩竖向抗压承载力特征值的 2.0 倍,压重总重量为最大试验荷载的 1.2 倍;加荷使用液压千斤顶;加载值由静荷载测试分析仪测度;用 2 块位移传感器测读试点的沉降量;试验加压荷分为 10 级进行。

（3）质量控制技术

在施工过程中从放样到成桩，只要有一个环节出现问题都会对成桩质量和成桩率造成影响。

①桩位偏移

测量放样的准确性是保证桩位正确的一个因素，现场施工表明合理分布每台钻机工作面（每台钻机工作面200～250 m纵长），即每台钻机的工作面分两次放样施工可减少桩位的偏移。由于软土地基的压缩性及流变性，在机械行走中很可能会造成桩位的偏移，因此施工过程中还要加强对即将施工的桩位复核。

②桩孔倾斜

产生倾斜的原因主要是在钻机就位时没有调整好钻杆的垂直度，便开始作业。因此在开始作业前先反复检查钻杆的垂直度，保证满足要求后方可开钻。同时在钻进过程中保持速度均匀。遇到硬土层时放慢钻进速度，必要时一提一钻。

③堵管

堵管是长螺旋钻孔、管内泵压混合料灌注成桩工艺常遇到的主要问题之一，它直接影响CFG桩的施工效率，增加工人劳动强度还会造成材料浪费。特别是故障排除不畅时，使已搅拌的CFG桩混合料失水或结硬，增加了再次堵管的几率，给施工带来更大困难。为此要注意以下几点：一是合理选用设备的弯头曲率半径，保证弯头与钻杆垂直连接，混合料输送管定期清洗，确保管内无结硬块；二是对混合料配合比进行合理控制，保证混合料的和易性；三是严格控制混凝土的坍落度，使其在160～200 mm以内；四是按照规范要求进行施工，钻孔进入土层预定标高后开始泵送混合料，管内空气从排气阀排出，待钻杆内管及输送软、硬管内混合料连续时提钻，泵送量同钻杆提拔速度协调匹配；五是冬期施工时混合料输送管及弯头均需做防冻保护，采用加热水的办法提高混合料的出口温度，水温最好不要超过60 ℃。

④缩径与扩径

缩径与扩径是在软土地层，松散砂土层，软硬对比强烈地层及有地下水影响地层中的常见现象。轻则使桩体出现夹泥、空心、蜂窝、审孔，严重的可发生断桩，导致桩体承载力达不到设计要求。经过多次试验，最后采取"隔三打一"法打桩。这样不仅减少了缩径与扩径的发生，而且便于桩位的识别，缺点是对施工进度造成严重影响，采取"隔三打一"后，移机时间增加，施工遍数也增加到16遍，虽然保证了成桩质量，却带来其他问题：一是工效低，施工周期长；二是施工难度大，容易造成机械压桩，导致人为破坏；三是施工成本大，机械台班基本用于移位就位，每个回合都必须进行清土；四是两个夹层扩孔系数大，在施工第一遍时扩孔系数到达8%，而且越到下层越不利，混凝土用量增大，随着施工遍数的增加，土体被挤压密实，扩孔率逐渐变小。这就要求施工过程中时刻注意观察施工情况，如钻机电表、钻进速度、前一根桩有无异常等，加强施工人员培训，总结施工经验，及时发现问题，采取有效控制措施。

⑤桩顶标高控制

在施工过程中桩顶标高控制不好会造成材料的大量浪费,并且给清理、切割桩头带来大量工作。桩顶标高的控制主要是对混凝土泵送量的控制。在现场施工过程中要求将桩头控制在设计标高以上 50 cm。

⑥钻泥清运问题

CFG 桩长螺旋钻孔属于排土成桩工艺。钻孔过程中及时清运钻孔弃土是保证 CFG 桩正常施工的一个重要环节。在孔口超灌混合料及浮浆尚处于初凝前湿浆状态要对其进行挖除,将浆体随弃土一起清运。为减小对成桩质量造成影响,先用小型挖机将桩土清运至便道旁,然后用大型挖机将桩土装车运至弃土场,严禁大型车辆在未达到一定强度的桩头上行走。

3. 砂夹碎石垫层施工

在搅拌桩与 CFG 桩检测均合格后进行砂碎石垫层施工,由未风化的干净砾石或轧制碎石而成,粒径为 20～50 mm,其含泥量不大于 5%,桩板底铺设厚度为 10 cm,桩板两侧铺设 60 cm 厚且两侧垫层内铺设双层土工格栅。施工顺序为:先铺设 20 cm 碎石垫层碾压密实→5 cm 砂垫层→土工格栅→10 cm 砂垫层→土工格栅→5 cm 砂垫层→20 cm 碎石碾压密实。

4. 桩板施工

(1)钢筋施工

碎石垫层铺设完毕后需在施工钢筋混凝土板的范围内铺设一层 2 cm 厚的 C20 混凝土找平层,将加工好的钢筋运输至施工场地,钢筋绑扎前首先在基础垫层上精确放样,保证钢筋定位准确,并注意设置好混凝土保护层垫块。

(2)模板施工

现场采用 1.5 m×0.6 m 钢模,结合钢管及扣件进行加固。模板表面平整,拼缝平整严密,不漏浆,并以双面海绵胶填缝,保证结构外露面美观,线条流畅。模板安装稳固牢靠,表面清理干净并均匀涂刷隔离剂。

(3)混凝土浇筑

采用 C30 混凝土进行浇筑,板厚为 50 cm,沉降缝 2 cm,泡沫板相隔。浇筑前对模板、钢筋等进行自检,并做好记录,经监理工程师认可后进行混凝土浇筑。混凝土采用拌和站集中拌制,拌和运输车配合混凝土输送泵浇筑。入模前检查混凝土的均匀性和坍落度,浇筑混凝土时分层、均匀、对称进行,每层厚度不超过 30 cm。混凝土振捣采用插入式振动器振捣,灌注时做到不欠捣、不漏捣,振捣时避免撞击模板及钢筋。

(4)养护

混凝土浇筑完后用土工布覆盖洒水养护,保持混凝土表面经常处于湿润状态,冬季施工时采取保温措施。

5. 科研措施

(1)确定课题并立项在施工之初项目部就与西南交通大学联合申请并成立了《滨

海深厚软土 CFG 桩板结构复合地基加固机理及变形控制技术研究》科研项目和课题,对长短桩复合地基沉降计算理论进行了分析,并将沉降计算理论运用到高铁路堤柔性荷载作用下的沉降计算中,结合现场试验分析和有限元模拟结果,就哈大高铁柔性基础下 CFG + MIP 桩复合地基加固深厚软土地基进行系统研究。

(2)实地考察

通过对新营口车站地质纵断面图和地质横断面图的分析以及现场实际调查,选取 DK217 + 680 和 DK217 + 700 两个测试断面进行现场试验,该两段路基填土高度均达到 6.9 m,且该路基均属于车站地质条件最差。

(3)试验观测

针对复合地基中 CFG 桩体及 MIP 桩承载特性不明确的问题采用以下方法进行监测:

①在 CFG 桩、MIP 桩桩顶以下一定范围内埋设 JMZX-215A 型应变计用于测量桩身应力分布。

②在桩间土中埋设 JMZX-5020A 型土压力盒用于测量桩间土分布变化规律。

③在桩间土中埋设 JMZX-5510A 型孔隙水压计用于测量桩间土中孔隙水压力分布变化规律。

④在钢筋混凝土板中埋设 JMZX-416A 型钢筋计用于测量钢筋混凝土板中的应力变化规律。

⑤在碎石垫层中的土工格栅上焊接 JMZX-2405A 型柔性传感器测量土工格栅在施工中应力变化规律。同时,通过在相应位置埋设沉降板、磁环沉降仪、测斜管、剖面沉降管等测量复合地基的沉降变化规律。在现场元器件埋设完毕之后,本项目安排了周密的测量计划,在路基填筑期间适当地加密测量频率,并对各测试项目进行集中采样,测试结果进行实时初步整理分析,现场判断测试结果的合理性。

(4)主要研究成果

①桩板基础 CFG 复合地基起到了一个类似实体深基础的作用,将上部荷载有效地传递给了深层土体。上部荷载主要由 CFG 桩承担,其次为水泥土搅拌桩,桩间土承载很小。钢筋混凝土板起到了减小地基不均匀沉降的作用。CFG 桩桩身附加应力值沿着整个桩长变化幅度不大,基本上为均匀分布。

②路基填筑将导致地基土层中产生超孔隙水压力,随着时间的增长,超孔隙水压力将逐渐消散,从而地基产生沉降。

③桩板复合地基受力及变形影响因素

a. 桩板结构减小不均匀沉降的作用明显,钢筋混凝土板范围内加固区表面沉降比较均匀,整个地基表面沉降曲线呈盆状。

b. 桩体附加应力沿水平方向分布规律:靠近路基中心范围内各桩体附加应力值变化较小,而在远离路基中心处,即在路基边坡下方区域的桩体附加应力值相对较小。

c. 同建筑工程中边桩受力较大相反,在路基荷载作用下桩板复合地基中边桩受荷较小。因此进行桩板复合地基设计时,桩板下桩体不宜设计成同一长度,而在路堤边坡下方处,向远离填土中心方向依次逐渐减小桩体的长度,进而进行多元复合地基的设计是合理做法。

d. CFG 桩的桩长是影响桩板结构复合基础沉降的主要因素。随着桩体长度的增加,复合地基的沉降量变化明显。与常规结构相比较,桩板结构复合地基的作用除减小沉降外,主要是调节桩土应力分布,削减路基底平面处的不均匀沉降。下卧层的变形占地基沉降主要部分。

五、主要管理措施

1. 健全组织、完善制度。项目部成立了以项目经理为组长、总工程师、安全总监为副组长的安全、质量、环保领导小组、质量创优领导小组和 QC 小组等。由项目总工程师和安全总监分别主抓工程质量、安全和环保工作。项目部先后制定了《安全管理办法》《安全奖惩条例》《质量管理办法》《工程质量奖惩细则》《创优规划及措施》《环境保护细则》《环境保护奖惩条例》《文明施工保证体系》等一系列管理办法、岗位职责和操作规程等,建立了安全质量监督岗(哨)制度,并和架子队签订了《安全生产包保责任书》,较好的规范了全体参建员工的安全、质量、环保行为。

2. 重视危险源的分析识别,准确确定施工现场高中度风险,在施工现场醒目位置悬挂危险源辨识牌,实时提醒现场每位施工人员注意可能存在的危险。

3. 做好安全质量事故应急预案和演练工作。对各种突发性事件如设备倒塌、高处坠落、机械伤害、触电、火灾事故等建立了健全应急救援体系,完善应急预案并进行演练。

4. 做好动态风险的控制管理。随时根据施工过程的变化,工序的转换,对一些新出现的危险源进行补充辨识。在施工现场和拌和站都贴有醒目的安全标识和质量警示牌,让人们对工程施工中应注意的安全、质量事项一目了然。与此同时还配齐了安全帽、安全网、安全绳、灭火器等安全防护用品,由安全质量部人员每日进行巡视与不定期检查,发现苗头限期整改并给予一定的经济处罚,使参与项目施工的每位员工时刻崩紧安全生产这根弦,杜绝各种安全事故发生。

5. 搞好宣传教育,把安全质量工作落到实处。通过交班会、职工大会、专题安全生产会等形式进行安全、质量、环保宣传教育,提高员工的安全意识,分批次组织员工进行安全质量环保等知识的培训,对培训内容定期组织考试并根据考核成绩,优先将考核成绩好的员工用在重要岗位上,对考核成绩差的则采取待岗或降低待遇办法处理。

6. 定期进行安全质量大检查,及时通报项目安全质量环保、文明施工的隐患及问题,并限期进行整改。项目部还组织有关人员按照安全、质量、环保、文明施工的有关要求和规定逐条、逐项地复查,对整改不符合要求的单位进行重罚,有力地促进了安全质量工作的开展。

六、主要成效

主要成效如下：

(1)通过精心组织,严格管理,不懈努力,新营口车站 CFG 桩板复合地基处理工程完全实现了设计意图和使用功能,路基工后沉降小于 15 mm、差异沉降小于 5 mm,满足开通运营要求。

(2)实践证明,CFG 桩板复合地基处理方案有效减小和控制地基不均匀沉降,"隔三打一"的 CFG 桩施工措施可降低相邻桩施工影响,对保证施工质量和加固效果起到了重要作用,同时也必须承认在深厚软土与饱和粉质黏土互层的地质条件下,CFG 桩混合料超方问题很难避免。

(3)通过成立"提高水泥搅拌桩的桩身完整率"QC 攻关小组,改进了水泥搅拌桩施工工艺,其 QC 成果荣获 2009 年度全国工程建设优秀质量管理小组一等奖。

(4)通过与高等院校的联合攻关,揭示了滨海深厚软土 CFG 桩板结构复合地基加固机理,提出了相应的变形控制技术并应用和指导施工实践,相关科研成果可供类似工程参考。

第六节　基床表层级配碎石改良技术

一、工程概况

为保证基床表层级配碎石压实质量,哈大高速铁路将新鞍山车站 DK289 + 150 ~ + 230 段基床表层级配碎石施工组织进行改良施工,作为试验段获取相关参数。

粒子干涉理论认为:为达到最大密度,前一级颗粒之间的空隙应由次一级颗粒所填充,其余空隙又由再次小颗粒所填充;但填隙的颗粒粒径不得大于其间隙之距离,否则大小颗粒之间势必发生干涉现象,为避免干涉,大小粒子之间应按一定数量分配,并从临界干涉情况下可导出前一级颗粒间距离。按照粒子干涉理论,只要是颗粒之间不发生干涉现象,矿料颗粒级配可以是连续的,也可以是间断的。由此近些年发展了一种级配类型——间断级配,所谓间断级配,就是指在集料组成中,大小颗粒不是连续存在,而是在某一个或某几个粒径范围内没有或很少矿料颗粒所组成的一种混合料。这种混合料不仅有足够数量的粗骨料可以形成空间骨架,而且又有必要数量的细料填充于骨架间的空隙,使混合料有较高的密实度而形成为一种骨架密实结构,其内摩阻力和黏结力均较高。

二、粒子干涉理论应用目的及措施

1. 粒子干涉理论的目的

应用粒子干涉理论,开展高铁基床表层级配碎石填料颗粒级配研究,达到以下目的。

（1）满足我国时速 350 km 高铁路基基床级配碎石压实质量标准，主要技术指标为：孔隙率 $n \leqslant 18\%$、地基系数 $K_{30} \geqslant 190$ MPa/m、静态变形模量 $E_{V2} \geqslant 120$ MPa、$E_{V2}/E_{V1} = 2.3$、动态变形模量 $E_{VD} \geqslant 55$ MPa，预期达到级配碎石中 0.02 mm 以下颗粒质量百分比不大于 3%；对孔隙率这一指标控制在 14% 以内。

（2）一般铁路路基基床表层连续级配配合比采用四级配或五级配，通过改良采取三级配满足配合比要求，计划比连续级配少用一个拌和机料斗。

（3）在达到高铁路基基床级配碎石压实质量标准前提下，争取规模化施工基床表层级配碎石层碾压遍数控制在 6 遍以内，比常规的 6～8 遍碾压遍数节省机械和柴油消耗。

（4）与连续级配试验进行对比，总结出间断级配混合料的特点和优点，以及间断级配的级配碎石试验程序，推进填料颗粒级配研究工作。

2. 试验措施

（1）室内试验

①首先按照连续级配的试验方法，室内试验做出满足客运专线路基基床级配碎石技术标准的连续级配配合比，并经现场试验段验证满足压实质量标准。

②初定多组配合比，取样混合做室内试验，对初步配合比筛分曲线进行曲线圆滑度调整，并按调整的配合比混合混合料，测试各组混合料的孔隙率。取混合料孔隙率小于 14% 的配合比作为初定配合比，进一步做现场摊铺压实试验。

（2）现场试验

①采用室内孔隙率小于 14% 的混合料配合比拌和碎石，摊铺长度不小于 30 m 试验段，压路机碾压数遍，检测每遍碾压后的孔隙率、地基系数、二次静态变形模量、动态变形模量数据。若不满足要求，重新调整配合比，再重复现场试验，直至满足高铁压实质量标准且孔隙率小于 15%。

②通过现场试验，找出施工间断级配混合料的最佳机械组合和摊铺压实工艺。

三、主要管理措施

主要管理措施如下：

（1）应用粒子干涉理论，优化了级配碎石的粒级划分。一般连续级配的级配碎石需要四级配或五级配，通过改良研究，只要分析碎石各种粒径分布情况，优化级配碎石的粒级划分，采用三级配的间断级配，也能满足级配碎石的要求。

（2）根据粒子干涉理论，优化间断级配配合比，简化试验程序。以往连续级配配合比试验程序是：根据石场料源，室内试验确定碎石的毛体积密度；用筛分资料，初拟粒级，采用中限图表法计算，得到初拟连续级配配合比，进行级配曲线优化，满足级配曲线在规范规定范围内；进行初拟配合比的室内孔隙率试验，并优化成理论最小孔隙率配合比，再进行现场试验段测试该配合比的物理力学指标是否满足高铁施工质量指标。

间断级配配合比试验程序是：根据粒子干涉理论和石场料源，分析碎石的筛分资料和富勒公式计算的连续级配曲线,确定间断部分颗粒粒径范围,初拟碎石粒级;室内试验确定各粒级碎石的堆积密度和颗粒密度,计算各粒级碎石的实用实积率,初拟配合比;进行初拟配合比的室内孔隙率试验,并优化成理论最小孔隙率配合比,再进行现场试验段测试该配合比的物理力学指标是否满足高铁施工质量指标。因结构体的密度越大,强度越高,所以只要现场施工作业标准,室内孔隙率试验的数据就能充分反映现场填筑体的强度。

通过对比可知,间断级配理论计算曲线与碎石筛分曲线比对简便、清晰,需间断的材料颗粒粒径范围和配合比明确,孔隙率确定试验次数较少,就能找到最小孔隙率的配合比。而用中限图表法计算较为烦琐,配合比确定不清晰、不明确,孔隙率确定试验次数较多(在秦沈线时达到 47 次),盲目性较大,浪费人员精力较多。

(3)通过对压实机械选型的研究,说明适宜的压实机械的压实功能应与试验室试验设备的击实功能相匹配,振动频率、振幅应与填筑体的填料特性、厚度相适宜,才能达到较好的压实效果,不是压实功能越大越好,如采用的 YZ25 型压路机,压实功能太大,反而容易超压过振,达不到压实效果。

(4)通过对压实工艺的研究,连续级配的级配碎石压实施工一般需要压实 6 ~ 8 遍,而间断级配的级配碎石仅需要碾压遍数 5 遍,间断级配的级配碎石比连续级配的级配碎石节省振动压实 1 ~ 3 遍,降低了施工过程机械的柴油消耗,减少了施工机械的碳排放量,降低了对大气环境的污染。

(5)过去一直认为密实填料都应当为连续级配,通过粒子干涉理论的研究和试验,从连续级配与间断级配的级配碎石物理力学指标对比情况(表 3-10)来看,采用间断级配是完全可行的。

表 3-10 连续级配与间断级配测试结果对比

测试指标	标准规定值	连续级配	间断级配
孔隙率(%)	18	13 ~ 16	9.9 ~ 13.7
K_{30}(MPa/m)	190	200 ~ 220	202 ~ 224
E_{vd}(MPa)	50	70 ~ 80	73.1 ~ 82.4
E_{v2}(MPa)	120	130 ~ 150	135.3 ~ 167.7
附 注	—	此数据为:施工结束 3 d 后测试数据	

通过上表可以看到,虽然间断级配级配碎石的级配曲线不符合《客运专线基床表层级配碎石暂行技术条件》(科技基〔2005〕101 号)的要求(大颗粒部分曲线超出),但是间断级配级配碎石层的各项物理力学指标均好于连续级配级配碎石层,说明嵌挤骨架的间断级配级配碎石层比连续级配级配碎石层具有更高的密实度和强度,即具有更好的内摩阻力和黏结力。因此高铁基床表层级配碎石采用间断级配是可行的。

当碎石与碎石达到相互接触而形成粗集料嵌挤骨架时,行车荷载就由粗集料承担并传递到下层,因此粗集料是混合料中主要的承担荷载的组成部分,而混合料对细小和中等尺寸集料的质量和数量的依赖明显减少。而连续级配的混合料,若次级颗粒大于上一级颗粒间隙,会形成粗颗粒集料悬浮在中等或细小集料中的情况,荷载传递与粗骨料嵌挤骨架传递方式是不一样的,从现场碾压面的施工照片对比(图3-3)也可以看出,间断级配比连续级配更有这方面的优势。

<table>
<tr><td>(a)连续级配碾压面</td><td>(b)间断级配碾压面</td></tr>
</table>

图3-3　间断级配与连续级配碾压面对比

同时,由于内摩擦力的存在,使嵌挤骨架的自锁能力会更强,嵌挤骨架空隙内细小颗粒在高速列车交变高应力作用次数下的积聚现象能得到有效控制,以往连续级配发生的细颗粒向下层积聚现象会更少产生。

四、主要成效

基床表层级配碎石改良的主要成效为:

(1)将以往四级配改变成三级配,即拌和料斗节省一个,节约了拌和成本。

(2)间断级配级配碎石孔隙率达到11.7%,控制在14%以内,比典型球体排列与填充的空隙情况的12.5%还小,即可以较为容易满足规范规定的孔隙率18%这一指标。

(3)间断级配级配碎石仅需要碾压遍数5遍,达到了碾压遍数控制在6遍以内的目标,而连续级配级配碎石压实施工一般需要压实6~8遍,间断级配级配碎石比连续级配级配碎石节省振动压实1~3遍,降低了施工过程机械的柴油消耗,减少了施工机械的碳排放量,降低了对大气环境的污染。

(4)试验段间断级配级配碎石层的物理力学指标均好于连续级配级配碎石层,完全满足《客运专线路基工程施工质量验收标准》技术指标要求。

(5)通过对两种级配碎石配合比试验对比,找到了比连续级配操作更简便、明了的配合比试验程序。

(6)通过摊铺、压实工艺研究,间断级配级配碎石摊铺、压实工艺为:松铺系数宜采用1.2;压实机械强振频率宜为31 Hz左右,振幅2.0 mm左右;弱振频率宜为27.5 Hz左右,振幅1.0 mm左右;振动碾压时作业速度2.0~3.0 km/h;静压时作业速度6~6.5 km/h;压实作业按静压1遍、弱振2遍、强振1遍、静压1遍的摊铺压实作业工艺作业,能够满足压实标准。

第七节 严寒地区既有高速铁路新增渗水盲沟施工

一、工程概况

哈大高速铁路沈大段新增渗水盲沟段地处辽宁省瓦房店市,属暖温带大陆性季风气候区,四季分明,平均降水量 580~750 mm,主要集中在 7~9 月份,全年太阳总辐射量143.3 千卡/cm²。年平均气温 9.3 ℃,一月平均气温 −6.5 ℃,极端最低温度 −23.4 ℃,大地冻结深度 0.93 m。

在路基含孔隙水土体中,随着温度降低至 0 ℃以下,土中孔隙水由于冻结成冰而膨胀,体积增加约 9%。更重要的是,在土颗粒分子引力与渗透压力差的共同作用下,当未冻区有充分的水源补给时,水份发生连续向冻结锋面的迁移,使路基上部大量冻结,导致路基隆起变形。春融期间可导致路基含水过多,强度急剧降低,路基发生融沉变形,国内外学者在多年冻土和季节性冻土方面开展了大量的研究。针对哈大高速铁路路基结构以及所处气候环境等情况,渗水盲沟是对地下水的迁移路线进行疏排和拦截,确保在严寒条件下地下水按照要求的线路持续迁移,排出路基,减少因严寒季节路基土体内水的冻胀而引起线路的隆起变形,从而影响轨道结构变化。

二、施工特点及难点

(1)通过优化施工方法及安全防护措施确保高速铁路无砟轨道既有线施工安全。由于轨道精调及铁路设施已安装完成,施工过程中要求尽量减少对轨道结构的扰动和设备的破坏。为此开挖全部采用小型挖掘机配合破碎锤进行施工,开挖过程中加强支护和监控,确保了施工过程中的安全。在施工过程中派专人用轨检小车及水平仪对轨道状态进行监测,对路基边坡、挡护、监控摄像立柱等采用全站仪和水平仪派专人进行位移沉降监测。

(2)通过合理物流组织,解决场地狭窄、运输线路受限影响下的各种材料运输。由于线路轨道已进行了联调联试,施工期间线路上间断有车辆通行,防护栅栏已封闭,施工时不能利用轨道运输并需对轨道进行保护,施工场地狭窄,物流通道受限,材料的运输组织极其复杂困难。施工前合理规划了物流组织线路,采用多开栅栏口、修建引入便道、合理安排工序及多种运输方式结合等措施,确保了施工中物流的通畅。

三、施工组织

1. 劳动力配置
主要劳动力配置见表 3-11。

表 3-11 主要劳动力配置（每工作面）

工　种	人　数	职　责
钢　筋　工	6	负责钢筋加工与绑扎
混　凝　土　工	8	负责混凝土施工
木　　工	10	负责模板加工及安装
普　　工	20	配合其他施工
司　　机	6	负责混凝土运输和弃土运输、运料
电　　工	1	负责施工用电及维护
其他机械操工	2	负责挖掘机、拖式地泵
修　理　工	1	负责机械维修
安全及防护人员	2	负责沿线安全巡查及防护
合　　计	56	—

2. 机械设备配置

主要机械设备配置见表 3-12。

表 3-12 主要机械设备配置（每工作面）

机械设备类型	机械设备名称	规格型号	额定功率或容量	数量（台）
混　凝　土	混凝土搅拌输送车	12	8 m³	2
	混凝土输送泵车	42 m	—	1
	混凝土地泵	—	—	1
	插入式振捣器	ZN-50	1.5 kW	2
钢　　筋	钢筋弯曲机	GW40-1	3 kW	2
	钢筋调直机	GT4-14	—	1
	钢筋切断机	GJ40-1	—	1
	电焊机	BX3-500	24.5 kW	1
凿岩出渣	液压破碎锤	300	—	1
	风　镐	3 m³	—	4
	自卸车	6 m³	—	3
	挖掘机	300	—	1
	装载机	W50	—	1
	发电机	250GF	50 kW	1
填　筑	夯　机			2

施工检测设备配置见表 3-13。

表 3-13 施工检测设备

机械设备名称	规格型号	数量（台）	备　注
电子水准仪	N03	2	高程监测
全站仪	1201 +	2	变形监测
轨检小车	GRP1000	1	轨道状态监测

四、关键施工技术及措施

1. 工艺流程

工艺流程如图3-4所示。

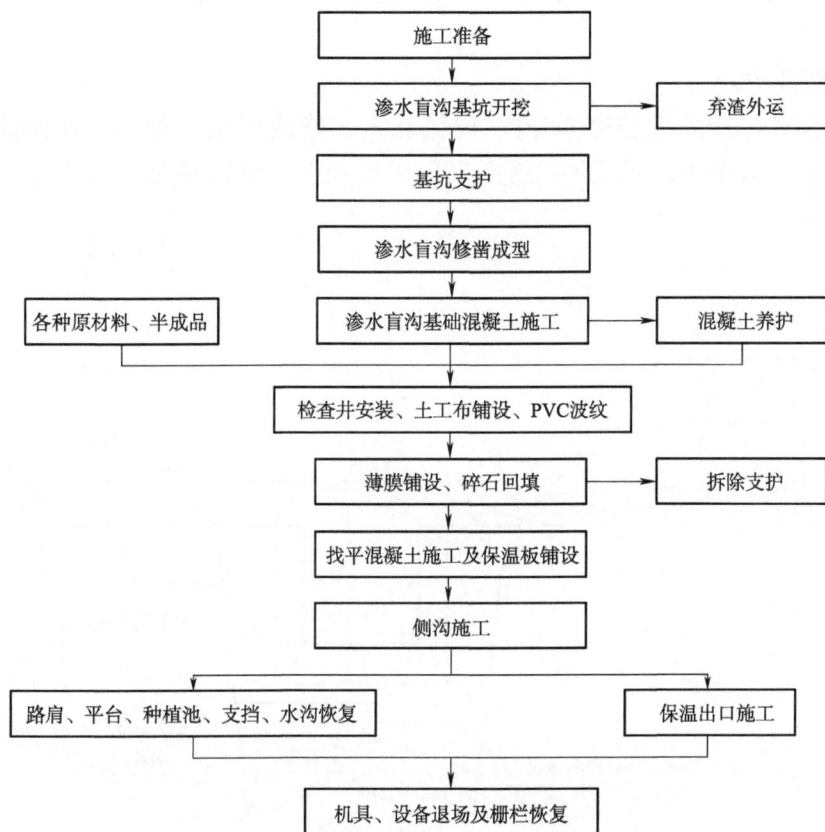

```
                        施工准备
                          │
            ┌─────────────┼──────────────┐
       渗水盲沟基坑开挖 ────────────→ 弃渣外运
                          │
                        基坑支护
                          │
                     渗水盲沟修凿成型
                          │
  各种原材料、半成品 ── 渗水盲沟基础混凝土施工 ──→ 混凝土养护
                          │
          检查井安装、土工布铺设、PVC波纹
                          │
            薄膜铺设、碎石回填 ──────────→ 拆除支护
                          │
         找平混凝土施工及保温板铺设
                          │
                        侧沟施工
                          │
       ┌──────────────────┴───────────────┐
  路肩、平台、种植池、支挡、水沟恢复      保温出口施工
       └──────────────────┬───────────────┘
                          │
           机具、设备退场及栅栏恢复
```

图3-4　渗水盲沟施工工艺流程示意

2. 施工工艺

(1)施工准备

①便道引入

施工便道采用泥结石路面,路面宽4.5 m,每300 m设置一处会车道,会车道宽6 m。设专人对施工便道进行检查、维护,保证道路运输通畅。

②栅栏开口

通过便道引入至作业面,临时拆除便道进、出口处已安装的铁路防护栅栏,每处拆除的栅栏长度为9 m。并在每个开口处设置临时值班室,设固定看守2名,对进出栅栏的人员、机械等登记,施工期间严格执行登销记制度,确保既有线施工安全。

③测量放样

施工前组织测量技术员对该段渗水盲沟的平面位置、高程和进出水口高程进行复核,确保渗水盲沟内水能顺利排出。用白灰洒出渗水盲沟两侧开挖线,并标记出检查井、保温出口等位置。将标高统一标示在路肩上,每隔 5 m 标注一处,便于现场施工控制。

(2)原有钢筋混凝土侧沟凿除

侧沟钢筋混凝土采用破碎锤凿除。破碎锤将侧沟破碎后,用切割机割除侧沟外露钢筋以利装运。

(3)渗水盲沟开挖

渗水盲沟开挖全采用破碎锤开挖、风镐和人工修凿成型。每个工作面配备 1 台液压破碎锤,1 台小型挖机配合翻渣,最后采用风镐和人工修凿成型。路堑地段渗水盲沟横断面如图 3-5 所示。

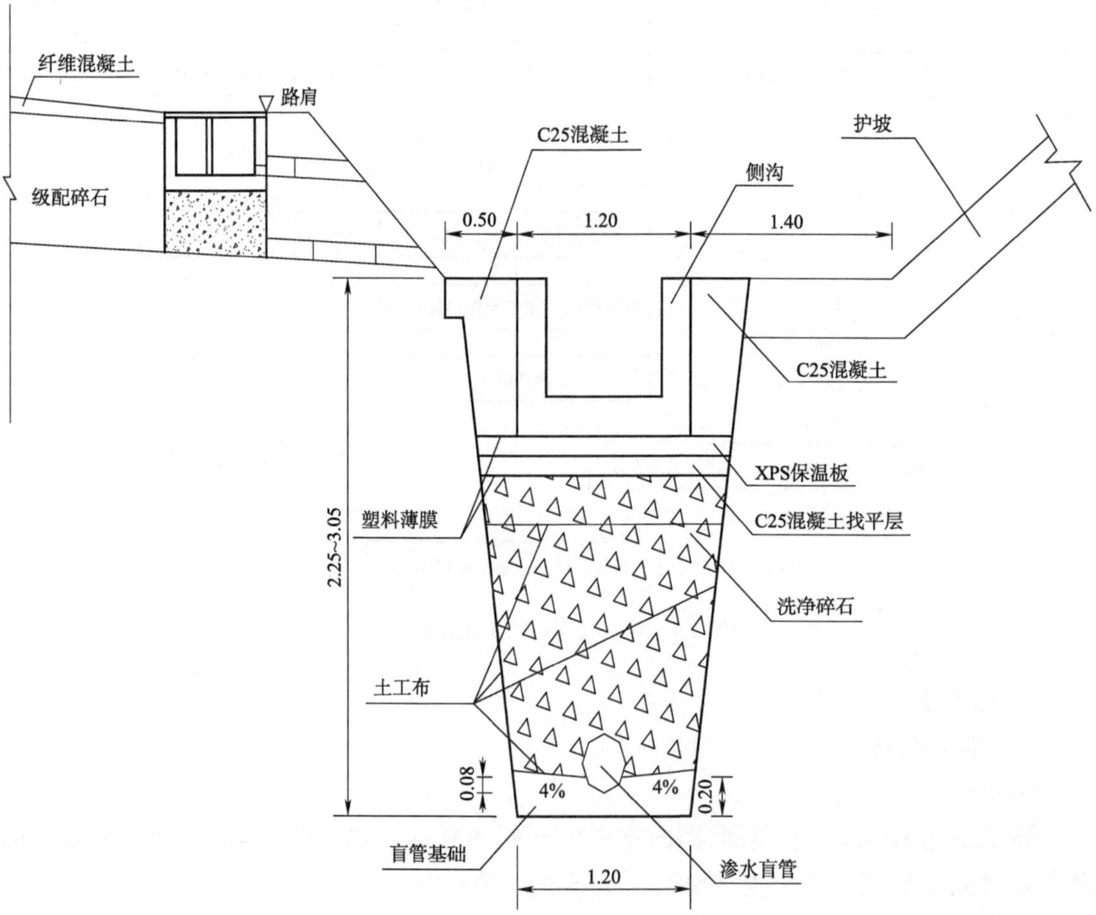

图 3-5　路堑地段渗水盲沟横断面示意(单位:m)

①硬质岩地段开挖

硬质岩(砂岩、大理岩、花岗岩)按 60～80 m 设置一个工作面,采用分段分层开挖,使用液压破碎锤进行开挖,挖掘机配合自卸车装运出渣,困难地段采用人工挑抬等方式转运出渣,最后采用风镐和人工修凿成型。

②软质岩地段开挖

软质岩(千枚岩、粉质黏土、粗角砾土和风化严重岩层)按 80 ~ 100 m 设置一个工作面,采用破碎锤进行分段分层跳槽开挖,分段长度不大于 10 m,分为三层,即侧沟钢筋混凝土为第一层、回填料为第二层和基岩为第三层。挖掘机开挖至距渗水盲沟底部 5 ~ 10 cm 处,为保证路基边坡和无砟道床的稳定性及施工作业人员的安全,对基坑进行临时支护,成型一段支护一段后再开挖相邻段落。

③渗水盲沟基坑支护

基坑开挖后碎石回填完工前需对基坑坑壁进行临时支护。支护采用木支护和钢支护两种方式。木支护采用木板与方木相结合的支护方式,在基坑两侧横向布厚 5 cm、宽 30 cm 松木板,中心间距 70 cm;竖向采用 10 cm 方木(松木),中心间距 1.0 m;横撑采用 15 cm 方木。钢支护采用槽钢与钢管相结合的支护方式,基坑竖向采用 20#槽钢加固,纵向间距 1.0 m,两侧横向布 20#宽槽钢,中心间距 60 cm,横撑采用钢管加上下托进行对撑加固,纵向间距 1 m(图 3-6)。碎石采用分段拆除分段回填,回填长度不大于 30 m,拆除一段及时回填一段。

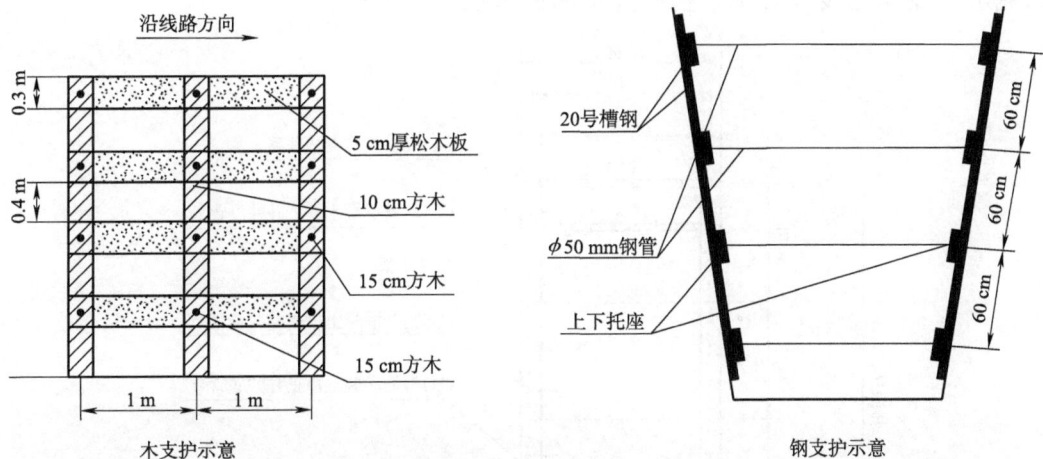

图 3-6　基坑支护示意

④渗水盲沟积水排出

渗水盲沟施工期间采用线路外修建截水沟、基坑内设积水井等多种方式抽排出渗水盲沟内的积水。在开挖过程中对积水严重地段及时采用污水泵排出渗水盲沟内的积水,防止积水浸泡沟槽壁而造成渗水盲沟坍塌,在施工过程中派专人进行位移沉降监测。

⑤既有线设备监测和保护

施工期间在基坑影响范围的设备处设置位移观测和沉降观测点,成立专门监测组,采用全站仪和电子水准仪每天定时进行观测,2 h/次,全天 24 h 不间断。对轨道采用轨检小车复测其几何状态,确保设备及轨道线路的安全稳定。

(4)弃渣清运

侧沟及渗水盲沟开挖完成后采用挖掘机配合自卸汽车出渣,困难地段采用人工挑抬等方式进行出渣。

(5)渗水盲沟基础混凝土施工

基坑清理完毕并经检查验收合格后进行基础混凝土施工。基底超挖部分用混凝土找平。为了有利排水,渗水盲沟基础采用凹槽形式。流水凹槽施工采用 PVC 管加工成凹槽模型,混凝土浇筑成型后凹槽部分采用已加工的模型压制成型。两个检查井间为一个单元(30 m 左右)每 5 m 布设一处标高,严格控制凹槽流水面标高并复核前后检查井标高,确保流水坡度。

(6)检查井施工

为了加快施工进度,检查井基础、管节及井盖均采用工厂预制,现场安装。检查井露出侧沟平台或地面不小于 0.3 m;另设置防寒盖,设置于侧沟底部或地面以下 0.2 m,防寒盖由两块半圆木板组成,涂漆两遍。检查井底标高的控制是后期成型后能否顺利排水的关键,在每个检查井基础施工时均采用水准仪严格控制标高并对前后进行复核,确保流水坡度满足设计要求。检查井横断面如图 3-7 所示。

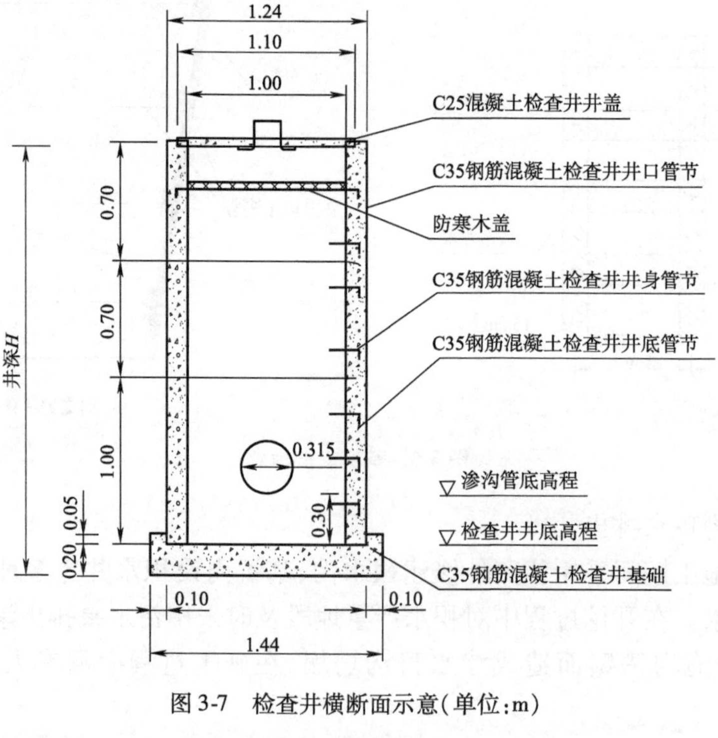

图 3-7　检查井横断面示意(单位:m)

(7)渗水盲管安装

基础混凝土强度达到 2.5 MPa 以上,即可进行 PVC 双壁带孔波纹管的安装。拆除凹槽模型,铺设土工布,进行 PVC 双壁带孔波纹管的安装,波纹管直接采用人工安装,波纹管接头采用承插式,安装时注意管壁上带孔的方向,避免管头错位和碎石堵塞管口及波纹管孔口,影响排水效果。

（8）渗水盲沟碎石运输及回填

受场地条件限制,物流组织困难,碎石运输及回填是影响渗水盲沟施工的最大制约点,采用以下几种方式进行运输及回填:一是在渗沟开挖后未出渣前将碎石提前运至路肩堆码。二是通过边坡坡顶通道直接运输,采用溜槽直接倒入基坑回填,并用竹胶板进行防护,避免对已铺设的土工布和波纹管造成损坏。三是困难地段采用人工挑抬运输。

渗水盲沟基础施工完成后,在基坑四周用人工铺设一层透水土工布,安装渗水管后,透水土工布内充填洗净碎石,顶层土工布封闭纵、横向搭接≥0.2 m。待土工布铺设完毕后,人工将碎石回填至渗水盲沟内,并用打夯机分层夯实。

（9）找平混凝土及保温层铺设

先在碎石顶部铺设一层塑料薄膜。浇筑10 cm厚的C25混凝土,找平混凝土强度达到2.5 MPa以上,即可进行XPS保温板的铺设,铺设时接缝严密,上下两层保温板层与层之间的接缝应错开,接缝应紧密、平齐、缝隙不大于1 mm,大于1 mm的板缝应现场用聚氨酯发泡填缝,不得用XPS保温板薄片填塞;两层保温板层与层的接缝应错开1/2板长,最小错缝不小于20 cm,在保温板上包裹薄膜一层。

（10）排水沟施工

水沟钢筋集中在钢筋加工场进行制作,半成品钢筋运至现场进行安装。钢筋安装完毕后,对其结构几何尺寸、钢筋绑扎和钢筋焊接质量进行检查,检查合格后开始安装水沟模板。由于水沟通过检查井时绕行曲线,如图3-8所示,为确保水沟外观质量,水沟模板统一采用竹胶板制作,模板安装过程中严格控制模板的垂直度和接缝的严密性,避免出现倾斜、较大错台等现象,保证水沟的外观质量。模板拆除后应对模板进行检查和清理,及时清理出施工场地。

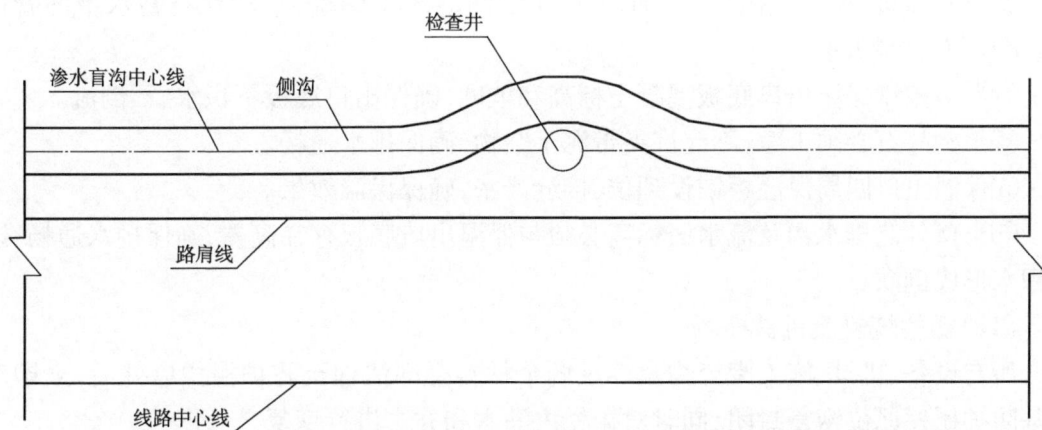

图3-8 渗水盲沟、检查井及侧沟平面位置关系示意

（11）保温出口

渗水盲沟保温出口为A型、B型、C型三种。A型保温出口用于在路堤坡脚外设置

保温出口的情况；B型保温出口用于将渗沟水排入涵洞的情况；C型保温出口，适用于将渗沟内水引排至堑外冲沟或桥梁范围地势低洼处的情况。保温出口纵断面如图3-9所示。

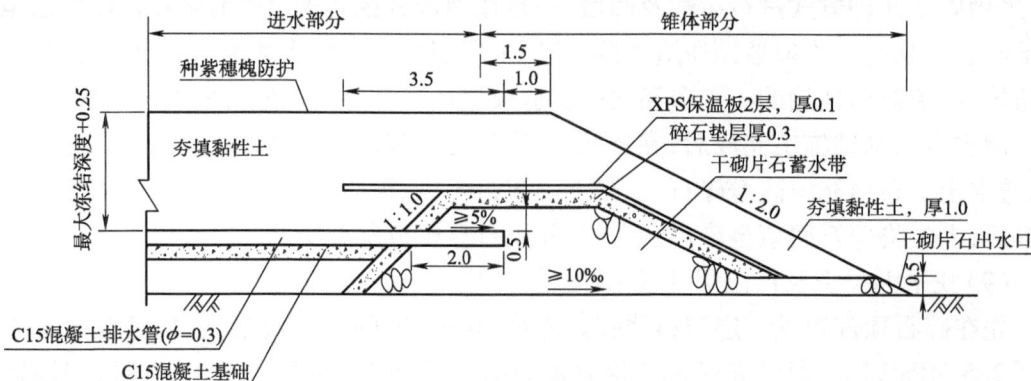

图3-9　保温出口纵断面示意（单位：m）

因保温出口与渗沟间隔一定距离，因此，保温出口与渗沟开挖同时进行，最后一个检查井与集水井之间，采用带孔PVC双壁波纹管引水，波纹管基础采用C25厚0.3 m混凝土基础，波纹管上部采用土工布包裹洗净碎石填筑，然后为碎石上部由下至上依次为C25混凝土找平层0.1 m+保温板0.1 m+C25混凝土厚0.1 m+渗水土+六边形空心块。

保温出口施工控制要点：

①集水井标高控制，最后一个检查井与集水井之间坡度及集水井进水口标高必须严格控制，确保将渗水盲沟中的水排出。

②ϕ315 mm PVC双壁波纹管伸入C35钢筋混凝土侧壁、干砌片石蓄水带的管段（进水孔前）严禁开孔。

③严格控制保温出口底板混凝土标高和坡度，确保出口底板不积水、不倒流。

④干砌片石必须干净，不允许夹带泥土杂物，确保排水通畅。

⑤保温出口四周保温板铺设到位，接缝严密，确保保温效果。

⑥出口外侧排水沟及流水面标高必须与保温出口底板存在高差，确保排水通畅，以免积水形成倒灌。

（12）栅栏恢复及机械撤场

所有设备、机具、施工废弃物及零星剩余材料全部清理至防护栅栏以外后，立即对路基防护栅栏原位恢复封闭，同时对栅栏内灌木和乔木进行恢复。

五、主要管理措施

1. 质量管理措施

（1）建立质量管理组织机构，明确质量管理职责成立质量领导小组,全面负责质量管理工作,各区段成立质量管理小组,配置不少于2名的专职质检员,每个工作面配置2名管理人员,负责工序质量检查和施工过程的质量监督检查,明确质量管理职责,从组织上确保质量目标的实现。

(2)健全质量管理制度,规范质量行为

制定路基冻胀整治施工相关的各项质量管理制度,规范操作人员行为,严格执行操作工艺,确保质量的有效控制。

(3)加强技术质量培训,认真进行技术交底

在施工前,对现场施工管理人员和作业人员进行有针对性的技术质量培训,提高全体人员的质量意识,使现场管理人员懂得施工质量控制要点和达到的质量标准;让作业人员熟练掌握操作要领。按照技术管理办法,认真对现场技术管理人员、作业班组和作业人员进行详细的技术交底,了解设计意图。

(4)加强施工过程质量控制,确保工程质量

在施工过程中加强质量控制,严格执行"三检制";上道工序未经检查验收合格,严禁进入下道工序的施工,确保工程质量。

①严格按照设计及验收标准进行施工。

②由于渗水盲沟处于雨季施工,在开挖时自下游向上游进行,采取间隔开挖,开挖后立即支护并迅速回填,不能暴露时间太长,避免造成坍塌。

③在开挖时尽量保证沟槽两壁平顺,基础表面平整,不得反坡或凹凸不平;及时清除浮渣。

④基础混凝土的灌注,严格按照设计控制基础顶面及凹槽的高程,防止出现"反坡""倒坡"而造成不能有效排水;基础顶面应平顺,凹槽与基础顶面交接处的高程应低于基础两侧边缘的高程。

⑤土工布的铺设,与沟壁土体密贴,防止褶皱和损坏。土工布铺设的搭接宽度不小于设计宽度。

⑥渗水盲沟内回填的碎石进行严格的清洗,严格控制含泥量不超过2%;在回填时,采取了可靠措施,防止土工布损坏。

⑦铺设 XPS 保温板时,接缝密闭,两层保温板层与层的接缝应错开20 cm以上。

⑧按照设计要求设置检查井,每隔30 m和平面转折、纵坡变坡点等处设置圆形检查井。

⑨严格控制井底开挖高程,保证混凝土基础的厚度。

⑩在灌注保温出口混凝土垫层时,将开挖面夯实,防止沉降变形,损坏干码片石保水带,造成积水;严格控制垫层顶面坡度,分别满足横坡4%和纵坡1%的要求,确保排水畅通。

⑪混凝土必须按照配合比在拌和站集中拌制,严格计量,强度满足设计要求,振捣密实;钢筋混凝土的钢筋绑扎时,必须垫设强度等级相同的混凝土垫块,保证其保护层厚度满足设计要求。

（5）加强原材料管理

加强对原材料设备构配件检验及存储管理,对进入施工现场的所有原材料及构配件均须有出厂合格证、厂家出具的质量检验报告;同时按验收要求按批次和频次进行进场质量检验,经检验合格方可进入现场使用。

①ϕ315 mm PVC 双壁波纹管。环形刚度 5.5 ~ 9.0 N/cm;扁平度:压至外径 30% 时不破不裂;耐腐蚀:盐酸、硫酸、氢氧化钠,无脱皮、发毛现象。带孔管孔眼要求:孔长 70 ~ 80 mm、孔宽 3 ~ 5 mm、孔间距 200 mm。孔眼相互错开,孔的面积占孔壁面积≥3%。

②透水土工布。质量 400 g/m²、厚度≥2.8 mm;断裂强力≥20.5 kN/m;断裂伸长率:纵向≤60%、横向≤60%;CBR 顶破强力≥3.5 kN;等效孔径 O_{95} = 0.07 ~ 0.1 mm;渗透系数 1.0×10^{-2} ~ 3.0×10^{-2} cm/s;撕破强力:纵向 > 0.56 kN、横向 > 0.56 kN。

③挤塑聚苯乙烯泡沫塑料（XPS）保温板。板厚≥5 cm;压缩变形 5% 时,抗压强度≥0.3 MPa;导热系数≤0.028（W/m·℃）;吸水率 < 1%。

④洗净碎石。母岩强度不小于 30 MPa,碎石粒径 3 ~ 8 cm,含泥量（按重量计）< 2%。

⑤片石。强度等级不小于 MU30,质地坚硬、不易风化、无裂纹、无水锈,石块中部厚度不小于 15 cm。蓄水带中的片石应洗净后使用。

⑥塑料薄膜:采用 PVC 真空膜,厚度不小于 0.12 mm。

（6）加强成品保护

①渗水盲沟开挖加强对电缆槽、电缆井及路基上其他设备基础的保护。

②渗水盲沟施工期间应加强路基、轨道、接触网立柱变形监测,发现变形过大应立即停止施工并通知有关各方研究确定处理方案后方可恢复施工。

③在施工期间,所有设备、材料、机具等不得安放、堆码在轨道板上,防止对接触网立柱和拉线、轨道板及钢轨等造成污染和损坏。

④对路基边坡和绿化采取有效的保护措施,防止施工时对其造成损坏。

2. 安全管理措施

（1）建立安全管理机构,实现组织保证

建立安全管理组织机构,确保安全保证体系的有效运行,从组织上确保质量目标的实现。成立安全领导小组,全面负责安全管理工作。配置不少于 2 人的现场专职安全员,负责本段落的安全监督检查和隐患排查。

（2）健全安全管理制度,规范安全管理行为

根据有关规定,有针对性地制定路基冻胀整治施工的安全管理制度,规范各方安全管理行为。

（3）加强安全教育培训工作,认真进行安全技术交底

在施工前,必须对现场所有作业人员进行有针对性的安全培训教育,并经考试合格后,才能上岗作业。开工前,必须组织现场管理人员和作业班组进行安全技术交底,尤

其是专项安全方案的技术交底,必须进行详细的交底。

(4)加强现场安全管理,把控安全管理重点环节

①既有线施工安全

a. 为保证行车安全和施工安全,必须严格按照有关安全管理办法和规定执行。施工前,必须与设备管理单位和配合单位签订施工安全协议;设备管理单位和配合单位监管人员未到场,不得进行施工。

b. 及时提报施工计划,严禁无计划施工、超范围施工和无调度命令施工。

c. 按照《铁路技术管理规程》的要求,安排经培训考试合格的正式职工担任驻站联络员和施工防护员,配齐所需防护备品(信号旗、口碟、响墩等)及通信设备;按照规定设置相应的防护标志、标牌。

d. 严格执行施工登销记制度,每天由驻站联络员根据当天的施工计划,及时向相关车站值班调度员登记清点。车站值班调度员同意并办理相关手续后,驻站联络员必须及时将《施工调度命令》传到各作业队,安全员凭《施工调度命令》联系值班民警开启工作门。现场负责人、现场领带班人员及作业人进入作业点,按照规定设置好施工防护,设备管理单位和配合单位监管人员到场后,由施工负责人发布开工命令开始作业。本班施工作业结束后,将所有机具、材料按照规定撤离至安全地带,经检查确认线路满足开通条件后,由现场施工负责人通知工地防护员,再由工地防护员通知驻站联络员销点、开通线路,并与车站办理相关手续。

e. 施工过程中设置不少于 2 名的专职安全员,加强对施工现场的安全进行监督检查。

f. 施工期间所有设备的摆放,材料、机具的堆码必须在安全地点,严禁侵限,危及行车安全。

②渗水盲沟施工

a. 在开挖时自下游向上游进行,采取分段分层跳槽开挖,支护一段回填一段,回填一段拆除支护一段,不能暴露时间太长,避免造成坍塌。

b. 进入施工现场的人员,必须佩戴安全帽等劳保防护用品。

c. 开挖时,应按照规定的边坡坡率放坡开挖。

d. 施工机械作业区域,应采取安全防护措施,并设置安全警示标志。

e. 采用机械开挖后,在渗水盲沟基础施工前,必须将沟壁松动的石块清除干净后,再进行施工,防止落石伤人。

③机械设备使用管理

a. 针对渗水盲沟施工使用的机械设备,制定相应的设备使用管理办法,每台设备必须明确责任人员,加强维修保养,确保设备状态良好。

b. 大型机械作业前,应与设备管理单位和相关单位签订安全协议和申请办理停电的相关手续。

c. 接触网停电后,由配合单位指派专业人员到现场进行监护及采取封线接地等措

施后,方可进行作业。

d. 大型机械及特种设备工作人员必须持证上岗,作业前设备管理人员必须对机械设备状态检查确认,机械设备性能必须处于良好状态,才能使用。严禁操作司机酒后作业和疲劳作业。

e. 挖掘机、破碎锤、装载机等大型机械施工时,必须采取"一机一人"的监护措施。

f. 施工时,不得设置铁路平交道。凡机动车辆有可能冲入、爬上铁路以及靠近或并行且等于或高于铁路的施工便道,靠近线路一侧应设置防护栏、防护绳、防护网、防护桩等设施或派人防护,全路段实施封闭管理。

g. 现场防护人员、驻站联络员及设备管理单位监督人员不到位,严禁启动机械车辆。在距离既有线 10 m 范围内严禁机械车辆掉头,并派专人监护。现场负责人接到驻站联络员列车运行计划后,应立即停止作业。

h. 在线路附近倒车、卸车时,应在其周围设置安全警示标志,并派人监护;在线路附近停放机械车辆,应平行线路放置,并采取防溜防滑措施。

i. 遇雷雨天气,应停止机械作业。

④施工用电

a. 根据现场实际情况,各施工段落均采用自备发电机,必须加强用电安全管理,严格按照相关规定执行,确保安全。发电机组应采用电源中性点直接接地的三相四线制供电系统和独立设置 TN-S 接零保护系统,接地电阻值不得大于 4 Ω。发电机供电系统应设置电源隔离开关及短路、过载、漏电保护电器;电源隔离开关分断时应有明显可见分断点。

b. 发电机组应设置短路保护和过负荷保护装置。多台发电机并列运行时,必须装设同期装置,并在机组同步运行后再向负载供电。

c. 电气设备的金属外壳必须与保护零线连接,低压电器设备和器材的绝缘电阻严禁小于 0.5 MΩ。施工照明使用的 220 V 碘钨灯应固定安装,其高度不得低于 3.0 m,距易燃物不得小于 0.5 m 且不得直接照射易燃物,严禁使用碘钨灯烘烤衣物。

d. 施工现场必须对电工和用电人员进行安全用电教育培训和技术交底,电工必须做到持证上岗。

e. 电器装置遇跳闸时,必须查明原因排除故障后,方可再行合闸,严禁强行合闸。加强对发电机组的维修保养,确保正常运行。

(5)加强施工过程安全控制,及时预防安全风险

①每段落设置不少于 2 名的专职安全员,负责每天的施工安全日常检查,发现问题,立即整改。

②坚持班前安全讲话。作业班组负责人在每天开工前,必须针对当天作业内容,进行有针对性的班前安全讲话,强调安全注意事项,告知作业人员在作业中存在哪些危险因素,如何预防,保证施工安全。

③在危险处所必须设置安全警示标志,对进入现场的施工人员起到警示作用,提醒

注意,避免发生意外事故。

④施工现场负责人每班组织安全检查,对检查发现的问题,制定整改措施,落实责任人,立即进行整改。对于严重安全隐患,必须停止作业,立即进行整改;整改完毕,经复查整改合格、隐患消除后方可继续作业。

⑤为便于施工,需要对防护栅栏进行开口,向铁路派出所提出书面申请,经同意后才能开口,严禁擅自对防护栅栏开口。

⑥加大对违章指挥、违章作业的处理力度。

六、主要成效

取得的主要成效为:

(1)经过周密合理的人员和机械设备调配和组织,杜绝了因基坑开挖出现既有道床和已成形边坡变形垮塌,顺利完成了新增渗水盲沟施工。

(2)施工全过程处于安全、稳定、快速、优质的可控状态,工程质量优良,无安全生产事故发生。

(3)渗水盲沟截排地下水效果明显,起到了路基冻胀整治和改善路基冻胀的作用,为哈大高速铁路的顺利开通提供了保障,为类似工程提供了有益借鉴。

第四章 桥涵工程

桥涵工程是高速铁路的重要组成部分。沈大段正线桥梁93座,其中特大桥47座、大桥22座、中桥20,共计263.039 km,占线路总长的69.8%,桥梁比重大。标段内工程地质和水文条件复杂,不良地质条件施工工点多,特殊梁型多,预制箱梁数量庞大,工期紧张且需冬季施工。各参建单位通过科学组织、合理施工,确保了桥涵工程的顺利建设,为哈大高速铁路项目安全运营奠定了基础。较为典型的桥涵工程主要有普兰店海湾深水特大桥、西海跨海产品养殖区特大桥、鲅鱼圈小距离上跨电气化铁路特大桥、海鞍特大桥跨高速公路连续梁、32 m/900 t后张法预应力混凝土箱梁制运架、长大桥梁运架梁会车平台施工、箱梁移动模架施工、钢混结合梁施工等,这些典型桥涵工程所采用的技术和管理方法为以后严寒地区或类似地理条件的桥涵工程施工提供了一定经验。

第一节　普兰店海湾深水特大桥施工技术

一、工程概况

沈大段普兰店海湾特大桥起点里程 DK61 + 789.17,终点里程 DK66 + 750.02,中心里程 DK64 + 269.60,总体布置为:39 × 32 m 简支箱梁 + 2 × 24 m 简支箱梁 + 30 × 32 m 简支箱梁 + 18 × 56 m 简支箱梁 + 47 × 32 m 简支箱梁 + 2 × 24 m 简支箱梁 + 1 × 32 m 简支箱梁,全长 4.96 km。

该桥横跨在面向渤海的普兰店海湾上,两侧海滩主要为滩涂养殖区及海参池。桥址区分布有软土,地震液化层,岩溶,岩石构造破碎带、断层。历年平均气温9.8 ℃,历年平均降水量637.77 mm,最大风速35~37 m/s,最大风压500~600 Pa,最大季节冻土深度0.93 m。

二、工程特点及难点

1. 施工难度大

普兰店海湾特大桥主桥位于普兰店渤海区域,深水区域段基础施工是桥梁工程的重点,是控制工期的关键。施工中需精心组织、合理安排,重点分析和研究钻孔平台的搭设、钻孔灌注桩钻机的选型、机具设备的配置、钢围堰的选用、水下高标号混凝土工艺性能、水上混凝土和材料供应等关键问题,确保深水墩施工顺利进行。

2. 地质条件复杂

钻孔桩基础处在较发育的泥灰岩溶洞处,给钻孔桩施工带来风险和难度。施工时要制定确实可行的、确保成孔质量的控制措施。

3. 技术含量高

56 m 跨预应力混凝土节段悬拼简支箱梁施工,施工难度高、投入大、受地域条件限制多。施工时要充分研究预制场的合理布置、架梁设备的配置和架梁工艺的研究,确保上部结构的顺利进行。

4. 线形控制、沉降要求高

为保证列车运行的连续高平顺并确保跨区间无缝线路钢轨附加应力不超限,哈大高速铁路施工过程中,对下部结构的刚度、工后沉降、沉降差做了严格限制,施工中采取严格的技术、工艺保证措施,控制墩台沉降和梁部收缩徐变引起的结构线形变化。

5. 防腐要求严

DK61 + 852 ~ DK66 + 740 段地表水及地下水对混凝土结构均具侵蚀性,化学侵蚀等级(H2)、氯盐环境作用等级(L3)、冻融作用等级(D3),这对混凝土耐久性提出了很高要求。为此,加强了对混凝土生产工艺源头的研究,使其具有较好的防腐蚀性能,保证混凝土的耐久性。

6. 环保要求高

普兰店海湾特大桥处于海边养殖区,生态环境脆弱,环保任务重。

三、施工组织

1. 施工进度计划

该工程开工时间为 2007 年 9 月 1 日,竣工时间为 2009 年 10 月 31 日,具体施工计划为:

(1)桩基施工时间为 2007 年 11 月 24 日 ~ 2009 年 8 月 6 日。

(2)承台施工时间为 2008 年 10 月 1 日 ~ 2009 年 9 月 12 日。

(3)墩身施工时间为 2008 年 10 月 11 日 ~ 2009 年 9 月 16 日。

(4)箱梁施工时间为 2008 年 8 月 13 日 ~ 2009 年 10 月 11 日。

2. 施工组织机构

为使工程达到"安全、优质、高效"的预期目标,施工单位中铁大桥局集团有限公司成立了"哈大高铁沈大段普兰店海湾特大桥工程项目分部",负责普兰店海湾特大桥工程项目的组织、实施及管理。

3. 施工队伍部署

结合工程工期紧的特点以及现场实际情况,该工程安排五个专业作业队进行平行施工。

(1)水上作业队:负责水上平台及水上相关大临设施施工。

(2)第一作业队:负责该桥南岸引桥下部结构施工。

(3)第二作业队:负责该桥北岸引桥下部结构施工。

(4)第三作业队:负责该桥水上下部结构施工。

（5）第四作业队：负责该桥节段箱梁的预制、架设施工。

4. 主要环节施工工艺流程

（1）钻孔桩施工

研究地质资料，制定详细的施工方案→测量放样→插打钢管桩、钢护筒、搭设施工平台→桩位复核→钻机就位、对中、调试→钻进、溶洞处理、成孔→清孔、检孔、验收→钢筋笼及声测管安装→导管安装→第二次清孔→灌注水下混凝土→导管拆除→护筒拆除→场地清理、按环保要求进行地表恢复处理。

（2）承台施工

施工准备→测量标出围堰边线→插打钢板桩围堰→围堰内开挖支护（边开挖边安装内支撑）→基底检查→封底混凝土浇筑→抽水→凿桩头→承台钢筋绑扎→承台模板安装→浇注混凝土→混凝土养护→回填。

（3）墩身帽施工

墩身平面放样→承台顶墩柱范围内松散混凝土凿除→搭设脚手架→墩身帽钢筋绑扎安装→模板安装→检查签证→混凝土浇注→混凝土养护→拆模→竣工检测、缺陷修复。

（4）节段梁预制施工

钢筋加工、绑扎→分块、整体吊装入模→安装内模、端模→检查签证→混凝土浇注→箱梁养护（拔抽拔橡胶管）→（到达规定强度）拆端模、松内模→移至存梁区（养护）。

（5）移动支架拼装

安装 73 号墩墩旁托架及纵横移垫座及滑座→清理场地，插打移动支架临时支撑墩且设置移动支架主桁试拼台座→在地面的试拼台座上按节间组拼移动支架主桁节段→吊装主桁节段 M9→依次吊装主桁节段 M10、M11、M8、M12、M7→安装主桁 M7 节段的上横联→安装主桁 M7 节段的下横联，固定耳座位置并焊接，然后拆除该下横联→吊装主桁节段 M13→安装主桁 M13 节段的下横联→依次吊装主桁节段 M6、M14、R1、F1、R2、F2→安装前后导梁顶层横联→安装提梁吊机→检查验收→投入使用。

（6）节段箱梁安装

利用移动支架上的 230 t 提梁吊机安装移动支架下托梁→调节移动支架的平面位置→利用墩旁托架上的 8 台 500 t 千斤顶调整移动支架主桁的标高→将该跨的 10 个湿接缝的底、侧模均吊放至设计位置临时固定→按照从远离起吊点侧向靠近起吊点的方向（末孔除外）依次吊装节段箱梁，摆放至设计位置（适时安装新增上横联钢管）→利用提梁吊机调整各节段箱梁的平面位置→利用下托梁上的千斤顶调节各节段箱梁的竖向线形→立 1 号（1′号）节段梁支座垫石模板，进行支座灌浆→安装湿接缝波纹管、绑扎钢筋、穿钢绞线→安装内、外侧模及底模并调整固定→向监理报检并浇注湿接缝混凝土（从跨中向两侧进行）→湿接缝混凝土养护、拆模→湿接缝混凝土达到设计强度后，进行预应力钢束的张拉、压浆→移动支架主桁落梁→临时固定底、外侧模，利用提梁吊机逐根拆除下托梁下放至运输驳船上→逐段拆除底、外侧模并下放至驳船上,将内模等通过梁端入孔倒运至下一孔梁内→利用连续张拉千斤顶进行移动支架过孔,进入下一孔梁施工过程。

四、关键施工技术及措施

1. 岩溶地质深水基础施工

（1）钻孔平台施工

该桥钻孔施工平台搭设时,平台结构均在钢结构加工厂分块制造,现场插打完钢管支承桩后吊装平台主纵梁及贝雷梁,然后安装龙门吊机轨道梁,将平台结构从工厂倒运到码头。履带吊机起吊到驳船上运到安装位置分块起吊安装,平台平面尺寸为 18 m × 22 m,主要由支承钢管桩、钢护筒、纵梁、贝雷梁及 20 t 门吊组成。支承桩为 $\phi820$ mm（$\delta = 8$ mm）的钢管桩共 8 根,桩顶布置双 56 工字钢作为纵梁,上设贝雷梁作为横梁,采用新制连接系和扣件式钢管将纵、横梁连接成整体,贝雷梁顶铺设钢轨枕梁作为门吊的走道。利用浮吊和门吊将钢护筒插打至设计位置后,即与原平台连接形成钻孔桩工作平台。在施工平台上设置 20 t 门吊作为起重设备配合钻孔桩施工,门吊覆盖整个施工区域。

在该桥深水墩钻孔桩基础施工过程中,充分利用钻孔桩位间距较小的特点,将钻孔桩施工钢护筒用来兼作施工平台主要竖向受力结构,大大减少了平台支承桩的数量,每个施工平台节约钢材 50 t 以上且减少了平台支承桩的插打和拔除费用;另外,在每个施工平台上各布置 1 台 20 t 龙门吊机替代大型浮吊的投入,有效节约了大型机械设备的投入成本,取得了成功经验。

（2）钻孔桩质量控制

由于溶洞情况的多样性和不确定性,施工过程中及易发生漏浆、坍孔、卡钻、埋钻、斜孔及混凝土外漏等安全、质量事故,给钻孔桩施工带来很大难度,从而严重影响工程工期和质量。鉴于该桥位处地质条件复杂,通过比选采用十字形冲击钻头,十字形冲击钻头在施工时冲击作用形成的护壁较为坚实、稳定。

（3）钻孔施工技术

①穿越溶洞钻孔技术。该工程钻孔桩均采用冲击钻机成孔,冲孔过程中结合地质柱状图上溶洞情况,针对不同地层采取不同冲程、不同的处理方法;对地质异常复杂的桩,根据其不同特点制定专门的工艺措施。每根桩开钻前将地质柱状图挂在钻机上,做到让每一位参与施工的人员都充分掌握要钻孔溶洞的位置、大小和充填情况等地质资料。

②穿越溶洞顶板时的处理措施。钻孔过程中根据地质柱状图和钻头冲击岩层的声响,判断钻头是否接近溶洞顶板。进入岩面以前准备充足的泥浆和 1~2 台大流量泥浆泵,同时准备大量的黏土、片石。接近顶板时（约 1 m）,提前向孔内抛填片石,使钻锤能平衡冲击溶洞顶板,采用小冲程反复抛填、冲砸,缓慢穿透溶洞顶板,既能防止由于溶洞

顶板岩层不均造成斜孔,又能防止一锤击穿溶洞顶板,造成卡钻、掉钻和泥浆大量流失而引起的孔口坍陷。冲砸过程中密切注意护筒内泥浆面的变化情况,当泥浆面下降时迅速向孔内补浆和抛填片石、黏土至不再出现漏浆。

③漏浆、坍孔的预防和处理措施。发生坍孔的主要原因是因孔内漏浆,孔内变成负压,破坏了护壁泥皮而造成。因此在钻孔过程中如果能够有效地解决漏浆问题,坍孔也就得到了有效的预防。溶洞地质钻孔施工前准备充足的泥浆和 1~2 台大流量泥浆泵,同时准备大量的黏土、片石、袋装水泥等填充物,发生溶洞漏浆时立即采取"穿越溶洞钻孔施工技术"中所述方法进行补浆,并同时抛填片石、黏土、袋装水泥等进行处理,必要时采用灌注素混凝土或采用护筒跟进的施工方法避免漏浆及坍孔。

④卡钻、掉钻的预防和处理措施。钻孔施工时准确掌握地质资料和进尺情况,当钻进至溶洞顶底板、在与钻头高度接近的溶洞内钻进、发现岩面倾斜或在溶洞内存在严重溶沟等不良地质条件时,要严格控制钻孔进尺和冲程,在不良地质处反复用片石回填、以小冲程冲砸,缓慢穿透该地层,避免在发生卡钻(在穿越溶洞顶板时避免掉钻)。

⑤斜孔预防和处理措施。在钻孔遇斜岩、钻至溶洞顶、溶沟溶槽内钻孔时,采取反复抛填片石,以小冲程冲砸的措施,避免因受力不均而冲程过大、进尺过快造成斜孔。在岩面倾斜过大或桩位处一半土一半岩,地质软硬程度极为不均时,则直接向孔内灌注低标号混凝土,待混凝土达到一定强度后再行钻进。钻进过程中密切注意钢丝绳摆动情况以判断是否斜孔,发生斜孔时向孔内抛填片石至斜孔位置以上 1~2 m,以小冲程反复冲砸将斜孔纠正。

⑥混凝土外漏的预防和处理措施。当同一个无填充溶洞贯穿多根桩基时,逐根完成该溶洞范围的桩基施工,在溶洞内钻孔时严格控制钻孔进尺,反复在溶洞内抛填黏土、片石和袋装水泥并以小冲程冲砸,必要时灌注低标号混凝土形成护壁,超大溶洞则利用跟进钢护筒避免混凝土外漏。灌注桩基水下混凝土进入溶洞范围时,派专人观察孔内泥浆情况,临近孔位暂时停钻减少冲击振动。

2. 简支箱梁节段预制施工

(1)预制场布置

箱梁预制场布置在桥梁 74 号~76 号墩(DK640 + 380)线路东侧约 500 m 处,占地 24 534 m^2。在这个梁场内布置一台净跨 40 m、净高 24 m 的 250 t 龙门吊机、一台净跨 20 m 的 250 t 节段箱梁下海提升吊机、一台 10 t 桁车,梁场内 10 t 桁车主要为箱梁制造提供钢筋和模板的吊装、整修作业,250 t 龙门吊机用于节段箱梁在梁场内的移动和存放。

预制梁场内设 5 个箱梁预制台座(包括 4 个标准长度台座、1 个非标准长度台座)、3 个内模整修台座、19 个标准长度存梁台座、8 个非标准长度存梁台座、1 个箱梁下海码头临时存放台座、2 个钢筋绑扎台座,钢筋加工车间面积为 75 m × 16 m = 1 200 m^2。存梁台座最大存梁为 46 片。

（2）CFG 桩地基加固

由于节段预制梁场位于海参池上，现场先用石渣抛石挤淤，逐层用挖机对其进行清理整平，然后用压路机反复碾压密实，直至填到设计高程 +2.3 m。在对梁场生产区进行地质钻探后发现在 3~5 m 的抛填石渣场地下存在 6~12 m 厚的流塑状淤泥层，承载力低下，由于该工程节段预制箱梁重量较大（最大重量 220 t），且考虑到双层存梁，经过对地基承载力的检算，软弱下卧层不能满足施工承载力要求，决定采用 CFG 桩对地基进行加固处理，使复合地基承载力满足设计要求。CFG 桩采用直径 50 cm、桩间距 1.5 m 梅花形布置，桩长 15 m，进入淤泥下粉沙层约 3~5 m。具体地基处理的方法为：在箱梁制、存梁台座位置先用 CFG 桩对地基加固处理，对桩头清理后铺 30 cm 厚碎石，然后在碎石垫层上浇注制、存梁台座基础混凝土。在龙门吊机轨道位置先用 CFG 桩对地基加固，然后在桩顶分层抛填片石，采用级配碎石填满空隙后碾压密实，抛片处理深度为2.5 m。其他制梁范围内地基采用换填 30 cm 碎石后浇筑 20 cm C20 混凝土地坪。修建排水沟，以排水，保持制、存梁区域的排水通畅。

（3）钢筋整体绑扎、吊装

钢筋绑扎在钢筋绑扎台座上进行。箱梁钢筋规格多，成型后的品种多，为便于制作及提高生产效率、减少钢筋搬运的过程、便于内模安装，钢筋在钢筋绑扎台座上一次绑扎成型，然后用专用钢筋骨架吊装扁担将骨架整体吊装至外侧模内，以缩短制梁周期。由于梁端钢筋密集，为了方便底腹板钢筋入模时能够避开支座预埋板、防落梁预埋板预埋套筒及锚筋，在底腹板钢筋绑扎胎具上按照箱梁实际尺寸定位固定设置四个支座预埋板、防落梁预埋板模具，绑扎钢筋时避开预埋套筒及预埋钢筋。钢筋采用整体一次性吊装就位，由于骨架钢筋吨位较大，需使用 230 t 龙门吊用专用吊装扁担进行就位施工。钢筋吊装前在台座两端放出刻度线。吊机到位后略作停顿使钢筋骨架不纵向窜动，便于钢筋骨架对位。

（4）模板设计及配置

模板系统由端模板、外侧模板、内模和支撑系组成。每块模板在横向和纵向都由螺栓连接，其骨架由槽钢、角钢组焊而成，为增强模板刚度，保证箱梁外观质量，模板面板均采用钢板，侧模面板采用 $\delta = 8$ mm 的钢板，底模面板采用 $\delta = 14$ mm 的钢板。支撑系用于支撑模板和调节模板，以及拆模后模板的滑移。

（5）高性能混凝土配置、浇筑及外观质量控制

56 m 箱梁混凝土设计强度为 C50，坍落度控制在 16~18 cm，同时掺用高效减水剂及其他外加剂，及时调整混凝土施工配合比。混凝土浇注前在模板上均匀涂刷脱模剂；浇注时从前向后，先底板，再腹板，最后顶板的顺序进行；待底板混凝土不翻浆时再进行腹板以上部分的浇注。端模在混凝土强度达到 2.5 MPa 即可拆除，其他模板拆模时混凝土强度达到 60%。脱模时要同步，禁止生拉硬撬以免损坏梁体。混凝土养护期间，混凝土内部最高温度不宜超过 65 ℃；当顶板混凝土浇注完毕，尽量减少暴露时间，用塑料薄膜和毛毯紧密覆盖防止水分蒸发；混凝土施工完毕后的 12 h 内对混凝土覆盖和保湿养护。

3. 移动支架拼装施工

(1) 移动支架墩旁托架安装

主桥墩身施工过程中按相关图纸在墩身上设置预埋件及增加补强钢筋。在预埋的过程严格按照图纸要求进行预埋,避免因预埋件的偏位而造成后续墩身托架的安装困难。墩旁托架的组拼采用多台大吨位吊机配合进行;墩旁托架在墩位之间的倒运安装则采用大吨位履带吊(陆上)或浮吊(水上)采取整体拆、装的方式进行。

(2) 移动支架前移就位

在墩旁托架上的纵向每两个滑道支座之间均放置一台 500 t 自锁千斤顶,共 8 台,作为箱梁架设过程中的主桁支点。前移过程中,提梁吊机固定在移动支架尾部作为配重使用,并保证吊机与走道梁固定牢靠。两台连续张拉千斤顶保持同步,否则停止拖拉作业,调整至同步后方可继续拖拉过孔作业。在移动支架前移就位后,利用 8 台 500 t自锁式液压千斤顶对移动支架主桁进行顶升,顶升位移量控制与千斤顶同步。移动支架顶升到位后,测量组工作人员进行复测,确保达到施工要求,上好 500 t 自锁千斤顶保险环进行后续工序施工。

(3) 移动支架下托梁安装

下托梁采用吊耳连接。其中吊耳采用倒三角形式,上方挂在横梁下方,下面与下托架销轴连接。下托梁安装之前仔细查看图纸,弄清吊挂横梁的具体位置,避免安装中产生错误和偏差,同时对每道横梁编号对号就位。下托梁的安装利用移动支架上的龙门吊及自带 16 t 行车完成。

(4) 节段箱梁运输

节段箱梁的运输采用陆地运输和水中运输两种,其中陆地运输采用运梁台车运输,水中运输采用运梁船运输。

(5) 节段箱梁吊装就位

在进行节段箱梁吊装前,先在箱梁预制节段上及移动支架下托梁上放出节段安装位置,然后施工人员在墩端位置下及每组下托梁顶面设计位置放置 4 台 100 t 自锁千斤顶作为临时支点。节段箱梁吊装就位时,在节段梁即将落放到临时支点上时停止落梁,顶升液压顶油缸,分别使 4 台自锁千斤顶的顶头均轻抵梁底,4 个支点均匀受力,此时提梁机继续落梁、松钩,拆除吊具后继续下节段梁的吊装。节段箱梁拼装时,均采用移动支架上的提梁吊机进行架设,为避免荷载叠加,箱梁架设时均从一端向另一端顺序进行。所有准备工作就绪后,对整个提升门架、提升和纵横移系统作全面检查后才允许提升。提升过程时刻注意两边的同步情况,若有不同步情况则作出调整。整孔箱梁吊装完毕后进行检测。

(6) 箱梁整体线形调整

梁体由于混凝土收缩徐变及预应力作用下,梁体的长度方向产生压缩变形,在竖向方向上产生上拱度,为了保证线路在运营状态下的平顺性,节段箱梁架设过程中充分考虑梁体线形控制。根据理论计算确定相关线形参数,具体数据在经过移动支架检测和简支箱梁监测后跟据实测数据进行适当调整。总反拱值设置值是综合考虑各种因素后所设反拱值的叠加值。在各节段梁支承点处抄垫及布置顶梁千斤顶。架梁过程中控制每一节段梁纵、横、竖向偏差均不大于 2 mm。

（7）支座安装

1 号块节段箱梁吊装之前先将支座安装在节段箱梁的底部，支座根据计算设置预偏量，支座上、下座板相对固定牢靠，在张拉之前解除上下座板之间的连接。在 1 号块节段箱梁吊装、调整到位后即可进行支座灌浆施工。灌浆前初步计算灌浆所需浆体用量，与实际灌浆体积对比，防止中间缺浆。采用重力灌浆方式灌注支座底部及锚栓孔处间隙。支座灌浆材料达到 20 MPa 后，拆除临时边模板后同时检查无收缩水泥砂浆表面，确保水泥砂浆表面无裂纹。最后拧紧下座板地脚螺栓，拆除支座上下盖板临时连接角钢。

（8）穿钢绞线、安装波纹管

钢绞线穿放安排在湿接缝混凝土浇筑前进行。穿钢束前进行预应力管道清理，在移动支架前导梁处搭设预应力施工平台。钢绞线对号穿入孔道内，穿束时可在已架梁端设置导向装置，采用人工或慢速卷扬机牵引由一端整束整穿。波纹管安装采取与穿钢绞线作业同时进行。即当钢绞线穿至湿接缝处时及时安装该处波纹管。湿接缝波纹管下料长 80 cm，波纹管与节段梁预应力管道采用内接，两端各拧入节段梁内约 10 cm 并用水泥浆或腻子将波纹管与预留孔接触缝隙填堵塞实。波纹管位置严格控制，除顺直外还要求其各方向偏差不得大于 4 mm。

（9）湿接缝钢筋绑扎

钢筋绑扎前将梁段两端伸出的纵向钢筋理直并修整好，将其表面的混凝土、铁锈等清除干净。将相邻梁段两端伸出的纵向钢筋搭接绑扎，对具有接地功能的纵向钢筋则按接地要求采取焊接连接。钢筋骨架绑扎牢固并有足够的刚度，且在混凝土灌注过程中不发生任何松动或大的变形。钢筋保护层采用水泥砂浆垫块，其强度不小于混凝土的设计强度，间距约 1 m。顶板净保护层按 50 mm，其余净保护层按 55 mm，施工允许偏差值为 0 ~ +5 mm。在钢筋的交叉点处，用直径 0.7 ~ 2.0 mm 的铁丝，按逐点改变扎丝方向交错扎结或按双对角线方式扎结。

（10）湿接缝模板安装

模板安装前除锈并涂刷脱模剂。湿接缝外模板均采用钢模板，内模采用竹胶模板，模板纵向宽 80 cm，与预制节段的搭接长度设计为 10 cm。先安装底模板，底模采取在接缝两侧节段梁底板顶面布置扁担梁抬拉固定，使底模顶面与底板底面结合紧密。外侧模下端与底模螺栓连接，上端利用扁担梁抬拉固定在顶板翼缘上。内腹板侧模与外侧模对拉固定，顶板模板利用扁担梁抬拉固定在顶板上。模板与梁段接触处贴 2 mm 厚度的海绵橡胶，安装模板时拉紧拉杆。

（11）湿接缝混凝土浇注

每孔梁共有多条湿接缝，采取同时浇注，确保在混凝土初凝之前浇注完毕，浇注时间不宜超过10 h。浇注时控制新老混凝土温度差小于15 ℃。混凝土采用自拌混凝土，水上由运输船舶运输到施工地点，再由B60输送泵垂直送混凝土上桥，然后由桥上的B60输送泵作水平运输至混凝土入模。湿接缝混凝土采用连续浇筑、一次成型。浇注顺序是先底板、再腹板、后顶板和防护墙。

（12）混凝土养护、拆模

保证混凝土所需要的水分，控制混凝土内外温差及混凝土与外部环境的温差均不能过大。混凝土浇注完成后混凝土未终凝前加强混凝土表面的收浆、抹面工作。终凝后进行表面土工布覆盖并洒水保湿保温养护。拆模前湿接缝混凝土养护采取自然养护，表面用土工布覆盖，洒水次数以保持混凝土表面充分潮湿为度。拆模后采取内外表面均喷涂养护液养护。内模在混凝土强度达到设计强度的60%以上方可拆除，当混凝土强度达到设计强度的50%，混凝土芯部与表层、箱内与箱外、表层温度与环境温度之差不大于15 ℃，且能保证构件棱角完整时拆除外侧模、底模。

（13）首批预应力钢束张拉

根据计算分析，张拉分批进行以确保主体结构安全，普兰店海湾特大桥56 m简支箱梁纵向预应力体系施工过程中采取分两批张拉的措施。普兰店海湾特大桥钢束具体布置如图4-1所示。

第一批：混凝土强度达到设计强度的100%、混凝土龄期不少于7d，张拉顺序为N3→N9→N4→N10→N5→N11→N6→N12，张拉完成后将墩旁托架上8台500 t千斤顶打开自锁，移动支架下落至滑道支座上。

第二批：混凝土强度及弹性模量达到设计指标的100%后方可进行，张拉顺序为N7→N13→N8→N14→底板束张拉，第二批钢束的张拉待移动支架拖拉至下一孔后进行。

（14）移动支架主桁落梁

该桥在按照上述顺序张拉完首批预应力束后，同步起顶移动支架两端墩旁托架上的8台500 t千斤顶，打开千斤顶自锁装置，将移动支架主桁下落至滑道支座上。然后逐段拆除各节段箱梁下的自锁式液压千斤顶，使箱梁与移动支架完全脱离，由箱梁支座受力，完成受力体系转换。

（15）移动支架下托梁拆除、运输

移动支架完成主桁落梁后，利用移动支架龙门吊机上自带的两台16 t行车逐根拆除下托梁，移动支架完成前移后将下托梁转运、运输到下一孔位待拼位置拼装。陆上下托梁的运输利用运梁台车完成，水上的运输则利用水上船舶完成。

（16）张拉剩余预应力钢束并对所有预应力束压浆、封锚

在移动支架下托梁拆除后即可进行移动支架的前移，进入到下一个孔跨节段箱梁拼装架设施工流程。对于首批张拉预应力后剩余的纵向预应力钢束，在移动支架前移到下一孔后即可进行张拉，并完成所有孔道的压浆、封锚工作。张拉作业注意梁端张拉空间问题，以便在预制阶段即可进行相应的施工措施准备。

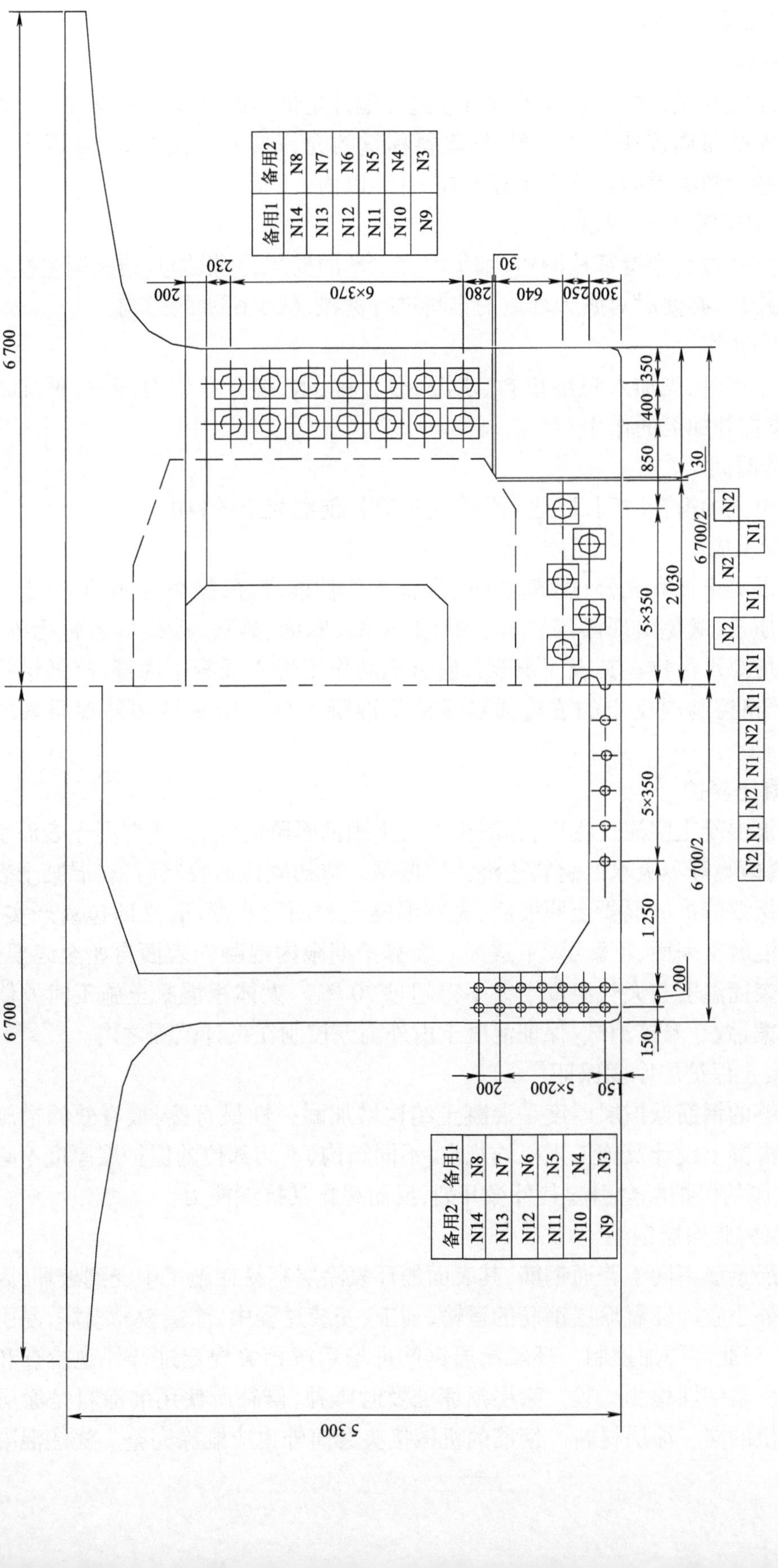

备用1	备用2
N14	N8
N13	N7
N12	N6
N11	N5
N10	N4
N9	N3

备用2	备用1
N14	N8
N13	N7
N12	N6
N11	N5
N10	N4
N9	N3

图 4-1　钢束具体布置示意（单位：mm）

4. 防腐蚀混凝土施工

（1）原材料计量

对混凝土搅拌设备的称重计量装置经过当地计量部门的计量检定，在使用过程中，根据生产量至少每周校核一次。粗、细集料称重的允许偏差控制在 ±2% 以内，水泥、水、外加剂、掺合料称重的允许偏差控制在 ±1% 以内。

（2）粗、细集料含水率控制

混凝土生产过程中持续检测粗、细集料含水率的变化，并根据其结果调整搅拌用水量及集料的用量，必要时对露天堆放的集料进行覆盖，减少雨水的影响。

（3）加料顺序

混凝土生产时，先加入粗细集料、水泥、掺合料、水，搅拌一定时间后，再加入外加剂，以充分发挥外加剂的作用。

（4）搅拌时间

调整混凝土的搅拌时间，以达到生产优质高性能混凝土的目的。

（5）混凝土成型

高性能混凝土拌和充分，现场施工时保证工作性能良好，振捣密实，同时十分重视结构的外观质量，避免出现露筋、空洞、裂隙、夹渣、麻面、砂斑、砂线等各种内外缺陷。这些缺陷可使海水污物在其表面积聚并通过毛细作用进入混凝土内部，降低结构耐久性。因此，严格控制混凝土的成型质量是确保混凝土良好密实性和外观质量的重要环节。

（6）混凝土养护

在高性能混凝土浇注过程中，为减少混凝土表面曝晒时间，防止混凝土表面水分蒸发，采用塑料薄膜等不吸水的材料边浇注边覆盖。待初凝抹面收浆后，在混凝土表面包裹塑料薄膜保湿养护。混凝土脱模后，先在混凝土表面洒水湿润，立即包裹严实，塑料薄膜要紧贴混凝土表面、不漏缝、不透风。在养护期限内混凝土表面自始至终要保湿，确保混凝土表面温度与大气温度之差不得超过 20 ℃。大体积混凝土施工时要制定周密的温控方案，做好温控测试，保证混凝土内外温差控制在设计范围之内。

（7）混凝土保护层厚度保证

保证足够的钢筋保护层厚度是混凝土结构增加耐久性最直接、最有效的措施。我国现行有关混凝土设计及施工规范均规定：不同结构、不同部位的保护层厚度不宜小于 50 mm，但过厚的保护层会引起其外缘开裂，反而恶化其抗渗能力。

（8）环氧树脂涂层钢筋

环氧涂层钢筋不同于普通钢筋，其表面的环氧涂层容易在施工中受到破坏，因此在施工时要格外小心。环氧涂层钢筋的运输、加工、安装过程中，涂层较易损坏，易引起钢筋的点锈蚀，对此要严加控制。环氧涂层钢筋进场后按相关规定进行外观检查和涂层厚度、连续性、柔韧性检测试验。涂层损坏处及时修补，修补所使用的涂料是涂层钢筋供应厂家提供的同一涂层材料。钢筋的机械接头套筒外也应刷涂完整。浇注混凝土时振捣棒直接碰触钢筋可能造成涂层损坏,这种损坏是无法修补的,要求在振捣棒外加橡皮套等防护措施。

五、主要管理措施

1. 质量管理措施

(1)基本原则。针对工程特点施工时坚持"四早"(早进场,早施工,早投入,早完工)原则,从而保证施工质量。

(2)制度方面。建立健全质量管理制度,坚持三检制:即自检、互检、工序交接检验制度;落实质量签证制度;完善质量奖惩制度,对质量事故严肃处理;坚持"三不"放过原则:事故原因不明不放过、不分清责任不放过、没有改进不放过;实行以项目部总工程师为主的项目经理部技术责任制,同时建立各级技术人员的岗位责任制,逐级签订技术包保责任状,做到分工明确,责任到人。

(3)人员方面。选拔质量意识强、领导水平高、施工经验丰富、身体素质好的人员担任项目经理部、工区现场指挥机构的第一管理者;配备功能齐全,业务熟练,配合默契的精干工作班子,做好质量管理和监察工作;加强全体人员质量教育,认真学习有关质量标准验收规范并制定内控标准。

(4)技术方面。施工前认真核对设计文件和图纸资料,领会设计意图,查找错、漏,及时会同设计部门和建设单位解决所发现的问题;做好逐级技术交底工作,未经技术交底的工序不施工;完备检测手段,配备各种检测和试验仪器仪表并及时校正确保其精度;加强质量监控,确保检验、抽检频率,现场质检的原始资料真实、准确、可靠。

2. 进度管理措施

(1)组织方面。加强组织管理、科学安排施工;严格各方面规章制度,上令下行;加强各级领导,建立健全岗位责任制,签订承包责任状,以天保旬,以旬保月,确实保证各项工程按计划完成。

(2)技术方面。沿桥中线修筑 1 条施工便道贯穿整个标段,方便机械设备、人员场内移动和工程材料进场;水上施工是该桥的控制性工程,因此进场后就展开水中施工作业面;重点工程最大限度地安排平行作业,抓好工序衔接,做到环环相扣,有条不紊,加速工程进度。

(3)协调方面。开工后密切配合业主搞好征地拆迁工作,避免因为申请文件审批延误而影响施工;协调好与地方政府、当地居民的关系,积极主动与地方联系,在征租土地方面不留后遗症,并在交通干扰、车辆通行等方面,采取有力措施。

(4)物资方面。该工程混凝土用量大,砂石料供应紧张,因此积极跟当地有资质的厂家签订砂石料供应运输合同,避免因砂石料的供应不足而影响工期。

3. 环境保护措施

(1)组织方面。成立环保工作小组,配置环保专职人员,切实贯彻环保法规,各工区、班组派人参加,将环保责任和义务落实到人。

(2)制度方面。严格执行国家及地方政府颁布的有关环境保护,水土保持的法规、方针、政策和法令。

(3)现场管理方面。将施工噪声控制到最低程度,施工人员休息场所尽量远离有噪声的地方;施工和生活中产生的废弃物及时集中处理、运至监理工程师及当地环保部门同意的指定地点弃置,不堵塞河流和污染水源;施工及生活中产生的污水或废水,集中处理,经检验符合环保标准后,才排放到长江或其他河流沟溪中;加强江面施工中的照明管理工作,最大限度地减少对来往船只及水下生态环境的光污染;钻孔桩泥浆、钻渣用船运或汽车运到指定地点掩埋,处理方法符合环保机构的要求。

六、主要成效

取得的主要成效如下:

(1)通过科学组织、精心施工,该工程达到了"安全、优质、高效"的预期建设目标,工程一次验收合格率100%,经检测主墩钻孔桩均达到Ⅰ类优质桩的标准,海域环境下桥梁主体结构混凝土耐久性得到保证,全部工程质量全面达到国家及原铁道部客运专线工程质量验收标准,并满足设计开通速度要求。

(2)取得了显著的经济成效。深水基础钢板桩围堰施工减少了投资,加快了承台模板施工周期,节约了工程投资;采用56 m简支箱梁节段预制、移动支架拼装施工技术进行简支梁整孔拼装架设施工,预制与架设平行施工,用湿接缝调整,简化了节段制作工作,加快了工程进度,节省了工程成本。

(3)成功解决了高度发育溶洞地质条件下的钻孔桩施工难题,通过采用制定的溶洞施工技术措施,溶洞处理效果良好。

第二节　西海跨海产品养殖区特大桥施工技术

一、工程概况

沈大段西海特大桥中心里程DK203 +677.82,全长26 540.8 m。位于营口市境内,经盖州市、老边区,跨越大清河、淤泥河、305国道、若干沥清路、油管、光缆。DK195 +650 ~ DK209 +900段(14.5 km,170号墩 ~605号墩,共计436个墩)为营口中盐集团海产品养殖场(主要为虾池、个别为海参池),水域区水深1.0 ~3.0 m不等,工程总投资约12.2亿元。

下部结构:桥墩均采用圆端形实体桥墩,桥台为一字台,墩台基础为钻孔桩基础。全桥共设817个墩台。上部结构:主要采用双线简支箱梁,32 m为主导梁型,24 m、20 m在局部调跨时采用。在DK198 +950.7跨305国道时采用40 m +56 m +40 m双线连续箱梁;DK212 +695.2跨军用光缆、天然气管道时采用32 m +48 m +32 m双线连续箱梁。

二、工程特点及难点

1. 季节性气候因素影响大

西海特大桥工程量大,孔桩 6 896 根墩台 817 个,下部结构混凝土圬工 42 万 m^3,连续梁 2 联,制架梁 810 孔。因季节性气候,有效施工期短,工期紧张。

2. 征迁难度大、环保要求高、有效施工期短,施工难度大

西海特大桥约有 14.5 km 位于海产品养殖区(170 号墩~605 号墩,共计 436 个墩),由于前期建设单位与产权单位在拆迁赔偿问题上未达成一致协议,海产品养殖区桥梁基础孔桩均属于预设计。待施工单位临时便道填筑进入后,方可进行补勘设计。施工单位征迁难度大,道路进入困难,临时便道工程量大,难度高;同时养殖区产权单位对施工期间的生态环保要求高,待设计院补勘完成后,出图时间较晚,留给施工单位的有效施工时间仅有 7 个月,增加桥梁墩台施工难度。

3. 箱梁预制量大,制、运、架工期紧张

哈大高速铁路主要梁型(32 m、24 m)为双线简支箱梁,采用梁场预制,中铁五局哈大项目部施工管段设预制梁场 2 处,共预制箱梁 1 316 孔,其中西海特大桥预制箱梁 810 孔。6 号梁场制、运、架 567 孔,7 号梁场制、运、架 243 孔。路基段、305 国道处连续梁和高压线等箱梁架设施工受制约条件多,架设工期紧;线路坡度大,架梁安全风险大。

三、施工组织

1. 施工进度计划

西海特大桥 2007 年 9 月 20 日开工,2009 年 12 月 25 日主体竣工,具体施工计划为:

(1)桩基施工时间为 2007 年 9 月 20 日~2009 年 10 月 20 日。

(2)承台施工时间为 2007 年 10 月 10 日~2009 年 11 月 10 日。

(3)墩身施工时间为 2007 年 10 月 30 日~2009 年 11 月 30 日。

(4)架梁施工时间为 2008 年 7 月 1 日~2009 年 12 月 25 日。

2. 施工总体布置

围绕箱梁架设主线,西海特大桥的施工从两端开始,逐步向中间推进,在此期间抓紧时间进行养殖区便道、围堰、筑岛的填筑。西海养殖区便道填筑完成后,针对桥梁承台及墩身施工时间短(只有 7 个月)的特点,确定以"专业化分工、流水化作业"的模式进行该工点施工组织的总体布置。

3. 施工队伍部署

现场设立中铁五局集团有限公司哈大项目部下设 3 个总队 8 个施工队,3 个混凝土拌和站。施工队按照工厂化、专业化配置。

4. 主要环节施工工艺

根据本段特点,西海养殖区段的便道及桥梁墩台施工是控制整个西海特大桥工程

工期和成本的关键。

（1）西海特大桥养殖区便道施工

①双侧便道加墩位筑岛施工

先对养殖区进行隔离防护后，沿桥梁左、右两侧修建一主一辅的贯通双便道，外侧施做防水草袋防止泥浆污染水域。每间隔5个墩（约160 m）设一道横向连接便道，用作便道填筑期间的倒车平台以及施工期间左右侧道路连通。主便道主要用于重车及大型机械通行，辅便道主要用于空车通行及会车。为了减少便道填筑时对养殖区的污染，便道路基填料分两部分，淤泥以下部分采用抛填片石、淤泥以上部分采用片石混渣填筑。每个墩位处采用片石混渣填筑作业平台，设计院地质钻探出图后，开始钻孔桩施工，随后采用钢板桩围堰施工承台。

②单侧便道加墩位筑岛施工

DK195＋650～DK197＋420段采用单侧便道加墩位筑岛施工方案，便道顶宽设置为6.5 m，结合该段水深和淤泥深度并考虑到地质下卧层承载力低等情况，便道路基高出水面0.5 m、全高2.5 m、坡度1:0.75；便道路基位于淤泥范围采用片石抛填、淤泥以上采用片石混渣填筑；路面采用0.2 m厚泥结碎石结构。在便道右侧墩位处填筑孔桩及承台施工所用的作业平台，作业平台填料采用片石混渣。便道及作业平台填料均由盖州市鸿翔采石场运至施工现场运距28 km。便道及作业平台填筑完成后，先施工钻孔桩，再打设钢板桩支护后开挖承台，钢板桩长度9 m；孔桩钻渣及承台开挖弃渣运至弃渣场堆放运距约10 km。

（2）桩基工程施工

本桥基础均为钻孔桩基础，根据本桥地质特点，钻孔桩基础主要采用旋挖钻机成孔。养殖区段桩基采用筑岛钻孔施工。钻孔采用泥浆护壁；桩身钢筋笼桩根据工地起吊能力，采用加工场集中加工，现场吊装就位；混凝土采用耐久性混凝土，混凝土拌和站集中拌制，混凝土输送车运输，导管法灌注水下混凝土。

（3）承台施工

承台基坑采用钢板桩围堰施工。承台钢筋在加工场加工，现场安装成型，模板采用胶合板，方木加钢管架加固支撑。混凝土采用耐久性混凝土，拌和工厂集中拌制，混凝土输送车运输，浇注采用混凝土输送泵或溜槽，连续灌注成型。

（4）墩台施工

本桥墩身均为实体墩身，采用整体大块钢模板拼装成型，配以水平围带和竖向围带加固。台身采用大块组合钢模板，钢管架加固支撑。钢筋集中加工场加工，现场整体吊装。混凝土在拌和站集中拌和，汽车吊或输送泵泵送入模。

四、关键施工技术及措施

1. 养殖区水中便道初步施工方案比选

2007年7月份进场后对该段进行施工调查，包括各个海水水域水深和淤泥厚度的实际测量、沿途道路布置情况、该段产权单位经营内容、海水循环畅通等;同时商讨各种可能的施工方法并进行了多次修改,于 2008 年 6 月份初步确定了该段桥梁施工的几种方案,并进行了对比、选择。

根据长 14.5 km 的桥梁位于水深 0.7~3.0 m、淤泥厚 0.8~2.5 m 养殖区内的工程特点,拟定了 4 个施工方案,分别是:

(1)双侧便道加墩位筑岛方案。沿桥梁左右两侧修建两条贯通便道,便道外侧施做防水围堰,横向每隔一定距离修建分隔围堰,基坑分段抽水后、换填淤泥、平整场地,机械进入墩位施工钻孔桩再设钢板桩施工承台。

(2)单侧便道加围堰方案。沿桥梁左侧修建双车道贯通便道,每个墩位四周修建防水围堰后,抽水施工钻孔桩再设钢板桩施工承台。

(3)单侧便道加墩位筑岛方案。沿桥梁左侧修建双车道贯通便道,每个墩位处筑岛后施工钻孔桩,再设钢板桩施工承台。

(4)钢栈桥水上作业方案。沿养殖区全长修建双车道 8 m 宽贯通栈桥、墩位四周设钢管桩搭设型钢平台施工钻孔桩基础,下沉钢围堰、灌注封底混凝土后、抽水施工承台。

结合多方面因素考虑,最终确定的施工方案为:DK197 + 420~DK209 + 900(224 号~605 号墩)段采用双侧便道加墩位筑岛施工方案,DK195 + 650~DK197 + 420(170 号~223 号墩)段采用单侧便道加墩位筑岛施工方案。其中 DK197 + 420~DK209 + 900(224 号~605 号墩)段采用双侧便道加墩位筑岛施工方案。

2. 养殖区段承台、墩身施工

(1)高墩墩帽钢筋地面绑扎整体吊装

养殖区墩身顶帽施工有两种方式,一种是 6 m 高以内墩身顶帽钢筋一次性绑扎成型,一种为 6 m 以上墩身顶帽钢筋地面绑扎整体吊装施工。前者为普遍采用的简单施工工艺,对于低墩来说操作简单快捷,也很实用。但对于高墩来说,采取一次性绑扎存在施工缓慢、人员安全无法保障等诸多隐患。因此,本桥梁高墩顶帽选择采用第二种施工方法。墩帽钢筋在平地集中绑扎成型,采用钢管支架固定并一次性吊装,然后支立模板,浇筑混凝土。墩帽钢筋整体重量集中在顶部,存在头重脚轻,吊装难度较大。为了克服吊装时钢筋倾翻的可能,保证吊装一次成功,需要采取有效措施确保现场施工安全可控。

(2)承台整体提高 1~1.5 m

由于本段桥梁设计补探在填筑便道施工完后才进行,预设计承台埋置于水下淤泥层 0.5~1 m 深度范围,考虑便道填筑较高和承台施工后基坑回填因素,建议将承台适当提高,经设计方研究最终采纳了施工单位的意见,对承台全面进行了提高,降低了承台施工难度,节约了钢板桩等周转材料用量,加快了施工进度。

3. 养殖区段高氯环境施工技术措施

(1)便道(围堰)隔离技术措施

该桥便道(围堰)措施中,采用双便道(围堰)进行承台、桩基隔离,便道(围堰)外采用双层土袋夹隔水复合土工布保证外界海水的渗入,降低了承台、桩基施工环境与外界化学侵蚀环境直接接触的几率。

(2)承台施工钢板桩技术措施

承台施工开挖、混凝土浇注,采用钢板桩围护措施,减少了外界化学侵蚀环境与浇筑的结构混凝土直接接触的几率。

(3)泥浆护壁隔离技术措施

施工桩基时,采用合格泥浆注入孔内,既保持孔内泥浆水位高于地下水位又在桩孔四周形成坚固护壁,减少了外界具有化学侵蚀性海水的渗入,降低了桩基混凝土与外界化学侵蚀环境直接接触的几率。

(4)回填隔离

承台混凝土达到一定强度后,回填不具化学侵蚀性的黏土,使承台混凝土与外界具有化学侵蚀性的土质或海水隔离,减少外界环境对混凝土的侵蚀的几率。

4. 高性能混凝土施工技术措施

(1)优化混凝土配合比,控制原材料质量

现场严格按中心试验室优化的混凝土配合比施工,加强原材料质量控制、控制混凝土拌和质量,确保施工过程中混凝土拌和物性能满足规定要求。加强对水泥、细骨料、粗骨料、粉煤灰、矿粉、外加剂、拌和用水的质量控制。混凝土原材料每盘称量偏差严格符合规范规定,做好混凝土入模含气量的控制。

(2)做好混凝土养护

混凝土养护期间,混凝土内部温度不宜超过 60 ℃,最高不大于 65 ℃(梁体最高不大于 60 ℃),混凝土内部温度与表面温度之差、表面温度与环境温度之差不宜大于20 ℃(墩台、梁体混凝土不宜大于 15 ℃),养护用水温度与混凝土表面温度之差不得大于 15 ℃。自然养护时,在混凝土浇筑完毕后对混凝土进行保水潮湿养护。当环境温度小于 5 ℃时禁止洒水。预制梁混凝土表面喷涂养护剂,同时采取保温措施。混凝土强度达到 1.2 MPa 以前,不得踩踏或安装模板及支架。梁体混凝土采用蒸汽养护,主要分静停、升温、恒温、降温四个阶段。静停期间保持棚温不低于 5 ℃,浇筑完 4 h 后方可升温,升温速度不大于 10 ℃/h,恒温时蒸汽温度不超过 45 ℃,梁体芯部温度不超过60 ℃,降温速度不大于 10 ℃/h。

(3)控制混凝土氯离子总含量

控制混凝土氯离子总含量(包括水泥、矿物掺和料、粗骨料、细骨料、水、外加剂等所含氯离子含量之和)不超过胶凝材料总量的 0.10%,预应力钢筋混凝土结构的混凝土氯离子总含量不超过胶凝材料总量的 0.06%。

(4)控制混凝土碱含量

在满足设计规定的同时,在混凝土中掺加具有明显抑制效能的矿物掺和料和外加剂,控制混凝土碱含量。加强原材料质量控制,水泥采用 42.5R 硅酸盐水泥,碱含量 ≤

0.8%（非预制梁），预制梁碱含量≤0.6%；细骨料及粗骨料碱—硅酸反应砂浆棒膨胀率 <0.30%（非预制梁），预制梁细骨料及粗骨料碱-硅酸反应砂浆棒膨胀率 <0.20%。拌和水碱含量（以当量 Na_2O 计 mg/L）<1 500。外加剂碱含量（以 $Na_2O + 0.658K_2O$）≤ 10.0%。混凝土最大碱含量不得大于 3.0 kg/m^3。

五、主要管理措施

1. 组织管理措施

西海特大桥由第三总队负责施工。

2. 制度管理措施

项目经理部构建了管理制度标准化、人员配备标准化、现场管理标准化、过程控制标准化为主要内容的标准化管理体系，落实了机械化、工厂化、专业化、信息化四个支撑，形成了"两级三层，突出重点，以点带面，互动提高"的安全质量管理体系和检查机制，编制了技术、安质、环保、计合、物设、综合、财务、工作职责等八大类管理制度及实施细则。

3. 技术管理措施

积极推行"四新"成果的应用，采用先进设备、先进技术，以科学的技术手段加快施工进度、保证施工安全、实现质量目标。

4. 物资管理措施

加强设备、材料等各项资源的合理调配与使用，保证设备完好率，提高设备利用率，保证材料及时供应，避免停工待料。

5. 现场管理措施

现场管理严格坚持"四不施工""三不交接"。"四不施工"即：未进行技术交底不施工；图纸及技术要求不清楚不施工；测量控制资料未经换手复测不施工；上道工序未进行"三检"不施工。"三不交接"即："三检"无记录不交接；技术人员未验收签字不交接；施工记录不全不交接。同时，每天都召开施工调度例会，协调工作，超前布局谋划，强化监控落实，及时解决问题，提高决策速度和工作效率。

六、主要成效

取得的主要成效如下：

（1）西海特大桥自 2007 年 9 月 20 日开工以来，2007 年 11 月 20 日率先灌注了全线第一个桥墩，被哈大客运专线有限责任公司誉为"千里哈大第一墩"；2007 年 12 月，被评为全线首批样板工程工点；2008 年 10 月 7 日，全线第一个获得"首架百孔梁"称号；2008 年度被中铁股份有限公司评为"安全文明标准工地"；2009 年 12 月 25 日提前完成全桥架设工作。

（2）通过对单侧便道墩位筑岛和双侧并用便道墩位筑岛施工方案实施，满足了产权单位的环保要求，避免了高额的赔偿费用，同时缩短了近 10 个月施工时间，仅就工期缩短一项节约施工管理费用就达 200 万元。

（3）现场采用"专业化分工、流水化作业"的施工模式提高了工作效率，减少了交叉作业人员及来往机械的干扰，在征迁进度滞后条件下保证了工期目标的实现。应用新工法优化了施工方法，降低了物资消耗，节省了工程费用。

（4）通过施工方案的充分比选，有效衔接施工工序。如筑岛＋双侧便道方案看似增加了填筑数量，但为设计单位补充钻探以及后期无砟轨道、铺轨、通号、接触网、电力等专业的有序交互施工提供了良好空间。

（5）加强科研联合攻关，有效解决了海产品养殖区桥梁基础施工关键技术，对今后同类型桥墩施工提供了经验和借鉴。

第三节　鲅鱼圈特大桥连续梁施工技术

一、工程概况

沈大段鲅鱼圈特大桥 48 m＋80 m＋48 m 连续梁段上跨既有沙鲅支线铁路。桥梁主梁为单箱单室、变高度、变截面结构，底板高按二次抛物线变化。箱梁顶宽 12 m，箱梁最大高度 6.65 m、最小高度 3.85 m。该桥 529 号～530 号墩主跨以 27°上跨既有沙鲅支线铁路，里程 DK178＋880.01～DK178＋960.01。529 号和 530 号墩在支线铁路两侧，主跨设计箱梁底距离既有铁路轨顶面最小距离为 8.45 m，接触网承力索距离轨顶面为 7.6 m。梁体设计 0 号块长 12 m，采用支架现浇，1 号～10 号节段采用挂篮悬臂现浇施工，合龙段 11 号节段用吊架施工。梁体从第 3 号节段开始至 11 号节段（中跨合龙段）共51 m 长上跨铁路。靠 529 号墩侧有一接触网杆塔，其边缘距离线路中心仅 5.9 m。

二、工程特点及难点

1. 施工净高限制

当梁体采用挂篮悬臂现浇施工时，挂篮底部距离接触网带电部分（承力索）距离已小于规范要求的限值 50 cm，不能满足施工时操作空间要求及安全要求。

2. 施工净宽限制

紧邻线路的 529 号墩侧的接触网杆塔顶部距离设计线路中心仅 5.9 m，其高度高出箱梁底部约 1 m，这使得挂篮结构及施工操作空间在宽度上距离桥梁中心不能超过5.9 m，严重限制了挂篮底部结构横向尺寸，需对挂篮进行特殊设计。

3. 防护措施设置

上跨电气化铁路施工必须设置防电措施，而该桥受铁路限界的限制，已没有在挂篮底部搭设防护棚架的施工空间，故施工过程中对防落物、防积水尤其是防电措施需做特殊设计。

4. 施工进度

上跨电气化铁路施工存在较大的安全风险，故在施工中必须采取安全可靠的措施来提高施工进度，尽早完成上跨施工，消除安全风险源。

三、施工组织

1. 施工总体思路

根据施工难点,经过多次现场调查并结合以往施工经验,对该桥施工形成了以下思路:对挂篮进行特殊设计,提高挂篮走行的安全性,减少挂篮底部下横梁长度,使其不受接触网杆塔影响;降低既有电气化铁路接触网带电部分距离、既有铁路轨顶面距离;将防护网设置在挂篮底部,达到对施工及铁路设施的防护。

2. 施工顺序

完善相关审批手续,在确保手续完善、防护到位的情况下才可进行下一道工序施工,主要施工顺序如图 4-2 所示。

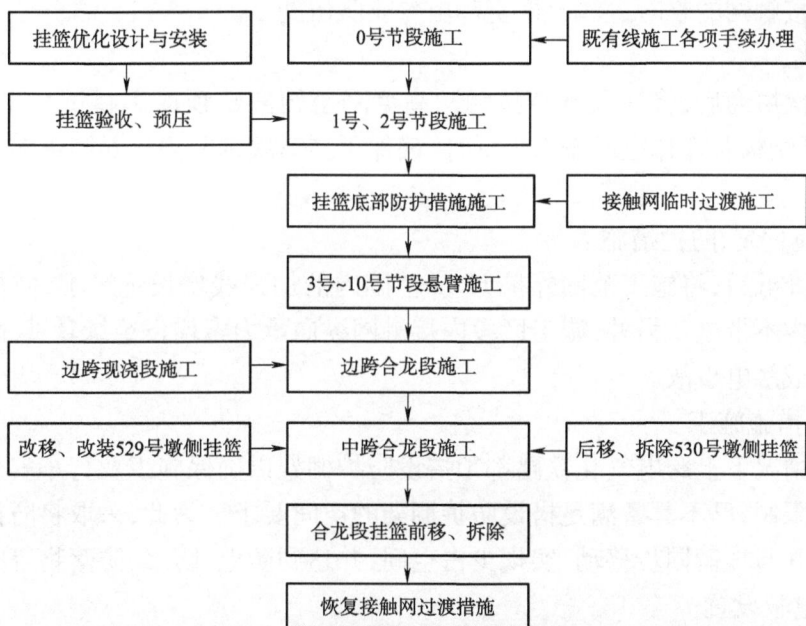

图 4-2 小距离上跨电气化铁路挂篮施工顺序示意

3. 主要施工方法

区别于常规挂篮施工,本次施工主要在挂篮优化、接触网临时过渡、防护措施设置、挂篮拆除等工序上需做特殊处理。

四、关键施工技术及措施

1. 挂篮优化

本次施工采用三角形挂篮,用千斤顶作为走行动力。为满足铁路限界的要求,尽量减小挂篮占用的宽度及高度。

（1）宽度空间优化

常规情况下三角挂篮的上、下横梁长度都超出翼缘范围,使上横梁能通过吊杆悬吊住承担底模系统重量的下横梁,牵引主桁时实现主桁、底模系统的整体移动。考虑到挂篮走行及侧面防护施工需要,对挂篮底横梁长度进行优化,将其边缘距线路中心距离由常规的 6.3 m 降至 4.4 m,加上侧面防护措施,使施工操作宽度不超出线路中心 5.0 m,避开了杆塔影响。

(2)高度空间优化

为尽量减小挂篮施工时占用高度空间,通过计算后,对挂篮底部纵梁进行优化,在吊点附近将纵梁主梁(32 号工字钢)高度降低,有效降低挂篮结构高度 12 cm。达到了挂篮底部施工操作空间控制在 1 m 以内的目标。

2. 接触网临时过渡

在挂篮施工占用空间已无法再优化的情况下,还需降低接触网高度才能满足本次施工需要。接触网的临时过渡及恢复都由专业队伍施工。

(1)降网

经过多次协商后,将该段既有接触网高度降至距离轨顶面不超过 6.85 m 的极限值,挂篮底部结构及操作空间按 1.1 m 计,确保了挂篮底部距离接触网纵向承力索距离大于 50 cm。

(2)其他过渡、防护措施

接触网降低后,将施工范围外扩 15 m 范围内的加强线增设绝缘子,使加强线在施工操作区域内不带电。另外,施工区段内接触网纵向承力索增设绝缘套管,防止积水或金属搭接造成触电事故。

3. 防护措施施工

在一般情况下上跨电气化铁路都须搭设防护棚架以确保施工及行车安全。但本桥因各项因素限制,已不具备满足搭设防护棚架的空间要求。为此,采取将防护措施固定在挂篮底部并与挂篮同步移动,实现少占空间,并达到防电、防水、防落物等的效果。

(1)防电板设置

设置防电板是小距离上跨电气化铁路必不可少的措施。该处桥梁斜交曲线段既有电气化铁路,防电板按满铺设置。

挂篮安装好后,在挂篮底部前、后横梁上焊接由 75 号等边角钢制作的骨架。角钢沿纵向布置,间距为 50~70 cm。角钢上钻 $\phi16$ mm 眼孔,绝缘螺栓自下而上穿过防电板,通过拧紧螺帽将防电板牢固固定在角钢骨架上。防电板间采用搭接方式实现满铺,搭接宽度 15 cm。防电板单块尺寸为 1.5 m×2 m,厚度为 6 mm,耐电压指标值为 42 kV/min。绝缘螺栓耐电压指标值为 50 kV/min。防电板、绝缘螺栓都由专业厂家生产并通过检验后才用于施工现场。

在防电板顶面,自下而上依次满铺一层 3 cm 厚木板、一层帆布、一层 3 cm 厚木板、一层彩条布,起到防止混凝土浆液、养护水下渗和落物损坏防电板的作用。在挂篮前、后、左、右侧面及已完成浇筑的桥面设置防护栏杆及防护网,使施工操作区与铁路设施封闭、隔离,达到防电、防水、防落物等效果。挂篮走行时,防电板等防护措施同挂篮一起移动,实现对铁路的防护,确保铁路设施与施工的安全。为确保防电效果,防电板铺设范围宽出任何物件或操作空间 0.5 m。

（2）接地措施

施工中,对每个挂篮左右两侧设置接地措施,接地线采用两根 16 mm² 铜芯线,分别从两侧接地,接地电阻 2 Ω。同时,在接触网支柱及距接触网带电部分 5 m 范围内的金属结构,也采取相同的接地措施。

（3）挂篮降落限位措施

挂篮前移到位后,在挂篮降落到设计位置过程中,为防止作业人员误操作,对下方既有线接触网造成危害,在挂篮纵梁吊杆上方设置降螺栓限位卡,确保挂篮就位过程的安全。

（4）其他防护措施

在已浇筑梁段的桥面两侧设置 2 m 高围栏,外挂密目网进行全封闭防护,防止桥面工具、材料等坠落桥下,影响行车安全。

为防止工具、材料落入铁路范围内,影响行车安全,采用在挂篮操作平台上设置防护吊篮的措施,防护吊篮底部用方木满铺,并满铺一层薄钢板,防护吊篮与挂篮设计为整体,随挂篮一起移动。

桥面排水采取集中汇水,并从预留孔流入箱梁体内,再从箱梁内流至 0 号块内集中抽出。混凝土浇注及养护时通过挂篮底部的防水层、木板等措施将积水引至已浇端进行集中排放。

4. 挂篮行走

挂篮走行前,先松弛吊杆 D1 ~ D10 螺帽,使挂篮底模、翼缘模整体下降约 15 cm,然后用钢丝绳（双股）牢固连接下横梁吊点位置与其上方的翼缘内滑梁。拆除后吊杆 D6、D7,使后部底模系统重量全部通过钢丝绳转换至内滑梁上,前部底模系统重量仍由前吊杆 D1、D2 承担。

挂篮走行通过用两台 YC70 × 150 穿心千斤顶分别同步张拉固定在左、右走行轨前端和挂篮主桁前支点内的 φ32 mm 精轧螺纹钢筋实现挂篮的整体前移。为确保挂篮前进平稳并达到预期速度,走行前需对走行轨道、挂篮后钩板等进行全面检查,确保走行轨道顶面、侧面平顺,并在其上涂抹黄油减小摩擦,提高走行进度。为控制两侧主桁能同步前进,在左右两侧走行轨道上对应位置每 10 cm 长用油漆标记,当两侧主桁走行进度差超过一个刻度时,通过调整张拉来实现两侧主桁走行进度的同步性,利于走行安全。

走行过程中,在桥面挂篮尾部主梁上增设 4 t 配重,增加挂篮走行抗前倾能力,同时,有效改善挂篮走行时后钩板受力,减小其与走行轨摩擦,提高走行速度与平稳度。挂篮前移到位后,恢复后吊杆 D6、D7 与下横梁的拴接,拧紧各吊杆螺栓,进入下一道工序操作。

5. 挂篮拆除

受 529 号墩线路侧接触网杆塔限制,本次施工挂篮在前移施工过程中下横梁距离箱梁中心长度未超过 6 m 长,上、下横梁无法实现连接,这使连续梁合龙后,挂篮无法进行走行操作。故在合龙后,将下横梁接长至超出梁体翼缘 20 cm,再通过吊杆实现上、下横梁连接,形成一吊架结构,挂篮底部荷载全部转换至桥面上主桁承担,满足挂篮整体移动需要。

挂篮拆除时,为解决杆塔限制,对拆除操作进行优化。中跨 530 号墩侧挂篮先向大里程方向后撤,之后 529 号墩侧挂篮向大里程方向前移。挂篮拆除走行操作仍然采用张拉精轧螺纹钢筋方式进行,挂篮走行至 530 号墩 1 号节段后,用汽车吊配合将挂篮底部防电措施、底模、侧模、内箱依次拆至地面,完成挂篮拆除。

五、主要管理措施

1. 质量管理措施

(1)组织及管理措施

施工前,选派责任心、业务能力强、同类桥梁施工经验丰富的管理人员以及施工班组负责该桥的施工。并按照内部质量保证体系的要求,建立、完善了以项目经理为第一责任人的质量保证体系,建立并完善了施工图审核制、测量复核制、技术交底制、三检制、作业指导书编制办法、技术资料管理制、技术管理责任制、技术管理考核办法等技术、质量管理制度、办法,规范参建员工、部门的技术、质量管理行为,确保质量保证体系的有效运行。

(2)技术措施

结合本桥跨度大、小距离上跨既有电气化铁路、工期紧的特点,施工前对本桥施工技术方案进行认真研讨、优化,并提出针对性的技术措施。首先,加强对施工各个工序的质量卡控。从支架搭设、预压,模板支立,钢筋绑扎,预应力管道固定,混凝土设计、拌和、运输、浇筑、养护质量控制,预应力张拉、灌浆、封锚等各环节层层把关,确保钢筋混凝土及预应力质量。在挂篮选型及优化上,对优化后的挂篮各部件都进行认真检算,各种支架、杆件未通过理论检算的,不得用于施工;在线形控制上,委托专家对每个节段的挂篮立模标高进行计算、设定;委托外部检测单位对管道摩阻参数进行试验、测定,确保预应力张拉质量。针对以往施工经验及班组操作特点,制定相应的质量通病预防措施,最大限度地减少了节段交界处混凝土不密实、翼缘板处线形不顺直等通病。施工前、施工中,严格遵照技术、质量管理办法、制度进行技术、质量管理,确保了施工质量。

2. 安全管理措施

(1)组织及管理措施

由于本桥施工存在的较大安全风险,施工前,对全体参建人员进行安全技术交底,让每个参建员工清楚每道工序的安全风险及危害所在。施工前,项目部成立以项目经理为组长的安全施工领导小组,并将安全责任细化,明确到每个管理人员直至每个操作工人。在上跨既有铁路段梁体施工时,认真执行安全管理系统及其相关制度,实行领导带班制,强化现场安全管理力度。同时,与铁路部门协调,签订安全配合协议,严格执行施工计划上报制,请、消点制,驻站防护制,确保行车及施工安全。

六、主要成效

主要成效如下:

(1)通过降网、对挂篮进行优化,采取特殊防护等措施,上跨施工解决了净空不足、工期紧、安全风险大等难题,平均进度达到 8 天/节段,整个施工过程中未出现任何安全、质量事故,实现了预期的管理目标。

(2)上跨既有电气化铁路的桥梁施工,本着先审批,后施工;先防护,后操作的原则进行。对于小距离上跨的施工,除保证了挂篮不出现倾覆事故外,并将防电、防落物、防水等作为了施工控制重点,施工全过程建立并落实了各项安全管理制度,有效避免了安全事故发生。

第四节　海鞍特大桥跨高速公路连续梁施工技术

一、工程概况

中铁二局集团有限公司哈大项目部施工的沈大段海鞍特大桥位于海城市东四方台温泉管理区周小屯村,490 号 ~ 493 号墩 60 m + 100 m + 60 m 连续梁采用挂篮悬灌技术施工,下部为钻孔桩、承台基础,梁部设计为变高度三向预应力钢筋混凝土连续箱梁,一联连续梁分为 2 个 0 号段、56 个悬灌段、2 个边跨现浇段、3 个合龙段,共计 63 个节段;0 号段中心梁高 7.85 m,梁顶板宽 12 m。

二、工程特点及难点

1. 施工安全控制难

由于连续梁主墩 491 号、492 号承台位于高速公路坡角处,承台开挖深度约 8 m,为防止基坑开挖造成边坡垮塌影响行车安全,施工前采用钻孔灌注桩对公路边坡进行保护。连续梁中斜跨沈大高速公路采用挂篮悬灌施工,桥下车流量较大,梁部施工对行车存在较大的安全风险。施工过程中为防止物体坠落保证高速公路的行车安全,梁体悬灌施工前在桥下(高速公路上)搭设安全防护棚架。

2. 施工线性控制难

梁全长 221.5 m,计算跨度 60 m + 100 m + 60 m,属大跨径连续梁。为确保在施工过程中桥梁结构的内力和变形始终处于容许的安全范围内,确保成桥状态(包括成桥线形与成桥结构内力)符合设计要求,务必强化施工过程控制。

3. 工期紧张

ϕ400 mm 大石桥油管与线路斜交从 493 号承台下经过,拆迁滞后影响到钻孔桩及承台施工。由于前期图纸和梁部变更图纸到位较晚导致挂篮及模板加工滞后支座型号确定较晚。

三、施工组织

1. 施工进度计划

连续梁桩基础于 2008 年 4 月 4 日开工,梁部于 2009 年 8 月 4 日完工,施工进度计划如下:

(1)桩基施工时间为 2008 年 4 月 4 日~2008 年 8 月 14 日(受拆迁影响)。

(2)承台施工时间为 2008 年 6 月 21 日~2008 年 9 月 11 日。

(3)墩柱施工时间为 2008 年 7 月 24 日~2008 年 9 月 16 日。

(4)0 号段施工时间为 2008 年 8 月 14 日~2008 年 11 月 11 日。

(5)悬臂、合龙时间为 2009 年 3 月 6 日~2009 年 8 月 4 日。

2. 主要临时设施布置

利用既有跨高速公路立交道路,从周小屯改建便道 800 m 至 490 号和 491 号墩处,从东康家台改建便道 300 m 至 492 号和 493 号墩。在 493 号墩附近设置钢筋加工场,供连续梁需用的钢筋、钢绞线、波纹管等堆放及加工。悬臂挂篮施工开始后在 491 号墩附近增设一个临时钢筋加工场以便减少两个 T 构需用材料的倒用。工区及施工队伍驻地租赁民房。施工用水于 491 号墩线路右侧打井取水;施工用电于两个主墩线路右侧各设置一套接电设备。混凝土使用 7 号拌和站集中供应,于两个主墩左侧各设置一台 5515 型号塔吊进行垂直吊装运输。

3. 施工队伍部署

第一批施工人员 40 人,进场后修建临时工程、修筑进场施工便道、平整场地、解决施工用水、施工用电、备好发电机,做到路通、水通、电通和场地平整,施工基础及下部结构、0 号段,挂篮拼装施工。第二批进场的施工人员 30 人。

施工队伍共分为四个作业班组,两个模板混凝土班组(每个班组 20 人),一个钢筋(波纹管定位)班组(20 人),一个预应力张拉、压浆班组(8 人),并且现场配备一名电工,一名机械工,合计 70 人。分别从 491 号墩、492 号墩同时进行连续梁施工。

4. 机械设备配置

主要机械设备配置见表 4-1。

表 4-1　主要机械设备配置

机械名称	规格型号	单　位	数量(台)
混凝土泵车	38 m	台	2
吊　车	QY25	台	2
塔　吊	5515	台	2
挂篮及配套模板	—	对	2
0 号段模板	—	套	2
压浆机	搅拌速度大于 700 r/min	台	1

机械名称	规格型号	单 位	数量(台)
真空泵	—	台	1
穿心式千斤顶	400 t	台	4
穿心式千斤顶	250 t	台	4
穿心式千斤顶	27 t	台	2
穿心式千斤顶	65 t	台	2

5. 主要环节施工工艺流程

(1)下部工程施工

491 号、492 号主墩桩基和承台施工前采用 $\phi600$ mm 钻孔围护桩对高速公路路基进行加固,防止承台开挖造成路基坍塌,施工过程中加强观测确保高速公路安全。桩基、承台和墩身采用常规方法进行施工。

(2)0 号段施工

由于墩顶除去垫石位置外无临时支座位置,故将临时支墩设在二级承台上,承台施工时做好环形钢板预埋。临时支墩为 $\phi1\,200$ mm、$\delta=10$ mm 的钢管混凝土柱,混凝土标号 C30,每个临时支墩与基础接触处设 16 根 $\phi20$ mm 锚固钢筋,与梁底接触处埋设 4 根 $\phi32$ mm 精轧螺纹钢筋作为锚固钢筋。

连续梁 0 号段采用搭设支架现浇法施工,支架采用 $\phi45$ mm、$\delta=3.5$ mm 碗扣式钢管。支座安装注浆完成后安装底模、侧模,底模采用 1.5 cm 竹胶板,侧模采用大块钢模,内模采用小块钢模拼装;0 号块混凝土一次灌注成型,混凝土采用泵车泵送入模,插入式振捣器捣固。

(3)悬灌段施工

悬灌段采用菱形挂篮进行施工,挂篮主要由菱形桁架、底模平台、走行系统、锚固系统、模板系统及吊挂调整系统等组成,挂篮自重约 550 kN。0 号段施工完成后在 0 号段顶上先拼装一只菱形挂篮,挂篮拼装完成后采用千斤顶加载预压、卸载并测量各级加载的变形值,以供底模立模作参考。

挂篮安装就位后在底模支架上完成梁段的钢筋安装、模板安装、混凝土浇筑、预应力张拉及压浆等作业。悬臂浇筑时的不平衡采用锚固体系来进行抵消,然后整体移动挂篮进行下一节段作业,如此循环施工直至合龙前节段,确保合龙误差小于 2 cm。

梁部施工进入公路上方前对高速公路进行半幅封道,搭设梁部悬灌施工的安全防护棚架(净空高度不小于 5.2 m);梁部施工过程中封闭该段双向紧急停车道和超车道各 200 m,设置安全及警示标志。

(4)边跨现浇段施工

边跨现浇段(15 号段)边支点处梁高 485 cm、箱梁顶板厚 40 cm、梁面宽度 1 200 cm、翼缘板端部高 25.6 cm、长 975 cm、混凝土 162.39 m³、墩顶横隔板厚度 145 cm、过人孔

150 cm × 160 cm、腹板厚 60 ~ 80 cm、底板厚 40 ~ 80 cm。

支架采用碗扣式脚手架,规格 ϕ48 mm、δ = 3.5 mm。支架的纵向间距为 60 cm;横向间距:腹板下的立杆间距 30 cm,底板下立杆间距 60 cm,翼缘板下为 90 cm;支架步距为 120 cm。搭设支架位置,清除地表松软土,填筑 30 ~ 50 cm 石砟,碾压密实,其上浇筑 10 ~ 15 cm 厚 C15 混凝土。支架与桥墩相冲突的地方采用普通钢管补强,普通钢管做剪刀撑加固。支架顶设顶托,底部与基础接触处设托座。支架搭设完成后进行加载预压,预压荷载为结构自重与模板重量之和的 1.1 倍,消除非弹性变形,并根据总结的数据对支架标高进行调整。

箱梁外侧模板包括翼缘板模板采用 0 号段及挂篮钢模板改装,在支架上现浇施工。内模采用木模为主;底面模板采用竹胶板和方木,竹胶板规格 122 cm × 244 cm × 1.5 cm,10 cm × 10 cm 方木作为竹胶板的横向背楞,10 cm × 15 cm 方木为底层的纵向承重梁(直接作用在顶托上)。

(5)边中跨合龙段施工

三个合龙段混凝土方量不同,边跨 14 号段重 66.1 t,中跨 14′号段重 95.3 t。60 m + 100 m + 60 m 连续梁箱梁半立面如图 4-3 所示。

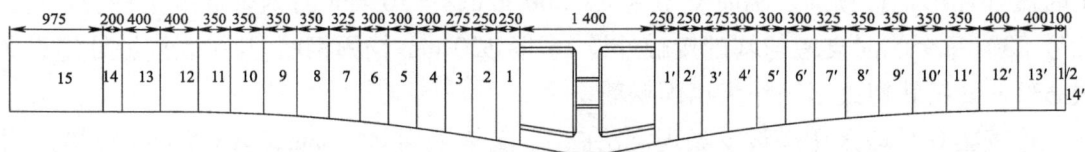

图 4-3　1/2 箱梁立面示意(单位:cm)

边跨合龙段支架系统采用落地支架方案,支架和边跨现浇段一起搭设;底模使用竹胶板,内模使用木模(竹胶板 + 方木加劲肋 + 分配梁),外模板采用边跨现浇段外侧模(0 号段外侧模改装,定型钢模 + 槽钢加劲肋 + 分配梁)。中跨合龙段因支架搭设不方便,选择挂篮方案,施工时注意预留挂篮前吊杆和后锚等孔道;底模和侧模系统直接利用挂篮底侧模系统,横隔板内模采用木模系统。

边跨合龙段及中跨合龙段临时锁定采用"外劲性骨架 + 临时张拉钢束"方案。按照设计图要求,先合龙边跨再合龙中跨。

四、关键施工技术及措施

1. 高速公路行车防护

由于连续梁在施工过程中时间间隔较长,并且高空施工对桥下车辆存在一定安全隐患。为杜绝一切可能存在的危险,保证行车安全,在挂篮上挂安全网且在桥下采用钢管及轻型桁架搭设安全防护棚架。防护棚架采用 ϕ400 mm 钢管立柱 + 双拼 500 mm 工字钢 + 600 mm 高桁架 + 3 mm 厚钢板形式。钢管立柱用作竖向支撑,双拼 500 mm 工字钢作纵向主梁,桁架作横向分配梁,3 mm 钢板作防坠平台。防护棚架搭设完成后保证桥下最小净高为 5.5 m。

（1）棚架支墩及基础

铁路线与沈大高速公路斜交交角约 53°,高速公路路面宽度约 41 m。防护棚边支墩设在公路路肩上,中支墩设在中央隔离带内。边支墩基础采用 1.0 m×0.6 m×27 m 混凝土条形基础,基础与高速公路路肩之间通过钻孔埋锚固钢筋进行连接;中支墩设置于高速公路中央分隔带内,基础尺寸 1.0 m×0.5 m×35 m。采用吊车吊装钢管支墩就位并与预埋钢板焊接牢固,边支墩基础上均设置 4 根 ϕ300 mm 钢管,中支墩设 5 根钢管,相邻钢管之间采用钢筋或型钢焊在钢管壁上做成剪刀衬加固,在钢管顶面顺高速公路方向搭设 I25a 工字钢,工字钢与钢管支墩连接牢固。

（2）轻型桁架架设及加固

桁架杆件运至现场后在场地内进行组拼接长。桁架与新建铁路方向平行,间距 140 cm,吊装前在 I25a 工字钢顶面画上标记。为保证施工安全,与高速公路管理部门协商棚架搭设过程中对高速公路进行半幅封道。桁架采用吊车吊装,每片桁架用两根钢丝绳吊装,起吊点距离组装好的桁架端头 4.5 m。桁架吊装就位后立即用钢筋斜撑焊接加固在 I45a 工字钢上,保证工字钢稳定。采用同样方法安装其余的桁架,安装完毕后上面铺设 12 mm 厚竹胶板并与桁架绑扎固定,侧面设防护栏杆及安全网。半幅搭设完成后恢复通车,然后采用同样方法安装另外半幅棚架。施工期间棚架下行车的最小净空高度 5.5 m。

（3）高空防护

棚架的外侧边缘安装钢管围栏,围安全网,工人操作时必须戴安全帽系安全带。

（4）棚架拆除

待连续梁施工完成后封闭半幅高速公路,拆除竹胶板及围栏;解除跨路桁架与支墩顶 I25a 工字钢的连接,将桁架横向拖出梁底范围,再吊离高速公路进行拆卸,拆除路肩支墩,清除支墩基础混凝土,并且对高速公路进行路面恢复,恢复高速公路通行。采用同样方法拆除另外半幅棚架,拆除路肩及中央分隔带支墩。

2. 0 号段混凝土温度控制

0 号段属于大体积混凝土,必须保证混凝土芯部与表面温差不超过规范规定,浇注混凝土前必须埋设测温片,在浇注中和养护期内进行测温,根据测温结果分析,采取相对应的养护措施,确保混凝土不产生开裂。

为准确测量并便于操作,测温数据的采集采用 JDC-2 型便携式建筑电子测温仪。用钢筋将测温线固定好,传感器距离钢筋端部 10 cm,不得与钢筋接触,将钢筋另一端与上层钢筋固定好以后将引出线收成一束穿入管中固定在横向钢筋下引出,以免浇注时受到损伤,按照底板、两侧腹板、顶板各布置三个断面 9 个点布置测温点。

3. 挂篮自锚法模拟加载预压

以往挂篮预压采用混凝土块、沙袋及钢筋作为预压材料,该连续梁预压使用预先埋设精轧螺纹钢于主墩承台挂篮相应位置,采用千斤顶抽拉精轧螺纹钢的方式预压可有效降低施工成本及工作强度,并且其不需要进行材料的装卸,加快了施工进度。

具体在基础承台浇筑时,通过计算确定挂篮在拼装完成后前横梁位置,承台上相应位置预埋精轧螺纹钢。加载采取用连接器及型钢将主吊杆和预埋精扎螺纹钢连接,前吊杆加载重量偏安全取节段重量的一半,四台千斤顶分别张拉前横梁四根主吊杆。

4. 孔道真空压浆工艺

孔道压浆采用真空灌浆工艺,在孔道的一端采用真空泵对孔道进行抽真空,使之产生 $-0.06 \sim -0.1$ MPa 左右的真空度,然后用灌浆泵将优化后的水泥浆从孔道的另一端灌入,直至充满整条孔道,并加以 $0.5 \sim 0.6$ MPa 的正压力,以提高预应力孔道灌浆的饱满度和密实度。

此施工工艺效果在施工后期效果更为突出,由于后期预应力孔道较长,压浆机连续作业时间比较长,采用真空压浆,较大程度地降低了压浆机的工作负荷且管道内呈负压状态,更好地保证了压浆质量。

5. 挂篮自动走行系统

采用菱形挂篮,此挂篮具有自重较小、走行方便、拆卸简单等优点,且对梁体挠度影响较小。其最大优点在于自动走行系统,即主桁架、外模和底模(含底模平台)以及内滑梁一次走行到位,采用液压油缸牵引,内模待底板、腹板钢筋和预应力钢筋安装完成后推出就位。操作过程中省去了人员繁重的工作负担,并且由于其为全机械走行,安全系数较高,施工进度较快。

6. 施工线形控制

施工前综合考虑挂篮的变形、梁段的自重、钢束张拉、温度变化、斜拉索张拉、混凝土收缩徐变及活载作用等各种因素影响,计算出每一段悬臂梁端点各种挠度值,根据挠度值设计各截面预留拱度。施工过程中每灌注一段随时检查观测梁段发生的实际挠度,对照理论计算值在下一段梁体灌注过程中加以调整。

梁段顶面中线及上下游两侧埋设水平观测桩,随时观测各截面处标高在整个梁体施工过程中的变化,以及掌握和调整梁段的预拱度标高。

五、主要管理措施

1. 安全管理措施

①加强安全教育

该项目横跨沈大高速公路,车流量大,施工高度最高达 16.5 m,安全生产尤为重要,在安全管理上成立以项目经理为首的安全领导小组,牢记"安全第一、预防为主"安全生产方针并将这一方针贯穿施工全过程。项目部设置专职安全员负责连续梁安全管理工作。对各作业班组的作业人员,项目部严格执行"三级安全教育",对现场操作工人进行安全教育和培训,各道工序开工前进行严格安全技术交底,关键工序进行专项安全技术交底,每日坚持班前安全讲话。施工现场设置兼职安全员,定期进行安全检查并举行消防演习,以增强操作工人安全意识,规范工人的安全操作,加强现场安全管理,避免安全事故发生,确保了施工生产顺利进行。

②设置安全设施

主墩承台位于高速公路坡脚处,采取钻孔围护桩支护措施,进行承台基坑的开挖施工。棚架在搭设和拆除过程中与高速公路管理局协调对沈大高速公路进行半幅封闭施工,施工完并经检查无安全隐患后恢复通行。为防止坠物在挂篮底部及侧面张挂安全网,棚架顶铺设压花钢板。按照高管局和交管部门要求设置施工警示及限速标志,悬挂限高标志牌。

2. 进度管理措施

因变更图纸到位晚、主墩处油管迁移滞后等原因,严重影响工期。项目部安排专人与相关部门协调,为现场施工创造条件。合理安排各项施工任务,严格兑现奖罚;加强全体管理人员的服务意识,急现场之所急、想现场之所想,一切为施工现场服务。施工技术方案先行,针对施工现场的各道工序转换,项目部均提前进行施工技术专项方案交底,让现场工人能够提前了解每道工序的具体操作,尽量少走弯路。

3. 联合攻关

为保证梁体线形顺畅减小合龙偏差,与西南交大、中铁二局科技部联合攻关开展线形监控工作,取得了较好效果。

六、主要成效

主要成效如下:

(1)海鞍特大桥跨沈大高速公路 60 m + 100 m + 60 m 连续梁使用挂篮悬臂施工,施工过程中项目部领导、技术人员经过精心组织、安排及协调,成功完成施工并在安全、质量、进度上均达到了预期效果。

(2)项目部组织成立了连续梁施工技术及质量控制小组开展技术攻关,编制的《大跨度连续梁 0 号段一次性浇筑施工质量控制》获四川省级 QC 成果奖。完成了《(60 + 100 + 60)m 连续梁挂篮预压优化合理化建议》《(60 + 100 + 60)m 连续梁 0 号段模型优化合理化建议》《悬臂浇筑连续梁施工(挂篮法)》等技术文件资料为类似工程施工提供参考。

第五节　32 m/900 t 后张法预应力混凝土箱梁施工

一、工程概况

哈大高速铁路沈大段共设 12 个梁场,需预制 32 m、24 m、20 m 箱梁 8 390 孔,采用的 32 m 双线简支箱梁,其梁宽 12 m、梁高 3 m、重量达 900 t。中铁二局集团有限公司哈大项目部从该梁型通过在哈大高速铁路的成功应用,总结出了一套较完整的、适用于严寒地区现场预制大体积、大吨位、高性能耐久性混凝土箱梁的施工技术和方法,取得了显著的经济效益和社会效益。

二、施工方法特点

(1)采用整体侧模以消除梁体混凝土表面接缝,箱梁模板结构设计合理,方便实用,具有良好的刚度、强度和稳定性;液压内模采用预拼后吊装就位,液压脱模小车分段拆除,安装、拆模工艺便捷;采用抽拔橡胶棒成孔、通过定位网定位的成孔工艺,管道摩阻控制良好。

(2)选定的高性能混凝土工作性良好,匀质性高,水化温升小,梁体外观好;采用泵送混凝土,配合侧振和插入式振捣,并采用合理的浇筑程序,保证梁体一次成型,浇筑时间可控;根据梁体脱模时的强度确定张拉阶段,在内模松开后,带模进行预应力施工,可以有效控制早期裂纹的产生,同时加快了台座和模型周转。

(3)采用高性能管道灌浆料和真空辅助压浆工艺,提高了管道的密实性,有利于保证预应力筋的耐久性;箱梁静载试验装置采用自力平衡式钢结构加力架配合千斤顶加载的试验方式,能够满足 32 m 箱梁静载抗裂试验;采用养护罩封闭梁体,然后通过蒸汽养护冬季施工技术,实现了昼夜平均气温低于 5 ℃或最低气温低于 −3 ℃时箱梁冬季施工。

(4)采用整体提梁工艺,避免了箱梁的扭转变形,能够保证结构移运过程中的安全。

(5)采用 2 台 450 t 龙门起重机起吊箱梁上运梁车,并用于运梁车和架桥机的组拼、解体;900 t 运梁车机动灵活,对坡道及弯道适应性强,作业半径小,同时满足驮运架桥机进行桥间转移、掉头,其荷载对路基、墩台和已架设箱梁结构无影响。

(6)900 t 架桥机整机结构相对简单,架梁及过孔程序简便,通过调节前支腿的高度即可架设最后一孔桥梁;整机自重轻,作用于箱梁及墩台上的支反力满足现有桥梁设计要求;运架设备安全可靠、作业效率高、配套性能好、操作简便、人工劳动强度低。

(7)设备操作系统采用主控及智能电子遥双重控措施,使设备操作简便,同时保证了施工安全;载荷自动均衡,提梁、运梁运行平稳;配备智能遥感安全装置,智能报警,自动停机。

三、施工组织

1. 劳动力配置

主要劳动力配置见表 4-2。

表 4-2　主要劳动力组织分配(单个梁场)

岗位名称	人员配置及分工	数量(人)
钢　　筋	钢筋加工、预扎、安装等	188
模　　型	模板拆除、整修、组装、吊装、守漏等	80
混凝土	混凝土灌筑、封锚、养护、修补及后道工序等	103
张　　拉	预力筋制作、张拉、拔管、抬丝、压浆等	61
装　　吊	场内桥梁吊装及线路维修等	17

岗位名称	人员配置及分工	数量(人)
机　　电	机械设备电气维修、故障排除、设备修理、照明等	15
桥 配 件	桥配件放样、加工及组装等	14
拌 和 站	拌和站的操作、日常保养和维修	13
龙门起重机	负责桥梁的吊装、装配桥梁配件	12
桥面运梁	桥面运输、运梁车走行监护	8
箱梁架设	临时支座、正式支座安装、箱梁架设	24
维修、保养	负责提梁机、运梁车、架桥机检测、维修保养	10

2. 机械设备配置

主要机械设备配置见表4-3。

表4-3　主要机械设备配置(单个梁场)

名　　称	规格型号	单　位	数　量
龙门起重机	QLG34 m/40 t	台	2
龙门起重机	17 m×10 t	台	2
龙门起重机	MQ450	台	2
龙门起重机	MQ450 t/34 m	台	2
混凝土拌和站	HZT60,60 m³/h	台	3
张拉千斤顶	YCW300	台	12
张拉油泵	ZB10/320	台	14
蒸汽锅炉	DZL4-1.25-A	台	1
轮式装载机	LW520F	台	2
900 t运梁车	YL900	台	1
900 t架桥机	JQ900A	台	1

四、关键施工技术及措施

1. 施工工艺流程

(1)箱梁预制工艺流程

箱梁预制施工程序为:施工准备→钢筋加工→主筋、面筋绑扎牵→底模准备→主筋就位→内模安装→面筋就位→端模安装→混凝土浇筑及养护→脱模(内模及端模)→初张拉→移梁(箱梁吊离底模存于存梁台座)→终张拉→压浆及封锚。箱梁预制施工工艺流程如图4-4所示。

(2)箱梁架设工艺流程

箱梁架设工艺流程为:施工准备→箱梁吊装→运梁车就位→落梁→运梁车运梁→运梁车喂梁→架桥机纵向拖梁到位→箱梁下落就位→支座灌浆→砂浆养护。砂浆强度达到20 MPa时可进行架桥机过孔作业。箱梁架设施工工艺流程如图4-5所示。

```
                                    ┌──────────────┐
                                    │   整修底模    │
                                    └──────┬───────┘
                                    ┌──────▼───────┐
                                    │   调整侧模    │
                                    └──────┬───────┘
┌──────────────────┐                ┌──────▼───────┐
│ 加工支座板、防落梁板 │───────────────▶│ 安装支座及防落梁板 │
└──────────────────┘                └──────┬───────┘
┌──────────────┐                    ┌──────▼───────┐        ┌──────────────┐
│  安装抽拔胶管  │───────────────────▶│ 吊装底腹板钢筋 │◀───────│ 底腹板钢筋预扎 │
└──────────────┘                    └──────┬───────┘        └──────▲───────┘
                                    ┌──────▼───────┐        ┌──────┴───────┐
                                    │ 安装梁体预埋件 │        │ 加    钢      │
                                    └──────┬───────┘        │ 工    筋      │
                                    ┌──────▼───────┐        │ 成    检      │
                                    │   吊装内模    │        │ 型    测      │
                                    └──────┬───────┘        └──────▲───────┘
┌──────────────────┐                ┌──────▼───────┐              │
│ 端模整修、安装锚板  │───────────────▶│   安装端模    │              │
└──────────────────┘                └──────┬───────┘        ┌──────┴───────┐
                                    ┌──────▼───────┐        │  桥面钢筋预扎  │
                                    │ 吊装面层钢筋  │◀───────└──────────────┘
                                    └──────┬───────┘
┌──────────┐   ┌──────┐   ┌──────┐  ┌──────▼───────┐
│水泥、掺   │   │混凝  │   │混凝  │  │ 桥面预埋件安装 │
│合料入仓   │──▶│土拌  │──▶│土输  │  └──────┬───────┘
└──────────┘   │和站  │   │送泵  │  ┌──────▼───────┐
┌──────────┐   │      │   │      │─▶│ 梁体混凝土浇筑 │
│ 砂石料制备 │──▶│      │   └──────┘  └──────┬───────┘
└──────────┘   └──────┘                ┌──────▼───────┐
┌──────────┐          ┌──────────┐     │ 梁体混凝土养护 │
│  外加剂   │─┐        │ 放置温度计 │────▶└──────┬───────┘
└──────────┘ │        └──────────┘     ┌──────▼───────┐
┌──────────┐ │        ┌──────────┐     │   抽拔胶管    │
│   水      │─┤        │ 覆盖蒸养棚布│────▶└──────┬───────┘          ┌──────────────┐
└──────────┘ │        └──────────┘                │                │              │
┌──────────┐ │                         ┌──────▼───────┐          ┌──────▼───────┐
│   电      │─┘                         │ 拆除端模、松内模、侧模 │    │    割丝       │
└──────────┘                           └──────┬───────┘          └──────┬───────┘
┌──────────────┐                       ┌──────▼───────┐          ┌──────▼───────┐
│  制作钢绞线束  │──────────────────────▶│   穿钢绞线    │          │   管道压浆    │
└──────────────┘                       └──────┬───────┘          └──────┬───────┘
                                       ┌──────▼───────┐          ┌──────▼───────┐
                                       │ 箱梁带模预张拉 │          │ 绑扎封端钢筋  │
                                       └──────┬───────┘          └──────┬───────┘
                                       ┌──────▼───────┐          ┌──────▼───────┐
                                       │ 拆除内模初张拉 │          │   桥梁封锚    │
                       ┌──────┐        └──────┬───────┘          └──────┬───────┘
                       │ 锚   │        ┌──────▼───────┐          ┌──────▼───────┐
                       │ 具   │        │ 移梁至存梁区  │          │ 箱梁检查入库  │
                       │ 检   │        └──────┬───────┘          └──────┬───────┘
                       │ 查   │        ┌──────▼───────┐          ┌──────▼───────┐
                       └──┬───┘        │  混凝土养护   │          │   出场检查    │
                          │            └──────┬───────┘          └──────┬───────┘
                          │            ┌──────▼───────┐          ┌──────▼───────┐
                          └───────────▶│  箱梁终张拉   │          │   装车出场    │
                                       └──────┬───────┘          └──────────────┘
                                              └──────────────────────┘
```

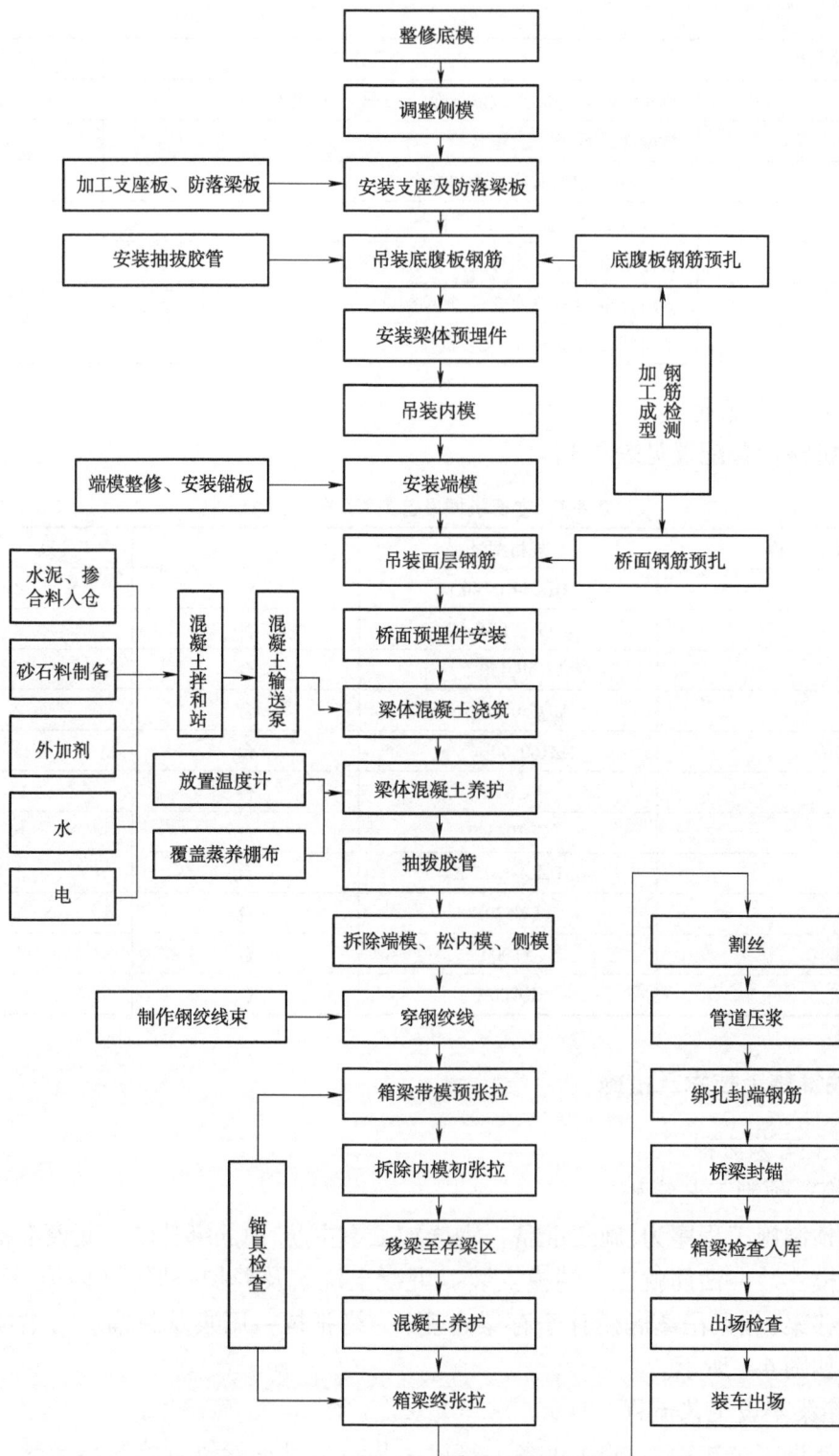

图 4-4　箱梁预制施工工艺流程示意

```
                          ┌──────────────┐
                          │  架桥机就位   │◄──────────┐
                          └──────────────┘            │
  ┌──────────────┐              │                      │
  │ 运梁车接近尾部 │──────────►   ▼                      │
  └──────────────┘        ┌──────────────┐            │
                          │ 三号柱窄式变宽式 │            │
  ┌──────────────┐        └──────────────┘            │
  │  架桥机就位   │──┐            │                      │
  └──────────────┘  │            ▼                      │
  ┌──────────────┐  ├────►  ┌──────────────┐            │
  │  架桥机就位   │──┘        │ 一号吊梁小车提梁 │            │
  └──────────────┘        └──────────────┘            │
                                │                      │
                                ▼                      │
                          ┌──────────────┐            │
                          │ 二号吊梁小车提梁 │            │
  ┌──────────────┐        └──────────────┘            │
  │  运梁车返回   │──────────►    │                      │
  └──────────────┘                ▼                     │
                          ┌──────────────┐      ┌──────────────┐
                          │  提梁纵移    │      │  过跨工况    │
                          └──────────────┘      └──────────────┘
                                │                      ▲
                                ▼                      │
                          ┌──────────────┐            │
                          │  微量纵横移   │            │
  ┌──────────────┐        └──────────────┘            │
  │ 达到指定落梁位置 │──────►      │                      │
  └──────────────┘                ▼                     │
                          ┌──────────────┐            │
                          │  架桥机就位   │            │
                          └──────────────┘            │
                                │                      │
                                ▼                      │
                          ┌──────────────┐            │
                          │ 千斤顶调平梁支座 │            │
                          └──────────────┘            │
                                │                      │
                                ▼                      │
                          ┌──────────────┐            │
                          │   支座灌浆    │            │
                          └──────────────┘            │
                                │                      │
                                ▼                      │
                          ┌──────────────┐            │
                          │  拆卸千斤顶   │            │
                          └──────────────┘            │
                                │                      │
                                ▼                      │
                          ┌──────────────┐            │
                          │   箱梁就位    │────────────┘
                          └──────────────┘
```

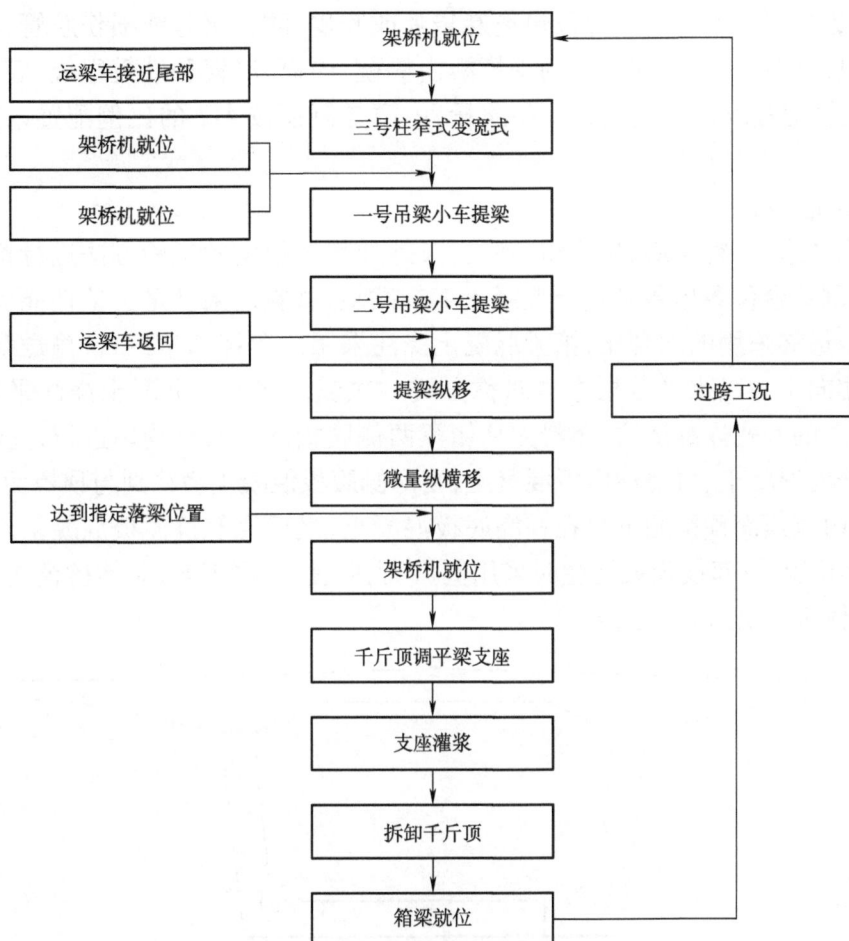

图 4-5　箱梁架设施工工艺流程示意

2. 操作要点

（1）箱梁预制操作要点

①钢筋加工与安装

钢筋采用调直机调直，闪光对焊连接，切断机切断，并加工工作平台和横向挡板台架控制下料长度，钢筋弯曲用弯曲机弯曲成型；在 $\delta=10$ mm 的钢板上，用光圆钢筋焊接成胎具，成型误差小于 2 mm；预扎与安装钢筋骨架，主、面筋预扎架用角钢焊接而成，并在预扎架上按钢筋坐标预设卡口来对钢筋预扎进行定位；主、面筋预扎好后，采用两台 40 t 龙门吊和自制吊装架分别吊装主、面筋到制梁台位上进行安装。

②预应力管道制孔

制孔使用高压橡胶管，32 m 梁采用长度为 18 m 的橡胶管，24 m 梁采用长度为 13 m 的橡胶管。橡胶管内穿 $7\phi5$ mm 的钢绞线作芯棒；采用钢筋定位网法控制张拉管道位置坐标；拔管时间在混凝土初凝之后、终凝之前进行；拔管顺序先拔芯棒，后拔胶管，先拔下层胶管，后拔上层胶管，先拔灌梁的起始端，后拔灌梁结束端；拔管采用卷扬机抽拔;胶管端部系钢丝绳的部位包裹麻袋片或胶皮,防止钢丝绳损伤胶管,同时应避免在管道口系钢丝绳。双线箱梁的钢模板由侧模、内模、底模和端模组成,底模与侧模按 1:1 的比例配置以保证模板的安装质量,内模与侧模按 4:7 的比例配置以保证模板的优化组合。

③混凝土工程

所选用的水泥、粉煤灰、矿渣粉、砂、石及外加剂按规定的试验方法进行检验;利用施工 32 m 制梁台位条形基础进行混凝土工艺试验,试验结果满足工艺性能要求,确定梁体混凝土最终采用的配合比;箱梁混凝土浇注采用三台拌和站,三台输送泵,三台布料杆从两端向中间以水平分层左右对称方式一次浇注成型。混凝土浇注采用斜向分段、水平分层的方式连续浇注,布料先从箱梁两侧腹板同步对称均匀进行,先浇注腹板与底板结合处混凝土,再浇注腹板混凝土,当两侧腹板混凝土浇注到与顶板面结合部位时,改用从内模顶面预留的下料孔补浇底板混凝土,最后浇筑桥面板混凝土,其浇筑顺序详如图 4-6 所示;双线箱梁浇注时采用侧振、底振、插入振工艺;梁体拆模之前采用蒸汽养护,梁体拆模后进行自然养护。

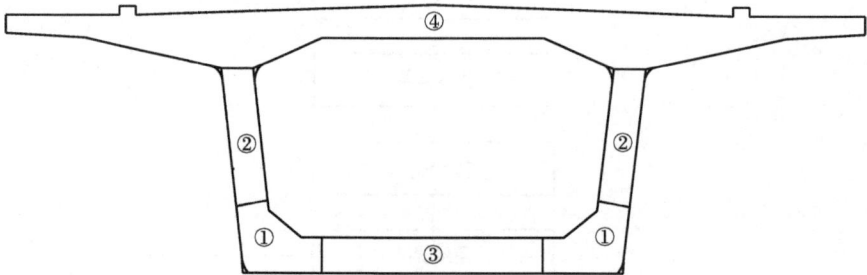

图 4-6　梁体混凝土浇筑顺序示意

④张拉工艺

梁体钢绞线束张拉采取两端同步张拉,并左右对称进行;安放锚板,把夹片装入锚板,再将短钢管套在钢绞线上,沿着钢绞线把夹片敲击整齐,然后装入限位板;安装千斤顶,使之与孔道中心对位,安装工具锚,夹紧钢绞线结;千斤顶缓慢进油至初始油压,两端同时对千斤顶主缸充油,测量千斤顶主缸伸长量,作为测量钢绞线伸长值的起点;采用梁体两端张拉千斤顶同时分级加载办法进行张拉,张拉至钢束设计控制应力,持荷 2 min;千斤顶回油,测钢束总回缩量和测夹片外露量有无超标;终张拉完成后,在锚圈口处的钢束做上记号,24 h 后检查确认无滑丝、断丝现象方可割束,切断处距夹片尾 3～4 cm,钢束切割应采用砂轮角磨机作业。严禁使用氧焰切割。

⑤管道压浆

确定抽吸真空端及压浆端,在两端锚座上安装真空罩、压浆管和接头;将接驳在真空泵上的三向阀的上端出口用透明喉管连接到抽真空端的接头上,用真空泵吸真空,开启出浆端接在接驳管上的阀门,关闭入浆端的阀门;抽吸真空度达到 -0.06～-0.1 MPa

并保持稳定,停泵 1 min,若压力表能保持不变即可认为孔道能达到并维持真空;启动电机使搅拌机运转,然后加水,再缓慢均匀地加入灌浆剂;拌和时间不少于 2 min,然后将调好的灌浆剂放入下层压浆罐;启动灌浆泵,开始灌浆,灌浆时按先下后上的顺序压浆,待抽真空端的透明网纹管中有浆体经过时,关闭空气滤清器前端的阀门,稍候打开排气阀直至水泥浆顺畅流出。当另一端溢出的稀浆变浓之后,封闭出浆口,继续压浆使压力达到 0.5 ~ 0.6 MPa,持压 2 min 且无漏浆情况时,关闭进浆阀门卸下输浆胶管。

⑥封锚

封锚前,对锚具穴槽表面进行凿毛处理,并将灰、杂物以及支承板上浮浆清除干净;在预应力筋、锚具及与锚垫板接触处四周采用聚氨酯防水涂料进行防水处理;安装封锚钢筋后,采用低流动度的 C50 无收缩混凝土对锚孔进行填塞,填塞分两次施工,首先进行基层填筑,混凝土应分层筑实,特别是锚孔周边不得存有缝隙,避免将来出现空响现象,待混凝土终凝后进行表层混凝土封堵,保证新旧混凝土结合良好、混凝土表面平整;混凝土凝固后,采用保湿养护,在封堵混凝土四周不得有收缩裂纹;最后对新旧混凝土结合部采用聚氨酯防水涂料进行防水处理。

⑦箱梁吊装及存放

制梁场箱梁吊装采用两台 MQ450 t 搬运机进行作业,梁体在进行初张拉后即可吊离制梁台座。箱梁采用双层存梁方案,梁上存梁,以节约场地。采用双层存梁时,对存梁台座基础进行设计,保证箱梁四个支座板相对高差不超过 2 mm。

⑧箱梁静载试验

箱梁静载试验采用自力平衡式钢结构加力架配合千斤顶加载的试验方式,如图 4-7 所示。

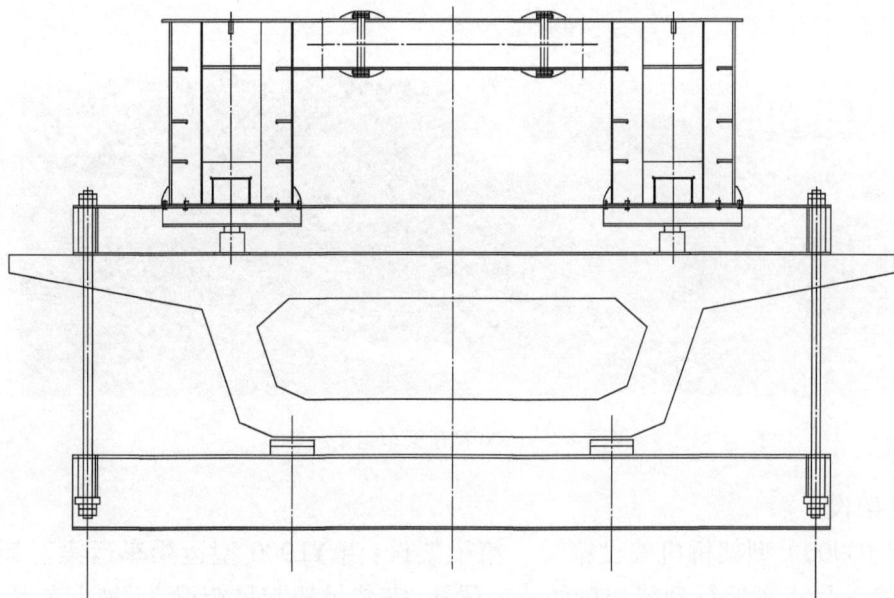

图 4-7　静载试验台座示意

⑨箱梁预制冬季施工

施工准备阶段,充分调查天气信息并在雨雪天气到来前,将砂、石等原材料运到堆放场,保持混凝土入模时干燥,机械设备运转良好,选用冬期混凝土配合比,同时对冬季技术措施进行交底。箱梁混凝土浇筑阶段,砂石骨料的温度保持在 0 ℃以上;清除输送泵、输送管等机具内的积雪和杂物;用热水洗刷搅拌机鼓筒,混凝土的拌和时间较常温施工时延长 30 s;严格控制混凝土入模温度,确保混凝土入模温度不低于 5 ℃;合理配备浇筑装备,缩短混凝土浇筑时间,确保箱梁浇筑时间不超过 6 h;箱梁混凝土浇筑安排在白天施工。冬季箱梁浇筑混凝土,除按常温条件下规定随机从箱梁底板、腹板及顶板取样,制作混凝土强度试件、弹性模量试件外,另增加与箱梁同条件养护的施工试件不少于 2 组,进行强度、弹性模量的检测。在整个冬期施工期间,箱梁混凝土养护均采用蒸汽养护工艺。

(2)箱梁架设操作要点

①装、运箱梁

采用两台 MQ450 门式起重机完成箱梁的吊装上桥作业,采用 YL900 型运梁车负责箱梁的运输。

a. 装梁作业:在预制梁场用提梁机将待架梁吊至合适高度,缓缓横移至运梁车上方,平稳的将桥梁落下置于运梁车上,拆除吊梁器具后,装梁结束。

b. 运梁作业:运梁车在桥面上运行时,按预先划定的标志前进,运行速度保持匀速,曲线、坡道地段严格将速度控制在 0 ~ 3 km/h 范围内;在存梁、吊梁、运梁过程中,保证各吊点或支点受力均匀,各种工况下,梁体四支点位于同一平面,误差不大于 2 mm,同时架桥机拖拉架梁时前后支点高差不大于 100 mm,如图 4-8 所示。

图 4-8　YL900 型运梁车运梁示意

②梁架设

采用 JQ900A 型架桥机架设箱梁。箱梁架设:由 YL900 型运梁车运梁至架桥机尾部喂梁,将一号小车运行到待架梁的前吊梁孔,安装吊架起吊箱梁,一号小车吊起箱梁,使箱梁底面离开运梁车支承面 100 mm,一号吊梁小车与运梁台车同步运行,将梁拖到二号小车取梁位;将二号小车运行到待架梁的后吊梁孔,安装吊架起吊箱梁,运梁车从三号柱下部退出,到梁场装运下一孔箱梁;一、二号小车走行到位后降低梁体的高度,箱梁底面距支座上平面 1.5 m 停止,安装支座板预埋螺栓,如图 4-9 所示;利用吊梁小车走行和横移功能调整落梁位置,落梁到临时支撑千斤顶上,通过千斤顶调整梁体位置及标高。

图 4-9　一、二号桁车吊梁走行及落梁示意

③支座安装

支座采用高铁铁路桥梁盆式橡胶支座,每孔双线箱梁采用固定支座、纵向支座、横向支座、多向支座各一个的支座方式布置;支座注浆材料采用 CM-W-Ⅱ 早强、高强支座灌浆砂浆;支座安装采用重力灌浆方式,为增大灌浆的压力,同时保证方便施工,灌浆料在桥面采用强制式搅拌机现场拌和,利用 ϕ100 mm 软胶管作漏斗,从桥面引至桥墩并利用特制梭槽从支座一侧的中部向四周灌浆,直至四个锚栓孔内及支座沿灌浆模板四周全部灌满浆体为止,具体如图 4-10 所示;浆体强度达到 20 MPa 后,拆除钢模板,检查并补浆,并拆除临时支承千斤顶,安装支座钢围板及防落梁板。

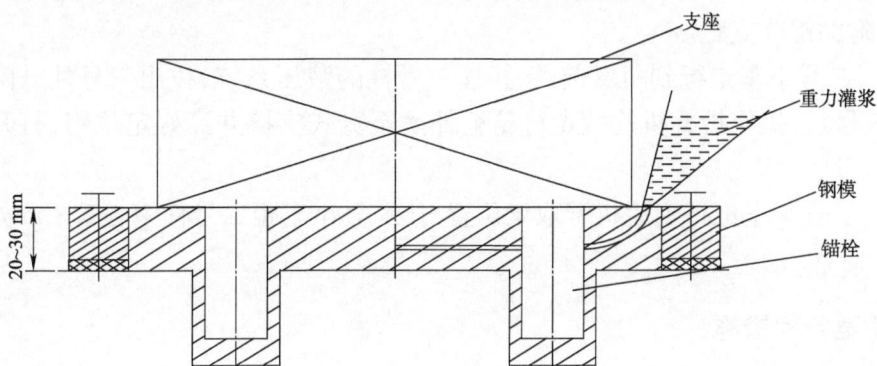

图 4-10　重力灌浆示意

④桥机纵移过孔

支座灌浆后通过试验确定支座砂浆强度达到20 MPa后进行架桥机纵移过孔作业，其具体操作步骤如图4-11所示。

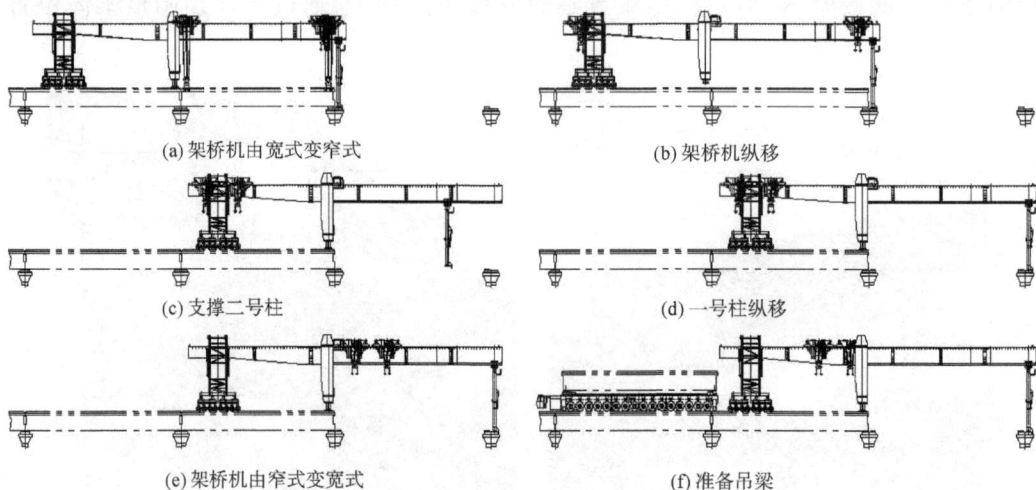

(a) 架桥机由宽式变窄式

(b) 架桥机纵移

(c) 支撑二号柱

(d) 一号柱纵移

(e) 架桥机由窄式变宽式

(f) 准备吊梁

图4-11　架桥机纵移过孔步骤示意

a. 一、二号小车走行到落梁位，联结三号柱下横联，操作三号柱的液压系统，拔出三号柱柱体定位销，提升三号柱，操作折叠机构由宽式变窄式，走行轮组内摆至走行位置，穿好柱体定位销成窄式支撑。

b. 二号小车退到机臂尾部，用刚性横联将一号柱与已架设箱梁吊梁孔张紧并用手动葫芦做好一号柱保险张拉，拆除二号柱支撑垫木，取去一号柱定位销，驱动三号柱走行机构纵移架桥机。

c. 架桥机纵移到位后，垫好二号柱支撑垫木，一号小车退到机臂尾部准备纵移一号柱。

d. 操作一号柱液压系统，拔出一号柱下升降油缸定位销，将一号柱下柱身上提，纵移一号柱，走到一号柱机臂上定位销座穿定位销，在桥墩上支撑一号柱并穿定位销，拧好一号柱附助螺旋支腿。

e. 一、二号小车走行到机臂前端，操作三号柱的液压系统，拔出三号柱升降的定位销，提升三号柱，操作折叠机构使走行轮组外摆至宽式支撑并穿好定位销，打开三号柱下横联。

f. 一、二号小车走行到后机臂取梁位置，让一号小车距二号柱中心2.8 m处等待吊梁。

五、主要管理措施

1. 质量管理措施

(1)混凝土耐久性质量控制

耐久性混凝土应该满足电通量、抗冻性、抗渗性、抗碱—骨料反应以及钢筋保护层厚度要求;加强混凝土耐久性的过程控制,合理选用性能优良、质量稳定的原材料;认真选定混凝土配合比,配合比选定时的试验检验项目具体,包括坍落度、泌水率、含气量、抗压强度、弹性模量、电通量、抗冻性、抗裂性、抗渗性、抗碱—骨料反应等;加强与混凝土耐久性有关的工艺措施控制:控制入模含气量,每拌制 50 m³ 混凝土或每工班测试含气量不少于 1 次,以保证混凝土抗冻性,控制混凝土入模温度为 5 ℃ ~30 ℃,防止混凝土开裂,控制养护期间混凝土的内部温度、蒸汽养护的升降温速度、各部温差以及拆模时和各部温差,防止混凝土出现裂缝。

(2)张拉工程质量控制措施

为避免混凝土在预应力张拉前出现早期收缩或温差裂纹,预应力施工按预张拉、初张拉、终张拉三阶段进行;为准确控制张拉力,对管道、锚口和喇叭口摩阻进行测试,100件进行一次测试,严格控制预应力管道位置,距跨中 4 m 范围内不大于 4 mm,其余部位不大于 6 mm;增加定位网的刚度,并将定位网焊接在梁体钢筋上,减少定位网设置误差和移动量,在制孔橡胶管中穿入一根 7ϕ5 mm 钢绞线作芯棒,防止梁体混凝土浇注时管道局部上浮以保证管道坐标。

(3)管道压浆质量控制措施

终张拉完毕,在 48 h 内进行管道压浆,压浆前清除孔道内杂物,并提前一天用水泥砂浆封锚,待水泥砂浆有一定强度后进行压浆;灌浆剂的水胶比不超过 0.34,现场压浆作业严格计量,灌浆剂、水泥、外加剂、水的秤量误差均 ≤ ±1%;为防止冬季浆体受冻,压浆时采取保温措施,保证压浆温度 5 ℃ ~30 ℃,管道环境温度不低于 5 ℃。

(4)其他质量控制措施

建立各级技术人员的岗位责任制,逐级签订技术包保责任状,做到分工明确,责任到人,严格遵守基建施工程序,坚决执行施工规范;在施工前,组织有关人员认真学习新技术、新工艺、新材料、新设备、新测试方法的技术要点,并认真进行技术交底,确保在施工中正确应用,提高工程质量;在施工过程中设专职质检工程师自下而上,按照"跟踪检测""复检""抽检"三个等级分别实施质量检测职能;架桥机经过检查、验收、试吊签证,箱梁在运架过程中不允许出现裂缝;架梁前复核检查桥墩里程、支座垫石高程、支座中心线及预埋件等竣工资料,待架箱梁梁形与设计梁形一致。

2. 安全管理措施

(1)施工前安全措施

根据当班任务安排,指挥、操作及监护人员必须分工明确、到位齐全;检查当班指挥检查机组人员身体和精神状态是否良好,个人防护用品及通信工具是否装备到位;检查气象条件及作业场地,严禁在八级及以上大风、暴雨、大雾等情况下作业。

(2)施工过程中安全措施

把安全作业环境及安全施工措施所需费用列入工程概算,用于施工安全防护用具及设施的采购和更新、安全施工措施的落实、安全生产条件的改善;设置安环部,配备专职安全生产管理人员,负责对安全生产进行现场监督检查;对安全施工技术要求进行交底,坚持每周一晚安全学习和班前安全讲话制度;对危险部位设置安全警示标志,对制梁场入口处、施工起重机械、临时用电设施等设置明显的安全警示标志;编制安全技术措施及专项施工方案,制订现场制梁施工技术安全规则、安全生产奖惩办法、安全标准工地建设办法等;保障消防安全,建立消防安全责任制度;对安全防护用具及制梁梁内机械设备、施工机械进行安全管理,施工现场的安全防护用具、机械设备、施工机具及配件必须由专人管理,定期进行维修和保养,建立相应的资料档案;启动柴油发电机并预热 3~5 min,观察电压、频率均符合要求后方可送电;执行各项操作前,必须按电铃 3~5 s,提醒作业区域人员注意安全;遥控作业时平稳加减档位,不得进行跳档作业,档位切换间隔保持 3 s;架梁作业时,禁止无关人员进入作业区域,禁止在起吊的箱梁下穿行、停留;遵守"十不吊"原则,保证所吊物品平稳、安全的起升和下降;严禁在设备运行过程中,对各转动部分加注润滑油脂,或进行修理和调整作业;设备起吊及运行过程中,遇到支撑变形或窜动、梁体产生明显裂纹或原有裂纹明显扩大、异响或振动等危及人员、设备安全时,立即紧急停机;气温低于摄氏零度时,各支撑面不得出现结冰现象,必要时进行防滑处理;各步动作到位前,如过跨时支腿接近桥墩、前后支撑/支腿互相靠近;机臂纵移过跨时,两边采用 1 根 10 t、1 根 5 t 以上链条葫芦将一号柱上端与已架设箱梁前端进行连接并张紧链条并同时两边用刚性拉杆与吊梁孔联结;桥墩及高空作业人员穿救生衣并挂安全绳,单跨箱梁架设完毕,立即在桥梁中缝处安装防护网,并在两侧及端头设置防护栏。

(3)施工结束后安全措施

检查柴油、机油、液压油消耗情况,必要时予以补充;收好遥控器及操作板,关闭控制箱门,切断总电源;按规定对设备进行日常维护保养,特别是运转部位润滑油脂的加注;填写运转记录,详细记录当班作业内容、运转时数、故障及排除情况、维护保养情况等。

(4)其他安全措施

保养及维修时设备停机断电、拔除启动钥匙并锁好司机室,运转部件冷却到环境温度并主控制箱上悬挂"维修保养作业,禁止合闸";大风、台风来临前架桥机处于过跨完成或待架位置,保证前支撑与墩顶可靠锚固,并做好电气、液压等系统的防护工作;在台风或强降雨过后要对设备进行全面检查,确认无误后才可开机工作。

3. 环保措施

(1)保持施工环境的清洁卫生,合理规划废弃物和危险品的存放地点,施工废料及生活垃圾分类堆放,及时处理或定期处理,对不可降解的垃圾运至指定的地方统一处理。

(2)施工及生活废水排放符合国家、地方政府或行政主管部门的规定,废水、废油、废液进行分类集中,处理符合相关标准。

（3）制定并完善环境应急预案,健全环境应急指挥系统,配备应急装备和监测仪器,落实处理处置措施。

六、主要成效

取得的主要成效如下：

（1）建场充分利用铁路用地和租地的方式,其费用较低。

（2）采用双层存梁方案,节省存梁台座,大大降低施工成本及减少租地成本。

（3）静载试验台座采用自力平衡式钢结构加力架配合千斤顶加载的试验方式取代地基梁和加力架组合方式,使设备得到重复利用,避免了资源浪费。

（4）采用高性能混凝土,防止混凝土开裂,满足箱梁耐久性要求,降低了箱梁维修使用成本。

（5）箱梁架设中使用的架桥机的结构方式,与下导梁式架桥机比较,在过跨时辅助工作量少,施工人员的劳动强度低,不需借用任何辅助设备、材料实现过跨工序。

（6）拼装施工方案优化充分运用 MQ450 龙门起重机有效的净空高度,完成架桥机机臂以下的拼装、调头等作业。

（7）解决了 900 t 位箱梁运架施工的难题,人性化设计,设备机械化程度高,操作简单、方便,安全可靠度高,充分简化了传统的架梁程序,减少了劳动力的投入,降低工程造价、缩短工程工期,提高铁路桥梁工程建设速度。

第六节　长大桥梁运架梁会车平台施工技术

一、工程概况

哈大高速铁路沈大段 5 号梁场,预制箱梁 990 孔,计划日产 5 孔箱梁,其中南向架梁 332 孔,北向架梁 658 孔,原施组安排箱梁运架均采取一运一架方案。

受征地拆迁和气候环境影响,北向架梁进度滞后,如按原方案则无法实现既定工期目标。为保证工期,其主要矛盾是解决长距离运梁问题,提高架梁工效,使箱梁制运架相匹配。

5 号梁场往北最远架梁距离 24 km,需架梁的两座桥梁长度分别为 17.5 km、4.2 km。按照空载 6 km/h、装梁 1.5 km/h、重载 3.5 km/h、喂梁 1 h/孔计算,平均往返一趟需 8 个小时左右,24 h 正常作业平均最多可架梁 3 孔。而按工期倒排,日架梁必须不低于 4 孔方能保证计划工期。为了解决运架梁不匹配问题,采取了两运一架并设置运梁车会车平台方案,提高了架梁工效。

二、工程特点及难点

1. 架梁距离远

5 号梁场往北最远架梁距离达 24 km,运梁车平均来回一趟需 8 个小时左右,作业工效极其低下。

2. 工期紧、任务重

按工期倒排,日架梁必须不低于 4 孔方能保证计划工期,而目前每天架梁理论上不到 3 孔,实际考虑设备故障每天架梁只有 2 孔。

3. 安全风险大

长大桥梁运架梁会车平台没有成熟的技术可以借鉴,安全风险极大。

三、施工组织

1. 施工准备

(1)做好人员、材料、设备及施工地场等各项调查,编制具体的实施方案。

(2)对所有人员进行培训,并组织技术交底。

结合现场工作特点及工作量,主要劳动力配置见表4-4。

表4-4　主要劳动力配置

工　种	数　量	备　注
领工员	2	现场管理
测量员	6	测量放线
木　工	20	地基处理
混凝土工	20	地基处理
电　工	4	拼装支架
钳　工	20	拼装支架
焊　工	15	拼装支架
吊装指挥	8	拼装支架
起重工	40	拼装支架
杂　工	60	拼装支架

2. 施工进度计划

根据现场实际情况及运架梁施工计划要求,会车平台施工计划安排见表4-5。

表4-5　工期节点安排

节点项目	计划日期	工作内容
材料及场地准备	2009.07.15 ~ 07.25	军用梁进场,场地准备
钻孔桩施工	2009.07.26 ~ 08.05	立柱基础钻孔桩处理
承台施工	2009.08.05 ~ 08.10	浇筑承台基础混凝土等
钢管桩施工	2009.07.25 ~ 08.15	钢管桩支撑箱梁翼缘板
拼装平台立柱	2009.08.10 ~ 08.15	拼装平台立柱、拉撑等
拼装平台主梁	2009.08.15 ~ 08.20	拼装平台主梁,搭设及拆卸移动脚手架等
平台桥面铺设	2009.08.21 ~ 08.25	铺设并焊接桥面工字钢基础,铺设钢板等
堆载预压	2009.08.26 ~ 08.28	堆载钢筋进行预压等
试运行	2009.08.29 ~ 08.31	—

3. 机械设备配置

根据现场工作内容及工作量,主要机具设备配备见表4-6。

表4-6 主要机具设备

机械名称	规格型号	单 位	数 量
挖掘机	250	台	2
推土机	D220	台	1
平地机	PY220B	台	1
压路机	LT220B	台	1
装载机	50	台	2
自卸车	—	台	5
混凝土运输车	—	台	2
汽车吊	75	台	2
汽车吊	25	台	2
军用梁	—	吨	430
电焊机	—	台	5
扳 手	—	把	30
打桩机	—	台	10
钻孔机	—	台	8

四、关键施工技术及措施

1. 会车平台方案比选

考虑技术可行和经济适用原则,以满足现场需要为根本,对军用梁支架方案和跨线龙门吊方案进行了比选。

(1)方案一:军用梁支架方案

在已架箱梁侧面,采用军用梁支架搭设平台,空车驶入平台会让重车。根据"运梁车主要技术参数表"和地面模拟试验得出,平台长92.48 m、宽10 m时即可满足运梁车转弯和停放。平台采用六五式军用梁钢墩立柱,六四式军用梁主梁,主梁与箱梁用钢丝绳横向联系,平台纵向在主梁顶面按照间距30 cm铺设I20b工字钢,在I20b工字钢上面铺设10 mm钢板作桥面层,并焊接ϕ6 mm钢筋作为防滑网,其顶面与已架设箱梁顶面同一标高。平台处箱梁在预制时对箱梁翼缘板部分钢筋进行加强处理,并在运梁车通过的箱梁翼缘板下方设置钢管桩支撑,满足空载运梁车进出。

(2)方案二:跨线龙门吊方案

在会车位置处设置900 t跨线龙门吊进行梁片换装或提空车避让重车,将重载运梁车上的箱梁换装至返空运梁车上或提空车横移避让重车。

两种方案优缺点对比见表4-7。

表4-7　方案对比

方案名称	优　　点	缺　　点
军用梁支架方案	结构简单,易拼装,占地少,搭设过程中不中断运架梁	军用梁基础及箱梁翼缘板需加强处理,横向稳定性需加强
跨线龙门吊方案	设备可转场使用	设备一次性投入费用较高,且生产周期较长,每次换装箱梁或提空车横移时间较长,占地较多,门吊施工中可能会中断运架梁

经过方案对比,从技术、安全、工期、经济结合现场实际多方面综合考虑,选择军用梁支架作为会车平台方案。

2. 会车平台位置选择

(1)运架梁作业流程及作业时间测算

有关运梁车的实际指标为:运梁车空车运行速度6 km/h、装梁时间1.5 h,重车运行速度3.5 km/h、喂梁时间1 h。

(2)会车平台理论位置计算

制梁场位置里程为 A km,架设方向桥梁台尾里程为 B km,设运梁会车平台距梁场里程为 x km,则距台尾距离为:$(B-A-x)$km,如图4-12所示。。

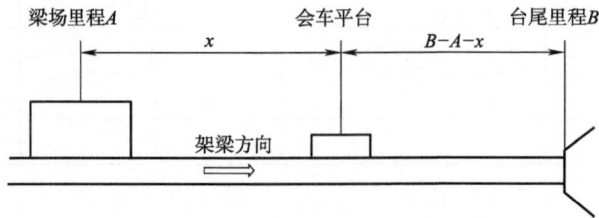

图4-12　会车平台位置示意

设空载运梁车从会车平台运行到梁场装完梁并返回会车平台处所消耗的时间为 t_1,则 $t_1 = x/6 + 1.5 + x/3.5$。

设重载运梁车从会车平台运行到架桥机并喂梁完毕,返回会车平台处并避让平均所消耗的时间为 t_2,则 $t_2 = (B-A-x)/(3.5 \times 2) + 1 + (B-A-x)/(6 \times 2)$。

当 $t_1 = t_2$ 时,运梁工效最高。

即:$x/6 + 1.5 + x/3.5 = (B-A-x)/(3.5 \times 2) + 1 + (B-A-x)/(6 \times 2)$根据公式求出 x,即得出会车平台的理论设置位置。

3. 会车平台设计

(1)军用梁支架和立柱搭设设计

平台设计采用六四式军用梁支架其下采用军用梁钢墩立柱。

军用梁支架长92.48 m,宽10 m,按照4 m×20.5 m跨度布置,六四式军用梁主梁5片,每片军用梁主梁采用双排双层设置标准三角架88片及端构架4片,并与立柱上垫梁用U形螺栓相连。平台军用梁主梁上方铺设I20b工字钢作为分配梁,间距30 cm,并用 ϕ20 mm钢筋横向焊接连成整体。平台面铺设10 mm钢板作面层,并焊接 ϕ6 mm钢筋防滑网,其顶面与已架设箱梁顶面同一高度,满足空载运梁车进出。

共设六五式军用梁钢墩立柱 5 个,每个立柱按照纵桥向×横桥向 = 3 排×5 排点阵布置,3 m 立柱与 1.5 m 立柱各一层,顶部和底部均与垫梁相连。

荷载分析:空载运梁车按总重 300 t 计;平台面层自重,I20b 工字钢和 10 mm 钢板按 173 t 计;六四梁按总重 253 t 计;六五墩按总重 178 t 计。

根据上述荷载,采用相关软件对六四梁的跨中挠度和应力、I20b 工字钢的跨中弯矩、挠度和应力、六五墩的承载力和稳定性等全面进行分析、检算,结果均满足相关规范要求,说明上述支架设计是可行的。

为减少运梁车对会车平台产生较大冲击载荷,运梁车出入平台的速度控制在不超过 1 km/h 为宜。会车平台搭设布置如图 4-13 所示。

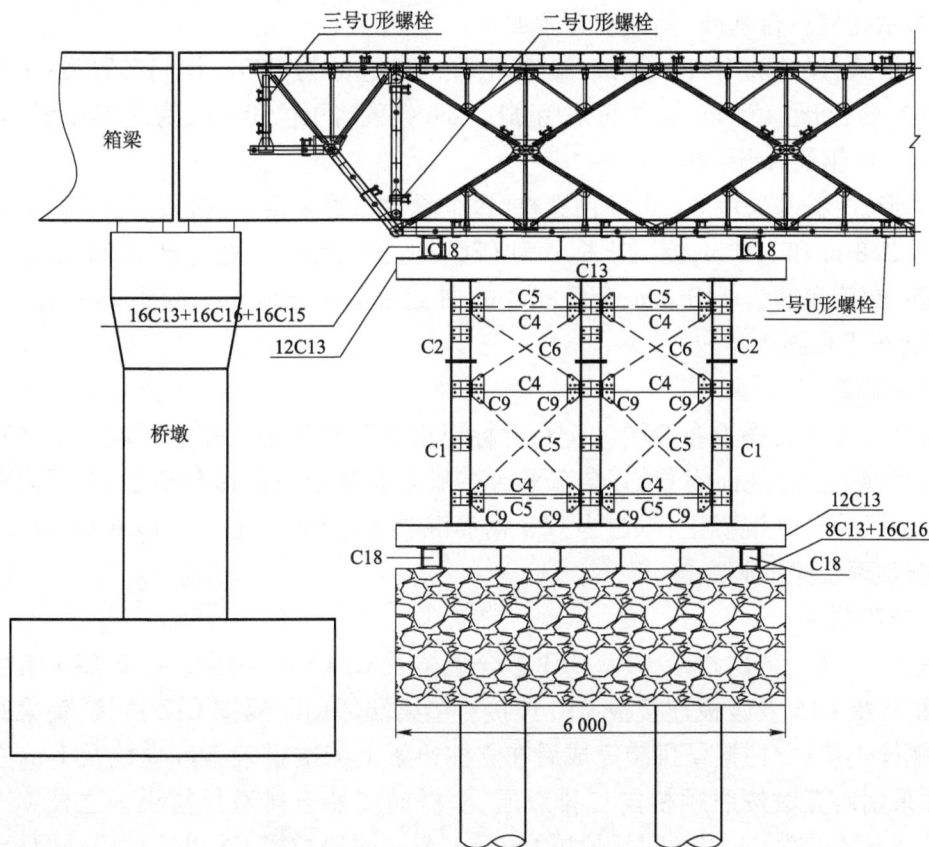

图 4-13 会车平台搭设布置示意(单位:mm)

(2)平台处箱梁翼缘板设计

根据运梁车在会车平台处的运行轨迹,运梁会车平台对应位置处的四孔 32 m 箱梁翼缘板需进行加强处理,检算后得出:将原设计的桥面横向钢筋 N5 由 ϕ16 mm 改为 ϕ20 mm,翼缘板处的纵向钢筋 N21 由 ϕ12 mm 改为 ϕ16 mm,原设计钢筋间距和长度不变,结构断面尺寸不变。如此处理加强了翼缘板的抗弯和抗剪能力,满足空载运梁车的通过。

对于运梁车施加于箱梁上的倾覆力作用,根据抗倾覆计算表明,箱梁本身重量足以保证空载运梁车通过。

（3）桥面系及其附属工程处理

对应四孔箱梁桥面声屏障、防护墙及竖墙环形钢筋接头按照顶面开口布置，以便向两侧弯折与梁面贴平，待北向箱梁架设完成且平台停止使用后再校直该4孔箱梁上的预埋钢筋，并浇筑桥面系混凝土。

箱梁左侧接触网支座基础只预埋钢筋及其钢板，锚杆暂不预埋（预留锚栓孔），待北向架梁施工完成后再凿开该处混凝土安设锚杆，浇筑C60混凝土，完成该处接触网支座基础。

（4）基础处理设计

根据会车平台搭设布置图及其检算资料，参考该处位置桥墩桩基设计情况，平台基础设计为钻孔桩承台基础，其详细布置如下：

承台形式：尺寸为10 m×6 m×2.5 m，混凝土标号为C25。钢筋布置为：主筋采用 ϕ20 mm 钢筋，间距15 cm，架立筋采用 ϕ14 mm 钢筋，间距30 cm，梅花形布置，分布筋采用 ϕ16 mm 钢筋，间距20 cm。

桩基形式：桩基采用 ϕ1.0 m 钻孔桩，每个承台布置8根，孔桩长度为24 m，纵横间距分别为2.8 m和3.0 m，混凝土标号为C30，钢筋布置为：构造主筋为22根 ϕ16 mm，通长配筋，螺旋箍筋为 ϕ10 mm，间距0.2 m，加劲箍筋为 ϕ20 mm，间距2.0 m。

4. 会车平台施工

（1）基础施工

根据"会车平台搭设布置图"，测量并标记出会车平台施工作业区域及平台基础处理边界，清理平台处地面附着物；会车平台桩基采取旋挖钻机钻孔施工，水下混凝土灌注工艺，等级为C30混凝土；承台为C25钢筋混凝土，承台尺寸10 m×6 m×2.5 m；承台浇筑前预埋垫梁地脚螺栓。

（2）支架拼装

在承台基础上依次拼装C12、C13组合垫梁及C13垫梁两层。C12、C13组合构件用翼缘拼接板C15及腹板连接板C16连接。垫梁端部用间隔撑C18连接，垫梁间以立柱联结螺栓连接；立柱垫梁拼装完成后在立柱垫梁上依次拼装3 m立柱及1 m立柱两层，立柱采用六五墩按照顺桥向三排双层，横桥向按照五排双层搭设。立柱C1、立柱C2侧面用水平拉撑C4、2 m间斜拉撑C5及1.5 m间斜拉撑C6以拉撑联结螺栓连接。立柱C1、C2及垫梁C13间以立柱联结螺栓连接；在立柱上依次拼装C13垫梁及C12、C13组合垫梁两层。C12、C13组合构件用翼缘拼接板C15及腹板连接板C16连接。垫梁端部用间隔撑C18连接，垫梁间以立柱联结螺栓连接；在地面拼装会车平台主梁5片。平台主梁按照双层双排设置，含88片标准三角架、4片端构架、4片斜弦杆、4片撑杆。层间用钢销联结，排间用横联套管螺栓联结。地面拼装时每片主梁可分两次拼装，便于吊装；平台主梁在地面拼装完成后将主梁分别吊装至五排立柱上，主梁横桥向中心必须与立柱中心重合；主梁间用联结系槽钢进行横桥向加固。另外，为加强平台的横向稳定，在军用梁主梁与箱梁之间纵向每隔10 m用钢丝绳连接。

（3）平台桥面铺设

会车平台支架搭设完成后，在平台上沿顺桥向按照 30 cm 间隔铺设 I20b 工字钢，横向采用 ϕ20 mm 钢筋焊接连成整体；在工字钢上铺 δ = 10 mm 钢板用作平台面层，平台面钢板与箱梁顶面平齐；在面层钢板上方焊接 ϕ6 mm 钢筋网，钢筋网间距 0.1 m，以增强运梁车轮胎与面层的摩阻力；会车平台面层临空的三面安设防护用 I20b 工字钢，并喷涂安全警示标志。

（4）堆载预压

会车平台搭设完毕后，为检验其安全性、稳定性并消除其塑性变形，进行了堆载预压试验，模拟运梁车的轴距、轮距和长度，堆载重量按空载运梁车重量的 1.25 倍即 375 t 进行预压。

（5）监控测量

在预压前后，在平台稳固位置设置变形观测点，并做好观测数据记录，同时在运梁车进入会车平台过程中，每天观测一次会车平台变化情况，确保会车平台在使用过程中的安全。

五、主要成效

取得的主要成效如下：

（1）运梁车会车平台成功应用于鲅鱼圈特大桥（全长 17.5 km）的运架梁，有效解决了双运单架运梁在长大桥梁中的会车问题，使运梁架梁速度得到极大提升，确保了工期目标。

（2）通过本项目施工得到如下经验体会：

①必须制定会车平台使用和安全管理办法，杜绝重载运梁车误入平台，在平台面刻画运梁车的轮迹运行路径和停车处，确保万无一失。

②正常情况下单方向架梁数量一般考虑 300 孔左右为宜，否则运架的不匹配将增加运梁成本和降低架梁功效，有可能还会影响工期。

③军用梁支架结构的安全性及稳定性需进行专项设计和计算，同时需重点检算军用梁与箱梁翼缘板接合部的受力是否满足使用要求和安全要求。

④除在会车平台标示出运梁车进入轨迹外，现场还需设置合格的安全监控人员指挥运梁车进入会车平台，确保运梁车按规定线路及范围进出。

第七节　高速铁路箱梁移动模架施工

一、工程概况

哈大高速铁路沈大段马总屯特大桥 218 号 ~ 241 号墩共计 23 孔 34.5 m 简支箱梁，采用下行式移动模架造桥机施工。移动模架法属于原位制梁，它不同于采用运梁车运梁、架桥机架设的"集中预制、逐跨架设"工法，更适用于在地形条件以及桥梁长度、曲线条件下受到约束时的首选方案。

二、工程特点及难点

移动模架法集制梁及架梁为一体，无需梁场，少占耕地，不需要大型提梁运梁设备，设备投入少,研制风险低;机动灵活,可迅速转场。

下行式移动模架包括支承台车、主梁、底模、侧模和底模调整机构、导梁、墩旁托架、辅助门吊和内模及内模小车。利用承台安装主支腿,主支腿支撑主框架,外模及模架安装在主框架上,形成一个可以纵向移动的桥梁制造平台,完成桥梁的施工。移动模架横向分离,使其能够通过桥墩,纵向前移过孔到达下一施工位,横向合龙再次形成施工平台,完成下一孔施工。

(1)制梁。由两组钢箱梁支承模板,在模板内进行现场浇注混凝土梁,模板系统有微调机构进行调整,以保证梁形正确。采用桥面下支行式,混凝土梁的重量及模架的自重通过四个支顶油缸传递到墩旁托架上,再通过墩旁托架传到墩身承台上。

(2)脱模。四个支顶油缸收缩,整体脱模落于支承台车滑道上。底模及横梁随着主梁在横移油缸作用下,实现开合并拢,底模板可通过底模螺旋顶调整拱度。

(3)支腿自移。前、中、后扁担吊挂模架及前导梁,替代支腿作用,模架自重转至桥面。利用垂直吊挂油缸使墩身两边的墩旁托架和支承台车脱离墩身,并利用反钩轮钩住箱梁轨道外侧,启用安装在两主箱梁内的两台卷扬机拖拽向前方桥墩移位并安装。

(4)模架纵移。前、中扁担卸载,后扁担梁吊挂主箱梁,松开横向联接系后,模架对开成两组。后扁担走行轮落于桥面轨道上,箱梁轨道支撑于台车滑道上,由纵移油缸步进式向前顶推移位。

三、施工组织

1. 劳动力配置

移动模架施工现场需配备装吊工、钳、铆工、测量人员、电焊工等工种人员,主要劳动力配置见表4-8。

表4-8　主要劳动力配置

工　种	数量(人)	备　注
施工现场管理人员	6	指挥、安检、质检、物资
技 术 员	2	负责技术指导
测 量 工	3	放线测量
装吊工、起重工	6	—
钳、铆工	6	—
电 焊 工	12	—
钢 筋 工	20	—
混凝土工	10	—
模 板 工	8	—
架 子 工	6	—
设备操作工	6	—
普通工人	24	—
合　　计	109	—

2. 机械设备配置

马总屯特大桥组织 1 台移动模架进行 218 号~241 号墩共计 23 孔现浇梁施工,主要机械设备配置见表4-9。

表4-9 主要机械设备配置

机械设备名称	数 量	备 注
汽 车 吊	1 台	25 t 吊机
电 焊 机	10 台	—
倒 链	10 t、5 t、2 t 各 2 台	—
手动千斤顶	10 台	20~100 t
穿心式液压千斤顶	4 台	250 t
张拉配套油泵	4 台	配套的油管和铜垫
钢 丝 绳	21.5 mm×37 的 24 m,15.5 mm×37 的 200 m;	—
卡 环	φ28 mm、φ50 mm 各 2 个	—
铁 锤	4 磅 4 把,8 磅 2 把	—
扳 手	12 寸、15 寸各 2 把,电动 4 把	—
钢筋对焊机	1 台	120 kVA
钢筋切断机	1 台	—
钢筋弯曲机	1 台	—
钢筋调直机	1 台	—
木工多用刨床	1 台	—
乙炔切割机	1 台	—
钢绞线切割无齿锯	2 台	—
孔道注浆设备	1 套	—
混凝土振捣器	15 台	—
混凝土振捣棒	20 条	—
平板振捣器	2 台	—
混凝土输送泵	1 台	—
120 kVA 发电机	1 台	—

四、关键施工技术及措施

1. 施工工艺流程

墩身施工完成后,首先安装支座;移动模架就位,同时进行模板调整、预拱度设置;钢筋于加工场集中加工,专用运输车运输到施工桥位下,采用吊车吊装到桥上作业面后先绑扎底、腹板钢筋,同时安装预应力管道、布设纵向预应力束,然后安装内模,绑扎顶板钢筋,同时安装预应力管道;混凝土在拌和站集中拌制、混凝土输送车运输、混凝土输送泵配合布料杆或混凝土泵车进行梁体混凝土入模;混凝土浇注完成后对梁体进行养护;当梁体混凝土强度达到设计要求强度后,张拉预应力筋;孔道压浆、封端;移动模架落架、脱模,纵向前移至下一孔位;对已施工桥位组织桥面系施工,具体施工工艺流程如图 4-14 所示。

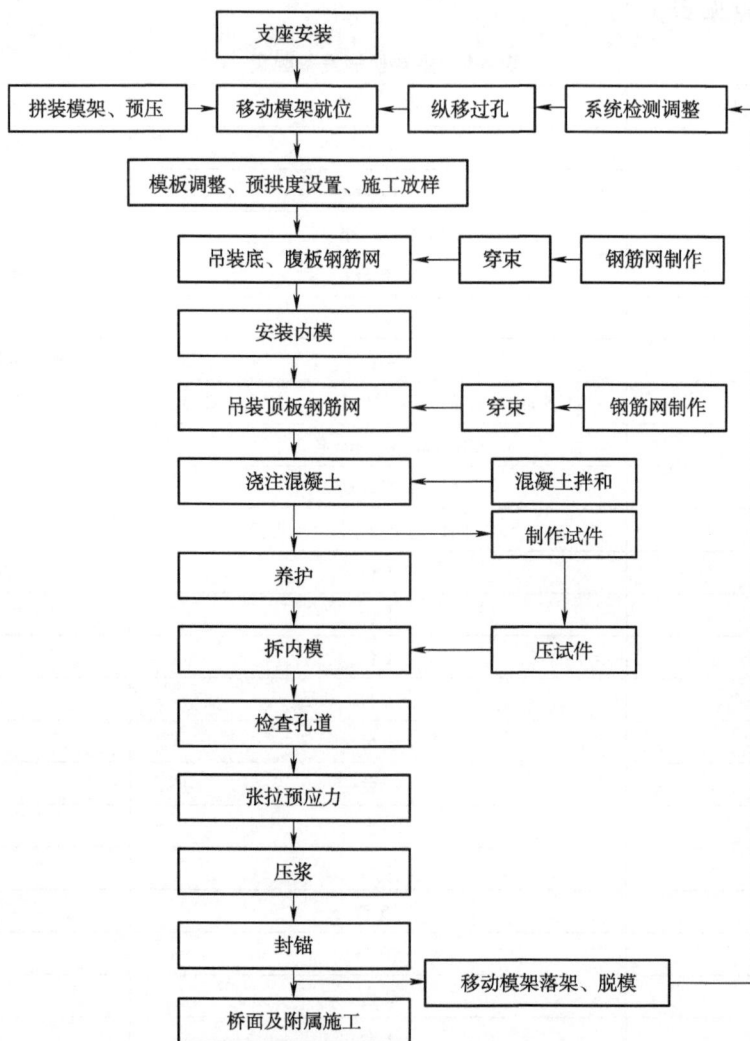

```
                          ┌──────────┐
                          │  支座安装  │
                          └────┬─────┘
                               ↓
┌──────────┐   ┌──────────┐   ┌──────────┐   ┌──────────┐
│拼装模架、预压│→ │ 移动模架就位 │← │  纵移过孔  │← │系统检测调整│←┐
└──────────┘   └────┬─────┘   └──────────┘   └──────────┘ │
                    ↓                                        │
        ┌─────────────────────────┐                         │
        │模板调整、预拱度设置、施工放样│                         │
        └────────────┬────────────┘                         │
                     ↓                                       │
        ┌──────────────────┐   ┌──────┐   ┌──────────┐      │
        │吊装底、腹板钢筋网     │← │ 穿束  │← │ 钢筋网制作 │      │
        └─────────┬────────┘   └──────┘   └──────────┘      │
                  ↓                                          │
        ┌──────────┐                                         │
        │  安装内模  │                                         │
        └────┬─────┘                                         │
             ↓                                               │
        ┌──────────┐   ┌──────┐   ┌──────────┐               │
        │吊装顶板钢筋网│← │ 穿束  │← │ 钢筋网制作 │               │
        └────┬─────┘   └──────┘   └──────────┘               │
             ↓                                               │
        ┌──────────┐   ┌──────────┐                          │
        │ 浇注混凝土 │← │ 混凝土拌和 │                          │
        └────┬─────┘   └────┬─────┘                          │
             ↓              ↓                                │
        ┌──────────┐   ┌──────────┐                          │
        │   养护    │   │  制作试件  │                          │
        └────┬─────┘   └────┬─────┘                          │
             ↓              ↓                                │
        ┌──────────┐   ┌──────────┐                          │
        │  拆内模   │← │  压试件   │                          │
        └────┬─────┘   └──────────┘                          │
             ↓                                               │
        ┌──────────┐                                         │
        │  检查孔道  │                                         │
        └────┬─────┘                                         │
             ↓                                               │
        ┌──────────┐                                         │
        │ 张拉预应力 │                                         │
        └────┬─────┘                                         │
             ↓                                               │
        ┌──────────┐                                         │
        │   压浆    │                                         │
        └────┬─────┘                                         │
             ↓                                               │
        ┌──────────┐   ┌──────────────┐                      │
        │   封锚    │→ │移动模架落架、脱模│──────────────────────┘
        └────┬─────┘   └──────────────┘
             ↓
        ┌──────────┐
        │桥面及附属施工│
        └──────────┘
```

图 4-14 移动模架施工工艺流程示意

(1)造第一孔梁

移动模架组拼→堆载预压→模板系统调整→绑扎钢筋、布管→内模安装→检测、调整模板、补缝→绑扎顶板钢筋→浇注混凝土→养护→脱开端模及一至二节内模板→施加预应力、压浆→检测→进入下一操作循环。

移动模架拼装后,在第一孔箱梁施工前对移动模架进行预压。预压的目的是消除移动模架拼装的非弹性变形,测算出施工荷载时的弹性变形,根据箱梁张拉后的上拱度再计算出移动模架底模的预拱度。根据预压实际值及移动模架理论值,设置第 1 孔箱梁施工底模跨反拱。以后再根据移动模架实际挠度和箱梁张拉后反拱值进行调整。

（2）正常作业循环

清理移动模架上杂物→解除竖向、及横向约束→移动模架整体下放→松开底模横梁及模板中部的螺栓连接→两组模架基本同步向两外侧横移→检测纵移是否有障碍→两组模架基本同步向前移动到位→整机纵移到位→两组模架基本同步向内横移到位→连接底模横梁及模板→调整侧模及底模→检测→扎钢筋（移位之前可在已制梁上分片扎好）、布管→内模板安装→检测、调整模板、补缝→扎顶板钢筋→浇注混凝土→养护→脱开端模及一至二节内模板→施加预应力、压浆→检测→进入下一操作循环。

（3）具体操作步骤

①移动模架拼装就位，施工首孔箱梁，此时移动模架支承在前、后主支腿上；绑扎底板、腹板钢筋、立内模、绑扎顶板钢筋、浇注混凝土。混凝土达到强度后，解除内模撑杆，张拉完毕，具体如图 4-15 所示。

②桥面铺设后辅助支腿的走行钢轨；点动前主支腿、后主支腿的承重油缸，解除机械锁紧螺母，前主支腿、后主支腿的承重油缸少量回收，依靠设备自重脱模；后辅助支腿在桥面支撑，中辅助支腿、前辅助支腿在墩顶支撑；前主支腿、后主支腿承重油缸完全回收；解除前主支腿、后主支腿的对拉高强精轧螺纹钢筋，吊挂油缸回收，将主支腿提高，安装吊挂机构；解除吊挂油缸的连接，主支腿吊挂在走道上。

③利用纵移油缸顶推前主支腿、后主支腿前进至下一桥墩就位；安装吊挂油缸，吊挂油缸回收，吊挂机构平移开；吊挂油缸伸出，主支腿支承在承台上；张拉主支腿的对拉高强精轧螺纹钢筋。

④解除中辅助支腿、前辅助支腿支撑；后辅助支腿、后主支腿、前主支腿的油缸回收使移动模架主梁底部的轨道落放在支撑滑道上。

⑤解除底模桁架、底模、前辅助支腿中部的连接螺栓；后辅助支腿、后主支腿、前主支腿的横移油缸循环伸缩使两侧移动模架向外横移开启约 4.5 m。

⑥同时启动后主支腿上的纵移油缸，循环伸缩使模架前移一跨。

⑦模架横移合龙就位，底模桁架、底模、前辅助支腿连接；主支腿承重油缸顶升就位并机械锁定；模板调整；绑扎底腹板钢筋；内模就位；绑扎顶板钢筋；混凝土浇注。

2. 操作要点

（1）移动模架现场组拼

移动模架现场拼装前，施工单位与移动模架供应商共同制定拼装方案及详细的现场拼装操作细则。

对于上行式移动模架，若条件允许可在桥台背后的路基上搭设临时支架用于支撑主承重梁，并利用吊车进行拼装。若桥台背后无足够长度的路基，则无论桥墩高矮，均在桥跨间搭设较高临时支架支撑主承重梁，并利用吊车进行拼装。拼装的顺序是先主梁、支腿、前后导梁，最后模板系统及其他。对于下行式移动模架，则无论桥墩高矮及桥台背后路基长度是否足够，均在桥跨间搭设临时支架支撑主承重梁，并利用吊车进行拼装。拼装的顺序是先墩旁托架、推进小车、主梁、横梁、前导梁，最后模板系统及其他，完成首跨箱梁预制、过孔后再拼装后导梁。

施工方向

32 700

32 700

前辅助支腿断面

中辅助支腿断面

后辅助支腿断面

2 528

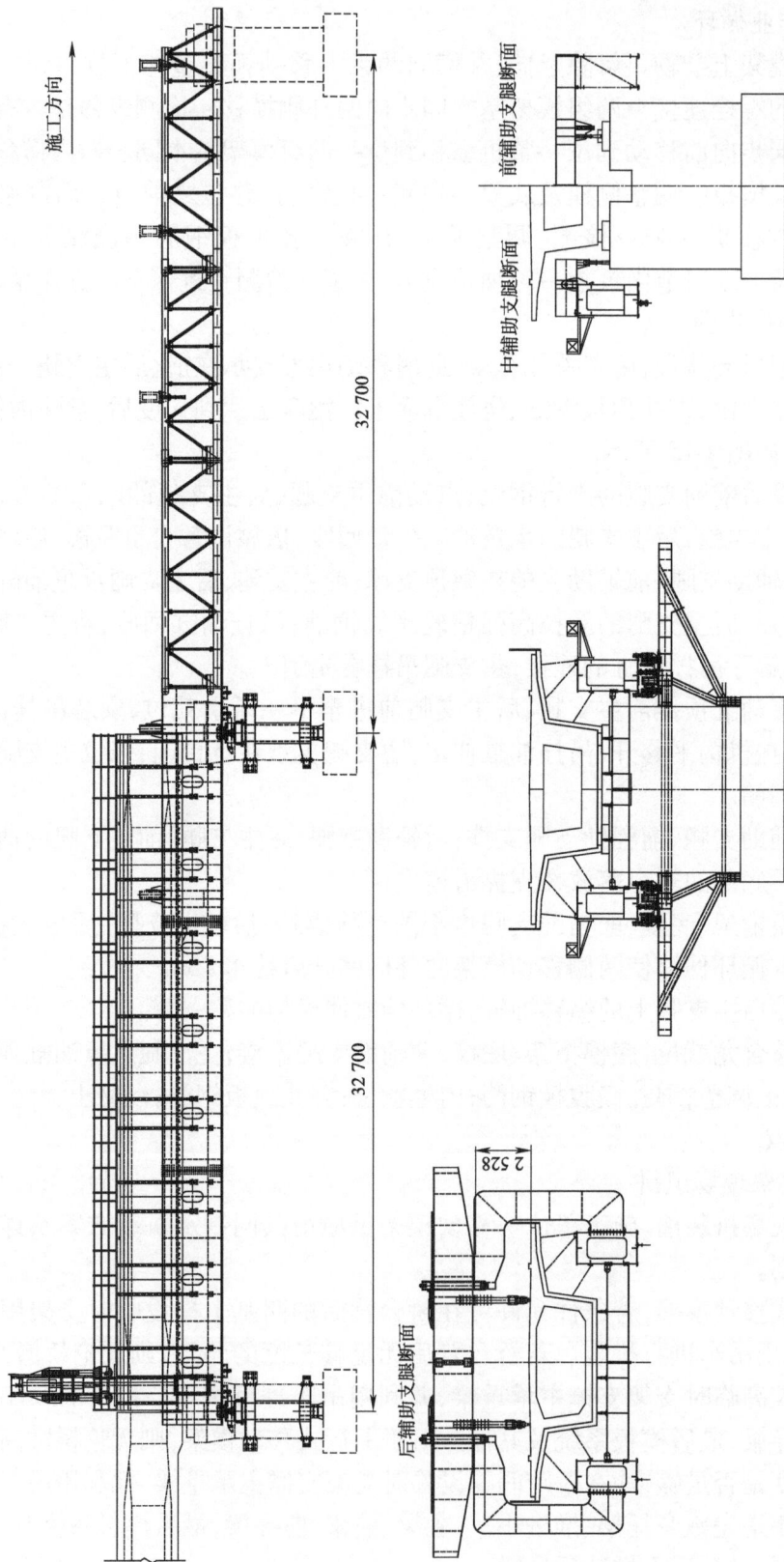

图 4-15　移动模架作业示意 (单位：mm)

ZQM900A移动模架全重486 t,全长73 m,共分为主梁、横联、前导梁、托架支撑、墩旁托架、支承台车、底模、侧模、扁担、端模、内模、内模检修平台等十二个大件系统,由工厂分件制造,在施工现场进行组拼并安装到桥位后方能进行制梁施工。临时支架必须经过设计检算,并特别注意选择正确的支架卸载的方式方法,以保证结构和操作人员的安全。

墩旁托架必须进行单独预压试验,必须保证其安全可靠;移动模架的前后支腿必须锚固于墩顶和已制成的箱梁上。高强度螺栓连接的规格、质量及扭矩系数必须符合设计要求和相关标准。高强度螺栓连接施拧前后,扭矩扳手必须标定,扭矩偏差不得大于扭矩值的±5%。机械电气系统的安装调试必须遵照有关的技术标准执行。

(2)移动模架的现场预压

移动模架现场拼装完成后,第一片箱梁施工之前必须进行堆载预压。堆载尽量模拟箱梁重力状态,即移动模架正常预制箱梁施工时的受力状态,以测量移动模架主梁、横梁不同部位的弹性变形,并据此进行预拱度设置,同时检验模架的安全性能。

预压荷载通常取值为1.1倍施工荷载。预压可采用砂袋和钢筋束进行,试验时必须分级加载和测量变形。加载完毕,支撑变形稳定后,将预压砂袋、钢筋束逐级卸除,同时再次测量各观测点标高,以确定各观测点的弹性变形与非弹性变形。雨天必须对堆载物进行遮雨,以防移动模架过载破坏。对未进行厂内模拟载荷试验的移动模架检测主承载结构的应力变化,评估再次加载的安全性。

(3)移动模架制梁预拱度设置

移动模架制梁预拱度为箱梁设计预拱度与模架弹性变形之代数和。下行式移动模架预拱度的调整通过调整底模及外模的螺旋千斤顶和可调支撑杆完成;上行式移动模架预拱度的调整是通过调整底模下横梁吊件完成的。

模架弹性变形根据预压变形测量结果绘制沉降曲线,并结合模架的设计拱度和实际支撑变形来确定。第1、2孔箱梁施工中必须分别在浇筑混凝土前后测定、记录模架变形,以便在第2、3孔微调模架预拱度,来消除模拟状态和实际状态不同而带来的预拱度偏差。

(4)钢筋工程

在钢筋加工场地先加工成半成品,然后按底板、腹板、顶板焊接成网片,搬运到移动模架上就位绑扎成型。钢筋接长采用闪光对接焊,个别预埋件、孔洞处采用绑扎搭接。

(5)各种预埋件、预留孔洞

①伸缩缝预埋件

有砟轨道梁伸缩缝由耐候型钢材、橡胶密封带、伸缩缝盖板、挡砟钢板、伸缩锚固钢筋及梁体预埋件等组成,制梁时按设计位置预埋梁体预埋件。

②挡渣墙、电缆槽、遮板预埋筋

梁体钢筋绑扎时,参照通桥挡渣墙构造及钢筋布置图,将预埋钢筋与梁体钢筋同时绑扎。电缆槽、遮板的预埋钢筋参照通桥电缆槽及盖板构造图,将预埋钢筋与梁体钢筋绑扎时一同安装,遮板为预制件,浇注竖墙混凝土前使遮板预留钢筋与竖墙预留钢筋绑扎牢固,并采取措施保证遮板稳固。

③接触网下锚支柱预埋件

根据桥梁接触网下锚柱设计要求处对梁体钢筋、翼板厚度进行局部加强,加强部分与梁体同时施工,施工图参见接触网设计图纸。

④预留孔施工

通风孔的设置:若通风孔与预应力筋相碰,适当移动其位置,并保证与预应力钢筋的保护层大于1倍管道直径。桥上排水孔:PVC管材符合《埋地排污、废水用硬聚氯乙烯(PVC-U)管材》要求。

⑤桥梁支座安装

选用设计规定的桥梁专用支座,支座与梁体及墩台采用设计方式连接锚固。支座在工厂组装时,仔细调平,对中上下支座板,并用支座连接板将支座连接成整体。支座安装前开箱检查产品合格证、装箱单。开箱后,检查支座连接状况是否正常,并根据安装温度及张拉压缩量等设支座预偏量,并锁定上、下支座连接螺栓,保证箱梁浇注前不得任意松动,并不得任意拆卸支座。

(6)混凝土工程施工

为满足混凝土泵送浇注的施工需要,确保浇注全过程混凝土连续、防止意外事件间断,混凝土的施工配合比坍落度按20～22 cm、终凝时间按16 h配制。混凝土配合比采用双掺,掺加粉煤灰和矿粉。混凝土的拌和设备均采用强制搅拌机、自动计量投料,严格控制投料误差标准,确保混凝土搅拌质量。混凝土采用专用罐车运输,运送到现场。根据每孔箱梁318 m³混凝土,浇注6～8 h,浇注速度40～50 m³/h,合理运距5 km,常备10台混凝土运输罐车,并统筹协调工点邻近工点在紧张时段给予增援。箱梁移动模架、钢筋、预应力管道、模板经过自检和驻地监理工程师检查合格后方可转序浇注混凝土。混凝土浇注采用2台汽车泵输送到模板内。备用一台输送泵。

梁体混凝土采用一次连续浇注成型。浇注顺序为先底板后腹板再顶板,通过腹板浇注底板,底板浇满完成后,对称浇注两边腹板,纵向自两端向中间进行浇注,水平分层、纵向分段,分层厚度为30～50 cm。浇注底板时混凝土从顶板上挂滑槽下料(防止混凝土流动距离过长而离析)。各层及分段混凝土不间断浇注,并在前层或前段混凝土初凝之前,将次层或次段混凝土浇注完毕。

箱梁混凝土浇注分四批前后平行作业。第一批浇注腹板混凝土,浇注高度约至1/3腹板处,当其浇注有8 m左右后,第二批混凝土从天窗输入补平底板混凝土,当底板浇注长度达6 m后,开始第三批浇注腹板,当腹板浇注长度达4 m左右后开始第四批浇注顶板及翼板,同步保持四批混凝土在浇注时间隔2 m左右的平行作业间距。

底板两侧混凝土由输送泵经腹板输送到位,浇注高度在腹板倒角上腹1/3高度处,底板两边混凝土以自然流出为主,部分不能到位的,开动腹板模上的附着式振捣器或在腹板内插入振捣棒,使混凝土由腹板流出。两边腹板的混凝土振捣以插入式为主,辅之以侧模附着式振动器。底板混凝土由内模顶开窗孔输送而下,内模顶每距 5 m 开一式 30 cm×30 cm 的天窗孔,全长 32 m 共开五个。底板中部的混凝土经天窗孔输送至底板后,人工铲平摊铺,采用插入式振捣器振捣,振动棒垂直点振,不得平拉,不得采用振动棒推赶混凝土。点振移动间距不超过振动棒作用半径的 1.5 倍。振捣时快插慢拔,每一处振完后徐徐提出振动棒。振捣时避免振动棒触碰模板、钢筋和波纹管等;对每一振动部位必须振到该部位混凝土密实为止,即混凝土停止下沉,不再冒气泡,表面呈现平坦、泛浆。梁体混凝土采用 HZ-50 型插入式振动棒人工振捣,配备 φ30~55 mm 直径不同的振捣棒,桥面板辅以平板振捣器捣固。每孔箱梁投入 HZ-50 型插入式震动棒配置 9 台(1 台备用)。

混凝土浇注后,在初凝后至终凝前,安排专人进行 3 次强制收光摸平,以克服表面收缩裂纹。梁体的养护采用自然养护,表面进行覆盖土工布、浇水保湿,空箱内适量储水养护。混凝土保湿养护时间满足《铁路混凝土工程施工质量验收补充标准》规定的最低养护期限。

(7)箱梁预应力施工

①管道成孔

箱梁预应力筋孔道采用预埋铁皮波纹管。波纹管孔道采用钢筋网片坐标定位架固定,定位筋间距不大于 1 m,细铁线绑扎。波纹管的连接,采用大一号同型波纹管作接头管,接头管长 200 mm。波纹管连接后用密封胶带封口,避免浇注混凝土时水泥浆渗入管内造成管道堵塞和窜孔。

②材料机具准备

梁体预应力筋全部采用 1×7 标准公称直径 15.2 mm,强度级别 1 860 MPa,弹性模量为 $E = 1.95 \times 10^5$ MPa。梁体预应力锚固体系采用自锚式拉丝体系,张拉设备采用内卡式千斤顶系列设备,张拉油泵及油压表与千斤顶配套使用。每孔箱梁投入 2 台千斤顶。张拉油泵及油压表与千斤顶配套使用。油压表选用精度为 0.4 级的油压表,表盘直径为 150 mm,最大量程为 60 MPa。千斤顶张拉前标定,标定期根据设备状态和使用的频繁程度及气温来决定。千斤顶标定有效期不得超过一个月和 200 次张拉作业,建立卡片备查。千斤顶的标定可采用压力环校正法,条件允许也可直接在压力机上进行(即压力机校正法)。钢绞线下料采用无齿锯切割,下料长度满足施工要求。下料后每隔 1.5 m 用 20 号铁线绑扎编束。穿束时,采用机械配合人工穿束,穿束顺序为:由上向下、由内向外进行,穿钢绞线时,用力均匀徐徐穿入。若在混凝土浇注前穿入孔道,在混凝土浇注过程中要随时串动钢绞线,防止波纹管漏浆产生堵管。

③预应力张拉

当混凝土强度达到设计强度的 80% 以上,方可进行预应力初张拉。梁体钢绞线采用两端同步、左右对称张拉,最大不平衡束不超过 1 束。按设计图张拉顺序进行。

按设计要求采用两端张拉,以张拉力为主,张拉力与伸长量双控。张拉顺序分预张拉、初张拉和终张拉三个阶段,初张拉在梁体混凝土强度达到设计值的 80% 后进行,终张拉在梁体混凝土强度及弹性模量达到设计值后,龄期不少于 10 d 时进行。

预应力钢材张拉采用引伸量和张拉吨位双控后张法,程序为:0→0.2σ_{con}(初应力)→σ_{con}→持荷 5 min 锚固;钢绞线张拉后,用砂轮切割机割掉梁端多余的钢绞线;预应力筋终张拉后,在 24 h 内完成管道压浆施工。压浆前,各孔道用压力水冲刷干净,并保持湿润。采用真空辅助灌浆技术完成压浆。

④张拉工艺中应注意的几个问题

a. 锚环定位。将工作锚环套在钢绞线上放入锚垫板的凹槽内,装入工作夹片,并使工作夹片的尾部大致相平,工作夹片处的间隙大致相等,此时不能用过大的力敲打夹片,以免夹片破裂,从而造成滑丝。

b. 千斤顶定位。张拉正常的关键在于"三轴"同心,即锚环中心、预留孔道中心与千斤顶中心保持同心,这样才能减少钢绞线的滑丝和断丝。

c. 钢绞线的理论计算伸长值的计算。结合孔道摩阻实验、实测的钢绞线面积、弹性模量数据及张拉力进行计算,钢绞线实测伸长值与理论计算伸长值之间的误差不得超过 ±6%。

(8)移动模架的底模降落

初张拉工程中底模对箱梁产生不均匀反弹力,且反弹力的大小和不均匀程度随着张拉力的增加不断变化,严重时引起的混凝土梁体上翼缘板出现超拉应力,甚至造成上翼缘板开裂。此时,必须配合张拉分级调低底模高程避免此现象发生。

实际初张拉时是否需要配合张拉分级调低底模高程,以及调整量大小由箱梁设计单位和移动模架设计单位确定。底模高程调低的方法是配合张拉分级降低底模支撑千斤顶的高度或增大底模下横梁吊件的长度。初张拉完成后,通过整体降低移动模架主承重梁的高程降低内模及侧模的高程。

(9)压浆

压浆宜采用真空辅助压浆工艺,同一管道压浆连续进行,一次完成。其工作原理为:在孔道的一端采用真空泵对孔道进行抽气,使之产生负压,在孔道的另一端用压浆泵进行灌浆,直至充满孔道。

(10)封端

封端前对锚穴进行凿毛处理,同时清洗端部及支承板浮浆,外露钢绞线用防水涂料涂刷,以防止预力筋端部的锈蚀。为了使封端混凝土与梁体混凝土更好的黏结,在浇注封端混凝土前对梁端混凝土用清水充分湿润。由于预应力钢束张拉空间的需要,封锚混凝土体积较大,封端钢筋必须与伸出梁端部钢筋联结牢固,保证封端混凝土与梁体混凝土连为一体。根据现场情况在梁端顶板预留封端混凝土浇注孔,但灌注孔处梁体钢筋不能切断,为保证混凝土浇注质量,在底层大部分混凝土浇注后,再从顶板浇注孔浇注小部分顶层混凝土,最后封闭顶层浇注孔。

五、主要管理措施

1. 质量管理措施

（1）模架拼装质量控制

承台顶表面平整,确保托架支撑与承台接触面严密。各种连接件螺栓要拧紧,防止因螺栓松动降低结构物的使用强度。严格控制移动模架模板安装精度,拼装调整完后要组织人员进行验收,首孔梁浇注前必须进行加载预压,消除非弹性变形,准确掌握弹性变形以调整模板线形,保证混凝土梁标高正确。移动支架法造桥机预制箱梁阶段制梁模板尺寸允许偏差和检验方法符合表 4-10。

表 4-10　梁模板尺寸检查

项　目		允许偏差(mm)	检验方法
底模	横向矢距	2	拉线尺量检查
	平整度	2	用 1 m 靠尺
	底模四角高差	2	水准仪
	侧向弯曲	±2	尺量检查两端
	底模长度	±2	
外模	侧模长	±2	尺　量
	模板高度	±2	
	上翼缘内外偏离设计位置	±5	
	腹板垂直度	每米不大于2	吊线尺量检查
	平整度	±2	用 1 m 靠尺
内模	侧模长	±2	尺　量
	模板高度	±2	
	模板内各倒角尺寸	±2	
	腹板垂直度	每米不大于2	吊线尺量检查
	平整度	±2	用 1 m 靠尺
端模	预应力钢绞线预留孔道位置偏差	±2	尺　量
	垂直度	每米不大于2	吊线尺量检查
	模板高度	±2	尺　量

（2）混凝土浇注质量控制

浇注混凝土前针对工程结构、施工环境条件与施工条件事先设计浇注方案,包括浇注起点、浇注进展方向和浇注厚度等;混凝土浇注过程中不得无故更改事先确定的浇注方案;仔细检查钢筋保护层垫块的位置、数量及其紧固程度,并指定专人作重复性检查,以提高钢筋保护层厚度尺寸的质量保证率。构件侧面和底面的垫块至少为 4 个/m^2,绑扎垫块和钢筋的铁丝不得伸入保护层内。

混凝土入模前测定混凝土的温度、坍落度和含气量等工作性能指标;只有拌和物性能符合技术条件要求的混凝土方可入模浇注。混凝土的浇注采用分层连续推进的方式进行,浇注间隙时间不得超过 90 min,不得留置施工缝。混凝土的一次摊铺厚度不宜大于 600 mm。浇注竖向结构的混凝土前,底部先浇 50~60 mm 厚的水泥砂浆(水灰比略小于混凝土)。

(3)混凝土振捣质量控制

采用插入式高频振动棒、表层采用平板振捣器。振捣时不得碰撞模板、钢筋及预埋铁件,确保振捣质量。混凝土振捣按事先规定的工艺路线和方式进行,在混凝土浇注过程中及时均匀振捣密实,每点的振捣时间以表面泛浆或冒大气泡为准,一般不超过 30 s,避免过振。振捣混凝土过程中加强检查模板支撑的稳定性和接缝的密合情况,以防漏浆。混凝土浇注完后仔细将混凝土表面压实抹平,抹面时严禁洒水。

(4)混凝土养护与拆模质量控制

混凝土浇注完 2 h 后进行多次压实抹平,消除收缩裂纹,再用土工布将暴露面覆盖,并及时采取喷雾洒水等措施对混凝土进行保湿养护 14 d 以上。当混凝土强度满足拆模要求,且芯部混凝土与表面混凝土之间的温差、表层混凝土与环境之间的温差均不大于 15 ℃时,方可拆模,拆模后迅速采用塑料布或帆布对混凝土进行后期养护。养护期间,定时测定混凝土芯部温度,表层温度以及环境气温,相对湿度等参数,并根据混凝土温度和环境参数的变化情况及时调整养护制度,严格控制混凝土的内外温差。

2. 安全管理措施

(1)移动模架的拼装和行走安全措施

移动模架的安装、走行、拆卸必须由持有合格证的熟练工人操作。移动模架行走过程必须严格按照操作规程进行,密切关注天气变化情况,合理组织施工,不得违章操作。

移动模架和操作平台严格按照施工设计安装。平台四周要有防护栏杆和安全网,平台板铺不得留空隙。作业人员戴安全帽、穿防滑鞋,水上施工穿救生衣,高空作业系安全带。上下爬梯焊结牢固,经常出入的通道搭设顶棚。模架安装过程中,严格按照吊装施工规范进行作业,要经常调整水平、垂直偏差,防止整体失衡。操作平台上,不得多人聚集一处,严禁向下乱抛掷钢筋、螺丝、工具等,下班时清扫和整理好料具。移动模架上所装置的液压设备,电器设备,严禁他人乱动。操作平台经常检查,确保安全牢固。

移动模架进行拼装时编写拼装工艺和安全操作细则,拼装前对各种工况进行分析并作技术交底,拼装完成后进行试压,填写试压记录,并对整个操作程序及钢结构各设备进行全面检查和验收。移动模架首孔梁施工前编写施工工艺和安全操作细则,首孔梁施工前进行技术交底,并在以后的施工中将工艺进行完善。横向移动前检查并确保模板、前支撑横梁以及中间托架的连接均已解除;模架纵向推进过程中,两侧主梁要对称前移,纵向推进油缸每次行程小于 1 000 mm。高强螺栓在第一次浇筑混凝土前后都必须检查,以后每 10 跨必须检查一次。移动模架走行过程中控制好走行速度。在大风环境下禁止走行作业。

（2）墩旁托架抗倾覆安全措施

要设专人经常性的检查维修。随时检查随时整改。加强墩旁托架的联结系统的牢固性，主要加强栓接部分螺栓的紧固程度，焊接部分的焊缝长度及饱满程度。安装时一定要将连接精轧螺纹钢拧好，下部与墩身预留孔的上下两个面顶紧。模架落架前，要将各部位与混凝土箱梁连接松开。精轧螺纹钢筋严禁过电、摔打、弯折。墩旁托架要与墩身固定在一起。两侧墩旁托架各设两道钢丝绳拉线，拉线锚定于地面。

（3）钢筋施工安全措施

钢材、半成品等按规格、品种分别堆放整齐，制作场地要平整，工作台要稳固，照明灯具必须加网罩。拉直钢筋，卡头和地锚应结实牢固，拉筋沿线 2 m 区域内禁止行人。多人合运钢筋，起、落、转、停动作要一致，人工上下传送不得在同一垂线上。钢筋堆放要分散、稳当，防止倾倒和塌落。在高空、箱梁内绑扎钢筋和安装骨架，须搭设脚手架和马道。

（4）浇筑箱梁施工安全措施

施工前，模架周边、端部必须搭设好作业平台，加设安全网。在箱梁上施工，遵守高处作业有关规定和施工组织设计的要求。箱梁上根据测算规定人员荷载和堆放材料的限量标准。材料要均匀摆放，不得多人聚集一处。操作平台的水平度、倾斜度经常检查，发现问题及时采取措施。夜间施工有足够的照明，在人员上下及运输过道处，均设置固定的照明设施。主要机具、电器、运输设备等，定机定人，严格执行交接班制度。接班时必须对机具检查一次，并做好记录。

3. 环保管理措施

（1）健全施工环保体系

按 ISO 14000 建立环境保持管理体系，制订管理程序，明确各职能部门的职责，制定完善的保证措施。领导挂帅，全员参加，坚持预防为主，加强宣传，全面规划，合理布局，防止环境污染，水土流失事故发生。

（2）采取有效的水污染控制措施

该工程可能产生的水污染原因有：车辆冲洗水、施工人员生活污水、雨季地表径流。在浇注混凝土时，控制好浇注混凝土时产生的废液，挖设导流沟和沉淀池，水质需检验，有必要的进行适当的水质处理，降低废液的 pH 值，检验结果需报监理工程师，经同意后再进行排放，以保证不污染环境。现场施工污水，须经沉淀池沉淀后，方可排放。现场生活污水、生活垃圾、粪便要集中处理，不得直接排入水体。施工材料如油料、化学品保存在合适的安全容器中，堆放场所远离民用水井及河流，防止暴雨冲刷而进入水体。施工过程中施工机械严格检查，防止油料泄露。禁止施工人员向水中抛弃垃圾、排放废水、废油和冲洗物。

（3）采取有效的噪声控制措施

施工噪声防治措施主要针对保护现场声环境敏感点，如农村居住区、学校、医院的声环境。由于噪声干扰人们的工作和生活环境，是影响面较为广泛的一种公害。因此，本标段工程中将施工噪声作为一个十分重要的问题来处理。施工时采取以下防治措施：

①在确定施工方法时，尽量选择产生噪声较少的工艺，并选用低噪声的施工设备。注意保养施工机械，加强施工机械各部分的润滑，使机械维持最低噪声水平。

②减少施工现场工程机械的走行距离，以便减少噪声污染，运土车辆经过村镇时不得加大油门快速通过，小油门缓速通过。

③对空压机、混凝土搅拌机、混凝土泵、柴油机组、电动机组等固定式机械采用隔离机器的振动部件来降低噪声，如底座加装抗振板、隔振器等。

（4）采取有效的大气污染控制措施

施工材料运输公路、便道及工地现场要定时洒水。料堆和贮料场需遮盖或洒水以防扬尘污染。运送材料的卡车需用帆布遮盖，以减少跑漏。搅拌设备必须良好密封，操作者注意劳动保护。严禁在场内动明火，焚烧废弃物或有害、有毒物质。集中设置食堂，不使用木材、煤作为燃料，坚持油改气的方针，饮食火源定为石油液化气。保证所有车辆及设备的废气排放符合环保要求，若检测不合格，需严格整改直至合格。

（5）采取有效的固体废弃物处理措施

钢筋加工场地等发生多处固体废弃物，监控处理。在各类加工场地完工后，对各类废弃物分类堆放，及时清理，以燃烧、填埋、弃运、回收利用等方式分别处理。

六、取得的成效

取得的成效如下：

（1）通过对箱梁的线形监控，各项指标尤其是高程得到了有效控制，箱梁的变形符合高铁的技术要求。

（2）节约了施工成本，锻炼了施工队伍，培养了一批优秀的技术人才。

（3）在施工中针对开发配套工装设备，坚持"精确定位、精细管理"，加强现场人员、物资等组织管理。

（4）进度控制中达到在严寒地区 10 d 3 孔的现浇梁施工记录，中央电视台对此进行了专题采访，受到了哈大客运专线公司及外方监理的肯定和好评，并在全线质量信誉评价中获得了第二的成绩。

（5）为以后高铁箱梁的现浇施工积累了经验，对类似工程施工具有指导和借鉴意义。

第八节　钢混结合梁施工技术

一、工程概况

钢混结合梁是由钢梁和钢筋混凝土桥面板形成组合截面共同承受荷载，充分利用了钢梁受弯性能好和混凝土受压性能好的特点，具有良好的受力性能，具有较强的刚度和整体稳定性，能够以较小的梁高跨越较大的跨度，是在桥梁跨越地物的施工条件受到严格限制时,或者桥梁跨度为非标准跨度时的首选方案。哈大高速铁路沈大段马总屯特大桥设计有 10 孔钢混结合梁,跨度为 1 孔 19.70 m,1 孔 17.97 m,8 孔 23.0 m,由中铁九局集团有限公司负责施工。现以此为例,详细总结钢混结合梁施工技术,供今后类似工程参考。

二、工程难点及特点

(1)钢箱梁采用工厂化分段制作,现场组装成为整体,利用吊车整孔吊装架设,钢梁设置模板托架,桥面悬臂模板采用搭设钢管支撑的方式施工,模板支立完成后现场浇筑桥面混凝土。

(2)钢混结合梁制造安装较为容易,施工速度快,工期短。

三、施工组织

1. 劳动力配置

主要劳动力配置见表 4-11。

表 4-11 主要劳动力配置

工 种	数量(人)	备 注
施工现场管理人员	2	指挥、安检、质检、物资
技 术 员	2	负责技术指导
测 量 工	2	放线测量
装吊工、起重工	2	—
钳、铆工	6	—
电 焊 工	12	—
钢 筋 工	5	—
混凝土工	4	—
模 板 工	2	—
架 子 工	3	—
设备操作工	3	—
油 漆 工	6	—
普通工人	10	—
合 计	59	—

2. 机械设备配置

主要机械设备配置见表 4-12。

表 4-12 主要机械设备配置

机械设备名称	数 量	备 注
550 t 履带吊	1 台	—
300 t 汽车吊	1 台	—

续上表

机械设备名称	数　量	备　注
汽车吊 25 t	1 台	—
电焊机	6 台	—
10 t 倒链	2 台	—
钢筋对焊机	1 台	120 kVA
钢筋切断机	1 台	—
钢筋弯曲机	1 台	—
钢筋调直机	1 台	—
木工多用刨床	1 台	—
乙炔切割机	1 台	—
混凝土振捣棒	10 条	—
平板振捣器	2 台	—
混凝土输送泵	1 台	—
120 kVA 发电机	1 台	—

四、关键施工技术及措施

1. 钢箱结合梁制作工艺

（1）制造厂工作界面划分

由于整桥发运运输尺寸超限，整体组拼需要在现场进行。厂内制造和工地组拼工作界面划分如下。

①厂内制造

进行厂内制造的有：所有零件的下料及坡口加工、隔板单元组焊、中腹板单元组焊、边腹板单元组焊、底板长度接料及制孔、翼缘板剪力钉焊接。

②现场组拼

进行现场组拼的有：底板宽度接料及二次切头、底板纵肋组焊、整体组焊、边腹板水平加劲肋嵌补段组焊、底板剪力钉组焊、表面处理及涂装。

（2）施工准备

①材料准备

材料采购方面，原材料的供货方必须是合格的分供方；材料复验方面，按《铁路钢桥制造规范》（TB 10212—1998）执行。

材料检验合格，由质检部门在质保书上加盖合格印章，编上序号，作为领料依据；不合格材料反馈给供货单位及时换料；本桥材料专料专用，物资部门必须妥善保管，作好色带标识，严格材料领退制度，严格退料管理，以免使用过程中混用；所有材料应妥善存放，避免积水积尘，防止腐蚀。

材料包括钢材、焊接材料和涂装材料等。

a. 钢材。钢混结合梁钢板采用 Q345qE 钢材,各种厚度钢板的技术条件满足《桥梁用结构钢》(GB/T 714)的规定;剪力钉材质为 ML15,其形状、尺寸及力学性能符合《电弧螺柱焊用圆柱头焊钉》(GB/T 10433—2002)的规定;钢板厚度 a(mm)的偏差符合以下规定,$5 < a < 8$ 时,容许偏差为($+0.8$, -0.4)mm,$8 < a < 16$ 时,容许偏差为($+1.2$, -0.5)mm,$a > 16$ 时,容许偏差为($+1.3$, -0.6)mm。

b. 焊接材料。焊接材料牌号及规格根据本钢混结合梁相的焊接工艺评定试验结果定。

c. 涂装材料。钢混结合梁防腐涂装材料采用设计规定的涂装体系材料。

钢混结合梁制造所用材料符合设计文件的要求和现行标准的规定,除必须有材料质量证明书外,还应进行复验,复验合格方能使用。钢材按同一厂家、同一材质、同一板厚、同一出厂状态每 10 个炉(批)号抽验一组试件(且根据每种规格的吨位情况,监理可作调整);焊接与涂装材料按有关规定抽样复验。

材料必须专料专用,物资部门发料和车间号料必须严格按配料单进行,并做好材质色标以防错用。

②技术准备

a. 前期技术准备和设计技术交底。在认真研究合同,理解业主提供的钢结构文件(设计图纸、技术规范等资料)后,邀请设计部门对管理和技术人员进行进一步的设计交底和技术澄清,深刻领会设计意图,明确技术要求,并提出合理化建议,探讨最佳设计和施工方案。

b. 施工技术组织计划总体安排。施工技术组织实行技术责任制,准备按时间进程分前、中、后三个阶段,前期打基础,中期搞强化,后期求完善。技术准备工作坚决做到:准备项目齐全,执行标准正确,内容完善齐备,超前计划布局,及时指导交底,重在检查落实。

c. 施工技术组织计划。

首先,认真熟悉、审查施工图纸和有关的设计资料和施工规范,调查、收集设计依据等原始资料,备齐必要的参考资料,对施工图的工艺性进行审核,审查图纸中的几何尺寸、坐标、标高、说明中的矛盾和错误,提出修改与洽商意见,并编写评审报告或工作联系单交甲方返设计单位澄清解答。组织集团公司钢结构制造方面的工程技术和管理人员开会讨论,分析本工程施工的特点和难点,制定科学、合理的钢结构制造、安装和运输实施方案,对于高强度焊接结构钢以及新材料的焊接,邀请有经验的专家研究。在设计技术交底基础上,按照甲方要求和公司质量体系规定,制定各种针对性的保证措施,开展实施性的施工组织设计,进行临时工程设施和相关建设工程的具体设计。

其次,编写钢结构制造的各种工艺及规则,通过制定科学、合理、详细的施工工艺方案,选择施工方法和施工设备,完成施工图转化、工装设计、焊接工艺评定、油漆工艺试验等技术准备工作。并据合同条款、技术规范的规定和要求,对各种临时设施符合性数据进行采集。通过工艺优化,保证制造工艺的可行,实现设计思想。与此同时,做好现场详细调查、现场基准点交接埋设与复测、各种工程材料的调查与合格性测试分析、各种仪器设备的调查与合格性测试试验、收集施工作业中所涉及的各种外部技术数据等各项工作。

再次,结合工程施工特点,为了突出钢结构制造工序保证能力,控制钢结构制造的工序质量和检验质量,针对钢结构制造的原材料检验、零部件形位尺寸精度测量、吊运等重要环节制定操作规程;针对各生产加工工序制定工艺规程、工艺质量标准;针对焊接等关键操作工序编制作业指导书;针对主要构件编制检验指导书(检验规程),做到程序文件化。施工中还要尽可能设计采用专业工艺装备,实现胎型化流水作业。

d. 施工图绘制。施工工艺图按钢结构施工工艺方案的单元分类绘制,全部采用计算机 CAD 完成。按 1:1 对钢结构立体放样,在计算机里模拟试装。绘制平曲线和竖曲线;全部杆件编码与设计图对应。图纸变更设计有设计单位书面变更通知方可进行。

e. 焊接工艺评定。焊接工艺评定是编制焊接工艺的依据,应在钢梁制造开工前完成。评定试验用的母材与产品一致,尽可能选用碳当量偏高的母材制备试板。选用的焊接材料应使焊缝的强度、韧性与母材相匹配。试板焊接时,要考虑坡口根部间隙、环境和约束等极限状态,以使评定结果具有广泛的适用性;根据本桥设计图纸和有关规定,编制焊接工艺评定任务书;根据批准的焊接工艺评定任务书,模拟实际施工条件,进行焊接工艺评定试验,已评定并批准的工艺可不再进行评定;根据焊接工艺评定试验结果,整理焊接工艺评定试验报告,向监理提供阶段性报告及最终报告,经监理工程师审查、批准后生效。并在生产中跟踪、检查,补充和完善工艺;试验报告按规定程序批准后,根据焊接工艺评定试验报告编写焊接工艺规程。

f. 工艺文件编制。按照《铁路钢桥制造规范》(TB 10212—98)和设计文件的要求,编制各种技术文件,指导、控制钢梁制造的全过程。

2. 制造工艺方案

(1)单元件制造

①腹板单元

采用精密火焰切割下料,预留焊接收缩量,腹板预留适当的预拱度,用于抵消 T 形单元非对称焊接时产生的挠度,下料后用赶板机校平保证钢板的平整度,并消除残余应力。组装时要保证肋板间距尺寸。腹板单元如图 4-16 和图 4-17 所示。

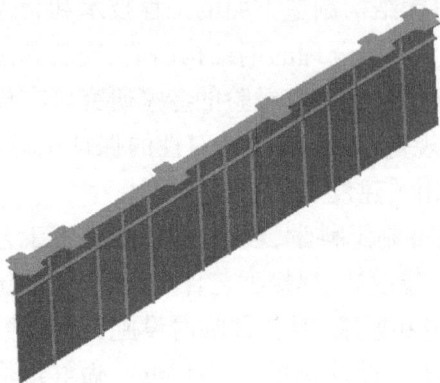

图 4-16 边腹板单元

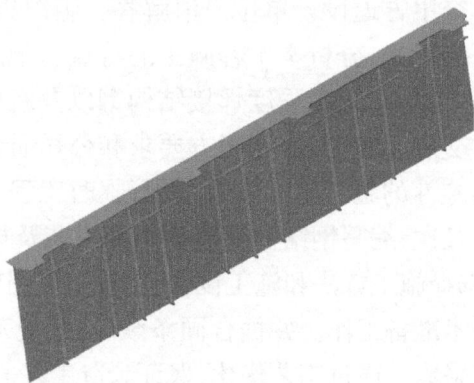

图 4-17 中腹板单元

②隔板单元

隔板采用数控精密切割后加工边缘的工艺方案,确保外形尺寸精度,选择合理的切割顺序,一定要保证各部位尺寸精度;襟板分成对称的两部分分别压弯成形,采用 CO_2 气体保护焊,注意对称施焊,控制变形。襟板对接处的焊缝熔透焊接,焊后打磨匀顺。隔板单元如图4-18 和图4-19 所示。

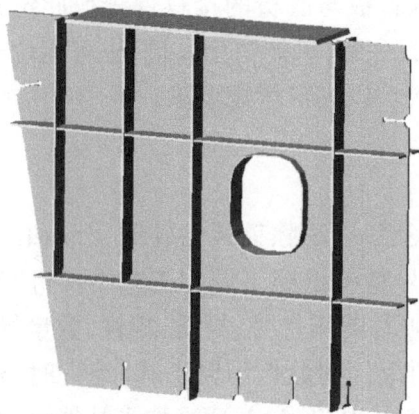

图4-18 端隔板单元

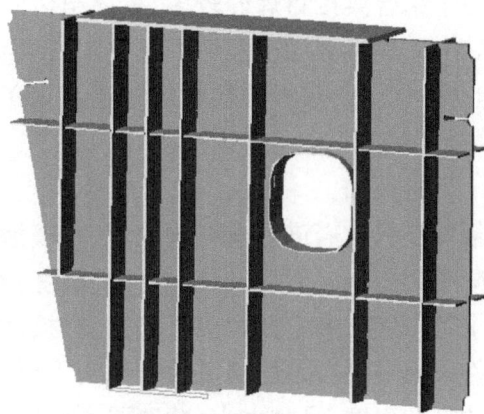

图4-19 中隔板单元

③底板单元

底板单元厂内在宽度方向上制成两块,分别完成长度接料、边缘坡口加工、支座孔、泻水孔钻制工作,制孔时以接宽焊缝坡口边缘为基准,并注意焊缝按标准错开。孔群宽度方向预留 6 mm 焊接收缩量,长度方向预留 5 mm 焊接收缩量。

（2）工地组拼

①底板接宽

底板接宽详如图4-20 所示。

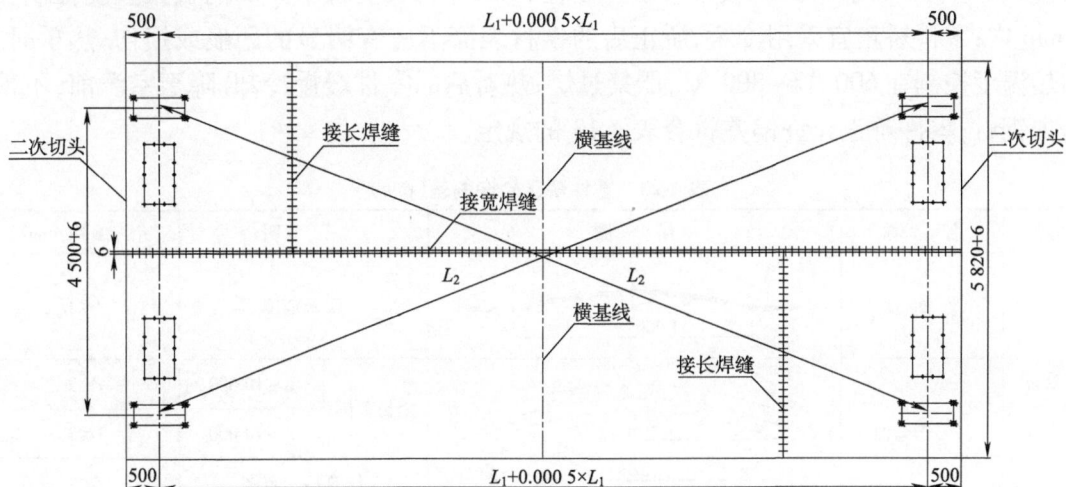

图4-20 底板接宽示意(单位:mm)

②整体组焊接

整体组装在专用组焊胎架上进行,为了保证焊接后不发生下挠,胎架预留一定的上拱度,预拱度最大值取跨度的(0.3~0.4)/1 000。

由于结合梁为单箱双室结构,组装时要特别注意组装焊接顺序,中间隔板与底板磨光顶紧处要采取有效措施保证顶紧处满足桥规要求。

由于结合梁接料焊缝较多,整体组装时要注意腹板与底板的接料焊缝彼此错开最小200 mm,其中翼缘板接料焊缝实际每块翼缘板为一条,可能位于左端,也可能位于右端,但必须保证与腹板的接料焊缝错开200 mm以上,以满足桥规要求。

(3)关键工艺

①下料及加工

板件下料前需进行板材预处理,并喷涂车间底漆,以消除钢板的轧制变形和内力,从而减小制造中的变形,保证板件平面度;作样和号料根据施工图和工艺文件进行,并按要求留出加工余量及焊接收缩量,样板、样杆必须写明零件号、材质、规格、数量等;矩形板件采用多嘴自动切割机精密切割下料,不规则板件用数控切割下料,编程时,根据形状的复杂程度、尺寸大小、精度要求等确定切入点与退出点,并适当加入补偿量;桥梁钢塔钢板的轧制方向与杆件主要应力方向一致;所有零部件优先采用精密切割,手工切割和剪切仅适用于工艺特定及切割后仍需加工的零部件;零件磨去边缘的飞刺、挂渣,使断面光滑匀顺。非焊接边缘均做磨倒角处理,倒角半径为1~2 mm;为验证程序的正确性,对于批量采用数控切割下料的首件必需经严格检验合格后,方可继续下料;对某些特定部件需进行边缘加工,即刨边,以保证零部件制造精度,提高组装及焊接质量。需边缘加工的部件,下料时预留加工余量。

②零件矫正

下料后,板件要进行赶平处理,平面度每米控制在1 mm以内,窄长板件进行调直处理,长度小于等于8 m的板条直度控制在3 mm内,长度大于8 m的板条直度控制在4 mm内;零件矫正宜采用冷矫,矫正后的钢材表面不应有明显的凹痕或损伤;热矫时,加热温度控制在600 ℃~800 ℃,严禁过烧;热矫后的零件缓慢冷却,降至室温前,不得锤击钢材;零件矫正允许偏差符合表4-13的规定。

表4-13 零件矫正允许偏差(mm)

零件	名　　称	简　　图	说　　明		允许偏差(mm)
板材	平　面　度		每米范围		$f \leq 1$
	马刀形弯曲		全长范围	$L \leq 10\ 000$	$f \leq 2$
				$L > 10\ 000$	$f \leq 3$
			任意每米范围		$f \leq 1$

③边缘加工

对于工艺要求进行机加工的零件,其尺寸允许偏差按工艺文件和图纸注明的要求执行;机加工零件的边缘加工深度不得小于 3 mm,加工面粗糙度 R_a 不得大于 25 μm;顶紧传力面的粗糙度不得大于 12.5 μm;顶紧加工面与板面垂直度偏差小于板厚的 1%,且不得大于 0.3 mm;零件磨去边缘的飞刺、挂渣,使断面光滑匀顺;坡口可采用机加工或精密切割,坡口尺寸及允许偏差由焊接工艺确定。

④组装

采用埋弧焊、CO_2 气体保护焊及低氢型焊条手工焊方法焊接的接头,组装前必须彻底清除待焊区域的铁锈、氧化铁皮、油污、水分等有害物,使其表面显露出金属光泽;钢板接料必须在杆件组装前完成,且钢板接料长度不宜小于 1 000 mm,宽度不得小于200 mm,钢塔组装时将相邻焊缝错开,错开距离不小于 200 mm;采用埋弧焊焊接的焊缝,在焊缝的端部连接引、熄弧板;引板的材质、厚度、坡口与所焊件相同;需作产品试板检验时,在焊缝端部连接试板,试板材质、厚度、轧制方向及坡口必须与所焊对接板材相同,其长度大于 400 mm,宽度每侧不得小于 150 mm;钢锚箱单元制造中,尽量减少临时定位连接码板,焊接时避免对母材产生咬边及弧坑,拆除码板及引板时严禁锤击,要采用火焰切除并磨平。采用合理的坡口形式进行单元组装,保证肋板的焊接质量,采用火焰矫正时,严禁用水冷却。

⑤焊接

a. 焊接工艺评定:杆件制造前根据焊缝的接头形式、板厚、材质编制焊接工艺评定任务书,进行焊接工艺评定试验并整理焊接工艺评定报告,根据评定结果编制焊接工艺。

b. 一般要求:焊工须经相应的考试,取得资格证书方可上岗,并按规定进行与其等级相应的焊接工作,严禁无证上岗;焊接作业宜在室内进行,保证环境温度 5 ℃以上,相对湿度 80% 以下。主要杆件在组装后 24 h 内焊接;焊接材料由专用仓库储存,按规定烘干、登记领用。烘干后的焊条放在专用保温桶备用;焊剂中的脏物,焊丝上的油锈等必须清除干净;CO_2 气体纯度大于 99.5%;焊接人员须严格执行焊接工艺规程,不得随意变更焊接规范参数。主要焊缝焊后按规定进行焊接记录;焊接设备处于完好状态,电流表和电压表通过计量检定。

c. 焊前准备:核对焊接部件,熟悉有关图纸和工艺文件;检查并确认使用的设备工作状态正常,仪表工具良好、齐全;清除待焊区铁锈、油污、水分等有害物。对工艺要求预热焊接的杆件进行预热,预热范围为焊缝两侧 50~80 mm;预热温度满足工艺要求。

d. 定位焊:定位焊前按图纸及工艺方案检查焊件的几何尺寸、坡口尺寸、焊缝间隙、焊接部位的清理情况,如不合格不得定位焊;定位焊不得有裂纹、夹渣、焊瘤、焊偏、弧坑未填满等缺陷,咬边深度不得大于 0.5 mm。

e. 焊接过程:埋弧自动焊、半自动焊焊接的部位焊引弧板及引出板,引板的材质、坡口要与杆件相同,引板的长度在 80 mm 以上;埋弧自动焊回收焊剂距离不小于 1 m,埋弧半自动焊回收焊剂距离不小于 0.5 m,焊后待焊缝稍冷却后再敲去熔渣;埋弧自动焊施焊时不断弧,如果出现断弧则必须将停弧处刨成 1:5 斜坡再继续搭接 50 mm 施焊,焊后将搭接部分修磨匀顺;焊接时须按焊接工艺中规定的焊接位置、焊接顺序及焊接方向施焊,有磨光顶紧要求的肋板,从顶端开始向另一端施焊;施焊期间,多层焊的每一道焊后,必须将所有熔渣清除干净,并将焊缝及附近母材清扫干净,再焊下一道;焊后引板焰切切掉,不得锤击。

f. 焊缝检验:所有焊缝均在全长范围内进行外观检查,焊缝不得有裂纹、夹渣、未熔合、未填满弧坑和焊瘤等缺陷,并符合焊缝外观质量标准规定,具体规定见表 4-14;焊缝内部质量无损检验:经外观检验合格后,焊缝方能进行无损检验,焊缝无损检验必须在焊接 24 h 后进行;焊接产品试板要进行接头拉伸、接头弯曲、焊缝金属冲击试验,以此检验焊接工艺的执行情况,监控实际生产中的焊接质量。

表 4-14　焊缝外观质量标准

项目	焊缝种类	质量要求(mm)	
气　孔	横向对接焊缝	不允许	
	纵向对接焊缝、主要角焊缝	直径小于 1.0	每米不多于 3 个,间距不小于 20
	其他焊缝	直径小于 1.5	
咬　边	受拉杆件横向对接焊缝及竖加劲肋角焊缝(腹板侧受拉区)	不允许	
	受压杆件横向对接焊缝及竖加劲肋角焊缝(腹板侧受压区)	≤0.3	
	主要角焊缝、纵向对接焊缝	≤0.5	
	其他焊缝	≤1.0	
焊脚尺寸	主要角焊缝	$h_f{}^{+2.0}_{\ \ 0}$	
	其他角焊缝	$h_f{}^{+2.0}_{-1.0}$ (手工角焊缝全长的 10%,允许 $h_f{}^{+3.0}_{-1.0}$)	
焊　波	角焊缝	≤2.0(任意 25 mm 范围内高低差)	
余　高	对接焊缝	≤3.0　　(焊缝宽 b≤12) ≤4.0　　(12<b≤25) ≤4b/25　(b>25)	
余高铲磨后表面	横向对接焊缝	不高于母材 0.5 不低于母材 0.5 粗糙度不高于 50 μm	

⑥杆件矫正

冷矫时缓慢加力,室温不宜低于 5 ℃,冷矫总变形量不得大于 2%;热矫的加热温度控制在 600 ℃~800 ℃,不宜在同一部位多次重复加热;零件组焊后根据变形情况采用冷矫或热矫对其进行矫正;矫正后的杆件表面不得有凹痕和其他损伤;冷矫时缓慢加力,室温不宜低于 5 ℃,冷矫总变形量 Δ≤2%;局部修整采用锤击时须加垫,不得直接锤击构件;热矫时火焰采用中性焰或碳化焰。

⑦涂装

a. 涂装工艺试验:试板按照哈大高铁钢混叠合钢梁表面防护体系进行涂装施工和检验,按照《哈大高铁钢混叠合钢梁涂装工艺规程》,安排实际施工中的人员操作,并遵循同设备、同涂料和同工艺的原则进行试验;试验时有施工方质检员和涂装主管工程师、监理工程师在场;根据试验结果和记录进行工艺试验评定,并报监理批准;工艺试验批准合格后方可进行正式涂装。

b. 表面处理:成品杆件表面采用磨料喷砂或抛丸除锈处理,表面清洁度等级达到《涂装前钢材表面锈蚀等级和除锈等级》(GB 8923—88)标准规定的 Sa2.5 级,粗糙度达到 $R_z = 40 \sim 70$ μm;表面喷砂或抛丸处理后,清洁度及粗糙度合格后进行表面涂装。

c. 涂装与检测:涂装采用无气喷涂技术,确保涂层质量。栓孔处涂层采取防护措施,保证栓接面不受污染;对于边角、孔隙等部位先进行预涂,较小表面采用刷涂法进行涂装;涂装作业严格按涂装施工工艺和涂料说明书的要求进行;涂层检测的主要指标为外观质量、厚度和附着力,漆膜外观,采用目视法检查。外观颜色均匀,无漏涂、无流挂、无起泡等缺陷,漆膜厚度要求采用 85-15 规则,附着力采用划格法进行检验,达到 1 级以上;涂装检测工具保证都在检定周期内;钢梁制造完成后,对高强度螺栓合面进行包装,避免受潮划伤,并按设计图编号,结合工厂施工图进行杆号喷涂标识,标识位置放在钢梁腹板非连接部位且醒目位置。

⑧包装发运

杆件包装在涂层干燥后进行;包装和装箱要做到保证杆件不变形、不损坏、不散失;杆件存放场地平整,有排水设施,杆件分类存放在木楞上,杆件底部与地面之间净空不宜小于 300 mm,杆件之间须留有间隙。

3. 钢箱梁的安装

(1)吊车选型

针对本桥的施工难度及结构特点,通过现场的实际勘测情况,经过多次方案论证,确定采用吊车吊装的施工方案。确定用两台 250 t 汽车吊抬钢箱梁架设。

(2)起吊方法

①起吊点设立:根据本桥的结构特点,钢箱梁是一个上开口的槽形结构,抗扭刚度较弱。为保证其抗扭不变形,吊梁点设置在梁端部横隔板的加强处,并配备扁担梁使其在吊装过程中始终受竖向力。

②辅助扁担梁设计:根据梁体重量以及起吊过程中钢丝绳的角度,采用箱形扁担梁。

③钢丝绳的确立:每片梁用 2 根钢丝绳吊装,考虑辅助扁担梁、钢丝绳等附加荷载 10 t,最大起重重量为 160 t。

④起吊高度、回旋半径、吊杆长度的确立:550 t 履带式吊车车高 3 m,吊勾头长

3.0 m,300 t 汽车吊车高 3.98 m,吊勾头长 3.0 m。地面高至墩顶处高 4~8 m,钢箱梁高 2.7 m,吊具高约 1.5 m,吊装作业时,要求将钢梁吊至高过墩顶 0.5 m 处,方可旋转就位。

4. 钢箱梁桥面板施工

（1）模板制立

模板分两种,一种为预制混凝土模板,用于钢箱梁箱室顶部,作为结构的一部分不拆除;另一种采用竹胶板,用于钢箱梁悬臂部分,作为现浇混凝土模板予以拆除。

（2）钢筋绑扎、预埋件安装

模板安装结束后,绑扎桥面板钢筋,预埋件。

（3）混凝土浇筑

本桥采用 C50 无收缩混凝土,下翼缘板混凝土采用 C30 纤维混凝土,顶板混凝土计划分四段浇注,段间设 50 cm 的后浇带,钢筋不断开,后浇带 10 天后浇注,横向浇注可先浇筑腹板顶部,然后对称浇注,分段部分连续灌注,一次成型。接缝处混凝土进行凿毛处理。混凝土振捣采用插入式振动器和平板式振动器相结合的方式进行振捣。

五、主要管理措施

1. 质量管理措施

严格执行《客运专线铁路桥涵工程施工质量验收暂行标准》(〔2005〕160 号文)。

（1）厂制钢梁的结构尺寸,焊接质量,低层涂装质量,剪力连接器数量、质量、工地焊接接头板坡口等外观质量,必须符合设计要求和相关标准的规定。

（2）钢板梁架设施工,必须符合相关标准的规定和施工工艺设计的要求。吊装过程中钢梁不得扭转翘曲,倾倒,注意梁体同步,支垫平稳,正确就位。

（3）开口箱梁梁段工地焊接拼装前有工地焊接工艺试验资料,焊接质量必须符合设计要求和焊接工艺要求。

（4）开口箱梁尺寸允许偏差和检验方法符合表 4-15 的规定。

表 4-15　开口钢箱梁尺寸允许偏差和检验方法

序号	项　目		允许偏差(mm)	检验方法
1	梁高(H)	$H \leqslant 2$	±2	尺量两端腹板处
		$H > 2$	±4	尺量两端腹板中心处
2	主梁中心距		±3	尺　量
3	相邻梁段上下翼缘错边量		焊接 <1、栓接 <2	
4	相邻梁段腹板的错边量		焊接 <1、栓接 <2	
5	相邻梁段两端板边孔距		±1.0	尺量中间段之两端中间孔的中心距

续上表

序号	项　目	允许偏差(mm)	检验方法
6	连续梁长度	±15	拼装后尺量全长
7	主梁上拱度	+10,−3	尺量或测量跨中
8	横断面对角线差	4	尺量两端断面
9	腹板平面度	箱梁 $h/250$ 且不大于8	尺　量
10	旁　弯	$3+0.1L$ 且不大于8	拉线尺量
11	支点高差	5	测　量
12	主梁、纵横梁盖板对腹板的垂直度	±1.5	直角尺测量

2. 安全管理措施

(1)吊装架设必须符合质量要求,否则不能拼梁和焊接作业。钢结构调位时要统一指挥,杆件就位后,检查杆件有无损伤、变形。未经训练的人员不得操作。

(2)施焊人员要穿着阻燃工作服和绝缘鞋,佩戴防护罩和长臂手套。

(3)钢箱梁内施工要设置良好的通风设备。

(4)施焊人员在钢箱梁内施焊时要佩戴防毒过滤口罩。并佩带报警装置,随时监测施工中箱梁内有害气体的浓度,一旦报警就暂停施焊。还需佩带个人防护警报器,感觉有中毒症状立即停止工作。

(5)每个气瓶要佩带防震圈和防护帽,以防止砂砾或油污进入阀门。

(6)少量手工打磨,会产生少量粉尘,操作工人要带防护罩。

3. 环保措施

(1)采取有效措施控制现场的各种粉尘、废气、污水、固体垃圾及噪声振动对周围环境的污染和危害。

(2)施工现场废料主要是喷砂、打磨、焊接等工序产生的锈渣、漆渣、焊渣及废矿砂,定期清理回收并在指定的防渗漏的填埋场填埋;生活区垃圾及时清理,按当地的有关规定投掷在指定地点,减少污染。

六、取得的成效

由于该方法制造场地小,可在箱梁场进行安装并浇筑混凝土,并可利用梁场设备进行运架,大大节约了成本。

以20天每孔的施工速度和便于运输的优点,保障了架梁通道的顺利开通。

第九节　高性能抗冻混凝土冬季施工技术

一、工程概况

哈大高速铁路是世界上首条严寒地区高速铁路,沈大段中铁二局集团有限公司管段沿线气候属温带、湿润~半湿润的季风气候。年平均气温 8.9℃~10.9℃,最冷月

平均气温 − 3.9 ℃ ～ − 11.3 ℃ 极端最高气温 35.0 ℃ ～ 36.7 ℃，极端最低气温 − 18.8 ℃ ～ − 33.1 ℃。土壤最大冻结深度 0.93 ~ 1.48 m。受季风影响，降水集中，温差较大，四季分明。根据《客运专线高性能混凝土暂行技术条件》（铁科技基〔2005〕101号）的规定，线路部分混凝土工程处于冻融破坏环境。一方面必须配制出经济、适用的高性能抗冻混凝土，以抵御外部环境的不利影响；另一方面因工期要求，在工程建设中，必须采取可靠有效的冬期施工措施，以确保混凝土的施工质量。现以中铁二局集团有限公司项目部冬季混凝土施工为例，简要介绍高性能抗冻性混凝土冬季施工技术措施，以供类似工程参考。

二、工程特点及难点

1. 高性能抗冻混凝土配制技术要求

使用高效减水剂和优质引气剂，在混凝土中掺用矿粉、粉煤灰等外掺料配制出经济、适用的高性能抗冻混凝土，在配制过程中遵循以下原则：

（1）采用优质的引气剂，使混凝土中的含气量 ≥5%。

（2）严格控制水胶比，水胶比 ≤0.4。

（3）严格控制混凝土的用水量，高性能抗冻混凝土的单方用水量控制在 160 kg/m³ 以内。

（4）外掺料的掺量不低于 40%，采用矿粉和粉煤灰复合掺入，其中粉煤灰的掺量不超过胶凝材料总量的 25%。

2. 高性能混凝土冬季施工技术要求

当环境昼夜平均气温（最高和最低气温的平均值或当地时间 6 时、14 时及 21 时室外气温的平均值）连续 3 d 低于 5 ℃ 或最低气温低于 − 3 ℃ 时，采取冬季施工措施。管段内每年大约从 11 月 15 日至次年 3 月 15 日为冬季施工期，历时 4 个多月。为了保证施工计划的全面完成，需要进行钻孔桩、承台、墩身、现浇和箱梁预制架设等混凝土工程进行冬季施工。

根据《客运专线高性能混凝土暂行技术条件》（铁科技基〔2005〕101 号）及《铁路混凝土及砌体工程施工技术指南》《铁路混凝土及砌体工程质量验收标准》的有关规定要求，冬期施工期间，当用硅酸盐水泥或普通硅酸盐水泥配制混凝土且其抗压强度达到设计强度的 30% 前，混凝土均不得受冻。浸水冻融条件下的混凝土开始受冻时，其强度不得小于设计强度的 75%。

冬期施工根据工程类别、气象资料、材料来源和工期等要求，通过热工计算及经济分析，选择下列两类施工方法：

（1）在养护期间不需对混凝土加热的蓄热法、掺外加剂法和综合法。

（2）在养护期间需利用外部热源对混凝土加热的暖棚法、蒸汽加热法、电热法和热综合法。

混凝土冬季施工,尤其是在严寒地区,为防止混凝土早期受冻,一般都要求混凝土有较高的浇筑温度,能使混凝土正常水化,水化产生的热量就能持续使混凝土水化反应,从而产生足够的温度和强度。因此,冬季混凝土施工的技术措施主要着手点是提高混凝土的入模温度和经济合理的保温措施以减少内外温差。

三、关键施工技术及措施

1. 冬季施工技术措施

（1）拌和站设施保温

拌和站保温范围主要包括:砂石料仓、配料机、倾角机、搅拌主机、搅拌用水、外加剂等。热源采用蒸发量为 1 t 的燃煤锅炉,60 m³ 热水池。

①砂石料仓

砂石料仓保温采用搭设保温棚,当环境温度不能满足混凝土生产要求时,对砂石料仓通蒸汽或使用燃煤炉进行环境加热保温,保证砂石料为松散状态,料仓的温度保证在零上 5 ℃以上。

暖棚的建设要求:首先在地面砌筑 2 m 高的砖混围墙,满足砂石料对墙体的侧向压力,紧靠围墙内侧采用埋设钢立柱和钢结构桁架梁焊接形成框架结构房屋,侧墙用厚度为 10 mm 彩钢板铺设,屋顶用厚度为 10 mm 遮光中空阳光板铺设;由于暖棚的严密程度对保温的影响很大,必须得保证暖棚围挡严密;钢结构设计、安装委托具备资质的单位完成,要考虑抗大风和抗雪压的要求。暖棚内升温采取地热升温的方式进行,如图 4-21 ~ 图 4-25 所示。

图 4-21 砂石料保温棚

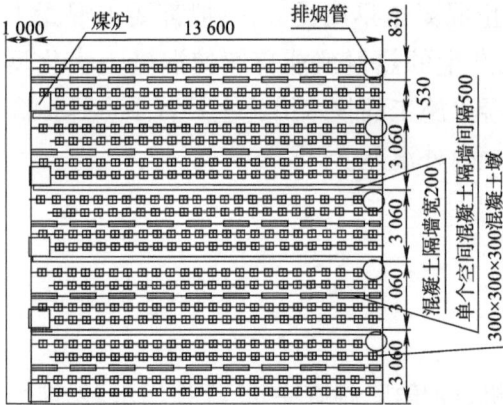

图 4-22 地热基础结构设计图(单位:mm)

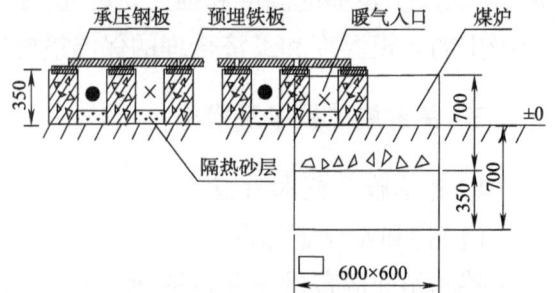

图 4-23 地热煤炉设计大样图(单位:mm)

图 4-24 地热基础平面布置

图 4-25 地热钢板

②配料机

拌和站的安装方案考虑冬季施工要求,对配料机采用半沉式安装,采用钢板焊接,将配料机料仓 1/2 处以下部分与安装基坑完全形成封闭室,并与倾角机连接封闭为一体,并采用棉被覆盖,在封闭室内安装 12 组(每组 30 片)暖气片。以保证料仓开闭、皮带传输机正常工作,并对砂石料进行保温。在配料仓上部采用三方封闭,保证砂石料防风、雨、雪及扬尘。在冬季,混凝土生产结束后,配料仓内不留存砂石料,以免冻结,如图 4-26 所示。

③倾角机

倾角机保温主要采用保温板封闭,与配料机和搅拌主机楼连接为一体封闭。必要时外加棉被进行覆盖,防止砂石热量散失,防风及雨雪侵蚀,并保证传动轴与传输皮带不结冰打滑,如图 4-27 所示。

④搅拌主机

拌和站的搅拌主机位于搅拌楼内,由厂家采用厚度 100 mm 发泡保温板进行全封闭,冬季用棉被将楼内所有缝隙密闭,搅拌楼内安装四组(30 片)暖气片,以保证设备的正常运转和维护保养要求,尽可能靠近搅拌主机安装,保证搅拌楼内的温度在 10 ℃ ~ 15 ℃。

图 4-26 配料机保温

图 4-27 拌和站大倾角传输带保温

⑤燃煤锅炉和热水池

采用蒸发量为 1 t 的燃煤锅炉为混凝土生产的保暖热源,锅炉房设置于配料机和搅拌楼的最近位置,尽量减少暖汽及热水管道的敷设长度,对所有管路采用保温材料严密包裹,减少热量损失。锅炉设置热水池水温监测仪器,增加一个 3 m³ 热水交换池。满足混凝土拌制的热水供给,配料机下仓和搅拌主机楼的暖气片供暖,热水循环回锅炉房。锅炉工必须具备特殊工种资格,锅炉每年必须在当地特检所进行强制检定。

冬季采用热水拌制混凝土,对热水的温度有严格的要求,选择锅炉和热水池的设计非常重要,根据东北冬季的特点,水源采用地下水,经化验满足混凝土生产要求,在外界温度为 −10 ℃ ~ −15 ℃时,地下水温为 8 ℃ ~ 5 ℃。水池修建于室内地面以下,与锅炉房建为一体,水池为砖混结构,防渗漏处理,冷热水池各 30 m³,上口遮盖严密,在冷热水池的隔墙位于水位 2/3 处开孔 200 mm × 200 mm,在热水池的温度达到 50 ℃ ~ 60 ℃时,可以提高冷水池的温度,以利于不断循环抽到热水池后保证热水池温度的保持范围。锅炉的蒸汽管安装接入热水池中部,出口低于水面下 2/3 处。

⑥外加剂的保温

采用在混凝土罐仓下面建一保温板房,室内用电热恒温装置对室内温度控制在 25 ℃ ~ 30 ℃,外加剂置放于室内,对外加剂进行保温。经实际测量,外加剂温度保持在 20 ℃ ~ 25 ℃。

⑦应注意的几个问题

a. 冬季施工关键是做好各项保温措施和控制好混凝土的温度,所以开工前要对保暖大棚的搭设、输送管道的铺设和保温作认真检查,减少热量的散失,保证大棚内及原材料的温度。

b. 要注意控制各种混凝土原材料的温度,骨料在浇筑前 1 d 进行保温预热,满足浇筑时骨料中不带有冰雪和冻结团块,温度达到 2 ℃ ~ 5 ℃左右,温度不宜太高。施工中应注意每小时测定一次各种材料的温度,随时进行温度控制,保证混凝土的入模温度。

c. 由于暖棚内热源多,局部采用了棉毡布进行覆盖,所以必须加强防火,备足消防器材。

2. 原材料的储存

(1)胶凝材料宜采用岩棉布包裹胶凝材料储罐进行保温。

(2)外加剂存放于室内保温。对于水剂应预防结晶,结晶的外加剂必须在厂家规定的温度下溶解经检验合格方可使用。

(3)拌和用水应加热,加热温度根据热工计算和实际试拌情况确定,保证混凝土拌和物的出机温度不宜低于 20 ℃,最低不得低于 15 ℃。水的加热温度不宜高于 60 ℃。当骨料不加热时,水可加热至 80 ℃以上,但必须采用二次投料搅拌工艺;即:先对水、砂、石料搅拌均匀,然后加入水泥、矿物掺合料和外加剂进行搅拌。

(4)粗、细骨料存放于保温棚,保证骨料使用时的温度高于 0 ℃,骨料级配良好,质地坚硬,保持清洁,骨料中不得含有冰雪和冻块,也不宜含有较多的水分。经过清洗的骨料提前运进保温棚内存放,使骨料的含水率符合要求。当采用加热拌和用水不能满足混凝土拌和物的出机温度不低于 20 ℃的要求时,对骨料采取加热措施,在存料仓下部修建加热坑道,上覆钢板,钢板上存放骨料,钢板下升火或通暖气加热。骨料的加热温度根据需要确定。

3. 混凝土拌制

为保证混凝土的入模温度不低于 10 ℃,应通过热工计算和实际试拌结果来确定各种组成材料的加热温度。冬期施工的热工计算可按《建筑工程冬期施工规程》(JGJ 104—97)附录 B 进行。

拌和机蓄水池使用锅炉输入蒸汽加温,混凝土采用热水搅拌,保证水温不得超过 60 ℃。投料前,应先用热水冲洗搅拌机,搅拌时应先投入骨料和已加热的水,搅拌均匀后再投入水泥和外加剂,以防止发生假凝现象,搅拌时间应较常温时延长 50%(3～3.5 min)。拌制的混凝土出现坍落度减小或发生速凝现象时,应重新调整拌和料的加热温度,保证混凝土出机温度不宜低于 20 ℃。在搅拌混凝土前和停止混凝土搅拌后,用热水及时冲洗搅拌机。

4. 混凝土运输

(1)混凝土拌和站的紧靠桥梁工程设置,并以沿桥梁工程设置的施工便道为运输线路,以混凝土拌和站为中心前后运距各 6 km,尽可能保持运输线路的畅通和便道质量,缩短运输时间,使混凝土免遭过大的热量损失。

(2)在混凝土的拌制前,拌和站要和施工现场保持联系,施工现场负责人必须明确通知拌和站混凝土的浇注时间,并做好一切准备工作,以保证混凝土从生产到浇注的时间为最短,满足混凝土的浇注质量。

(3)混凝土运输车的罐体采用保温棉布包裹,在运输过程中,用特制保温盖扣在罐体的进出口,减少热量散失。

(4)采用汽车混凝土输送泵进行混凝土泵送,做好施工准备,做到快速连续浇注,减少混凝土泵送过程中的热量散失。

(5)混凝土的浇注和运输要避开雨雪天气。

5. 混凝土浇注及养护

(1)养护主要方式

混凝土养护主要采用两种方式:蓄热法养护,暖棚法。

①蓄热法养护

蓄热法适用于室外环境气温不低于 −15 ℃ 的地面以下工程或表面系数(指结构冷却的表面积与其全部体积的比值)不大于 5 的结构。施工简单、不需外部热源、节能、施工费用低,在冬季施工中可优先考虑。只有当蓄热法不满足要求时才考虑选择其他方法。

蓄热法养护的三个基本要素是混凝土的入模温度、围护层的总传热系数和水泥的水化热值,可通过热工计算调整以上参数。采用蓄热法时,宜采用水化热较高的水泥,同时选用传热系数小、价廉耐用的保温材料,如草帘、草袋、锯末、谷糠及炉渣等。

当采用蓄热法养护时,测温孔应设在易于散热的部位;当采用外部热源加热养护时,测温孔应在离热源不同的位置分别设置;大体积结构的测温孔应在表面及内部分别设置。保温材料应按施工方案设置,并保持干燥。应对结构的边棱隅角加强覆盖保温,迎风面应采取防风措施。在负温情况下不得浇水养护。

②暖棚法

暖棚法是在被养护的混凝土结构物搭设外围物,内部安设散热片、热风机、火炉等作为热源,加热空气,并保持一定的湿度,保证混凝土结构进行正常的养护。若暖棚内直接用燃料加热,为防止混凝土早期碳化,要注意通风的养护,排除二氧化碳气体。当采用暖棚法养护混凝土时,棚内底部温度不得低于 5 ℃,且混凝土表面应保持湿润;采用燃煤加热时,应将烟气排出棚外,注意防火保证安全。

(2)钻孔桩工程

钻孔桩冬季施工的重点是现场配够锅炉或火炉烧热水,保证有足够的热水,导管拆卸时接口冻住,采用开水融化,以及灌注混凝土前对漏斗和导管口浇灌热水升温。灌注完成后及时回填到冻结线以上。

(3)承台工程

承台混凝土施工尽量避开雨雪天气,并尽可能安排在10:00~17:00之间进行,一天中温度最低时不允许浇筑混凝土。承台模型安装完成后,安排专人清除模板、钢筋上的冰雪和污垢,模板四周用篷布进行包裹。混凝土应分层连续浇注,分层厚度不得小于20 cm,并尽量缩短每层浇注的分段长度,减小混凝土的散热面。混凝土浇注完成后,顶面覆盖塑料布保湿,上面覆盖棉被保温,最后在顶面压盖篷布隔风。混凝土强度超过临界受冻强度及脱模要求时,拆除模型和加温设备,四周及时用土回填,顶面继续按要求三层保温养护,如图4-28所示。

图4-28 承台施工

(4)墩身工程

冬季墩身混凝土施工尽量避开雨雪天气,并尽可能安排在10:00~17:00之间进行,一天中温度最低时不允许浇注混凝土。墩台保温措施采用电吹热风保温和锅炉蒸汽保温,模板四周用篷布进行包裹,篷布和模板之间采用电吹热风或者蒸汽保温。蒸汽养生使用0.5 t无压力锅炉,模型外侧篷布内侧大约间隔50 cm缠绕管道,管道采用直径大约5 cm的薄壁钢管,钢管间距大约50 cm沿环线扎三眼,喷蒸汽。混凝土到工地前尽早安排蒸汽或热风加热,并且浇注前向模型上浇灌热水,保证模板温度满足规范要求,同时混凝土的入模温度不得低于10 ℃,现场准备温度计随时对混凝土温度进行量测。混凝土振捣快速,保证混凝土的均匀性和密实性。混凝土强度超过临界受冻强度及脱模要求后,拆除模型和加温设备,外侧包裹塑料布保湿,上面包裹棉被保温,最后在顶面包裹棚布隔风进行养护。

(5)现浇箱梁工程

冬季现浇混凝土施工不允许在雨雪天气,必须安排在每天10:00~17:00之间进行。在模型外侧安装蒸汽管道,外边使用篷布包裹保温,使用0.5 t无压力锅炉供应蒸汽,并且浇注前向模型上浇灌热水,保证模板温度满足规范要求,同时混凝土的入模温度不得低于10 ℃,现场准备温度计随时对混凝土温度进行量测。混凝土振捣快速,保证混凝土的均匀性和密实性。顶面覆盖塑料布保湿,上面覆盖棉被保温,最后在顶面压盖篷布隔风,端头采用帆布包裹,直到预应力混凝土张拉压浆完成后,拆除模型和加温设备,外侧包裹塑料布保湿,上面包裹棉被保温,最后在顶面包裹篷布隔风进行养护。

(6)预制箱梁工程

预制箱梁采用工厂化施工,整个梁场内制梁台座铺设蒸汽管道,箱梁混凝土在台位施工的整个过程罩在特制的养护棚内施工,棚内按要求供应蒸汽,保证混凝土施工符合规范要求,如图4-29、图4-30所示。

图4-29 浇注混凝土时采用的加高棚架

图4-30 梁体混凝土浇注施工

在混凝土灌注完毕后,立即将混凝土温度保持在 10 ℃ ~ 20 ℃下进行静停养护。利用 50 t 龙门吊将蒸养棚架的加高部分拆除以降低棚架高度,并迅速将箱梁侧模外围和端头篷布搭设好。使整个梁体应处于一个密闭的环境,保证蒸养时不漏气,使混凝土在较短时间内达到规定温度。当蒸养篷布搭设完成后,应立即进行预制箱梁的蒸汽养护。蒸汽由梁场蒸养锅炉引入,利用梁场预埋的蒸汽管道输送至制梁区,再由蒸发管将蒸汽输送到蒸养棚内,如图 4-31 所示。

图 4-31　箱梁蒸汽养护

在整个冬季施工期间,箱梁混凝土养护均采用蒸汽养护工艺。采用蒸汽养护时,应实施跟踪观测养护,使棚温与梁体内水化热相适应。蒸汽养护全过程分为静停、升温、恒温、降温四个阶段。

①静停:梁体混凝土灌注完毕至混凝土初凝之前的养护期为静停期。静停期间应保持棚温不低于 5 ℃,时间为 4 ~ 6 h。静停期可向棚内供给少量的蒸汽,将棚内温度控制在 20 ℃以内。

②升温:温度由静停期升至规定的恒温阶段为升温期。升温速度不得大于10 ℃/h。

③恒温:恒温时梁体表面混凝土温度不宜超过 45 ℃,梁体芯部混凝土温度不宜超过 60 ℃。恒温期一般保持 8 ~ 10 h,具体时间可根据试验确定。

④降温:按规定恒温时间,取出随梁养护的混凝土检查试件经试验达到混凝土脱模强度后,停止供汽降温,降温速度不大于 10 ℃/h。如检查试件达不到脱模强度的要求,则按试验室的通知延长恒温时间,直至混凝土达到脱模强度后方能降温。降温至 25 ℃以下,且梁体表面温度与环境温度之差不超过 15 ℃时,方可撤除保温设施

和测试仪表。

在养护过程中,通汽以后应指定专人定时测温,并作好记录。

在存梁台座处箱梁的两端搭设暖棚,暖棚内部和箱梁内部生火炉上边烧水取暖,保证终张钢绞线温度、水泥浆拌和压浆的温度、封锚混凝土施工的温度符合规范要求。整个张拉、压浆和封锚过程暖棚和箱梁内温度保持在 5 ℃以上,并在压浆作业前用探棒式温度计在压浆孔处或横向张拉孔处量测梁体温度(测点大于六个),如梁体温度低于 5 ℃则不得进行压浆作业应继续升温。水泥浆拌和在暖棚内施工,使用温度不高于 80 ℃的热水拌和,需要用温水拌和水泥浆,水泥和灌浆剂提前在暖棚内预热。搅拌水泥浆前,并经试拌确定水、胶凝材料和砂子需要预热的最高温度,保证压浆温度不应低于 5 ℃,压浆采用暖棚内白天进行真空压浆,压浆过程中及压浆后 48 h 每一小时测温一次;压浆水温每盘测量,并每半小时测一次浆体温度加以校核。强度发展期间不得撤除暖棚、并须保持梁体两端覆盖严实。封端混凝土采用暖棚内施工,塑料布覆盖养护。

养护完成后的梁体如图 4-32 所示。

图 4-32　养护完成后的简支箱梁

四、主要管理措施

冬季施工气温低,风、雨、雪天气较多,是各类施工事故的高发期。为确保冬季施工安全生产,遏制重大事故发生,根据本项目施工现场的具体情况,特制定冬季施工安全防范措施,并严格遵照执行。

1. 突出重点,强化施工现场冬季施工安全生产管理

(1)把施工现场防火、防冻、防滑等安全工作要作为冬季施工安全生产的重点来抓。强化消防安全管理,重点做好作业区、生活区及材料库、油库等重点部位的消防安全管理,做到提前防范、重点监控、及时排除事故隐患。强化现场防冻、防滑管理,及时

清除施工现场的积水、积雪,加强从业人员冬季施工的防寒工作和防滑措施,严禁雨雪和大风天气强行组织施工作业。

(2)加强对大型起重运输设备、临时用电及临建设施等重点部位和重点环节的监控,采取有针对性的防范措施,强化现场管理,重点做好设备的检测、维修和保养,确保设备性能完好,各种设备的安全装置(如限位装置、防护罩、制动性能、紧急开关等)要齐全、有效、可靠。

(3)加强设备安全保护,做好冬季防冻技术措施,采取必要的保暖、保护措施,避免因防护设施不当造成设备损坏,进而影响工程工期和财产损失。

(4)加强交通车辆的安全管理。机动车辆严格执行派车制度,雪雨天气禁止出车;接送员工上下班的车辆,要确认员工完全上好车,车上保险措施是否完善后,方可鸣笛起步,在行驶途中要控制车速,预防交通事故的发生;严禁客货混装;严禁酒后开车;严禁边打手机边开车等。

(5)预防高空坠落事故,重要部位设置醒目的预防高空坠落的安全警示牌。登高作业人员必须佩戴防滑鞋、防护手套等防滑、防冻措施,并按要求戴好安全帽、系好安全带。

(6)强化施工现场临时用电管理,对现场的配电室、配电箱及开关箱进行全面的安全检查,凡是不符合安全要求的要立即更换,防止触电事故和火灾事故的发生。

(7)强化事故应急预案管理,建立冬季施工安全生产值班制度,落实抢险救灾人员、机械和物资,一旦发生重大安全事故时,确保能够高效、有序地做好紧急抢险救灾工作,最大限度地减轻灾害造成的人员伤亡和经济损失。

(8)施工现场员工宿舍内严禁使用木柴、炭火、电炉、电取暖器等;严禁乱拉、乱接电线;严禁电热毯开启电源睡眠;严禁人离开宿舍开启电热毯;严禁吸倒床烟。

2. 加大设备的冬季检查保养工作

(1)施工现场的各类设备较多,要做好设备的换季保养工作,按照机械设备使用要求,及时备好冬季所需的燃油、润滑油、液压油、防冻液等,严格按使用说明书要求及时更换。

(2)操作司机要加强对设备的检查,对设备的各结构件、螺栓要经常紧固,检查焊接点是否有脱焊,对发现的设备隐患进行整改,确保设备使用安全。

(3)操作司机上高空检查时,必须系好安全带,穿滑鞋,戴防护手套,做好个人安全防护措施。

(4)起重设备司机要重点作好班前、班中、班后的安全检查,吊具、吊钩、钢丝绳要符合安全使用要求,方可作业。

(5)架桥机重点检查卷扬机的起升钢丝绳的安全性能及制动系统性能,同时检查各部位的焊接点,焊接无异常,确保无误后方可架梁。严格按照操作说明书做好冬季设备保养工作,经常检查设备扶梯螺栓及焊接点,确保人身安全。架桥机机臂上的操作人员上下机臂时,要注意防滑,预防坠落事故的发生。

(6)运梁车在路基上行驶,如路面有冰冻或冻雪时,必须将路面的冰冻或冻雪清理干净,方可行驶。看护运梁车人员要精力集中,发现险情及时通知运梁车操作司机。

3. 冬季混凝土蒸汽养护施工安全

(1)注意蒸养锅炉的加煤加水,并严格按照厂家提供的使用说明书使用,保证蒸汽养护的连续性。

(2)锅炉运行中遇有下列情况之一时,应立即停炉。注意这时决不应向锅炉内注水,应立即停炉。①锅炉严重缺水;②给水设备全部失效;③出现严重满水现象或汽水共腾现象;④锅炉水位表、压力表及安全阀等安全附件中的一种完全失效;⑤锅炉受压元件或炉墙损坏严重,威胁锅炉安全;⑥水位表、压力表、安全阀除按周期检验外,每班必须自检一次;⑦锅炉停用期间应采用干法或湿法(停炉 30 d 以内)保养;⑧当达到拔管要求时,分别拆除两端的保温设施,拔管后立即恢复盖好。

(3)蒸汽管道严禁碰压,确保供汽设施处于良好状态。

(4)严禁有裸露未经保温和保温设施损坏的管道,以及管道漏汽的现象出现,以确保无高温和蒸汽伤人的事故发生。

(5)对蒸养锅炉送汽管道要求供汽完毕冷却后,进行一次蒸汽水排放作业,防止蒸汽水冻裂管道。

(6)在搭设蒸养棚架和篷布时,作业人眼要正确佩戴安全防护用品,戴安全帽、系安全绳、穿防滑鞋,确保施工安全。

(7)蒸汽管道严禁碰压,确保供汽设施处于良好状态。

(8)严禁有裸露管道及保温设施损坏的管道,严禁管道漏汽的现象出现,确保无高温和蒸汽伤人的事故发生。

(9)凡遇蒸汽设施出现故障,不得带病工作,应立即修复后再投入使用。

(10)场内轮式搬运机、50 t 单轨式龙门吊经过蒸汽管道时,要有防止走行电缆线被蒸汽管道烫坏的措施。

4. 房屋设施安全管理措施

(1)大雪气候,房屋上积雪过多时,要及时进行清理,重点是钢筋加工棚,夜间值班人员严禁在钢筋棚内逗留,防止钢筋棚坍塌。

(2)施工现场及员工宿舍区的排水沟必须进行清理,确保排水畅通。

五、主要成效

取得的主要成效如下:

(1)采用冬季施工方案,在 2008 年节约了工期 3 个月,在 2009 年节约了工期 2 个月,共提前工期 5 个月,对哈大客专线的提前开通提供了有利保障,对在严寒地区快速、优质、安全的建设高速铁路影响意义深远。

(2)中铁二局集团有限公司哈大项目部在项目实施过程中实现全线"第一个"成功试制出哈大高速铁路首片 32 m 高性能耐久混凝土箱梁,高性能抗冻混凝土在冬季施工中得到了成果应用。

（3）本项目研究所取得的成果之一"严寒地区高性能混凝土施工技术"，在国内外尝属首次，为同类工程施工提供了可以借鉴的宝贵经验。

（4）寒冷地区900 t级高速铁路箱梁首次架设在辽宁卫视、鞍山电视台播出，辽宁日报、人民铁道报等国内多家报刊杂志及辽宁振兴网等网站也登载和链接了相关内容，极大地宣传了哈大高速铁路箱梁制造和架设。

第五章 隧道工程

  哈大高速铁路共有隧道8座,总长9 929 m,均为双线隧道,全部在沈大段范围内。分别由中铁一局集团有限公司哈大项目部施工6座,中铁八局集团有限公司哈大项目部施工1座,中铁二局集团有限公司哈大项目部施工1座。其中,九里庄隧道是全线最长隧道,地质为复杂围岩;鞍山隧道是当时国内最长的以明挖为主的隧道,因其下穿既有铁路和所处的特殊位置及地质条件,施工中遇到一系列的技术难题;台山隧道和笔架山隧道为满足运架梁通行需要,采用超大断面设计,施工难度大。这些典型隧道工程所采用的技术和管理方法为以后严寒地区或类似地理条件的隧道工程施工提供了经验。

第一节 九里庄隧道施工

一、工程概况

  九里庄隧道工程,由中铁一局集团有限公司哈大项目部施工。该隧道位于大连市金州区九里庄附近,既有沈大高速公路金州隧道西侧,起讫里程为 DK36 +350 ~ DK40 +690,全长4 340 m,设计为双线隧道。隧道进口至 DK37 +707.489 位于 $R = 9 000$ m 的左转曲线,DK37 +707.489 ~ DK38 +753.433 位于直线上,DK38 +753.433 至出口位于 $R = 7 000$ m 的右转曲线上。隧道进出口设置了 28 m 和 27 m 的缓冲结构。隧道混凝土设计为耐久性混凝土,防水等级为一级,主要结构抗渗等级为 S12,隧道内不设避车洞,设综合设备洞室,单侧间距 500 m,两侧交错布置,共 17 处。隧道内线路坡度自进口至出口为5‰的单面上坡。隧道位于剥蚀丘陵区,区内地势为南北向展布的线状山脊,山脊宽缓,西侧坡角为 30° ~ 35°,冲沟切割均不深,冲沟壁缓沟浅,其中,沿线路方向最大标高303.2 m,隧道区地形最大高差达 250 m,隧道最大埋深248 m。

二、工程特点及难点

1. 地质、气候特点
(1)地质特点
  九里庄隧道岩性较为复杂,为震旦系 Z2S 十三里台组灰岩、泥质条带灰岩,砂岩、页岩;震旦系 Z2SM 马家屯组薄层中厚层泥灰岩等分布。还分布有寒武系 ∈3 泥质花纹灰岩、泥质条带灰岩;寒武系 ∈2 中厚层泥灰岩、砂岩、页岩;奥陶系 O1Y 冶里组深灰色厚层灰岩夹薄层泥质灰岩。隧道区位于持续上升的隆起带上,岩溶水在适应侵蚀基准面的过程中强烈下切,形成了垂直岩溶系统。岩溶形态表现为以线状、缝状的溶隙、溶洞为主,地表有小规模落水洞、漏斗,为中等发育程度的裸露岩溶区。

根据地质资料,隧道所处 DK37 + 175 ~ DK37 + 240、DK38 + 315 ~ DK38 + 385、DK39 + 545 ~ DK39 + 585 位置为溶蚀发育区,在 DK36 + 408 ~ DK36 + 488 处为无充填溶洞。

(2)不良地质

隧道区内主要不良地质现象为岩溶,由于隧道位于持续上升的隆起地带,岩溶水在适应侵蚀基准面的过程中强烈下切,形成了垂直岩溶系统。岩溶形态表现为以线状、缝隙的溶隙、溶洞为主,地表有小规模落水洞、漏斗,为中发育程度的裸露岩溶区,溶蚀地区掌子面地质条件如图 5-1 所示。

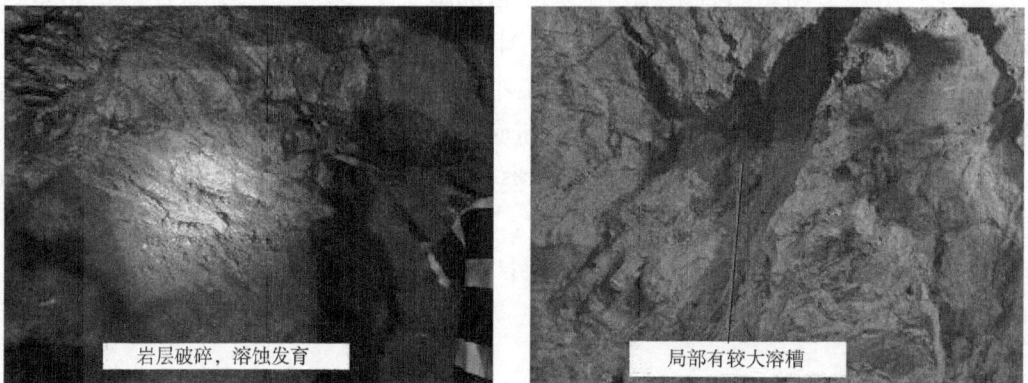

岩层破碎,溶蚀发育

局部有较大溶槽

图 5-1 溶蚀地区掌子面

(3)气候特点

九里庄隧道地区属温带季风气候,并具有受海洋影响的特点,其主要特征是冬夏风向明显交替,影响整个气候的变化。冬季主要受蒙古及西伯利亚冷高压的控制,多为偏北季风,气温较低,降水少,全年气温最低为 1 月,自东北向西南平均气温为 −4.5 ℃ ~ −8 ℃。夏季受太平洋副热带高压的控制,盛行东南季风,气温较高,降雨多。春、秋两季则为过渡性变化气候。在季风气候的基础上并受海洋影响的情况下,总的气候特点是气候温和、四季分明、空气湿润,降水集中、风力较大。

2. 工程难点

(1)九里庄隧道是全线最长隧道,是哈大高速铁路的控制性工程之一。

(2)隧道地质复杂、围岩多变,施工过程中准确地掌握围岩性质,采取有效的施工措施是确保隧道施工顺利完成的关键,也是隧道施工难点。

(3)隧道岩性以灰岩为主,侵蚀发育程度为中等,岩溶形态以溶隙、溶洞为主,溶岩地段施工是隧道施工的难点。

三、施工组织

1. 施工安排

(1)九里庄隧道全长 4 340 m,为全线控制性重点工程之一。根据工程规模、工期安排,隧道安排 2 个隧道施工队伍,分别由进、出口同时向中间掘进,以隧道中心里程为界,各自承担的施工任务均为 2 170 m。

(2)施工工期安排

①计划 2007 年 10 月 1 日开工,于 2009 年 9 月 30 日贯通,计划工期 24 个月。

②计划 2009 年 9 月 30 日贯通,于 2010 年 3 月 31 日竣工,计划工期 6 个月。

2. 组织机构

成立了中铁一局集团有限公司哈大高铁第二项目部九里庄隧道项目分部,由副经理、副总工程师负责,下设五部一室即:工程部、物设部、计合部、财务部、安质部、综合办公室。

3. 劳动力及机械设备配置

(1)劳动力配置

隧道施工每个作业面按照主要工序进行劳动力配置,每个工序按二班循环作业,共计 190 人,主要劳动力配置见表 5-1。

表 5-1　主要劳动力配置

工序名称	人数	工作内容及人员配置
开　挖	45	打眼 20 人、爆破 10 人、排险 4 人、出渣 11 人
支　护	30	喷混凝土 8 人、钢架及钢筋网 12 人、打锚杆及小导管 10 人
衬　砌	32	防水板 10 人、混凝土灌注 8 人、输送泵 4 人、运输 10 人
钢筋加工	18	下料 5 人、加工 5 人、电焊工 8 人
出　渣	14	挖机司机 2 人、汽车司机 12 人、装载机 2 人
拌和站	14	上料 10 人、搅拌机 4 人
后勤保障	37	管理 10 人、电工 6 人、空压机 3 人、杂工 10 人、通风及供风管路敷设维修人员 4 人、运输道路养护人员 4 人
合　计	190	—

(2)机械设备配置

根据每个施工队划分的任务量、工期要求、进度计划,结合工序的进度指标,本着快速、高效的原则进行机械设备的配置,主要机械设备配置详见表 5-2。

4. 临时工程设置

根据现场调查的资料,结合地区特征、工程特点及施工期限,对临时工程全面规划、合理布局。

(1)施工驻地

进口施工驻地设在 DK36 + 500 处,位于线路左侧 200 m,占地 2 500 m²;出口驻地设置在 DK40 + 700 处,位于线路左侧 100 m 位置。占地 4 800 m²。

(2)拌和站

隧道进出口各设置一个拌和站,进口设在 DK36 + 300 处占地 6 200 m²,配备生产能力为 60 m³/h 的混凝土拌和站一套,混凝土平均运距 2.1 km;出口设在 DK40 + 800

处,配备生产能力为 60 m³/h 的混凝土拌和站一套,混凝土平均运距 0.7 km。

表 5-2　主要机械设备配置

设备名称	规格型号	单位	数量	备　注
挖掘机	220	台	4	进出口各 2 台
装载机	ZL50	台	4	进出口各 2 台
侧卸装载机	966D	台	2	洞内出渣,进出口各 1 台
自卸车	华菱	台	16	进出口各 8 台
空压机	4L-20/8	台	12	进出口各 6 台
混凝土湿式喷射机	—	台	4	进出口各 2 台
混凝土输送泵	HBTS60-13-90	台	2	进出口各 1 台
混凝土搅拌运输车	8 m³	辆	6	进口 3 辆,出口 3 辆
液压式衬砌台车	12 m	台	2	进出口各 1 台
混凝土自动计量拌和站	60 m³/h	台	2	进出口各 1 台
轴流通风机	75 kW	台	4	进出口各 2 台
防水板焊接机	—	台	4	进出口各 2 台
注浆泵	—	台	2	进出口各 1 台
发电机	300 kW	台	2	进出口各 1 台
液压冷弯机	HNW-250	台	2	进出口各 1 台
钢筋切断机	GQ40-1	台	2	进出口各 1 台
钢筋弯曲机	GW40	台	2	进出口各 1 台
潜孔钻机	—	台	2	进出口各 1 台
交流电焊机	ZX5-400	台	10	进出口各 5 台
变压器	630 kVA	台	4	进出口各 2 台
潜水泵	DB-15	台	10	进出口各 5 台
多级泵	21/2GC	台	10	进出口各 2 台
凿岩机	YT-28	台	56	进出口各 28 台

(3)施工便道

隧道进口可利用龙王庙村既有沥青公路龙水路,新建 200 m 便道进入管段起点;出口由 202 国道经十七线沥青公路通过既有砂石路进入施工现场,需要改建便道 1 000 m,新建便道 1 200 m;通往出口的弃渣场需要改建便道 1 000 m。

施工便道路面宽度 4 m,路面结构形式采用泥结石路面,通常条件下每 400 m 设置会车道一处。

(4)施工供水

施工用水采用附近深井水。在进出口各设置一座 100 m³ 的蓄水池,设置抽水泵站,铺设供水管将水接引至空压机站、拌和站及洞内,生活用水采用自来水。

主供水管路采用 φ100 mm 钢管,分别接引至空压机站和拌和站,在两处分别设置

20 m^3 和100 m^3 的蓄水池,并接至洞内掌子面,进、出口铺设供水管路的长度约为 2 400 m。

(5)施工供电

隧道进出口均有满足施工需要的高压电力线交错或平行线路分布。施工用电采取就近接入,进出口各设置两台 630 kVA 变压器,进口需架设临时电力干线 200 m,出口需架设临时电力干线 100 m。

(6)高压供风

根据施工任务的划分,隧道进出口的施工长度均为 2 170 m,结合施工进度的要求,在进出口分别设置一个空压机站,各配备 6 台 20 m^3 电动空压机,采用高压风管接入洞内,进出口各需 2 200 m,高压风管采用 ϕ100 mm 的无缝钢管,单根长度为 12 m,采用法兰盘连接,并严格接头密封,以保证开挖面的风量、风压的需要。在进出口空压机站各设置一座 20 m^3 的水池。

(7)通信联络

隧道进出口各安装一部固定电话接入掌子面,以保证洞内无通信信号时能与洞外保持联系;工区领导、技术人员等其他管理人员移动电话 24 h 开机;施工队负责人与其各工班班长移动电话 24 h 开机。

(8)弃渣场

隧道出口进口弃渣总量为 33.3 万 m^3,弃渣场设在龙王庙村西的海湾,用于填海工程,运距 3 km;出口弃渣总量为 33.3 万 m^3,弃渣场设于 DK41 +300。为满足环保要求,弃渣场周边按现场实际需要设置弃渣挡墙进行防护,弃渣场顶面有条件的进行复耕,不具备复耕条件的进行绿化。

九里庄进口有近 10 万 m^3 弃渣用于路基填筑,但隧道掘进的速度不一定能满足路基填筑速度的要求,并且弃渣未必能满足路基填料要求。故隧道弃渣首先不考虑完全用于路基填筑。

(9)炸药库

在隧道进出口 DK40 +280 处设 1 个炸药库,布置于洞口左侧 600 m^2 荒地中。炸药库建筑面积为 80 m^2,并设独立封闭的院落,雷管库、看守房和炸药库分设,距离不小于 30 m,安排专职保安人员看守。按安全要求规定配备消防和警报器等设施,并报经当地公安部门核准。

四、关键施工技术及措施

1. 一般性施工技术措施

严格按照"先探测、严控水、管超前、严注浆、短进尺、强支护、早封闭、勤量测"的原则组织施工,制定严格的施工质量保证措施。对隧道施工的各个环节制定作业指导书,严格按照批准的实施性施工组织设计和工艺流程施工,加大管理力度,对初期支护施工中,拱架安装、锚杆施作、湿喷混凝土工艺及其与围岩的密贴性等环节,以及防水板挂设、二次衬砌施工中所有质量控制要点进行技术员和质检员旁站监督。

（1）明洞及洞口缓冲结构施工

①九里庄隧道洞口设有缓冲结构，进口洞门明挖段长 100 m，里程为 DK36 + 350 ~ DK36 + 450；出口洞门明挖段里程 DK40 + 690 ~ DK40 + 663，共 27 m。地表松散覆盖层厚约 0.7 ~ 2 m，采用挖掘机开挖，人工配合修整边坡。局部未风化部分进行爆破开挖。

②缓冲结构及明洞段采用明挖法施工，组合钢模配合液压模板台车进行钢筋混凝土的衬砌，待明洞混凝土达到设计规定强度后及时施作防水施工并进行洞顶回填。

③场地布置及平整场地，控制桩接桩即复测，对该段地质情况进行探测，确定缓冲结构段开挖坡度，测设其开挖限界，根据设计要求并结合实际地形做好洞顶截排水沟及洞口外的防排水设施。

④缓冲结构段开挖、防护

缓冲结构开挖由外向里、从上至下分台阶、分层分段开挖，分层、分段支护。土质地层采用挖掘机直接开挖，人工配合清理边仰坡开挖面，石质地层采用浅孔台阶钻爆法开挖，钻孔采用 YT-28 风动凿岩机钻孔，用毫秒微差雷管起爆，装载机或挖掘机装渣，自卸汽车运输。

（2）洞口超前大管棚

隧道设计在进口 DK36 + 450 ~ DK36 + 505、出口 DK40 + 663 ~ DK40 + 648 范围内设置超前大管棚，以加强围岩稳定性，保证进洞安全。

进出洞口段 φ108 mm 长管棚超前支护；管棚钢管外径 108 mm，壁厚 5 mm；（钢管分 6 m 和 3 m 来组合连接，每节钢管一端预加工成外丝扣，另一端加工成内丝扣，以便互相连接）隧道出口进洞大管棚一环共计 65 根，每根 15 m，间距 30 cm，设计外插角度 ≤ 10°（不含设计纵坡），方向与线路方向平行，具体仰角度根据现场实际情况而定。管棚钢管分无孔钢管及钢花管两种，设计采用一根无孔钢管、一根钢花管交替打设；钢花管注浆固结隧道外轮廓外围岩，无孔钢管检验钢花管注浆质量。一台管棚钻机施工 1 号 ~ 32 号管棚，另一台钻机施工 33 号 ~ 65 号管棚。施工时先打设钢花管进行注浆，再打设无孔钢管。钢花管注浆孔大小 φ12 mm，间距 15 cm ~ 20 cm，梅花形布置，具体如图 5-2 所示。

（3）洞身开挖

本隧道为 Ⅱ、Ⅲ、Ⅳ 级围岩，Ⅱ、Ⅲ 级围岩一般采用全断面法或台阶法施工，Ⅳ 级围岩一般采用台阶法施工；浅埋地段采用短台阶法（必要时增设临时仰拱）施工；拱部采用超前小导管超前注浆加固地层；Ⅴ 级围岩采用三阶段临时仰拱法施工，隧道进口端 DK36 + 450 ~ DK36 + 505 和出口端 DK40 + 648 ~ DK40 + 663 进洞时拱部采用 φ108 mm 大管棚注浆加固地层，其他地段拱部采用超前小导管超前注浆加固地层。明洞段采用墙底或墙顶起坡开挖，开挖暴露面均采用喷锚支护。

短台阶法、三阶段临时仰拱法开挖采用简易台架配（风动凿岩机）风枪进行，初支喷混凝土采用湿喷法。洞口明洞采用明挖法施工，开挖至明暗分界线后，先施作护拱混凝土，然后施作暗洞超前大管棚，随后进入暗洞施工。

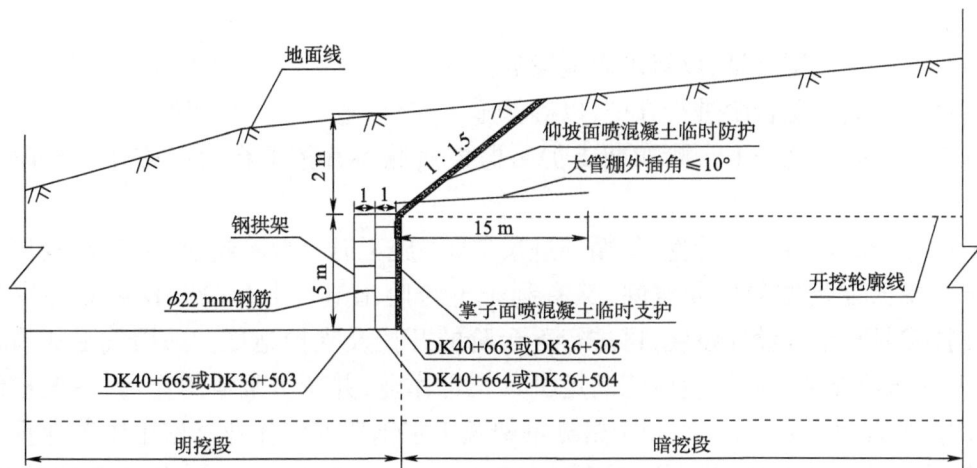

图 5-2　洞口管棚示意

① 全断面法开挖

全断面开挖法光面爆破设计参数见表 5-3，全断面开挖法设计如图 5-3 所示。全断面开挖主要施工工序步骤为：测量放线→装药起爆→通风排烟→出渣→初喷→喷锚支护→进入下一循环。

表 5-3　光面爆破参数

项目	周边眼间距 E（cm）	最小抵抗线 W（cm）	炮眼密集系数（E/W）	装药集中度 q（kg/m）	堵塞长度 L（cm）	起爆方式
光爆	60	75	0.8	0.33	≥25	非电毫秒雷管

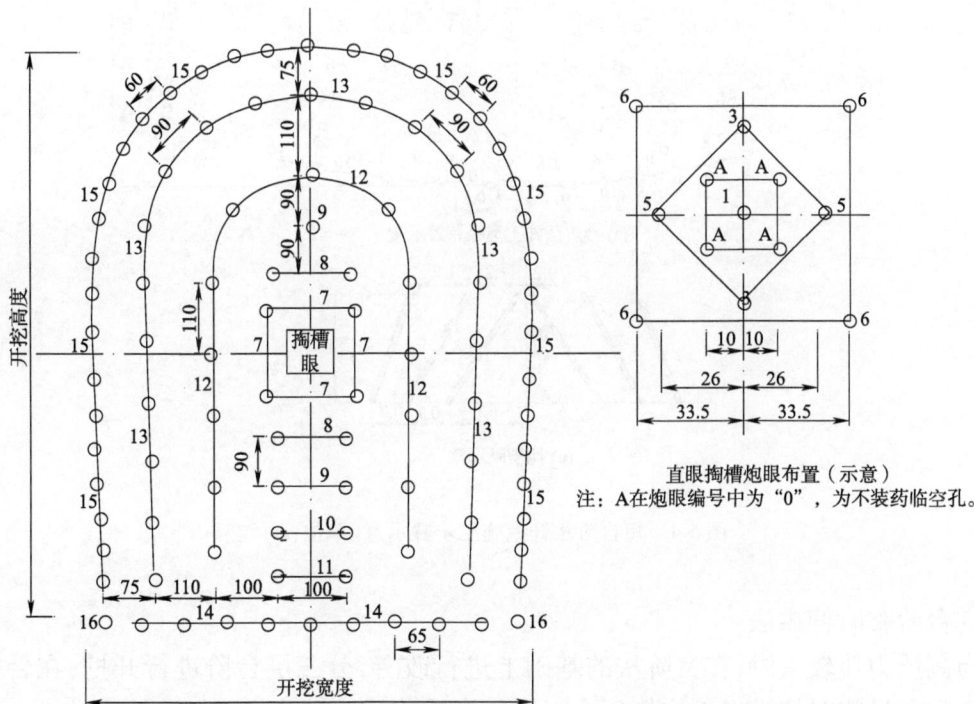

直眼掏槽炮眼布置（示意）
注：A 在炮眼编号中为"0"，为不装药临空孔。

图 5-3　全断面开挖设计（单位：cm）

②上下台阶法

台阶法施工适用于Ⅲ、Ⅳ级围岩地段的开挖。台阶法分为上下两部分开挖,特殊地段采用短台阶或三层台阶进行开挖,以确保施工安全,施工工序步骤如下:

开挖上台阶→施作上台阶初期支护→监控量测→开挖下台阶→施作下台阶初期支护。

采用半断面短台阶法开挖,每循环进尺2 m。施工时上台阶超前3~5 m(视围岩情况确定),既保证足够的作业空间,又有利于上台阶出渣。上台阶开挖后立即安设锚杆、挂网、喷混凝土至设计厚度,再进行下台阶的开挖及支护施工。采用气腿式凿岩机钻眼,上部弧形导坑台阶长度应能满足机具正常作业,并减少翻渣工作量,一般控制在3 m以内,既有利于翻渣,又有利于格栅钢架及工字钢架安装作业。施工中若遇顶部围岩破碎、施工支护需紧跟时,可适当延长台阶长度,减少施工干扰。当围岩破碎时,应采用微振控爆,降低洞内爆破振动效应,以确保施工安全。短台阶法爆破设计和短台阶法开挖施工步骤如图5-4所示。

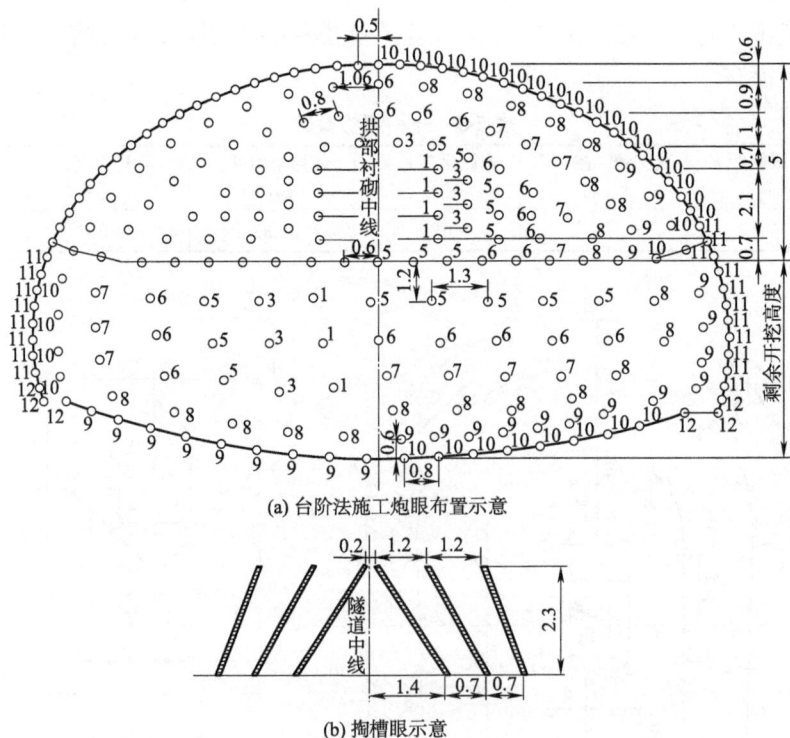

(a) 台阶法施工炮眼布置示意

(b) 掏槽眼示意

图5-4 短台阶法开挖施工步骤示意(单位:m)

③台阶临时仰拱法

当侧压力比较大时,在台阶法的基础上进行改善,分三层台阶进行开挖,在台阶与台阶之间加设临时仰拱以抵抗侧压力。三短台阶临时仰拱法如图5-5所示。

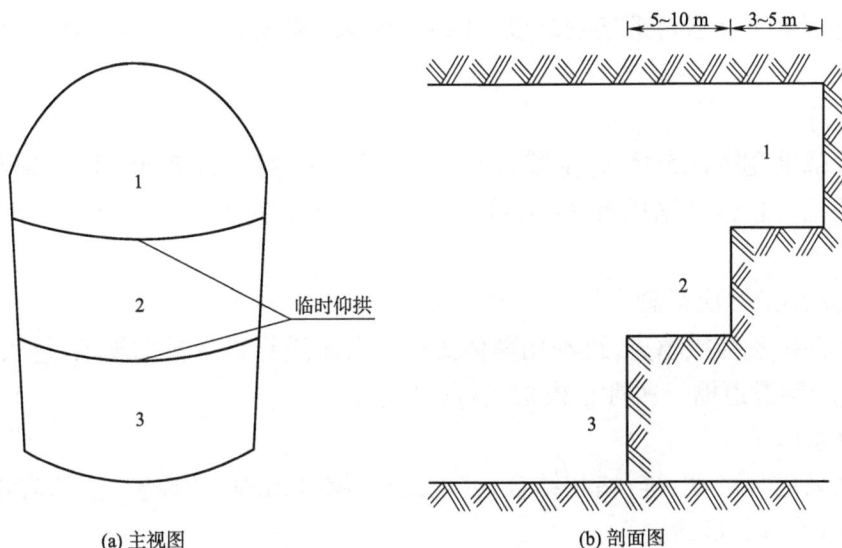

(a) 主视图　　　　　　　　　(b) 剖面图

图 5-5　三短台阶临时仰拱法开挖施工步骤示意

（4）初期支护

①超前小导管及注浆

经测量放样后,在设计孔位上做好标记,用凿岩机钻孔,孔径较设计导管管径大20 mm以上。成孔后,将小导管按设计要求插入孔中,或用凿岩机直接将小导管从型钢钢架上部、中部打入,外露20 cm支撑于开挖面后方的钢架上,与钢架共同组成预支护体系。注浆前先冲洗管内沉积物,由下至上顺序进行,再喷射混凝土5～10 cm厚封闭掌子面,形成止浆盘。注浆时,当单孔注浆压力达到设计要求值,持续注浆10 min且进浆速度为开始进浆速度的1/4或进浆量达到设计进浆量的80%及以上时注浆方可结束。

②喷射混凝土施工

采用C25喷射混凝土,其中掺入纤维素纤维。喷射时,采用湿喷工艺,先初喷4 cm后,及时进行钢筋网、钢架及锚杆施工,再分层复喷混凝土至设计厚度。

③挂网施工

钢筋采用 ϕ8 mm圆钢,焊接前要先将钢筋表面的油渍、漆污、水泥浆和用锤敲击能剥落的浮皮、铁锈等均清除干净;加工完毕后的钢筋网片应平整,钢筋表面无削弱钢筋截面的伤痕。II级围岩钢筋网设置在拱部,网格间距25 cm×25 cm;III、IV、V级围岩设置在拱墙,网格间距20 cm×20 cm。

④钢架施工

隧道各部开挖完成初喷混凝土后,分单元及时安装钢架,采用与定位锚杆、径向锚杆以及双侧锁脚锚管固定,纵向采用 ϕ22 mm钢筋连接,钢架之间铺挂钢筋网,然后复喷混凝土到设计厚度。按设计加工好各单元格栅钢架后,组织试拼,检查钢架尺寸及轮廓是否合格。

施工过程中需加强对钢架安装以后的监控量测,必要时采取有效措施进行加固,以防止拱顶钢架下沉。

⑤锚杆施工

隧道拱部采用 CD25 中空注浆锚杆、边墙采用 $\phi22$ mm 砂浆锚杆,锚杆长度为 4.5 m。中空锚杆自带杆尾托板,砂浆锚杆采用焊接钢板拖,尺寸为:150 mm × 150 mm × 6 mm。

(5)防水层及二次衬砌

先施工仰拱及仰拱填充,再利用整体式模板台车进行二次衬砌施工,每版二衬长度为 12 m,接触网滑道槽一次性在模板上打孔安装。

①防排水施工

防排水采用"防、截、排、堵相结合,因地制宜,综合治理"的原则,达到防水可靠、经济合理、不留后患的目的。

隧道结构防水一般由喷射混凝土、全封闭柔性卷材防水层和二次衬砌结构自防水等组成。本线隧道二次衬砌混凝土采用防水混凝土,其抗渗等级不低于 P8;拱墙设置 PVC 塑料防水板加土工布,明洞外贴 PVC 防水卷材;施工缝设置止水条或中埋式止水带,并涂刷混凝土界面剂;二次衬砌混凝土施工后,拱部进行充填注浆。

拱墙每 8~10 m 设 1 环 $\phi50$ mm~80 mm 环向透水盲沟,两侧边墙外侧泄水孔标高处设纵向贯通的直径 $\phi107$ mm/93 mm"HDPE 打孔波纹管"透水管盲沟各 1 道,该盲沟通过三通接头与环向盲沟及边墙泄水孔连通。

②钢筋施工

钢筋加工弯制前应调直,并将表面油渍、水泥浆和浮皮铁锈等均应清除干净;加工后的钢筋表面不应有削弱钢筋截面的伤痕。钢筋焊接采用电弧焊焊接,单面搭接焊,其搭接长度不得小于 $10d$,双面搭接焊,其搭接长度不得小于 $5d$,焊缝宽度不小于 $0.8d$ 且不小于 10 mm,焊缝高度不小于 $0.3d$ 且不小于 4 mm。

③模板安装

模板衬砌台车必须按照隧道内净空尺寸进行设计与制造,钢结构及钢模必须具有足够的强度、刚度和稳定性。衬砌台车经施工单位会同监理单位验收合格后方可投入使用。模板台车长度为 12 m,工点设计根据沉降缝、预留洞室和预埋管线位置综合确定。模板台车侧壁作业窗宜分层布置,层高不宜大于 1.5 m,每层宜设置 4~5 个窗口,其净空不宜小于 45 cm × 45 cm。拱顶部位应预留 2~4 个注浆孔。

模板安装必须稳固牢靠,接缝严密,不得漏浆。模板台车的走行轨Ⅰ、Ⅱ级围岩段,宜设在底板垫层(10 cm 厚的 C25 钢筋混凝土)面上,Ⅲ~Ⅳ级围岩段,宜铺设在填充混凝土面上。

模板表面要光滑,与混凝土的接触面必须清理干净并涂刷隔离剂。

④混凝土施工

混凝土自模板窗口灌入,应由下向上,对称分层,倾落自由高度不超过 2.0 m。在混凝土浇注过程中,观察模板、支架、钢筋、预埋件和预留孔洞的情况,当发现有变形、移位时,应及时采取加固措施。施工中如发现泵送混凝土坍落度不足时,不得擅自加水,应当在技术人员的指导下用追加减水剂的方法解决。

混凝土浇注应连续进行。当因故间歇时,其间歇时间应小于前层混凝土的初凝时间或能重塑的时间。当超过允许间歇时间时,按接缝处理,衬砌混凝土接缝处必须进行凿毛处理。纵、环向施工缝按照设计要求设置中埋式橡胶止水带。

⑤仰拱及仰拱填充施工

根据监控量测结果分析,初期支护基本稳定后,开始施作仰拱混凝土。仰拱与仰拱填充采取分段整体浇筑。为确保仰拱、仰拱填充施工时不中断其他工序的施工,采用移动式仰拱栈桥进行过渡。仰拱栈桥采用钢过梁形式(型钢结构,上覆 1.0 cm 厚钢板),长度 9 m。

仰拱栈桥结构如图 5-6 所示。

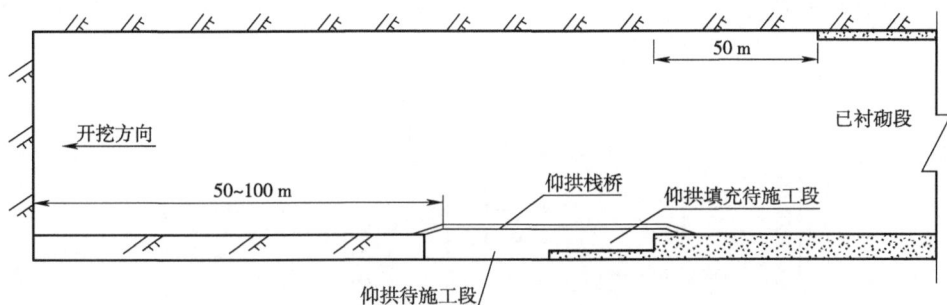

图 5-6　仰拱栈桥结构示意

2. 关键施工技术措施

(1)过溶洞地质处隧道施工

根据设计图,九里庄隧道 DK36+408～DK36+488 段位于灰岩夹砂岩段落,共 80 m 位于溶洞段。其中 DK36+408～DK36+450 位于隧道明洞段,DK36+450～DK36+488 位于隧道暗洞段。施工完 DK36+450～DK40+536 段下断面及 DK36+490～DK40+519 段仰拱,DK36+450～DK36+490 段开挖至拱脚部位后,由中铁一局集团有限公司地质预测预报中心对该段进行了地质雷达探测。检测结果提示:右侧 DK36+453～DK40+455 段有较小范围岩溶发育及隧道中心 DK36+455～DK40+475 段岩溶发育。根据地质资料,该段岩石节理发育,围岩破碎。2008 年 4 月 5 日设计院地质探测部门对洞口段 DK36+420～DK36+485 段进行了地质雷达探测,经过参建各方研究后决定采取以下方案:

①先开挖仰拱初期支护,每循环不得超过 5 m,按设计要求安装好钢拱架后,从 DK36+487 开始预留 φ150 mm 的 PVC 管,按 3.5 m 的间距梅花形布置,根据检测报告探测到的溶洞段按纵向 2 m 间距布置,喷射混凝土前,用布袋封住 PVC 管顶端,防止混凝土堵住管口,仰拱及仰拱填充浇筑前,预留 PVC 管的位置。

②该段仰拱及仰拱填充施工完后,利用机械钻孔至探测到的溶洞标高,按设计用注浆处理该段溶洞。

DK36+408~DK36+488 段仰拱施工完后,及时埋设了沉降观测标,对注浆前后的观测数据进行对比分析,沉降观测评估合适。

(2)仰拱注浆

主体完工后,设计院对九里庄隧道整体再次进行了地质探测,发现在 DK36+784~DK36+951、DK37+008~DK37+232、DK37+490~DK38+422、DK38+554~DK39+427、DK39+440~DK40+200 共计 5 段仰拱以下的岩层存在不均匀分布的较小溶洞,会对隧道造成一定的危害性,需要进行注浆处理。由于隧道内仰拱注浆无施工图,经与设计院研究后,决定采取以下施工方案。

①孔位布置

隧道内注浆孔分布于隧道中心线两侧,孔间距 2.5 m,呈正方形双排布置(如图 5-7 所示),共计 186 个孔位。

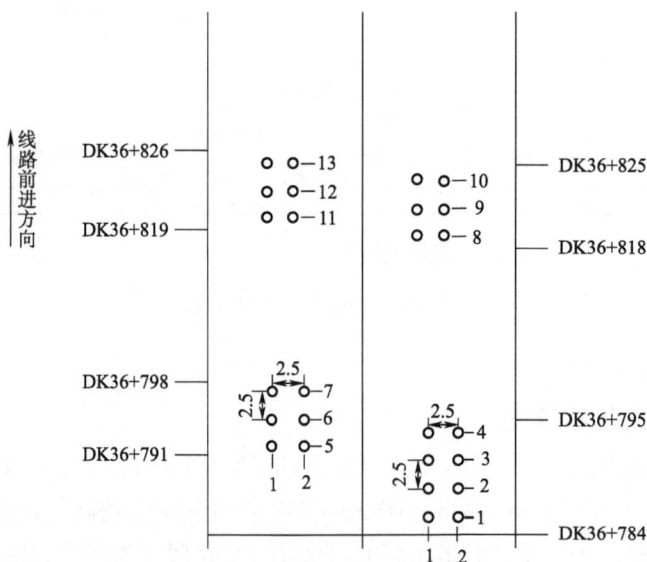

图 5-7　注浆孔布置示意(单位:m)

②施工工艺流程

注浆采用 1:1 的水泥浆浆液,现场拌制。具体施工工艺如下:

放线定出孔位→钻机就位→钻孔至溶洞位置→钻机移位→拌制水泥浆→插管→封口→压浆→拔管、清洗→堵口→检验。

(3)加强超前地质预测预报

九里庄隧道地质情况复杂,存在岩石破碎带、岩溶等不良地质,需结合施工地质工作予以查明。为此针对本隧道的具体情况,开展了综合超前地质预报,由总工程师负责,配置物探、水文、地质、试验专业工程师并配备先进的预测、预报设备和仪器,并将综合超前地质预测预报纳入施工工序,确保隧道施工安全。

针对九里庄隧道的工程特点,采用地貌、地质调查与地质推理相结合的方法,对开挖全过程进行综合预测、预报。方法有地质素描法(常规地质法)、超前探孔近距离预报、地质雷达中短期预报、TSP长期预测预报。

施工中综合运用几种预报手段,取长补短,相互补充和印证。根据综合监测结果,及时提出对不良地质的预防措施,以降低施工风险,确保工程质量和运营安全。

五、主要管理措施

1. 冬季施工管理措施

(1)做好冬季施工安排

按照《铁路混凝土工程施工技术指南》(TZ 210—2005)的相关规定,当昼夜平均气温连续三天低于5 ℃或最低气温低于-3 ℃的时,采取相应的冬季施工措施。

(2)做好冬季施工准备工作

备好保证低温施工的防寒、保温材料;备好适用低温施工的机具;做好人身和机具的保温、防寒、防火、保安设施;调整工地运输条件,保证运输效率与安全;加强与气象部门联系,预防寒流侵袭;对职工进行冬季施工的教育。

(3)制定好混凝土冬季施工的保证措施

①冬季混凝土施工原材料的要求

a. 细骨料:采用级配良好的硬质、洁净的中砂,不含有冰块、雪团,贮备场地选择地势较高、不积水的地方。

b. 粗骨料:采用级配良好,硬质、洁净、强度较高、抗冻融的粗骨料,并存放在地势较高、不积水的地方。

c. 外加剂:采用具有防冻效果的多功能复合外加剂,外加剂必须经试验室检验并试配验证质量合格、性能稳定的产品。

②冬季混凝土拌和、运输等保温措施

a. 拌和用水的加热及保温措施:利用蒸汽低压锅炉直接向水箱内通蒸汽加热,水的加热温度一般为50 ℃ ~ 80 ℃(以能保证混凝土拌和物温度在10 ℃ ~ 30 ℃范围内),水箱四面及顶口用岩棉被保温。

b. 砂、石料的上料及保温措施:砂、石料的上料均采用皮带输送机分别从砂、石料暖棚内直接输送到拌和站的砂、石料自动计量料斗内,整个输送带焊接钢筋骨架,并用毛毡进行全封闭保温。砂、石料暖棚设置在离拌和站最近的地方,以减少热量的损失及保温材料的用量。

c. 混凝土的拌和:混凝土的拌和以尽可能减少热量损失为原则,避免水泥发生"骤凝",砂、石料的上料做到随上随用,中间不积压。其投料顺序为:砂石料→水→外加剂和水泥。混凝土的拌和在不低于10 ℃的暖棚内进行,拌制混凝土前用热水冲洗搅拌机,搅拌时间较常温施工延长50%。

d. 混凝土运输的保温措施：混凝土输送车采取包裹保温措施。混凝土输送泵固定设置在暖棚内，混凝土输送管一侧敷设一根蒸汽管，并用 5 cm 厚岩棉被包裹保温，以确保混凝土温度在 5 ℃ 以上（但不大于 30 ℃）。

③冬季混凝土浇筑的保证措施

a. 混凝土浇筑尽量在保温棚内进行，必要时浇筑前对模板、钢筋进行预热。

b. 混凝土从上料拌和及输送到浇筑地点灌注，尽量减少输送时间，尽快浇筑完成，减少热量损失。

c. 混凝土浇筑时各项准备工作充分并有应急保障措施。

d. 混凝土采用机械振捣分层连续浇注，分层厚度控制在 20～30 cm。

e. 混凝土的入模温度不低于 5 ℃。

④保温养护措施

冬季时采取在洞口挂门帘的保温措施一般能保持混凝土浇筑时温度在 5 ℃ 以上，必要时在洞口设保温棚。

⑤冬季钢筋焊接的保证措施

雪天停止在现场施焊，必须焊接时采取有效遮蔽措施，室外风力超过 4 级，焊接时采取挡风措施；焊后未冷却的接头避免碰到冰雪；温度低于 −20 ℃ 时停止进行施焊作业。

根据钢筋级别、直径、接头型式、焊接位置和施焊环境，选择适宜的焊接工艺和焊接参数。

每批钢筋焊接前先进行同条件下的焊接试验。焊接接头分批按规范进行外观检查和力学性能试验。每 300 个同类接头为一批，外观检查每批抽查 10% 的接头，力学性能试验切取 6 个试件（3 个进行拉伸试验，3 个进行弯曲试验）。

⑥机械设备的冬季施工要求

对冬季施工使用的各种机械进行全面检查，更换各种润滑系统用油及燃料，对有问题的机械设备及时修理，防止带故障运转。机械在使用前首先检查传动系统无冻结情况后方可启动，非专职机电人员严禁动用机械设备。

2. 雨季施工管理措施

据调查，该地区每年 7～9 月份为雨季，为保证该项目按计划实施，雨季期间积极与当地气象部门联系随时掌握天气情况，采取有效措施作好雨季施工安排与防护。

（1）隧道进洞前做好洞顶截水沟、洞口排水系统。天沟、截水沟几何尺寸满足排水要求，同时距开挖边坡线不小于 5 m。

（2）加强边仰坡支护工作，防止边仰坡滑坍。

（3）做好防雨、防洪机械设备、物资材料的准备。

（4）采用分级集水管道排水，保证隧底不积水。隧道开挖时洞内设排水沟、集水坑，备足抽排水设备，特别注意反坡开挖要防止雨水倒灌。

3. 文明施工管理措施

（1）开展创建文明工地活动，建立创建"文明工地"领导小组，做到"三无五必须"，即:施工现场中无管线高放,排水畅通无积水,施工道路平整无坑塘;施工区域与非施工区域必须严格分隔;施工现场必须挂牌施工;管理人员必须佩卡上岗;工地现场施工材料必须堆放整齐;工地生活设施必须文明。

(2)施工临时住地内适当位置设置"一图四板","一图"即平面布置图;"四板"即质量保证板、安全生产板、环境保护板、文明施工管理板。施工现场张贴宣传标语,设宣传栏。

(3)施工现场所有施工人员佩带由施工单位提供的胸卡,胸卡应标明姓名、职务、身份及编号。

(4)工地现场和生活区设置足够的临时卫生设施,每天清扫处理,在生活区周围种植花草、树木、美化生活环境。生活垃圾集中堆放,统一运至指定地点废弃。同时根据工程进展,适时对施工现场进行整理、整顿和必要的调整。根据施工现场实际需要和环境保护的要求,采取隔离网或隔离围墙与外界隔离围蔽施工。

(5)施工期间经常对施工机械车辆道路进行维修,确保晴雨畅通,并方便沿线居民的生产、生活。

(6)车辆在运料过程中对易飞扬物料用篷布覆盖严密,装料适中不得超限;车辆轮胎及车外表用水冲洗干净,保证道路的清洁。

4. 环境保护和水土保持管理措施

(1)水污染的防治措施

①施工期间隧道洞口设污水沉淀池,洞内施工废水经沉淀处理,达到排放标准后方能排走。

②清洗骨料的水和其他施工废水,采取经沉淀池过滤的方法处理后方可排放,以此避免污染河道和周围环境。

③施工机械的废油废水,采用隔油池等有效措施加以处理,不得超标排放。

④生活污水采取化粪池等措施进行净化处理,经检查符合标准后方准排放。

(2)隧道洞口边仰坡防护措施

①施工前必须先进行洞顶截水天沟的施工,保证雨水顺着截水沟排入自然排水沟。

②隧道洞口尽量不刷坡,并以绿色保护为主要手段,采取植草或植树的方式进行防护。

③明洞回填尽量恢复原地表,保持原坡面的稳定。

④洞门施工完毕后,进行洞门坡面的防护及绿化施工和排水沟的施工工作。

(3)弃渣场防护措施

隧道进口弃渣总量为33.3万 m^3,弃渣场设在龙王庙村西的海湾,用于填海工程,运距3 km;出口弃渣总量为33.3万 m^3,弃渣场设于 DK41+300。

为满足环保要求,弃渣场周边按现场实际需要设置弃渣挡墙进行防护,弃渣场顶面有条件的进行复耕,不具备复耕条件的进行绿化。

5. 安全生产措施

(1)提高安全意识

①利用各种宣传工具,采取多种教育形式,使职工树立安全第一的思想,不断强化全员管理制度化、教育经常化。

②各级领导在下达生产任务和检查工作时,同时检查安全技术措施执行情况。总结工作时,同时总结安全生产情况,提出安全生产要求,把安全生产贯彻到施工的全进程中去。

③加强定期安全教育,健全安全检测制度,设立安全监督岗,对发现的事故隐患和危及到工程、人身安全的事项,立即处理,做出记录,限期改正,落实到人。

④施工中临时结构必须向员工进行安全技术交底,对大型临时结构必须进行安全设计和技术鉴定,合格后方可使用。

⑤特殊工种的操作工人(如起重机司机、架子工、电焊工、电工、小型机械司机等)做到有安全操作证才能上岗工作。

(2)做好各种标志牌

在工程现场周围,设置必要的标志牌,包括警告与危险标志、安全与控制桩标志、指路标志等。

采取防火措施消除一切可能造成火灾、爆炸事故的根源,控制火源、易燃物和助燃物。配备灭火器材,并同地方消防部门联系,加强安全防护工作。

(3)做足设备的安全措施

机械配备布局要合理且装有安全装置。操作者严格遵守操作规程,操作前对设备进行检查,机械设备严禁带故障运行。推土机和挖掘机作业时,要有专人指挥调度,以防出现安全事故。

对电器设备安装漏电保护器,对其外壳进行防护性接地、接零或绝缘。派专人负责电器安全工作,进行用电安全知识教育,定期检修电器设备。

六、主要成效

取得的主要成效有:

(1)九里庄隧道是哈大高速铁路全线最长隧道,是全线重点和控制性工程之一,其如期贯通为哈大高速铁路总工期目标实现奠定了坚实基础。

(2)九里庄隧道地质复杂围岩多变,施工过程工序转换较频繁,为高速铁路电气化隧道施工提供类似工程经验。

第二节　鞍山隧道施工

鞍山隧道在建时是当时国内最长的以明挖为主的隧道,因其下穿既有铁路和所处的特殊位置及地质条件,施工中遇到一系列的技术难题。该隧道由中国铁路设计集团有限公司设计,中铁二局集团有限公司哈大项目部施工,北京铁城监理公司监理。

一、工程概况

鞍山隧道位于辽宁省鞍山市宁远镇，是为满足军方要求而设的下穿铁路隧道，隧道起止里程为 DK284+100~DK286+540，全长 2 440 m，为双线隧道，轨面以上有效净空面积为 100 m²。隧道位于 $R=8\,000$ m 的曲线上，线路纵坡呈"V"字坡，纵向坡度为 15‰ 的下坡和 19.998 9‰ 的上坡，变坡点位于 DK285+600。隧道内线路最大埋深约 20.5 m（轨面至地面），最大开挖深度 22.8 m，最大覆土厚度约为 10.5 m。

隧道位于冲积平原区，地形平坦、开阔。进口段基本为耕地，有零散的房屋及温棚；出口段分布较多的房屋，尤其在鞍腾路两侧较为密集。隧道多处通过高、低压供电线，在 DK285+500 右侧约 80 m 处为一变电站。

全隧道除下穿铁路时暗挖通过，其他均为明挖施工，明挖分为放坡开挖和钻孔桩围护开挖。其中，DK284+994.8 为下穿部队铁路专用线，该处 50 m 设计为暗挖，采用围护桩和大管幕防护；进出口共计 930 m 为放坡开挖施工的框架明洞（下穿道路处为框架立交明洞），其余的 1 000 m 为放坡开挖施工的拱形明洞。主体结构采用 C35 防水钢筋混凝土，抗渗等级 S12；隧道结构防水等级为一级，以防为主，加强施工缝、变形缝防水措施；全隧道衬砌采用全包式防水。

隧道衬砌按结构型式分为 5 种，分别为：框架明洞衬砌、框架立交明洞衬砌、暗挖段衬砌、放坡段拱型明洞衬砌、桩围护段明洞衬砌，各种衬砌型式分布段落见表5-4。

表5-4　衬砌类型统计

序号	起点里程	讫点里程	长度(m)	衬 砌 类 型
1	DK284+100	DK284+200	100	框架明洞衬砌
2	DK284+200	DK284+220	20	框架立交明洞衬砌
3	DK284+220	DK284+535	315	框架明洞衬砌
4	DK284+535	DK284+660	125	框架立交明洞衬砌
5	DK284+660	DK284+690	30	框架明洞衬砌
6	DK284+690	DK284+970	280	放坡段拱形明洞衬砌
7	DK284+970	DK285+020	50	暗挖段衬砌
8	DK285+020	DK285+340	320	放坡段拱形明洞衬砌
9	DK285+340	DK285+800	460	桩围护段明洞衬砌
10	DK285+800	DK286+200	400	放坡段拱形明洞衬砌
11	DK286+200	DK286+350	150	框架立交明洞衬砌
12	DK286+350	DK286+540	190	框架明洞衬砌

二、工程特点及难点

1. 工程地质情况

(1)地质情况：隧道区地层主要为第四系全新统冲积岩层黏性土、砂类土、碎石类土;寒武系石灰岩,局部表覆人工堆积层。

(2)气候情况:隧道区域属温带,湿润~半湿润的季风气候,冬季漫长严寒,夏季短促温暖,雨量集中在7~8月,春秋风多。该隧道区属严寒地区,冬季寒冷干燥,夏季酷热少雨,属典型的温带大陆性气候。

(3)水文情况:隧道区左侧河流为杨柳河支流,为自然季节性河流。在天然条件下总的地下水特点是:在水平方向上,浅层水和深层水由北向南形成补给,地下水具有明显的丰、枯水期变化,丰水期水位上升枯水期水位下降,水位变化幅度2~3 m;在水位作用下,水力坡度小,地下水径流十分缓慢,排泄方式主要有蒸发、人工开采,微承压水位埋深1.7~18 m,该段地下水对混凝土结构无化学侵蚀性。

2. 工程难点

(1)50 m下穿军用铁路专用线暗挖施工:ϕ300 mm管幕超前支护,施工工艺较传统隧道截然不同,钢管位置偏差控制要求更高,施工过程中须严格控制;洞内开挖要加强对既有铁路线路基的沉降和轨向偏差监控,保证既有线安全,必要时采用扣轨等措施加固。因此,该隧道施工安全压力大。

(2)桩围护明挖法施工具有城市地铁车站的施工特点,在有钢管支撑条件下,采用台车进行衬砌的连续施工。因此,加强施工过程中的监控量测、确保支撑体系和变电站安全均为本隧道施工的难点。

(3)该隧道衬砌结构形式多、开挖支护复杂,土方开挖数量大。受拆迁影响,部分段落迟迟不能开工,工期压力大。

三、施工组织

1. 总体目标

(1)工期目标:2007年10月20日开工,2010年6月30日隧道主体完成。

(2)质量目标:坚持"百年大计,质量第一"的方针,认真贯彻执行有关质量管理法规,以世界先进技术和管理经验为支撑,对建设工程质量实施全过程监控,确保主体工程质量"零缺陷",竣工工程一次验收合格率100%,并满足设计开通速度要求。

(3)安全目标:坚持"安全第一,预防为主"的方针,建立健全安全管理组织机构,完善安全生产保证体系。无职工因工死亡事故、无重大交通责任事故及无重大火灾事故;杜绝行车和人身安全的特别重大、重大、大事故,杜绝死亡事故,防止一般事故的发生;职工年重伤频率控制在0.5‰以下。消灭一切责任事故,确保人民生命财产不受损害。

(4)环保及水保控制目标:严格按照国家《中华人民共和国环境保护法》《中华人民共和国水土保持法》和地方政府有关规定落实环保"三同时",采取各种工程防护措施,减少工程建设对沿线生态环境的破坏和污染,确保铁路沿线景观不受破坏,江河水质不受污染,植被得到有效保护,将哈大高速铁路建成绿色环保工程。

2. 组织机构

中铁二局集团有限公司哈大项目部成立隧道作业工区,具体负责鞍山隧道的施工。工区设工区长、技术负责人,并配备测量组、质检员、技术员、试验员、领工员等管理人员,负责对下属各施工班组进行生产组织及管理。

3. 资源配置

(1)劳动力配置

隧道工区配备管理人员 20 人,技术人员 6 人,技术工人 600 人,普工 200 人,以满足隧道施工劳动力要求。在施工过程中对人员实行动态管理,根据施工需要随时调整员工数量。

(2)机械设备配置

主要机械设备配置见表 5-5。

表 5-5　主要机械设备配置

机械名称	规格/型号	单位	数量
输送泵	HBT60	台	4
旋转钻机	SP260	台	16
旋挖钻机	SR200	台	5
挖掘机	20~22 t 级	台	6
推土机	TY200	台	2
压路机	YZ20	台	4
汽车起重机	20 t	台	2
龙门吊	20M-5 t	台	2
自卸汽车	19.5 t	辆	25

(3)模板配置

隧道衬砌台车根据衬砌断面尺寸的不同和工期要求进行配置,拱形明洞(含暗挖)模板台车 3 套,桩围护段台车 1 套,框架明洞模板台车 1 套,现浇支架模板 2 套,考虑隧道施工后沉降,台车尺寸在制作时加大 5 cm。

4. 施工方案

根据隧道结构的衬砌形式及开挖支护方式不同将隧道分为五个区段、三种施工方法组织施工。

(1)DK284+100~DK284+690 段 590 m 框架明洞

先施工降水井(并根据开挖进展进行降水),再放坡开挖,放坡坡率为 1:1.5,在单坡高 8 m 处设 2 m 宽平台。纵向上分台阶向前推进,当挖至设计标高时,立即施作垫层混凝土,再施工仰拱底防水层、仰拱及填充。衬砌钢筋采用钢筋台架提前预扎,混凝土采用 1 套内、外模台车组合施工,衬砌拆模后及时施工衬砌外包防水层及回填土方。其中框架立交明洞因衬砌的外轮廓不同,配置现浇支架模板 2 套进行施工。

（2）DK284 + 690 ~ DK285 + 340 段 600 m 拱形明洞及 50 m 暗挖

施工方案同框架明洞，配置 2 套内、外模台车，从两端向中间推进。暗挖段先施工超前支护（钻孔桩及旋喷桩），边开挖边施工锚索，采用先钻导向孔、扩孔及拉管法施工 ϕ300 mm 管幕。采取侧壁导坑法开挖，边开挖边支护，衬砌采用台车内模施工。

（3）DK285 + 340 ~ DK285 + 800 段 460 m 拱形明洞（钻孔灌注桩围护段）

本段采用"开挖一段、支撑一段、砌衬一段"方案组织施工，流水作业，即开挖、支护、仰拱、衬砌钢筋绑扎、衬砌施工各工序整体推进，衬砌施工作为关键线路，在保证衬砌施工进度的前提下有序开展其他工序，尽量减短开挖暴露时间。先施工钻孔灌注桩、降水井并降水，再纵向分层开挖，边开挖边施工横向钢管支撑，衬砌紧跟。配置 1 套（边墙、拱顶内外模）衬砌模板台车，衬砌分节施工，先做仰拱部分，再施作边墙，最后施作拱顶部分衬砌。配置一台跨距 23 m 起吊能力 5 t 的龙门吊，用于横向支撑、模型安装及钢筋的吊装。

（4）DK285 + 800 ~ DK286 + 200 段 400 m 拱形明洞

本段施工方法同 DK284 + 690 ~ DK285 + 340 段，配置 1 套模板台车。

（5）DK286 + 200 ~ DK286 + 540 段 340 m 框架明洞

本段施工方法同 DK284 + 100 ~ DK284 + 690 段，并利用该段的施工资源。

四、关键施工技术及措施

1. ϕ300 mm 超大直径管幕超前支护施工技术

暗挖段地层为粉质黏土和粉土，隧道顶覆土厚度 4 ~ 5 m，最大开挖深度约 18.2 m。为了控制隧道施工期间地面尤其是部队专用线的沉降，暗挖段开挖轮廓外最大跨以上采用 ϕ300 mm（壁厚 10 mm）管幕超前灌注水泥浆保护，单根钢管长度为 50 m。

（1）导向孔钻进技术

钻导向孔是管幕施工的关键环节，能否保证钻孔精度、孔壁光滑以及不坍塌等都是影响钻孔质量的直接因素，须提前采取有效措施保证钻孔质量。

导向钻进采用泥浆护壁，钻进时泵压控制在 0.6 ~ 1.0 MPa，泵量为 10 ~ 30 L/min 为宜，保持中低压力，匀速中速前进。采用无线导向方法准确定位，然后进行校正。无线导向是用两台非开挖专用导向仪（SE-1 型）实现的，一台放置在地面上，随钻头移动监测钻头的高度和偏位情况；另一台安放在钻机操控台上，监测钻杆仰角和钻头导向板方向。发现偏差及时进行纠偏，发现超限及时补救。

（2）扩孔及拉管技术

首先在另一侧将连接好的钢管与万向结和扩孔器连接牢固，且钢管的管头是敞口的；将钢管的管头用简易支架吊起并基本平行于隧道路线。待导向孔钻通另一侧掌子面后取下钻机钻头，将扩孔器通过连接卡安装在钻杆上，通过钻机的后拖力将钢管拉入导向孔中，在拉管的过程中利用钻杆顶端的扩孔器将孔扩大到设计孔径，从而将钢管安装到位。扩孔作业要采用挤扩的方法，不能采用通常水循环方法，防止引起地层扰动导致地面沉降,采取边扩孔边拉管。

2. 分体式衬砌台车技术

框架明洞和拱形明洞衬砌台车采用全断面钢模板,以电动机驱动行走机构带动台车行走,利用液压油缸和螺旋千斤调整模板到位。明洞衬砌一个循环的工作长度为9 m,模板分为内模和外模两组独立系统,施工时两者组合进行。衬砌模板台车设计时原则上不考虑内外模对拉拉杆,但需预留 ϕ30 mm 拉杆孔,拉杆在边墙处,每侧垂直方向 3 排,纵向间距 1.5 m,设置位置在模板通梁处。振捣窗口尺寸为 0.75 m×0.5 m,纵向间距为 1.5 m,垂直高度 2 m,内外模纵向错开布置。内模模板厚 10 mm,外模模板厚8 mm。

桩围护段一套台车由边墙内模台车、拱部内模台车、拱部外模台车三组台车组成,边墙内模台车和拱部外模台车设计要求同放坡明洞台车;拱部内模台车考虑过钢管支撑,利用 8 个液压油缸(油缸在 0 行程基础上行程必须大于 1 m 以上)在不拆掉ϕ600 mm 钢管倒撑的情况下通过钢管倒撑,施工方便,操作安全。

台车由模板总成、托架总成、平移机构、门架总成、主从行走机构、侧向液压油缸、侧向支承千斤、托架支承千斤、门架支承千斤等组成。

3. 采用分体式内外模台车施工明洞衬砌技术

台车由专业厂家根据图纸制作并运抵现场,提前拼装调试完成,内模台车轨道安放在填充混凝土面上,外模台车轨道安放在坡角浆砌片石上。衬砌钢筋在钢筋预扎架上绑扎成型,钢筋及预埋件等作业完成后外模台车移动就位,通过钢丝绳将绑扎好的钢筋网提吊固定,防止预扎架移开时钢筋网在自身重力作用下发生变形;固定好钢筋网后将钢筋预扎架移开,内模台车就位。台车行走到位后对内外模板进行整体调试和加固,内模利用液压系统支撑牢固,外侧利用开挖基坑设置加固支撑,支撑加固困难的地段可考虑采用内外模对拉拉杆进行模板加固。

采用台车及台架施工长大明洞与普通模板施工相比具有施工速度快,施工质量稳定,施工安全可靠等优点;台车可以重复多次使用,利用率高,降低施工成本,具体如图 5-8 ~ 图 5-11 所示。

图 5-8 拱形明洞预扎架

图 5-9 拱形明洞钢筋绑扎

图 5-10　模板台车就位

图 5-11　拱形明洞浇筑

4. 大断面有钢管支撑情况下拱形明洞衬砌连续施工技术

（1）围护桩 + 钢支撑支护体系

隧道轨面以上净空为 100 m²，属于大截面衬砌，基坑宽 15.3 m，最大开挖深度达 24 m，基坑承受巨大的土压力和水压力，围护桩 + 钢支撑支护体系是本项目施工的关键。钻孔灌注桩桩径为 ϕ1 200 mm，桩长 26.3 ~ 30.2 m 不等，桩中心间距为 1 400 mm，沿基坑两侧纵向布置，均采用旋挖钻机或旋转钻机施工成孔。冠梁沿桩头设置，截面宽 1.2 m、高 1 m，将围护桩顶端连接为整体。开挖前在基坑外采用 ϕ705 mm 管井降水，降水目标为地下水降到基坑底面以下 0.5 ~ 1 m。挖掘机和运输汽车配合进行基坑内土体开挖，纵向分四级台阶挖至基底，开挖过程中及时挂钢丝网喷锚，加固侧壁，喷射混凝土厚度不小于 5 cm，并且表面平顺。钢支撑采用 ϕ600 mm 钢管，纵向间距 3 m、竖向 4 层布置，从上向下间距分别为 4.0 m、5.5 m、4.2 m，第四层与开挖基底平台间距 3.4 m。边开挖边安装钢支撑，焊接型钢和安装 2I45b 钢腰梁，龙门吊吊装钢支撑、人工配合安装。

施工过程中对附近土体、水位和支护结构进行监控量测，实时掌握水位变化、土体位移、结构物形变和钢支撑受力情况，为施工提供安全预警，根据检测结果对支护体系和施工工艺进行相应调整，在保证安全的同时兼顾经济合理。后期施工中，根据监测情况对部分段落支撑方案进行优化，取消第四道钢支撑，具体如图 5-12、图 5-13 所示。

图 5-12　围护段进口支撑及锚索

图 5-13　支撑及结构施工过程

（2）采用台车施工的创新

城市地铁或下穿道路多采用框架断面结构，支架模板现浇施工且无需设置外模。本项目的支撑体系与城市地铁类似，但土质条件下拱形明洞衬砌采用分体式模板台车循环推进施工并不多见。

5. 沉降观测与监控量测

（1）沉降观测

隧道主体工程完工后变形观测期一般不少于 3 个月。观测数据不足或工后沉降评估不满足设计要求时应适当延长观测周期，直到工后沉降评估满足铺设无砟轨道要求为止。隧道内每 20 m 设一组观测点。观测点的埋设严格参照设计图实施。

（2）暗挖段监控量测

监控量测类型：本段暗挖段监测分洞外和洞内监测，洞外设地表监控量测，主要设地表下沉和轨向偏差监测；洞内主要设拱顶下沉和水平收敛监测。

测点布置：地表监控量测设地表下沉 63 个，轨向偏差 13 个点。地表下沉量测从明暗衔接段基坑施工开始，直至衬砌结构封闭、下沉基本停止时为止。

监控量测数据分析与信息反馈：监控量测数据取得后，及时进行校对和整理，同时注明开挖方法和施工工序以及开挖面距监控量测点距离等信息。每次观测后立即对观测数据进行校核，如有异常及时进行补测；每次观测后及时对观测数据进行整理，包括观测数据计算、填表制图、误差处理等；每次观测后对观测数据进行分析，根据量测值绘制时态曲线，对支护及围岩状态、工法、工序进行评价并及时反馈评价结论，整个隧道施工过程中未出现变形异常情况。

五、主要管理措施

1. 安全管理

本项目深基坑开挖、既有线下施工，安全生产尤为重要，在安全管理上成立以工区长为首的安全领导小组，牢记"安全第一、预防为主"安全生产方针，并将这一方针贯穿施工全过程。项目分部设置专职安全员负责安全管理工作。对各作业班组的作业人员，严格执行"三级安全教育"，对现场操作工人进行安全教育和培训，各道工序开工前进行严格安全技术交底，关键工序进行专项安全技术交底，每日坚持班前安全讲话，施工现场设置兼职安全员，定期进行安全检查，并举行消防演习，以增强操作工人安全意识，规范工人的安全操作，加强现场安全管理，避免安全事故发生，确保了施工生产顺利进行。

2. 质量管理

项目部建立健全各项质量管理规章制度，施工过程中严格实行"三检制度"；项目部针对每一道工序在施工前都进行技术交底，在技术交底中详细指明了施工方法和注意事项，使现场操作工人做到心中有数，在书面交底基础上还采用幻灯片方式进行详细讲述；为加强施工质量细节控制，项目分部在每周交班会上都通过幻灯片形式展示本周质量控制情况,对做的好的方面给予表扬并对不好的方面及时给予提醒同时指出下步工作中需要注意的施工细节。为规范现场施工,保证工程质量,及时掌握现场信息,项目分部制定工地现场旬检制度。每月 10 日、20 日、30 日由项目分部总工程师带队,工程管理部、安全质量部等人员参加,对工地现场进行检查。对存在问题进行书面通报,并督促责任人员和班组进行整改,制定了相应的奖惩措施,确保施工工程质量。

3. 进度管理

项目分部主动与指挥部、地方相关部门做好施工协调方面的工作,为现场施工创造基本条件;合理安排各项施工任务,严格兑现奖罚;加强全体管理人员的服务意识,做到施工技术方案先行,针对施工现场的各道工序转换,提前进行施工技术专项方案交底,让现场工人能够提前了解每道工序的具体操作,尽量避免少走弯路。

4. 合同管理

为尽可能减少现场施工浪费,充分发挥协作队伍自身的管理能力,项目分部项目分部从承包方式上进行了优化。项目分部提供的主要材料均以基价的方式进入劳务合同单价中,现场实行三方(供货方、项目分部、协作队)签认,验工时根据三方签认量进行扣除;零星材料由项目分部协助联系厂家,协作队伍自行购买。这样既保证了原材料质量又充分发挥协作队伍自身的管理能力,有效地避免材料浪费;建立健全协作队伍计价支付和材料、设备扣款台账,严禁对工程预验、超验和超借劳务费;对协作队伍所有工人进行了登记,所有劳务工人的工资均由项目分部建立支付台账,并根据资金拨付情况及时将工资发放到工人手中。

5. 物资管理

材料厂家选择:主要材料均由项目分部进行采购,项目分部组织工程、安质、物设及合同部门人员对材料供应厂家资质、生产能力以及材料质量等进行考察,并要求厂家提供材料报价,根据考察及报价进行综合分析,在保证材料质量前提前,选择价格较低的作为项目部材料供应厂家。

主要材料进购:材料进场后,材料数量实行三方(供货方、项目部、协作队)签认,物设部建立详细的材料记录清单,验工时合同部根据三方签认量进行扣除。进场后的材料交由协作队自行保管,增强协作队对材料管理责任,避免造成材料损失。

零星材料进购:零星材料由项目分部协助联系厂家,协作队伍自行购买。这样既保证了原材料质量又充分发挥协作队伍自身的管理能力,有效地避免材料浪费。

混凝土用量管理:混凝土浇筑前由项目分部各工点技术干部根据设计图数量向拌和站申请混凝土使用数量,拌和站根据现场提供与设计相应的混凝土。混凝土到场后根据现场使用数量由双方签认,物设部建立详细的混凝土使用记录单。

6. 技术管理

鞍山隧道开工前项目分部召集所有技术人员讨论研究,制定施工方案,尤其是针对明洞衬砌的台车设计、暗挖段 50 m 长 ϕ300 mm 大直径管幕、桩围护段支撑体系施工、桩围护段台车设计、暗挖段既有线下 4 m 埋深隧道的开挖等关键环节,与公司本部专家、设计单位、模板台车厂家等进行充分的交流和论证,制定切实可行的方案和对策。施工过程中积极开展 QC 攻关活动,通过施工过程中的不断总结、完善,基本形成了一套成熟的高速铁路明挖隧道施工技术,为公司以后类似工程施工提供可借鉴的经验。

六、主要成效

取得的主要成效包括以下几个方面。

1. 施工安全无事故

鞍山隧道施工中极其重视施工安全。各分项工程开工前做好安全技术交底并交底到施工现场,各分项工程开工前集中管理人员和工人进行安全施工交流和安全施工培训。所有施工人员持证上岗、规范操作,施工前做好安全事故应急预案。每旬定期开展安全检查、安全整改活动。施工期间未发生一起安全事故。

2. 质量进度双丰收

ϕ300 mm 大直径管幕施工技术的应用,保证了暗挖隧道的外轮廓尺寸,确保了衬砌混凝土的厚度。钢筋预扎架、分体式模板台车的应用保证了明洞衬砌混凝土的整体效果和施工质量,加快了施工进度,明洞衬砌最快施工速度达到 9 m/2.5 d。采取了多项质量管理措施确保了施工质量。

3. 科研技术成果斐然

鞍山隧道的施工过程中工程技术人员通过科技攻关和运用新技术、新工艺,加强对《鞍山隧道施工技术》科研项目的研究,实现了 ϕ300 mm 超大直径管幕超前支护施工、分体式台车设计、明洞衬砌的连续施工和全包防水等关键技术的突破。

通过对 ϕ300 mm 超大直径管幕超前支护施工的研究,提出了先钻导向孔、扩孔拉管的施工工艺,解决了导向钻进、扩孔及拉管和注浆等环节的技术难题。根据此工艺编写的《下穿土质隧道超大直径管幕施工工法》,评为 2010 年贵州省级工法,《土质下穿隧道超大直径管幕施工方法》获得发明专利。

根据不同的结构形式和施工方法,研究设计了框架明洞、拱形明洞和桩围护段拱形明洞共计 3 种不同型号的台车。解决了就位、加固等难题,各工序连续循环作业,提高了施工效率,形成了采用内外模分体式台车施工明洞的成套技术。《长大明挖隧道施工方法》获得发明专利。

第三节　超大断面隧道施工技术

一、工程概况

哈大高速铁路笔架山隧道工程,由中铁一局集团有限公司哈大项目部组织施工。该隧道位于普兰店普湾北一公里处,隧道进口里程 DK67+255,出口里程 DK67+600,隧道全长 345 m;隧道位于直线上,进口为山崖,地势陡峭,隧道出口位于山坡上,地势平坦。隧道为浅埋偏压隧道,最大埋深约 31 m,隧道跨径 17.5 m,高 14.49 m,开挖全断面积 209 m², 比普通断面隧道(153 m²)大 56 m², 为目前国内高铁最大断面隧道。因施工组织设计需要, 隧道内轮廓按通过运梁车的要求设计为扩大断面, 开挖方法采用交叉中隔壁法(CRD)施工。

笔架山隧道 2007 年 11 月中旬开工, 2008 年 5 月顺利贯通, 2009 年 9 月竣工。本项目工程地质及水文地质情况如下:

依据区域地质资料, 隧道位于新华夏构造体系钓鱼台—邓屯—李店构造带上, 分布元古界蓟县系(JX)泥岩、砂岩, 局部表覆第四系全新统坡洪积层(Q4dl + pl)细角砾土。根据物探资料分析隧道区中部为一褶皱, 其北翼岩芯极其破碎, 其土壤最大冻结深度: 0.93 m。地下水主要为基岩裂隙水, 洞身范围内勘测期间未见地下水, 雨季施工应注意地表水渗入对洞身的影响。

二、工程特点及难点

1. 隧道建筑限界采用《京沪高速铁路设计暂行规定》〔铁建设(2004)157 号〕。京沪高速铁路建筑限界基本尺寸, 隧道线间距为 5 m(曲线地段不考虑加宽), 隧道断面内主要尺寸如图 5-14 所示。

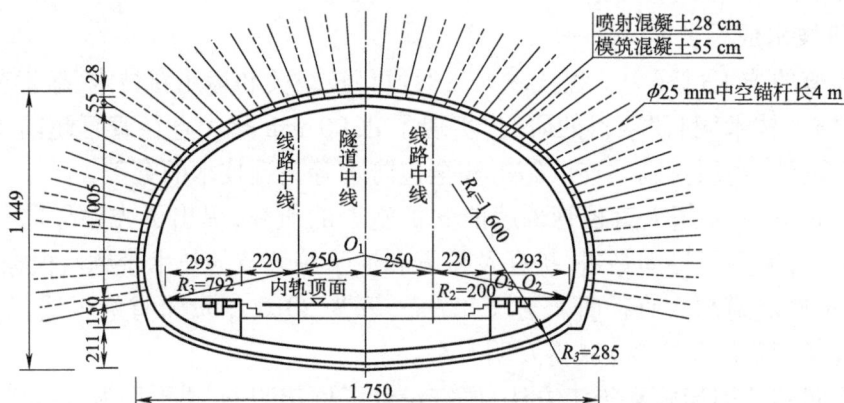

图 5-14　围岩扩大断面隧道复合式衬砌示意(单位:cm)

(1)隧道内设双侧救援通道, 救援通道宽 1.5 m(自线路中线外 2.3 m 起算)、净高 2.2 m, 救援通道走行面高于轨面 30 cm。

(2)隧道内设置双侧电缆槽, 电缆槽结构外缘距同侧线路中线距离为 2.2 m。

(3)隧道内铺设 I 型板式无砟轨道, 轨道高度 0.756 m。

(4)笔架山隧道为满足施工组织需要, 隧道内轮廓按通过运梁车的要求设计为扩大断面, 如图 5-15 所示。

2. 针对Ⅲ级、Ⅳ级围岩大断面浅埋偏压石质隧道, 对 CRD 施工方法进行了优化, 使其支护系统能很好的适应围岩的变化, 与围岩形成一个整体, 充分发挥围岩的自承能力, 在确保安全的前提下提高了功效。

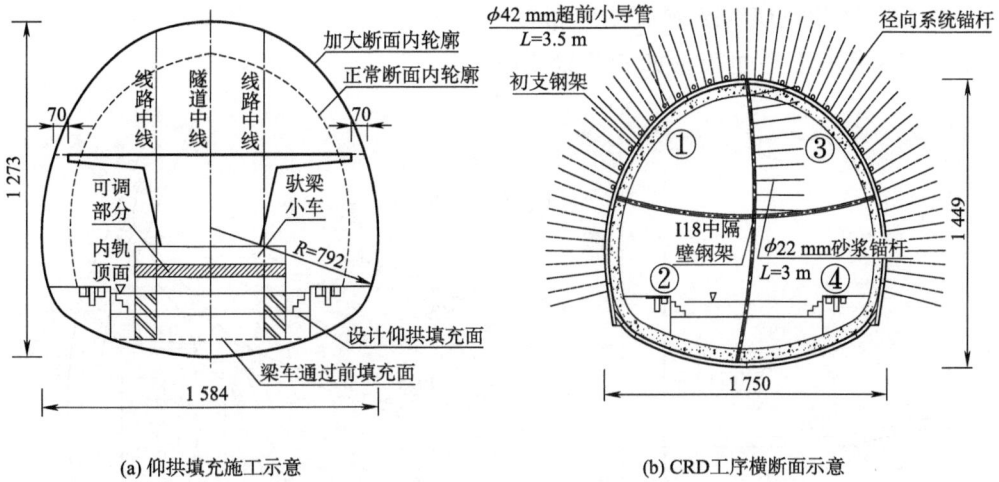

(a) 仰拱填充施工示意 (b) CRD工序横断面示意

图 5-15 扩大断面隧道原 CRD 法方案图示意(单位:mm)

3. 尽早施作仰拱使断面支持体系封闭成环。

4. 通过监控量测和超前支护,为围岩较差地段提前做好预测预防。

5. 结合爆破施工工艺,确定了优化 CRD 法的合理步长,减少了施工干扰,提高了机械利用率施工方便,加快了施工进度。

6. 优化的 CRD 法应用于Ⅲ级、Ⅳ级围岩的石质大断面隧道能有效控制围岩变形及地表沉陷。

三、施工组织

1. 劳动力配置

为创优质工程、确保工期,选派具有丰富施工经验、善管理工程建设的人员担任项目经理、项目总工,组建强有力的领导班子成立项目经理部,隧道施工队分掘进班、出渣班、衬砌班、机电班共计 118 人,主要劳动力配置见表 5-6。

表 5-6 主要劳动力配置

班组名称	人数	主要工作内容	备 注
掘 进 班	32	打眼、爆破、排险、出渣配合机械修整掌子面	左右线各 16 人
支 护 班	20	喷射混凝土、安装钢架、锚杆(管)、超前锚管、钢筋网片等	左右线各 10 人
出 渣 班	12	挖、装、运、弃洞渣	—
二 衬 班	12	衬砌台车就位、挡头板安拆、注浆管安装、二次衬砌混凝土拌和、运输、浇注	—
钢 筋 班	12	二衬钢筋安装、轨槽及综合接地钢筋安装,纵、环向止水带安装	—
防 排 水	4	防水层安装、纵横向排水管安装	—
钢架加工班	6	型钢刚架加工、钢筋网加工	—
测 量 组	6	隧道及各结构物中线、水平控制	—
综 合 班	4	洞内外文明施工、风水管路接拆	—

2. 主要临时设施规划及洞口场地布置

笔架山隧道施工平面布置如图 5-16 所示。

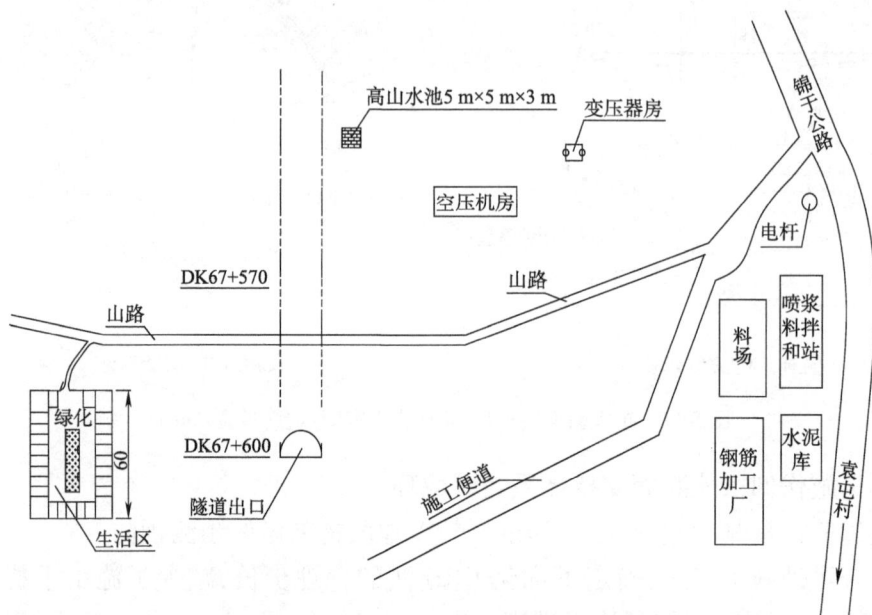

图 5-16 笔架山隧道施工平面布置示意

（1）施工便道

隧道进口处为一乡村公路，为保证乡村公路的畅通，必须在隧道施工前施工 DK66 + 800 的改路施工，改路通行后才可从进口处施工。

（2）施工用电

铁路沿线有 10 kV、35 kV 等高压电力线或交错或平行线路分布，隧道施工用电从附近电力线搭接引至隧道洞口变压器。隧道施工队在洞口设 315 kVA 变压器 1 台，200 kW 发电机 1 台作为备用发电机。

（3）施工用水

隧道施工用水采用就近取水或打井取水，采用高位水池蓄水。在隧道洞顶设 70 m³ 的蓄水池。

（4）施工供风

在隧道洞口设置空压机站，通过高压风管满足洞内施工用风，供风主管道采用 φ100 mm 无缝钢管，掌子面用胶管接分风器满足施工用风需要。选用 20 m³/h 压风机，正常施工使用 3 台，另考虑 1 台备用，洞口安排 4 台空压机。

（5）混凝土供应

隧道用混凝土统一由项目部第六拌和站集中供应，混凝土搅拌运输车运输至工作面。

（6）弃渣场

弃渣场位于隧道进口 DK67 +000 右侧约 200 m 处的旱地内，运距约 400 m，占用旱地 26.13 亩,弃渣场设挡土墙。

3. 主要机械设备配置

主要机械设备配置见表 5-7。

表 5-7　主要施工机械配置

序号	机械名称	型号规格	数　量	备　注
一、动力设备				
1	发电机	200 kW	1	—
二、通风排水设备				
1	电动空压机	—	4	—
2	轴流通风机	—	1	—
3	离心式清水泵	—	1	扬程 50 m
4	潜水泵	WD5.5	1	—
三、凿岩设备				
1	风镐	G10A	8	—
2	气腿式风钻	YT-28	17	—
3	管棚机	—	1	—
四、混凝土衬砌、其他混凝土及砂浆设备				
1	混凝土拌和机	HZS90	1	—
2	混凝土输送车	—	4	—
3	混凝土输送泵	HBT60	1	—
4	模板台架	自制	1	—
5	模板台车	—	1	—
6	附着式振动器	HW10	3	—
7	插入式振动器	—	6	—
8	液压锻钎机	—	1	—
9	钢筋弯曲机	GW40A	1	—
10	钢筋调直机	GD240	1	—
11	钢筋切断机	GQ50	1	—
12	交流电焊机	36 kVA	1	—
五、运输设备				
1	装载机	ZLC50 侧翻	2	—
2	自卸车	—	4	15 t
3	挖掘机	320 型	1	—
六、支护设备				
1	混凝土湿喷机	—	1	—
2	灌浆机	—	1	—
3	注浆泵	—	1	—

四、关键施工技术及措施

1. 施工工艺

（1）原设计图要求的 CRD 施工工艺

原设计图要求的 CRD 施工工艺见表 5-8。

表 5-8　原设计 CRD 施工工序

序号	工序示意图	说　　明
1		（1）用上一循环架立的钢架施作隧道超前小导管超前支护； （2）弱爆破开挖①部； （3）喷 10 cm 厚混凝土封闭掌子面； （4）施作①部洞身结构的初期支护和临时支护，即初喷 4 cm 厚混凝土，架立 I20 型钢钢架、I18 临时钢架，施作中隔壁砂浆锚杆临时支护并设锁脚锚杆，安设 I18 横撑； （5）钻设径向锚杆后复喷混凝土至设计厚度
2		（1）滞后 1 部 15 m 后，开挖 2 部； （2）隧底周边部分初喷 4 cm 厚混凝土； （3）接侧墙仰拱钢架和临时钢架； （4）钻设系统锚杆后复喷混凝土至设计厚度
3		利用上一循环架立的钢架做隧道超期支护，开挖 3 部并施作导坑周边的初期支护和临时支护，步骤同 1
4		在滞后于 3 部 15 m 后，开挖 4 部并施作导坑周边的初期支护和临时支护，步骤同 2

序号	工序示意图	说　明
5		以洞室稳定为前提,逐段拆除靠近已完成仰拱6~8 m范围内中隔壁底部临时钢架,浇筑该段仰拱,然后浇筑该段隧底填充
6		中隔壁底部临时钢架接长,支撑在隧底填充混凝土上

（2）原CRD施工工艺在本隧道中的不适应性

根据高速铁路大断面隧道自身的力学特征,结合以往类似工程施工经验,CRD工法适用于特别破碎的岩石、碎石土、卵石土、圆砾土、角砾土及黄土组成的V级围岩和软塑状黏性土、潮湿的粉细砂组成的Ⅵ级围岩及较差围岩中的洞口段、偏压段、浅埋段等。施工初期按照原设计进行施工,但是施工进度较慢,主要原因是该隧道属于山岭隧道,石质地层,开挖需要爆破作业,使得整个施工环节属于单工序作业。由此造成大量的人员、机械、设备处于闲置状态。按照全断面进行计算,平均每月最多进尺30 m,严重影响施工进度。原CRD法施工开挖如图5-17所示。按照此施工工艺主要暴露的问题是:

①各断面施工工序间距小。原设计各断面施工工序间距为15 m,每次爆破时,其他断面的操作人员及施工机械都要撤离,停止施工,造成施工不连续。同时大型机械操作空间狭小,施工效率低。

②中隔壁的设置将左右两洞隔离开,造成机械转场频繁,利用率低。

③施工仰拱前,设计要求仅拆除中隔壁下部支撑,仰拱施工中的这段时间,中隔壁长时间悬空,存在较大的安全隐患。

④中隔壁拆除困难,需要爆破及大型设备配合,影响了其他工序作业(如图5-18所示)。

⑤开挖①部或③部后即刻安装中隔壁水平横撑,影响上部机械通行和下部爆破、机械开挖等工作。

图 5-17 扩大断面隧道原 CRD 法施工开挖示意

图 5-18 原 CRD 法中隔壁拆图

（3）CRD 施工工艺优化

在保证隧道质量、安全的前提下，对原设计 CRD 工法进行了优化。现场主要采用位移量测监控附以压力盒、应力计等来判断拆除各构件的顺序及安全度。理论上建立了有限元计算模型，如图 5-19 所示。

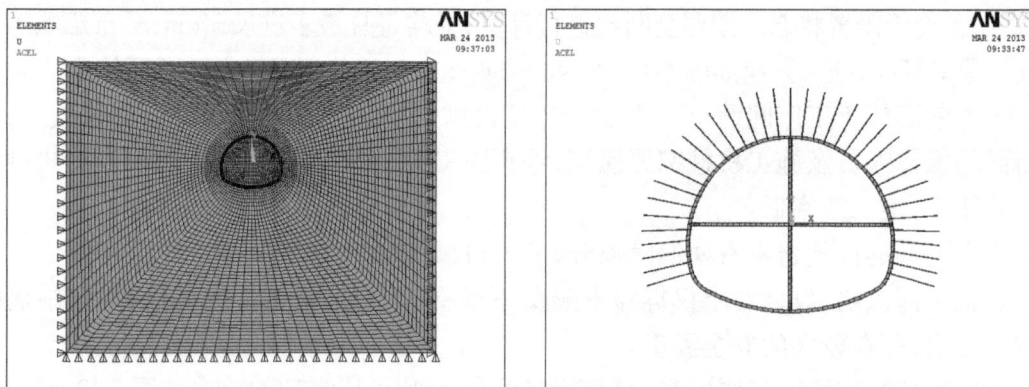

围岩模型

初期支护和二衬模型

图 5-19 有限元模型

利用有限元强度折减法对各工况进行了安全受力分析，做出安全系数的动态变化曲线，如图 5-20 所示。

由此得出以下结论：

①由于隧道埋深较浅，埋深考虑为 31 m，在Ⅳ级围岩情况下，洞顶没有出现塑性区，隧道不会产生洞顶坍塌失稳情况。

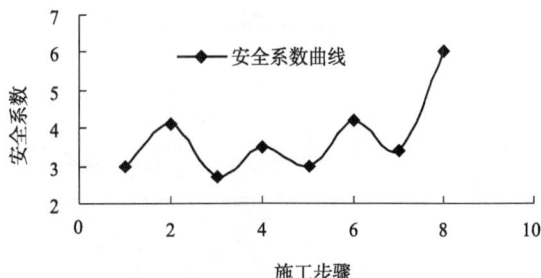

图 5-20 施工开挖过程安全系数

②施作初期支护后，隧道的整体性增强，安全系数增大，安全度更高，初期支护及时的闭合有利于隧道的安全，对稳定围岩有较大作用。

③前三个区域的开挖时，围岩的失稳形式以局部失稳和小范围失稳为主，主要出现在右拱腰和左拱腰位置。随着隧道一个断面的开挖逐渐结束，结构的整体性增强，围岩的失稳形式以大面积的失稳为主，接近整体失稳，失稳出现拱腰和拱脚位置。

④安全系数最小值出现在第三步开挖工况，即开挖隧道区域 3 时的施工工况，安全系数为 2.7。第三步开挖之后，安全系数随着开挖过程的进行，安全系数呈逐渐增大趋势。

（4）优化后施工方案

施工过程中经过三次方案优化及论证，将笔架山隧道 CRD 施工工法进行部分优化，最终确立 CRD 施工优化方案，如图 5-21 ~ 图 5-23 所示。

图 5-21 开挖工序示意

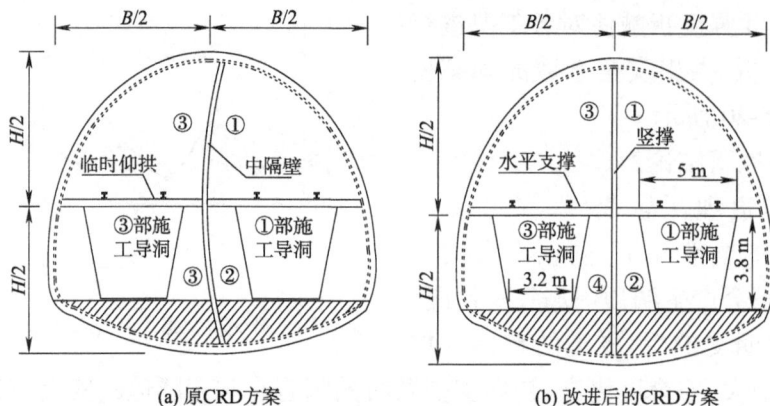

(a) 原CRD方案　　　　　　　　　(b) 改进后的CRD方案

图 5-22　优化 CRD 方案与原方案的对比

图 5-23　优化的 CRD 方案现场

①中隔壁改为竖撑,初支工字钢型号不变,取消喷射混凝土。临时仰拱改为水平支撑,不喷射混凝土,初支型钢由原来的 I20a 改为 I25a 型钢,并做好纵向连接。

② ①部、③部施工 50～80 m 后,进行上台阶底部松动爆破,架设横支撑,再进行②部、④部开挖。仰拱封闭后进入下一循环施工,第二个循环上部通道在仰拱成型地段用洞渣填筑。仰拱及时跟进,仰拱距离下台阶 10 m 左右,二次衬砌距离下台阶掌子面宜控制在 30～50 m 范围。

③仰拱施作按照先拆除不超过 2.0 m 范围内临时支撑,初期支护封闭成环后继续拆下一段不超过 2.0 m 的临时支护。待支护封闭达到 6.0 m 后应立即施作衬砌仰拱混凝土。为保证开挖仰拱时初期支护的稳定性,在原设计原则上每脚增设 2 根锁脚锚管。

④观测收敛稳定后拆除 6～8 m 中隔壁底节单元,分 2～3 次拆完,拆除过程及时观测,完成后施作仰拱混凝土。

⑤隧底填充混凝土施作完成后根据量测结果确定是否拆除剩余的临时支撑。

⑥为保证安全,拆除底节临时支撑前应检查每个连接部位及钢架纵向连接情况。

(5)CRD 施工工艺优化比较

采用 CRD①部、②部超前,上台阶和下台阶施工频繁转换,在转换过程中须修筑坡道,机械设备倒运频繁,同时开挖需要爆破作业,使得整个施工环节属于单工序作业。由此造成大量的人员、机械、设备处于闲置状态。而采用 CRD①部、③部超前,①③或

②④部左右交替前进,有两个掌子面可平行施工,除爆破外互不干扰;另外施工面在一个平面上,更有利于资源共享,所以从施工组织的角度上,CRD①部、③部超前更有利于加快施工 CRD①部、②部超前进度。

2. 施工操作要点

(1)为保证上部爆破作业时,钻孔台架安全,其最短施工距离控制为 20 m,并作为机械装渣平台。装渣、运输机械进出导洞长度 20 m(坡度 19%),台阶长度共 40 m。即工序①、②之间、工序③、④之间间隔 40 m。

(2)为减少相邻作业面爆破作业干扰,隧道开挖工序①、③之间、工序②、④之间间隔 10 m。

(3)各工序循环开挖进尺 1~2 榀拱架。

(4)初期支护、临时支护之中隔壁必须随开挖紧跟。上部临时仰拱设置,在下部施工前必须设置,其设置为上部施工长度减 40 m 台阶长度。

(5)工序①、③开挖采用光面爆破,工序②、④开挖采用预裂爆破,严格控制炸药用量,采用减弱爆破方式。

(6)仰拱混凝土随工序④施工而进行,距其掌子面 10 m。导洞施工在下部工序已完成,转到上部施工前施工,采取预裂爆破方式施工,如图 5-24 所示。

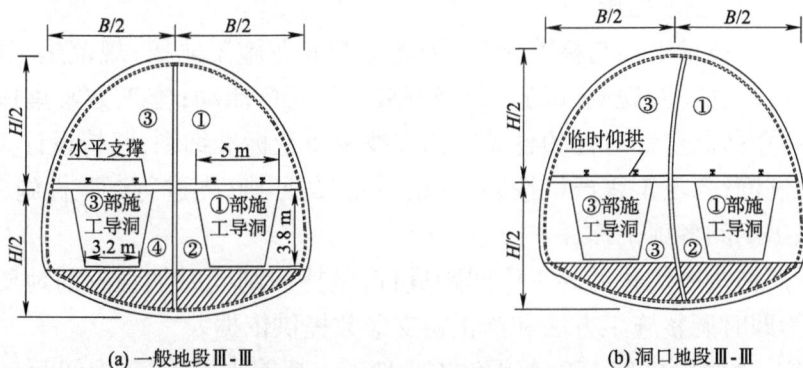

(a) 一般地段Ⅲ-Ⅲ   (b) 洞口地段Ⅲ-Ⅲ

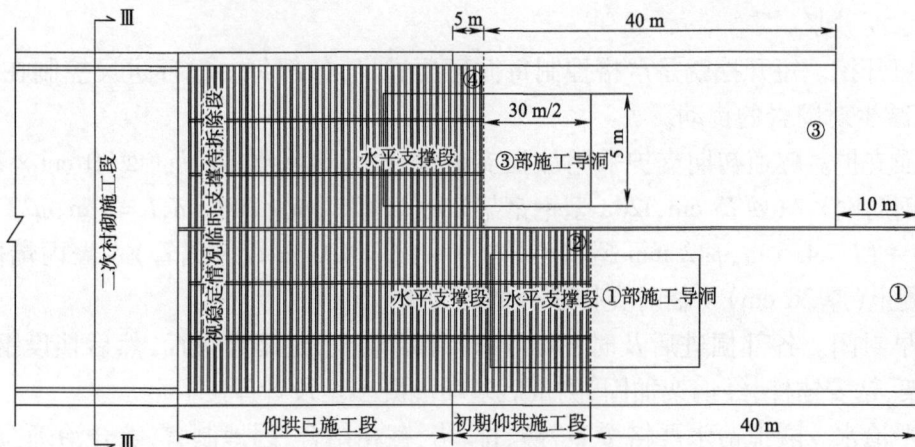

图 5-24 优化的 CRD 法开挖工序示意

（7）临时支护拆除时间根据量测结果确定，拆除顺序为先横撑，后拆除中隔壁。临时支撑距衬混凝土距离不大于 12 m，并视情况，采取临时支顶措施。

（8）隧道施工通过超前地质预测预报、监控量测，主动获取地质信息，可以及时发现异常情况，预报开挖面前方不良地质的位置、规模和性质，以避免突发性地质灾害的发生，为优化、完善设计，制定科学、合理的施工方法提供地质信息依据。为施工提前做好准备，可以及早制定预案，采取相应的技术和安全措施，保证施工的正常、安全进行。

五、主要管理措施

1. 质量管理措施

（1）保证质量的管理措施

①项目部成立完善的质量保证组织机构，分部成立全面质量管理小组，各区分部经理亲自抓，并制定相应的对策和质量岗位责任制，从组织机构上加以保障。

②制定严密的内控质量管理办法，注重过程控制，加强日常检查。

③制定严格的质量保证责任制和奖罚措施，严格执行"质量事故处罚制度""质量一票否决制度""标准试验室制度"等各项管理规定，严格按建设单位颁布的办法执行。

（2）保证质量的技术措施

加强施工人员技术培训与标准学习；择优选配专业施工队伍；规范施工操作；强化施工过程中的检测、监控、观测、试验；积极开展专题 QC 活动；施工方案集体论证确定并报批；进场后立即制定针对性的各类工艺和技术质量标准细则；坚持设计文件图纸会审和技术交底制度；各项工程严格按照"样板引路"的原则，先进行试验性施工。

①做好施工期间各项工作

施工中须严格按照优化后的工序间距进行，坚持原则同时加强超前地质预报和监控量测工作，为即时调整施工方法和修正初支参数提供依据。

a. 管超前。上台阶拱部 150° 范围钻安 ϕ42 mm 超前小导管，环向间距 50 cm，管内注 M30 水泥砂浆。

b. 短开挖。短开挖就是严格控制每循环掘进尺，各部每一循环进尺控制在 1.5 m 以内，以减少对围岩的扰动。

c. 强支护。隧道初期支护采用加强支护设计，具体参数如下：（@20 cm × 20 cm，ϕ8 mm 钢筋网）+（@75 cm，I20a 型钢钢架）+（@100 cm × 100 cm，L = 4 m、ϕ22 mm 系统锚杆）+（L = 4.5 m、ϕ42 mm 超前小导管）+（L = 4.0 m 锁脚锚管）+ 聚丙烯微纤维喷射混凝土（厚 28 cm）+ 临时支护联合加强支护。

d. 早封闭。各部掘进后及时初喷 4 cm 厚混凝土，封闭掘进面，然后挂设钢筋网，安装钢架、钻安锚杆，经钢架加固、测量后复喷混凝土至设计厚度。

e. 严治水。隧道治水严格按照"防、排、堵、截相结合，因地制宜，综合治理"原则施工，严格控制施工用水和地表水下渗，具体措施有：隧道暗洞掘进前，首先砌筑洞顶截水沟,防止地表水流向隧道施工区域。为避免洞顶地表水下渗,引起隧道掘进时坍方,进出口洞顶地表 20 m 范围内(隧道中线两侧各 10 m)全部用厚 5 cm M5 水泥砂浆抹面封闭。采用湿喷工艺,喷射混凝土拌和用水在拌和站控制,喷完后洞内用高压风吹代替水冲洗湿喷机,避免掌子面施工用水的滥用。喷射混凝土和仰拱、填充、二衬混凝土均采用喷雾器喷雾养护取代洒水养护。严格控制混凝土拌和用水,避免混凝土泌水浸泡隧道基底。施工中严格按设计图纸施工洞内防排水设施,设专人对防排水设施质量进行过程监控,达到防水可靠,排水通畅、以堵为主、限量排放的要求。

f. 勤量测、速反馈。将监控量测纳入隧道施工的一道重要工序,安排专职技术人员(4 人)按照 CRD 法监控量测计划书进行量测。

g. 快成环。大断面隧道施工中,应尽快形成环状闭合结构,发挥了结构整体受力的优势,对限制隧道围岩拱顶下沉与净空收敛有立竿见影的效果,按 CRD 法施工顺序,主要有以下几个方面:一是上台阶初支、上部水平横撑、上部中隔壁临时闭合成环;二是下台阶初支、中部中隔壁临时闭合成环;三是仰拱初支、拱墙初支闭合成环;四是仰拱混凝土与拱墙混凝土形成衬砌永久闭合结构。

h. 紧衬砌。大断面隧道不论是深埋段还是浅埋段都要及早施作二次衬砌,并根据监控量测信息反馈,及时修正衬砌参数,确保施工和运营安全。"紧衬砌"反映到具体的数字上就是仰拱、填充紧跟掘进面不大于 30 m,二衬紧跟仰拱不大于 30 m。

②做好中隔壁安装

中隔壁对隧道施工过程的围岩稳定性起到十分重要的作用,它能有效地控制洞周变形和地表沉降,因此在施工过程中应严格控制竖向钢架的垂直度,防止底部托空,加密钢架的纵向连接筋,提高钢架间整体受力能力,以确保钢支撑的安装质量。同时为减小下台阶开挖爆破时对中隔壁水平横撑的扰动,横撑安装时应高出②、④部约 50 cm。

③做好中隔壁拆除

中隔壁拆除前须确保初支变形趋于稳定,每 2 m 分段拆除,分段闭合,仰拱即时跟进。拆除过程中加强监控量测,如有变形突变现象,停止拆除,并进行加固。

先拆除水平横撑,然后竖向支撑,竖向拆除按自上而下,洞口至洞内进行。利用吊车搭设简易平台,采用氧焊割断水平横撑连接钢板连接,人工配合吊机逐榀拆除。装载机拆运至洞外矫正供下一循环使用。

拆除过程中应特别注意洞内行车及作业人员安全,做好安全防护和警戒(上部水平横撑满铺木板及两侧设专人警戒),对洞内纵向中埋式止水带及二衬钢筋设置保护措施,严禁拆除物损坏纵向止水带和钢筋。

④加强隧道施工监控量测

为加强对特大断面隧道施工方案和受力演化过程的现场监测与数据采集,分析隧道开挖后围岩的变形规律;围岩压力与支护接触压力分布规律;锚杆受力分布规律;钢拱架受力分布规律,为 CRD 工艺的优化提供理论依据。

在隧道的施工过程中重点选取两个断面进行监控量测:一是进行收敛和拱部下沉量测,对监测到的洞周收敛变形和拱部下沉进行回归分析,模拟洞周的变形规律,评价洞身的稳定性,指导施工。二是进行围岩压力与接触压力量测,对监测到的围岩压力和支护接触压力进行回归分析,得出洞周围岩压力和支护接触压力的分布规律,评价洞身的稳定性。

(3)常见质量通病及其预防措施

①超欠挖质量通病的预防或纠正措施

采用激光导向仪配合测量人员准确放样,根据围岩情况合理调整钻爆参数,采用一开挖循环一分析,及时调整钻爆参数,对出现超欠挖部位在下一循环进行修补,达到设计要求标准。

开挖前,采用地质超前预测预报系统对前方围岩进行超前探测,分析围岩的各种物理化学性能指标,以确定合理的施工方案。

开挖时根据工程地质条件以及开挖方法,采用合理的开挖机具,严格控制超欠挖,并根据围岩级别,确定合理的循环进尺长度,以避免进尺过长,造成围岩失稳。同时按照设计要求及时施作永久性支护体系和临时支撑体系。在上一循环支护达到一定强度后,再进行下一循环的开挖。

开挖后按照设计要求加强围岩变形量测监控,根据量测反馈数据及时调整开挖方案,防止围岩坍塌。

②初期支护不达标,厚度、支护强度不满足设计要求等质量通病的预防措施

在初期支护前,用激光断面仪严格检查开挖断面,对局部欠挖及时进行处理,保证断面符合设计要求。钢支撑按放样中线、标高进行架立控制,正确就位。用埋设短钢筋作为喷射混凝土面的控制标志。

隧道初期支护喷射混凝土采用湿喷工艺,以提高喷射混凝土的质量和增强抗裂性,减少回弹量。用于支护的材料必须符合质量标准和设计要求。格栅钢架、超前小导管、锚杆、钢筋网在加工场统一加工,经检验合格后运至安装地点。

a. 超前小导管。超前小导管所用钢管的品种、级别、规格和数量必须符合设计要求,超前小导管与支撑结构的连接符合设计要求,超前小导管的纵向搭接长度符合设计要求。

b. 格栅钢架。格栅钢架的加工制作在大样台上进行,保证格栅钢架加工精度,格栅、钢架在使用前进行试拼,架立须符合设计要求,连接螺栓拧紧,连接板密贴对正,底板不得有虚土。焊缝要严格检查,必须清除焊渣。

c. 锚杆。锚杆类型、布置及安装数量须符合设计要求。锚杆钻孔保持直线,并与其所在部位的岩层主要结构面垂直。砂浆锚杆采用的砂浆强度等级、配合比符合设计要求。砂浆锚杆灌浆饱满,并设置垫板,垫板与基岩面密贴。中空注浆锚杆严格按技术规范和设计要求施工。锚杆锚固力不低于设计或规范要求。

钢筋网在初喷混凝土后铺挂,并随喷面起伏铺设,使其与喷射混凝土形成一个整

体,初喷混凝土的厚度不小于 4 cm,混凝土保护层厚度不小于 3 cm。

　　d. 喷射混凝土。喷射混凝土原材料配合比、计量、搅拌、喷射符合施工规范要求。微纤维喷射混凝土拌和过程中要分散均匀,避免结团。喷射混凝土施工前进行喷射混凝土与围岩粘结强度试验,选用的速凝剂在使用前作速凝效果试验,初凝及终凝时间符合设计及技术规范要求。

　　③二次衬砌混凝土表面不平顺,出现错台、错缝、漏浆等质量通病的预防措施

　　采用整体衬砌模板台车施工,台车工厂加工,做到尺寸准确、结构可靠、刚度强、变形微,在台车模板尾部设有胶管止浆条,头部设有铰接钢挡头板,台车按中线、标高严格就位,确保前后衬砌段衔接正确。通过胶管止浆条的作用,防止前后衬砌接头处不漏浆。其余地段衬砌,采用大块拼装式企口接头的弧形钢模,安装时,认真做好模板接头搭接,做到模板不漏浆。

　　围岩软弱破碎地段,要加强衬砌台车走行轨轨下基础的沉降控制,防止因基础沉降引起衬砌台车定位不准。

　　衬砌按先墙后拱的顺序泵送混凝土连续对称浇筑,厚度符合设计要求。拱顶预埋压浆管,确保拱部混凝土密实。挡头模板和附属洞室使用钢模,衬砌混凝土做到内实外美,保证隧道净空尺寸。

　　二次衬砌时间按围岩量测资料确定,一般在围岩和初期支护变形基本稳定后开始。防水层在二次衬砌混凝土浇筑前施工,采用无钉铺设工艺。

　　衬砌施工前对衬砌段中线、水平、断面尺寸、净空尺寸进行检查;把浇筑处地基表面、拱与墙接茬的积水、泥浆、岩屑、油污、有害的附着物和松散的、松动的岩块清除干净。

　　浇注混凝土前对模板、支架、钢筋骨架、预埋件等进行检查,钢筋加工绑扎按规范要求办理。

　　模板台车准确就位,并对台车要进行加固,并增设台车内支撑,防止混凝土浇注中台车变形。混凝土浇注过程中应派专人观察,出现异常及时采取措施进行处理。

　　④二次衬砌表面蜂窝、麻面、露筋无光泽度等的预防措施

　　混凝土配合比严格按现场试验配比,充分考虑运输和泵送过程中变性。

　　振捣采用附着式振捣器和插入式振捣器联合振捣,捣固混凝土时,以不冒气泡为标准,且必须离开模板5 cm左右,确保混凝土密实,与支护密贴,与防水板密贴。

　　安装钢筋时,钢筋的位置和混凝土保护层厚度应符合设计要求。必须采用细石混凝土或砂浆制作的垫块,确保钢筋保护层的厚度。

　　每次浇筑后模板表面必须清理干净,涂脱模剂要均匀;脱模时模板一定垂直表面移动,且掌握好脱模时间。

　　⑤二次衬砌表面渗漏水的预防措施

　　建立专业防水管理机构,成立防水施工专业作业班组,由防水施工技术负责人专职负责,质检工程师对每道工序进行检查、监督。

实行旁站监理和验收制度。在经过自检、质检工程师和监理工程师检查验收签认后,方可进入下一道工序的施工。

洞内洞外防排水系统配套,形成循环,保证连接良好,无堵塞,无断点;保证洞口附近或浅埋地段洞顶地表排水顺畅,无积水渗漏,无冲刷隐患;洞口沟边、泄水管等位置、断面与坡度,均符合设计文件要求。

做好洞内盲管排水系统。施工主体结构衬砌之前,按要求施作盲管排水系统,并在衬砌混凝土施工时对盲管排水系统做好保护措施。

做好防水板施工。防水抗渗材料符合设计文件要求,其强度、延伸率、耐老化性、耐腐性等性能指标符合要求,要有出厂合格证及试验报告,并进行抽检试验,合格后方可使用。防水层铺设前保证初期支护混凝土表面圆顺,变形缝等处施作细部做法必须符合设计要求。对外露的锚杆头、钢筋头予以截除,显著凹凸处进行喷混凝土找平,保证防水板有足够的搭接宽度(150 mm)和与喷层密贴。采用无锚钉铺设工艺,杜绝防水板破损。防水板为隐蔽工程,按要求经监理工程师检查并填好质量检查记录。钢筋绑扎时,严禁损伤防水板,钢筋焊接时,对防水板进行遮拦保护,以防止烧伤防水板。做好止水带施工,防止止水带定位不准、安装不牢。

⑥二次衬砌表面裂纹的预防措施

严格混凝土施工工艺,保证混凝土的密实度和均匀性;加强混凝土养护及延迟脱模时间,防止表面干裂;严格进行基底清理,按设计设置沉降缝、伸缩逢;及时施作仰拱,防止边墙受挤压而变形。

2. 安全管理措施

(1)安全管理保证措施

①制定项目经理、副经理、总工程师、专职安检工程师、安全员的岗位职责;制定安全检查制度、奖惩制度和安全质量申报制度。

②根据国家、原铁道部、地方政府的法律、法规及相关文件要求,制定详细的安全操作规程。

③制定重点、关键工序的施工安全作业指导书;制定特殊岗位及特殊施工环境的安全保证措施。

④认真执行"一日三检制""交接班检查制",及时检查安全措施的落实情况,发现问题及时解决。

(2)安全技术保证措施

在工程施工的全过程中,各部门、各分部要始终做到"三个坚持"和"四个加强"。

①"三个坚持":坚持"安全第一"的思想;坚持"预防为主"的原则,在不同施工阶段,开展各种安全活动;坚持"四不放过"的制度,认真总结经验教训。

②"四个加强":加强安全工作的领导,充分发挥各方面、各部门的作用;加强组织纪律和法制教育,提高安全生产的自觉性;加强安全检查工作,及时消灭事故隐患;加强自身建设,不断提高队伍素质。

（3）防火、防盗及危爆物品管理措施

①建立经理部、分部、班组三级防火责任制,明确职责。

②生活区及施工现场配备足够的灭火器材,定期对灭火器等防火设施进行检查,保证防火设施的使用性能。所有施工人员都应熟悉消防设备的性能和使用方法。并同当地消防部门联系,加强安全防范工作。

③库房设置防灭火设施,专职人员看守,加强平时警戒巡逻,架设与项目部直通的专线电话,确保联络畅通。

④施工现场要设置安全防火、防爆、防雷电等标志牌。焊、割作业点与氧气瓶、乙炔气瓶等危险物品的距离不得少于 10 m,与易燃易爆物品的距离不得少于 30 m。

⑤在重要电器设施周围,设置接地或避雷装置,防止雷击起火。对工地及生活区的照明系统派人随时检查维修养护,防止漏电失火引起火灾。

⑥对职工进行防火教育,杜绝职工燃电炉、乱扔烟头的习惯。

⑦在生活区、工地现场、料场,派专人 24 h 轮班看守,防止生活物品、材料被盗及其他事故的发生。

⑧锅炉等压力容器按有关规定定期进行检测,避免事故发生。

⑨有毒有害等危险品远离居住区、水源专库存放,使用严格按照有关规定进行,并配置相应的安全防护用品。

（4）机械设备安全保证措施

①机械设备使用严格按照《建筑机械使用安全技术规程》和《建筑安装工人安全技术操作规程》的要求执行。

②各种机械操作人员和驾驶员,必须持有操作合格证,不准操作人员操作与操作证不相符的机械;不准将机械设备给无操作证的人员操作,对机械操作人员要建立档案、专人管理。

③操作人员必须按照本机说明书规定,严格做到:工作前检查、工作中观察、工作后保养。操作室严禁存放易燃易爆品,严禁酒后操作机械,严禁机械带病运转或超负荷运转。

④机械设备在施工现场停放时,应选择安全的停放地点,夜间应有专人看管。用手柄起动的机械应注意手柄倒转伤人,向机械加油时严禁烟火。严禁对运转中机械进行维修、保养调整作业。指挥机械作业人员,必须明确指挥联络信号。

⑤定期组织机电设备、车辆安全大检查,对查出问题的机械,按照"三不放过"的原则进行调查处理,制定防范措施,防止机械事故的发生。

（5）特殊作业安全技术保证措施

施工用电的安全保证措施:

①严格按有关规定安装线路及设备,用电设备都要安装地线,不合格的电气器材严禁使用。

②现场照明电线绝缘良好,导线不得随地拖拉或绑在脚手架上。照明灯具的金属外壳接零。室外照明灯具距地面不低于 3 m,室内距地面不低于 2.4 m。

③配电箱、开关箱内设置漏电保护器。配电箱设总熔丝、分开关,动力和照明分别设置。金属外壳电箱作接地或接零保护。开关箱与用电设备实行"一机一闸一漏保"。严禁不同电压等级共存于同一移动开关箱内。

④架空线须设在专用电杆上,严禁架设在树或脚手架上,架空线装设横担和绝缘子。安装、维修或拆除临时用电工程必须由电工完成,电工必须持上岗证,实行定期检查制度,并做好检查记录。

⑤严禁机电设备带病运转或超负荷作业,夜间作业时有足够的照明设施,工作视线不清时不作业。

⑥工地电力干线采用非裸导线架设,统一布置电力线路,不准私接乱拉电线;钢筋加工设备有漏电保护或外壳接地装置,严禁带电移动电焊机。

(6)人身安全保证措施

①参加施工的全体人员必须按规定佩戴安全防护用品,上岗工作前严禁饮酒。高空作业要系安全带,工作平台四周必须设有围栏,并挂有安全网。对施工搭设的脚手架,必须稳定牢固,并安排专人检查、指导搭设。

②制定安全作业规章制度,在施工中做到各项工作有章可循。主要包括以下内容:车辆运输运行安全作业制度;用电安全须知;各种机械的操作规则及注意事项;有关劳动保护法规的执行措施;各种安全标志的协调规则及维护措施;起重作业安全制度。

③深化安全教育,强化安全意识。员工上岗前必须进行安全教育和技术培训,牢记"安全第一"的宗旨,安全员必须持证上岗。

④推行安全标准化工地建设,抓好现场管理,搞好文明施工。工程材料的合理堆放,各种交通、施工信号标识完备,各种管路架设正确。现场紧张有序,工序有条不紊。文明施工,安全生产。

⑤加强班组建设。选好班组长、安全员,执行"周一"安全互检、讲话制度,集思广益,发现问题,找出隐患,杜绝"三违",把事故消灭在萌芽状态。

⑥认真实施标准化作业,严格按安全操作规程进行施工,严肃劳动纪律,杜绝违章指挥与违章操作,保证防护设施的投入,使安全生产建立在管理科学、技术先进、防护可靠的基础上。

(7)劳动保护措施

①施工中加强劳动保护用品的发放和管理,特别重视防寒、防暑的劳动保护。冬季施工时首先做好施工人员的防寒用品发放工作;加强防火、防冻、防煤气中毒等安全措施。高处作业人员必须穿好防滑鞋,系好安全带。

②暑季施工时首先做好施工人员的防暑用品发放工作。加强防雨、防洪、防雷电等安全措施。机械设备的电闸箱要采取防雨、防潮等措施,并应安装接地保护装置。对工人宿舍、办公室、食堂、仓库等应进行全面检查。

③加大寒暑季安全检查力度,加大劳保用品投入,加强医疗保障工作,确保安全生

产无事故。

3. 环保管理措施

（1）建立施工环保、水保组织机构

建立专职的环保组织机构，做好施工期间的环保工作。成立以项目经理为组长的环境保护领导小组，质量安全部为日常的管理机构，质量安全部部长专职抓环保工作，具体负责开展环保工作。

坚持"管生产必须管环保"的原则，建立健全岗位责任制。结合施工组织设计，制定实施性的环境保护措施，从思想、宣传、组织、制度、措施、经济等方面入手，形成严密的控制格局，确实将环境保护工作落到实处，使施工现场环境与生态保护工作满足国家和各级环保部门的标准。

（2）健全环保、水保管理体系

建立健全环境保护体系，贯彻国家有关环境保护的法律、法规，坚持施工过程中对环保工作的监督检查。定期、不定期地召开环境保护工作会议，研究项目环境保护工作，发现问题，及时处理解决，使环保工作常抓不懈。在编制施工方案的同时，制定与施工方案相应的环境保护方案，提出具体可行的恢复性措施，经业主批准后执行。

坚持环境保护工作"三同时"的原则，与设计、施工统筹规划、同步运作。

合理安排施工时间和施工顺序，减少对环境的影响，环保与施工同步，恢复措施紧跟。

（3）环境保护及水土保持措施

①水污染的防治措施

施工废水、生活污水按有关要求进行处理，不得直接排放。清洗骨料的水和其他施工废水，采取过滤、沉淀或其他方法处理后方可排放，以此避免污染河道和周围环境。施工机械的废油废水，采用隔油池等有效措施加以处理，不得超标排放。生活污水采取二级生化或粪池等措施进行净化处理，经检查符合标准后方准排放。

②固体废弃物污染的防治措施

施工营地和施工现场的生活垃圾和建筑垃圾，集中堆放，统一弃于指定地点，不得随意弃放。施工和生活中的废弃物也可经当地环保部门同意后，运至指定地点，此外，工地设置能冲洗的厕所，派专门的人员清理打扫，并定期对周围喷药消毒，以防蚊蝇滋生，病毒传播。报废材料或施工中返工的挖除材料立即运出现场并进行掩埋等处理。对于施工中废弃的零碎配件、边角料、水泥袋、包装箱等及时收集清理并搞好现场卫生，以保护自然环境与景观不受破坏。尽量不使用难于降解的材料作为包装物品，施工中用于养护的塑料薄膜在用完后不得随意弃掉，应及时回收，统一处理。

③土地资源及生态环境保护措施

土地资源保护措施：工程永久用地做到依法申请、尽量少占、绝不滥用。临时工程用地做到依法申请、少占耕地、征地补偿、用后复垦。临时使用土地依法不作为永久性建筑物用地。不在耕地上设置取土场。

生态环境保护措施：营造良好环境。在施工现场和生活区设置足够的临时卫生设施，经常进行卫生清理，同时在生活区周围种植花草、树木，美化生活环境。尽量减少对施工影响区的植被、天然地表和农田水利的破坏，集中或分散取土后做好清理、平整工作，疏通排水渠道，防止水土流失，砍伐树木时与当地城建或绿化部门联系，有条件移植时，禁止砍伐。对有害物质（如燃料、废料、垃圾等）采取焚烧或其他措施处理后运至指定地点进行掩埋，防止对动、植物及水土环境造成损害。工程完工后，及时进行现场彻底清理，并按设计要求采用植被覆盖或其他处理措施。按设计要求砌筑挡渣墙，防止弃渣流失侵占农田或堵塞沟道。

④制度保证措施

建立"三级"检查落实制度：领导层抓全面，管理层抓重点，实施层抓具体落实。项目部每月组织相关部门进行一次检查，检查结果与经济收入挂钩，根据责任目标的实现情况及时奖罚兑现。内部建立"包保责任制"，运用行政和经济手段，加强环保工作的落实。实行"环保否决制"，即施工作业活动不符合环保要求的项目不得开工，具有强制否决权。严格落实"无条件服从制"，即无条件地接受环境保护监测单位的指导和监督，必须无条件遵守建设单位与环保部门签订的环保协议条款。

施工中建立以下检查制度：生活区环保检查制度；水土保持制度；生态环境保护和检查制度。定期或不定期进行环保检查，及时查处违章事宜。

向建设单位有关部门和当地政府环保部门、环保专家征求意见及时制定整改措施，把环境保护工作真正落到实处。实行内部监察制度并主动接受建设、监理、地方环保部门对环保工作的监督、监察，对发现的问题要限期及时整改。

六、取得的成效

取得主要成效包括以下几个方面。

1. 技术效益

在如此复杂的地质、工程环境下修建浅埋、大跨隧道，传统上一般采用明挖、盾构以及顶进法施工，但受工程规模、施工环境和工程造价的影响，本工程设计建议采用交叉中隔壁（CRD）法施工。在工程建设过程中，通过对隧道实际情况的考量和科学的攻关，我们对隧道的开挖施工工艺及加固防护方案提出了优化和改进，推动了隧道施工技术的进步，为该类浅埋偏压隧道施工提供了成功经验。

2. 经济效益

笔架山隧道采用了优化的交叉中隔壁（CRD）施工方法后，在施工进度方面得到了显著的提高，比指导性施工组织设计工期提前了 3 个月，从人工费、机械使用费和间接费等方面大大降低了施工成本，为企业创造了良好的经济效益。

3. 社会效益

笔架山隧道的成功实施，填补了国内高速铁路石质地层超大断面隧道 CRD 施工技术的空白，其安全性和经济性都是比较先进的，其 CRD 施工工艺参数对类似工程有较强的借鉴意义;其监控量测成果具有很高的科研价值。

笔架山隧道的顺利贯通为企业创造了良好的社会形象。2009 年 3 月 17 日中央电视台 19:00 的《新闻联播》、辽宁电视台 18:30 的《辽宁新闻》、大连电视台 18:00 的《今晚 60 分》别对哈大高速铁路笔架山隧道的贯通仪式进行了全程报道。笔架山隧道的顺利贯通,为落实原铁道部、辽宁省政府提出哈大高速铁路提前一年半工期的总目标赢得了时间。

第六章 轨 道 工 程

哈大高铁地处高纬度严寒地区,为适应寒冷环境,轨道结构主要采用 CRTS Ⅰ 型板式无砟轨道结构形式。各参建单位通过联合攻关、大胆创新,成功解决了严寒地区 CRTS Ⅰ 型混凝土轨道板预制技术、CRTS Ⅰ 型轨道板铺设技术、长枕埋入式无砟道岔施工技术、一次性铺设跨区间无砟轨道无缝线路施工技术和 CRTS Ⅰ型板式无砟轨道预应力混凝土轨道板预制施工技术等一系列难题,为今后严寒地区轨道工程施工提供了经验。

第一节 严寒地区 CRTS Ⅰ 型板式无砟轨道底座施工

一、工程概况

CRTS Ⅰ 型板式无砟轨道由 60 kg/m 钢轨、WJ-7B 型扣件、预制轨道板、水泥乳化沥青砂浆(CA 砂浆)、混凝土凸形挡台及混凝土底座等部分组成。无砟轨道横断面图如图 6-1 所示(以桥梁为例)。

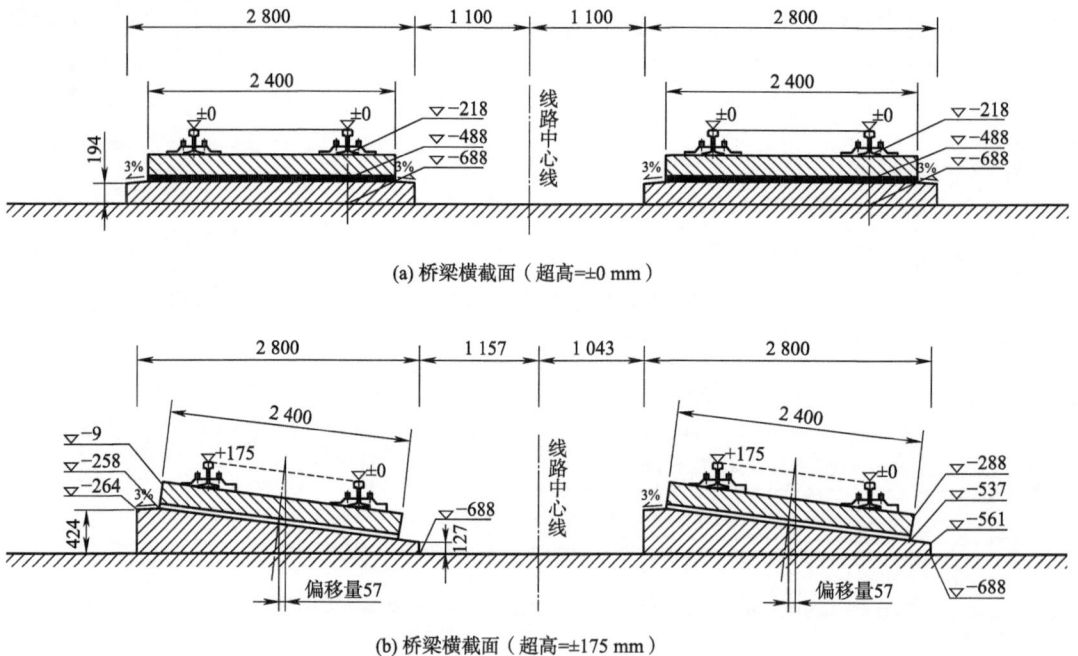

(a) 桥梁横截面(超高=±0 mm)

(b) 桥梁横截面(超高=±175 mm)

图 6-1 桥梁直、曲线地段横断面图(单位:mm)

路基、隧道无砟轨道横断面设计与桥梁地段基本类似。

二、工程特点及难点

桥梁轨道结构高度 688 mm，标准底座尺寸 5 012 mm × 2 800 mm × 200 mm（长 × 宽 × 厚）。路基轨道结构高 787 mm，标准底座尺寸 10 044 mm × 3 000 mm × 300 mm（长 × 宽 × 厚）。隧道轨道结构高 687 mm，标准底座尺寸 10 044 mm × 2 800 mm × 200 mm（长 × 宽 × 厚）。底座现场构筑并分段设置，路基、隧道每 2 块轨道板长、桥梁每块轨道板所对应的底座位置设一处伸缩缝。伸缩缝宽 20 mm，其对应凸形挡台中心并绕过凸形挡台。伸缩缝采用聚乙烯泡沫塑料板填缝，并用沥青软膏或聚氨酯密封。路基地段在每处底座伸缩缝设置 8 根传力杆，传力杆为直径 38 mm 的光圆钢筋。底座与梁面和隧道铺底之间设置有连接钢筋。

曲线超高设在混凝土底座上，采用外轨抬高的方式设置，超高顺坡在缓和曲线内完成。二局管内圆曲线地段实设超高有 125 mm、135 mm、150 mm、155 mm、160 mm、165 mm 等几种。

凸形挡台半径为 260 mm，高度为 260 mm，减振板处高度为 270 mm。凸形挡台分圆形及半圆形两种，在不同线下基础端部和桥梁地段梁端处均采用半圆形凸形挡台，其他地段采用圆形凸形挡台。曲线地段凸型挡台上顶面中心位置要求位于轨道中心线上，并相对底座超高倾斜，确保凸型挡台竖向轴线与底座顶面垂直。底座和凸形挡台混凝土强度等级均为 C40，混凝土结构环境类别为 T2。

预制轨道板与底座之间设计 50 mm 厚的 CA 砂浆填充层，板与凸形挡台之间灌注聚氨酯树脂，厚度在 30 ~ 50 mm 之间。

无砟轨道底座施工要求标准：底座板顶面高程 + 3 mm，− 10 mm，表面平整度 10 mm/3 mm，宽度 ± 10 mm，凸台顶面高程 0，+ 5 mm、中线位置 3 mm，挡台中心间距 ± 5 mm，圆形挡台直径 ± 3 mm，半圆形挡台直径 ± 2 mm 等，施工精度要求相当高。

三、施工组织

1. 劳动力组织

底座施工采用架子队组织模式。单个工点主要劳动力配置见表 6-1。

表 6-1　单个工点主要劳动力配置

岗　　位	人数（人）	岗　位　职　责
作业负责人	1	负责全盘施工管理和生产
技术主管	1	负责现场技术和质量控制工作
技术、质检人员	2 ~ 3	负责施工现场技术指导，施工放样，质量检查及自检资料的填写
工班长	2 ~ 3	负责施工现场工序检查，人员及机械管理
安全员	1	现场安全管理，文明生产
测量人员	4	负责现场测量放样、复核等工作
试验人员	2	负责现场试验工作
钢筋工、模板工、混凝土工等作业人员	80 ~ 100	钢筋制安、模板安装、混凝土浇筑等

2. 主要机具设备配置

主要机具设备配置详见表 6-2。

表 6-2 主要机具设备配置

序号	机械设备名称	规格及型号	数量	备注
1	钢筋弯曲机	台	1	
2	钢筋切断机	台	1	
3	钢筋调直机	台	1	
4	电焊机	台	3	
5	凿毛机	FS-11B	1	
6	混凝土搅拌机	HZ100	2	
7	混凝土运输罐车	$8 \sim 12 \ m^3$	6	
8	车泵	台	2	
9	汽车吊	25 t	2	
10	捣固棒	50 型	8	

四、关键施工技术及措施

1. 施工工艺流程

混凝土底座施工工艺流程如图 6-2 所示。

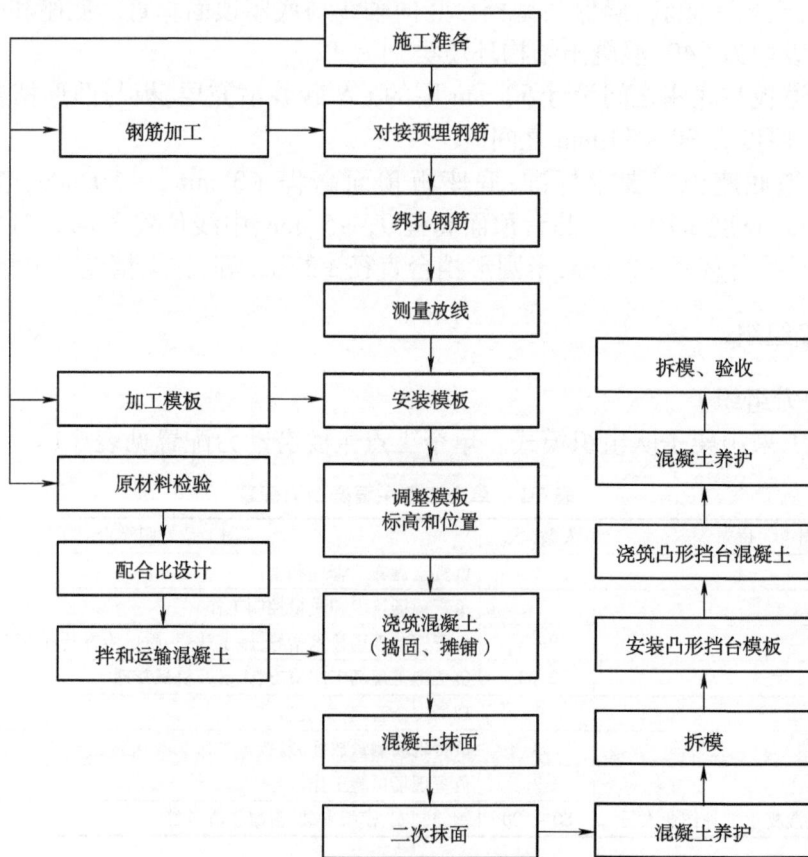

图 6-2 混凝土底座施工工艺流程示意

2. 梁面处理技术

(1) 梁面凿毛

为增强底座与混凝土基面之间的结合，对底座宽度范围内的桥梁梁面、隧道铺底等混凝土基面进行凿毛处理，要求见新面不少于50%。基面凿毛采用 FS -11B 型凿毛机凿毛，采用凿毛机凿毛，工效快，凿毛点布置均匀，凿毛深度易于控制。凿毛效果如图 6-3 所示。

(2) 梁面植筋

为保证底座与混凝土基面之间有足够的咬合力，底座与梁面和隧道铺底之间设置有连接钢筋。桥梁采取梁面预埋套筒连接方式，连接钢筋为直径 16 mm 的螺纹钢筋。隧

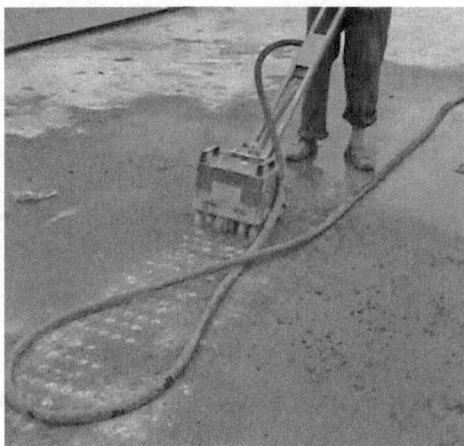

图 6-3　梁面凿毛处理

道则在进出口两端 100 m 范围铺底上设 $\phi16$ mm 门式钢筋。底座板连接钢筋安装前应清除梁内预埋套筒浮渣、浮浆，连接钢筋旋入套筒内长度为 28 mm，连接钢筋端头螺纹采用辊轧成型。

在预埋套筒堵塞、漏埋以及门式钢筋损伤等情况下，需进行植筋处理。补植钢筋直径为 $\phi16$ mm，植筋深度要求不少于 230 mm，位置应在原位置 200 mm 范围内，植筋后的抗拔力设计要求不少于 60 kN。

植筋施工主要工具为金属探测仪、电动钻孔机、毛刷、吹风机等，植筋胶选用安卡注射式植筋胶，采用此注射式植筋胶操作方便且其硬化时间较短，适合于现场施工。

植筋施工工艺流程为：确定孔位→钻孔→清孔→植筋胶（选用及使用方法）→植筋。

施工步骤如下：

①首先，用金属探测仪对需植筋部位进行探测，避开基础内钢筋，确定好钻孔位置，并标示清楚。

②用电动钻孔机钻孔，钻头直径选用 $\phi20$，成孔后用毛刷、吹风机将孔内、孔周灰尘、残渣清理干净。

③灌入植筋胶，灌注高度为距孔口 2 cm 左右，然后将钢筋插入，钢筋植入时应保证孔口有植筋胶溢出，钢筋植入时应确保其垂直。

④植筋胶凝固时间因环境温度不同为 45 ~ 90 min 左右，因此在植筋后 120 min 内不得碰撞钢筋。

植筋效果如图 6-4 所示。

3. 布板设计

对设计范围内的梁型（包括简支梁、钢混结合梁、刚构连续梁、混凝土连续梁）进行

图 6-4　植筋现场

统计,根据梁的实际长度、梁缝等对布板板型、板缝进行布设。对于曲线地段,应根据实际测量的左右线梁长对设计提供的标准板缝进行适当调整,确定不同类型底座实际长度。板缝调整原则为:

(1)确保施工后板缝不得大于标准板缝 − 10 mm 及 + 20 mm。

(2)单个凸台与前后板间距应一致,确保今后凸台四周树脂厚度均匀,厚度范围在 30 ~ 50 mm 之间。

(3)板与前后凸台理论间距应一致,为今后铺板后板与前后凸台间距差不大于 5 mm 提供保障。

(4)确保底座伸出梁端的长度不大于 30 mm。

(5)确保梁缝处扣件间距不大于 680 mm。

具体说明如下:

对于纵坡较小地段(纵坡为 10‰以下)可按设计里程进行布板,对应纵坡比较大 (10‰以上),则底座板伸出梁端的长度大于 30 mm(3 050 × 10 ÷ 1 000 = 30.5 mm),需对设计里程进行调整,以确保底座板悬出梁端符合要求。对于上坡地段,其放样里程小于设计里程,则设计里程调整如下:

$$K1 = K - H \times d$$

式中　$K1$——放样里程;

　　　K ——设计里程;

　　　H ——梁高;

　　　d ——纵坡。

上坡地段放样里程调整示意图如图 6-5 所示。

对于下坡地段,其放样里程大于设计里程,则设计里程调整如下:

$$K1 = K + H \times d$$

式中　$K1$——放样里程;

　　　K——设计里程;

　　　H——梁高;

　　　d——纵坡。

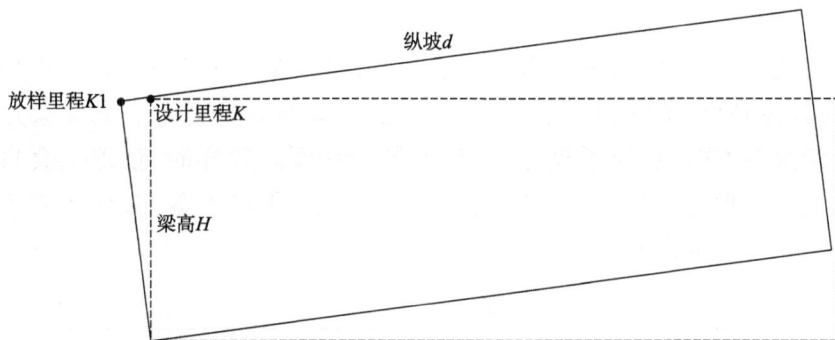

图 6-5 上坡地段放样里程调整示意

下坡地段放样里程调整示意图如图 6-6 所示。

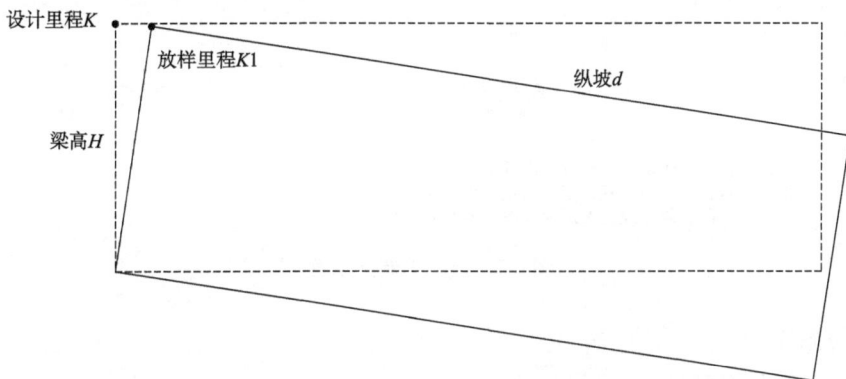

图 6-6 下坡地段放样里程调整示意

对于曲线地段底座板(曲线半径大于 9 000 m),一块底座板其曲线内侧与曲线外侧长度并不一致,相差长度约为 1.6 mm 左右,考虑到累计效应和施工误差,一片 32.6 m 梁上,其曲线内侧底座板长度约小 3 cm 左右,曲线外侧底座板长度约大 3 cm 左右,因此需对曲线上每一块底座板长度分曲线内侧、曲线外侧分别调整,以减少累计误差。

对应路基地段底座板,如按设计图纸每块标准底座板长度进行设置,则会出现底座板累加长度小于路基地段设计长度,需对每块底座板长度进行调整,调整值如下:

$$\Delta = (L - L1) \div N$$

式中 Δ——调整值(正值伸长、负值缩短);

  L——路基长度;

  $L1$——标准底座板长度;

  N——底座板伸缩缝个数。

4. 底座及凸台定位放样

(1)理论坐标及高程计算

采用道路测设大师软件,依据线路平曲线关系、竖曲线关系及布板设计,计算出每块底座板四个边角点的理论坐标及设计顶面高程并导入全站仪。对于凸台计算出每个凸台顶面中心点的理论坐标及高程并导入全站仪。

（2）现场放样

采用后方交会法放样，每一次置镜，放设 4 片梁上底座板位置，每一次后方交会需交会 4 对 CPⅢ控制点，即置镜点前方 2 对点，后方 2 对点。对于后方交会过程中出现的影响后视精度的 CPⅢ点应予剔除，以保证测设精度。放样时，仪器上会自动显示平面位置偏差及高程偏差，当平面偏差符合要求时，记录下高程偏差，作为立模用高程控制数据。放样示意图如图 6-7 所示。

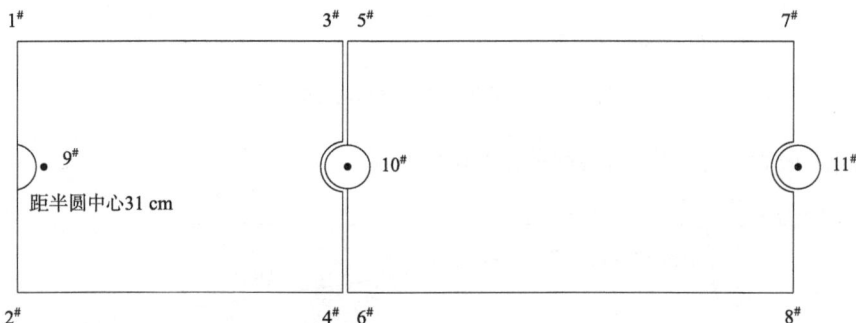

说明：1. 图中仅给出两块底座板放样示意点；
      2. 放样点编号仅为示意，依现场施工情况编制；
      3. 半圆形凸台放样控制点距半圆中心半圆半径加上 5 cm。

图 6-7　放样控制点示意

5. 模板施工

（1）模板设计及配置

底座板侧模面板采用 Q235 钢材加工而成，面板厚度为 6 mm，面板后分配肋为 3 mm 厚扁钢，扁钢纵横向间距为 50 cm，侧模高度桥梁上、隧道内为 19 cm，路基上为 29 cm，侧模与侧模间采用 M50 螺栓连接，侧模长度桥梁上为 5 012 mm、3 710 mm、4 916 mm，4 886 mm 等，路基上为 10 044 mm 等。

底座板伸缩缝模板设计考虑了两种方案，一种为整体模板，即加工一块 2 cm 厚钢板，夹于侧模之间，采用此方案，模板刚度比较大，不易变形，但模板与混凝土间摩擦力比较大，拆模时不易拆除且容易把伸缩缝处混凝土损伤，另一种为分离式模板，采用三块钢板拼装而成，每块钢板厚度分别为 5 mm，10 mm，5 mm，拆模时先拆除中间 10 mm 模板，两侧 5 mm 厚模板形成临空面，摩阻力减小，以便模板拆除，倒用方便，但模板刚度比较小，容易变形，需经常校正。经过对比分析，考虑到拆模便利，倒用方便，决定采用分离式模板。

圆形凸台模板采用两个半圆形模板拼装而成，模板间采用 M16 螺栓连接，模板面板厚度为 5 mm，半圆形凸台模板采用一块半圆形模板和一块挡板拼装而成，模板间采用 M16 螺栓连接，模板面板厚度为 5 mm。

底座板伸缩缝模板采用分离式模板，由三块钢板拼装而成，拆模、倒用都非常方便，且保证了伸缩缝施工质量，伸缩缝模板设计具体如图 6-8 ~ 图 6-11 所示。凸形挡台模板加工如图 6-12 所示。

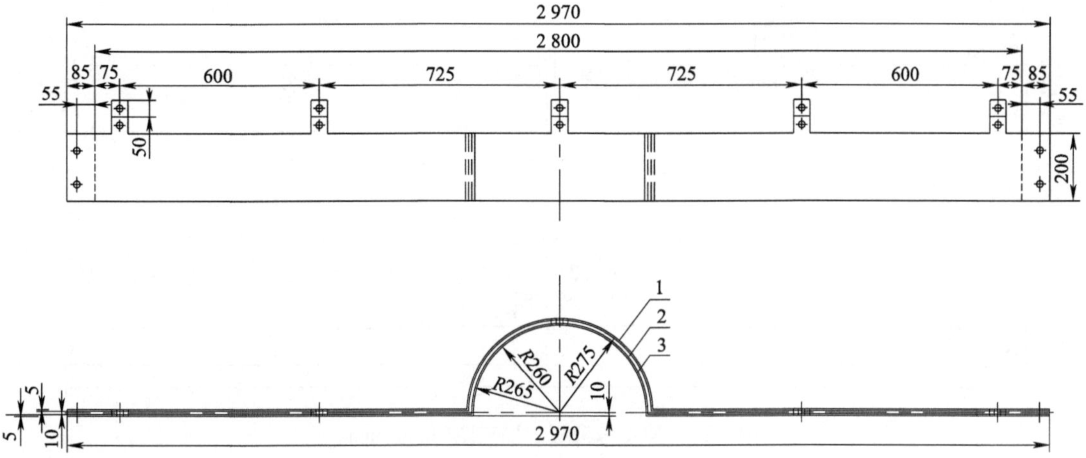

图 6-8　伸缩缝模板装配图(单位:mm)

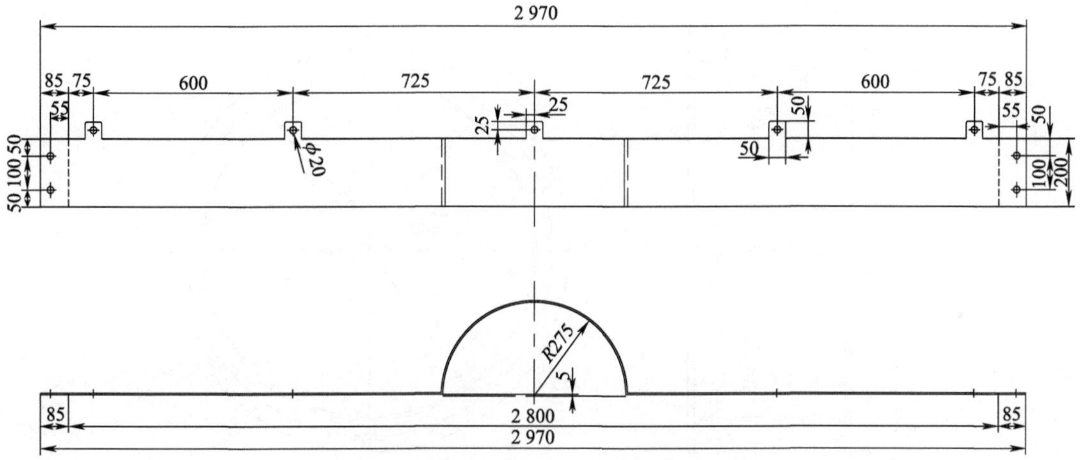

图 6-9　伸缩缝模板 1 加工图(单位:mm)

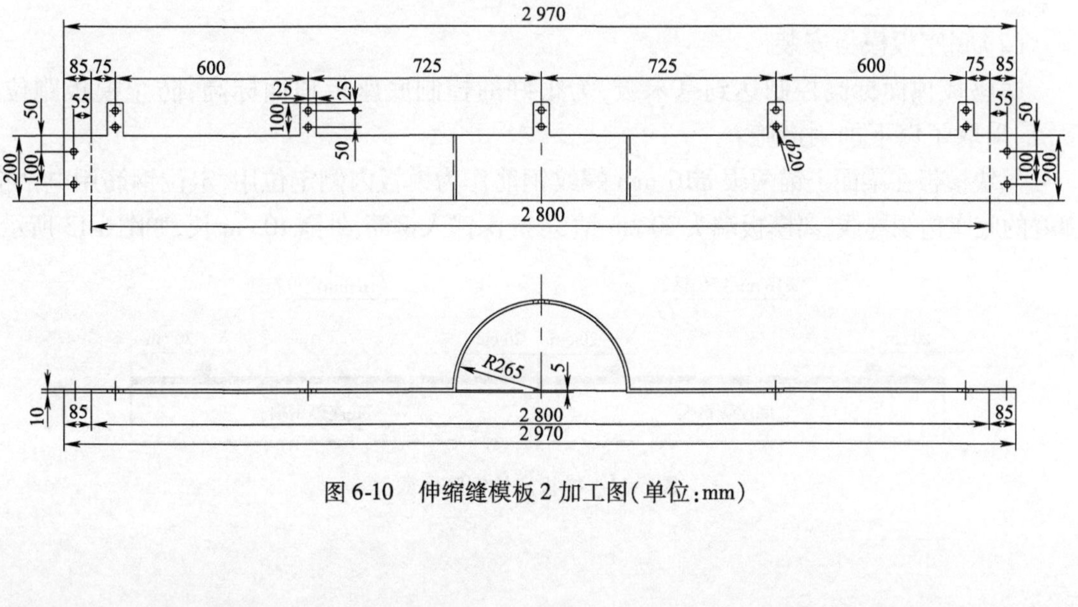

图 6-10　伸缩缝模板 2 加工图(单位:mm)

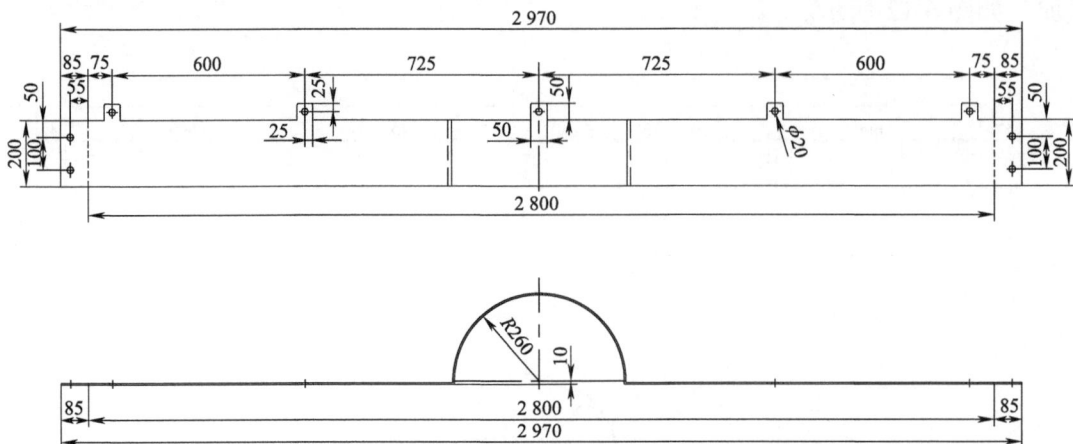

图 6-11　伸缩缝模板 3 加工图(单位:mm)

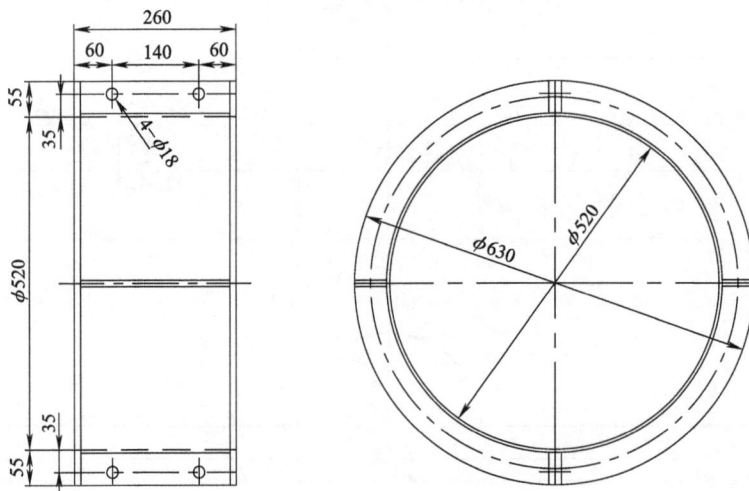

图 6-12　凸形挡台模板(单位:mm)

（2）底座板模板安装

底座板顶面标高控制达到毫米级,为很好的控制底座板顶面标高,防止模板跑位、下沉,采取了以下加固措施:

每块模板在梁面上锚两根 $\phi16$ mm 螺纹钢筋作为模板内侧定位用,定位钢筋用电钻按弹好的底座边缘墨线,离模板端头 20 cm 钻 5 cm 深锚入钢筋,外露 10 cm 长,如图 6-13 所示。

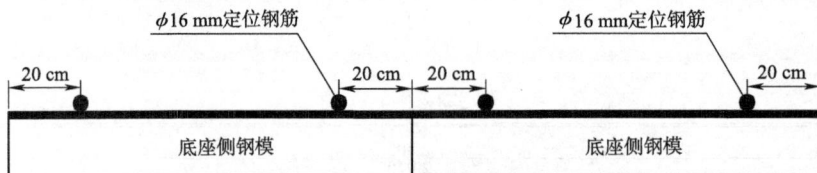

图 6-13　模板定位钢筋示意

为防止模板下沉及底部漏浆,在模板底部安装 70 mm×70 mm×5 mm 角钢,安装模板前先将角钢靠在定位钢筋上安好,如图 6-14 所示,再在其上安装底座板侧模。

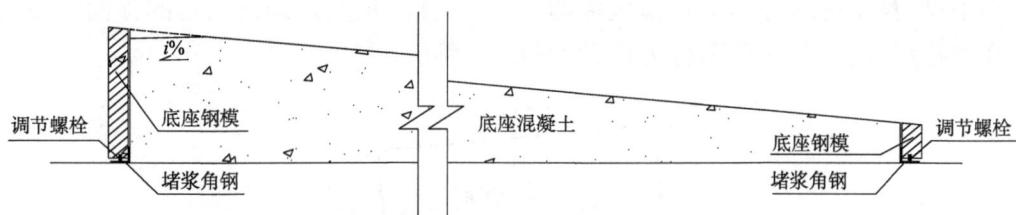

图 6-14　底座板底部模板处理示意

模板加固采取撑拉的方式进行(撑拉杆的长度可调剂)。左右幅外模撑拉于左右侧的防撞墙上,左右幅内模相互撑拉固定,如图 6-15 所示。

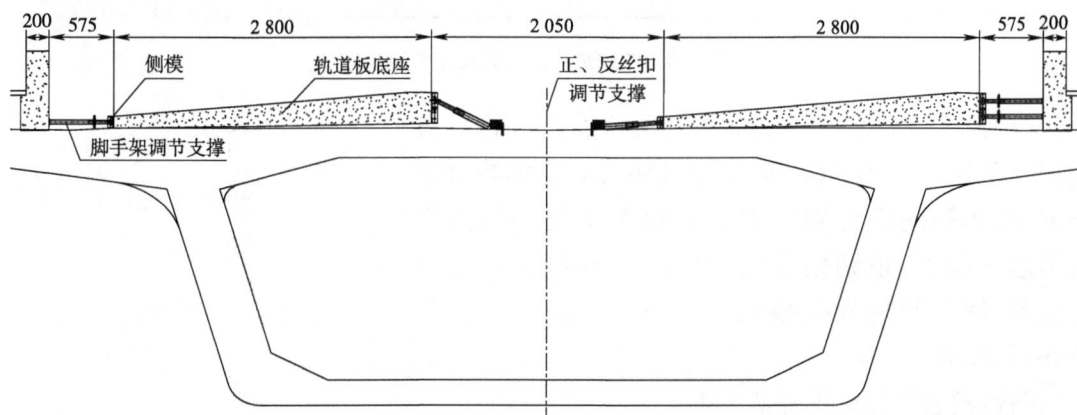

图 6-15　模板加固示意(单位:mm)

模型拼装具体标准及要求如下:

模板的材料质量及结构应符合施工工艺设计要求,模板安装必须稳固牢靠,接缝严密,不得漏浆。模板与混凝土的接触面必须清理干净并涂刷隔离剂。浇筑混凝土前,模板内的积水和杂物应清理干净。

底座模板安装允许偏差及检验数量见表 6-3。

表 6-3　底座模板安装允许偏差及检验数量

序号	项　目	允许偏差(mm)	检验数量
1	顶面高程	0 −5	每 5 m 检查 1 处
2	宽　度	±5	每 5 m 检查 3 处
3	中线位置	±2	每 5 m 检查 3 处
4	伸缩缝位置	±5	每条伸缩缝检查一次

(3)凸台模板安装

凸台模板的安装质量直接关系到凸台位置精度,是施工难点。安装时采用铅锤和680 mm 长的角钢对顶面点来调试对中,先在角钢上找出中点并做上标记,并将铅锤绑在角钢中点,角钢两端分别卡在模板两端上,用铅锤的顶点来调试凸台的顶面中心点在凸台底的投影点,直到两点重合为止,如图6-16 所示。

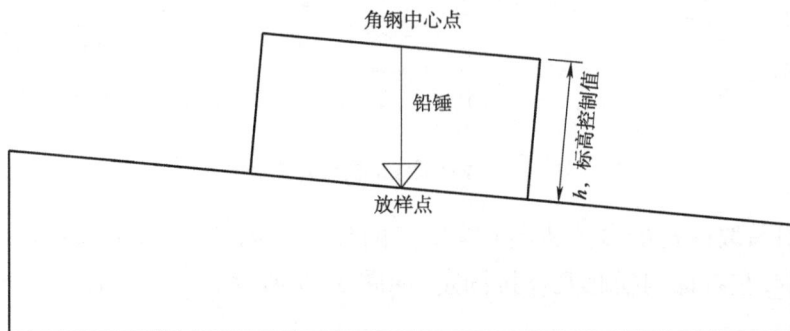

图6-16 曲线地段凸台模板定位示意

凸台施工均采用"三角形"内顶的加固方式进行加固。采用直径为$\phi14$ mm 长为150 mm 的钢筋分不同方向,相同间距分别一端顶到模板上另一端点焊到预埋钢筋上,顶到模板侧钢筋需对其端部进行打磨处理,使其与模板接触面变小,以免露筋,具体如图6-17 所示。

凸台模板验收标准见表6-4。

6. 底座及凸台钢筋施工

(1)钢筋整体吊装技术

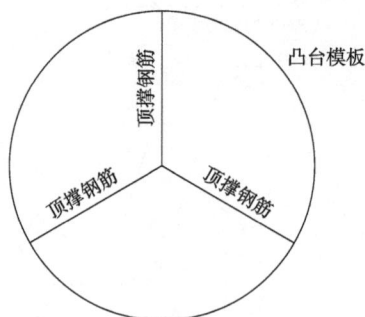

图6-17 凸台模板顶撑示意

表6-4 凸台模板安装允许偏差

序　号	项　目	允许偏差(mm)
1	圆形挡台模板的直径	±3
2	半圆形挡台模板的直径	±2
3	中线位置	±2
4	挡台中心间距	±2
5	顶面高程	+4,0

底座板钢筋施工传统施工工艺采用在现场绑扎成型,不易控制钢筋绑扎间距,亦不能保证保护层厚度满足设计要求,因此,我们采用在钢筋场内制作钢筋绑扎台座,钢筋半成品绑扎在台座上进行,绑扎好的钢筋网片通过平板车转运至施工现场,通过吊车吊装入模,具体如图6-18 所示。

考虑到桥梁上每节底座板钢筋网片重量为4.3 t 左右,管段内桥墩高度约为10 m 左右且便道畅通,采用25 t 吊车吊装钢筋网片可满足现场要求。

图 6-18 钢筋绑扎、吊装、成型

钢筋绑扎台座立柱采用 10 号槽钢,纵、横向分配梁采用 7.5 号角钢加工制作而成,每个绑扎台座上由 4 个工人进行绑扎作业,1.5 h 能制作完成一个钢筋网片。每个钢筋网片上设 4 个吊点,每个吊点距钢筋网片角点处纵、横向距离均为 70 cm 左右,吊装时在吊点位置处增设一根 40 cm 长 $\phi25$ 钢筋并与 D 型索具卡环相连,具体吊装如图 6-19 所示。

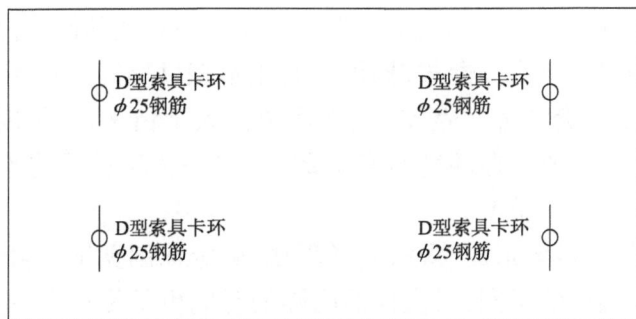

图 6-19 钢筋吊装示意

采用钢筋预制、吊装施工方案,6 人完成一片 32.6 m 梁钢筋网片安装约需 18 h,而采用钢筋现场绑扎方案,6 人完成一片 32.6 m 梁钢筋网片安装约需 24 h,同时考虑到现场施工因素影响,钢筋现场绑扎需具备施工条件才能绑扎,而钢筋预制则可在现场不具备条件下先在钢筋加工场预制成钢筋半成品,则钢筋预制方案无论工效,还是施工便利都优于钢筋现场绑扎,通过钢筋预制与钢筋现场绑扎对比得出提高工效 $[(6 \times 24 - 6 \times 18)/(6 \times 18)] \div 100 = 33.3\%$ 左右,哈大线选用钢筋预制方案。

(2)凸台预埋钢筋定位施工技术

在施工过程中,发现凸台预埋钢筋在混凝土施工过程中出现下沉现象,从而导致凸台预埋钢筋安装位置不准确,影响了凸台施工质量,为防止凸台预埋钢筋下沉,在此处增设架立钢筋,架立钢筋支撑于梁面上与底座板上、下层钢筋网片焊接,具体如图 6-20 和图 6-21 所示。

7. 混凝土施工

底座板混凝土浇筑采用拌和站集中拌和、罐车运输至施工现场,车泵送入模,混凝

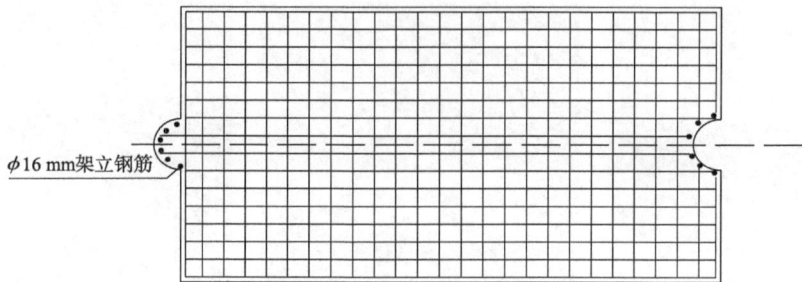

图 6-20　定位钢筋平面示意

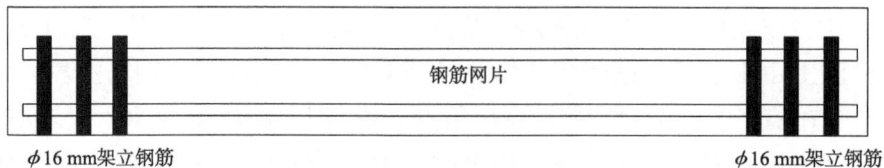

图 6-21　定位钢筋侧面示意

土坍落度控制在 160 mm 左右，入模温度控制在 10 ℃左右，混凝土捣固采用 ϕ50 mm 插入式捣固棒振捣，振捣时应快插慢拔，振捣点间距不超过捣固棒作用半径的 1.5 倍，捣固完成后采用 3 m 长铝合金靠尺刮平，刮平后再由人工精平，精平时对两侧 20 cm 宽 3% 排水坡由人工压制而成。在环境温度在 20 ℃左右，人工精平约 8 h 后，再由人工进行二次收面，以确保表面平整度。

施工时对两侧排水坡的形成，采取先弹墨线，确定抹制宽度，再由人工沿墨线压制排水坡度；根据环境温度的不同，二次抹面间隔的时间也不尽相同，应根据现场施工条件确定，以保证底座板表面平整度。

凸台混凝土在底座混凝土拆模 24 h 后施工，混凝土振捣采用 ϕ50 mm 插入式捣固棒振捣，振捣时应严格控制振捣点距模板边缘距离，以免模板发生偏位，为精确控制凸台顶面高程，凸台模板拼装时其模板顶面与设计高程一致，待混凝土浇筑至模板顶面时，采用铝合金靠尺刮平。

施工后质量要求：混凝土底座顶面高程的允许偏差为 + 3 mm、- 10 mm，凸形挡台中线允许偏差 3 mm，挡台中心间距偏差 ± 5 mm，确保轨道板与挡台间隙不小于 30 mm。

8. 养护技术

底座板芯部温度在灌注后逐步升高，在 5 ~ 8 h 左右达到最高，然后逐渐降低，约 24 h 后趋于平稳。总的来说，由于板体薄，浇筑后底座板内温度散失较快，内外温差一直比较小，在 24 h 后基本一致，可见底座混凝土出现温度应力裂纹的可能性不大。

现场出现的裂纹以收缩裂纹为主。主要原因是北方地区干燥多风，混凝土表面水份散发较快，保湿性较差。收缩裂纹缝宽很小，在 0.05 ~ 0.1 mm 左右，凿开后深度在 1 ~ 2 mm 左右，修补困难，故应尽量控制出现。为防止裂纹产生，使用双层覆盖体系进行养护：在混凝土浇筑收面完后，在混凝土表面覆盖一层塑料薄膜，其上再覆盖一层土工布,覆盖养护时间为7天。在覆盖养护期间,在土工布上放置养护用大水桶,配专人定期洒水养护,确保土工布时时处于湿润状态,以保证养护质量。

9. 伸缩缝施工

(1)桥梁(隧道)伸缩缝施工

桥梁(隧道)上伸缩缝采用聚乙烯塑料板填充,并采用聚氨酯封层。在聚乙烯塑料板填充前,采用鼓风机喷吹伸缩缝,清除出浮渣,待伸缩缝清理干净后,人工填充聚乙烯塑料板,并用喷枪喷涂聚氨酯进行封闭。

设计上说明可采用沥青软膏对聚乙烯塑料板进行封闭,但采用沥青软膏进行封闭,在气温高、日照强等条件下,容易软化成液体流失,既污染了梁面也起不到封闭效果,故采用两种材料结合使用,先采用沥青软膏进行封闭,厚度为3 cm,再采用聚氨酯对其表面进行封闭,厚度为1 cm,这样就很好的解决了沥青软膏软化的问题,也降低了施工成本。

(2)路基伸缩缝施工

路基上伸缩缝施工亦采用聚乙烯塑料板填充,并用聚氨酯封闭,但其增设了一道传力杆。每个伸缩缝设8根ϕ38 mm光圆钢筋做为传力杆,传力杆长50 cm,设于伸缩缝中间处,是路基上底座板重要的传力杆件,如其施工位置不准确,在施加荷载时,有可能导致底座板混凝土拉裂,出现严重质量事故。

伸缩缝处传力杆设置,在模板设计上就进行了适当考虑,具体如图6-22所示。

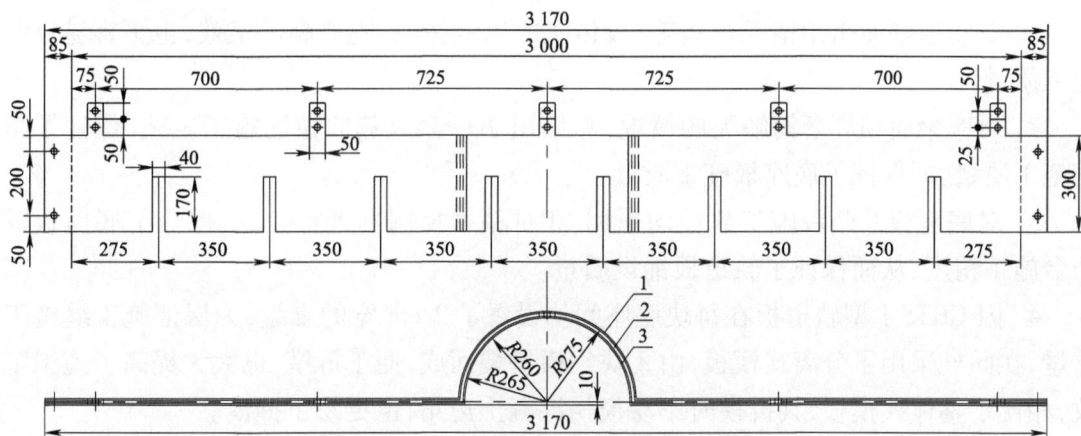

图6-22　有传力杆伸缩缝模板(单位:mm)

传力杆安放于模板槽口处,两头采取门式钢筋架立,使其位于同一水平面上,同时捣固时应特别注意避免碰撞钢筋,这样就很好的控制了传立杆安装精度。

五、主要管理措施

1. 制定严格的安全管理制度和措施,定期分析安全生产形势,研究解决施工中存在的问题,建立、健全各级安全责任制,责任落实到人。充分发挥各级专职安检人员的检查和共产党员、共青团员的监督作用,及时发现和排除安全隐患。

2. 全面落实安全、质量、技术责任制,工程质量与员工绩效工资考核挂钩。

3. 加强施工组织,配置优秀的施工管理队伍和技术人才,配置先进的设备,开展底座板施工精度控制 QC 攻关活动。

4. 作好开工准备,做好施工图纸复核、技术交底,严格按报经监理、咨询及业主批复后的施工组织设计实施。

5. 施工前,对所有参建人员进行《客运专线无砟轨道施工技术指南》《客运专线无砟轨道施工质量验收暂行标准》《CRTS Ⅰ型板式无砟轨道施工质量验收细则》《质量自控体系文件》等的专题学习和培训,并经考试合格后方准上岗作业。

6. 严格按照中心试验室、设备物资部门选用的原材料进行施工,杜绝使用未经检验或不合格的材料。

7. 采取先进的机械设备、高精密的测量仪器进行质量控制,严格控制底座板及凸台平面位置及顶面高程。

8. 严格按照设计图纸施作凸台预埋钢筋,保证其预留长度顶面齐平,间距均匀,保护层厚度满足设计要求。

六、主要成效

取得的主要成效包括以下几个内容。

1. 底座板基面采用凿毛机凿毛,较传统的风镐凿毛,既提高了工效,也更容易控制施工质量。

2. 对应梁面预埋套筒缺失的情况,总结出了一套成熟的植筋施工工艺,保证了植筋施工质量,亦保证了底座板施工质量。

3. 对底座板及凸台施工放样均采用 CPⅢ 精密控制网进行控制,保证了底座板及凸台施工精度,从而保证了轨道板铺设质量。

4. 因 CRTS Ⅰ型轨道板在每块底座间均设置了 2 cm 宽的真缝,为保证施工缝施工质量,在此处采用了分离式模板,由 3 块钢模拼装而成,便于拆模,也大大提高了施工工效,相比于整体式模板,其拆模时不易损伤混凝土边角,也更易于拆模。

5. 底座板钢筋采用预制成型及整体吊装施工工艺,相比于底座板钢筋在现场绑扎施工工艺,更易保证施工质量,亦能提高施工工效。

6. 因底座板上下层钢筋网片易变形,在混凝土浇筑过程中容易导致凸台预埋钢筋下沉,容易出现凸台预埋钢筋偏位,预留长度太长或太短,钢筋间距布置不均匀,采用在此处增设架立钢筋,防止凸台预埋钢筋下沉。

7. 北方地区干燥多风,混凝土表面水份散发较快,保湿性较差,容易导致底座板表面出现收缩裂纹,采用双层覆盖体系进行混凝土养护,即先铺设一层薄膜保水,再在其上铺设一层土工膜,很好的保证了混凝土养护质量。

第二节 严寒地区 CRTS I 型混凝土轨道板预制技术

一、工程概况

哈大高铁轨道结构主要采用 CRTS I 型板式无砟轨道结构形式，为适应寒冷地区环境，轨道板采用纵横向预应力体系，预应力筋为低松弛无黏结预应力钢棒，混凝土强度等级为 C60。普通钢筋采用环氧树脂涂层钢筋，板内预埋扣件绝缘套管和起吊套筒。板宽度 2 400 mm，长度分为 4 962 mm、3 685 mm、4 856 mm 等，轨道板厚度由通用图 190 mm 增加至 200 mm，在轨道板承轨位置设置 20 mm 高承轨凸台。标准板（P4962）结构如图 6-23 所示。

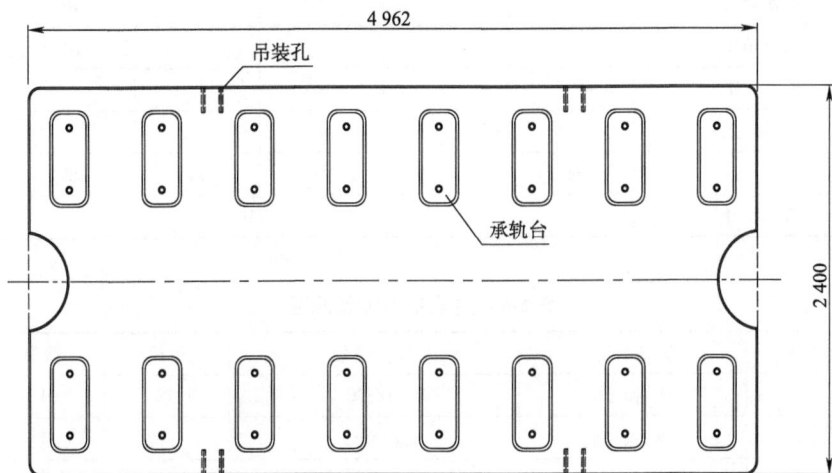

图 6-23 P4962 板结构示意（单位：mm）

二、工程特点及难点

1. 为了确保 C60 高性能混凝土的强度、抗冻性、耐久性，需要严格控制裂纹出现。

2. 轨道板的几何尺寸精度要求非常高，控制难度大。

3. 预应力张拉顺序及张拉力要求严格。

4. 轨道板内钢筋骨架绝缘性能须满足谐振式轨道电路的相关要求。

三、施工组织

1. 劳动力组织

主要劳动力配备详见表 6-5。

2. 主要机具设备配置

主要机具设备配置详见表 6-6。

表6-5 劳动力配备

序号	工种	钢筋班	制板班	机电班	张拉班	装吊班	管理人员
1	行政管理人员						3
2	工程技术人员						20
3	试验人员						5
4	安全环境人员						2
5	钢 筋 工	60					
6	制 板 工		70				
7	张 拉 工				60		
8	电 焊 工			3			
9	锅 炉 工		3				
10	操作司机			3		8	
11	起重用工					20	
12	电 工			3			
13	机 修 工			4			
14	小 计	60	73	13	60	20	30
15	合 计			256			

表6-6 主要机具设备配置

类别	序号	设备名称	规格型号	单位	数量	备注
生产线设备	1	拌 和 站	HZS90	套	1	
	2	装 载 机	ZL50C	—	1	
	3	叉 车	CPCD61E	—	1	
	4	龙 门 吊	Q-10T-18.5 m-9 m	台	1	
	5	龙 门 吊	Q-10T-17 m-9 m	台	1	
	6	桁 吊	Q-5T-16.5 m-6 m	台	1	
	7	平 板 车	8 t	台	2	
	8	卷 扬 机	1 t	台	1	
	9	张拉控制系统	—	套	5	
	10	千 斤 顶	YQC180-100	个	10	
	11	振 动 器	ZKF-150	个	360	
	12	平 板 车	30 t	台	2	
	13	吊 车	QY16B	台	1	
	14	温控系统	—	套	1	
主要工装	1	模 型	—	套	48	
	2	轨道板吊架	—	套	6	
	3	运板工装	—	个	1	

类别	序号	设备名称	规格型号	单位	数量	备注
配套设施	1	发电机	300 kW	台	1	
	2	变压器	500 kVA	台	1	
	3	钢筋弯曲机	GW50	台	4	
	4	钢筋切断机	GQ50	台	2	
	5	调直切断机	GJT14	台	1	
	6	对焊机	UN1-150	台	1	
	7	洗石机	5-20	套	1	
	8	蒸汽锅炉	4 t－1.25 MPa	台	1	
	9	燃油锅炉	2 t－1.25 MPa	台	1	
	10	料斗	1.5 m³	个	4	
检验设备	1	全站仪	TCR1201	台	1	
	2	电子水准仪	徕卡 DNA03	台	1	
	3	绝育电阻仪	LCR	台	1	
	4	常规试验设备	—	套	1	
生活设施	1	电开水炉	9 kW	台	2	
	2	供暖管道	—	套	1	

四、关键施工技术及措施

1. 工艺流程图

具体的工艺流程如图 6-24 所示。

轨道板生产的关键工序主要包括预埋件安装、骨架绝缘性能检测、混凝土灌注、蒸气养护、张拉封锚作业。轨道板正式生产前进行工艺性试验,明确控制重点,制订相应控制措施。

2. 轨道板模型

(1)模型特点

轨道板模型采用特制钢模,按照构造分底台、端侧模、锁紧系统、脱模系统、定位系统和振动系统几大部分。模型采用 δ12 的原平板为模型面板,H 型钢作框架,在结构上具有足够的强度、刚度和稳定性,保证在设计规定周转期内不变形。采用大型数控机床加工,保证模型的外形几何尺寸和预埋绝缘套管定位孔的精度要求。通过齿轮式咬合同步顶升系统实现脱模,采用定位销固定预埋套管,安装拆卸方便。

(2)模型基础

模型基础要求平整、坚实,不得产生不均匀沉降。模型基础在施工完成后模型安装后均应进行沉降观测,复工前需要再次进行复测,并做好相应观测记录。模型在正式投产后应定期进行观测。

进行沉降观测前需检查模型与台座的连接情况,如发生模型与台座间连接螺栓松

```
                          ┌─────────────┐
                          │  施工准备   │
                          └──────┬──────┘
  ┌─────────────┐          ┌─────▼───────┐          ┌─────────────┐
  │ 预埋件安装  │─────────►│ ★模型安装  │─────────►│ 检验合格    │
  └─────────────┘          └──────┬──────┘          └─────────────┘
  ┌─────────────┐          ┌─────▼───────┐          ┌─────────────┐
  │  模型检查   │          │ 钢筋笼安装  │─────────►│ 钢筋笼预扎  │
  └─────────────┘          └──────┬──────┘          └─────────────┘
  ┌─────────────┐          ┌─────▼───────┐
  │ PC钢棒安装  │─────────►│             │
  └─────────────┘          │▲绝缘性能测试│
                          └──────┬──────┘          ┌─────────────┐
                                 │                 │  不合格     │
  ┌─────────────┐          ┌─────▼───────┐         └─────────────┘
  │  试件制作   │─────────►│ ▲混凝土灌注 │
  └─────────────┘          └──────┬──────┘
  ┌─────────────┐          ┌─────▼───────┐          ┌─────────────┐
  │   40 MPa    │─────────►│   脱模      │─────────►│  ▲★养护    │
  └─────────────┘          └──────┬──────┘          └─────────────┘
                          ┌─────▼───────┐
                          │   ★张拉    │
                          └──────┬──────┘          ┌─────────────┐
                                 │                 │   凿毛      │
  ┌─────────────┐          ┌─────▼───────┐         └─────────────┘
  │ 喷涂养护剂  │─────────►│   ▲封锚    │
  └─────────────┘          └──────┬──────┘          ┌─────────────┐
                                 │                 │ 运输、翻转  │
                          ┌─────▼───────┐          └─────────────┘
                          │   水养      │
  ┌─────────────┐          └──────┬──────┘
  │   3~7天     │─────────►
  └─────────────┘          ┌─────▼───────┐
                          │   ★检验    │
                          └──────┬──────┘
                          ┌─────▼───────┐
                          │   出厂      │
                          └─────────────┘
```

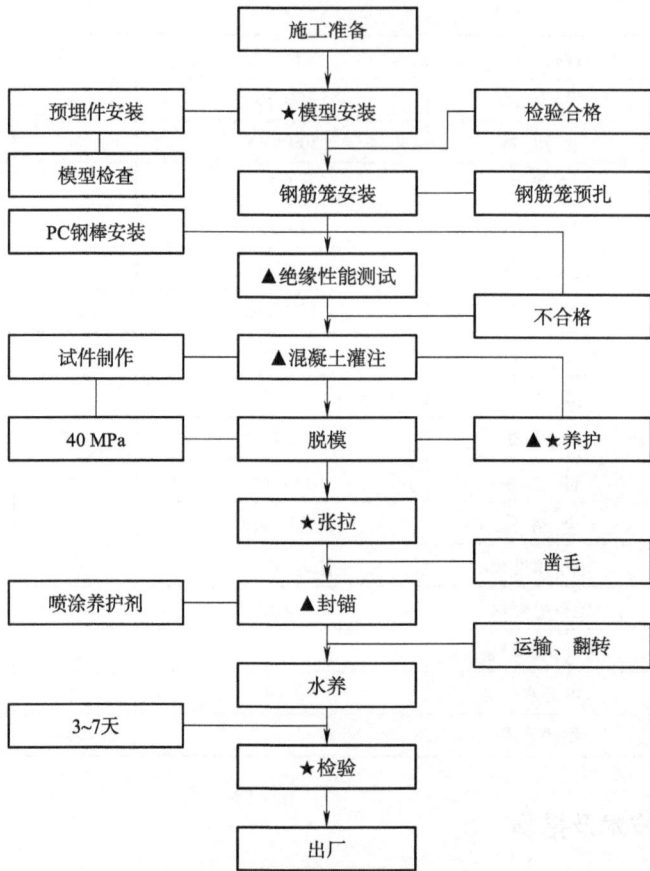

★：表示重点工序；▲：表示关键工序

图 6-24　轨道板预制工艺流程示意

动应立即报告主管部门采取相应措施进行处理。不得强行拧紧螺栓导致模型产生变形。台座沉降观测应设置足够数量的观测点。台座基础如果发生大于 0.5 mm 不均匀沉降应对模型进行调整,并重新检验轨道板模型四角水平、承轨面水平、单侧承轨面中央翘曲量、相邻承轨面高差。模型安装前应检查基础立柱支撑完好程度。立柱预埋螺杆间距、预留高度是否满足要求,丝口是否完好。

（3）模型安装

安装流程:模型清理→涂刷脱模剂→安装定位销及标识牌→安装锚垫板→脱模、顶板装置回位→两侧模同步滑移就位、侧模锁紧→端模同步就位→端模锁紧→预紧 PC 钢棒→模型安装完成。

模型清理:清除残留在端模、侧模表面的杂质。模型清理过程中必须将模型表面任何角落清除干净,不得有遗漏位置。

脱模剂涂刷:模型清理完成后,及时将脱模剂均匀涂敷在模型表面,涂刷时不得有漏涂、聚集现象。

绝缘套管安装:安装前必须将定位销表面清理干净,将套管与定位销拧紧。安装过程中不得采用榔头或其他硬质物质直接敲击绝缘套管,必须加软质垫层或橡胶锤头慢慢拍入。绝缘套管安装必须保证垂直度并与模型面板的缝隙不得超过 0.2 mm,否则应进行定位销或套管的质量追踪。

(4)模型拆除

脱模流程:松开钢棒预紧装置、拆除→松开端模锁紧装置→松开侧模锁紧装置→同步摇动退模装置退出端模→同步摇动退模装置退出侧模→转动顶升装置顶升模型→脱模完成。

在轨道板拆模时的混凝土强度必须达到 40 MPa,用同等养护条件的试件强度确定拆模时间(通过相关试验确定混凝土延时养护时间与强度增长的关系)。

拆模温度:轨道板表层与环境温差均不大于 15 ℃,以防止板体表面混凝土产生早期裂缝。当环境温度低于 0 ℃时,待表层混凝土温度冷却至 5 ℃以下方可拆除模板。

洒水保湿:轨道板蒸汽养护结束后至入池养护前进行洒水养护,保持混凝土表面湿润。

3. 钢筋加工及安装

轨道板钢筋加工配备数控小型钢筋剪切生产线及自动钢筋弯曲机进行。钢筋骨架采用在钢筋加工胎具内整块预制绑扎,整体吊装入模工艺。轨道板钢筋加工胎具按照其施工工艺分为钢筋焊接胎具和钢筋绑扎胎具,其要求依据施工图纸结合预埋件的具体位置进行准确定位。验收合格后方能进行钢筋工程的批量生产。胎具按照工装设备的要求进行管理,需要定人定期检查、维修和记录。

钢筋焊接胎具采用型钢焊接加工而成,胎具采用螺帽的方式进行定位接地端子的设置,在接地端子设置好后再进行纵横向钢筋的布设、焊接。

钢筋绑扎胎具应能确保钢筋位置和间距。为保证环氧涂层钢筋在绑扎过程中不被胎具损坏,绑扎胎具与钢筋接触部分采用全木结构。加工型钢施工平台并与地面连接,保证平台牢固、稳定。将木胎模和型钢施工平台连成一体。按照图纸设计的间距要求,在木胎具上割槽口,将待绑扎钢筋卡在槽里保证钢筋间距的准确性。在胎模具的四边用方木作支挡,绑扎时将纵、横向筋的弯钩贴紧此方木,保证钢筋保护层厚度均匀,并且不超出允许误差范围。

钢筋骨架绑扎完成后,采用车间内行车将骨架调运至存放区。存放时,每层之间采用方木条隔开,且应轻起轻放防止环氧涂层钢筋的涂层损坏并防止倾覆。

钢筋骨架吊装入模后检查骨架绑扎质量,紧扣和纠正扎丝头朝向。混凝土浇筑前应用 500 V 兆欧表测量确认钢筋骨架的绝缘性能,电阻应不小于 2 MΩ。如检测不合格则不得浇筑混凝土,需查明原因并调整,直至合格方可浇筑混凝土。

4. 混凝土灌注及养护

轨道板板体混凝土强度等级为 C60,静力抗压弹性模量:36.5 GPa。板体混凝土胶凝材料总量不超过 500 kg/m³;混凝土水胶比不大于 0.35;混凝土含气量不大于 3%;混凝土电通量小于 1 000 度;混凝土抗冻性满足 D300 的要求;混凝土总碱含量不超过

3.5 kg/m³。当骨料具有潜在碱活性时总碱含量不超过 3.0 kg/m³;由水泥、掺合料、砂、石、外加剂和水带入混凝土的氯离子总量不超过胶凝材料总量的 0.06%。

混凝土拌和及入模温度控制在 5~30 ℃,当昼夜平均气温低于 5 ℃或最低气温低于 -3 ℃时采取保温措施并按冬季施工处理;混凝土坍落度一般控制在 60~100 mm。

混凝土灌注一次成型,采取混凝土从模型一端向另一端延伸的方式布料。混凝土浇筑分两层连续进行,均匀布料。尽量缩短灌注时间,同一轨道板混凝土灌注时间一般控制在 15 min 内,如发生紧急情况应中断灌注并及时清除已浇筑混凝土。严禁浇筑间隔超过混凝土的初凝时间。

混凝土采用附着式振捣器进行振捣。第一层布料完成后,充分振捣后再浇筑第二层混凝土。第二层振捣过程中注意将局部多余混凝土铲掉,混凝土不够的地方及时补料、振平。每层布料厚度约 10 cm,振捣时间根据混凝土密实情况可适当调整。

混凝土振捣密实后用抹子抹平混凝土表面,注意填边填角。表面抹平但不进行压光处理,终凝前严禁踩踏。收完面后将侧模、端模边上等处的混凝土清理干净。

每次浇筑混凝土振动过程中,必须检查端侧模紧固件是否松动、脱落。如发现问题及时处理。混凝土抹面后及时覆盖棚布。

蒸汽养护全过程分为静置、升温、恒温、降温四个阶段。

①静置期:混凝土灌注完毕至混凝土初凝之前的养护期为静置期。静置期间保持棚温 5 ℃~30 ℃,时间 3 h 以上。

②升温期:升温速度不得大于 15 ℃/h。

③恒温期:恒温时蒸汽温度不宜超过 45 ℃,芯部混凝土温度不应超过 55 ℃,最高温度的持续时间不宜超过 6 h。

④降温期:降温速度不应大于 15 ℃/h,脱模时轨道板表面与环境温差不应大于 15 ℃。

蒸养温度控制曲线如图 6-25 所示。

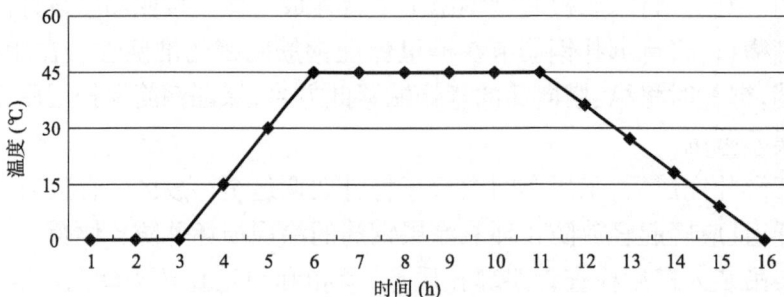

图 6-25　蒸养温度控制曲线示意

轨道板水中养护时间不应小于 3 天,并填写养护记录单,记录轨道板脱模时间、入池时间和出池时间,记录时间应精确至小时。

5. 预应力

轨道板预应力自动张拉设备主要由液压泵站、控制系统两大部分组成,其中控制系统由电控柜、检测元件两部分组成,检测元件包括位移传感器、压力传感器、压力开关,用来检测张拉系统的位移和压力。预应力张拉操作系统界面及数据显示如图 6-26 和图 6-27 所示。

图 6-26　张拉控制系统

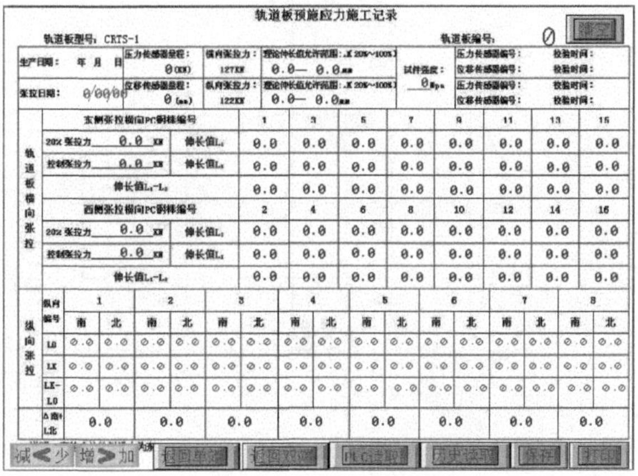

图 6-27　系统原理

设备可实现张拉自动化控制,可选择单顶张拉或多顶同时张拉;并直接显示各顶的张拉力偏差百分比,显示保压时间倒计时。张拉过程中可在轨道板边自动生成标记。张拉效率满足单块轨道板张拉时间不超过 30 min。张拉应力误差横向为(127 ±3)kN,纵向为(122 ±3)kN。

①预应力钢棒和锚垫板之间夹角应保持垂直,偏差不大于1°。

②校正预应力钢棒外露长度,满足设计要求。

③张拉时应控制千斤顶进油速度,千斤顶进油至初始油压,在此过程中要拨正千斤顶,使千斤顶与锚具对中,钢棒、锚具、千斤顶三者同心。

④张拉完成后,以伸长值作为校核,实测伸长值与设计伸长值的差值不超过1 mm,控制应力持荷时间不小于1 min。

预应力张拉顺序为先横向后纵向。横向预应力筋采用单向张拉,固定端预应力筋螺纹外露量控制在 8 ~ 10 mm;纵向预应力筋为从中间向两侧、两端同步张拉,并保证预应力筋两端伸长量基本一致。张拉顺序如图 6-28 所示。

为避免工人在操作过程中因人为因素造成漏张拉现象,在千斤顶支撑垫板上设置直径 4 mm 的钢球。

预应力实施后,在锚穴边缘形成半球形压痕。检验人员可以通过此压痕标记逐根盖涂"张拉完成"章,避免漏张拉。张拉压痕标识如图 6-29 所示。

6. 封锚

(1)封锚作业流程具体如图 6-30 所示。

(2)预应力封锚采用空气锤配合特制封锚枪头进行,封锚砂浆采取分三层填压方式。空气锤频率不小于1 000 Hz,振捣力不小于3 kg,振捣次数不得少于3次,每次不

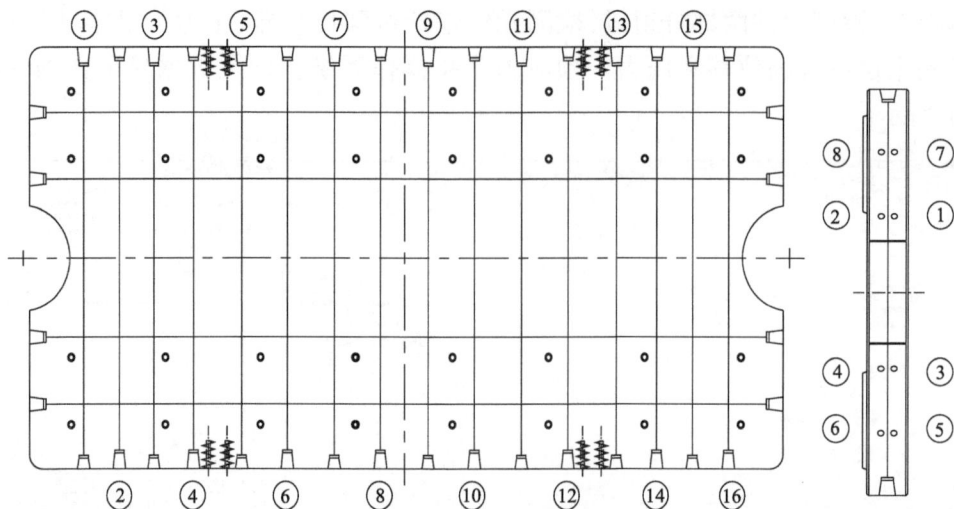

图 6-28　张拉顺序示意

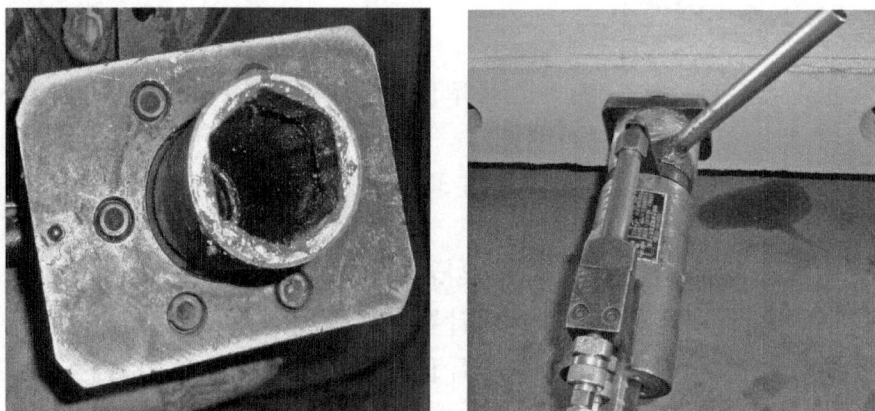

图 6-29　张拉压痕自动标识

少于 20 s。封锚砂浆表面较轨道板表面下凹 2 ± 2 mm。

（3）为防止轨道板锚穴处混凝土薄弱处开裂，可以采用在锚穴成孔器上加设硅胶条成槽工艺来替代锚穴面凿毛工序，具体如图 6-31 所示。

（4）封锚砂浆填压过程中可对砂浆进行二次搅拌，但严禁二次加水。封锚砂浆与板体混凝土应密贴，不得出现缝隙。

（5）封锚砂浆填压时的环境温度宜为 5 ℃ ~ 35 ℃。当昼夜平均气温低于 5 ℃ 或最低气温低于 −3 ℃ 时应采取保温措施，保温时间不少于 24 h。避免在阳光直射、雨、雪和大风环境下进行封锚作业。

（6）封锚砂浆拌制完成后须在砂浆初凝前使用完，如果超过允许时间，砂浆不得继续使用。封锚完成的轨道板立即用干净抹布、灰刀将锚穴周围擦拭干净，然后均匀涂刷养护剂，严禁对轨道板面造成二次污染。

（7）水养。轨道板封锚完成 3 h 后，吊入水养池进行入水养护，养护水温与板体温

```
┌──────────────┐     ┌──────────┐     ┌──────────────┐
│ 确认上道工序已完成 │────▶│  封锚准备  │◀────│  材料机具准备  │
└──────────────┘     └──────────┘     └──────────────┘
                           │
                           ▼
┌──────────────┐     ┌──────────┐
│ 凿毛深度≥2 mm  │────▶│   凿毛    │
└──────────────┘     └──────────┘
                           │
                           ▼
                     ┌──────────┐     ┌──────────┐
                     │  锚口清理  │────▶│  无杂物   │
                     └──────────┘     └──────────┘
                           │
                           ▼
┌──────────────┐     ┌──────────┐
│   涂刷均匀    │────▶│  涂界面剂  │
└──────────────┘     └──────────┘
                           │
                           ▼
┌──────────────┐     ┌──────────┐     ┌──────────────┐
│   试件制作    │────▶│   封锚    │────▶│  下凹2±2 mm   │
└──────────────┘     └──────────┘     └──────────────┘
                           │
                           ▼
                     ┌──────────┐
                     │  涂养护剂  │
                     └──────────┘
```

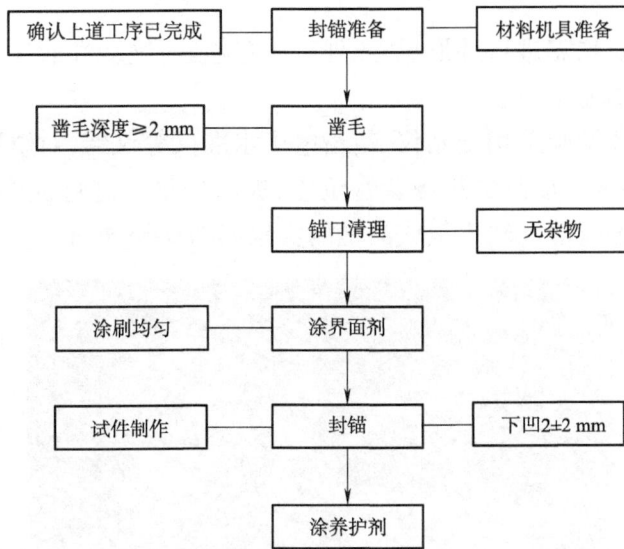

图 6-30 封锚作业流程示意

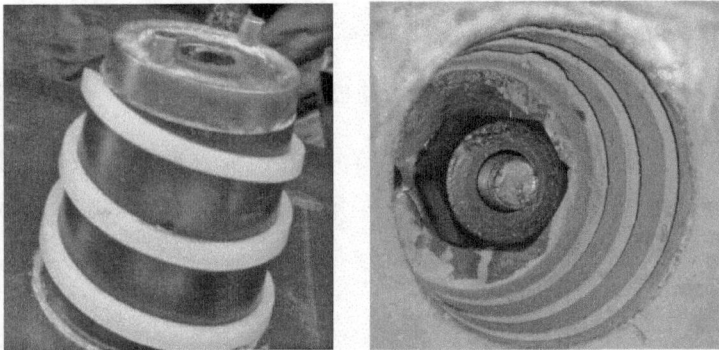

图 6-31 锚穴刻槽装置

差不大于 15 ℃且养护水温不低于 5 ℃,入池养护时间不少于 3 天,湿养池内养护水需定期进行更换。水养实景如图 6-32 所示。

图 6-32 轨道板水养

7. 检验及存放

成品轨道板每块均需进行外形尺寸、外观质量检验,绝缘性能检验抽取外观质量检查合格的 20% 进行检验。

轨道板几何尺寸检验采用全站仪、精密电子水准仪等仪器,对轨道板模型中绝缘套管定位孔、板面平整度与成品的绝缘套管位置、板面平整度进行检测,并通过轨道板检测软件快速计算出偏差值。轨道板成品检测实景如图 6-33 所示。

图 6-33　轨道板成品检测

检验合格的轨道板存放于专用存板区,存放方式为立放。存放前对地基进行处理,在轨道板起吊点位置支垫方木。两侧设有三角挡墙,板间用卡具进行固定,防止轨道板倾倒。

五、主要管理措施

1. 质量控制措施

(1)原材料检验

轨道板生产所需原材料主要包括水泥、掺合料、细骨料、粗骨料、外加剂、冷拔钢丝、普通钢筋、环氧涂层钢筋、预应力钢棒、绝缘套管、起吊套管、综合接地端子等。

轨道板生产所采用的各类原材料、构配件,应具有制造厂家的质量合格证明书或第三方检测机构出具的质量合格检验报告单。原材料进场后必须经复验合格后方可办理入库手续,不合格的原材料不得投入使用。材料应按规格、品种单独堆放并设有明显标识。

(2)模型检验

每次循环作业前进行模型日常检查,检查模型外观、平整度、倒角成型槽口、标识牌、定位销松紧及损坏、模型各定位连接件完好情况、振动器支架完好情况、退模装置和起板装置完好情况。模型的外观质量主要检查模型表面清渣、脱模剂涂刷质量,扣件预埋绝缘套管预留孔处是否有杂物、变形,承轨台位置定位装置凹槽内混凝土是否清理干净,模型四壁是否清渣彻底,各个配件、模型上表面是否存在裂纹和破损现象。

模型的日常检查根据施工单位模型总套数,平均每天检查总数量的1/7,以保证每周对每套模型轮流检查一次。如发现不合格,及时进行维修,并加大检测频率。

(3)钢筋加工及验收

钢筋加工误差要求见表6-7。

表6-7　钢筋加工允许误差

序号	项　　目	允许偏差(mm)
1	受力钢筋全长	－10,0
2	箍筋内净尺寸	±3

钢筋骨架绑扎要求:绑扣的形式应成"八"字交替绑扎;绑扣形式以不易松脱为准,绑点如有松脱,应紧扣或重绑;扎丝应采用绝缘型扎丝,其尾部应扭向骨架内;应设置足够数量的垫块,保证净保护层厚度符合设计要求。

轨道板钢筋绑扎尺寸偏差见表6-8。

表6-8　轨道板内钢筋位置允许偏差

序号	项　　目	要　　求	检查方法
1	普通钢筋	±5 mm	钢尺测量
2	螺旋筋	±5 mm	
3	钢筋保护层	+5 mm	量垫块
4	预应力筋	±1 mm	尺量
5	箍筋间距	±10 mm	钢尺测量

(4)混凝土

混凝土原材料每盘称量偏差见表6-9。

表6-9　混凝土原材料称量允许偏差

序号	原材料名称	允许偏差(%)
1	水泥、矿物掺和料	±1
2	粗、细骨料	±2
3	外加剂、拌和用水	±1

混凝土拌制前测定砂、石含水率,并根据测试结果、环境条件、工作性能要求等及时调整施工配合比。施工单位每工作班检查不应少于1次,监理单位见证检测。

混凝土灌注过程中对混凝土拌和物的坍落度、入模温度和含气量进行测定,测定值符合理论配合比的要求,坍落度偏差不宜大于±20 mm。施工单位每拌制50 m³或每工作班测试不应少于1次。

(5)成品板检验

轨道板按批检验,同样原材料和生产工艺制成的500块为一批,批量不足500块按500块计。轨道板质量检验包括外形尺寸检查、外观质量检查、预埋套筒的抗拔性能、绝缘性能和静载性能。

轨道板预制各部尺寸允许误差见表6-10。

表6-10　制板精度要求

序号	检查项目		允许偏差(mm)
1	长度		±1.5
2	宽度		±1.5
3	厚度		0, +1.5
4	预埋套管	中心位置距板中心线	±0.5
		保持轨距的两套管中心距	±0.75
		保持同一铁垫板位置的两相邻套管中心距	±0.5
		歪斜(距顶面120 mm处偏离中心线距离)	±1
		凸起高度	0, -0.25
5	标记线(板中心线)位置		±0.5
6	板顶面平整度	轨道板四角水平	±0.5
		承轨面水平	≤0.5
		单侧承轨面中央翘曲量	≤1.0
		相邻承轨面高差	≤0.2
7	其他预埋件位置及垂直歪斜		±1.0
8	半圆形缺口直径		±1.5
9	底模错缝、错台		不允许有
10	侧模、端模错缝错台		≤1.0
11	端模、侧模旁弯		≤1.5
12	底模对角线误差		≤1.5
13	预应力锚穴		≤0.5

2. 安全及环保措施

(1)安全措施

轨道板预制施工吊装作业繁多,施工过程中必须严格按照安全技术规程相关规定作业。开工前对参建的全体员工进行技术交底、培训。对装吊工、张拉工等特殊工种进行专项技能培训、考核合格后持证上岗。对起重设备进行旬、月、季度检查,严禁带病作业。定期开展用电、防火安全设施检查。预应力张拉施工过程中,张拉束两端设置警戒带,禁止人员通行,禁止违章作业。

(2)环境保护措施

根据《中华人民共和国水土保持法》完善管理,制定水土保持相关措施。水泥、掺合料等粉料采用专用储料罐进行集中存储,道路定期洒水清扫;生活、生产废水经沉淀处理达标后排放;生活垃圾定点堆放、集中处理。生产垃圾主要用于施工便道填筑、场地整修等,综合运用资源。板场内采用集中维护,重点隔离,分时段作业,降低噪声污染。

六、主要成效

取得的主要成效如下：

（1）CRTS I 型轨道板预制施工中通过工艺创新、设备改造，提高了施工效率，降低了施工成本。

（2）预制产品依次通过原铁道部上道认证，轨道板质量、产能稳定，满足哈大高铁无砟轨道现场铺设工期需要。

（3）所开发的轨道板模板系统、养护自动温控系统、预应力自动张拉系统、轨道板检测分析系统、预应力锚穴凿毛工法等，极大限度降低了施工过程中人为因素对施工质量的影响，实现了施工控制数据化、施工管理规范化、施工设备机械化，形成了一套先进的轨道板预制综合技术。轨道板模型设计、后张法预应力锚穴凿毛器及施工方法获发明专利，自动温控、自动张拉系统在全线推广使用。

第三节 严寒地区 CRTS I 型轨道板铺设技术

一、工程概况

哈大高铁轨道结构形式主要采用 CRTS I 型板式无砟轨道系统。沈大段无砟轨道长度约 340 双线公里，铺板 14 万块。其中中铁二局哈大项目部承担 DK233 + 011 ~ DK308 + 663 段 CRTS I 型轨道板铺设施工任务，包括营海特大桥、下夹河线路所、海城特大桥、海城西站、海鞍特大桥、将军屯大桥及前后路基、名甲山特大桥、鞍山隧道、鞍山西站、鞍辽特大桥，铺设总长约 75 双线公里。以此为例，介绍轨道板铺设技术。

二、工程特点及难点

1. 哈大高铁采用 CRTS I 型板式无砟轨道结构，其施工组织和工艺与传统有砟轨道结构有本质区别，施工要求一次成型，轨道几何状态一次达标，其精度控制是施工技术的关键和难点。

2. 严寒地区 CA 砂浆施工在全国范围内尚属首次，CA 砂浆配合比设计是施工的前提，施工中质量过程控制好坏则是影响无砟轨道铺设质量的关键，因此 CA 砂浆施工质量控制是本工程的技术难点。

三、施工组织

1. 资源配置

（1）劳动力组织

轨道板铺设主要劳动力配置见表 6-11。

表 6-11 轨道板铺设人员配置

序号	工 序	工 作 内 容	人数
1	库管及看守	库房管理、材料入库及发料、基地及工地巡守	8
2	混凝土底座及凸台验收	底座及凸台外形尺寸及外观质量检查、底座标高统计	2
3	轨道板运输	轨道板交接、装卸、运输	10
4	轨道板吊装	底座清理、CA 砂浆灌注袋铺设、轨道板粗铺	15
5	轨道板精调	调整架安装、轨道板精调、防浮装置安装	10
6	CA 砂浆灌注	CA 砂浆上料、搅拌、输送、灌注、养护、工具清洗	15
7	CA 砂浆灌注后道工序	调整架拆除、灌注口切除及封口	5
8	凸台树脂施工	作业面清理、灌注袋安装、树脂搅拌及灌注、养护	6
	合　　计	—	71

(2)机具设备

桥梁地段每个作业面主要机具设备配置见表 6-12。

表 6-12 单个作业面主要机具设备配置

序号	机械名称	单位	数量	使用地点或作用	备 注
1	CA 砂浆搅拌车	台	1	桥下拌制砂浆	
2	50 t 汽车吊	台	1	桥上吊板	
3	25 t 汽车吊	台	1	配合 CA 砂浆中转仓	
4	8 t 吊车	台	1	CA 砂浆车补料	
5	5 t 叉车	台	1	干料库房装卸料	可共用
6	15 t 载重卡车	台	1	CA 砂浆车补料,运送干料	
7	6.5 kW 柴油发电机	台	1	中转仓用	
8	6.5 kW 柴油发电机	台	1	压紧装置、凸台树脂灌注	
9	中转仓	套	2	转运 CA 砂浆	
10	电动冲击钻	台	1	压紧装置钻孔	
11	中专仓运输车	台	1	桥上转运中转仓	特殊地段使用
12	6 m³ 罐车	台	1	转运乳化沥青	
13	运料小车	台	1	运送工具等	
14	灌注小车	台	1	灌注凸台树脂用	
15	大 巴 车	台	1	运送施工人员	
16	金 杯 车	台	1	运送测量人员及设备	
17	运 板 车	台	3	运输轨道板	
18	精调设备	套	2	轨道板精调	
19	电子水准仪	套	1	底座验收	
20	吊带/吊链	副	10	吊装轨道板	
21	木 楔	个	2 000	支撑轨道板及定位	
22	防浮装置(含螺母、胶水)	套	200	防止轨道板上浮	
23	漏 斗	个	2	CA 砂浆灌注	
24	支 撑 架	个	2	灌注软管及漏斗	

序号	机械名称	单位	数量	使用地点或作用	备 注
25	轨道板调整器	个	3 000	轨道板精调	
26	遮雨棚	套	1		
27	U 型 夹	个	300	灌注袋口	
28	提 板 架	套	2	提升轨道板	

2. 主要施工工艺

(1)工艺流程

轨道板铺设工艺流程如图 6-34 所示。

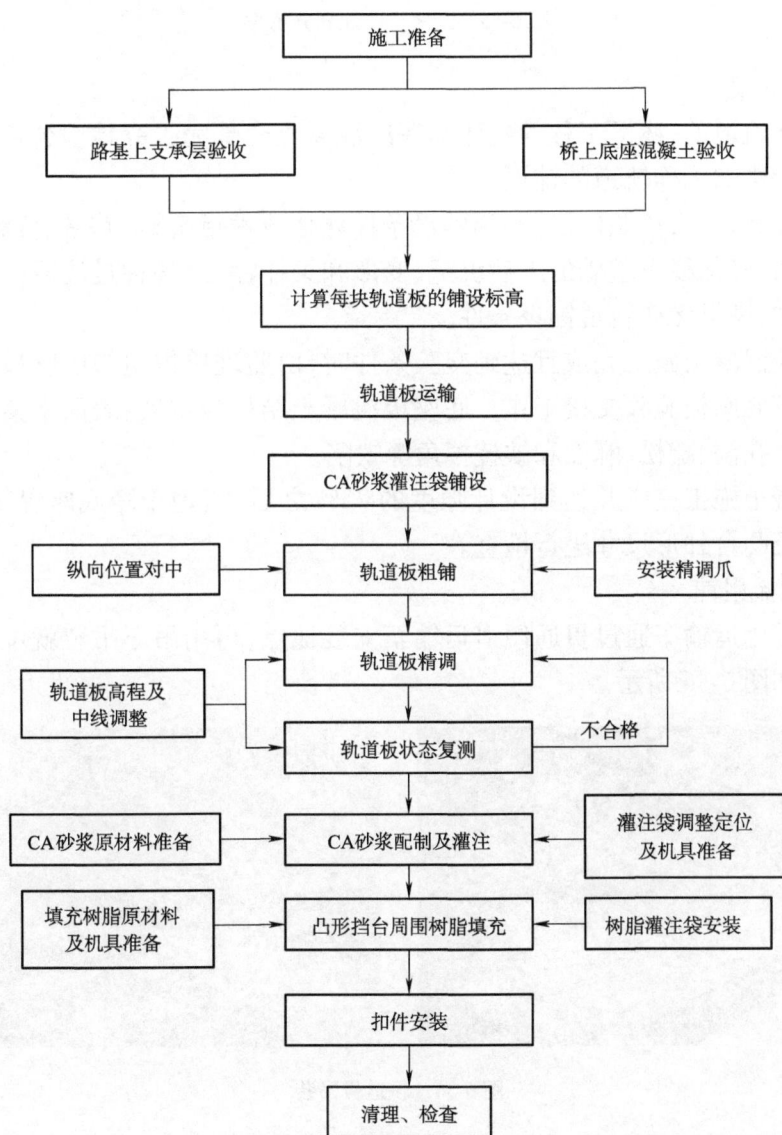

图 6-34　轨道板铺设工艺流程示意

（2）轨道板铺设工序作业面划分

轨道板铺设施工工序划分为：轨道板安装工序（底座面清理及 CPⅢ 网复测、轨道板铺设）、轨道板精调工序、CA 砂浆灌注工序及凸形挡台周围树脂灌注工序。每个工序推进长度为 150 m，一个工作面总长度 600 m。工作面划分具体如图 6-35 所示。

工作面推进方向

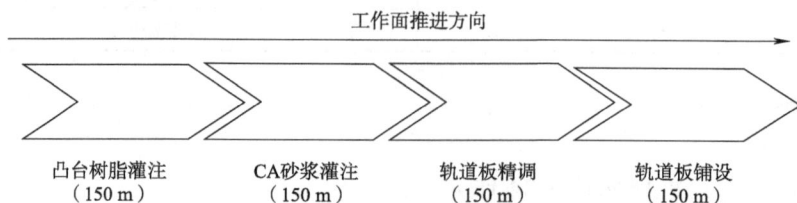

| 凸台树脂灌注 | CA砂浆灌注 | 轨道板精调 | 轨道板铺设 |
| （150 m） | （150 m） | （150 m） | （150 m） |

图 6-35　工序作业面划分示意

（3）施工准备

铺设无砟轨道前，线下工程的主体和底座混凝土全部完工并检验合格。未完成的附属工程不得影响无砟轨道的铺设。

铺设无砟轨道前，按照《无砟轨道铺设条件评估技术指南》对路基、桥涵、隧道变形进行系统评估，确保线下基础的工后沉降、变形和梁体徐变、各种过渡段的差异沉降等符合设计要求，满足无砟轨道铺设条件。

当底座板混凝土施工完成且达到交验条件时，由监理单位组织底座板施工单位与铺板单位进行底座板验收交接工作。底座板混凝土结构应密实、表面平整，颜色均匀，无露筋、蜂窝、孔洞、疏松、麻面和缺棱掉角等缺陷。

底座混凝土施工完成并达到设计强度的 75% 之后，清理干净底座混凝土表面，铺板前对底座及凸台外形尺寸进行检查。

（4）轨道板粗铺

轨道板采用运输车通过贯通便道运输至安装地点，再用吊车吊装就位。桥梁地段轨道板吊装如图 6-36 所示。

图 6-36　轨道板吊装

轨道板粗铺时采用机械和人工配合放置轨道板，铺设前底座混凝土面不得有杂物和积水，并预先在两凸形挡台间的底座表面放置支承垫木，支承垫木尺寸宜为 50 mm ×

50 mm×300 mm。

轨道板粗铺时尽量控制轨道板中心线与凸形挡台中线对齐,避免轨道板精调工作量的增加。

精确测量两相邻凸形挡台间的纵向距离,采用木楔法将轨道板调整至两凸形挡台的中间位置,保证轨道板与两凸形挡台之间的距离之差≤5 mm。轨道板与凸形挡台的间隙不得小于30 mm。

轨道板铺设时应注意轨道板放置方向,轨道板接地端子一侧应靠防撞墙一侧。

(5)轨道板精调

①轨道板精调工艺流程

轨道板精调工艺流程如图6-37所示。

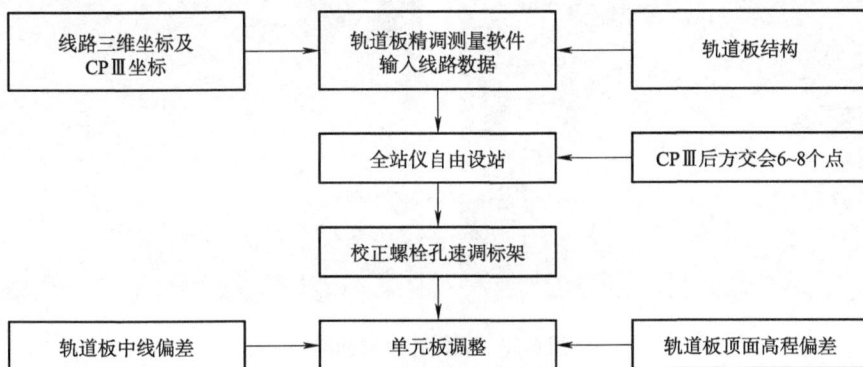

图6-37 轨道板精调工艺流程示意

②数据输入

轨道板精调前,首先将线路的理论三维线性参数导入软件,根据线路情况,对速调标架上的棱镜进行编号,通过数据传输电台控制全站仪的操作,在设站完毕之后,对轨道板上相应的棱镜进行测量,测量结果通过数据传输电台,传输到调整器边的显示器上。当仪器在测量相应里程时,通过输入板类型构造、板位置等数据对不同板型进行测量。

③通过CPⅢ点设站

CPⅢ点埋设于线路两侧,每60 m左右设置一对。路基地段CPⅢ点埋设于路基两旁接触网支柱上,桥梁地段CPⅢ点埋设于梁面防撞墙顶面固定支座一端。

采用自由设站模式观测的CPⅢ控制点采用4对,困难地段采用5对,观测前2点距测站距离宜30~60 m,夹角宜30°~120°。

全站仪设在线路中线附近,位于所观测的CPⅢ控制点的中间,距控制点最近点应大于15 m。

更换测站后相邻测站重叠观测的CPⅢ控制点不少于2对且参与平差计算点不少于3个。

每一新设站必须修改仪器的温度和气压值。

①螺栓孔速调标架校正

由于在精调标架和棱镜使用过程中难免对其产生碰撞造成轻微变形,故使用一段时间就须对标架进行校正。

螺栓孔速调标架校正是利用全站仪测量标准标架上棱镜的三维坐标,再依次把1号、2号、3号标架放置在标准标架的同一位置测量其三维坐标,计算其与标准标架的偏差量,并通过软件计算出自动补偿标架偏差量。

标架校正周期无明确时间限制,一般在每个作业时间开始前或温差较大的时间段开始前进行标架校正,具体如图6-38所示。

图6-38　螺栓孔速调标架

②单元板调整

全站仪在CPⅢ控制网内做自由设站,计算出测站点的理论三维坐标值和所在的里程;当全站仪放置在CRTSⅠ型板上螺栓孔速调标架上的棱镜后可测量出该棱镜所处位置的实测三维坐标,根据坐标可以确定它在线路中的里程,经过软件的里程推算得出该处的理论三维坐标以及实测和理论坐标的偏差,将偏差值显示在显示器上,根据偏差采用专用调整器对CRTSⅠ型板高程及中线进行调整。

每次设站测量6块板,调整5块板,搭接一块板以消除错台误差。调整器旁的操作人员可以通过显示器,看到待调的轨道板的高程及中线偏差,进而进行调整。调整完成之后用全站仪进行复测,直到轨道板达到规范要求范围内。

曲线且处于线路纵坡地段的轨道板高程调整应兼顾四点进行调整,最高点按正偏差调整,最低点按负偏差调整,使每点的高差均在偏差允许范围内。轨道板精调时须对上一块已调整好的板进行联测,既要保证单块板的绝对坐标满足要求,又要保证两块板间的相对坐标满足要求,使铺板后的线路线性达到要求。

反复调整后,直至符合如下相关技术条件的要求:

轨道板与凸形挡台前后的调整精度满足如图6-39所示的 A、B 的位置关系:$|A-B| \leqslant$ 5 mm。直线地段轨道板左右方向的调整精度满足图6-39所示 d 的位置关系:$d \leqslant 2$ mm。

轨道板上下方向的调整精度满足如图6-40所示,d 的位置关系:$|d| \leqslant 1$ mm。

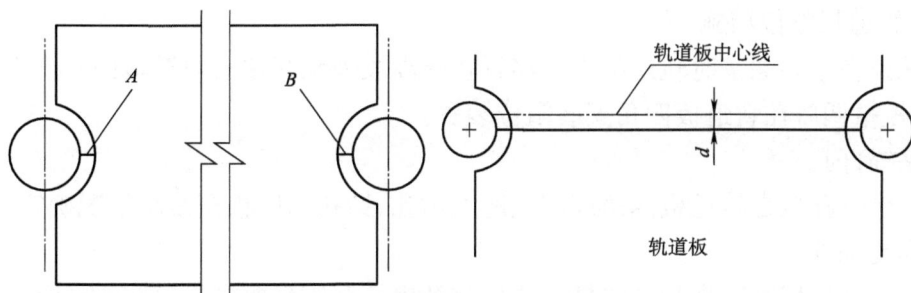

图 6-39　轨道板平面位置调整要求

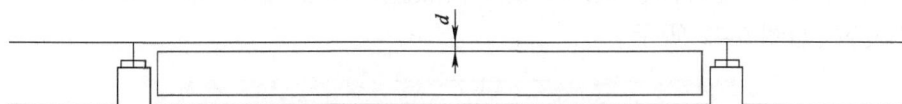

图 6-40　轨道板上下方向的调整要求示意

曲线地段铺设轨道板时将轨道板向曲线外侧移动正矢的 1/2,具体如图 6-41 所示。

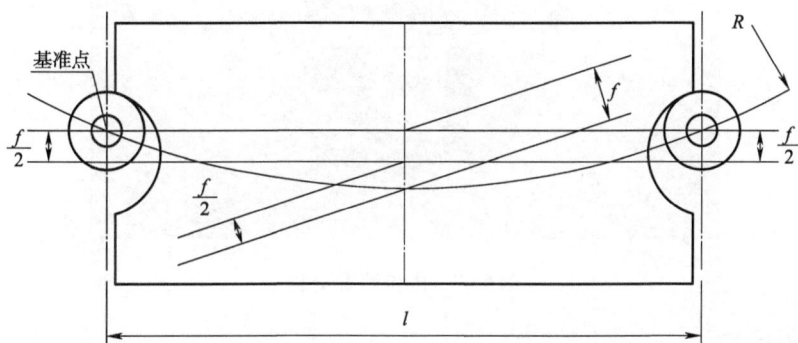

图 6-41　轨道板向曲线外侧移动正矢示意

由于轨道板为刚性构件,缓和曲线地段轨道板之间高程会产生错台,在缓和曲线地段铺设轨道板时高程控制应以该块轨道板最小高程进行调整。

③成果检查

对于精调过的轨道板,根据施工需要,如果要在灌浆之前进行轨道板精调精度的检查,可利用标架进行独立检测。方法是:用标准标架,以线路左侧螺栓孔为基准,用全站仪单独测量标架上的小棱镜,存储并分析结果。

反复调整后,直至符合表 6-13 及相关技术条件的要求。

表 6-13　轨道板安装位置的允许偏差表

项次	项　　目	允许偏差(mm)	检验方法
1	轨道板中心线与线路中线的偏差	2	全站仪测量
2	轨道板顶面高程偏差	±1	全站仪测量
3	前后位置偏差	±5	尺　　量

（6）轨道板限位措施

为保证在垫层灌浆时轨道板不上浮且在超高段砂浆灌注时轨道板的不产生横向位移，轨道板精调后在轨道板四角安装限位装置。

①钻锚杆孔

用一台钻孔机在轨道板四角周围底座上钻孔，钻孔深度根据线路情况确定。

②固定锚杆

钻锚杆孔后用粘胶来胶粘锚杆。锚杆胶粘应符合质量要求。安装锚杆时可在锚杆上涂上黄油，然后在锚栓孔内充填粘胶，匀速缓慢旋入全螺纹锚杆，使其在粘胶上形成全螺纹形式。达到强度后锚杆就固定胶结在底座混凝土层上，然后在轨道板相应位置安装限位装置，如图6-42所示。

图6-42　限位装置安装

③去除锚杆

轨道板垫层灌浆强度达到0.1 MPa时（一般为1天以后），在拆除防上浮装置或防滑装置的同时将锚杆旋出。

（7）CA砂浆拌和及灌注

①CA砂浆施工流程

CA砂浆施工流程如图6-43所示。

②CA砂浆拌制

CA砂浆的搅拌采用SY9300TSJ500沥青水泥砂浆半挂车现场搅拌，加入材料的顺序为：乳化沥青→P乳液→水→消泡剂→干料（水泥→砂→铝粉→膨胀剂）→引气剂。CA砂浆现场配制时应根据原材料及环境温度进行现场试验，确定适宜的搅拌速度与时间（搅拌车的旋转速度和搅拌时间要求见表6-14）。CA砂浆配制与施工的温度范围为5 ℃～35 ℃。超过温度范围时应采取相应的保温与降温措施，否则不得进行灌注作业。当天最低气温低于-5 ℃时，全天不得进行砂浆灌注，下雨天也不得进行灌注。

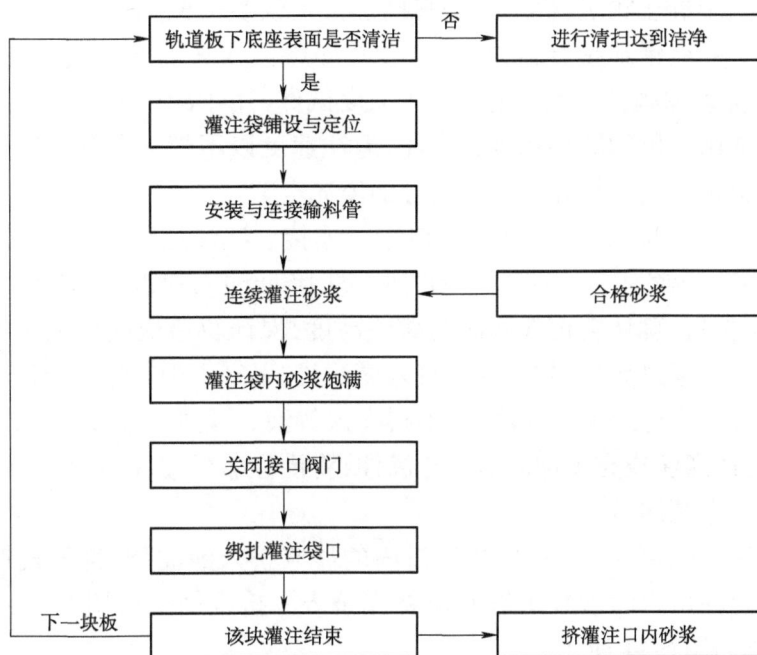

图 6-43　CA 砂浆施工流程示意

表 6-14　搅拌机的旋转速度与搅拌时间

项目	旋转速度（r/min）	搅拌时间（min）
沥青乳剂～消泡剂	40～60	2
干料～引气剂	110～120	3
砂浆拌和	110～120	至砂浆灌注前

施工中需特别注意：由于沥青乳剂和水泥一接触就会产生反应，为有效地利用砂浆可工作时间，将干料最后分散投入。在搅拌机的投料口用直径 6 mm 的钢筋制成 10 cm × 10 cm 的钢丝网，材料通过流槽送入搅拌机。不得长时间在超过要求的高速旋转下搅拌，确认导入所规定的空气量后，立即改为低速搅拌，直至 CA 砂浆灌注完毕。CA 砂浆运输时间长时，应在灌注前约 10 min 放入铝粉，再高速旋转 1 min。为了确保 CA 砂浆的品质，施工前用 CAS100 型小型搅拌机试验拌和，根据现场实际使用的原材料和环境温度，进行各项性能试验；试验合格后采用 SY9300TSJ500 沥青水泥砂浆半挂车拌和。

③CA 砂浆灌注

灌注前须检查要注入的地点有无积水及其他有害杂物，如有就立即清除：水、灰尘等可用压缩空气吹掉或者设排水孔加以排除。将预先折叠放于板下的 CA 砂浆灌注袋展开摊平。灌注过程中专人负责，技术人员复核轨道板标高并现场监督施工。

CA 砂浆车将拌制好的 CA 砂浆转入中转仓内，然后由汽车吊吊装上桥安放在运输车上推入待灌注位置。连接下料软管和灌注漏斗并用固定装置固定。拌制好的 CA 砂浆如果长时间处于静止状态就会变成假凝状态,很快丧失流动性。因此在运输和注入砂浆过程中应不断缓慢地搅拌砂浆。CA 砂浆即将注入之前测定其流动时间,使其达到所规定的流动性;检验含气量;制作抗压强度试件(用于测定 1 天、7 天、28 天强度)。每块板下每个袋由一侧的灌注孔进行灌注,灌注速度以不带入空气为度徐徐地连续进行。注意不得引起材料离析并且完全充分的填充空隙。

施工时将注入口与 CA 砂浆注入袋口牢固连接。灌注过程中密切观察 CA 砂浆的灌注情况。在 CA 砂浆注入一半左右后,进一步降低注入速度,以便空气排出并观察 CA 砂浆的静态位置,确认轨道板侧面的灌注高度,保证轨道板底部注浆饱满。灌注时宜将中转罐内砂浆通过灌注漏斗、软管流入灌注袋,不宜由中转罐直接流入灌注袋。灌注过程中砂浆应一次连续流入灌注袋,不得夹入气泡。观察轨道板状态,不得出现拱起与上浮现象,确认灌注袋充填饱满后停止灌注,将灌注袋的灌注口绑扎牢固并用约 45°的三角形垫块支撑灌注口。

灌注结束后 20 ~ 45 min 内,将灌注口内的砂浆挤入灌注袋,直至轨道板的支撑螺栓稍微松动。灌注口内的砂浆不够时应补充挤入。挤入结束后用 U 型夹具封住灌注口的根部,具体如图 6-44 所示。

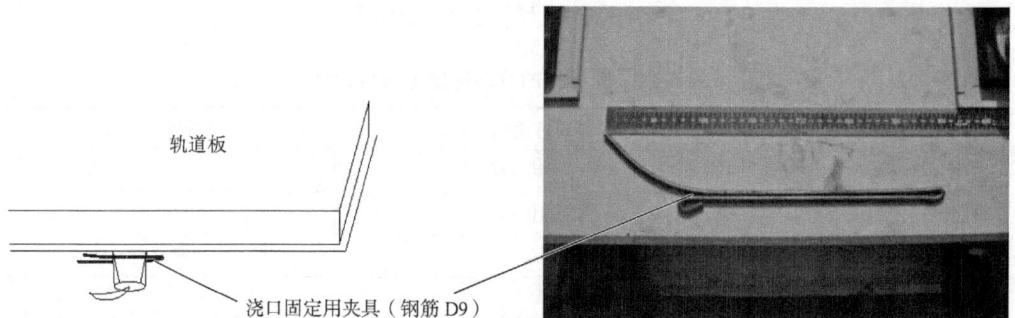

轨道板

浇口固定用夹具(钢筋 D9)

图 6-44　U 型夹

砂浆层强度达到 0.1 MPa 以上后撤除轨道板的支撑螺杆并切断灌注口,切口应整齐并将灌注口封闭。若灌注施工中出现降雨则停止施工,并对尚未硬化的充填砂浆层采取防水措施。在纵坡及曲线地段灌注 CA 砂浆时,从较低一侧注入口灌注 CA 砂浆,在高的一侧设置间隙以排出空气,且 CA 砂浆注入袋必须固定牢靠,必要时可采用二次灌注方式。施工中应进行流动度、含气量、温度试验,及时采集试样进行膨胀率、泛浆、强度试验并记录结果。现场检验项目及抽样频次见表 6-15。

表 6-15　现场检验项目及抽样频次

序　号	项　目	试验时间(频率)
1	砂浆温度	1 次/罐
2	流动度	1 次/罐
3	含气量	1 次/罐

续上表

序 号	项 目	试验时间(频率)
4	泛浆率	1次/工班
5	膨胀率	1次/工班
6	抗压强度	1次/工班
7	分离度	1次/工班
8	弹性模量	第一次灌注时

当灌注袋另一侧的灌注口内 CA 砂浆灌注高度达到 7 cm 以上且完全密贴板底后,灌注结束,此时 CA 砂浆注入袋四周边缘应饱满圆顺,灌注后扎紧注入口,待硬化后将注入口截除。CA 砂浆灌注时要对每一块轨道板进行连续注入,一次灌注完成,充分填充,使板下不出现空隙。曲线地段超高过大时 CA 砂浆灌注分 2~3 次进行,防止轨道板受力漂浮,但每次灌注应在前次注入砂浆未硬化前进行。CA 砂浆灌注过程及灌注完成后及时清洁施工场所,清除废弃物,运输至指定位置集中处理。

④CA 砂浆的养护

CA 砂浆原则上是自然养护,一般不需要采取特殊措施。在气温高于 35 ℃或低于 5 ℃时应采取相应养护措施覆盖养护。当 CA 砂浆强度达到 0.1 MPa(约 24 h)时会发生收缩现象,为适应这种情形和防止轨道板与砂浆填充层之间产生间隙必须拆除支撑螺栓,使轨道板与砂浆充分受力接触。CA 砂浆抗压强度至少达到 0.7 MPa(约 7 天)后方可在轨道板上承重。CA 砂浆养护完成后及时切除袋口,采用相同材料进行封闭。

(8)凸台树脂灌注

①模板安装

铺设轨道板前在凸台周围与轨道板下面之间设置树脂防泄漏的发泡聚乙烯、海绵材料、发泡聚乙烯(侧面用)凸形挡台树脂填充层。消除周围的垃圾、砂、泥浆等杂物并用抹布擦除水分。在侧面用的发泡聚乙烯模板上粘贴脱模纸带,使树脂固化后不至粘贴在模板上。

②灌注

灌注前测量凸形挡台与轨道板之间的间隔缝不得小于 30 mm,否则进行处理。搅拌后的树脂材料必须在混合后 20 min 内注入。一个凸形挡台周围填充树脂必须一次性灌注完成。采用人工或平板车的形式,将灌注容器移至灌注地点,向灌注袋内灌注树脂。树脂材料注入过程时,为使凸台及周围轨道板不受树脂污染应采用塑料毡布覆盖。灌注过程中严禁掉入杂物及带入水分。将拌和好的树脂缓慢连续注入,防止带入空气,保证灌注密实。灌注过程随时检查模型情况,防止泄露。凸形挡台周围树脂灌注自轨道板底开始,灌注至轨道板倒角下端位置时停止灌注。施工作业中断时及时对搅拌器、注入软管等用稀释剂清洗,废罐及废液应作为工业废弃物进行处理,不污染环境。曲线超高地段树脂宜一次灌注到位。特殊情况下需进行二次灌注或多次灌注时,最好在上次树脂未固化前进行。已固化的树脂可采用插入螺钉(长度 40 mm,以 10 mm 间隔插入 25 mm 以上)或打磨的方式(用研磨机等对表面进行全面打磨)增加黏结力。灌注完毕后使用细木棒等工具深入到树脂内部,贴近轨道板或凸台侧面刮贴几下,防止灌注袋产生褶皱扭曲及空气滞留现象。凸台树脂施工完毕后若遇到恶劣天气,应对树脂部分采取封盖等防护措施,防止雨水或杂物落入树脂内。室外温度在 20 ℃ 以上,6 ~ 7 h 后可拆模,脱模后被树脂脏污处要用稀释剂擦净,固化部分用道具割掉,并清扫干净。灌注完成 6 h 后拆除模板,具体如图 6-45 所示。

图 6-45　凸台树脂灌注

四、关键施工技术及措施

1. 材料运输

施工便道紧靠路基、桥梁墩高较矮等地段直接通过汽车吊铺设轨道板;无法直接铺设的地段(如高墩、隧道等),由载重汽车运输至线路临时出入口,汽车吊吊装卸车临时存放,通过双向轨道板运输车转运送到铺设位置。砂浆原材料分点集中存放,材料运输车配送至现场补料;CA 砂浆搅拌车沿施工作业面跟进,中转仓接料灌注施工。

2. 精调作业

在线路两侧 CPⅢ 控制点建立完成之后进行"螺栓孔速调标架法"精调,在每块轨道板安放 2 个测量标架。全站仪自由设站后测量标架上安置棱镜,计算理论三维坐标值与实测三维坐标值的偏差,然后根据该偏差进行轨道板精调。根据轨道板设计标高与底座间隙计算砂浆垫层厚度,确定砂浆层厚度以后选用相应轨道板类型的灌注袋。

3. CA 砂浆灌注

轨道板精调完成后在轨道板的两端安装防上浮装置措施。CRTS Ⅰ 型轨道板充填砂浆层施工前对混凝土底座与凸台施工质量、轨道板的安装质量进行复检,底座板与轨道板间的间隙高度、凸台与轨道板间的间隙宽度符合设计要求。CA 砂浆车将拌制好的 CA 砂浆转入中转仓内,然后由汽车吊吊装上线安放在运输车上推入待灌注位置进行灌注作业。

五、主要管理措施

1. 质量管理措施

（1）严格按照轨道板铺设精度要求组织施工，做好精密测量，确保轨道板施工质量。轨道板填充层灌注完成后铺设精度要求见表6-16。

表6-16　铺板精度要求

序　号	项　目	允许偏差（mm）
1	轨道板中心线与线路中线的偏差	2
2	轨道板顶面高程偏差	±1
3	轨道板与凸型挡台间距之差	5
4	两块板相对高程误差	±0.5
5	两块板相对横向误差	1

（2）严格按照CA砂浆质量要求，严控填充层CA砂浆施工质量，抓好轨道板铺设关键环节质量控制。CA砂浆具体质量要求如下：

①几何尺寸满足：充填层厚度40~100 mm，最佳值为40~60 mm。

②充填饱满度满足：

a. 灌注袋U型边切线与轨道板平齐，误差不超过±10 mm。

b. 轨道板边缘与填充层间隙最大深度不超出50 mm。

c. 充填层均质性：上下均匀一致，分离度<1%。

d. 充填层密实性：无夹杂空隙、气泡孔径≤200 μm。

（3）严格按照凸台树脂灌注质量要求，把控凸台树脂灌注质量，为轨道板施工质量提供保证。凸台树脂灌注具体质量要求如下：

①灌注高度低于轨道板顶面5~10 mm。

②轨道板与凸型挡台间距不小于30 mm，且不大于50 mm。

2. 安全管理措施

（1）从事高处作业人员定期进行体检，发现有不宜登高的病症，不安排从事高处作业。

（2）所有进入施工现场的人员必须戴好安全帽并按规定佩戴劳动保护用具。

（3）作业人员严禁酒后上班，不得过度疲劳上班，不得穿拖鞋、高跟鞋、硬底鞋、易滑鞋和裙子上班或进入施工现场。

（3）从事起重施工人员要取得特种作业操作证方能上岗。

（4）施工作业搭设的扶梯、工作台、脚手架、护身栏、安全网等必须牢固可靠，并经验收合格后方可使用。

（5）作业用的料具放置稳妥，小型工具随时放入工具袋内，按上、下顺序进行排放，禁止将杆件、扣件、模板等向下抛掷。

（6）为全体施工人员提供充足的医疗费用，在施工现场适当地点放置急救工具箱，并配备足够的医务人员,确保施工人员的身体健康。针对该段铁路所处的地理环境和气候特点,制订并采取有效措施,做好卫生保障工作,保证施工顺利进行。

六、主要成效

严寒地区大规模铺设 CRTS Ⅰ 型轨道板在我国乃至全世界尚属首例。铺设施工过程中通过工艺试验、技术创新等手段,克服了严寒地区特殊配合比 CA 砂浆拌制工艺难题,确保了砂浆质量的稳定性。取得的主要成效有:

1. 优化了 CA 砂浆灌注工艺,确保砂浆垫层填充饱满、平整,防止大气泡、空隙、气泡夹层等质量通病发生。研制了一套轨道板限位装置,有效解决了 CA 砂浆灌注时的轨道板上浮、横移问题。

2. 国内率先全线采用"螺栓孔速调标架法"进行精调,保证了铺板精调精度及进度。

3. 总结形成的 CRTS Ⅰ 型轨道板铺设综合技术填补了国内类似工程施工技术空白。

第四节　严寒地区 CA 砂浆干粉拌制技术

一、工程概况

CRTS Ⅰ 型板式无砟轨道由混凝土底座、CA 砂浆垫层、预制轨道板、凸型挡台及周边的填充树脂、钢轨及扣件等组成;而 CRTS Ⅱ 型板式无砟轨道由滑动层、底座板/支承层、CA 砂浆垫层、轨道板、板间纵向连接、钢轨及扣件等组成。两种板式无砟轨道结构不同,所适用的 CA 砂浆也有区别。进入 21 世纪以来,随着国家相关政策的推动,国外先进理念和先进技术的引进,以及散装水泥工作者及预拌砂浆生产企业和用户的积极努力,我国的预拌砂浆生产开始呈现蓬勃发展的局面,干粉料行业进入一个快速发展的时期。哈大高铁采用现场生产干粉料供应施工为全国首例,具有探索研究的重要意义,可为今后高铁建设积累经验。

二、工程特点及难点

综合考虑干粉料的生产工艺及生产参数等特点,干粉拌和站在技术参数确定时,重点对以下关键技术进行了分析研究,以满足工程的设计要求。

(1)搅拌主机:采用进口的犁刀式混合机,同时搅拌机底部一侧装有高速旋转刀。可使物料快速搅拌均匀,均匀度能达到 1:100 000,混合时间:120 ~ 180 s。

(2)计量装置:电子秤计量,砂秤、粉秤,添加剂秤各一把,实现不同用量、不同性质的物料分类计量,提高计量精度,满足不同的卸料顺序要求,更符合工艺要求。

(3)粉料仓除尘器等装置采用 WAM 进口,有效防止粉尘排放(有效率 99.9%),保证出料的顺畅以及计量仪器显示的准确,并采用 WAM(MIX)正负安全防爆装置,保证粉料仓使用的安全。

（4）筒仓除尘采用 WAM 公司专用的 V2 型除尘机，过滤面积 24 m^2，清理时可采用电机振动。

（5）根据添加剂为袋装的特点，在设备内部提供空间给用户安装货梯。

（6）强大的管理功能：包括合同管理，任务管理，出货管理，原材料管理，车辆管理，系统管理，统计报表生成，系统基本数据维护，打印管理等。

（7）控制系统：超差报警指示，故障诊断；安全自锁功能，斜皮带可急停；动态同步显示工作过程；一机双屏，双硬盘（功能齐全，17 寸彩色高清晰液晶显示器）；电脑故障时通过 PLC 程序操作，仍可继续全自动工作。

二、施工组织

1. 干粉站设备的选型

目前国内干粉料生产工艺线布局有三种形式：站式、塔式、阶梯式，如图 6-46 所示。

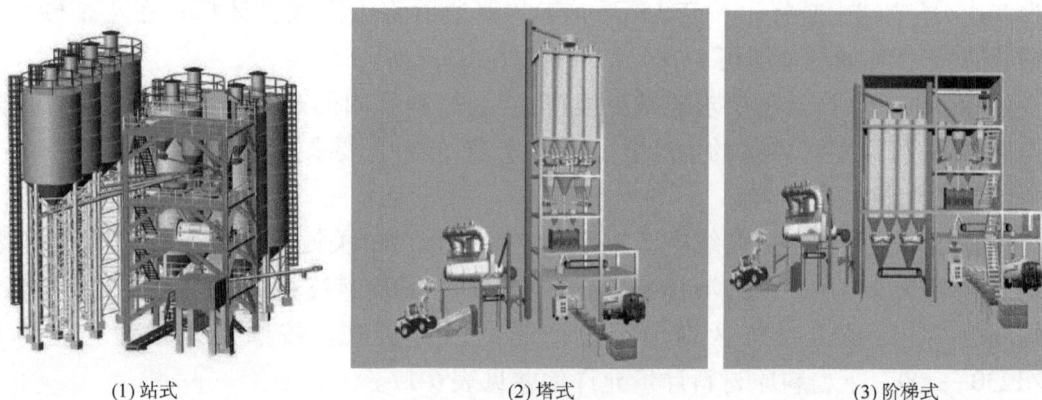

| (1) 站式 | (2) 塔式 | (3) 阶梯式 |

图 6-46 干粉站工艺布局示意图

塔式工艺布局：将所有预处理好的原料提升到原料筒仓顶部，原材料依靠自身的重力从料仓中流出，经电脑配料，螺旋输送计量称量、混合再到包装机包装成袋或散装车或入成品仓储存等工序后成为最终产品。全部生产由中央电脑控制系统操作，配料精度高，使用灵活，采用密闭的生产系统设备使得现场清洁，无粉尘污染，保证了工人的健康，模块式的设备结构便于扩展，使生产容量能和市场的发展相衔接。缺点是设备高度达 35 m 高，前期土建成本高。

阶梯式工艺布局：该布局在生产时物料需要进行二次提升。二次提升工艺即：原料经第一次提升后送至各自的料仓中储存，经过配料计量后，再通过二次提升送入混合机内，混合搅拌后的物料直接进入成品包装储存、散装运输环节。其优点是设备高度低，缺点是运行中设备有残余料，维护量大。

站式工艺布局：布局介于塔式与阶梯式之间，一部分物料依靠重力进料，一部分需要二次提升。

站式成本最低,安装周期快,设备外观不如塔式、阶梯式;塔式成本最高,安装周期最长,土建成本高,设备高度高;阶梯式其次。但塔式从工艺过程来分析,结构较为合理,塔式结构塔式高度一般高达 35 m 以上,具有迎风面大,风载大,单点载荷大,安装费用高,散装水泥输送车直接送料难。阶梯式生产线,投资低,扩展容易,检修方便。

根据哈大高铁工程的特殊性,选取了站式拌和站作为干粉料的生产工艺布局。

2. 干粉拌和站配套设计

干粉料的一般生产设备有:料仓系统、配料计量系统、混合系统、包装系统、除尘系统、控制系统等。

(1)料仓系统

设计料仓大小及料仓的多少直接关系着干粉料企业可以生产的产品品种多少及生产能力。根据不同的生产需要,选择不同的料仓情况。

普通干粉料目前在中国市场上,原材料根据地区有所调整,如果一套标准的普通砂浆生产线,生产能力要求高,原料料仓要求大,但没有必要选择很多料仓,设备选择的原则为实用,环节越少越好。一套 15 万 t/年的普通砂浆生产线设计料仓在 4 个砂仓、4个粉仓、4 个小外加剂仓即可。

特种砂浆的生产过程要求经常更换产品品种,料仓内的产品不可能在更换产品时更换原材料,所以特种砂浆的生产线要求料仓多,但料仓要求并不是那么大。

(2)配料计量系统

计量系统是干粉料生产线生产效率和自动化程度的关键部分,该系统的配置直接影响到整个干粉料生产线的流程和最终干粉料产品的质量高精确的配料要求及高均匀度的混合要求,是干粉料区别于传统产品的最优表现。按照建筑工业行业标准JG/T230—2007,干粉料原材料计量允许偏差见表6-17。

表6-17 干粉料原材料计量允许偏差

原材料品种	水泥	集料	保水增调材料	外加剂	掺合料	其他材料
计量允许偏差(%)	±2	±2	±2	±2	±2	±2

计量喂料的形式有螺旋式、振动给料、皮带输送、旋转叶轮、气浮式、蝶阀式、弧门式等,根据不同的物料性能选择不同的喂料形式,螺旋是目前国内采用最多的喂料设备,也是适用范围最广的喂料设备,采用大小螺旋喂料或变频螺旋喂料。称量装置可采用料斗式称量,称量系统包括称重传感器与称重仪表。

(3)混合系统

物料的混合系统决定干粉料质量的核心。混合机在目前国内市场上主要采用无重力式混合机和犁刀式混合机。无重力混合机以其混合速度高,设备安装方便,设备易损件少等优点,但会出现分散不开纤维和颜料的问题。目前国内外主要采用犁刀式混合机,犁刀式混合机混合时间较短(120~180 s),不到普通混合机的 1/3。由于飞刀的高速运动能够很好地分散物料纤维和颜料等特殊物料组分。混合机混合均匀后,出料的彻底性,直接影响到本批物料和下批料的产品质量。如果物料残留、损耗较多,不但影响本批产品的各组分的比例,而且将会改变下批物料的组成,造成原材料的浪费,影响产品的质量。混合机的关键部件应进行衬板和耐磨损设计,选用耐磨材料,以降低运行费用。犁刀式混合机如图 6-47 所示。

图 6-47　犁刀式混合机

(4)包装系统

包装机主要是通过各种不同的输送方式,将物料输送、称重,然后进行包装袋的包装、捆绑等工序。目前市场上粉体包装机有叶轮式给料包装机和气吹式给料包装机。

叶轮式给料包装机主要用于水泥等物料的包装,经改造后可以在干粉料产品生产中使用,适用于细料的充填和包装。在包装纤维含量高、砂量大、颜料少的砂浆产品时,容易在出口处产生外加剂的离析、纤维的堆积,堵塞包装机。

气吹式给料包装机既可适用粗物料的包装,在包装纤维含量高、砂量大、颜料少的砂浆产品时,也有很好的适应性。

包装工序是干粉料生产线的主要扬尘点,必须对包装系统进行除尘设计。包装机可以自带除尘器进行小规模除尘,也可以归入生产线的除尘系统进行收尘和处理。包装机同时可以配合其他的配备辅助设备,如码垛机和敷膜机进行袋状产品包装袋的包装、储存。

干粉料产品包装袋一般选用各种防潮的材质。包装袋主要有不同容量的阀口式包装袋、敞口袋、吨袋等几种类型。由于敞口袋等包装袋装料时粉尘较大,一般主要选用阀口式包装袋进行产品包装,同时更便于码垛,可有效减少成品库房的面积。

散装系统是一种环保、高效施工物流设备,具有袋式包装物流系统无可比拟的优点和特点。施工现场直接混合使用,无需另外配制施工混合设备。同时,通过降低包装成本和搬运费用,降低整个建筑的造价,减少拆包量,降低粉尘污染,节约劳动力资源,提高工作效率,实现真正的文明健康生产和使用。因此,散装物流系统是推广干粉料工业化的有效手段,是袋装包装系统无法做到的。

(5)除尘系统

干粉料生产中,因为是无水干拌,所以很容易产生很大的灰尘。干粉料生产时易于产生灰尘地方有:烘干机、振动筛、粉料罐顶、计量斗、搅拌主机、打包机等,所以这些地方都需要进行除尘。

目前国内外除尘方式主要有:布袋式除尘和强制式除尘,布袋式除尘式充分利用了布袋的可伸缩性和密封性来进行工作,布袋采用帆布制作而成,结构简单,成本低,能够有效地避免粉尘外漏,消除系统的正负压。这种方式在安装初期效果显著,时间一长,袋壁上积尘若不与及时处理,则除尘效果就差,所以要定期清理积尘。强制式除尘结构较复杂,成本高,它能够有效除去粉体运动带来的粉尘,但容易产生正负压,特别在粉体计量时产生负压,这对计量精度产生很大影响。所以在使用强制式除尘时,必须进行一些特殊处理。

(6)控制系统

控制系统在控制对象和节点较少、简单时,多采用继电器、单片机形式,控制的对象和节点、进出口、工控机较多时,应该采用 PLC 控制形式。干粉料拌和站一般采用 PLC 控制再加上计算机及软件等辅助功能,可以实现配方管理、生产报单、配料详情查询、物料消耗统计、全系统自诊功能(特有的软件功能)、静态及动态画面、超差报警及故障、生产过程信息记录、查询、打印等很多功能。

三、关键施工技术及措施

1. 干粉原材料技术要求

在高速铁路工程及材料上各国都有着严格的技术要求,由于 I 型板式无砟轨道在我国首次应用,因此对 CA 砂浆干粉料生产用原材料的筛选和应用更为细致。试验初期,每一种原材料均采集了不同厂家的多个样品进行综合测试分析,并将其中可以满足要求的原材料送国家材料测试试验室进行鉴定检验,最终确定采用以下原材料。

(1)水泥

在 CA 砂浆中水泥作为胶凝材料是强度的主要来源,水泥的品种对其早期强度、水泥与乳化沥青的适应性以及 CA 砂浆与乳化沥青混合后的沥青砂浆的稳定性、流动性等都具有很高的要求,因此为了满足 CA 砂浆的性能要求,CA 砂浆中的胶凝材料必须选用 P. 42.5R 的硅酸盐水泥或快硬硫铝酸盐水泥,其技术要求应符合 GB 175 或 JC 933 的规定。

(2)细骨料(砂)

应采用河砂、山砂或机制砂,不得使用海砂。细骨料应为最大粒径小于 2.36 mm 的岩石颗粒,不得包含软质岩、风化岩石的颗粒,其他技术要求应符合表 6-18 的规定。

表 6-18 细骨料的性能指标要求

序 号	项 目	单 位	指标要求	试验方法
1	细度模数		1.4～1.8	
2	表观密度	g/cm³	≥2.55	
3	吸水率	%	<3.0	
4	泥块含量	%	<1.0	JGJ 52—2006
5	含泥量	%	<2.0	
6	有机物(比色法)		比标准色浅	
7	氯化物含量	%	<0.01	

细骨料宜烘干后使用,颗粒级配宜符合表 6-19 的要求。在储存和运输过程中,应采取措施防止雨淋、杂物混入。

表 6-19 细骨料的颗粒级配要求

序 号	筛孔尺寸(mm)	过筛物的质量百分比(%)	筛余物的质量百分比(%)
1	2.36	100	0
2	1.18	90～100	0～10
3	0.60	60～85	15～40
4	0.30	20～50	50～80
5	0.15	5～30	70～95

(3)膨胀剂

在 CA 砂浆中掺入膨胀剂的目的主要是提高砂浆的早中期有的膨胀性并补偿后期硬化砂浆的收缩。宜采用硫铝酸钙类膨胀剂,除初凝时间应大于 60 min 外,其他性能应符合 JC 476 的规定。

(4)水

拌和水应符合 JGJ 63 的规定。

(5)铝 粉

宜采用鳞片状铝粉,其性能应符合 GB/T 2085.1 的规定。

2. 原材料的储存与管理

原材料进厂(场)后,应及时建立原材料管理台账。台账内容应包括进货日期、材料名称、品种、规格、数量、生产单位、质量证明书编号、复验报告编号、使用区段里程等。管理台账应填写正确、真实、项目齐全。

原材料的储存应按品种、生产厂家分别储存,不同品种、不同生产厂家的原材料不得混装、混堆。聚合物乳液、引气剂、铝粉等要遮光储存,避免阳光直射,防潮、防雨淋。

3. 干粉料拌制工艺

(1)拌制工艺流程

干粉料的生产可以分以下几个过程:原材料预处理—上料储存—配料计量—搅

拌混合—包装运输。原材料处理包括砂的烘干与筛分,处理好的原材料一般放入储存仓进行储存,上料储存时,对于不同的物料采用不同的形式,一般粉料采用由散装运输车通过气泵气力输送,干砂通过提升机,添加剂可以采用人工输送投料。生产时,物料计量输送可以采用螺旋输送机配料计量,计量好的物料按一定的顺序投入搅拌主机中进行搅拌混合。混合均匀后,卸入成品待料斗中,准备打包或运输。

（2）干粉料的配合比的确定

干粉料的配合比根据铁科院提供的数据确定,其相关数据见表6-20。

表6-20　干粉料的配比

材　　料	水　　泥	膨　胀　剂	砂	铝　　粉
每吨搅拌用料量	330	3.36	667	0.029 7
比　　例	1:0.010 17:2.019 77:0.000 09			

（3）干粉料细骨料的选择

干粉料在 CA 砂浆中主要起骨架作用,其中砂的作用尤为重要,因此在干粉料中砂的质量控制是重点。

当砂经过运输后会出现离析现象,为了确保砂的级配分布均匀,砂的进料方式应该采用分级配进料,这样可以最大程度的确保砂的级配分布均匀。本项目部采用的站式拌和站,不可避免的出现砂的离析现象,为此我们针对砂的级配做了大量的调试,终于可以将这一现象控制在一定程度,不影响 CA 砂浆的施工质量。表6-21、表6-22列出了调试前和调试后的两组数据。

表6-21　调试前级配

筛孔直径(mm)	2.36	1.18	0.6	0.3	0.15	细度模数	分离度
累积筛余	0	3	20	59	81	1.6	0.8

表6-22　调试后级配

筛孔直径(mm)	2.36	1.18	0.6	0.3	0.15	细度模数	分离度
累积筛余	0	2	16	63	81	1.6	0.3

对比后可知,虽然两批砂细度模数相近,但是级配分布以及分离度、抗压强度均有一定差异,只有把砂的质量控制好这样才能更好的保证下道工序的施工质量。

（4）关于拌制过程中铝粉的进料方式确定

工艺性试验时,发现砂浆的膨胀率很不稳定,分析后是干粉料的不均匀造成这一现象。从配合比中不难看出,铝粉的掺入量很少,为了保证拌和物的均匀性,最后采用了在拌和干粉料前对铝粉和膨胀剂进行预拌,以此保证干粉料的均匀性。在确定当日干粉生产量之后再对铝粉进行预拌（不能随意预拌因铝粉易挥发,当日预拌量只针对当日生产干粉的数量）。表6-23 为预拌前和预拌后的两组数据。

表 6-23 膨胀率比较

前后比较	分离度比较										
预拌之前	2.7	3.1	1.2	0.4	2.6	3.2	0.5	2.2	3.2	0.7	1.7
预拌之后	1.8	2.1	1.5	1.6	2.2	2.0	2.2	2.1	2.4	2.3	1.9

可以看出,预拌之前成品砂浆的膨胀率很不稳定(此数据采集于工艺性试验),而预拌后干粉拌制出来的 CA 砂浆膨胀率得到了保障(此数据采集于施工资料),有利下道工序的施工。

(5)搅拌工艺的确定

工艺性试验期间,为了确保干粉的均匀性,就干粉拌和时间进行了一系列的试验比较,最终确定了一个较理想的施工工艺。相关数据见表6-24、表6-25。

表 6-24 拌和时间对参数的影响

拌和时间	4 min				
分离度	0.9	0.2	0.5	0.8	0.3
膨胀率	1.5	1.3	2.3	2.6	1.9
拌和时间	5 min				
分离度	0.7	0.3	0.7	0.9	0.6
膨胀率	1.8	2.2	2.3	2.3	1.9
拌和时间	6 min				
分离度	0.4	0.3	0.3	0.2	0.2
膨胀率	2.1	2.0	1.9	1.8	1.9
拌和时间	7 min				
分离度	0.6	0.6	0.4	0.8	0.7
膨胀率	2.4	2.4	1.6	1.8	1.9
拌和时间	8 min				
分离度	0.8	0.3	0.2	0.8	0.6
膨胀率	2.6	1.4	1.3	1.9	1.5

表 6-25 干粉温度与环境温度关系

拌和时间	4 min	5 min	6 min	7 min	8 min
干粉温度(平均)(℃)	41	43	45	51	53
环境温度(℃)	19	20	21	20	21

通过试验得出,干粉拌和时间最理想为(6 min),这样不仅干粉拌制出的 CA 砂浆工作性能满足规范要求,同时干粉拌和温度在一定程度上得到了控制,在储存时更便利。

4. 干粉的运输及储存

干粉在运输、储存过程中,其温度应严格控制在 5 ℃~35 ℃之间,未作明确要求的,其适宜的温度以保证原材料的质量和砂浆的温度要求为前提。当环境温度低于5 ℃或大于35 ℃时,应对干粉采取必要的控温措施。

干粉的储存时间不宜大于1个半月。对于检验不合格的原材料,应按有关规定清除出厂(场)。

四、主要管理措施

1. 添加剂的精确掺加

在生产过程中,有的添加剂由于掺量极少,生产设备计量不能达到要求的精度。为此,在生产前首先将添加剂与一定量的水泥进行预混,生产时将添加剂与水泥的混合物通过设备计量掺加,提高了添加剂的掺入精度,保证了材料混合均匀性。

2. 生产过程波动控制

由于砂子在生产过程中存在不同程度的波动,导致 CA 砂浆干粉料成品颗粒级配出现偏差。主要采取两种措施:一是在烘干砂时采用多点取砂上料,烘干过程对砂进行连续混合,使每一批入仓砂颗粒级配偏差大大降低;二是通过自行设计的电脑程序计算,列出每一种粒径砂单独掺加时对整体 CA 砂浆干粉料颗粒级配的影响。生产过程中根据成品筛分结果偏差,确定各种砂搭配缺陷,对照程序计算结果可以很快调整各级配砂及其掺加比例,达到控制生产过程的目的。

3. 包装过程波动控制

由于 CA 砂浆干粉料生产完成进入包装系统时,会经过一个有 10 m 落差的缓冲仓,因此就可能会有物料离析的可能。对此。经过相关实验表明,进入包装机的前后 3 t 的 CA 砂浆干粉料偏差较大,前 3 t 砂子含量较多,最后 3 t 水泥含量较多,且均已超过了标准偏差的 3%。中间部分产品波动较小。针对以上情况采取以下两项措施进行解决:一是在每一次生产时,前后各 3 t 的产品在包空后均做为不合格品处理;二是生产应尽量连续进行,减少因更换产品品种而造成的不合格品 CA 砂浆干粉料的数量。生产过程中和生产中间确需停顿时,缓冲仓内的 CA 砂浆干粉料应保持一定的料位,从而杜绝再次开始生产时离析的发生。

五、主要成效

轨道交通工程的质量是关系到国家财产和人民生命安全的百年大计。高速铁路无砟轨道技术是我国高铁的发展方向,CA 砂浆的使用是该技术中的重要环节之一,而干粉拌制技术则是 CA 砂浆的重要组成部分。通过在哈大高速铁路工程中的研究及应用,不仅已经完全能稳定地、大批量地生产这种技术要求较高的 CA 砂浆,而且各项性能指标达到了国际先进水平,为我国无砟轨道高速铁路技术的大力发展奠定了良好的基础。

第五节 一次性铺设跨区间无缝线路施工技术

一、工程概况

哈大高铁是我国首次在严寒地区进行的一次性铺设跨区间无砟轨道无缝线路。采用100 m定尺轨在沈阳苏家屯焊轨厂焊接成500 m长轨条;采用一次性铺设跨区间500 m长钢轨,大大减少了工地焊接接头数量,提高了线路铺设的整体质量。

二、工程特点及难点

1. 年内轨温变化较大(历史平均轨温介于 −30 ℃至56 ℃之间),钢轨应力变化大从而使轨道线形发生变化。

2. 低温条件下工地焊接及无缝线路锁定施工技术。

三、施工组织

1. 施工总体方案

(1)按照指导性施工组织和现场补充调查,沈大段在既有西柳车站与新建哈大高铁下夹河线路所之间修建铺轨基地,同时修建联络线使既有线及新建下夹河线路所与铺轨基地联通;长钢轨、轨枕、道岔等轨料通过既有铁路进入铺轨基地,同时施工材料、设备通过铺轨基地进入高速铁路。

(2)正线无砟轨道铺设采用"拖拉式作业法"进行长钢轨铺设作业,长钢轨铺设按左右线分为两个作业面。

(3)工地钢轨焊接采用LR1200型移动式接触焊轨机。先将500 m长钢轨焊接成1 500 m单元轨,再进行长钢轨锁定、焊接形成无缝线路;左右线各一个单元焊接作业面和锁定作业面,采用一前一后流水作业的方式进行施工。

2. 组织机构设置

(1)管理机构

为了加强项目管理、全面履行合同、控制建设投资,确保工程建设工期、质量、安全,保护生态环境等目标,项目部成立领导班子对轨道施工全面负责,同时下设六部一室对轨道施工进行管理。成立铺轨基地工区、长轨铺设工区、闪光移动焊工区。

(2)人员组织

轨道施工任务划分及人员配置见表6-26。

表6-26 轨道施工任务划分及人员配置

序号	施工队伍	人数	任务划分
1	铺轨基地工区	98	负责本标段铺轨基地500 m长轨装卸、轨料装卸、基地线路养护维修
2	长轨铺轨工区	236	负责本标段所有500 m长轨铺设
3	闪光移动焊工区	436	负责本标段现场焊接与锁定、位移观测桩设置
4	合　计	770	

(3)机械及检测设备调配

①铺轨设备及工具

铺轨设备及工具见表6-27。

表 6-27　铺轨设备及工具清单

序号	设备名称	单 位	数 量	备 注
1	无砟轨道铺轨机组	套	2	
2	长轨运输支架	套	3	
3	DF4 内燃机车	台	4	
4	基地群吊(21 m 跨)	套	2	
5	内燃轨道车	台	2	
6	内燃发电机	台	2	
7	内燃螺栓扳手	台	80	
8	滚轮组	个	400	
9	锯轨机	台	4	
10	轨道检查车	台	2	
11	宿营车	辆	6	
12	长轨运输车组	列	3	
13	小平板车	辆	2	
14	对讲机	部	10	
15	撬棍	根	30	
16	锯轨机	台	1	
17	钢丝绳	根	10	
18	扳手	把	24	
19	长轨牵引卡	套	6	
20	龙门升降架	台	3	
21	滑靴	件	4	
22	接头连接器	套	52	
23	短轨	根	2	
24	鱼尾夹板	副	52	
25	2 t 倒链	个	6	
26	2 t 倒链	个	6	

②轨设备及工具

焊轨设备及工具见表6-28。

表 6-28　焊轨设备及工具明细

序号	设备名称	单 位	数 量	备 注
1	移动焊轨车	台	4	
2	内燃轨道车	台	4	
3	铝热焊设备	套	4	
4	内燃锯轨机	台	4	
5	端面打磨机	台	4	

续上表

序号	设备名称	单 位	数 量	备 注
6	仿型打磨机	台	8	
7	氧炔焰正火设备	套	8	
8	30 kW 发电机	台	4	
9	内燃螺栓扳手	台	40	
10	超声波探伤仪	台	2	
11	撞轨器	台	80	
12	粗磨设备	套	4	
13	滚轮	个	240	
14	钢轨检查尺	套	8	
15	起道机	台	40	

③缝线路放散、锁定施工设备及工具

无缝线路放散、锁定施工设备及工具见表6-29。

表6-29　无缝线路放散、锁定施工设备及工具明细

序号	名 称	单 位	数 量	备 注
1	拉伸器	台	2	
2	撞轨器	台	20	
3	滚筒	个	400	$\phi20 \sim \phi26$ mm；L-150 mm
4	15 t 压机	台	4	
5	大头撬棍	根	200	
6	10 磅锤子	把	30	
7	内燃扳手	把	50	
8	15 kW 发发电机	台	2	拉伸器用
9	轨温计	台	20	
10	对讲机台	台	30	
11	电机台	台	2	
12	小平板车	台	12	转移工具
13	6 磅锤	把	120	
14	高腰扳手	把	80	
15	扭力扳手	把	4	可测扭矩 250 N·M

四、关键施工技术及措施

1. 长钢轨铺设主要施工技术

长钢轨铺设施工采用"拖拉式作业法"施工。使用 WZ500 型无砟轨道铺轨机组，该铺轨机由铺轨牵引机、滚轮、运输小平车、滚轮箱、滚轮小车、分轨小车、钢轨运输车（首车）、钢轨运输车Ⅰ、钢轨运输车Ⅱ与钢轨运输车（尾车）等部分组成。长钢轨在铺

轨基地装车,从长轨列车运输至施工现场进行铺设。具体施工流程如图6-48所示。

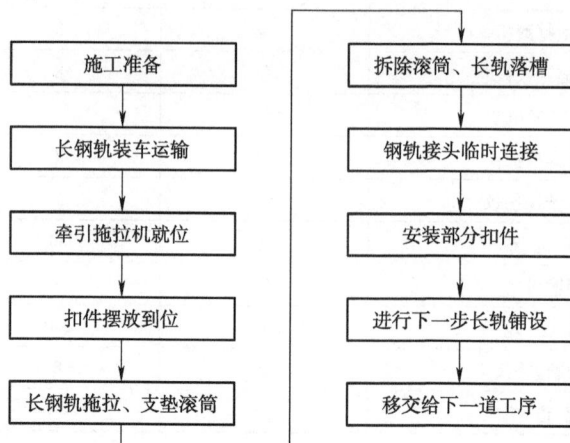

```
施工准备 ─────────────┐    拆除滚筒、长轨落槽
   │                  │         │
长钢轨装车运输          │    钢轨接头临时连接
   │                  │         │
牵引拖拉机就位          │    安装部分扣件
   │                  │         │
扣件摆放到位            │    进行下一步长轨铺设
   │                  │         │
长钢轨拖拉、支垫滚筒 ───┘    移交给下一道工序
```

图 6-48　长钢轨铺设施工工艺流程示意

（1）基地长钢轨吊装

根据长钢轨铺设轨节表的铺设顺序对 500 m 长钢轨进行吊装装车。长钢轨装车采用群吊同步作业,装车前由技术人员对已选配好的长钢轨进行检查,门吊操作人员检查门吊,调车人员指挥长钢轨运输车对位;装车时左右股从两侧向中心对称放置,摆放整齐、牢固,在牵引端对齐,在始、终端设置挡板,防止钢轨窜出车外;根据轨节表分层装车;装车后对钢轨进行锁紧固定,同一根(或同一组)钢轨只允许在一辆平板车上锁定。

（2）工地长轨推送

①长轨列车进入施工现场,将钢轨运输车、分轨推送车、过渡顺坡车连挂,连同小车推送到位(最前端滚轮小车的前轮中心线距离已经铺设完毕的刚轨头末端 350 mm 左右停车),做好防溜措施。确定好要铺设的钢轨后将需放送的长轨解除锁定,待放钢轨禁止解锁,拖拉人员打紧牵引轨卡,发电司机启动发电机组。

②松开钢轨锁定车上要拖拉的长钢轨锁紧装置。打开长轨车上的安全挡铁,将卷扬装置上的钢丝绳穿过引导车推送装置和分轨导框后,夹持已经松开待铺的一对长钢轨的前端,打紧斜楔挡。除有特殊尺寸钢轨外所有长轨车上钢轨拖拉顺序为先上后下,每层钢轨具体铺设顺序为直线地段从外向内,曲线地段从内向外。

③启动卷扬机将长钢轨从长轨运输车组上拖出。钢轨顺利通过推送机构前面至卷扬装置下方,去掉斜楔,松开夹钳。推送装置夹紧油缸起动,使上下滚轮夹紧钢轨。马达驱动上层主动滚轮推送钢轨,直至钢轨通过 3 个滚轮小车到达引导车的钢轨夹钳处。打入斜楔,将钢轨头楔紧在长钢轨引导车上的夹钳,引导车启动牵引钢轨前进。

④钢轨拖拉过程中在长钢轨底下的道床(承轨槽间)上每隔 10 m 左右放置一滚筒。当长钢轨尾部拖出第 3 个(靠近长轨车的为第 3 个,远离长轨车的为第 1 个)滚轮小车时引导车逐渐放慢拖拉速度,长钢轨尾端滑出滚轮小车滑道并落在预先放置好的

短枕木头上。

⑤打出斜楔抬起钢轨头,取出圆销放下钢轨头。用人工将钢轨向后拖拉,控制好轨缝。取出滚轮使长轨落槽,钢轨接头处用救轨器联结。工地长轨铺设时,为了满足长轨车通行扣件安装方式为:直线每隔 5 个承轨槽上齐一组扣件,曲线每隔 3 个承轨槽上齐一组扣件,长轨两端 20 m 内扣件全部上齐。

2. 长钢轨焊接、锁定主要施工技术

区间线路采用闪光焊接,道岔前后与长钢轨接头采用铝热焊接。500 m 长轨条铺设完成后将 500 m 长钢轨焊成 1 500 m 单元轨节。区间线路采用拉伸法、常温法进行焊接锁定;道岔间较短线路只能在道岔本身焊接锁定完毕后采用常温法、人工加热降温法进行锁定焊接线路,最后形成跨区间无缝线路,其工艺流程如图 6-49 所示。

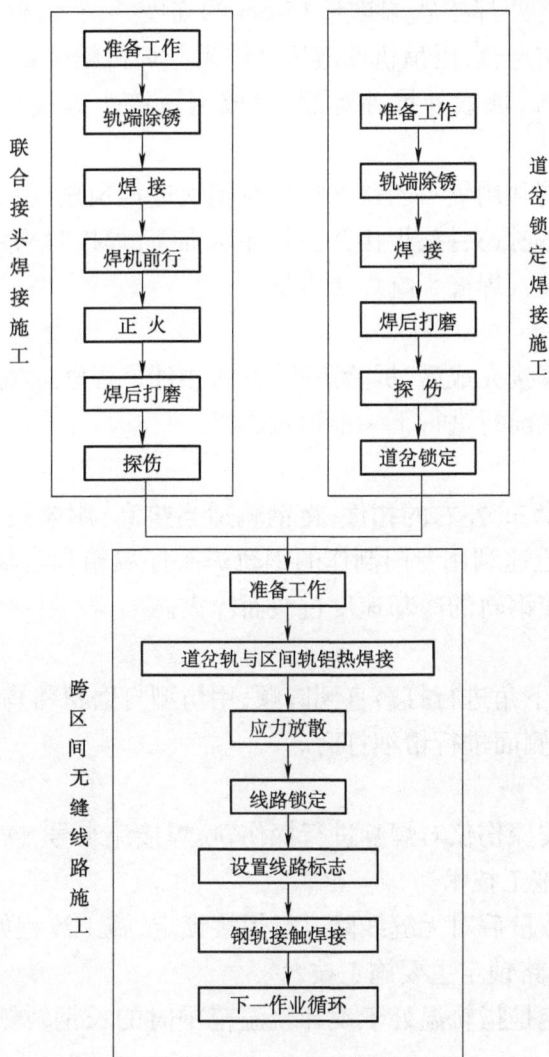

```
联合接头焊接施工                           道岔锁定焊接施工

┌─────────┐                          ┌─────────┐
│ 准备工作 │                          │ 准备工作 │
└────┬────┘                          └────┬────┘
     ↓                                    ↓
┌─────────┐                          ┌─────────┐
│ 轨端除锈 │                          │ 轨端除锈 │
└────┬────┘                          └────┬────┘
     ↓                                    ↓
┌─────────┐                          ┌─────────┐
│ 焊  接  │                          │ 焊  接  │
└────┬────┘                          └────┬────┘
     ↓                                    ↓
┌─────────┐                          ┌─────────┐
│ 焊机前行 │                          │ 焊后打磨 │
└────┬────┘                          └────┬────┘
     ↓                                    ↓
┌─────────┐                          ┌─────────┐
│ 正  火  │                          │ 探  伤  │
└────┬────┘                          └────┬────┘
     ↓                                    ↓
┌─────────┐                          ┌─────────┐
│ 焊后打磨 │                          │ 道岔锁定 │
└────┬────┘                          └─────────┘
     ↓
┌─────────┐
│ 探  伤  │
└─────────┘

跨区间无缝线路施工

┌──────────────┐
│   准备工作    │
└──────┬───────┘
       ↓
┌──────────────────┐
│ 道岔轨与区间轨铝热焊接 │
└──────┬───────────┘
       ↓
┌──────────────┐
│   应力放散    │
└──────┬───────┘
       ↓
┌──────────────┐
│   线路锁定    │
└──────┬───────┘
       ↓
┌──────────────┐
│  设置线路标志  │
└──────┬───────┘
       ↓
┌──────────────┐
│  钢轨接触焊接  │
└──────┬───────┘
       ↓
┌──────────────┐
│  下一作业循环  │
└──────────────┘
```

图 6-49 长钢轨工地焊接及无缝线路锁定施工工艺流程示意

3. 长钢轨焊接主要施工技术

长钢轨焊接前对每台焊机进行型式试验以确定焊机参数,工地焊接时严格按照型式试验确定的参数进行。长钢轨焊接是无缝线路施工的关键工序必须进行严格控制。

（1）准备工作

移动焊轨机对位,支撑支腿油缸,拆除焊机前 3 m 左右和前端待焊 500 m 长轨的扣件,并用滚轮支垫,使两股待焊轨端平齐。

（2）轨端除锈

用手砂轮机对钢轨端部 500 mm 范围内的轨腰和端面进行除锈至表面有金属光泽。

（3）钢轨焊接

在钢轨下加楔子将两焊接轨端抬起 15 cm 的高度并调平,便于焊机对位夹轨。轨道车推进移动焊轨车初定位,由吊机的液压系统吊起焊机精确定位,焊机夹紧钢轨并自动对正后自动焊接钢轨、顶锻并推除焊瘤,完成钢轨接头焊接后,移动焊机退出焊接位置。

低温焊接时焊接前利用氧—乙炔气喷枪对钢轨进行预热至 50 ℃ 左右,然后操作焊轨车吊机,焊机对钢轨进行夹持、焊接并进行保压推瘤,焊接时采用挡风板进行挡风,防止风力过大时焊渣倒灌入焊缝影响焊接质量。

（4）焊轨机前行

同线另一根钢轨焊接完成后,拆除滚轮,拧紧扣件。焊缝区域冷却到 400 ℃ 以下时轨道车方可顶推焊轨机前行进行下一根钢轨焊接。

（5）正火

拆除焊缝两段约 15 m 左右的扣件,将钢轨适当垫高,用氧炔焰对焊缝进行加热至 (900 ±50) ℃,熄火后迅速利用专门制作的钢轨焊头保温箱和石棉被对焊头进行覆盖,防止冬季低温和吹风使钢轨的冷却速度过快而淬火。

（6）钢轨打磨

对焊头轨底上角、下角进行打磨直到圆顺;用仿型打磨机将焊缝及焊缝两侧 1 m 长度范围内的轨顶面、头侧面进行精细打磨。

（7）探伤

利用便携式超声波探伤仪对焊缝进行探伤,喷焊接流水号,恢复拆除线路。

4. 线路锁定主要施工技术

单元焊接到一定数量后对无缝线路进行焊接锁定,施工流程如图6-50所示。

（1）常温条件下线路锁定主要施工技术

常温条件的的锁定是指轨温处于设计轨温范围时的长钢轨锁定方法,适用于所有线路的锁定。

①施工准备:人工拆除单元轨节范围内全部轨枕扣件,按 10 m 间距支垫滚轮,使钢轨伸缩处于"无阻力状态",按 200 m 间距安装撞轨器。

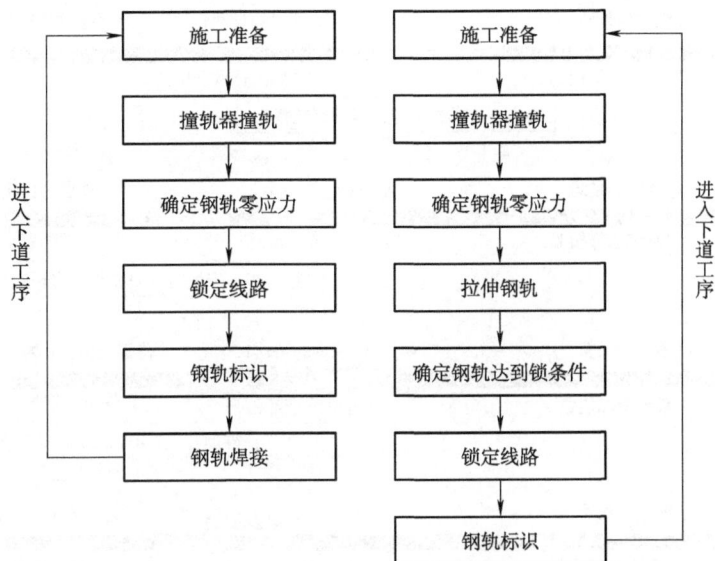

图 6-50　无缝线路锁定流程

②撞轨器撞轨：当轨温处于设计锁定轨温范围时，使用撞轨器和橡胶锤来回撞击钢轨，每 100 m 间距检查钢轨移动量。

③确定钢轨零应力：当每次撞轨时各检查点移动量无明显变化时，此时可视为钢轨应力为"0"。

④锁定线路：及时拆除支垫滚轮及撞轨器，采用额定扭矩的内燃扳手上齐轨枕扣件，并拧紧至规定扭矩值；扣件安装时，分多个作业面，快速作业，以防止锁定线路变化。

⑤设置位移观测桩，喷涂标志，清理线路。

⑥钢轨焊接：松开下一对钢轨，按上述"长钢轨焊接主要工艺要点"之要求进行单元轨间接头焊接，焊接前调整焊缝位置，保证左右股钢轨焊缝最大相错量不大于 100 mm，且离承轨台的距离不小于 100 mm。

（2）低温条件下区间无缝线路锁定主要施工技术

低温条件下区间无缝线路锁定是指在钢轨温度低于设计锁定轨温时，利用钢轨"热胀冷缩"的原理采用拉伸机将钢轨拉长至设计锁轨温时钢轨长度的锁定方法，适用于区间线路锁定，主要技术要点如图 6-51 所示。

①施工准备。安装撞轨器，每隔 100 m 设置观测点，松开已锁定长轨区 15 m 及待锁定长轨 1 的全部扣件，支垫滚轮；同时将长轨 2 靠长轨 1 端 100 m 钢轨扣件全部锁紧，作为拉伸固定区。

②拉伸钢轨。长轨 1、2 间安装钢轨拉伸机，根据计算拉伸量拉伸长轨，同时使用撞轨器及橡胶锤撞击钢轨，使钢轨拉伸均匀。

③确认钢轨达到锁定条件。检查各处钢轨位移量，对照拉伸量，当各个观测点位移量达到要求时，拉伸机保压，安装扣件；采用额定扭矩的内燃扳手上齐轨枕扣件，并拧紧至规定扭矩值；扣件安装时，应分多个作业面，快速作业，优先安装拉伸端扣件。

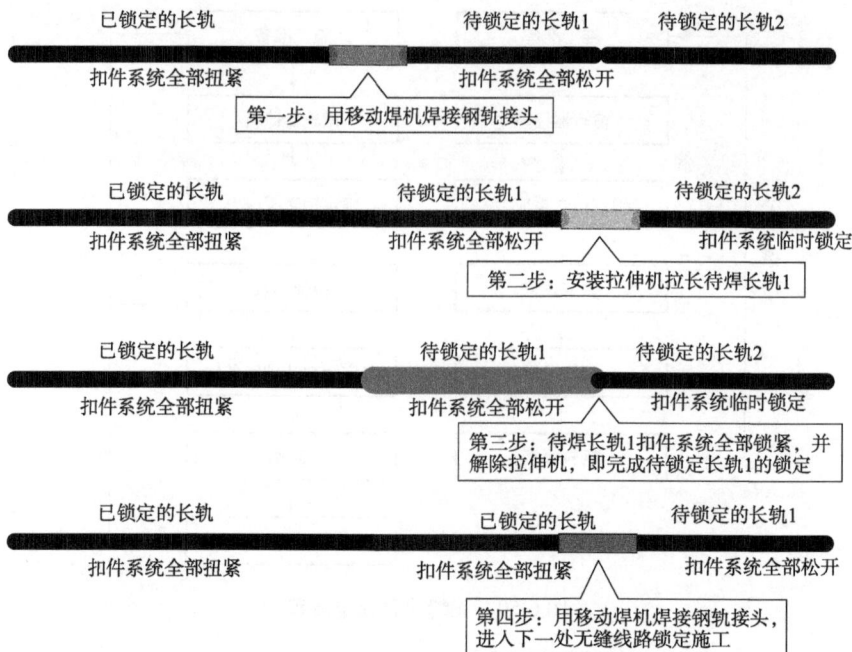

图 6-51 低温条件无缝线路应力放散流程示意

（3）道岔间线路以及线路接道岔拢口轨处线路锁定主要施工技术

由于不能将固定区设在道岔上，无法采用拉伸法。道岔间线路与道岔前后线路采用在常温条件下或采用人工加热（降温）的方式进行锁定，具体施工方法如下：

①调度统一安排，施工机具、人员到位。

②测量轨温，根据轨温选择应力放散方式，轨温在锁定轨温范围内时采用常温锁定方法进行锁定，轨温未在设计锁定温度范围时采用人工加热（降温）方式使钢轨达到锁定轨温，再进行锁定。

③达到设计锁定轨温后卸除扣件，每隔 6 根轨枕支垫滚筒。

④用橡胶锤反复敲击待锁定的钢轨，使应力放散均匀，观测各临时观测点位移，拆除滚筒，安装扣件，设置临时位移观测标。

⑤采用铝热焊接方式将该轨节与道岔焊接。

⑥应力放散与锁定后，对道岔进行一次全面的质量检测，确保道岔铺设质量。

5. 长钢轨冬季焊接主要施工技术

根据规范要求当温度低于 0 ℃时，不宜进行工地焊接，东北地区大多数时间温度都比较低，为了保证施工工期要求必须进行冬季工地焊接时，须采取必要的施工措施以保证钢轨焊接质量。主要施工措施如下：

（1）正式焊接前进行同条件下的工艺试验，试验合格后方能进行施工，施工时严格按照工艺试验确定的方法进行施工。

（2）焊前施工前对焊机预热半小时。

（3）当温度低于 10 ℃时对接头 1 m 范围内用火焰加热至 30 ℃～50 ℃，加热完成后焊机快速对位焊接。

（4）焊接完成后用特制的石棉保温箱及保温被对焊头及前后 1 m 范围进行罩盖保温，待钢轨接头温度缓慢冷却至 350 ℃以下时方可拆除保温被，检查焊接质量。

（5）焊接完成后对焊头进行探伤检查，对不合格的接头进行返工处理。

五、主要管理措施

1. 质量保证措施

（1）项目总工程师牵头，组织小组成员编制质量控制制度、质量控制计划等相关文件，明确质量控制主体；设置质量控制点，分析可能影响质量的各种因素，针对这些影响因素制订有效预防措施；施工前对作业人员进行施工技术培训及技术交底，使每个作业人员熟练掌握精调作业程序、方法及作业标准；作业过程中安排专门的技术人员进行跟班作业，对每个作业环节进行控制，并做好相关记录；施工作业期间质量控制小组应对施工质量进行定期和不定期的抽查，并及时解决现场出现的新问题；作业完成后及时组织人员进行复检，对不合格情况进行整改，由总工程师牵头对不合格出现的原因进行认真分析、总结，并制定相应处理方案。

（2）基地长钢轨吊装时严格按照轨节表及现场铺轨顺序进行装车作业；每一层装好后都重新确认工作边，确认无误后方可进入下道工序。

（3）根据每台焊机各自的参数进行钢轨焊接，焊接时严格按照操作要求进行作业。

（4）严格按照设计锁定轨温进行钢轨锁定；扣件安装时保证扣压力满足要求。

（5）为了保证接头打磨精度，同时又不能出现低接头，现场采用多次、少量打磨的方法进行打磨。

（6）应力放散时保证扣件扭紧力矩达到要求，并派专人检查。

2. 安全及环境保护措施

（1）严格安全监督，完善安全检查制度，各级安全监督人员经常检查，发现并及时消除安全隐患。

（2）所有作业人员上岗前接受安全技术及环境保护知识的培训，合格后方能上岗。

（3）在施工过程中严格按照国家及地方有关法律、法规办事，严禁破坏、污染环境。

（4）项目部制订和下发环境保护细则，对职工进行环保教育，采取有效措施保护自然环境。

（5）基地长钢轨装车时钢轨缓起缓落，并严禁跌落碰撞，吊运中保持长钢轨平稳。将钢轨吊起高于长轨运输列车平板后将钢轨横移至长轨运输列车进行起升和降落作业，钢轨在起吊过程中步调一致，钢轨下严禁站人、穿行，钢轨在起吊、滑行过程中防止摆动失控撞伤作业人员。长钢轨吊装龙门吊集中联控，同步起落、横移。

（6）制定工程线施工运输管理办法，对工程线车辆运输进行规范管理。

六、主要成效

1. 在严寒地区无缝线路焊接锁定方面,正线跨区间无砟轨道采用了移动接触焊技术,道岔区及道岔前后采用斯密特铝热焊接技术。在无缝线路应力放散及锁定方面,无缝线路单元轨节锁定采用液压拉伸机拉长钢轨以补偿实际轨温低于锁定温度时的钢轨应力,并在施工时采取特殊措施消除滚轮或扣件对钢轨产生的摩擦应力,放散效果好,质量得到有效控制。这些技术成果在哈大高铁上首次应用并取得好的成果,通过研究并得到了较好的应用。可指导今后严寒地区或类似工程项目无缝线路的施工,具有较高的推广应用价值。

2. 采用多次、少量打磨的方法保证了接头的打磨精度;长钢轨锁定时采取有效措施防止了由于扣件扭紧力原因造成的轨道变形;采取一系列冬季施工措施保证了冬季焊轨质量。这些成果保证了工程各项目标的实现。

第六节　严寒地区长枕埋入式无砟道岔施工技术

一、工程概况

哈大高铁采用我国自主研发、生产的埋入式无砟道岔(下称无砟道岔),是国产无砟道岔技术在严寒地区高速铁路的第一次尝试。

沈大段共 68 组 18 号及 4 组 42 号无砟道岔,均由山海关桥梁厂生产,中铁二局哈大项目部施工,主要参数见表 6-30。

表6-30　无砟道岔主要参数

序号	道岔号数	道岔总长(m)	前长(m)	后长(m)	辙叉角度	岔区道岔结构高度(mm)	
						有砟	无砟
1	18	69.0	31.729	37.271	3°10′47.39″	454	423
2	42	157.2	60.573	96.627	1°21′50.13″	452	423

二、工程特点及难点

哈大高铁沈大段位于辽宁省大连、营口、鞍山、辽阳、沈阳等五个市境内,其年内轨温变化较大(历史平均轨温介于 −30 ℃至56 ℃之间)。该工程施工面临如下难点:

1. 为了保证列车过岔速度达到 350 km/h,道岔测量与精调控制要求高。

2. 轨枕下混凝土设计为高性能混凝土,其结构须满足轨道电路传输的要求。道岔道床板混凝土及底座混凝土内钢筋骨架采用特制塑料绝缘卡进行隔离,以防止钢筋骨架间产生杂散电流和回流电路。

3. 为了保证道岔的高平顺性,道岔焊接质量要求较高。

4. 钢轨部件长,装配精度高,轨排运输困难。18 号和 42 号道岔尖轨及心轨部分必须采用整体运输安装,最长部件分别达到 24.59 m 和 54.5 m,预组装组件对运输道路、运输车辆、吊装机具要求高。

5. 18 号及 42 号道岔全长分别为 69 m、157.2 m,结构对温度变化敏感,道床混凝土达到设计强度前容易开裂。

三、施工组织

1. 资源配置

(1)劳动力配置

成立 4 个道岔施工专业队,根据站场路基交接先后顺序展开施工,施工时间为 2010 年 5 月至 2010 年 9 月。单个施工专业队主要人员配置见表 6-31。

表 6-31　劳动力配置

序号	名　称	人数(人)	备　注
1	作业队长	1	
2	生产副队长	4	领工员
3	工程技术	5	含质量员、试验员各 1 人
4	施工测量	8	含轨检车操作 1 人
5	物资	2	
6	机械修理	3	含电工 1 人
7	线路工	30	
8	装吊工	10	
9	钢筋工	20	
10	模板工	5	
11	混凝土工	10	
12	普工	92	含食堂、司机、保卫
	合计	190	焊轨工班 20 人另计

(2)机械设备配置

主要机械设备配置见表 6-32。

表 6-32　主要机械设备配置

序号	设备名称	规格	单位	数量	备　注
一	检测设备				混凝土设备略
1	全站仪	TCA1800	台	1	
2	电子水准仪	DIN12	台	1	
3	轨道检测车	GRP1000	台	1	含全站仪
4	钢弦线		把	1	带支架
5	轨道几何检查尺		套	1	含道尺、塞尺、平直度尺、钢卷尺、支矩尺、直方尺
6	测力扭矩扳手	电动	台	2	

续上表

序号	设备名称	规 格	单位	数量	备 注
7	钢筋绝缘检测仪		套	1	
二		施工机具			
8	吊具梁	24 m	台	1	
9	侧向调节支架	0.2 mm 精度	组	90	
10	竖向调节支架	0.2 mm 精度	组	135	
11	P60 kg 工具轨	新 轨	延米	130	
12	轨距拉杆		根	20	
13	防护罩		延米	250	
14	无孔夹具	P60 kg 轨用	套	24	
三		混凝土浇筑			
15	混凝土模板	定型小钢模	M2	150	
16	混凝土浇捣		套	1	含罐车、混凝土汽车泵、捣固
四	铝热焊设备	斯密特	套	1	含铝热焊设备、锯轨机、钢轨打磨机、超声波擦伤仪等

2. 主要施工流程

无砟道岔施工流程如图 6-52 所示。

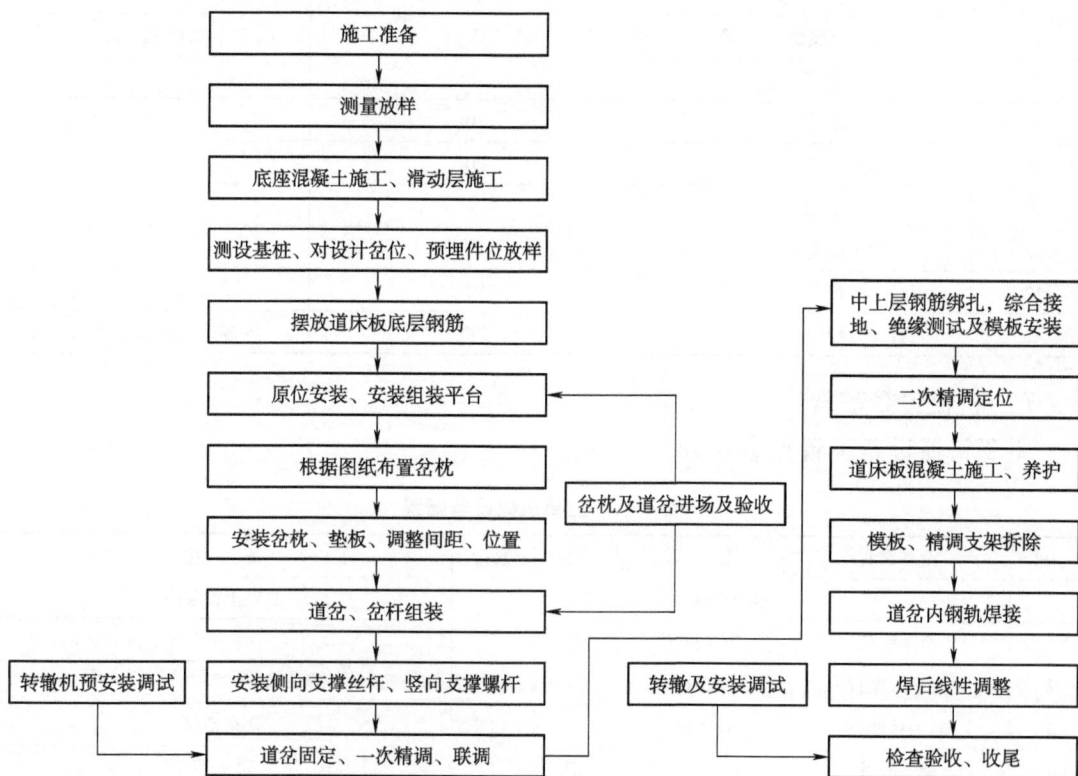

图 6-52 道岔施工流程示意

四、关键施工技术及措施

1. 道岔运输及吊装技术

道岔构件出厂后通过铁路运输至西柳铺轨基地存放,再通过汽车运输至施工现场。

(1)运输过程中安装具有足够刚度的专用托架将道岔长大构件固定在车辆上,道岔构件按不小于 6 m 间距用木枕横向分层支垫;吊装时使用带吊索的吊具梁,保证道岔长大构件最大变形量不超过 100 mm。

(2)根据道岔构件的长度及重量,选择拖挂汽车或轴线汽车运输,其中 30 m 以下选用拖挂汽车,30 m 以上选用轴线汽车。道岔构件超出运输车辆末端的距离不超过 3 m。

(3)由于道岔散件属超长货物运输,对便道要求较高,前期对运输通道进行详细调查,选择道岔轨件卸车地点、运输路线。临时便道至少符合山区二级公路技术条件,宽度及弯道半径能够满足汽车行驶要求。对不符合要求的部分便道进行改造、拓宽,确保道岔轨料顺利、安全运达施工地点。

(4)选择的道岔轨件卸车地点应满足汽吊作业及运输车辆停靠要求,尽量使用汽吊将道岔构件直接吊铺到线路上,并靠近道岔铺设位置。

(5)为保证道岔长大构件吊装不变形,根据现场情况选择合适的汽车吊进行道岔装卸,并配专用吊具梁。起吊时使用吊装吊具梁和柔性吊带,按设计吊点进行吊装,如图 6-53 所示。

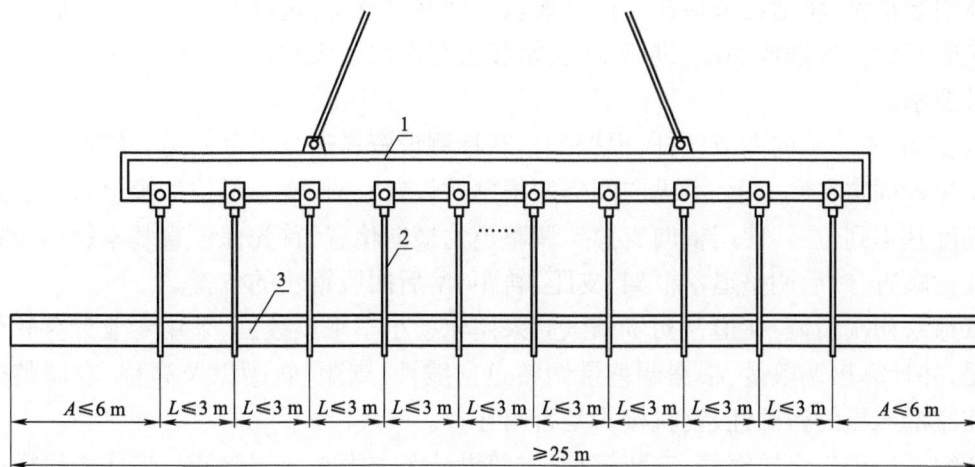

图 6-53 道岔吊点布置示意

2. 道岔施工技术

(1)道岔精调支架系统

中铁二局哈大高铁项目部自主研发了用于道岔定位精调的精调支架系统。道岔精调支架系统包括侧向支架和竖向支架两种,其重量轻、组装方便、结构稳定,调节精度可达到 0.2 mm,具备较好的固定和调节作用。

(2)道岔施工测量

①CPⅢ点复测:CPⅢ控制网基点采用后方交会法测量,每站测设 6 对 CPⅢ控制点,换站后搭接前一测站 3 对点,通过最小二乘法获得最合理关系。高程测量用电子水准仪进行往返观测。

②铺岔基标设置:铺岔基标设置原则以满足施工需要为准,按 5~6 m 间距设置;通过线路两侧的 CPⅢ控制点进行自由设站,每测站放样距离控制在 50 m 以内;根据现场实测基标的位置反算出其与道岔轨道的相对距离,再利用算出的相对距离进行道岔粗调。

③线性测量:采用轨检小车对道岔及道岔前后轨道几何位置进行测量,生成实测值与理论值线性对照图,并进行调整,与道岔前后过渡段轨道顺接。

(3)道岔组装及粗调

①绑扎道床板底层钢筋:将底座凿毛并进行表面清洗;铺设接缝滑动膜;绑扎道床板底层钢筋;将道床板面层纵向钢筋按照正确的顺序摆放在底层钢筋上方,钢筋间采用绝缘卡及绝缘扎带进行绑扎。

②搭设道岔拼装平台:按道岔设计铺设高程、采用 170 mm × 80 mm 的方垫木搭建道岔拼装平台,方木摆放时错开竖向支承螺栓孔位置。

③岔枕铺设:按照设计要求将岔枕按顺序吊装铺设在拼装平台上,并按照岔枕间距进行铺设,岔枕在吊装及铺设过程中注意保护,避免损坏。

④组装道岔:将道岔垫板按照设计要求安装在岔枕上,选择适当吨位吊车将道岔钢轨从尖轨开始依次摆放到位,进行组装,拼装过程中保证尖轨位置、轨缝、道岔全长等满足设计要求。

⑤初调:安装竖向调节丝杆,根据铺岔基标测设资料进行道岔起道。横向支撑架采用膨胀螺栓固定在底座上,沿纵向间隔两根岔枕设置一对,辙叉部位加密设置。在道岔起道高度基本到位后,使用横向支撑架调整道岔横向位置,首先保证直基本轨的位置准确和线性顺直,然后调整道岔框架、支距、轨距、岔后曲股钢轨的位置。

⑥道岔初次精调:在道岔初步调试后采用轨检小车采集数据,采用专业计算软件分析数据,并计算出调整量,根据调整量调整道岔线性、支距、轨距以及高程,在调整过程中需注意滑床板的密贴性、钢轨接头是否错牙等。

⑦绑扎道床板上层钢筋、安装模板:按照设计要求绑扎上层钢筋。道床板侧模采用定型小钢模拼装,在底座板植筋后与模板进行绑扎固定,模板安装到位后对钢筋进行调整,保证保护层的厚度,同时对钢筋进行绝缘检测。然后安装融雪装置预埋管道及接地端子等预埋件,位置应准确、牢固。

⑧道岔固定、联调、二次精调:道岔初次精调完毕后对弹条螺栓、岔枕螺栓、限位器螺栓、翼轨间间隔铁螺栓副、长短心轨间间隔铁螺栓副进行复拧,复拧扭矩达到表 6-33 规定,最后安装转辙器,并进行手动调试。

表 6-33 道岔螺栓扭矩力

序号	螺 栓 种 类	扭矩(N·m)
1	长短心轨连接螺栓	600
2	限位器、转辙器跟端用间隔铁及翼轨用间隔铁连接螺栓	1 100
3	垫板用 M30 螺栓	300～350
4	咽喉前翼轨间隔铁螺栓	600
5	防跳卡铁、顶铁螺栓	400～600

混凝土浇筑前采用轨检小车检测道岔方向、高低、水平、轨距等几何形位,根据轨检小车检测数据确定的调整量进行复测,确保道岔轨距、高低、水平、直股工作边直线度等满足规范要求,精调精度见表 6-34。

表 6-34 无砟轨道平顺度铺设精度标准(静态)

序号	项 目	旅客列车设计行车速度 v(km/h)		检验方法
		200	200＜v≤350	
1	轨 距	±1	±1	
2	高低(弦长 10 m)	2	2	
3	轨向(弦长 10 m)	2	2	轨检小车检测
4	扭曲(基长 6.25 m)	3	—	
5	水 平	2	1	

(4)混凝土施工

道床板混凝土采用厂拌混凝土、罐车运输、汽车泵泵送入模、机械振捣、连续浇筑的施工方式。

夏季施工时应避开高温时段,选择施工轨温接近设计轨温,且混凝土浇筑过程中轨温变化不大的时间段,通常在夜晚进行。

在浇筑道床板前每车混凝土拌和物必须检查温度及坍落度,灌注过程中每 50 m³ 混凝土做一次坍落度、温度检测,并进行混凝土试件取样留置。

浇筑混凝土前,岔枕及底座混凝土须保持湿润,以利于新旧混凝土结合。

18 号单开道岔混凝土浇筑时由一端向另一端逐段浇筑,18 号渡线道岔及 42 号单开道岔混凝土浇筑时从中间向两边逐段浇筑;混凝土通过移动导管直接注入钢轨内侧岔枕盒内,并左右移动导管,当第一个岔枕盒内混凝土高出岔枕底部时,方可移动导管灌注第二个岔枕盒,以此类推;采用齿耙将轨枕盒内混凝土扒平;插入捣固棒振捣,对轨枕底部加强振捣,确保混凝土密实,捣固时应防止捣固棒碰撞竖向调节螺杆及其他固定装置。

混凝土浇筑过程,安排专人负责对道岔轨道线形和位置的检查。若道岔线性发生较小变化,及时调整,若道岔发生较大变形时,混凝土浇筑必须马上停止,待调整完毕后方能继续浇筑。

道床板混凝土按一次灌注完成组织施工,混凝土搅拌至浇筑完毕的时间不可超过混凝土初凝时间。

利用专用支架配合人工对混凝土表面压光抹面,以保证横向排水坡设置的准确性和混凝土表面的平整度满足要求。

混凝土初凝后,立即解开夹板螺栓,松动钢轨扣件和其他固定装置,释放钢轨温度应力,以防止钢轨与混凝土的温差变形不一致而造成混凝土开裂;同时及时撤除遮盖在钢轨、岔枕上的防护罩,喷洒养护剂并覆盖毛毡或薄膜,之后洒水养护 14 天;在道床板混凝土强度小于设计强度 75% 之前严禁行人、机械通过。

混凝土道床板各项外形尺寸位置允许偏差见表 6-35。

表 6-35　混凝土道床板外形尺寸位置允许偏差

序号	检 验 项 目	允 许 偏 差
1	道床板顶面与承轨台面相对高程	±5 mm
2	顶面宽度	±10 mm
3	中线位置	2 mm
4	平 整 度	3 mm/m

（5）轨道几何精细调整

混凝土强度达到设计强度 75% 后,选择合适时机在设计锁定轨温范围内重新安装和复紧道岔扣件,消除内部缺陷。

轨道状态测量之前,清除粘附在道岔钢轨、扣件、轨枕上的尘土、铁锈等,对照铺设图纸检查钢轨部件的完整性,更换缺损零件,检查螺栓扭矩。

复测道岔及前后各 200 m 的 CPⅢ 测量网,用轨道状态测量仪测量道岔及前后至少 20 m 的轨道几何尺寸,使用专用软件分析和计算轨道调整量,并以表格形式输送。

现场调整按"先轨向、后轨距,先高低、后水平;先直股、后曲股;先整体、后局部"和"尖轨、辙叉部位尽量少动"的原则对照调整量清单进行调整。用至少 30 m 弦线检查并调整道岔直基本轨顺直;检查并调整直向轨距、直基本轨方向和水平;按密贴度调整曲尖轨,后检查并调整曲向轨距、曲基本轨方向和水平;用弦线法继续检查并调直轨方向及轨距、水平,弦线检查时两次搭接区应在 5 m 以上;支距法检查及调整曲股导轨段的方向、轨距及水平;根据水平资料调整道岔水平、高低。

经过调整,道岔轨道几何尺寸达到合格标准后,再检查和调整道岔尖轨与滑床板间密贴。

结合区间无砟轨道调整,完成道岔及前后线路的长波调整,对调整完成后的道岔,应用轨检小车测量并记录完工后轨道线性,对照验标检查项点逐一检查并记录质量状态。

（6）钢轨焊接与道岔锁定

无缝道岔岔区内部钢轨接头的焊接宜在设计锁定轨温范围内进行,无缝道岔与相邻无缝线路的焊联应在设计锁定轨温范围内进行。无缝道岔与相邻轨条的锁定轨温差不应大于 5 ℃。

　　道岔内钢轨焊接顺序为:基本轨焊接,先直股,后曲股;辙叉组件与导轨连接部,先直股,后曲股;导轨与导轨之间,先直股,后曲股;导轨与尖轨跟部,先直尖轨,后曲尖轨。道岔前后钢轨焊接顺序:先岔前,再岔后;先直股,再曲股。

　　道岔锁定与锁定焊接同步完成,将道岔前后 6 个接头和尖轨跟端 2 个接头留在最后作为锁定焊接头。在规定的轨温条件下,松开道岔及前后各 200 m 线路并支垫滚轮,待轨温达到锁定轨温范围时,橡胶锤来回敲击钢轨,使钢轨处于自由状态,复紧扣件锁定钢轨,焊接道岔前后的 6 个接头。最后焊接尖轨跟端的 2 个接头时,焊接前对道岔工装点和限位器进行检查和调整。道岔锁定后同步设置位移观测标记。道岔焊接顺序如图 6-54 所示,顺序为 1、2、3、4、5、6、7、8、C1、C2、C3、C4、C5、C6。

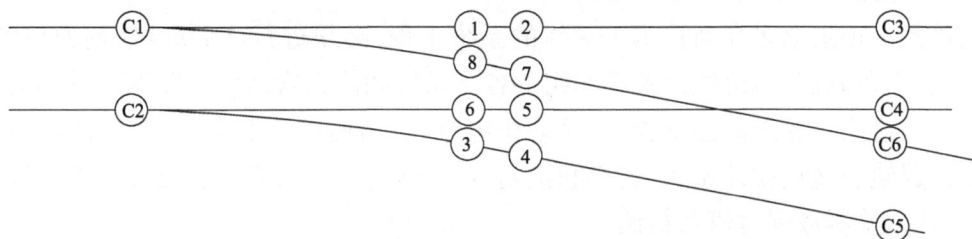

图 6-54　道岔焊接顺序示意

　　42 号道岔转辙器和辙叉区段不作应力放散,锁定时仅放散导轨及道岔前后的线路部分。

　　焊接后按 TB/T 1632 的要求对无缝道岔内焊接接头进行超声波探伤,并填写探伤记录。记录应包括仪器、探头、焊接接头编号、测试数据、探伤结果及处理意见;焊接完成后,两尖轨尖端相错量不得大于 3 mm;焊接完成后应进行初磨作业,平直度按 0.3 ~ 0.5 mm 控制,正式开通前进行精磨,具体要求见表 6-36。

表 6-36　工地钢轨焊接接头平直度允许偏差(单位:mm)

序号	项　目	容许偏差
1	轨顶面	+0.2,0
2	轨头内侧工作面	+0.2,0
3	轨底(焊筋)	+0.5,0

　　注:1. 轨顶面中符号"+"表示高出钢轨母材轨顶基准面;
　　　　2. 轨头内侧工作面中符号"+"表示凹进;
　　　　3. 轨底中符号"+"表示凸出。
　　　　4. 焊接接头平直度作为 B 类项点列入道岔铺设验收项点。

(7)道岔工电联调

　　道岔几何状态精调到位后联调联试前进行道岔工电联调。主要调整尖轨、心轨与转辙机部位,达到工务及电务各项验收标准及行车安全要求。

道岔框架、轨距各项几何尺寸达到标准,辊轮、防跳限位装置安装及调到位。尖轨与滑床板、顶铁密贴程度达到标准。具体验收标准见表6-37。

表6-37　密贴验收标准

项目	轨距(mm)	框架尺寸(mm)	顶铁缝隙	滑床板缝隙	尖轨密贴
允许偏差	±1 mm	±1 mm	≤1 mm	不允许超过1 mm,且不得连续等于1 mm	尖轨、心轨第一牵引点以前≤0.5 mm,尖轨、心轨第一牵引点以后≤1 mm

在以上两项达标后调整转辙机外锁闭,达到尖轨与基本轨闭合时,密贴达到标准。电务针对转辙机正常运转的各项指标进行检测,如工务、电务有一方达不到标准,则检查分析再进行调整直到两者都达标。

3. 联调联试期间的道岔精调技术

高铁是一项集众多高新技术于一体的系统工程,必须进行联调联试,使通信信号、牵引供电、运营调试、轨道线形及动车组等各子系统间能正常运转。联调联试期间的道岔精调是通过实车逐级提速试验,考核动车组直、侧向通过的安全性、平稳性和旅客舒适性以及翼轨、心轨、扣件系统、转换和锁闭装置、轨枕埋入式无砟轨道等关键部件的适应性,并依据检测数据对道岔精调。

(1)超限点查找方法

根据动检车提供Ⅰ、Ⅱ、Ⅲ、Ⅳ级超限报告表、曲线摘要报告表、公里小结报告表、区段总结报告表、轨道质量指数(TQI)报告表及查线路检测标准,结合公里小结表,按病害超限Ⅲ级、Ⅱ级、Ⅰ级的顺序在波形图上相应检测项目通道上标识出来,并确定超限具体里程。

现场静态整治检查时,不仅要检查轨面几何尺寸,还要检查结构病害(如不均匀磨耗、不良焊头、硬弯、失效轨枕、扣件状态、顶铁密贴情况);不仅要检查明的,还要检查暗的(空吊、暗坑);不仅要查一处、核一处,还要核查一下同一处是否有多种病害同时存在,尤其是轨向、水平的逆向位复合不平顺,同时还要核查前、后撬之间病害的组合情况(如50 m范围内的连续小方向、小高低、水平、轨距的变化率)。

(2)超限点处理

联调联试期间动态检测出的病害可能由多种原因造成,因此在处理超限病害时应联合线下施工单位、信号施工单位、转辙机设备安装单位、工务等多单位联合处理。由于动车数据只能检测出超限位置与实际里程位置存在一定偏差,因此实际中采用轨检车数据与轨检小车现场测量相结合的方式精确查找超限点的位置,根据轨检小车测量的数据找出病害点进行处理,处理方法与静态精调方法一致。处理完成后进行下一次的动检车检测,如未完全消除病害,必须继续查找病害原因并处理,直到消除病害为止。病害处理时应高度重视以下三种轨道不平顺的情况。

①周期性连续三波及多波的轨道不平顺中,轨向、水平、高低不平顺。

②2 m 以内短波不平顺。

③轨向、水平逆向复合不平顺。

以上三类轨道不平顺的共同特点是,连续性的多波不平顺容易引发激振,有导致脱轨系数增大、行车严重不平稳甚至脱线的危险。周期性的连续不平顺引发共振的危险性更大。轨向、水平逆向复合不平顺,有反超高的特征。这类不平顺可能是脱轨事故的主要诱因。

五、主要管理措施

1. 质量保证措施

(1)成立以项目总工程师为组长,安质部长、工程部长及作业队长为副组长,各科室为组员的质量控制小组。

(2)项目总工程师牵头,组织小组成员编制质量控制制度、质量控制计划等相关文件,分析质量控制界面,明确质量控制主体。

(3)施工前设置质量控制点,分析可能影响质量的各种因素,针对这些影响因素制定有效的预防措施,防患于未然;施工前对作业人员进行施工技术培训及技术交底,使每个作业人员熟练掌握作业程序、方法及作业标准。

(4)作业过程中安排专门的技术人员进行跟班作业,对每个作业环节进行控制,并做好相关记录;施工作业期间质量控制小组对施工质量进行定期和不定期的抽查,并及时解决现场出现的新问题。

(5)作业完成后及时组织人员进行复检,对不合格情况进行整改,由总工程师牵头对不合格出现的原因进行认真分析、总结,并制定相应处理方案。

(6)道岔运输时由专人负责检查道岔构件支垫及固定情况,确认无误后方可通知发车;道岔吊装时采用吊具梁进行吊装,以保证构件不变形。

(7)道岔组装后由技术人员对道岔各组件的安装情况进行检查,以保证各组件的安装正确。

(8)通过气象部门对未来天气情况进行预测,选择合适的时间进行道岔混凝土的浇筑;浇筑过程中由现场实验及技术人员对现场浇筑质量进行监控;浇筑完成后及时养护。

(9)道岔焊接时严格按照设计焊接顺序进行;焊接完成后严格按规范要求进行无损探伤,遇不合格焊头,坚持进行返工处理;焊头打磨应少量、多次打磨以防止出现低接头。

2. 安全及环境保护措施

(1)严格安全监督,完善安全检查制度,及时消除安全隐患。

(2)所有作业人员上岗前必须接受安全技术及环境保护知识培训,合格后方能上岗。

(3)在施工过程中严格按照国家及地方有关法律、法规办事,严禁破坏、污染环境。

(4)项目部制订和下发环境保护细则,对职工进行环保教育,采取有效措施保护自然环境。

六、主要成效

中铁二局哈大项目部率先在哈大高铁完成了 4 组 42 号和 68 组 18 号无砟道岔的铺设,2012 年 12 月 1 日哈大高铁通过验收,正式开通运营。无砟道岔取得与德国 BWG 产品同等级的效果,推动了中国高速国产化道岔研究成果的成功转化。具体成效有:

1. 采用一系列道岔长大构件吊装、运输措施保证了道岔在转运的过程中不变形。通过控制扣件扭力以及道岔焊接、锁定等施工工序有效的防止了由于年度温差变化过大而导致轨道变形的现象。

2. 采取一系列措施防止了道床板道混凝土开裂。

3. 通过不断总结经验教训,不断改进施工方法及施工技术,总结出了一套适用于严寒地区的大号长枕埋入式无砟道岔施工工法,为以后类似工程的建设提供参考依据。

第七节　无砟轨道精调技术

一、工程概况

中铁二局哈大高铁项目部承担 DK233 + 000 ~ DK308 + 665 段无砟轨道、标段内车站 72 组无砟道岔(含岔间双块式)的精调工作,管内无砟轨道精调长度总长 153.433 km。轨道精调工作一般是在长钢轨铺设放散、锁定结束后开展,分为静态调整和动态调整两个阶段。静态调整阶段主要根据轨检小车静态测量数据对轨道几何状态进行不断完善的调整过程,包括对轨道线形(轨向和高低)进行优化调整,合理控制轨距变化率和水平变化率,使轨道静态精度满足规范要求。动态调整阶段主要通过对动检车的数据进行分析,利用静态调整的方式对轨道进行调整。通过两个阶段的调整,最终使得无砟轨道轨道状态满足动车组高速运行的舒适性和安全性要求。

二、工程特点及难点

无砟轨道线形调整遵循"将轨道线形调整至线形合格状态"的原则,即:无砟轨道线形调整不是将轨道的各项指标调整至设计绝对位置,而且将轨道线形的方向、高低、水平、轨距及轨距递减率、高低递减率调整至规格允数值范围,保证轨道平顺。调整顺序为:"先轨向,后轨距""先高低,后水平"。

轨道精调工作一般是在无缝线路完成后,即长钢轨铺设放散、锁定结束展开,前后分为静态调整和动态调整两个阶段。

静态调整是根据精调小车静态测量数据对轨道几何状态进行不断完善的调整过程,包括对轨道线形(轨向和高低)进行优化调整,合理控制轨距变化率和水平变化率,使轨道静态精度规范要求。

动态调整阶段主要通过对动态轨检车的数据进行分析,利用静态调整的方式对轨道进行调整。通过两个阶段的调整,最终使得无砟轨道轨道状态满足动车组高速运行的舒适性和安全性要求。

三、施工组织

1. 劳动力配置表

主要劳动力配置见表6-38。

表6-38 劳动力配置

序号	作业内容	工 种	人 数	备 注
1	轨道测量	测量员	3	提供准确的测量数据
2	模拟试算	技术员	1	确定调整数据,提供报表
3	现场位置确定标识	技术员	1	含轨道状态检查、复核
4	现场指挥	领工员	1	配合技术工作
5	工 班 长	线路工	2	
6	普 工	—	20	松、紧扣件,更换调整垫板
7	材料员	—	1	负责清理和供应调整扣件及其他
	合 计		29	技术4人,现场作业25人

2. 测量设备及工机具配置

主要测量设备及工机具配置见表6-39。

表6-39 测量设备及工机具配置

序号	名称及规格	单 位	数 量	备 注
1	GRP1000轨检车	套	1	含全站仪及配套设备
2	电子水准仪	台	1	检查轨面高程
3	尼龙弦线(工务或自制)	根	2	30 m以上弦线
4	道 尺	把	1	检查水平、轨距
5	塞 尺	把	2	检查密贴
6	钢板尺	把	4	检查正矢、钢轨宽度等
7	螺栓测力扭矩扳手	把	2	配螺栓套筒
8	起道器	台	4	
9	轨距拉杆(撑)	个	4	
10	电动扳手	把	4	配螺栓套筒
11	发电机	台	2	
12	撬 棍	根	8	
13	小平车	台	2	
14	钢卷尺、直板尺	套	2	
15	对讲机	台	4	
16	手 锤	把	4	
17	刷 子	把	8	

四、关键施工技术及措施

1. 轨道精调验收标准

（1）无砟轨道静态验收标准

轨道静态几何尺寸允许偏差要求见表6-40。

表6-40 轨道静态几何尺寸允许偏差

项　　目		允许偏差	备　　注
轨　　距(mm)		±1	
水　　平(mm)		1	
轨距变化率		1/1 500	
扭曲(三角坑)		2 mm/3 m	
高　　低(mm)	弦长 10 m	2/10 m	
	弦长 30 m	2/15 m	
	弦长 300 m	10/150 m	
轨　　向(mm)	弦长 10 m	2/10 m	
	弦长 30 m	2/5 m	
	弦长 300 m	10/150 m	

轨道静态中线、高程允许偏差：

①在满足轨道平顺度要求的情况下，轨面高程允许偏差为 +4/ -6 mm，靠近站台地段为 +4/0 mm。

②轨道中线与设计中线允许偏差为 10 mm；线间距允许偏差为 +10/0 mm。

（2）无砟轨道动态验收标准

目前对轨道动态检测手段主要有：低速(≤160 km/h)轨道检测车、高速(250~350 km/h)轨道检测车、高速轨道动力学检测车、动态车载式添乘检测仪，通过不断的检测和调整，最终使轨道达到以下技术标准：

①轨道动态检测无 I 级以上偏差。

②轨道动力学检测无超标处。

③轨道平顺度指标 TQI 值不能超限，TQI 值要求：按照铁科院经验介绍，对动检车资料里 TQI 值大于 2.1 的段落和轨检车资料里 TQI 值大于 3.6 段落进行整改。

④轨道动态检测波形平顺，无突变、无周期性多波不平顺。

轨道动态管理试验暂行标准见表6-41。

2. 无砟轨道静态精调

（1）精调工艺流程

轨道精调应先调整轨向基本轨的平面位置和高低基本轨的高程，确保轨向平顺性指标和高低平顺性指标合格，再调整两个基本轨相对应的另一根钢轨的平面位置和高程，使轨距和水平(超高)达标，无砟轨道调整工艺流程如图6-55所示。

表 6-41 轨道动态管理试验暂行标准

速度等级		200~250 km/h				300~350 km/h			
标准等级		验收Ⅰ	验收Ⅱ	Ⅲ	Ⅳ	验收Ⅰ	验收Ⅱ	Ⅲ	Ⅳ
轨距(mm)		+4 −3	+6 −4	+8 −6	+12 −8	+4 −3	+6 −4	+7 −5	+8 −6
水平(mm)		5	8	10	13	5	6	7	8
三角坑(基长2.5 m)mm		4	6	8	10	4	6	7	8
高低	波长 1.5~42 m(mm)	5	8	11	14	5	8	10	12
轨向		5	7	8	10	4	5	6	7
高低	波长 1.5~70 m(120 m)(mm)	6	10	15	—	7	9	12	15
轨向		6	8	12	—	6	8	10	12
车体垂向加速度(m/s²)		1.0	1.5	2.0	2.5	1.0	1.5	2.0	2.5
车体横向加速度(m/s²)		0.6	0.9	1.5	2.0	0.6	0.9	1.5	2.0
轨距变化率(基长2.5 m)(‰)		1.0	1.2	—	—	—	—	—	—
曲率变化率(基长18 m)(1/m/m×10⁻⁶)		1.2	2.0	—	—	—	—	—	—
横向加速度变化率(基长18 m)(m/s³)		1.0	3.0	—	—	—	—	—	—

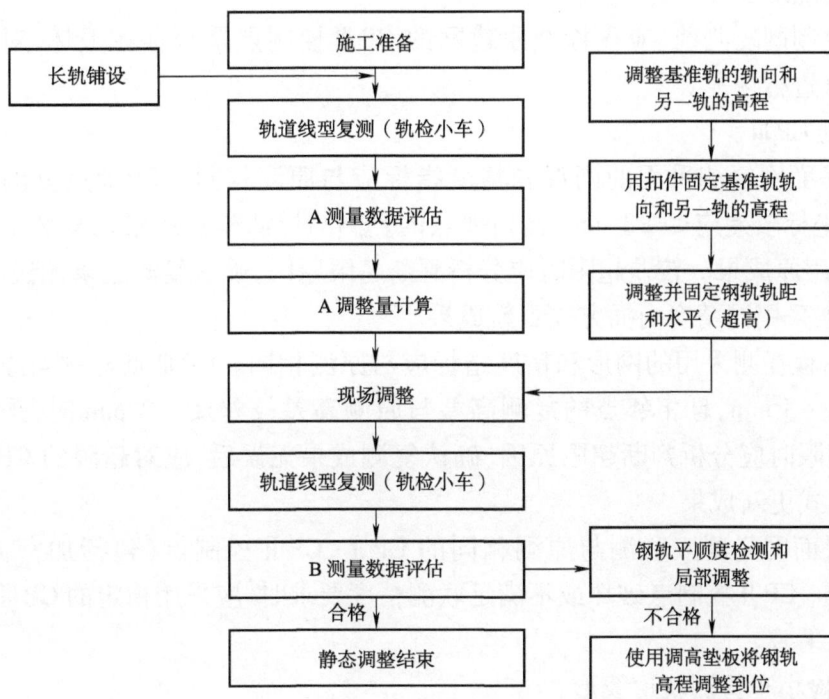

图 6-55 无砟轨道精调工艺流程示意

(2)精调前准备工作

轨道精调前的准备工作主要包括二项内容,轨道板的复测、CPⅢ复测。

①轨道板的复测

为保证后期钢轨的铺设及轨道精调,轨道板灌浆后 7 天或砂浆强度达到 0.7 MPa 后,应及时对轨道板进行复测,复测方法主要采用螺栓孔速调标架的方法。对复测结果进行分析。复测内容包括:高程、中线位置,四角离缝,要求见表6-42。

表 6-42 轨道板复测要求

序号	检查项目	偏差	检查方法	处理方法
1	中线偏差	4 mm	全站仪、螺栓孔标架	揭 板
2	高程偏差	±4 mm	水 准 仪	揭 板
3	四角离缝	10 cm	钢 板 尺	揭 板
4	凸台树脂厚度	±10 mm	钢 板 尺	凸台凿除

轨道板复测后,应与前期精调数据及时进行分析对比,若发现轨道板横向或高程偏差超过 ±4 mm 的轨道板,进行揭板处理。

②CPⅢ复测

a. 复测前准备

对于已经分区段建网测设完成的 CPⅢ控制网,应编写 CPⅢ建网技术总结报告,汇总 CPⅢ控制点成果。

CPⅢ控制网复测前,应先检查原建网的 CPⅢ控制点是否存在毁坏,对已毁坏的 CPⅢ控制点进行恢复。

b. 复测 CPⅢ

CPⅢ平面网复测采用的网形和精度指标应与原测相同。CPⅢ点复测与原测成果的 X、Y 坐标较差应 ≤ ±3 mm,且相邻点的复测与原测坐标增量△X、△Y 较差应 ≤ ±2 mm,采用原成果。较差超限时应分析判断超限原因,确认复测成果无误后,应对超限的 CPⅢ点采用同精度内插方式更新成果。

CPⅢ高程复测采用的网形和精度指标应与原测相同。CPⅢ点复测与原测成果的高程较差 ≤ ±3 mm,且相邻点的复测高差与原测高差较差 ≤ ±2 mm 时,采用原测成果。较差超限时应分析判断超限原因,确认复测成果无误后,应对超限的 CPⅢ点采用同级扩展方式更新成果。

CPⅢ平面网复测应联测与原测相同的 CPⅠ、CPⅡ控制点(包括加密 CPⅡ控制点),当 CPⅠ、CPⅡ控制点破坏或不满足联测精度要求时,应采用稳定的 CPⅢ点原测成果进行约束平差。

(3)轨检小车检测轨道线形

①在 GRP1000 轨检小车测量之前,将 CPⅢ网测量成果及无砟轨道线形数据输送轨检小车系统软件。

②轨检小车与全站仪按"全站仪自由设站,后方交会法"测量。全站仪架设在线路中线上,通过后视线路两侧 8 个 CPⅢ控制点进行自由设站,设站时需测量设站所用的一个控制点对全站仪的设站进行检核,偏差应在 1 mm 以内;设站完成后观测轨检车上

的棱镜,之后全站仪将测量数据传递给轨检小车。

③轨检小车测量时,一次设站最大测量距离80 m。采用轨检小车检测数据原则根据轨道扣件节点隔1测1,连续测量长度应不低于300 m,前后两次测量的搭接区不小于1个测点,同一点不同测站的测量数据不超过1 mm。

④测量时,按每个承轨台位置进行检测,在检测完成后轨检小车系统自动生成测量成果报表,该报表能反映每个测量点的绝对坐标(竖向、横向)、轨距、水平及方向、高低长短波与设计数据的差值。

(4)测量数据评估及调整量计算

轨道线形测量数据评估的判别依据无砟轨道静态验收规范。对超标的部分,视为轨道线形不合格。

对轨道线形测量数据的评估和调整量计算是同步完成的,将外业采集数据导入长轨精调软件,根据:"先轨向,后轨距""先高低,后水平""先整体,后局部"的原则进行调整。精调分析软件操作界面如图6-56所示。

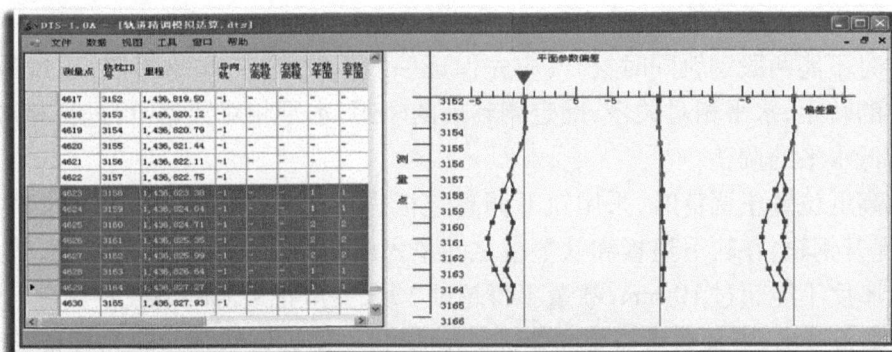

图6-56 精调分析软件操作界面

通过长轨精调软件可实时反映出轨道线形的偏差情况,当轨道线形数值超标时,通过程序计算出的各股轨道的方向调整量,该调整量计算是调整中不断优化的过程,当所有数据都在合格范围内,即可完成调整量计算。对计算的调整量进行核对优化后形成正式"调整量表",用于指导现场调整。调整量输出如图6-57所示。

平面位置:实际位置位于设计位置右侧时,偏差为正,调整量为负。

轨面高程:实际位置位于设计位置上方时,偏差为正,调整量为负。

(5)现场调整

现场调整对照调整量清单,按"先高低,后水平;先方向,后轨距"的原则进行精调施工。

轨道精调作业应先确定基准轨,曲线地段轨向以外轨为基准轨,直线地段以测量前方曲线外轨为基准轨。精调时先调基准轨轨向和另一轨的高低,再调两根轨的轨距和水平。

根据调整量表在现场对应位置标记基准轨调整量(方向、高低)根据测量数据,通

2010-8-11 长轨调整量

测量点	注解	里程	导向轨	左轨高程	右轨高程	左轨平面	右轨平面	轨距
0	2402991	241770.4	-1	0	0	0	0	-0.8
1		241771	-1	0	0	0	0	-0.8
2	2402993	241771.6	-1	0	0	0	0	-0.8
3		241772.2	-1	0	0	0	0	-0.7
4	2402995	241772.9	-1	0.5	0	0	0	-0.7
5		241773.5	-1	0.5	0	0	0	-0.7
6	2403001	241774.1	-1	0.5	0	0	0	-0.7
7		241774.7	-1	0.5	0	0	0	-0.7
8	2403003	241775.4	-1	0.5	0	0	0	-0.7
9		241776	-1	0	0	0	0	-0.7
10	2403005	241776.7	-1	0	0	0	0	-0.7
11		241777.3	-1	0	0	0	0	-0.7
12	2403011	241777.9	-1	0	0	0	0	-0.7
13		241778.5	-1	0	0	0	0	-0.7
14	2403013	241779.1	-1	0	0	0	0	-0.6
15		241779.8	-1	0	0	0	0	-0.6
16	2403015	241780.4	-1	0	0	0	0	-0.7
17		241781.1	-1	0	0	0	0	-0.6
18	2403017	241781.7	-1	0	0	0	0	-0.5
19		241782.3	-1	0	0	0	0	-0.5
20	2403021	241782.9	-1	0	0	0	0	-0.6

图6-57　调整量输出界面

过更换轨距块和移动轨下铁垫板来实现轨距、轨向调整；使用轨下调高垫板、铁垫板下调高垫板、绝缘缓冲垫板调整轨道高低，之后用道尺检查水平，并调整另外一股钢轨，调整后的轨道水平应满足轨距 ±1 mm、水平 ±1 mm。

调整时不能两股钢轨同时松开，应先保证一股钢轨不动，作为参照，通过道尺检查调整点位的轨距、水平相对关系，确定调整后的轨距、水平相对数据，再进行相应调整。

①高低水平的调整

钢轨高低位置正调整时，采用轨下调高垫板进行，应先松开一股钢轨的弹条，取出绝缘块，提升钢轨，在轨下垫板和铁垫板之间垫入所需厚度的轨下调高垫板。轨下调高垫板的总厚度不能超过 10 mm，数量不得超过 2 块，并应把最薄的垫板放置在下面，以防轨下调高垫板窜出，当调高量需要 0.5 mm 级别时，可贴近铁垫板承轨台面加垫 0.5 mm 厚轨下调高垫板，数量可为 3 块，再根据道尺检查水平位置。

WJ-7B 扣件系统有不同规格的调高垫片。轨距挡块成对设计，轨下调高垫板厚度有 0.5 mm、1 mm、2 mm、5 mm、8 mm 等 5 种规格，铁垫板下调高垫板厚度为 8 mm，绝缘缓冲垫板厚度有 2 mm、6 mm 两种，通过更换不同厚度的轨下调高垫片调整，可实现钢轨高低调整，钢轨高低位置调整量为 -4 ～ +26 mm，见表 6-43。

表 6-43　高低水平调整垫板搭配

轨高低位置调整量（mm）	绝缘缓冲垫板厚度（mm）	轨下调高垫板厚度（mm）	铁垫板下调高垫板厚度（mm）
-4	2	0	0
-3	2	1	0
-2	2	2	0
-1	2	3	0
0	6	0	0
+1 ～ +7	6	+1 ～ +7	0

续上表

轨高低位置调整量(mm)	绝缘缓冲垫板厚度(mm)	轨下调高垫板厚度(mm)	铁垫板下调高垫板厚度(mm)
+8	6	0	8
+9 ~ +15	6	+1 ~ +7	8
+16	6	0	2×8
+17 ~ +26	6	+1 ~ +7	2×8

当调高量需 0.5 mm 级别时,可紧贴铁垫板承轨面加垫 0.5 mm 厚的轨下调高垫板。

钢轨高低位置负调整时,应先卸下锚固螺栓提升钢轨,将铁垫板下 6 mm 厚绝缘缓冲垫板更换为 2 mm 厚的绝缘缓冲垫板钢轨复位后检查轨距和轨向。然后根据调整量,在轨下垫板和铁垫板之间垫入所需厚度的轨下调高垫板。

②轨向和轨距调整

松开锚固螺栓,用改道器卡住钢轨,横向移动铁垫板予以调整,使轨距和轨向达到要求。当铁垫板横向移动受到平垫块卡阻时应将平垫块掉头使用。

通过移动轨下铁垫板位置实现大方向调整,小于 2 mm 的调整量则通过更换轨距块调整,轨距块包括标准块和调整量 −2 mm、−1 mm、+1 mm、+2 mm 等 5 种规格。

另一股钢轨精调在错开基准轨 50 m 以上进行,主要通过对轨距、水平进行,操作方法同上。

(6)轨检小车复测轨道线形

每次现场调整完成后,及时用轨检小车复测轨道线形,并重复上述数据评估、调整量计算、现场调整和轨道线形复测的工作,直到轨道线形数据达到合格要求。

通常无砟轨道的调整工作需要重复 3 ~ 4 次循环,每次循环的调整量会越来越少。

复测的的外业采集和第一次测量方法一样,采用轨检小车进行,测量点位可跟第一次交叉。

(7)数据分析、二次调整

①对相同区段两次测量数据,进行分析对比,不满足要求的地段重新调整。

②通常无砟轨道的调整工作量与轨道板铺设精度与扣件安装精度有关,如安装精度高调整工作重复 3 ~ 4 次循环可达到要求,每次循环的调整量会越来越少。

3. 无砟轨道动态精调

(1)轨道动态精调特点

轨道动态精调是指在轨道联调联试开始,依据轨道动态检测数据进行轨道精调。轨道动态检测数据一般以轨道图谱和报表形式体现,施工时根据动检结果进行现场核对和确认。根据核对结果按静态精调方法进行。若调整量较少,精调完成后可不作静态检查。

为保证轨道动态检测数据与现场实际一致,轨道运态检测前,必须完成连续里程的标注,并将标段上下行线起讫点准确里程及现场位置告知检测部门。

与静态检测不同的是,钢轨焊缝平顺、钢轨表面脏污、扣件松动或间隙、钢轨空吊都可能引起较大的线形偏差,因此,在精调时应加以重点检查和整改。

动态调整主要是依据轨道动态检测报告和分析检测波形图,找出影响行车安全和旅客舒适度的局部或区段,通过用轨检小车、塞尺、弦线等对轨道进行测量评价,确定调整位置和调整量,对钢轨进行调整。动态调整是对轨道线形的进一步优化,使轮轨关系匹配更加良好,继而进一步提高高速行车的安全性、平顺性和舒适性,最终使轨道线路在运营过程中全面达到 350 km/h 及以上行车条件。

(2)轨道动态精调技术要点

在精调前需提前做好人员培训工作。精调人员应在轨道精调之前掌握轨道测量、数据分析、轨道调整方法,力争用最小的调整量达到最高的轨道精度,轨道精调主要步骤:检测资料分析—现场核对检测—扣件更换—复查。

①资料分析

低速检测资料分析:低速轨检提供的检测资料主要有:轨道Ⅰ级~Ⅳ级超限表、公里小结资料、区段总结资料、TQI 数值(200 m 一段)、STE 波形图,首先是根据轨道Ⅰ级~Ⅳ级超限报告表在波形图(轨道检测图形)中确定准确里程范围,再者应分析长波不平顺、波形突变点、连续多波不平顺及轨向、水平逆向复合不平顺等,轨检车资料里面主要处理轨距和轨向两种超限类型。

高速动检资料分析:高速动检提供的资料和低速轨检资料相比,只是多了动力学检测资料,首先根据铁科院动检提供的 GEO 检测图形,分析超限处所分布情况与轨道检测的不平顺信息之间是否存在对应关系,与前次检测是否重复出现等,动检资料主要处理三角坑、水平、高低等超限类型。

②现场核对检测

检查工具:精调小车、轨距尺、弦线、1 m 直钢尺、塞尺等。

检查项目:对轨道检测报告中Ⅰ级及以上偏差处所,波形图中的突变点、轨向和水平复合不平顺,动力学检测报告中的减载率、脱轨系数、轨道横向力超标处所进行核对检测。

检查范围:轨道缺陷里程前后各 50 m,必要时可适当扩大检查范围。

检查方法:首先必须全面检查区段范围内的扣件、垫板,扣件应安装正确,无缺少、无损坏、无污染、无空吊,扭力矩达到设计标准(±10%),弹条中部前端下颏与轨距块凸台间隙≤0.5 mm,轨底外侧边缘与轨距块间隙≤0.3 mm,轨枕挡肩与轨距块间隙≤0.3 mm,确认无异常后再开始轨道几何尺寸检查。

扣件检查确认完成之后,采用轨检小车,对问题区段前后 300 m 进行测量。

③现场调整

在对现场核对检查测量后,根据据小车模拟调整资料对轨道确实存在问题的段落的线路通过更换扣件进行调整。

五、主要管理措施

1. 施工前,须做好充分的施工准备,人员、机具、材料必须准备到位,合理安排交通工具及作业量。

2. 铺轨前的扣件安装过程,要严格按照技术标准,使用工装设备,保证扣件安装精度,减少因为扣件安装误差造成的后期调整量增大。

3. 轨道精调一般在无缝线路焊接锁定后进行,施工时应尽量少松动钢轨扣件,调整方向时连续松动不超过 5 个承轨台,调整高低时连续松动不超过 10 个承轨台。

4. 在钢轨精调过程中,无论是平面调整还是高程调整,均先确定好一股钢轨作为基本轨,平面按照"先轨向,后轨距"的原则,高程按照"先高低,后水平"的原则进行调整。

5. 轨道精调作业必须做好与运输工作的衔接,严格按上级调度部门下达的施工计划进行请销点作业,现场按规定设置施工防护。

六、主要成效

中铁二局哈大项目部率先在哈大高铁沈大段完成了无砟轨道精调施工任务,2012 年 12 月 1 日哈大高铁通过验收,正式开通运营。建成后的无砟轨道外形美观、轨道平顺度好、行车舒适度高,采用高精度测量设备以及相适应的测量、调整方法保证了轨道施工测量精度。

第八节　道岔精调及工电联调技术

一、工程概况

哈大高铁正线采用高铁 18 号及 42 号道岔,直向通过速度达 350 km/h,侧向通过速度分别为 80 km/h、160 km/h。中铁二局负责沈大段 68 组 18 号及 4 组 42 号高速道岔的施工及精调工作。由于其年内轨温变化较大(历史平均轨温介于 − 32.5 ℃ ~ 56.1 ℃之间),轨道结构不容易稳定,增加了精调工作的难度,使精调工作成为线路施工的关键难点,同时高速道岔精调是道岔精度控制的关键环节,高速道岔精调质量决定高速列车运行的安全性、平顺性、舒适性。高速道岔施工精度无法满足高速列车安全、平稳、舒适、高速的运行要求,必须在联调联试之前及联调联试期间进行全面的轨道检测和精调,使其达到道岔内部几何尺寸,同时满足电务设备要求。

二、工程特点及难点

采用山桥厂生产的轨枕埋入式无砟道岔,18 号道岔〔客专线(07)009〕全长 69 m,前长 31.729 m,后长 37.271 m,辙叉角度 3°10′47.39″,采用单圆曲线平面线形,尖轨采用相离半切线平面线形(相离离值 12 mm)。42 号道岔〔客专线(07)006〕全长 157.2 m,前长 60.573 m,后长 96.627 m,辙叉角度 1°21′50.13″,采用圆曲线与缓和曲线组合平面线形。

尖轨、心轨采用 60D40 钢轨制造,高度、横向刚度较小。跟端设限位器和间隔铁作传力机构,允许轨温变化幅度高。为减小扳动力和不足位移,尖轨和心轨的滑床板设镍基合金自润滑复合镀层;尖轨每隔 3 m 左右设一对施维格辊轮滑床板,辊轮高度可以无级调整,最大调整量 6 mm;在最后一牵引点至跟端间以及各牵引点间进行反变形处理。滑床板和护轨垫板采用扣压力大、安装和拆卸方便的弹性夹扣压基本轨。

18 号道岔翼轨通长采用特种断面钢轨制造,42 号道岔翼轨采用特种断面翼轨与普通钢轨厂内焊接而成。心轨均采用 60D40 钢轨组合的结构,前端采用水平藏尖结构设计,防跳方式为顶铁扣压尖轨或心轨轨底和将心轨前端伸到间隔铁下两种。心轨部位整体性较差,工电结合部设计复杂。

道岔转换采用多机多点牵引方式,每个牵引点均采用钩形外锁闭装置。18 号道岔尖轨设 3 个牵引点,心轨设 2 个牵引点;42 号道岔尖轨设 6 个牵引点,心轨设 3 个牵引点;尖轨一动动程均为 160 mm。在牵引点之间设置有密贴检查器,转辙区设有道岔融雪设备。

道岔扣件系统设计为带铁垫板的弹性分开式结构,扣压件为螺栓弹条。铁垫板中心厚 27 mm,轨底坡 1:40,其下设有厚 20 mm 的弹性垫层,铁垫板与弹性垫层均采用硫化处理。扣件系统扣压力不小于 10 kN,防爬阻力大于 10 kN。高低调整量 +26 mm,−4 mm,左右位置调整量为 −4 ~ +2 mm,轨距调整量 −8 ~ +4 mm,调整级差为 1 mm。

三、施工组织

1. 劳动力配置表

主要劳动力配置见表 6-44。

表 6-44 劳动力配置

序号	作业内容	工 种	人数	备 注
1	轨道测量	测量员	3	提供准确的测量数据
2	模拟试算	技术员	1	确定调整数据,提供报表
3	现场位置确定标识	技术员	1	含轨道状态检查、复核
4	现场指挥	领工员	1	配合技术工作
5	工班长	线路工	2	
6	普 工		20	松、紧扣件,更换调整垫板
7	材料员		1	负责清理和供应调整扣件及其他
	合 计		29	技术 4 人,现场作业 25 人

2. 测量设备及工机具配置

主要测量设备及工机具配置见表 6-45。

表 6-45　测量设备及工机具配置

序　号	名称及规格	单位	数　量	备　注
1	GRP1000 轨检车	套	1	含全站仪及配套设备
2	电子水准仪	台	1	检查轨面高程
3	尼龙弦线(工务或自制)	根	2	30 m 以上弦线
4	道　尺	把	1	检查水平、轨距
5	塞　尺	把	2	检查密贴
6	钢板尺	把	4	检查正矢、钢轨宽度等
7	螺栓测力扭矩扳手	把	2	配螺栓套筒
8	起道器	台	4	
9	轨距拉杆(撑)	个	4	
10	电动扳手	把	4	配螺栓套筒
11	发电机	台	2	
12	撬棍	根	8	
13	小平车	台	2	
14	钢卷尺、直板尺	套	2	
15	对讲机	台	4	
16	手　锤	把	4	
17	刷　子	把	8	

四、关键施工技术及措施

(一)道岔精调技术及措施

1. 道岔静态调整技术标准

道岔静态调整技术标准详见表 6-46。

表 6-46　道岔静态调整技术标准

序号	指　标	允许偏差	检测方法	备注
1	轨　距	±1 mm	道尺、轨道几何状态测量仪	
2	轨距变化率	1/1 500		
3	水　平	±2 mm	道尺、轨道几何状态测量仪	
4	水平变化率	±2 mm/3 m		扭曲
5	轨向(短波)	±2 mm/3 m 30 m 弦(5 m 校核)	轨道几何状态测量仪	
		2 mm/10 m 弦	弦线	
6	轨向(长波)	10 mm/300 m 弦(150 m 校核)	轨道几何状态测量仪	
7	高低(短波)	2 mm/30 m 弦(5 m 校核)	轨道几何状态测量仪	
8	高低(短波)	2 mm/10 m 弦	弦线	
9	高低(长波)	10 mm/300 m 弦(150 m 校核)	轨道几何状态测量仪	

2. 道岔调整原则

（1）无砟道岔精调范围应包括道岔及前后各200 m的过渡段。

（2）建立道岔单元进行调整，原则上岔与岔之间距离小于200 m应单元调整。

（3）先整体，后局部；先直股，后曲股；先高低，后方向；转辙区和辙叉区少动；两端线路顺接。

（4）道岔调整时（方向和高低）应有基准线，平面和高程需要调整到基准线附近。

（5）对道岔影响最大的是方向和水平，需注意轨枕间平面、高程变化率。

（6）遵循"重检慎调"的原则：重视轨道检查，保证测量精度，加强数据分析，制定合理方案。

（7）现场调整时采用弦线复核小车数据，调整方案与现场符合后方可调整。

（8）精调施工作业区段测量、计算及作业人员和检测仪器配置采用相对固定的原则，减少系统误差。

（9）建立轨道几何状态的统一数据库，并加强管理，确保资料的可追溯性。

3. 施工准备

（1）清除轨道表面杂质与灰尘，逐枕对扣件组装质量进行检查与扭矩复拧，对每处钢轨焊缝平直度进行检查与处理。

（2）检查单元内道岔区、过渡段钢轨及扣件、岔枕、预埋螺栓（套筒）等是否存在缺陷，轨下胶垫是否安装正确，各种配件是否齐全、紧固。

（3）检查道岔尖轨与基本轨间、可动心轨与翼轨间的密贴间隙是否满足规定要求（尖轨、心轨第一牵引点以前≤0.5 mm，尖轨、心轨第一牵引点以后≤1 mm）。

（4）检查顶铁的密贴情况，对不达标处进行调整。

（5）检查尖轨与滑床台板、可动心轨与滑床台板密贴是否小于1 mm（包括直股和曲股）。

（6）检查钢轨轨底是否存在吊板现象，特别是带辊轮的位置。

（7）检查限位器的位置是否符合标准要求。

（8）复核转辙机支架是否水平安装，支撑螺栓是否到位。

（9）各种调整件准备到位，包括各种型号调高垫片、调整锥、轨距调整片、辊轮调整片等。

4. 密贴调整

在开始道岔轨道几何尺寸精调前，首先应对各项密贴不符合要求之处进行调整。重点控制"九密贴"：尖轨与基本轨、心轨与翼轨、短心轨与岔跟尖轨；尖轨与顶铁、心轨与顶铁、岔跟尖轨与顶铁；尖轨轨底与滑床台板；心轨与滑床台板；弹条中舌等密贴。

①轨底与滑床台板密贴：按照设计要求，当尖轨打开时，轨底与滑床台板间隙约0.7 mm；当尖轨闭合时，轨底与滑床台板应密贴，间隙小于1 mm，且不得连续出现。若不满足上述要求，可通过辊轮调整垫片进行调整。

②顶铁密贴：用塞尺逐一检查直尖轨与顶铁、心轨与顶铁的密贴，对间隙超过0.7 mm时

要予以调整,调整方法参照现场情况进行处理。严禁现场对道岔顶铁进行不可逆处理。

5. 测量数据采集及分析

(1)测量数据采集

①线路设计数据包括平曲线、竖曲线、超高、道岔关键点里程及坐标,收集道岔类型、曲股线形等设计数据。特别注意"尖轨尖端藏尖、心轨尖端藏尖、翼轨加高"道岔测量特殊点。

②将CPⅢ坐标数据导入全站仪,道岔相关线性要素输入轨检小车。

③道岔测量必须严格控制测量精度。经常对全站仪进行校准测量,每次设站前做好全站仪正反侧检查。每次设站精度严格控制在容许范围以内,后方交汇后视8个CPⅢ点,保证测站中误差限差满足以下标准:X:0.7 mm H:0.7 mm Y:0.7 mm 方向:1″。

④测量时应在条件允许的情况下尽量按照全站仪的使用要求进行测量。考虑天气、太阳直射、雾气、雨后大气湍流等因素,选择最佳的测量时间。在阳光下测量时一定要使用遮阳伞。

⑤测量时将全站仪架设在轨道中心,以减小测距误差对轨道横向偏移的影响,且在测量过程中,全站仪不受干扰。全站仪设站好后,应由设站人员看护,注意水准气泡是否居中。

⑥数据采集时保证每站最远55~60 m,每个承轨台逐个采集。

⑦道岔直向轨道线形测量。将道岔尖轨、心轨转至直向位置并锁闭,使用轨检小车完成道岔直向线形测量。

⑧道岔曲向轨道线形测量。将道岔尖轨、心轨转至侧向位置并锁闭,使用轨检小车完成道岔曲向线形测量。

⑨正线道岔单独测量时,用轨检小车与两端线路搭接长度不少于70 m的轨道线形进行测量,保证道岔与轨道的顺接。

⑩道岔前后200 m正线轨道范围应纳入道岔区一起测量,以控制道岔整体平顺性。

(2)测量数据分析处理

①道岔精调数据分析要根据采集的道岔前、后段正线数据一起分析。

②道岔数据分析可利用精调软件分析,模拟出道岔调整量;可通过报表生成CSV文件导入Excel进行分析和调整;可直接通过生成PDF文件,根据PDF报表进行计算分析。

③数据分析原理是先分析基准轨,后分析非基准轨,先整体后局部。整体分析根据300 m长波分析,局部根据30 m短波分析。平面位置基准轨根据30 m短波控制在1.4 mm以下,非基准轨通过轨距控制,相邻两承轨台轨距变化控制在0.6 mm以下。高程分析是先分析高程基准轨,保证30 m短波控制在1.4 mm以下;非基准轨通过超高来控制,超高控制在1 mm以内,并确保两侧钢轨正反超高不交替出现。

④道岔结构特殊位置,其轨道轨距、方向应以优先直向兼顾曲向的原则单独评估。

⑤轨检小车数据说明(以AMBERG小车为例)轨检小车数据报表主要有1~8项,

具体说明：

a. 轨枕号：岔枕编号。

b. 里程：测量对应的线路里程，是查找动态数据缺陷的依据。

c. 绝对精度（竖曲线）：表示直基本轨的高低状态。正值表示钢轨实测高程比设计高程低；负值表示钢轨实测高程比设计高程高。

d. 绝对精度（平曲线）：表示直尖轨的平顺度。从小里程往大里程方向，正值表示钢轨向左偏，负值表示钢轨向右偏。

e. 相对精度（超高）：表示直尖轨相对于直基本轨的高低状态。正值表示直尖轨比直基本轨低，负值表示直尖轨比直基本轨高。

f. 相对精度（轨距）：正值表示实测轨距比设计轨距小，负值表示实测轨距比设计轨距大。

g. 相对精度（竖曲线）：是通过绝对精度（竖曲线）一栏中 30 m 弦 5 m 间距测点的计算差值。它是反映竖曲线是否超标的依据。

h. 相对精度（平曲线）：是通过绝对精度（平曲线）一栏中 30 m 弦 5 m 间距测点的计算差值。它是反应平曲线是否超标的依据。

（3）调整量计算

使用专门的软件对轨道线形进行调整，调整量计算应遵循"保证直股，兼顾曲股；转辙器及辙叉区少动，两端线路顺接"的原则。道岔轨道线形超差调整量计算，应将平面、轨距、方向和高程、水平、高低分开计算。

6. 轨道精调

（1）精调基本方法

①精调基准：高程以基本轨（外轨）为基准轨、平面以尖轨（内轨）为基准轨。

②精调方法：精调小车辅助人工调整

a. 转辙器区：先用轨检小车将尖轨前端（18 号岔 3 号、42 号岔 2 号承轨台）及跟端（18 号岔 40 号、42 号岔 75 号承轨台）处平面、高程及轨距调整到位，然后利用弦线调整直基本轨平面位置、利用轨距调整直尖轨平面位置，再开通曲股检查曲尖轨与直基本轨的密贴，控制尖轨前端与基本轨间隙 0.5 mm、其余部分 1 mm 以内。同时，用轨检小车调整高程。

b. 辙叉区：利用轨检小车调整平面及高程，注意 18 号岔 94 号承轨台、42 号岔 195 号承轨台处轨距加宽（心轨藏尖）。

c. 连接部分：利用轨检小车先调整直股的平面及高程，再调整曲股的平面及高程（也可利用支距与轨距调整曲股的平面）。

（2）现场作业

平面及轨距采用偏心锥套调整，预装偏心锥为 0 号，调整型号有 2 mm、4 mm、6 mm、8 mm、10 mm、12 mm 六种，2 mm 一级，调整范围为 -12 ~ +12 mm，一般使用 2 mm、4 mm、6 mm 较多。

高程采用 Upf 调高垫片调整,预装垫片为 6 mm,调整型号有 2 mm、3 mm、4.75 mm、6 mm、10 mm 五种,1 mm 一级,调整范围为 -4~26 mm,一般使用 2 mm、3 mm 较多。

①高程调整

高程调整时,先基准轨、再非基准轨。

根据调整方案,在需要调整的承轨台位置先用电子道尺测量轨距并标记在相应承轨台上,用电动扳手松开 M27 螺杆,用起道机抬起钢轨,根据调整数据更换调高垫片;松开压机,调整钢轨平面位置使调整后的轨距与松开前测量的轨距保持一致;电动扳手紧固 M27 螺杆使其扭矩达到 300 N·m;做好现场调整记录。

在基准轨调整完成后,采用电子道尺测量水平进行非基准轨调整。如果某一区段只需调整高程而不需调整平面位置时,在高程调整到位后一定要通过电子道尺测量轨距,使平面恢复至调整前的位置再紧固 M27 螺杆。

关键点:在更换调高垫片调整高程时,应严格控制平面位置。

②平面及轨距调整

a. 转辙器区

转辙器区平面调整时,先直基本轨,再曲基本轨。

直基本轨调整:沿道岔直基本轨外侧在转辙器范围拉 30 m 弦线,使轨台上,对偏差大于 1 mm 的点,通过更换不同型号的偏心锥调整。电动扳手紧固 M27 螺杆使其扭矩达到 300 N·m;做好现场调整记录。

关键点:宜通过计算加宽区中心线线形并输入轨检小车,利用轨检小车数据进行分析调整。

曲基本轨调整:直基本轨调整到位后,用支矩尺检查曲基本轨与直基本轨框架尺寸,对偏差超过 ±1 mm 的点通过更换偏心锥进行调整。或采用电子道尺测量直向轨距,对偏差超过 ±1 mm 的点,通过更换偏心锥进行调整。其扭矩达到 300 N·m,做好现场调整记录。

b. 辙叉区

辙叉区岔心原则上不作调整,利用轨距调整岔心两侧钢轨平面。

c. 连接区调整

直导轨采用 30 m 弦线向岔后方向平移,两次张线时搭接区不应小于 10 m,用钢板尺测量每个承轨台相应弦线距导轨外侧的距离,对偏差大于 1 mm 的点通过更换偏心锥予以调整。通过控制直向轨距调整直尖轨后导轨平面。通过控制支距调整曲导轨平面。通过控制曲向轨距调整曲基本轨后导轨平面。

③其他要求

a. 直向调整时,同时完成道岔前后线路方向的调整。

b. 直向调整完成后,通过轨距检查核对轨道线形质量。

c. 调整完成后,用轨检小车复测道岔轨道线形数据,并评估和计算新的线形调整量。

（3）注意事项

①道岔调整时，扣件不宜连续松开10个。

②牵引点处前后轨距宁大勿小，以确保密贴及轨距均匀变化。

③平面调整时，宜从调整区中间向两侧调整，以消除累计误差。

④在同一区段平面和高程都需要调整时，高程和平面应同时调整，以减少扣件拆除次数。

⑤道岔调整时，严禁同时松开两股钢轨扣件。

图6-58为现场数据采集作业。

图6-58　现场数据采集作业

（二）道岔工电联调技术及措施

1. 工电联调基本流程及要求

道岔电务转换设备安装调试完成后，线路联调联试前需进行道岔工电联调。道岔工电联调主要由工务和电务人员相互配合对工电结合部设备进行系统调整，既要保证道岔轨距、方向、密贴和间隔等几何尺寸符合要求，还要保证转换、锁闭装置等电务设备工作性能达到要求，使道岔转换稳定、安全、可靠。

道岔工电联调应在道岔线形调整达标之后进行。先进行锁闭装置调试，根据各牵引点处的开口和锁闭行程实测值，按设计要求调整转辙器的开口值、锁闭行程；锁闭装置调整完毕后进行4 mm不锁闭测试，检测、尖轨（心轨）密贴，检测转换力等。如果4 mm不锁闭测试、道岔几何尺寸、尖轨、心轨密贴、转换拉力等任何一项不符合要求，则需查明原因，局部细调轨距、支距及轨向，重点调整尖轨、心轨密贴，重新调整转换设备，检测各项指标，如此反复调试直至符合要求。

经过道岔工电联调后，电务转换设备应保证可动机构在转动过程中动作平稳、灵活，无卡阻现象，转换阻力满足设计指标，锁闭装置正确锁闭、表示正确。道岔轨距、方向、密贴和间隔等检测项点达到设计要求。道岔工电联调后主要指标要求见表6-47。

表 6-47　道岔工电联调后主要指标技术标准

项目	轨距(1 435 mm)	框架尺寸(mm)	顶铁缝隙	滑床板缝隙	尖轨密贴
允许偏差	±1 mm	±1 mm	≤1 mm	不允许超过 1 mm,且不得连续等于 1 mm	尖轨、心轨第一牵引点以前≤0.5 mm,尖轨、心轨第一牵引点以后≤1 mm

2. 常见问题及应对措施

（1）验收标准—道岔静态宏观密贴问题

《道岔转换设备安装技术条件(暂行)》(运基信号〔2010〕386 号文)等规范要求"尖轨与基本轨、心轨与翼轨应达到静态宏观密贴,尖轨与基本轨,心轨与翼轨间牵引点中心处允许有不大于 0.5 mm 的间隙",在道岔工电联调过程中,部分单位将"静态宏观密贴"理解为"自然密贴",认为进行密贴检查时不能施加任何外力,并以此作为工电联调前道岔铺设状态的验收要求。由于道岔线形设计、结构构造、制造工艺、铺设精度等多方面因素的影响,现场道岔实际均无法达到"自然密贴"要求,从而使工电联调工作一度陷入僵局。后经哈大客专公司组织专家研讨,对此作出专门解读,认为道岔验收进行静态宏观密贴检测时,在牵引点处施加外力条件下,密贴满足"第一牵引点前缝隙小于 0.5 mm,其余部位小于 1.0 mm"要求即可。哈大高铁全线道岔尖轨与基本轨密贴状态较好,大多数岔自然状态下尖轨尖端缝隙小于 3 mm,在牵引点用撬棍、钩锁器等施加外力作用下密贴满足要求。

（2）不足位移

道岔尖轨和心轨不足位移问题比较突出,普遍存在 2 mm 左右的不足位移,分析原因如下:①滑床板台板与活动轨件(尖轨、心轨)轨底存在摩擦阻力,最后牵引点至固定端距离较长,在摩擦阻力作用下变形不足是产生不足位移的主要原因。②细长轨件也存在一定弹性恢复滞后或残余。③活动轨件弯折残余应力释放。④国产钢轨材质不均变形规律性差。⑤对于心轨还存在侧股后端滑移摩擦阻力对轨件产生的弯矩影响。⑥道岔铺设后至运营前,长期采用钩锁器锁定,造成活动轨件不能自由伸缩后导致轨件塑性变形,是不足位移产生的重要原因。⑦影响不足位移大小的其他因素还有环境温度变化,台板与尖轨轨底摩擦阻力变化等。

应对措施:

①为确保道岔的密贴,考虑国产道岔的设计线形、钢轨材质、生产工艺等因素,道岔尖轨制造时均进行了反变形设置,这样可较大程度减缓不足位移。

②现场调整时主要采取活动轨件的反变形处理、活动轨件固定端方向调整、减小摩擦阻力和调整特殊部位顶铁顶靠等措施对不足位移进行修正。

（3）尖轨和心轨密贴问题

在工电联调中,尖轨和心轨与基本轨或翼轨不密贴的问题比较多,主要原因有以下几点:①存在不足位移。②铺设状态原因引起,如框架位置、尺寸、方向不良。③各种原因引起的尖轨(心轨)本身形变,如硬弯、温度变形等。④结构件组装误差积累。

在保证线形的前提下,采取调整根端固件方向,反变形顶调、调整顶铁、轨距等措施。

(4)尖轨虚开问题

原因分析:①在道岔尖轨牵引点之间、牵引点至固定端之间进行的反变形设置,导致尖轨虚开现象比较普遍。②尖轨在辊轮上横移,转换速度的惯性也会造成一定的虚开现象。

应对措施:在充分保证不足位移、牵引点间密贴的前提下,适当减少反变形量,确保在自然状态下尖轨虚开量控制在 8 mm 以内,使用防跳限位装置将尖轨开程控制在 ± 3 mm 以内,以避免虚开口过大损伤到转辙器表示缺口。

(5)转辙机锁闭框两侧垫片调整厚度不均问题

原因分析:① 尖轨由于道岔在设计时直、曲股的尖轨轨腰至非工作边尺寸不一致,且转换设备为满足现场便于更换而设计成尺寸一致的通用件,导致锁闭铁与锁闭框间调整片出现厚度不均现象,尖轨第二牵引点处理论上内、外侧的调整片厚度分别为 10 mm、3 mm,但考虑道岔尖轨、锁闭框等组件制造公差累积的影响,个别道岔在该处的加片不均现象尤为明显,甚至出现尖轨外侧不能预置调整片的现象。②心轨二动转换设备与心轨为间接连接,影响因素多,且处于翼轨最大弯折角度之间,工电尺寸保证困难;为减小转换力,多数心轨反位时转换不到位,也是造成心轨二动范围调整片厚度偏少的重要原因。

处理措施:预置调整片的数量,现有规范没有明确要求,为确保道岔运营过程中转换设备的调整和维修,以及尖轨密贴调整的需要,根据现场实际情况和其他高铁的验收经验,锁闭框应能至少预置 1 mm 厚调整片,验收过程中,由道岔厂家要对不能预置调整片的组件进行整改。

(6)尖轨夹异物检测超标问题

根据《道岔转换设备安装技术条件(暂行)》(运基信号〔2010〕386 号文)的要求,尖轨的密贴段,在牵引点间设密贴检查器,有 5 mm 及以上水平间隙时,不应接通道岔表示。现场尖轨夹异物超标的现象为道岔密贴检查器调整不到位引起的。心轨牵引点间的夹异物也是影响安全的重要因素,但是受可动心轨辙叉结构影响,在道岔设计中还未形成心轨牵引点间的夹异物检测设备,因此该项未纳入道岔检查项目。尖轨夹异物检测超标的现象,在现场工电联调中,对密检器进行调整,使其达到相关验收要求即可。

(7)转换阻力偏大问题

如果道岔转换阻力检测超标,则应查明原因后进行调整,确保转换阻力小于设计指标。

① 检查滑床板是否有沙粒、污垢并处理干净及滑床板涂油(少量)减小摩擦阻力。

②检查顶铁段是否与尖轨密贴死,从而顶住尖轨影响其余部位密贴,使转换阻力增大。如有此情况时,打磨顶铁来降低转换阻力。

③转辙机内部摩擦阻力偏大,使转换阻力偏大时,调试转辙机内部达到降低转换

阻力。

哈大高铁道岔工电联调后,经测试转换阻力符合要求。表 6-48 为现场转换阻力检测结果。

表 6-48 哈大高铁 18 号道岔转换阻力测试结果

位置	理论转换力(N)	额定转换力(N)		现场实测转换力(辽阳站 4 号道岔实测数据)(kN)
		沈大段(西安信号厂)	沈哈段(西门子)	
尖一	712	2 500	3 000	1.25(定位)/1.8(反位)
尖二	294	2 500	3 000	1.6(定位)/0.88(反位)
尖三	2 832	4 000	4 000	3.1(定位)/3.28(反位)
心一	1 080	2 500	3 000	2.2(定位)/2.35(反位)
心二	4 000	4 000	4 000	2.6(定位)/2.86(反位)

五、主要管理措施

(1)道岔动态精调特点

联调联试期间通过动检车组逐级提速试验,除了考量轨道几何尺寸指标外,还要考量道岔的动力学指标;考核动车组直、侧向通过高铁道岔的安全性、平稳性和旅客舒适性,检测翼轨、心轨、扣件系统、转换和锁闭装置、轨枕埋入式无砟轨道等关键部件的适应性,验证道岔轨道刚度的合理性、岔区轨道刚度的均匀性、道岔前后轨道刚度的过渡的平顺性。由于道岔结构在动荷载作用下各种形变、结构响应比较复杂,影响轨道指标超限的因素多,超限点位的确定与查找也比较困难,因此动态调整技术难度比较大。

(2)动态检测中出现的一些主要问题

哈大高铁联调联试期间,尤其是提速试验后期,Ⅱ级及以上超限点主要出现在道岔区或其前后线路,根治也比较困难。

①长波高低、方向问题。此类问题比较常见,主要原因是道岔与前后线路顺接不良。在精调时,道岔精调与线路精调采集数据应相互覆盖,以道岔为主,道岔后 200 m 与道岔一起精调。

②道岔尖轨及心轨前端检测大轨距超限问题。轨检车对道岔尖轨及可动心尖轨尖端刨切面处检测,数据经常反映出Ⅱ级及以上大轨距病害,而现场检查则尺寸正常。这种情况可能是由于道岔尖轨及可动心尖轨采用藏尖式设计,基本轨作用边下部刨切较多以致动态检测数据失真。此问题属道岔本身结构所致,需动态检测单位和铁路局工务、道岔厂家等单位专业人员现场排查确认。

③三角坑病害。动检数据反映出的三角坑超限点,在经小车检测无法找到病害时,应现场眼穿线形,以线形相对较好的那根钢轨为基准轨,用电子道尺排列检测水平,以现场检测数据分析做相应整改。

④心轨区域病害问题。动态检测心轨区域出现的病害比较多,也比较难整改到位。

因其他因素无法调整心轨时,先找准病害出处,在对应的基本轨上做出相应整改,整改应根据现场病害数据大小及基本轨线形来进行。

六、主要成效

中铁二局哈大项目部率先在哈大高铁沈大段完成了无砟轨道精调施工任务,2012年12月1日哈大高铁通过验收,正式开通运营。建成后的无砟道岔外形美观、轨道平顺度好、行车舒适度高,采用高精度测量设备以及相适应的测量、调整方法保证了道岔施工测量精度。

第七章　精密测量工程

哈大高铁精密测量工作由平面控制网测量、高程控制网测量和沉降变形观测三大块组成,平面控制网又分为 CPⅠ、CPⅡ、CPⅢ 三级,高程控制网分为线路水准基点控制网和 CPⅢ 控制网两级。精密测量是建设高标准高精度高速铁路的基础,贯穿整个哈大高铁建设全过程,测量项目多、周期长、工作量大,气候环境恶劣,许多问题都是第一次遇到,测量及评估技术标准也是在建设过程中不断修正完善,哈大精密测量所积累的宝贵经验可为类似工程提供有益的借鉴。

第一节　高速铁路精密控制网复测

一、工程概况

我国铁路工程测量要求勘测控制网、施工控制网、运营维护控制网必须统一坐标系统和起算基准,即"三网合一",保证铁路在勘测、施工、竣工和运营各阶段测量数据的基准统一。高速铁路精密控制网包括基础平面控制网 CPⅠ,线路平面控制网 CPⅡ 及线路水准基点控制网,CPⅠ 控制点每 4 km 设置一对或设置 1 个,CPⅡ 控制点 600 ~ 800 m 设置一个,线路水准点 2 km 左右设计一个。

除在工程开工前应对 CPⅠ、CPⅡ 控制网进行复测外,工程施工期间应定期进行全面复测,在 CPⅢ 轨道控制网建网测量前也应进行复测。

二、工程特点及难点

1. CPⅠ 采用二等 GPS 测量精度施测,CPⅡ 采用三等 GPS 测量精度施测,控制网布设为由大地四边形或三角形为基本图形的带状网,控制网平差后,通过比较复测坐标与设计坐标的差值及比较相邻控制点 X、Y 坐标差之差的相对精度,判定 CPⅠ、CPⅡ 平面控制网精度是满足精度要求。

2. 高程控制网采用二等水准测量进行复测,逐点复测相邻水准点间的高差,通过将复测高差与设计高差进行对照,若复测高差与设计高差之差满足精度要求,则证明设计水准点成果满足精度要求。

3. 若复测结果表明设计成果满足精度要求,应采用设计成果进行施工,若复测结果与设计成果的比较结果超过限差要求,应对超限成果进行第二次复测予以确认,确认设计成果超限的应和设计单位联系对超限成果进行更新。

三、施工组织

1. 劳动力组织

复测工作共分平面和高程两部分,平面控制网复测劳动力主要与投入的 GPS 接收机数量有关,一般每台 GPS 由 1 人负责操作,另需要组织调度、数据处理人员各一名。水准点复测与投入的水准观测组有关,可根据工期要求安排水准测量组,按每组人员定额组织劳动力。

(1)GPS 测量劳动力组织(表 7-1)

表 7-1　GPS 测量劳动力组织

序号	工作项目	主要作业内容	人　数	
			测量技术员	测量工
1	GPS 观测	操作 GPS,一般需 6 台,每台由 1 人操作		6
2	组织调度	协调各 GPS 观测人员按作业计划进行观测	1	
3	数据处理	GPS 数据处理	1	
		小　计	2	6

(2)水准测量劳动力组织(表 7-2)

表 7-2　水准测量劳动力组织

序号	工作项目	主要作业内容	人　数	
			测量技术员	测量工
1	水准仪观测	操作水准仪、全面协调	1	
2	前　尺	扶　尺		1
3	后　尺	扶　尺		1
4	记　录	记录观测数据		1
		小　计	1	3

2. 材料与设备

平面控制点复测主要应用 GPS 接收机,一般需要 6 台,根据测量工期需要可适当增加或减少,但最少不能少于 4 台。

水准点复测主要使用水准仪及水准尺,一个水准测量小组需要一套,根据工期需要配置。

(1)GPS 测量设备配置

GPS 测量设备配置见表 7-3。

表 7-3　一个 GPS 测量组设备配置

序号	机具设备名称	规格型号	单 位	数 量	用 途
1	GPS 接收机	5 mm + 1 ppm	台	6	接收 GPS 数据
2	小 钢 尺	2 m	把	6	丈量仪器高

（2）水准测量设备配置

准测量设备配置见表7-4。

表7-4　一个水准测量组设备配置

序号	机具设备名称	规格型号	单位	数量	用　途
1	电子水准仪	DS05	台	1	水准测量
2	水准尺	因瓦	把	2	水准测量
3	尺　垫	5 kg	只	2	水准测量

四、关键施工技术及措施

1. 测量工艺流程

测量流程如图7-1所示。

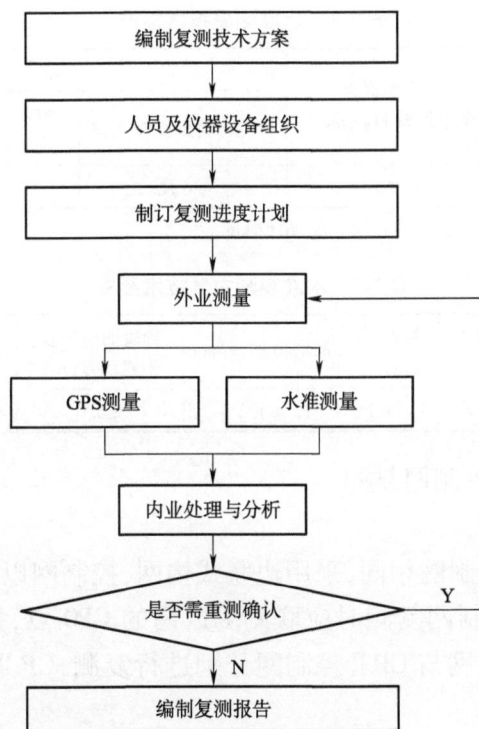

图7-1　CPⅠ、CPⅡ复测流程示意

　　测量前,应编制复测技术方案,根据测量工期调配测量设备和组织测量人员,为保证复测按工期要求有序开展,应制订复测进度计划。复测包括GPS测量和水准测量,外业数据采集完成后对测量数据进行处理,对超限数据或者超限结果进行分析,对不满足精度的数据进行补测或重测,数据处理完成后编制内容齐全的复测报告。

2. 操作要点

（1）复测技术要求

高程控制网复测技术要求见表7-5和表7-6,CPⅠ、CPⅡ精密控制网复测技术要求见表7-7和表7-8。

表7-5　GPS测量精度指标

控制网级别	测量等级	基线边方向中误差	最弱边相对中误差
CPⅠ	二等	≤1.3″	1/180 000
CPⅡ	三等	≤1.7″	1/100 000

表7-6　GPS接收机精度指标

测量等级	二等	三等
a(mm)	≤5	≤5
b(mm/km)	≤1	≤1

注:a—接收机固定误差(mm);b—接收机比例误差系数(mm/km)。

表7-7　水准测量技术标准

水准测量等级	每千米高差偶然中误差 $M_\triangle$(mm)	每千米高差全中误差 M_W(mm)	限　　差(mm)		
			检测已测段高差之差	测段、路线往返测高差不符值	附合路线或环线闭合差
二等	≤1	≤2	$\pm6\sqrt{L}$	$\pm4\sqrt{L}$	$\pm4\sqrt{L}$

注:表中 L 为往返测段、附合或环线的线路正线长度,单位 km。

表7-8　水准观测主要技术要求

仪器	等级	水准尺类型	水准仪等级	视距(m)	前后视距差(m)	测段的前后视距累积差(m)	视线高度(m)	数字水准仪重复测量次数
数字水准仪	二等	因瓦	$DS_{0.5}$	≥3 且≤50	≤1.5	≤6.0	≤2.8 且≥0.55	≥2 次

（2）CPⅠ、CPⅡ平面控制网复测

①GPS测量网形设计

构网方式应与设计控制网相同,采用边联式构网,控制网以大地四边形或三角形为基本图形组成带状网,控制网复测时应联测测区内的 CP0 点,并应向相邻标段延伸测量一对 CPⅠ点,CPⅠ控制网与 CPⅡ控制网分别进行复测,CPⅡ控制网应与所有 CPⅠ控制点联测。

②GPS外业观测

a. 作业人员必须严格遵守调度命令,按规定时间同步观测。当没按计划到达点位时,应及时通知其他各作业人员,并经观测计划编制者同意后对观测时段作必要调整,各作业人员不得擅自更改观测计划。

b. 检查接收机的电源电缆、天线电缆等项连接正确,接收机预置状态和工作状态正常后,方能启动接收机开始测量。

c. 每个时段观测前后,应分别量取天线高,两次量测值互差不大于 2 mm,取平均值作为最终天线高。当互差超限时,应查明原因,提出处理意见并记入测量手簿。观测中,作业员应使用2H铅笔逐项填写测量手簿。一个时段观测结束后,应改变仪器高度重新对中整平仪器,再进行第二时段的观测。

d. 接收机开始记录数据后,应及时将测站名、测站号、时段号、天线高等信息记录在手簿上。同时应注意仪器的警告信息,及时处理各种特殊情况。

e. 一个时段观测过程中严禁进行以下操作:关闭接收机重新启动,进行自测试,改变接收设备预置参数,改变天线位置,按关闭和删除文件功能键等。

f. 静置和观测期间应防止仪器震动,不得移动仪器,要防止人员或其他物体碰动天线或阻挡信号。

g. 在作业过程中,不应在天线附近使用无线电通信。当必须使用时,对讲机应距天线10 m以上,车载电台应距天线50 m以上。

h. 经检查,调度命令已执行完毕,所有规定的作业项目已完成并符合要求,记录和资料完整无误,且将点位标识和觇标恢复原状后方可执行下一个调度命令。

③GPS数据处理

a. 基线处理

GPS平面控制网采用GPS商业处理软件进行基线解算和平差处理;基线处理时删除观测条件差的时段和观测条件差的卫星不让其参与平差。对GPS观测数据进行独立基线向量闭合差、重复基线差进行计算检核,对超限的基线应进行重测,确保基线解算的质量。

(a)独立基线向量闭合差

独立闭合环闭合差是检验基线向量网质量的一项重要技术指标,当满足限差要求时,能说明组成基线向量网的所有基线解算质量合格、成果可靠。GPS控制基线向量网所有独立闭合环闭合差应符合下式规定:

$$W_x \leq 3\sqrt{n}\sigma \qquad W_y \leq 3\sqrt{n}\sigma$$
$$W_z \leq 3\sqrt{n}\sigma \qquad W_S \leq 3\sqrt{n}\sigma$$

n为闭合环边数,σ为基线长度中误差(mm)。

其中$\sigma = \pm\sqrt{a^2 + (b*d)^2}$,$a$为固定误差(mm),$b$为比例误差(mm),$d$为基线或环的平均边长、单位为(km)。

(b)重复基线差

同一基线不同时段重复观测基线较差ds应小于等于$2\sqrt{2}\sigma$(mm)。

b. 无约束平差

基线解算完成后,对所需的基线解进行选择,形成基线向量文件,在WGS-84椭球下进行控制网三维向量无约束平差。无约束平差中基线向量各分量的改正数的绝对值应满足如下要求:

$$V\Delta X \leq 3\sigma$$
$$V\Delta Y \leq 3\sigma$$

$$V\Delta Z \leqslant 3\sigma$$

c. 约束平差

CPⅠ约束平差前,应先进行起算点稳定性检验,固定测区内满足起算点精度要求的 CP0 点或与标段衔接处共用控制点,进行约束平差,CPⅡ控制网约束平差应固定经过确认精度可靠的 CPⅠ控制点成果进行约束平差,约束平差后通过坐标转换将成果转换至各投影分带的施工独立坐标系中,平差后基线边精度应满足要求。

整体约束平差中基线向量各分量改正数与无约束平差同一基线改正数较差的绝对值应满足如下要求:

$$dV\Delta X \leqslant 2\sigma$$
$$dV\Delta Y \leqslant 2\sigma$$
$$dV\Delta Z \leqslant 2\sigma$$

(3)水准点复测

①与相邻标段的联测

高程控制网复测时,应联测相邻标段至少各一个水准点,并经过施工双方确认。

②水准测量外业观测

a. 二等水准复测采用精密电子水准仪及配套的条码水准标尺。水准路线采用往返观测,并沿同一条路线进行,观测顺序如下:奇数站为后—前—前—后,偶数站为前—后—后—前。

b. 测量时,保证前后视距相等,减少仪器 i 角对高差观测的影响。

c. 作业前及使用过程中检查与校正 i 角,保证 i 角绝对值在作业过程中均不超过15″。

d. 采用竹竿辅助安置水准尺,确保水准尺在观测时处于竖直状态。

e. 为了保证水准尺的稳定性,选用 5 kg 尺垫,将尺垫安放在坚实的地方踩实以防止尺垫下沉。

f. 在连续各测站上安置水准仪的脚架时,使其两脚与水准线路的方向平行,而第三脚轮换置于线路方向的左侧与右侧。

g. 前视标尺上点时,应按偶数站原则上点。

h. 水准路线采用往返观测,并沿同一条路线进行。每一测段均采用偶数站结束,由往测转为返测时,互换前后尺再进行观测。

③水准测量数据处理

水准测量作业结束后,每条水准路线按复测与设计的高差不符值计算每千米高差偶然中误差 M_Δ;M_Δ 按下列公式计算:

$$M_\Delta = \sqrt{\frac{1}{4n}\left[\frac{\Delta\Delta}{L}\right]}$$

式中:Δ——测段高差不符值(mm);

L——测段长(km);

n——测段数。

当计算的偶然中误差 M_Δ 小于 1 mm，说明测量精度满足要求，若大于 1 mm，应对往返测不符值较大的测段进行重测，直到精度满足要求。

检核外业数据满足精度要求后，对相邻水准点高差进行统计分析，并对复测水准点高程进行平差计算。

（4）复测成果的判定

①复测成果的判定原则

a. CP I 控制网复测评判方法及标准

首先根据 CP I 复测网的异步环、重复基线差、坐标点位精度的统计，确认 CP I 复测网精度满足二等 GPS 网的各项技术要求，对 CP I 控制点复测坐标与设计坐标进行比较，当 X、Y 坐标差值不大于 ±20 mm 且相邻点间坐标差之差的相对精度小于 1/130 000 时，认为设计单位所交 CP I 控制点精度满足规范要求。

b. CP II 控制网复测评判方法及标准

对 CP II 控制点复测坐标与设计坐标进行比较，当 X、Y 坐标差值不大于 ±15 mm 且相邻点间坐标差之差的相对精度小于 1/80 000 时，认为设计单位所交 CP II 控制点精度满足规范要求。

c. 二等水准复测评判方法及标准

逐点复核相邻水准点之间的高差，复测高差值与设计高差之差 $\leqslant \pm 6\sqrt{L}$ 时，认为设计单位所交二等水准点精度满足规范要求，为分析测区是否有显著的区域沉降，还应以深埋水准点为起算点，对复测高程进行平差，将复测高程与设计高程进行比较和分析。

②超限处理

当复测结果与设计单位提供的勘测成果不符时，必须重新复测。当确认设计单位勘测资料有误或精度不符合规定要求时，应与设计单位协商对勘测成果进行改正。

（5）复测结束后应提交的成果资料

①复测技术报告；

②控制点复测 GPS 网图、复测水准路线图；

③平面控制点复测平差报告；

④水准点复测平差报告；

⑤平面控制点复测坐标与设计坐标比较表；

⑥复测相邻控制点间坐标差之差相对精度统计表；

⑦相邻水准点间复测与设计高差比较表；

⑧水准点高程比较表。

五、主要管理措施

1. 质量措施

（1）严格质量标准

严格按照《高速铁路工程测量规范》《铁路工程卫星定位测量规范》《国家一、二等水准测量规范》组织施工。

（2）通过技术手段确保工程质量

①站周围影响数据接收的障碍物进行清理。

②选择该测区卫星分布较好观测时段进行观测，提高观测质量。

③剔除观测质量差的观测时段，提高基线结算精度。

④GPS组网平差时剔除短边基线，避免短边基线相对精度无法满足精度要求。

⑤必要时对观测精度差的测站进行重测，并重新对基线进行解算。

⑥水准测量前应检测和校正水准仪 I 角。

⑦水准测量观测过程中，有太阳时，应为水准仪打遮阳伞。

⑧水准测量观测过程中应采用竹竿辅助立尺将水准尺扶直。

⑨复测成果与设计成果差值超限时必须对超限控制点再次测量进行确认。

2. 安全措施

（1）测前进行安全教育和安全技能培训。

（2）制订行车计划，对车辆进行安全检查，严禁疲劳驾驶。

（3）禁止酒后生产作业。禁食不易识别的野菜、野果、野生菌菇等。

（4）作业时穿戴好防护用品，防止滑倒和蚊虫叮咬。

（5）进入环境不熟悉的无人区应找向导带路，防止迷路。

（6）仪器运送时，应由专人负责护送，并将仪器装入专门的运输箱内，放置仪器的地方要安全妥当，并应清洁和干燥。

（7）仪器开箱时，应防止滑落损坏，作业过程中，应小心操作，随时有人防护，并注意防尘防潮。

3. 环保措施

测量作业期间不随意丢弃杂物，不得乱砍乱伐林木，林区不得使用火种，不得污染水源。

六、主要成效

1. GPS 和电子水准仪配合数据采集软件进行，实现了外精密控制网复测，外业数据采集与内业数据处理自动化程度高，提高了测量效率，缩短了测量工期，取得了良好的经济社会效益。

2. 精密控制网复测成果顺利通过评估单位的评估验收，及时为土建工程开工提供了精确可靠的控制网成果，为高速铁路精密控制网复测积累了宝贵的经验，总结了高速铁路精密控制网复测的流程、工艺和方法，可为同类测量工程提供有益的借鉴。

第二节　路基沉降变形观测与评估

一、施工组织

路基沉降观测由施工作业队组建沉降观测小组完成,一个观测小组由 3 人组成,其中仪器观测人员 1 人,扶尺 2 人;一个观测小组配置天宝 DINI03 电子水准仪 1 套,电子水准仪标称精度为每公里水准测量偶然中误差为 ±0.3 mm,电脑 1 台,数据处理软件一套,交通车辆 1 台。约 6~7 km 设置一个沉降观测组,共设 14 个沉降观测组。

二、路基沉降观测埋设施工及技术措施

沉降观测工作开展前,根据设计图纸对施工范围内所有路基观测断面进行统计,沉降变形观测断面统计表的内容包括:断面序号、断面里程、断面类型(A1、A2、B1、B2、C、D、E1、E2、F1、F2、G 等 11 种类型)、观测元件的埋设数量,统计表后附各种观测断面类型观测点布设示意图。

1. 观测断面及观测点的埋设原则

(1)沉降变形观测断面根据不用的地基条件、地基处理方法、路堤高度、堆载预压,不同的结构部位等具体情况设置;测点的设置位置满足设计要求,同时还针对施工掌握的地质、地形等情况调整或增设。

(2)观测点设在同一横断面上,有利于测点的看护,便于集中观测,统一观测频率,更重要的是便于各观测项目数据的综合分析。

(3)原则上路基观测断面沿线路方向的间距不大于 50 m,地势平坦、地基条件均匀良好的路堑、高度小于 5 m 的路堤可以放宽到 100 m;根据工点长度、工程地质条件观测断面的数量可加以调整;地质变化大和过渡段均应适当加密观测断面。

(4)路基填筑至设计标高或堆载预压后,在路基面设观测桩进行路基面沉降观测时间不少于 6 个月。根据观测结果分析评价地基的最终沉降量完成时间,及时调整设计措施使地基处理达到预定的控制要求。同时作为竣工验收时控制沉降量的依据。

(5)过渡段必须在不同结构物的起点设置沉降观测断面,距结构物起点 5~10 m、20~30 m、50 m 处分别设置观测断面。剖面沉降沿线路斜向对角线连续布置沉降管并在沉降管口设置沉降观测桩。

本项目施工管段共设路基观测断面 1 232 个,观测点及观测元件的埋设位置符合设计要求且标设准确、埋设稳定。观测期间对观测点采取有效的保护措施,防止施工机械碰撞与人为因素破坏,观测工作做到善始善终,取得满意成果。

2. 沉降变形观测元件埋设

(1)沉降板的埋设

①沉降板几何尺寸

沉降板由底板、金属测杆(ϕ40 mm 镀锌铁管)及保护套管(ϕ75 mmPVC 管)组成。

底板几何尺寸为 50 cm×50 cm,板厚 3 cm,每节测杆长 0.5 m 为宜。

②埋设要求

埋设位置处垫 10 cm 砂垫层找平确保测杆铅垂;放置好沉降板后回填一定厚度的垫层,然后套上保护套管,保护套管的高度略低于测杆以便于观测,沉降板埋设就位后测量测杆顶面高程作为初始读数。套管顶部加盖封住管口,随后在套管周围填筑填料稳定套管并用六棱混凝土块做好防护。

③接管

随路基填筑施工逐渐接高沉降板测杆和保护套管,接高长度 0.5 m 为宜,接高前后测量测杆顶高程。金属测杆用内接头连接,保护套管用 PVC 管外接头连接。

(2)沉降监测桩的埋设

以 φ20 mm 不锈钢棒顶部磨圆并刻画"十"字线为观测标志,底部焊接弯钩,待基床表层级配碎石施工完成后在监测断面将监测点埋设在设计位置。埋深 0.3 m,桩周 0.15 m 用 C15 混凝土浇筑固定,混凝土初凝后观测初读数。

(3)位移边桩的埋设

在两侧路堤坡脚外 2 m 及 12 m 处各设一个位移观测边桩,边桩采用 C15 钢筋混凝土预制,断面尺寸 15 cm×15 cm,长度不小于 1.6 m,预制桩以 φ20 mm 不锈钢棒顶部磨圆并刻画"十"字线为观测标志,桩周用 C15 混凝土浇筑固定,确保观测桩埋设稳固。埋设后用全站仪测量观测标志的坐标、高程作为初始读数。

(4)剖面沉降管的埋设

路基基底剖面沉降管在路基地基加固施工完毕后,填土至 0.6 m 高并碾压密实后开槽埋设,开槽宽度 20~30 cm,开槽深度至路基加固层顶面,槽底回填 0.3 m 厚中粗砂,在槽内敷设沉降管(沉降管内穿入拉动测头的镀锌钢丝绳),沉降管上夯填中粗砂至与碾压面平齐,沉降管埋设位置挡土墙处预留孔洞。沉降管埋设完成后在两头设置 0.5 m×0.5 m×0.95 mC15 混凝土保护墩,两头砌筑观测坑,并加设盖板,做好坑内排水,并在一侧管口处埋设观测桩。待上一层填料压实稳定后,连续观测数日,取稳定读数为初始读数。

(5)位移监测桩的埋设

待路堑开挖至埋桩位置后将 φ20 mm 长 0.6 m 的钢钎打入设计位置,埋设深度 0.6 m,桩周上部 0.2 m 用混凝土浇筑,埋桩完成后用全站仪测量初始度数。

(6)测斜管的埋设

路堑开挖至测斜管设计埋设高程位置时开始钻孔埋设测斜管,钻孔垂直偏差率应小于 1.5% 并无塌孔缩孔现象,钻孔深度不小于设计深度;埋设前按设计用螺钉进行预组装,管底用底盖封住,用外接头连接导管,相邻两段测斜管随埋随接,直至压入孔底就位;调整测斜管内十字槽方向与观测断面方向一致后安装测斜管顶盖,在管周回填中粗砂并灌水使其密实;用水泥固定观测盒对孔口进行长期保护,待测斜管稳定后观测初始读数。

3. 沉降变形观测网的建立

变形监测网包括水平位移监测网、垂直位移监测网，满足如下要求：

(1)水平位移监测网

水平位移监测网采用独立坐标系统按三等精度要求建立并一次布网完成。利用CPⅠ、CPⅡ控制点实现水平位移监测网坐标与施工平面控制网坐标的转换。

(2)垂直位移监测网

垂直位移监测网可根据需要独立建网，精度按二等水准测量精度控制，高程应采用施工高程控制网系统。垂直位移监测网应布设成闭合环、节点或符合水准路线等形式。为满足沉降变形观测的精度要求，在沿线已设水准基点的基础上，两工作基点间距宜小于100 m，工作基点距路基中心的距离应小于100 m。

4. 路基沉降观测频次及测量精度

(1)沉降观测频次

路基填筑完成或施加预压荷载后应有不少于6个月的观测和调整周期，观测数据不足以评估或工后沉降评估不能满足设计要求时应延长观测期或采取必要的加速或控制沉降措施。过渡段沉降观测应以路基面沉降和不均匀沉降观测为主，沉降观测期与路基相同不少于6个月。观测频次见表7-9。

表7-9　路基沉降观测频次

观测阶段	观 测 频 次	
填筑或堆载	一　　般	1次/天
	沉降量突变	2~3次/天
	两次填筑间隔时间较长	1次/3天
堆载预压或路基施工完毕	第1个月	1次/周
	第2、3个月	1次/10天
	3个月以后	1次/2周
	6个月以后	1次/月
	冬季:冻结期与冻融期	观测频次比平常期增加一倍
无砟轨道铺设后	第1个月	1次/2周
	第2、3个月	1次/月
	3~12个月	1次/3月

(2)沉降变形观测精度及施测

沉降观测水准测量的精度为±1 mm，高程取位至0.1 mm，观测点水准测量采用一等水准测量的技术要求进行观测；剖面沉降的测量精度为8 mm/30 m。

路基沉降观测采用附合水准路线往返观测，在完成初始值观测后沿水准路线做好置镜和立尺位置的标记，每次观测时仪器和水准尺都架设在固定位置，既固定了观测路线也避免了每次测量时都需要调整前后视距的问题，提高了观测效率。测量沉降管时水准标尺应安置在沉降管最高点，防止前后两次立尺位置不同造成沉降突变的现象。

应尽可能及时地获得初始观测值,初始观测值观测不及时会导致部分沉降量无法观测到,将产生累计观测沉降量远小于设计值的情况。

因受运梁车通行影响无法及时施工级配碎石的非堆载预压段落路肩沉降观测桩,对路基填筑高度小于 4 m 的地段按表层级配碎石重量填筑预压土并埋设观测桩观测;其他段落在完成基床底层后埋设观测桩。观测频次:前 3 个月按每周 1 次,之后按每月 1 次。级配碎石施工后第 1 个月每周观测 1 次,之后每月观测 1 次。

东北冬季寒冷多风沉降观测难度大,沉降观测应以路基观测为重点。

(3)沉降观测点的保护

路基堆载期间加强对沉降观测桩的保护工作,沉降观测点的破坏主要有两种情况,一是现场施工机械的碾压破坏,二是沉降管被盗窃破坏。路基在填筑阶段沉降管应高出填筑表面并用醒目的标志进行标识。为防止沉降管被盗窃破坏,接管后应将接头处焊死,沉降管与 PVC 保护管之间用细沙填充,当路基填建至设计高程后,沉降管埋设高度宜底于设计填筑高程 0.1 m,最上一节采用 ϕ200 的 PVC 保护管,保护管周围用砂浆浇筑,浇筑深度 0.3 m,如图 7-2 所示。

图 7-2　路基工程桩的防护

由于路基沉降观测点受施工干扰大,破坏情况较多,保护困难,因此测量期间应派专人对沿线沉降观测点进行巡查,一旦发现观测桩被破坏及时予以恢复并对恢复的桩点进行观测,后续沉降量与上期累计沉降量累加。

三、路基沉降观测评估

1. 路基沉降观测评估内容及沉降评估单元划分

(1)路基沉降观测评估内容

路基沉降观测评估的主要内容包括三个:路基沉降板观测资料评估、沉降监测桩观测资料评估和剖面沉降管观测资料评估。

(2)路基沉降观测评估单元划分

路基沉降观测评估单元划分应结合线下工程的施工进展及 CPⅢ测量评估统筹规

划,根据轨道板铺设施工组织设计进行划分,一般情况下将评估时间接近的相邻路基、隧道、桥梁合并在一起作为一个评估单元,评估单元长度可长可短,评估时也可根据实际情况灵活拆分。

2. 评估资料整理

按照沉降评估单位编制的沉降评估细则要求的数据格式整理评估资料,内容包括累计沉降量汇总表、工点概况及地质情况、地基基础类别、有关设计文件、初评报告、评估申请表等。

3. 评估资料的综合分析及审核铺设无砟轨道的条件

(1)路基沉降预测采用曲线回归法,对每个路基工点以 3 个月为周期根据最新推导的沉降拟合曲线进行工后沉降预测至少两次以上,并检查所有观测断面的预测工后沉降是否满足以下要求:

①根据路基填筑完成或堆载预压后不少于 3 个月的实际观测数据做多种曲线的回归分析,确定沉降变形趋势,曲线回归的相关系数不应低于 0.92。

②对路基和刚性结构过渡段同时审核其预测工后沉降差异是否≤5 mm,折角≤1/1 000。

③沉降预测的可靠性应经过验证,间隔不少于 3 个月的两次预测最终沉降的差值不应大于 8 mm。

④预测的沉降观测值与预测的最终沉降值之比应大于75%。

(2)设计预计总沉降量与通过实测资料预测的总沉降量的差值不宜大于 10 mm。

(3)预测的路基工后沉降值不大于 15 mm。

满足上述要求,才符合铺设无砟轨道的条件。

四、经验与体会

1. 经验

(1)路基沉降观测初始观测值尤为重要,如初始观测值观测过晚会导致一部分沉降量无法观测,可能产生累计沉降量远小于设计值的情况。

(2)路基沉降观测应是冬季沉降观测中的重点,路基施工完成 3 个月以后沉降观测应适当增加观测频次,确保沉降观测数据的有效性。

(3)路基沉降观测中观测点受施工干扰破坏沉降观测点的情况较多,如何做好观测点的保护是路基沉降观测的难点,若路基沉降管破坏后恢复观测点时应将沉降板恢复至路基基底表面,不得埋设在路基本体中。

(4)路基面沉降监测点埋设时应注意避开水沟电缆槽的位置,如遇到和水沟电缆槽位置冲突的情况应及时和设计单位联系变更监测点的埋设位置;路基面沉降监测点埋设的高度宜高出保护层高度 10 mm。

(5)沉降观测采用电子水准仪配合专用数据处理软件可提高测量功效,减少测量差错。

2. 体会

(1)由于各种原因,还未填筑到路基面设计高程时填筑中断且中断时间往往较长,有时候达 3 个月以上,《客运专线无砟轨道铺设条件评估技术指南》中规定"两次填筑间隔较长时,按 1 次/3 天的观测频率进行观测",由于荷载长期未发生变化,仍旧按 1 次/3 天的观测频次进行观测劳动强度过大,此时观测频次能否放宽有待进一步研究。

(2)当路基堆载预压时会遇到这样的情况,为开通架梁通道在预压观测期尚未达到 6 个月时先卸载让架桥机通过,待加完梁架桥机返回后进行二次堆载预压,二次预压观测周期能否在考虑第一次预压时间的基础适当减少观测期只需满足两次预压观测周期之和满足 6 个月即可进行评估或采取超载预压措施缩短观测周期,也需进一步探讨。

第三节　桥涵沉降变形观测与评估

一、工程概况

本项目施工管段桥梁涵洞数量多,工点分散,桥涵沉降变形观测的主要内容有桥梁墩台基础的沉降和预应力混凝土梁的徐变变形观测,涵洞洞身及洞顶填土的沉降观测。桥梁基础形式有摩擦桩、柱桩、明挖基础,其中摩擦桩基础沉降观测是桥梁墩台身基础沉降观测的重点,测区为小丘陵地带,地形复杂,高差起伏较大,水准测量较为困难。

二、施工组织

桥涵沉降观测由施工作业队组建沉降观测小组完成,桥梁墩台身基础沉降、涵洞沉降观测由路基沉降观测小组与路基沉降观测结合观测,具体人员组织及设备配置见路基沉降变形观测。3 座梁厂各设一个梁体徐变观测组,梁在梁厂内时由梁厂沉降观测组负责观测,架梁后梁体徐变观测移交给线下施工单位连同桥梁墩身观测组一并观测。

三、桥涵沉降观测埋设施工及技术措施

桥涵沉降观测工作开展前,根据设计图纸对施工范围内所有桥涵观测断面进行统计,沉降变形观测断面统计表的内容包括:断面序号、断面里程、观测元件的埋设数量。

1. 观测断面及点的埋设原则

(1)一般情况下应对每个桥梁墩台、每个涵洞进行观测并对每孔预应力混凝土梁进行徐变变形观测。

(2)对于岩石地基、嵌岩桩基础的桥涵可选择典型墩(台)、涵进行观测。

(3)对原材料变化不大、预制工艺稳定、批量生产的预应力混凝土预制梁徐变变形观测可每 30 孔选择 1 孔进行。

(4)采用移动模架施工的桥梁重点对前三孔进行观测,根据结果合理设置支架的拱度。

(5)观测点埋设位置应符合设计要求且标设准确、埋设稳定。

(6)观测期间应对观测点采取有效的保护措施,防止施工机械碰撞与人为因素破坏,务必使观测工作能善始善终,取得满意成果。

2. 桥涵沉降观测点埋设

（1）桥梁墩台沉降观测点布置

桥梁墩台沉降观测点可在墩顶、墩身或承台上布置，根据设计图纸设计的位置和数量埋设观测点。

（2）预应力混凝土梁观测点布置

预应力混凝土梁体变形观测点应设在支点和跨中截面，每孔梁的测点数量不少于6个。

（3）涵洞观测点布置

按设计图的要求确定涵洞观测点埋设数量和位置，一般沉降观测点设置在涵洞边墙两侧，测点数量不少于4个。

3. 沉降变形观测网建立

垂直位移监测网根据需要独立建网，精度按二等水准测量精度控制，高程采用施工高程控制网系统。垂直位移监测网应布设成闭合环、节点或符合水准路线等形式。为满足沉降变形观测的精度要求，在沿线已设水准基点的基础上两工作基点间距宜小于100 m，工作基点距路基中心的距离应小于100 m。

4. 桥涵沉降观测频次及测量精度

（1）沉降观测频次

①墩台观测频次见表7-10。

表7-10　墩台沉降观测频次

观测阶段		观测频次		备　注
		观测期限	观测周期	
墩台基础施工完成		—	—	设置观测点
墩台混凝土施工		全程	荷载变化前后各1次或1次/周	承台回填时，测点应移至墩身或墩顶
预制梁桥	架梁前	全程	1次/周	
	预制梁架设	全程	前后各1次	
	附属设施施工	全程	荷载变化前后各1次或1次/周	
桥位施工桥梁	制梁前	全程	1次/周	
	上部结构施工中	全程	荷载变化前后各1次或1次/周	
	附属设施施工	全程	荷载变化前后各1次或1次/周	
架桥机(运梁车)通过		全程	前后各1次	至少进行2次通过前后的观测
桥梁主体工程完工～无砟轨道铺设前		≥6个月	1次/周	岩石地基的桥梁，一般不宜少于2个月
无砟轨道铺设期间		全程	1次/天	
无砟轨道铺设完成后	24个月	0～3个月	1次/月	工后沉降长期观测
		4～12个月	1次/3个月	
		13～24个月	1次/6个月	

注：观测墩台沉降时，应同时记录结构荷载状态、环境温度及天气日照情况。

②应力混凝土梁徐变上拱观测频次见表7-11。

表 7-11 梁体竖向变形观测频次

观测阶段	观测频次		备 注
	观测期限	观测周期	
梁体施工完成	—	—	设置观测点
预应力张拉期间	全程	张拉前后各一次	测试梁体弹性变形
桥梁附属设施安装	全程	安装前后各一次	测试梁体弹性变形
预应力张拉完成～无砟轨道铺设前	≥60 天	1 次/1、3、5 天后期 1 次/周	
无砟轨道铺设期间	全程	1 次/天	
无砟轨道铺设完成后	24 个月	0～3 个月	1 次/月	残余徐变变形长期观测
		4～12 个月	1 次/3 个月	
		13～24 个月	1 次/6 个月	

注:测试梁体徐变上拱变形时,应同时记录梁体荷载状态、环境温度及天气日照情况。

③洞观测频次见表 7-12。

表 7-12 涵洞沉降观测频次

观测阶段	观测频次		备 注
	观测期限	观测周期	
涵洞基础施工完成	—	—	设置观测点
涵洞主体施工完成	全程	荷载变化前后或 1 次/周	观测点移至边墙两侧
洞顶填土施工	全程	荷载变化前后或 1 次/周	
架桥机(运梁车)通过	全程	前后	至少进行 2 次通过前后的观测
涵洞完工～无砟轨道铺设前	≥6 个月	1 次/周	岩石地基的涵洞,一般不宜少于 2 个月
无砟轨道铺设期间	全程	1 次/天	
无砟轨道铺设完成后	24 个月	0～3 个月	1 次/月	工后沉降长期观测
		4～12 个月	1 次/3 个月	
		13～24 个月	1 次/6 个月	

注:测试涵洞沉降时,应同时记录结构荷载状态、环境温度及天气日照情况。

(2)沉降变形观测精度及施测

沉降水准的测量精度为 ±1 mm,高程取位至 0.1 mm,观测点水准测量采用一等水准测量的技术要求进行观测。

桥墩台身基础沉降观测必须采用附合水准路线往反观测,在完成初始值观测后沿水准路线作好置镜和立尺位置的标记,每次观测时仪器和水准尺都架设在固定位置,既固定了观测路线也避免了每次测量时都需要调整前后视距的问题,提高了观测效率。

墩身过矮,水准尺无法立尺时将沉降观测标移至顶帽上进行观测,积水涵洞无法观测时在涵洞帽石两侧设置 4 个观测点进行观测。配置 1.5 m、1 m 规格的水准尺解决个别墩台无法立尺的问题。

梁体徐变观测时将观测点构成闭合水准路线进行观测并进行平差,预应力混凝土梁架梁后观测标宜埋设在距离防护墙内侧 0.2 m 处并高出防水层 10 mm,一方面便于观测,另一方面便于永久保存。

四、桥涵沉降观测评估

1. 桥涵沉降观测评估内容及沉降评估单元的划分

(1)桥涵沉降观测评估内容

桥涵沉降观测评估内容主要包括:承台、墩身沉降观测资料评估;预应力梁梁体竖向徐变观测资料评估;涵洞沉降观测资料评估。

(2)沉降评估单元划分

桥涵沉降观测评估单元的划分应结合线下工程的施工进展及 CPⅢ测量评估统筹规划,按照轨道板铺设施工组织设计进行划分,一般情况下宜将涵洞与相关路基作为一个整体来划分评估单元,将评估时间接近的相邻桥梁、路基、隧道合并在一起作为一个评估单元,评估单元的长度可长可短,评估时也可根据实际情况灵活拆分。

2. 评估资料整理

按照沉降评估单位编制的沉降评估细则要求的数据格式整理评估资料,内容包括累计沉降量汇总表、工点概况及地质情况、地基基础类别、有关设计文件、初评报告、评估申请表等。

3. 评估资料的综合分析及审核铺设无砟轨道的条件

(1)桥涵基础沉降分析评估采用曲线回归法。对于预制梁桥,基础沉降应按墩台混凝土施工后、架梁前及架梁后三阶段进行;对于原位施工的桥梁及涵洞,基础沉降应根据实际施工状态及荷载变化情况,划分多个阶段。

①根据桥涵实际荷载情况及观测数据,作多个阶段的回归分析及预测,综合确定沉降变形的趋势,曲线回归的相关系数应不低于 0.92。首次回归分析时,观测期不应少于桥涵主体工程完工后 3 个月;对于岩石地基等良好地质的桥涵,不应少于 1 个月。

②利用两次回归结果预测的最终沉降的差值不应大于 8 mm。两次预测的时间间隔一般不少于 3 个月;对于岩石地基等良好地质的桥涵,不应少于 1 个月。

③预测时的沉降观测值与预测的最终沉降值之比应大于 75%。

(2)设计预测的总沉降量与通过实测资料预测的总沉降量之差不宜大于 10 mm。

(3)处于岩石地基等良好地质的桥涵,墩台沉降值趋于稳定且设计及实测沉降总量不大于 5 mm。

(4)预应力混凝土桥梁上部结构的变形应符合以下规定:

①终张拉完成时,梁体跨中弹性变形不宜大于设计值的 1.05 倍。

②扣除各项弹性变形、终张拉 60 天后,$L \leqslant 50$ m 梁体跨中徐变上拱度实测值不应大于 7 mm,$L > 50$ m 梁体跨中徐变变形实测值不应大于 $L/7\,000$ 或 14 mm。

③不能满足上述要求时,应根据梁体变形的实测结果,确定梁体的实际弹性变形及徐变系数,并按下式估算无砟轨道的最早铺设时间 t:

$$\left[\varPhi(\infty) - \varPhi(t)\right] \cdot \Delta_{弹性} \leqslant \Delta_{允许}$$

式中　$\varPhi(\infty)$——根据实测结果确定混凝土徐变系数终极值;

　　　$\varPhi(t)$——根据实测结果确定铺设无砟轨道时混凝土徐变系数;

　　　$\Delta_{弹性}$——实测梁体终张拉后的弹性变形;

　　　$\Delta_{允许}$——$L \leqslant 50$ m 时为 10 mm;$L > 50$ m 时为 $L/5\,000$ 或 20 mm。

(5)预测的桥梁基础沉降和梁体徐变变形应满足《客运专线无砟轨道铁路设计指南》的要求,预测的涵洞基础工后沉降不应大于 15 mm。

满足上述条件,可判定桥涵沉降满足无砟轨道铺设条件。

五、经验与体会

1. 经验

(1)当地质条件较好,累计沉降量较小(一般小于 5 mm)时,测量误差较沉降量显著,受观测数据的偶然误差影响,沉降回归曲线的相关系数会出现小于 0.92 的情况。

(2)柱桩、明挖基础沉降量明显小于摩擦桩基础。

(3)梁体徐变观测初始观测值的测量时机尤为重要,初始观测值读取的不准确,容易造成梁体徐变观测值过大、或者过小的情况,影响观测数据的准确性。

(4)柱桩、明挖基础沉降观测时,应特别注意观测精度,确保观测数据的准确性和有效性。

2. 体会

(1)施工过程中存在部分墩台架梁时间与墩台身施工完工时间相隔较长的情况,部分墩台间隔达 10 个月以上,而《客运专线无砟轨道铺设条件评估技术指南》中规定架梁前和无砟轨道铺设前均按 1 次/周的观测频率进行观测,在荷载没有变化的情况下仍按 1 次/周的观测频率劳动强度很大,这种情况下可否适当放宽观测频次的要求值得进一步探讨。

(2)《客运专线无砟轨道铺设条件评估技术指南》中对水中墩的观测缺乏相应的技术要求,现场进行水中墩沉降观测时缺乏技术依据和技术支持需尽快研究。

(3)涵洞沉降观测点设计位置在前后侧壁距涵洞顶板 0.5 m 处需要立倒尺进行观测,埋点立尺均不方便。

(4)对矮墩、水中墩、积水涵等沉降观测难以实施的情况目前的相关规范尚无具体的解决方案和技术要求。

(5)目前对于连续梁徐变观测及梁体徐变的计算方法相关规范未作具体规定,实际操作缺乏技术依据。

第四节　隧道沉降变形观测与评估

一、工程概况

本项目施工管段共有6座隧道,全部为单洞双线隧道,累计长6 754 m,其中九里庄隧道长4 340 m属长隧道,其余5座属于长度小于1 000 m的中长或短隧道。隧道工点分布比较分散,工程地质情况比较复杂,包含浅埋段、大断面、明洞等类别。沉降观测的主要内容是对隧道基础进行沉降变形观测,其中九里庄隧道基础沉降观测是观测的重点。

二、施工组织

隧道沉降观测由施工作业队组建隧道沉降观测小组完成,一个观测小组由5人组成,其中仪器观测人员1人,扶尺2人,照明2人;一个观测小组配置天宝DINI03电子水准仪1套,电子水准仪标称精度为每公里水准测量偶然中误差为±0.3 mm,电脑1台,数据处理软件1套,交通车辆1台。中短隧道由1个观测小组负责观测,九里庄隧道进出口各安排一个观测组。

三、隧道沉降观测埋设施工及技术措施

沉降观测工作开展前,根据设计图纸对施工范围内所有观测断面进行统计,沉降变形观测断面统计表的内容包括:断面序号、断面里程、观测元件的埋设数量。

1. 观测断面及点的埋设原则

(1)观测断面的布设

一般情况下,Ⅲ级围岩每400 m,Ⅳ级围岩每300 m,Ⅴ级围岩每200 m布设一个观测断面,地应力较大,断层破碎带和复杂地质区段适当加密布设。隧道洞口地段布设一个观测断面;隧道明暗交界处、围岩变化段及变形缝位置至少布设两个断面。地应力较大、断层破碎带、冻土等不良和复杂地质区段适当加密布设;路隧分界点路、隧两侧分别设置至少一个沉降变形观测断面,长度大于20 m的明洞,每20 m设一个沉降变形观测断面。

九里庄隧道共布设沉降观测断面13个,台山隧道布设3个,三十里堡明洞布设8个,小山屯隧道布设7个,笔架山隧道布设6个,老虎屯隧道布设9个,共布设隧道沉降观测断面46个。

(2)观测点的布设

隧底工程完工后每个观测断面在相应两侧边墙处设一对沉降观测点。观测点的埋设按设计图要求进行埋设,6座隧道共布设观测点92个。

观测点及观测元件的埋设位置应符合设计要求且标设准确、埋设稳定。观测期间对观测点采取有效的保护措施,防止施工机械碰撞,人为因素的破坏,保证观测工作善

始善终,取得满意成果。

2. 沉降观测点的埋设

隧道二次衬砌完成后,根据监测断面的里程将监测点埋设于易于监测的边墙上(满足塔尺竖立空间)上,监测点位置宜高出水沟电缆槽盖板0.3 m,每侧设1个点,同一断面共计设置2个监测点。

3. 沉降变形观测网的建立

隧道垂直位移监测网可根据需要独立建网,精度按二等水准测量精度控制,高程应采用施工高程控制网系统。垂直位移监测网应布设成闭合环、节点或符合水准路线等形式设置在隧道进、出口稳固且便于联测的地方,每个洞口应至少设置2个工作基点。

4. 隧道沉降观测的实施

(1)沉降观测频次

隧道基础沉降观测的频次不低于表7-13的规定,沉降稳定后可不再进行观测。

表7-13　隧道基础沉降观测频次

观测阶段	观 测 频 次		
隧底工程完成后	观测期限		观测周期
隧底工程完成后	3个月		1次/周
无砟轨道铺设后	3个月	0~1个月	1次/周
		1~3个月	1次/2周

(2)沉降变形观测精度及施测

沉降水准的测量精度为±1 mm,高程取位至0.1 mm,观测点水准测量采用一等水准测量的技术要求进行观测。

隧底工程结束前埋好观测点,隧底工程结束后立即观测初始值,短隧道隧底工程结束时隧道已经贯通,沉降观测时可通过隧道进出口两端的二等水准点形成附合水准路线进行观测;长大隧道洞内的水准路线长且在隧道贯通前不能构成附和水准线路,隧底工程分区段结束,因此长大隧道沉降观测也应分区段进行观测,随开挖面的不断掘进,沉降观测工作也随之展开,鉴于长大隧道沉降观测的特殊性,洞口建立沉降观测网后洞口先行结束隧底工程的段落以洞口沉降观测网为基准采用闭合水准路线进行观测,当观测3个月后对观测数据进行分析,若该区段隧道沉降已经收敛稳定,则后续区段以稳定区段的水准点作基准点进行观测,随掘进和二衬的逐渐推进依次类推。

四、隧道沉降观测评估

1. 隧道沉降观测评估内容及沉降评估单元的划分

(1)隧道沉降观测评估内容

对隧道基础沉降观测资料进行评估。

(2)隧道沉降观测评估单元的划分

隧道沉降观测评估单元的划分应结合线下工程的施工进展及 CPⅢ测量评估统筹规划,密切结合轨道板铺设施工组织设计进行划分,短隧道可与隧道进出口的路基或桥梁一并作为一个评估单元,九里庄隧道属于长大隧道,单独作为一个评估单元,其他 5 座中短隧道分别与进出口的路基、桥梁作为一个评估单元。

2. 评估资料的整理

按照沉降评估单位编制的沉降评估细则要求的数据格式整理评估资料,内容包括累计沉降量汇总表、工点概况及地质情况、地基基础类别、有关设计文件、初评报告、评估申请表等。

3. 评估资料的综合分析及审核铺设无砟轨道的条件

(1)隧道基础沉降预测采用曲线回归法,并检查所有观测断面的预测工后沉降是否满足以下要求:

①根据隧道基础施工完工后不少于 3 个月的实际观测数据做多种曲线的回归分析,确定沉降变形趋势,曲线回归的相关系数不应低于 0.92。

②对隧道和刚性结构过渡段同时审核其预测工后沉降差异是否 ≤ 5 mm,折角 ≤ 1/1 000。

③预测时的沉降观测值与预测的最终沉降值之比应大于 75%。

(2)设计预计总沉降量与通过实测资料预测的总沉降量的差值不宜大于 10 mm。

(3)地质条件较好、沉降趋于稳定且设计及实测沉降总量不大于 5 mm。

(4)预测的隧道基础工后沉降值不大于 15 mm。

满足上述要求时,可判定隧道沉降满足无砟轨道铺设条件。

五、经验与体会

1. 经验

(1)隧道基础各期沉降量较小,观测值出现负值时应结合多期观测值及沉降曲线的发展趋势仔细分析,不能简单判定为隧道基础产生了隆起,根据本工程沉降观测经验,观测值出现负值主要是测量误差较沉降量显著造成的。

(2)累计沉降量普遍较小,一般不超过 5 mm。

(3)由于测量误差较沉降量显著,加之累计沉降量小,受观测数据的偶然误差影响,沉降回归曲线的相关系数会出现小于 0.92 的情况。

(4)中短隧道隧底工程结束时隧道已经贯通,沉降观测时可通过隧道进出口两端的二等水准点形成附合水准路线进行观测。

(5)长大隧道隧底工程分区段结束,沉降观测宜按隧底工程完工的情况划分区段进行观测,洞口第一区段以洞口沉降观测网为基准,后续区段以稳定区段内的水准点为基准点进行观测,并随隧底工程的相继完工逐步推进。

(6)长大隧道贯通前沉降观测路线不能构成附合水准线路,每期沉降观测前,应对相邻基准点进行检测,确认基准点稳固后方可进行观测作业。

2. 体会

（1）由于各期沉降量和累计沉降量较小造成沉降曲线相关系数小于 0.92 时，如何确定最合理的回归曲线模型来提高预测沉降值的可靠性和精度还需要在今后的工作中探索经验。

（2）长大隧道基础沉降观测采用区段观测法进行了尝试，但随着观测区段距离洞口距离的增加存在观测过程中的区域性沉降不易探测问题等值得进一步研究。

第五节　CPⅢ控制网测量与评估

一、工程概况

为确保高速铁路轨道具有可靠的稳定性和高平顺性，同时保证行车安全并有良好的乘坐舒适度，对轨道控制网（CPⅢ）测量精度提出了严格的要求，如何建立高精度的轨道控制网（CPⅢ），是轨道铺设测量精度控制的关键技术。CPⅢ控制网由施工单位在施工过程中建网测量，工程竣工后移交给运营单位用于运营期间轨道维护测量，控制网相对精度高、点位分布密、使用周期长。CPⅢ控制网是平面高程三维精密控制测量网，控制网网形、测量方法、测量标志、精度要求均不同于普通控制网测量，影响测量精度的因素复杂，外业观测量大，如何控制测量误差和提高测量效率是 CPⅢ控制网的难点，通过京沪、哈大高速铁路 CPⅢ控制网测量实践，解决了 CPⅢ控制网网形优化、三角高程上桥测量、全站仪综合加常数误差改正、大跨度连续梁 CPⅢ控制网成果的应用等难题，取得了显著的测量效果。

二、工程特点及难点

1. CPⅢ控制点埋设为强制归心标志，沿线路纵向约 60 m 左右布设一对，控制网起闭于基础平面控制网（CPⅠ）或线路平面控制网（CPⅡ）及线路水准基点，布设为沿线路的带状平面、高程三维控制网。

2. 平面控制网采用自由测站边角后方交会导线测量原理施测，高程控制网采用精密水准测量原理施测。

3. 对观测边长进行两化改正（先将观测边长改化至参考椭球面再改化至高斯平面），消除投影变形对观测值精度的影响。

4. 应用全站仪与 CPⅢ测量棱镜"测距综合加常数误差"的概念和计算公式，通过对边长进行改正，消除测距加常数系统误差。

5. 采用精密三角高程上桥测量装置进行已知点高程上桥测量，提高高程上桥测量精度和效率。

6. 采用专业程序进行外业数据观测及内业数据质量检查、控制网平差计算，提高自动化处理程度和测量效率。

三、施工组织

1. 劳动力组织

根据 CPⅢ控制网测量工期的要求配置相应数量的测量组，单个 CPⅢ测量组劳动力配置见表 7-14。

表 7-14　单个 CPⅢ测量组劳动力配置

序号	工作项目	主要作业内容	人　数	
			测量技术员	测量工
1	全站仪观测	操作全站仪、全面协调	1	—
2	记录者	记录测站信息及测站照明	—	1
3	CPⅡ联测后视点	安置对点器、量仪器高	—	1
4	安置棱镜	安置棱镜	—	2
5	水准仪观测	操作水准仪	1	—
6	扶　尺	扶水准尺	—	2
7	资料整理	数据质量检核与平差	1	—
	小　计		3	6

注：CPⅠ、CPⅡ复测及 CPⅡ加密测量、三角高程上桥测量可由上表测量人员完成，不再单独增加测量人员；夜间、隧道内水准测量时另需增加 2 名工人照明。

2. 机械设备配置

主要机械设备配置见表 7-15。

表 7-15　单个 CPⅢ控制网测量组测量设备配备

序号	机具设备名称	规格型号	单位	数量	用　途	备注
1	GPS 接收机	5 mm + 1 ppm，双频	台	6	CPⅠ、CPⅡ复测及 CPⅡ加密测量	整个工点
2	全站仪	测角精度 1″，测距精度 1 mm + 2 ppm，马达驱动	台	1	CPⅢ平面控制网测量	每组
3	数据采集软件	—	套	1	CPⅢ平面控制网测量	
4	平差软件	CPⅢ专用平差软件	套	1	控制网平差	
5	棱镜	—	个	14	CPⅢ平面控制网测量	
6	对点器	—	套	1	联测 CPⅡ后视	
7	电子水准仪	DS1	台	1	CPⅢ高程控制网测量	
8	因瓦条码水准尺	—	把	2	CPⅢ高程控制网测量	
9	精密三角高程上桥测量装置	—	套	1	三角高程上桥测量	

四、关键施工技术及措施

1. 工艺流程

工艺流程如图 7-3 所示。

```
                    ┌──────────┐
                    │   开始   │
                    └────┬─────┘
                         ↓
         ┌───────────────────────────────┐
    ┌───→│ CP Ⅰ、CPⅡ、高程控制网复测      │
    │    └───────────────┬───────────────┘
    │                    ↓
    │              ╱──────────╲      N
    │             ╱   评估     ╲──────┐
    │              ╲──────────╱       │
    │                    │ Y          │
    │                    ↓            │
    │    ┌───────────────────────────────┐
    │    │      CPⅡ控制点加密测量         │
    │    └───────────────┬───────────────┘
    │                    ↓
    │    ┌───────────────────────────────┐
    │    │    编制CPⅢ测量实施方案         │
    │    └───────────────┬───────────────┘
    │                    ↓
    │              ╱──────────╲      N
    │             ╱  评估审批  ╲──────┐
    │              ╲──────────╱       │
    │                    │ Y          │
    │                    ↓            │
    │    ┌───────────────────────────────┐
    │    │         埋设CPⅢ点              │
    │    └───────────────┬───────────────┘
    │                    ↓
    │    ┌───────────────────────────────┐
    │    │         外业数据采集           │
    │    └───────────────┬───────────────┘
    │                    ↓
    │    ┌───────────────────┐      ┌──────────────────────┐
    │    │     平差计算       │←─────│  分析原因并进行补测    │
    │    └─────────┬─────────┘      └──────────────────────┘
    │              ↓                           ↑
    │        ╱──────────╲      N               │
    │       ╱  精度检验  ╲────────────────────┤
    │        ╲──────────╱                      │
    │              │ Y                         │
    │              ↓                           │
    │    ┌───────────────────────┐            │
    │    │   编制CPⅢ测量成果报告  │            │
    │    └───────────┬───────────┘            │
    │                ↓                         │
    │          ╱──────────╲      N             │
    │         ╱  评估验收  ╲────────────────────┘
    │          ╲──────────╱
    │                │ Y
    │                ↓
    │          ┌──────────┐
    │          │   结束   │
    │          └──────────┘
```

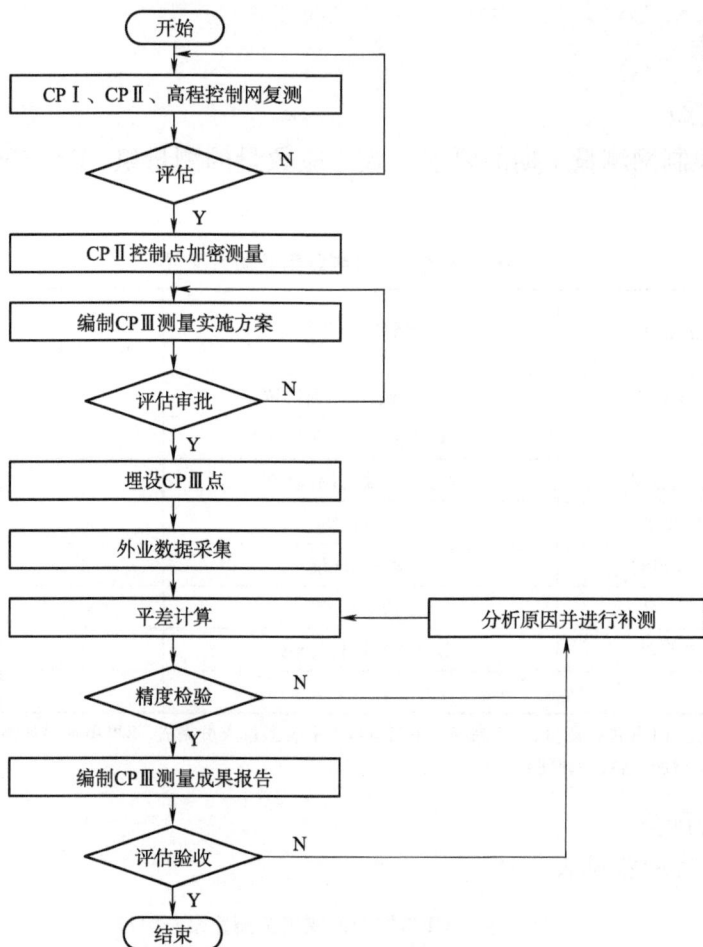

图 7-3　测量工艺流程示意

2. 操作要点

(1)CPⅠ、CPⅡ及线路水准点复测

CPⅠ、CPⅡ控制网分别按二、三等 GPS 测量高程控制网按二等水准测量的技术要求进行复测,对于地面区域沉降严重的段落,二等水准点的复测应在无砟轨道施工前较短的时间内进行全面复测,以防止区域不均匀沉降对无砟轨道施工产生影响。

(2)CPⅡ控制点加密测量

CPⅡ加密点布设时,与CPⅢ自由测站点联测的相邻 CPⅡ控制点间距宜为 400 ~ 800 m,平均间距约 600 m,且与联测的 CPⅢ自由测站之间的距离小于 300 m。

CPⅡ加密的选点、埋石、观测、数据处理均与 CPⅡ勘测设计时的技术要求相同,路基、桥梁地段一般采用 GPS 测量进行加密,在桥上加密 CPⅡ时,应充分考虑桥梁的稳定性,设置在桥梁固定端且桥墩沉降稳定的地方,为保证 CPⅡ联测精度,平差时以相邻 CPⅠ及 CPⅡ为约束点进行平差。隧道 CPⅢ网测量前,需先进行隧道内导线、高程的贯通测量,并做好贯通误差调整,以导线测量的技术要求进行隧道洞内 CPⅡ控制网的测设。

（3）CPⅢ控制点布设

CPⅢ控制点一般按 60 m 左右一对布设，且不应大于 80 m，点位设置高度不低于轨道面 0.3 m，左右一对点大致等高，控制点应设置在稳固、可靠、不易破坏和便于测量的地方，并应防冻、防沉降和抗移动，控制点标识要清晰、齐全、便于准确识别和使用。

（4）控制点埋设

CPⅢ控制点测量标志由预埋件和棱镜组件组成，将棱镜组件安装在预埋件后，棱镜中心即为 CPⅢ点的点位，因此埋设 CPⅢ控制点的实质是埋设 CPⅢ点的预埋件。预埋件的形状、规格因 CPⅢ测量使用的棱镜不同有所区别，使用球棱镜时，预埋件为球棱镜磁性套管，使用市场上其他棱镜时，预埋件为不锈钢套管。球棱镜磁性套管在路基、桥梁段埋设在辅助立柱的顶端，隧道内埋设在水沟电缆槽侧壁顶部或隧道竖墙两侧；德国辛宁棱镜或徕卡棱镜的不锈钢套管在路基段埋设在辅助立柱的内侧，桥梁上埋设在桥梁防撞墙的顶面，隧道上埋设在隧道竖墙两侧。

①路基上 CPⅢ控制点埋设

在接触网基础上使用钢筋混凝土成对浇筑 CPⅢ控制点辅助立柱，辅助立柱直径为 25 cm，顶面高于设计轨道面至少 30 cm。待基础稳定后，在 CPⅢ辅助立柱内侧面或顶面钻孔使用速凝砂浆或锚固剂埋设 CPⅢ标志预埋件。

②桥梁上 CPⅢ控制点埋设

a. 简支梁

对于 24 m 或 32 m 简支梁每 2 孔埋设一对 CPⅢ点，相邻两对 CPⅢ点相距约为 48 m、56 m 或 64 m。对于连续 24 m 简支梁，根据实际情况也可每三孔埋设一对 CPⅢ点，CPⅢ点宜埋设在桥梁固定端距梁端 0.5 m 的位置。

b. 普通连续梁

CPⅢ点应优先埋设于固定端上方，跨度超过 80 m 的，应在跨中部分增设 CPⅢ点对，该对 CPⅢ点应尽可能在同等条件下使用，使用前应进行复核。

c. 大跨连续梁和特殊结构

大跨桥梁和特殊结构 CPⅢ点埋设方案根据工程结构特点单独制定。

（5）隧道内 CPⅢ点埋设

隧道内 CPⅢ点一般埋设在电缆槽顶面以上 30～50 cm 的边墙内衬上，条件允许时还可以埋设在电缆槽侧壁上。

（6）CPⅢ控制点编号

CPⅢ点编号采用 7 位编号形式，如 0354301，为避免长短链地段编号重复的问题，前 4 位采用四位连续里程的公里数，当里程不足千、百、十公里时，加"0"填充以保证 CPⅢ的点号都是七位数齐全，第 5 位是"3"表示是 CPⅢ网点，第 6,7 位为流水号，01～99 号数循环。由小里程向大里程方向顺次编号，点的顺序号为单数表示该点在里程增加方向的左侧,点的顺序号为双数表示该点在里程增加方向的右侧。

(7)CPⅢ控制网基本网形

①平面控制网基本网形

一般情况下,按 120 m 左右的测站间距设站观测,自由测站到 CPⅢ点的最远观测距离不应大于 180 m,每个 CPⅢ控制点应有三个方向交会,如图 7-4 所示。

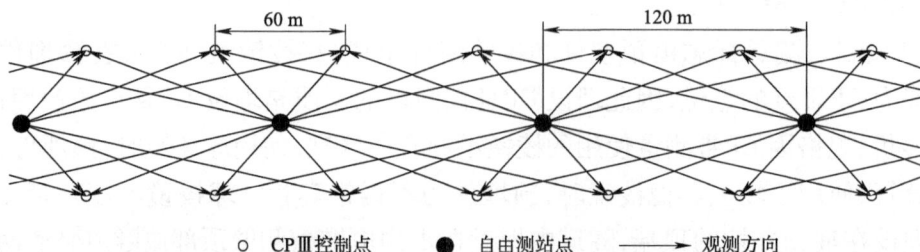

图 7-4　测站间距为 120 m 的 CPⅢ平面网观测网形示意

在曲线段、观测条件较差或遇施工干扰时,可按 60 m 左右的测站间距设站观测,每个 CPⅢ控制点应有四个方向交会。当遇到大跨度连续梁时,相邻 CPⅢ控制点间距会出现接近 80 m 的情况,也可采用如图 7-5 所示网形。

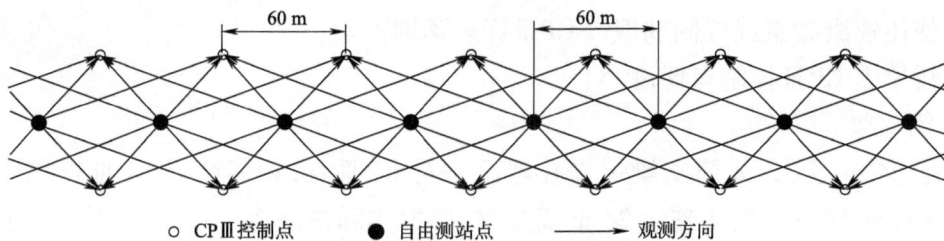

图 7-5　测站间距为 60 m 的平面网观测网形示意

在实际测量中,根据实际情况两种网形可配合使用。

②高程控制网基本网形

CPⅢ高程控制网一般由相邻的四个点组成环形水准路线,起闭于线路水准点,水准路线的附合长度不大于 3 km,如图 7-6 所示。

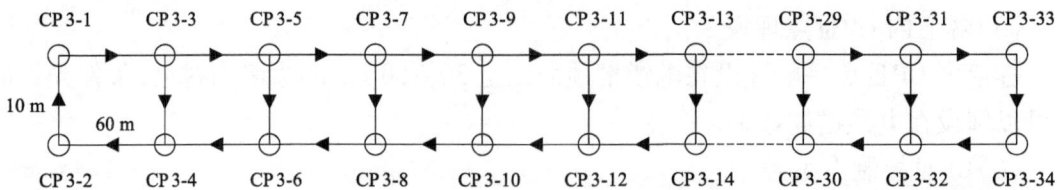

图 7-6　CPⅢ点之间的水准路线示意

(8)CPⅢ平面控制网外业观测

①检测棱镜误差

选一平坦的开阔场地,如图 7-7 所示安置全站仪和棱镜,逐一对 CPⅢ测量使用的棱镜组件的重复性、互换性进行检测。

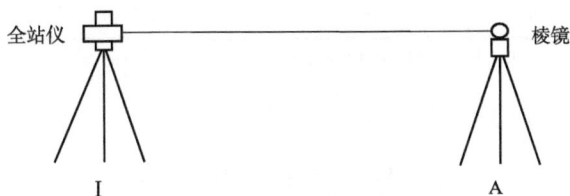

全站仪　　　　　　　　　　　棱镜

Ⅰ　　　　　　　　　　　　　A

图 7-7　棱镜误差检测示意

②检测全站仪综合加常数

测距综合加常数误差是指全站仪测距时棱镜加常数误差与全站仪测距加常数误差叠加后形成的综合残余误差。在一平坦场标定 I、A、$Ⅱ$、B 四点,四点位于一条直线,如图 7-8 所示,每次测量时确保全站仪和 A、B 安放棱镜后大致等高,先将全站仪安置在 I,在 A 安放棱镜测量 S_1,将棱镜移至 B 测量 S_2,依次测量完 14 个球棱镜,然后将全站仪安置在 Ⅱ,依次测量 14 个球棱镜对应的 S_3、S_4,每边测量 4 次读数取平均值,然后根据公式 $K = \dfrac{(S_2 - S_1) - (S_3 + S_4)}{2} \times 1\,000$,可计算全站仪对各棱镜的常数修正值 K（单位为 mm）,取一组 CPⅢ测量棱镜与全站仪综合加常数误差平均值对测距边进行修正。

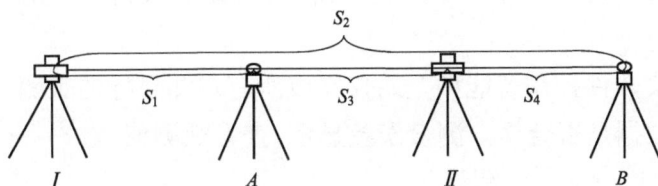

S_2

S_1　　　S_3　　　S_4

I　　　　A　　　　$Ⅱ$　　　　B

图 7-8　全站仪综合加常数检测示意图

③CPⅢ平面控制网外业观测技术要求

a. 自由测站间距一般约为 120 m,自由测站到 CPⅢ点的最远观测距离不应大于 180 m;每个 CPⅢ点至少应保证被三个自由测站观测。

b. 应检测仪器及配套棱镜状态良好方可进行外业测量。

c. 采用全圆方向观测法进行观测,如采用分组观测,应采用同一归零方向,并重复观测一个方向。水平方向和距离观测技术要求见表 7-16 和表 7-17。

表 7-16　水平方向观测技术要求

控制网名称	仪器等级	测回数	半测回归零差	不同测回同一方向2C互差	同一方向归零后方向值较差	方向观测中误差
CPⅢ平面网	0.5″	2	6″	9″	6	1.8″
	1.0″	3	6″	9″	6″	

表 7-17　距离观测技术要求

控制网名称	测回数	半测回间距离较差	测回间距离较差	距离观测中误差
CPⅢ平面网	≥2	±1 mm	±1 mm	±1 mm

注:距离测量一测回是全站仪盘左、盘右各测量一次的过程。

d. 测量时应对竖直角进行观测,技术要求见表 7-18。

表 7-18　竖直角观测技术要求

竖 直 角				往返观测高程较差 (mm)	边长范围 (m)
测回数(中丝法)	最大角值(°)	测回间较差(″)	指标差互差(″)		
2	20	10	10	$60\sqrt{D}$	200~600

注:D 为光电测距边长度(km)。

e. 外业观测应有辅助记录表格。使用全站仪电子记录观测数据时,应填写全站仪电子记录观测辅助记录,填写使用铅笔。

④观测步骤

a. 将 CPⅢ棱镜组件安置在 CPⅢ预埋件上,架设全站仪,设置参数,如全站仪综合加常数、测量单位、数据取位、棱镜类型及温度、气压等。

b. 限差设置。限差设置分别有"归零差""测回间 2C 互差""测回内垂直角指标差""测回间垂直角限差""测距互差"。

c. 观测点学习。测站点号及观测点号输入,仪器高及目标高的测定及输入,测回数设置。

d. 由数据采集软件控制智能型全站仪完成所有观测目标的观测。

e. 查看观测数据是否合格。测量误差显示,查看观测值。

f. 重测或迁站进行下一站测量。

g. 数据输出。

(9)CPⅢ高程控制网外业观测

①水准测量技术要求

CPⅢ高程控制网采用精密水准测量的精度进行施测,主要精度和技术要求见表 7-19、表 7-20、表 7-21。

表 7-19　精密水准测量精度要求(mm)

每千米水 准测量偶然中误差 M_Δ	每千米水 准测量全 中误差 M_W	限差			
		检测已测段 高差之差	往返测不符值	附合路线或 环线闭合差	左右路线高 差不符值
≤2.0	≤4.0	$12\sqrt{R_i}$	$8\sqrt{K}$	$8\sqrt{L}$	$4\sqrt{K}$

注:K 为测段水准路线长度,L 附合或环线的水准路线长度,Ri 为检测测段长度,K、L、Ri 单位为 km,n 为测段水准测量站数;结点之间或结点与高级点之间,其路线的长度,不应大于表中规定的 0.7 倍。

表 7-20　精密水准测量的主要技术标准

附合路线长度(km)	水准仪最低型号	水准尺	观测次数	
			与已知点联测	环线
≤3	DS1	因瓦	往返	单程

表 7-21　精密水准测量测站的主要技术标准

前后视距差(m)	视线高度(m)	两次读数之差(mm)	两次读数所测高差之差(mm)
≤±2	≥0.3	≤±0.5	≤±0.7

②水准测量观测步骤

a. 将水准测量连接杆安装在 CPⅢ 预埋件上。

b. 架设电子水准仪,设置仪器参数及限差指标,如观测模式、水准路线名称、测点点号及前后视距差、前后视距累积差、两次高差之差的限差等。

c. 按如下顺序对水准标尺进行观测:奇数测站照准标尺分划顺序为后、前、前、后,偶数测站照准标尺分划顺序为前、后、后、前。

③三角高程上桥测量

a. 三角高程上桥测量基本原理。

当桥面与地面间高差大于 3 m,地面水准点高程无法直接传递到桥面 CPⅢ 点上时,应选择桥面与地面间高差较小的地方采用不量仪器高、棱镜高的中间设站三角高程测量进行 CPⅢ 点高程上桥测量,如图 7-9 所示。

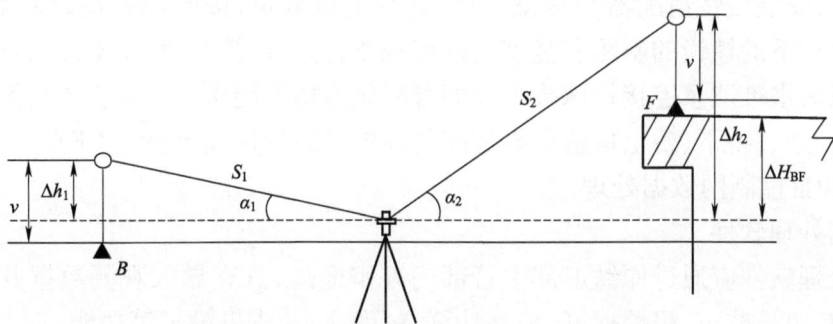

图 7-9　不量仪器高、棱镜高三角高程上桥测量示意

如图 7-9 所示,B 点为桥下引测的二等水准点,F 为桥面水准点,固定棱镜高度为 v,先观测仪器中心至后视棱镜中心之间的高差 Δh_1,保持棱镜杆高度不变,将棱镜杆移至前视观测仪器中心至前视棱镜中心之间的高差 Δh_2,$\Delta H_{BF} = v - \Delta h_1 + \Delta h_2 - v = \Delta h_2 - \Delta h_1$,由此可见,将全站仪架设在测点之间并固定前后视棱镜高度不变,无需丈量仪器高、棱镜高即可测得测点之间的高差,消除了仪器高、棱镜高丈量误差,三角高程上桥测量技术要求见表 7-22。

表 7-22　不量仪器高和棱镜高的三角高程测量技术要求

垂直角测量			距离测量		
测回数	测回间指标差较差(″)	测回间竖直角较差(″)	测回数	测回内较差(mm)	测回间较差(mm)
4	≤±5.0	≤±5.0	4	2.0	2.0

b. 三角高程上桥测量技术要求

三角高程上桥测量高程传递采用测角精度≤1″、测距精度≤1 mm+2 ppm 的全站仪观测,前后视距一般≤100 m,最大不超过 150 m,前后视距差≤5 m,竖直角≤28°,并应测量温度、气压值,对边长进行改正,三角高程上桥测量应变换仪器高度进行两组独立观测,两次测量高差互差≤2 mm,取合格的两组高差平均值作为传递高差。

采用精密三角高程上桥测量装置作为桥下临时水准点,三角高程上桥测量时,桥上桥下棱镜可同时观测,可有效削弱大气折光对高差观测的影响,且可提高测量效率。高程引测上桥后(三角高程)需注意与相邻水准基点构附合水准路线,检查闭合差等相关技术指标,保证三角高程上桥有检校过程。

c. 精密三角高程上桥测量装置操作流程

架设全站仪,选一大致平坦土质坚实的地方安放三角高程上桥测量专用支架,前后视距差小于 5 m,将支架踩实,使之在观测过程中不发生下沉和上浮。

先将水准测量连接杆插入适配器转换口,将地面水准点高程按几何水准测量方法往返观测引测至水准测量连接杆顶部,由于水准测量连接杆顶端为固定半径的球形,因此,即使支架倾斜,也能保证水准测量连接杆球心与棱镜中心重合,然后取下水准测量球头连接杆,安装棱镜适配器和棱镜,进行高程上桥测量,按照"后、前、前、后"的观测顺序对桥上桥下的棱镜的斜距和竖直角进行观测,内业计算时,将水准测量球头连接杆顶部高程减去水准测量连接杆球头半径即可归化为桥下精密三角高程上桥测量装置棱镜中心高程,通过桥下、桥上棱镜中心之间的高差将高程传递至桥上 CPⅢ点。

(10)CPⅢ控制网数据处理

①数据处理软件

数据处理软件应通过原铁道部主管部门评审通过,具有导入观测数据并对数据进行质量检核、边长改正、粗差探测、平差计算、精度评定、成果输出等功能。

②观测数据预处理

启动平差软件,将平面、高程观测数据文件及控制点已知信息文件导入计算机,对观测边长进行两化改正(先将观测边长改化至参考椭球面再改化至高斯平面)。

③外业观测数据质量检查

利用数据处理软件对导入的观测数据质量进行自动检查,水准测量主要检查外业观测技术指标及往返闭合差、环闭合差、附合路线闭合差是否合格,平面控制网主要检查测站纵向横向闭合差、已知点兼容性是否合格。根据检查结果查找输入错误的点名、错误的已知数据并进行更正,外业观测数据质量不合格的应对超限数据进行重测。

④控制网平差

数据质量检查合格后对控制网进行平差计算。

⑤平差技术指标要求

a. 数据取位要求

CPⅢ平面控制网数据处理时,数据取位应遵循表 7-23 要求。

表 7-23　CPⅢ平面控制网数据取位要求

控制网名称	水平方向观测值(″)	水平距离观测值(″)	方向改正数(″)	距离改正数(mm)	点位中误差(mm)	点位坐标(mm)
CPⅢ平面网	0.1	0.1	0.01	0.01	0.01	0.1

CPⅢ高程控制网数据处理时,数据取位应遵循表 7-24 要求。

表 7-24　CPⅢ高程控制网数据取位要求

控制网名称	往(返)测距离总和(km)	往(返)测距离中数(km)	各测站高差(mm)	往(返)测高差总和(km)	往(返)测高差中数(km)	高程(mm)
CPⅢ高程网	0.01	0.1	0.01	0.01	0.01	0.1

b. CPⅢ平面控制网平差后主要精度指标

CPⅢ平面控制网自由网平差后方向改正数和距离改正数应满足表 7-25 要求。

表 7-25　CPⅢ平面自由网平差后的主要技术要求

控制网名称	方向改正数	距离改正数
CPⅢ平面网	3″	2 mm

平面控制网约束平差后,各改正数应符合表 7-26 要求。

表 7-26　CPⅢ平面网约束平差后的精度指标

控制网名称	与 CPⅠ、CPⅡ联测		与 CPⅢ联测		点位中误差
	方向改正数	距离改正数	方向改正数	距离改正数	
CPⅢ平面网	4.0″	4 mm	3.0″	2 mm	2 mm

自由网和约束网平差后,相邻点的点位中误差应小于 1.0 mm。

c. CPⅢ高程控制网平差后主要精度指标

相邻 CPⅢ 点的水准闭合环差应小于 1 mm,相邻 CPⅢ 点高差中误差不大于 ±0.5 mm。

⑥控制网平差后精度检验

控制网平差后,根据平差后的精度统计数据,分析各项平差技术指标是否满足精度指标的要求,不满足技术指标要求的测段应进行补测,直至所有技术指标均满足要求后方可输出平差成果文件。

(11)资料整理归档

CPⅢ控制网数据处理完成后应提交如下成果资料:CPⅢ控制网测量技术设计书;外业观测数据文件及记录簿;测量仪器检定证书文件;测量平差报告;CPⅢ平面、高程控制网示意图;CPⅢ控制点成果表;技术总结报告。

（12）CPⅢ控制网复测及应用

①CPⅢ控制网复测

CPⅢ控制网施测完毕至无砟轨道施工或长轨精调期间,由于各种自然因素或人为因素,可能引起CPⅢ控制点轻微的变形,因此,在无砟轨道施工或长轨精调作业之前还应对CPⅢ控制网进行复测,复测的技术要求和作业方法与建网测量时相同。

CPⅢ点复测坐标与原测坐标X、Y的较差应≤±3 mm,且相邻CPⅢ点的复测坐标与原测坐标的增量较差应≤±2 mm,CPⅢ点复测高程与原测高程的较差应≤±3 mm,且复测高差与原测高差的较差应≤±2 mm,根据建设单位和评估单位意见采用原测坐标或复测成果进行施工。较差超限时,应及时分析判断超限原因,确认复测成果无误后,应对超限CPⅢ点采用同精度内插的方式更新。

②CPⅢ控制网成果应用

a. 全站仪自由测站定向注意事项

基于CPⅢ控制网的布设特点,全站仪无法直接安置在CPⅢ控制点上进行对中,因此CPⅢ控制网应用时必须采用自由测站后方交会进行定向,将全站仪安置在前后两对CPⅢ控制点中间,若自由测站定向精度不满足精度要求,应对各控制点残差进行分析,剔除残差较大的控制点,直至控制点数量、定向精度满足精度要求,定向点数量和精度无法满足要求时,应对该段落CPⅢ控制网进行复测并对成果进行更新。

b. CPⅢ控制网在大跨度连续梁及大跨度钢梁中的应用

由于大跨度连续梁及大跨度钢梁固定端距离过长,CPⅢ控制点埋设时,为了满足观测视线长度及控制网网型要求,部分CPⅢ控制点点对埋设在梁部中间或活动端,这些CPⅢ控制点点位会随温度或者日照方向的变化发生变化,在不同作业时段,即使在温度近似相同的条件下,CPⅢ控制点成果也会发生显著非线性变化,为保证大跨度连续梁及大跨度钢梁上CPⅢ控制点的应用精度,使用该部分CPⅢ控制点时,不得直接采用测量成果,应以"即测即用"为原则进行使用,无砟轨道施工时,按插点或者插网的方法重新测量非固定端上CPⅢ控制点坐标,以测段两端固定端CPⅢ控制点为约束点现场进行约束平差,平差后立即采用实测成果进行定向,当因温度变化造成自由测站精度不能满足要求时,必须再次对非固定端CPⅢ成果进行更新。

c. 应用多功能底座模板精调棱镜适配器进行无砟轨道施工测量

CPⅢ控制网成果应用时,必须在CPⅢ控制点上安置CPⅢ测量棱镜进行自由测站定向,常规对中杆进行底座混凝土模板精密放样时,放样精度不能满足精度要求,并且无法精确测量内模位置并对模板进行精调。

采用多功能底座模板精调棱镜适配器进行无砟轨道施工测量克服了普通对中杆的缺点和不足,该适配器的特点是可通过转换接头安装不同类型的CPⅢ棱镜,由于适配器水平滑道可沿内模顶面滑动,同时竖直滑道紧贴于内模表面,因此可直接检测内模任一位置的平面、高程调整量,按照调整值将模板精确调整到位,实现底座模板的高精度快速精调。

五、主要管理措施

1. 质量措施

(1)严格质量标准

严格遵循《高速铁路工程测量规范》《国家一、二等水准测量规范》进行高速铁路CPⅢ控制网测量工作。

(2)通过技术手段确保工程质量

①CPⅢ平面控制网外业观测时,应选择气象稳定的阴天或者夜间采集数据,减少气象因素对测角精度的影响。

②平差时对联测的 CPⅠ、CPⅡ控制点的兼容性进行检验,剔除兼容性差的已知点,防止因已知点兼容性差导致方向改正数、距离改正数、点位中误差、相邻点位中误差超限。

③对测距边进行全站仪综合加常数改正、两化改正,消除测距系统误差。

④观测过程中,确保每只棱镜都正确瞄准全站仪,削弱自动照准误差影响。

⑤高程控制网观测时,对水准测量连接杆与水准尺之间的综合零点差进行检测,防止综合零点差过大造成左右路线附合水准路线闭合差超限。

⑥正确安装水准测量连接杆,防止相邻 CPⅢ点水准闭合环差超限。

⑦桥梁段 CPⅢ高程控制网测量时,桥面上应停止车辆通行及机械施工,以免产生的震动造成水准测量误差。

2. 安全措施

(1)加强测量人员的安全教育。

(2)测量人员作业时必须戴安全帽。

(3)夜间或隧道内进行 CPⅢ测量作业时,应备足照明用具,并设置灯光警戒,防止施工车辆对测量人员和测量设备造成伤害。

(4)桥梁上进行 CPⅢ测量作业时,应注意观察,防止踩空踏空,严禁到防撞墙外侧行走,防止从桥上坠落,严禁向桥下丢弃杂物,防止对桥下行人造成伤害。

3. 环保措施

(1)测量作业期间,不得在隧道壁、桥梁梁面、路基挡护工程两侧乱涂乱画,对建筑物成品外观造成损害。

(2)生活垃圾应注意收集,排放在指定地点,避免对环境造成污染。

(3)采用精密三角高程上桥测量装置进行三角高程上桥测量,省去了在桥下埋设过渡水准点,减少了对耕地的占用,并节约了埋桩人工费和材料费。

六、主要成效

取得的主要成效包含以下内容:

1. 采用智能型全站仪和电子水准仪配合数据采集软件进行 CPⅢ 测量,实现了外业数据采集与内业数据处理高度自动化的测量模式,提高了测量效率,缩短了测量工期,取得了良好的经济社会效益。

2. 采用精密三角高程上桥测量专利装置进行高程上桥测量,桥上桥下 CPⅢ 测量棱镜可同时观测,测量效率高,节能降耗效果显著。

3. CPⅢ 控制网测量成果顺利通过评估单位的评估验收,及时为底座混凝土施工、轨道板精调、轨道精调提供了精确可靠的 CPⅢ 控制网成果,为无砟轨道的高平顺性提供了测量保障,提升了我国铁路施工企业无砟轨道施工技术水平,为高速铁路精密工程测量积累了宝贵的经验,可为同类测量工程提供有益的借鉴。

第八章 站房工程

站房建筑是高铁运营所需的重要基础设施,是展示高铁形象的一个重要"窗口"。结构安全、功能分区合理、装饰美观是站房工程的基本要求,旨在为旅客提供舒适、安全、便捷的乘车环境。哈大高速铁路站房结构与装饰工程,如钻孔桩基础、站房钢结构屋面、旅客天桥、站台风雨棚钢结构及金属板屋面、外墙铝板幕墙、内墙干挂玻化砖等,工艺标准高,质量要求严,现总结一些具有代表性的施工技术与方法,为今后类似工程提供参考。

第一节 大连北站站房关键施工技术

一、工程概况

大连北站位于大连市甘井子区南关岭境内,南侧为华北路,北侧为站北一号路,均为城市主干路,距市中心18 km。车站设计为高架候车模式,采用上进下出与平进下出相结合的旅客流线。车站共设10站台20线,总建筑面积约14万 m²,其中站房建筑面积约6.8万 m²,无站台柱雨棚建筑面积约7.3万 m²,站区南北290 m,东西453 m,日均旅客吞吐量可达15万人。地下一层、地上三层,总建筑高度33 m。车站主要由南、北两侧站房综合楼、落客平台、高架候车厅、站台层、地下出站层、无站台柱雨棚组成。站房按照综合性交通枢纽的模式进行设计,造型复杂、综合性强,融入了地铁、高架道路桥、落客平台、停车场、站房、站场轨道层设计,空间体系与结构受力复杂,造型、功能、使用、审美等多方面的要求比较高。在施工过程中,确保该类建筑复杂结构的施工质量与安全以及如何实现各种不同的装饰效果显得尤其重要。

二、工程特点及难点

大连北站主体结构为大截面复杂混凝土结构,梁最大截面为3.7 m×3 m;高架候车厅屋盖采用预应力张弦梁钢结构体系,主桁架最大跨度为72 m;外幕墙主立面为复杂双曲面仿石喷铝板造型,高架候车厅墙面采用大面积钢化烤漆玻璃墙面。大跨度、高空间结构设计以及高标准装修,给大连北站施工带来了挑战。

(1)站房框架梁柱节点设计复杂,截面虽大,但钢筋极为密集,尤其在钢管柱节点处预应力波纹管、钢管柱牛腿、虹吸落水管等交叉布置,内部管线空间小,排布困难,如何解决此类大截面、小空间复杂梁柱节点钢筋及管线的排布问题,是本工程技术难点之一。

（2）通廊底板为大体积、大面积超长混凝土结构,采用 C45 纤维混凝土,耐久性设计年限 100 年,在施工中如何控制温度裂缝的产生,确保结构强度与耐久性符合要求,是本工程的一个技术难点。

（3）出站通廊混凝土结构的梁体尺寸最大为 3.7 m×3.0 m,结构最大跨距为 28.5 m,轨道下楼板厚 0.5 m,需承受高速列车动荷载,最大架体高度 8.3 m。结构跨度大、尺寸大、工期紧,给施工带来了诸多不便,对模架支撑体系的设计与施工要求高。

（4）高架候车厅屋盖钢结构高度高达 35 m,主桁架设计为预应力钢结构,跨度长达 72 m,杆件数量多且单体质量大,用钢量多达 9 000 余吨,拼、吊装空间有限,工期又紧,需冬季施工,大吨位钢结构吊装、预应力张拉精度控制以及冬季低温条件下的焊接质量是本工程的重难点。

（5）大连北站是哈大高速铁路的"窗口"工程,建筑设计新颖,立面造型复杂,装修标准高,如何保证外立面双曲面幕墙及室内墙面钢化烤漆玻璃的施工质量,达到建筑设计效果要求,是本工程的重点。

三、施工组织

1. 总体部署

（1）施工区段及流水段划分

受既有哈大铁路及转线过渡工程影响,整个工程按施工组织顺序分为南站房、北站房、原既有线区段、转线区段共 4 个区段。先施工 CD 到 CG 轴转线区段,待转线完成后施工 CA 到 CD 轴原既有线区段,CG 到 CL 轴及南、北站房平行推进。

为保证施工过程中的均衡作业,施工流水段按如下设置:地下通廊基础底板流水段分为 3 个流水段,高架候车层结构板分为 10 个流水段。南、北站房按照变形缝位置划分为 3 个流水段。

（2）总体施工顺序

结合本工程结构特点,施工部署按照先基础后结构,先混凝土结构后砌筑及钢结构安装的施工顺序。总体部署优先安排转线区域出站通廊、高架候车层、雨棚结构、南北站房结构施工,为既有线转线创造条件。待南、北站房混凝土结构完工后即安排插入首层生产用房的砌筑及装修工作,保证在 2011 年 12 月 30 日前完成,为四电设备安装提供条件;屋面钢结构安装完成后开始高架候车厅等公共区域的装饰施工。装修工程遵循由上到下、由外到内、由管线到面层的原则进行施工。

（3）施工总体流程及进度

根据原铁道部、辽宁省关于哈大高速铁路总工期要求,结合总体施工组织计划安排如下:

①2011 年 7 月 15 日前施工完 CD 到 CL 轴范围内高架候车室桩基、雨棚桩基及出站通廊墙体结构,为站场填土提供条件;待站场填土完成后,2011 年 8 月 30 日前完成桩承台施工。

②为保证通廊及高架候车层、南北站房材料垂直运输,施工现场共布置 6 台

QTZ250 塔式起重机,2011 年 9 月 30 日前完成 CD 到 CL 轴区域高架候车室梁板及雨棚基础施工,随即将转线区范围内塔吊拆除,将既有哈大线转至该区域,腾让出原既有线位置,为站房后续施工提供条件。

③2011 年 12 月 30 日完成 CG 轴~CL 轴屋面钢结构安装、雨棚钢结构施工;原既有线区域 CA 轴~CD 轴范围内高架候车室结构施工。同时,将转线后哈大线二次转线至 CG 轴~CL 轴,腾让出该区域,以便施工 CD 轴~CG 轴屋面及雨棚钢结构。2012 年 3 月 20 日前,完成 CA 轴~CG 轴屋面、雨棚钢结构施工。

④2011 年 10 月 15 日前完成北站房主体结构施工;2011 年 11 月 15 日前完成南站房主体结构施工;主体结构完成后,分别在南北站房各安装两台 SCD200 双笼电梯,负责人员及材料垂直运输。北站房主体结构完成后随即进行砌筑施工,由下至上依次砌筑,然后进行南站房砌筑。砌筑工作在 2012 年 3 月 31 日之前完成,为外立面装修创造条件。结构施工时,各种预留预埋随结构进行,包括幕墙预留、预埋;外墙脚手架随结构施工搭设。

⑤站房外立面装修于 2012 年 3 月 1 日开始,6 月 30 日完成。室内装修 2012 年 5 月 31 日开始,9 月 30 日全部完成。2012 年 9 月 30 日开始进行水暖、电气调试验收。

⑥2012 年 6 月 30 日前完成四电设备用房设备安装,为哈大高速铁路全线联调联试提供条件。

⑦2012 年 10 月 30 日竣工验收,投入使用。

2. 施工准备

首先,进行临时设施建设,保证重点控制工程如期开工;测量人员进驻现场,进行施工复测,配合设计院进行现场调查,尽快完善施工图纸;技术及主要施工管理人员到位,进行图纸熟悉、会审、方案编制及深化设计图等相关施工准备工作;物资管理人员到位,进行自购物资的供方评价工作,进行市场调查,摸清当地市场材料供应情况,并陆续组织材料进场。施工准备工作详见表 8-1。

表 8-1 施工准备工作

序号	工 作 内 容		执行人员
1	图纸学习、会审、编制施工组织设计及施工方案		工程师、技术员
2	基础、主体、安装、装饰工程施工预算		预算员
3	根据交接的基准点进行施工放线		测量员
4	施工图纸翻样、报材料计划		各专业施工员
5	临建设施	钢筋堆放加工场、水泥库房、标准养护室	各专业施工员
		配电间、木工车间	施工员、电工班长
		办公、生活用房、临时围墙	各专业施工员
		场地硬化、施工道路、绿化	各专业施工员
6	施工供电	施工现场以外电源	电工班长
		施工现场以内电源	电气施工员、电工班长

序号	工作内容		执行人员
7	施工供水管网铺设		施工员、水工班长
8	木工机械、钢筋机械安装		施工员、机械队长
9	塔吊机械	钢筋混凝土基础施工	专业施工员
		塔吊安装、验收	机械队长
10	参与施工管理人员、劳动力进场教育并取证		安全质量部长、专业工长
11	上呈开工报告		项目经理

(1)技术准备

作好施工现场周围的环境调查工作,再次确认气候、地形、管线等情况,临时工程设计方案确定。

现场交接桩与复测、料源合格性测试分析、定点、测量仪器的计量标定、测量放线。

抓紧时间熟悉图纸,然后进行图纸会审,理解设计意图,力求将设计图纸中的问题在施工前解决。

制定详细的施工方案,编制施工组织设计,进行施工技术和质量、安全交底,绘制翻样图,配制钢筋料单等。

同时,根据住房和城乡建设部《危险性较大的分部分项工程安全管理办法》(建质〔2010〕87号)文件要求,对本工程中模板、吊装、幕墙、预应力工程编制安全专项施工方案,报企业技术部门审核后,由技术负责人审批,并报监理单位。对超过一定规模的危险性较大的分部分项工程(搭设高度8 m及以上、搭设跨度18 m及以上的混凝土模板支撑工程;跨度大于36 m及以上的钢结构安装工程)专项方案还需组织专家论证会。

根据工程总期和施工方案,编制出施工总进度计划,然后再排出详细的月、周施工进度计划,确保满足业主对各节点工期的要求。

提出机具、材料、构件、安装设备和外委托计划,保证工程进度的需要。

编制施工工艺标准和保证措施;制定技术管理办法和实施细则;针对工程特点,制定出样板施工计划及新技术推广计划。

进行施工技术交底及岗前技术培训。

(2)资源准备

①劳动力组织。充分考虑工程的特点,综合考虑工期目标和施工工艺方法等,以结构合理、高效精干、技术素质高、专业对口、施工经验丰富、各工种搭配科学合理的原则进行劳动力配备。根据劳动力需求计划,选派施工经验丰富、综合素质高的施工队伍,并经过铁路施工等相关知识培训的管理干部、专业技术人员和技术工人投入本工程施工。

②物资材料准备。周密安排好材料供应计划,超前考虑,避免短货、缺货现象发生。各种材料本着先试验、后定点,并经业主及监理工程师确认后才能订购,严格进场材料抽检制度,把好原材料质量关,杜绝伪劣材料进场。

③施工机械设备、仪器准备。所有机械设备及工器具应严格按照一般机械的有关

规定和产品的专门规定进行定期检查和维修保养,以保证它们处于良好和安全的工作状态,日常保养、检测及维护工作应尽可能安排在非工作时间进行,以确保工程施工不间断的进行。施工设备配置遵循科技含量高、性能优良、生产效率高、环保性能好、采用先进的机械设备和检测仪器的原则进行设备组合匹配,使施工设备的配置充分体现先进性、适用性,配置数量以满足施工需要为前提,使用过程中充分挖掘设备的潜力,做到均衡生产,综合利用,降低机械使用成本。

④资金准备。编制与各项管理目标相适应的资源需求计划,包括资金需求计划和其他资源需求计划,并考虑为加快工程进度所需要增加的资金和采取经济激励措施所需费用。

(3)现场准备

进场后,先搭设围墙和大临设施,在搭建临时设施的同时,施工准备工作也同时展开,包括现场清障、场地布置、管线搬迁、场地硬化修筑临时道路、本工程的定位放线、进机械设备等。

重点应抓好以下几方面工作:

①及时与有关单位取得联系,认真勘查,探明地下管线、构筑物分布情况,做出明显标识,并做好记录,加强保护措施,为下一步制定处理方案做好准备。

②三通一平。根据施工实际需要和施工总平面布置要求,按设计红线范围,快速有序的组织临时工程的施工。

③坐标点的引入。由业主邀请测绘设计院进行定位桩、建筑红线和坐标点的引入工作,现场交接桩后由项目部测量人员及时进行复测,引入高程控制网水准点,做好现场控制网测设。

3. 资源配置

(1)劳动力配置

主要劳动力配置见表8-2。

表8-2　主要劳动力配置

工　　种	按专项技术投入劳动力情况				
	大截面、小空间复杂梁柱节点钢筋排布	大体积、大面积超长、高性能纤维混凝土	大跨度、超高、重载混凝土结构新型模架支撑体系	大跨度预应力张弦钢结构体系施工	双曲面仿石铝板幕墙施工技术
木　　工	—	—	200	—	—
瓦　　工	—	60	—	—	—
钢 筋 工	180	—	—	—	—
混凝土工	—	110	—	—	—
架 子 工	60	60	60	30	30
壮　　工	50	50	50	30	60
钢结构装配	—	—	—	100	—
钢结构探伤检测工	—	—	—	10	—
钢结构涂装工	—	—	—	20	—

续上表

工种	按专项技术投入劳动力情况				
	大截面、小空间复杂梁柱节点钢筋排布	大体积、大面积超长、高性能纤维混凝土	大跨度、超高、重载混凝土结构新型模架支撑体系	大跨度预应力张弦钢结构体系施工	双曲面仿石铝板幕墙施工技术
焊　工	10	10	—	60	10
起重工	40	40	40	30	—
信号工	20	20	20	15	—
防水工	—	—	—	—	10
幕墙工	—	—	—	—	80
电　工	5	5	5	10	10
水暖工	5	5	5	5	5
其　他	10	10	10	10	10
合　计	380	310	190	320	215

（2）机械设备配置

主要机械设备配置见表 8-3

表 8-3　主要机械设备配置

序号	设备名称	规格型号	数量	产地	制造年份	额定功率(kW)	生产能力	用于施工部位
一、大截面、小空间复杂梁柱节点钢筋排布								
1	汽车吊(≥25 t)	50 t	4	徐州	2006 年	—	良好	结构阶段
2	塔吊(臂长≥60 m)	H3/36B	10	山东	2007 年	80	良好	结构阶段
3	钢筋弯曲机	GW40	20	江苏	2006 年	3	良好	结构阶段
4	钢筋调直机	GT40	20	江苏	2006 年	15	良好	结构阶段
5	钢筋切断机	GQ40	20	江苏	2007 年	4	良好	结构阶段
6	钢筋连接套丝机	MS-3	20	山东	2007 年	3	良好	结构阶段
7	交流电焊机	BX1-500	3	北京	2007 年	22	良好	结构阶段
8	直流电焊机	AX-630	3	唐山	2007 年	36.8	良好	结构阶段
二、大体积、大面积超长、高性能纤维混凝土								
1	混凝土拌和站	60 m³/h	1	山东	2006 年	—	良好	结构阶段
2	平板式振捣器	HZ2-5	6	安阳	2007 年	1.1	良好	结构阶段
3	插入式振捣器	$\phi 50$ mm/$\phi 30$ mm	12/6	安阳	2007 年	1.1	良好	结构阶段
4	混凝土泵	HBT80	3	上海	2007 年	—	良好	混凝土运输
5	混凝土汽车泵	AH5262THB	3	山东	2007 年	—	良好	混凝土运输
6	混凝土输送车	8 m³	10	山东	2007 年	—	良好	混凝土运输
三、大跨度、超高、重载混凝土结构新型模架支撑体系								
1	汽车吊(≥25 t)	50 t	4	徐州	2006 年	—	良好	结构阶段
2	塔吊(臂长≥60 m)	H3/36B	10	山东	2007 年	80	良好	结构阶段

续上表

序号	设备名称	规格型号	数量	产地	制造年份	额定功率(kW)	生产能力	用于施工部位
四、大跨度预应力张弦钢结构体系施工								
1	100 t 履带吊	SC1000	6	江苏	2008 年	—	良好	结构阶段
2	150 t 履带吊	SC1500	2	江苏	2008 年	—	良好	结构阶段
3	钢网架(桁架)设备(套)	—	2	北京	2007 年	—	良好	钢结构安装
五、双曲面仿石铝板幕墙施工技术								
1	交流电焊机	BX1-500	10	北京	2007 年	22	良好	结构阶段
2	直流电焊机	AX-630	10	唐山	2007 年	36.8	良好	结构阶段

（3）实验和检测仪器设备配置

实验和检测仪器设备配置见表8-4。

表 8-4　实验和检测仪器设备配置

序号	仪器设备名称	规格型号	数量	产地	制造年份	已使用台时数	用　途
1	超声波探伤仪	CTS-26	1	德国	2007	180	钢结构探伤
2	磁粉探伤仪	DCT-E	1	中国	2007	180	钢结构探伤
3	回弹仪	PROFOMETER4	2	瑞士	2007	120	结构检测
4	全站仪	拓普康	2	日本	2007	360	施工测量
5	激光经纬仪	DJ2	2	石家庄	2007	720	施工测量
6	精密水准仪	DS-1	2	北京	2007	840	施工测量
7	水准标尺	5 m	2	北京	2009	120	施工测量
8	钢卷尺	50 m	4	宁波	2008	480	施工测量
9	游标卡尺	0~150 mm	1	哈尔滨	2008	60	现场检测
10	工程检测尺	1~2 mm	2	温州	2007	720	现场检测
11	水灰比测定仪	—	1	温州	2007	270	现场检测
12	钢筋保护层测定仪	PROFOMETER4	1	瑞士	2007	90	现场检测
13	混凝土抗渗仪	HP-4.0	1	北京	2008	240	现场检测
14	标准养护箱	YH-40B	1	天津	2007	300	试块养护
15	混凝土坍落度仪	—	1	河北	2008	180	现场检测
16	混凝土含气量测定仪	0.25 MPa	1	北京	2007	270	现场检测
17	水泥稠度、凝结时间测定仪	0~70 mm	1	上海	2007	270	现场检测
18	天平	500 g	1	无锡	2007	90	现场检测
19	混凝土震动台	0.5 m²	1	上海	2008	180	现场检测
20	接地电阻测试仪	ZC-8	1	上海	2007	200	现场检测
21	声级计	—	1	北京	2007	200	现场检测
22	高低温度计	-30 ℃~50 ℃	2	上海	2007	270	现场检测
23	压力表	0~2.5 MPa	4	天津	2007	360	现场检测
24	氧压表	0.25/2.5 MPa	4	天津	2008	240	现场检测
25	乙炔表	0.25/2.5 MPa	4	天津	2007	360	现场检测

四、关键施工技术及措施

1. 大截面、小空间复杂梁柱节点钢筋排布技术

（1）节点设计情况

地下出站通廊梁最大截面尺寸 3 700 mm × 3 000 mm，钢筋直径为 ϕ28 mm，支座处上、下铁各 346 根，各 9 排；柱直径 2 500 mm，钢筋直径 ϕ36 mm，总根数为 148 根。梁上部高架柱插筋直径为 ϕ36 mm，总根数为 76 根。该梁柱节点的设计截面大，钢筋直径大且钢筋极为密集。

高架候车层梁宽 1 000 mm，混凝土柱直径 1 600 mm，钢管柱直径 1 000 mm，预应力波纹管直径为 100 mm。高架候车层框架梁柱节点设计形式完全不同于以往普通的钢筋混凝土框架结构梁柱节点模式（梁柱钢筋的相互穿插锚固），而是钢筋与钢管柱的锚固结合，即钢筋不穿钢管柱，而是与钢管柱上的钢环板焊接在一起，预应力波纹管穿钢管柱的锚固形式。该节点设计模式在国内大型工程中的应用极为罕见，基本无经验可循。

（2）技术方案

针对梁柱节点钢筋极为密集情况，引进钢筋卡箍镀锌定位模具、梁上下铁特制定位支架，并用计算机配合排图，根据理论排版结合专用工具，对各部位钢筋综合考虑，制定出最优操作工艺。

在高架层钢管柱梁柱节点处，针对梁柱节点涉及专业广，工序繁琐，且构造复杂的特点，以设计理论计算和计算机三维排图为基础，制定了钢管柱上开洞保证波纹管通过、虹吸落水管增加钢套管避让预应力波纹管、增加柱帽分散节点集中力等方案。

（3）具体方法

①梁架立筋的使用

地下通廊梁受力筋多达九排，普通架立钢筋无法支撑，故采用特制架立钢筋固定上下排钢筋排数及排距，以满足设计要求。架立筋如图 8-1 所示。

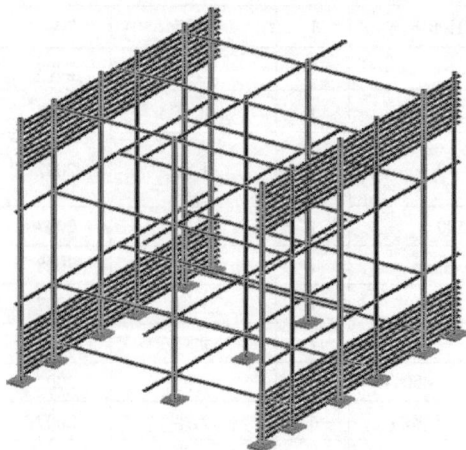

图 8-1　架立筋轴测图

②梁柱连接

为保证施工过程中不存在冲突问题,在施工前对所有节点进行深化设计,采用 CAD 建模三维排图,确保施工顺利进行。为保证节点受力稳定,在梁柱节点处增加柱帽包裹,如图 8-2 所示。

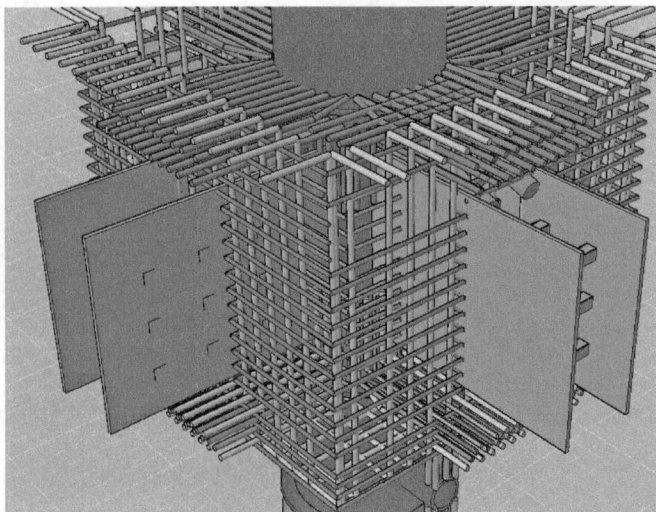

图 8-2　梁柱连接节点示意

③梁纵向钢筋与钢管柱连接

梁截面宽度为 1 000 mm,钢管柱截面尺寸也为 1 000 mm,梁上、下铁钢筋在钢管柱节点位置处均无法贯通,本工程采用了钢筋与钢管柱柱脚环板焊接的方法,钢筋在环板上双面焊焊接长度为 $5d$(d 为钢筋直径),如图 8-3 所示。

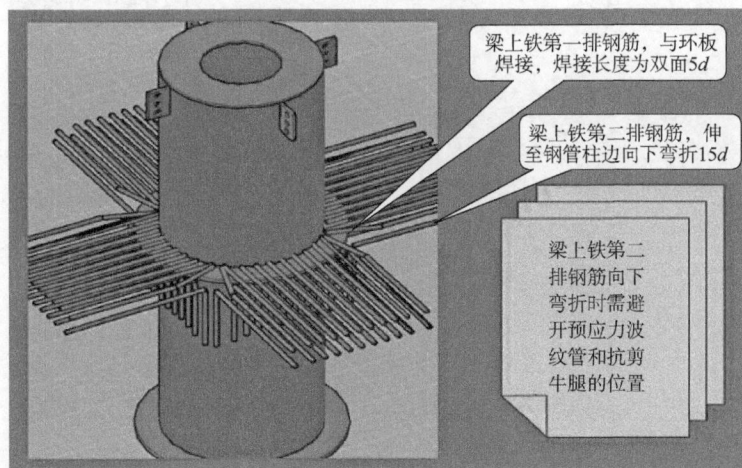

梁上铁第一排钢筋,与环板焊接,焊接长度为双面 $5d$

梁上铁第二排钢筋,伸至钢管柱边向下弯折 $15d$

梁上铁第二排钢筋向下弯折时需避开预应力波纹管和抗剪牛腿的位置

图 8-3　梁纵向钢筋与钢管柱连接节点示意

④抗剪牛腿与柱帽箍筋的连接

钢管柱在混凝土梁内埋设抗剪牛腿,抗剪牛腿采用 25 mm 厚钢板,与柱整体焊接,上部焊接拉结栓钉,由于环绕的柱帽箍筋被抗剪牛腿截断,此处将柱帽箍筋与抗剪牛腿焊接,如图 8-4 所示。

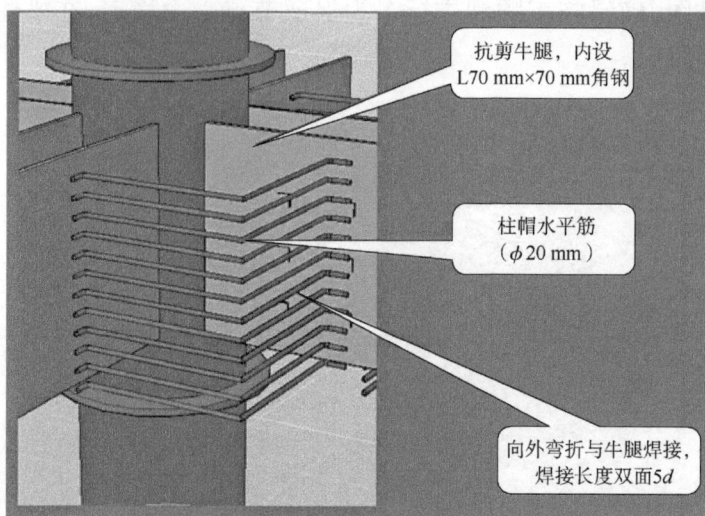

图 8-4　抗剪牛腿与柱帽箍筋连接示意

⑤钢管柱与虹吸落水管交叉处理

虹吸落水管直径为 250 mm,而穿过钢管柱的预应力波纹管净距为 200 mm,较虹吸落水管直径小 50 mm,为避免预应力张拉时侧向力对落水管套管形成破坏,在落水管四周增加 15 mm 厚钢套管,以保证结构安全,如图 8-5 所示。

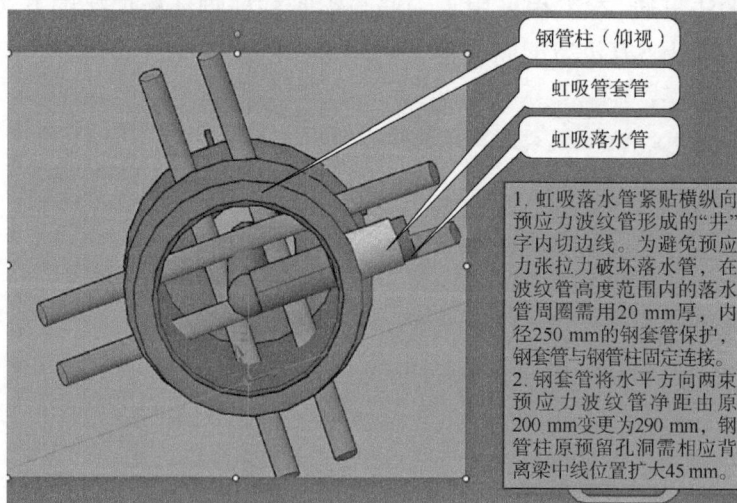

图 8-5　钢管柱与虹吸落水管交叉处理示意

⑥钢管柱与预应力波纹管交叉处理

钢管柱直径为 1 000 mm,混凝土主梁在钢管柱位置处被完全断开,预应力波纹管无法穿入,为此,将钢管柱在预应力波纹管贯穿位置处预留孔洞,孔洞留置前需核对预应力矢高图,确保留置无误,预应力张拉端可留置在柱帽外侧或次梁外侧,如图8-6所示。

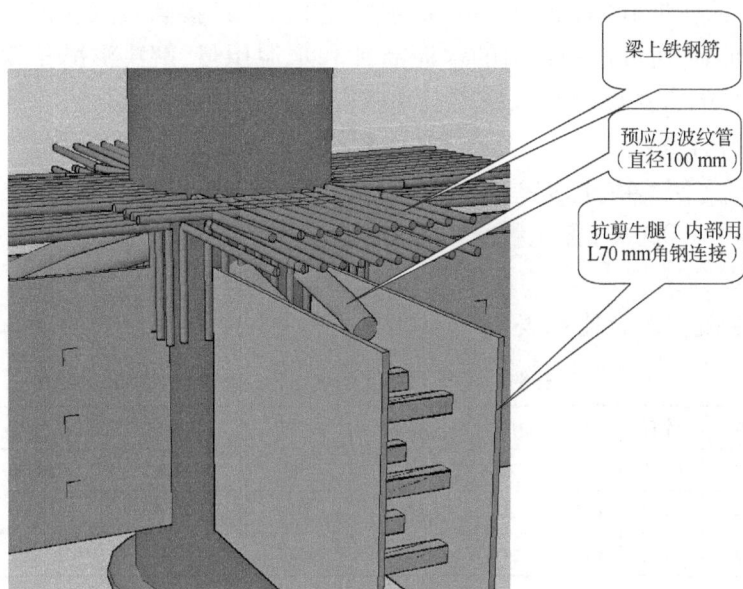

图 8-6 钢管柱与预应力波纹管交叉处理示意

(4)施工注意事项

①三维排版后,要加强现场放样核实,发现问题及时处理。

②梁柱节点多处为钢筋焊接作业,在钢筋焊接时,需及时清渣,焊缝需均匀、饱满,不得有缺焊、漏焊、夹渣、气泡。

③梁柱节点处钢筋过于密集,浇筑混凝土时需采用小型混凝土振捣棒将混凝土振捣密实。

2. 大体积、大面积超长、高性能纤维混凝土裂缝控制技术

(1)结构概况

大连北站混凝土工程量大,地下通廊南北长224.1 m,东西宽46 m,层高为8.65 m,通廊底板厚度为1.2 m,系典型的厚大超长地下结构。混凝土强度等级C45,设计使用年限100年,裂缝控制等级为三级。

(2)施工方案

选配适合厚大超长混凝土结构的混凝土配合比,并掺加聚丙烯纤维,提高混凝土材料的抗裂性能;通过裂缝控制计算,选择合适的施工方法;合理布置后浇带,减少不均匀沉降及收缩的影响;采取混凝土温度监控措施,实时指导养护工作。通过以上多种措施,增强混凝土的韧性和延性,提高混凝土综合性能的可靠性和安全度,避免有害裂缝的产生,延长结构物的使用寿命,满足耐久性要求。

(3)方案实施

①高性能纤维混凝土配合比设计

a. 配合比设计原则

在保证混凝土良好工作性能的情况下,尽可能地降低混凝土的单位用水量,在配合比设计时采用三低(低砂率、低坍落度、低水胶比)、二掺(掺高效减水剂和高效引气剂)的配合比设计准则;通过选用合适的水泥品种和水泥用量,解决混凝土温升问题;通过调整外掺料(剂)的方法以控制水泥用量并获得优良的泵送性能。

b. 配合比设计参数

混凝土强度等级 C45,标准差 6.0,试配强度 54.9 MPa,根据泵送要求坍落度 180 ~ 200 mm;电通量 <1 000 C,含气量 ≥5.0%,环境作用等级为 T3、L1、H1、D3。

c. 混凝土配合比

初步选定混凝土配合比见表 8-5。

表 8-5　C45 混凝土配合比(kg/m³)

编号	水泥	砂	碎石	水	防腐剂	矿粉	粉煤灰	高效减水剂	引气剂	聚丙烯纤维
1	320	705	1 057	155	20	51	52	4.43	0.354	0.9
2	330	694	1 041	155	20	60	60	4.70	0.376	0.9
3	310	729	1 092	155	20	45	44	4.19	0.335	0.9

混凝土拌和物性能试验结果见表 8-6。

表 8-6　C45 混凝土拌和物性能

混凝土等级	编号	坍落度(mm)	含气量(%)	泌水率(%)
C45	1	195	5.8	0
	2	200	5.7	0
	3	185	5.4	0

成型力学性能试验(3 d、7 d、28 d、56 d 抗压强度)以及耐久性能试验(56 d 电通量、56 d 抗冻性)试验结果见表 8-7。

表 8-7　C45 混凝土力学及耐久性能

混凝土等级	编号	抗压强度(MPa)				抗冻性(300 次)(%)28 d		电通量(C)
		1 d	3 d	28 d	56 d	质量损失率	相对动弹性模量	
C45	1	22.1	35.0	56.8	60.4	0.97	92.1	681.1
	2	25.9	37.1	58.1	62.9	0.95	92.3	680.8
	3	20.6	31.5	51.9	56.0	0.98	91.9	684.9

根据上述试验结果,在满足设计和施工要求的条件下,本着经济节约、优选的原则,选用 1 号配合比作为理论配合比。

②裂缝控制计算

a. 计算目的

根据混凝土浇筑前裂缝控制施工计算,在施工中选择控制混凝土的温度变化及失水速率的方法以控制贯通裂缝的产生,并通过必要的施工措施避免表面裂缝的发生。

b. 计算参数

结构尺寸:一次浇筑最大梁尺寸为 1.2 m × 46 m × 66.45 m,C45 混凝土方量为 3 668 m³。

混凝土配合比:1 号配合比(见表 8-5)。

抗拉强度:C45 混凝土轴心抗拉强度设计值取 1.9 MPa。

温度参数:底板混凝土灌注时间在 2010 年 6 ~ 8 月份,室外平均温度 $t_p = 24$ ℃;混凝土浇筑入模温度为 26 ℃。

c. 计算结果

通过计算,混凝土最大降温收缩应力为 1.7 MPa,小于混凝土轴心抗拉强度设计值,满足规范的要求,不会出现有害裂缝;混凝土最大综合温差 $\Delta T = 30.9$ ℃,大于 25 ℃,需采取降温控制措施。

d. 蓄水养护深度估算

为保证养护质量,本工程采用蓄水养护。蓄水养护通过调整蓄水的深度,来控制混凝土中心和表面的温差,从而控制混凝土裂缝的产生。混凝土里表温差要求小于 25 ℃,计算得出蓄水厚度为 6 cm 即可满足要求,实际蓄水深度则需根据现场测温情况进行调整。

③底板浇注施工

根据现场实际情况,将地下通廊底板延南北向分成 4 个区段,区段长度分别为 41 m、66.45 m、59.65 m、57 m,留置 3 道后浇带。

混凝土底板浇注时按照"抗放兼顾、先放后抗、以抗为主"的原则,采用分层、放坡连续浇注的施工工艺。放坡浇注的坡率为 1:6,分层浇注的厚度为 500 mm 左右,以解决混凝土的水化热问题及避免混凝土表面裂缝的产生。

在底板首期浇筑混凝土两个月后的合适温度区段内(2 ℃ ~ 12 ℃ 的温度区间)对后浇带进行封闭。后浇带两侧设置快易收口网 + 钢板止水带、交叉部位采用十字钢板止水带,并辅以遇水膨胀止水胶。采用补偿收缩混凝土(不添加纤维,膨胀率在 0.035% ~ 0.04% 之间)浇筑,其强度等级比两侧的混凝土提高一级,并在养护时加强保湿措施,确保其补偿收缩性能。

④养护及温度监控措施

混凝土采取蓄水养护,并对混凝土的温度变化进行监控,要求养护期间混凝土内部温度不高于 75 ℃,里外最大温差小于 25 ℃。如有超标情况发生,则需及时修正施工措施,避免有害裂缝的产生。测温采用普通玻璃温度计,测温管采用 ϕ20 mm PVC 管,平时用软木塞封堵,只允许在放置或取出温度计时打开,以减少测温孔内温度扰动。测温位置沿深度方向布置 3 个测点,分别固定在离表面 100 mm 处、中心处及离底面 100 mm 处,以测定表面温度、中心温度及底面温度。测温间隔时间为 2 h,测温时将温度计系线绳垂吊到管中,停留不少于 3 min 后取出迅速查出温度。蓄水养护现场如图 8-7 所示。

(4)施工注意事项

图 8-7　通廊底板结构蓄水养护(蓄水深度 6 cm)

①粗细骨料堆放应设置遮阳设施,降低粗细骨料温度。

②避开高温时段浇注混凝土,一般选择在傍晚开始直至第二天十点以前。

③浇注混凝土时应严格控制分层厚度,避免混凝土拌和物局部堆积过大。

④温度测量要按规定频次进行,并及时进行数据分析。

3. 大跨度、超高、重载混凝土结构新型模架支撑体系施工

(1)结构概况

地下通廊结构最大框架梁为 3.7 m×3.0 m,最大跨距为 28.5 m×24 m,外墙厚 1 m,柱子直径 2.5 m,顶板厚为 0.25 m 和 0.5 mm。轨道层下方的楼板板厚 0.5 m,其余楼板厚 0.25 m,结构层高为 8.65 m。

(2)支撑方案

ADG 60 系列新型脚手架支撑体系由立杆、横杆和斜拉杆组成三维空间架体(应用于普通梁板)或直接由三角片组成塔架式支撑(主要应用于高大梁底支撑),其主要杆件直径为 ϕ60.3 mm(t=3.0 mm)立杆和三角架,材质为 Q345B。鉴于 ADG60 系列立杆具有较大的承载力(与普通碗口支架相比),在 1 m 步距的情况下,承载为 16.488 t,在 2 m 步距的情况下,承载力为 9.838 t,更大的承载力使得较大的立杆间距成为可能。既节约材料,又大大减少了工程量,能提高施工效率,缩短有效工期,故本工程采用 ADG 60 系列自锁式模块脚手架支撑体系。

(3)布置方式

本工程针对地下通廊的梁板尺寸大小情况及现场荷载情况,在保证架体承载力和施工安全的前提下,对于架体形式进行分别设置:

①顶板梁板底模板和侧模板均采用 15 mm 厚复合模板,模板主龙骨:梁下为 20a 号工字钢、板底为 150 mm×150 mm 木方,梁侧为双脚手管;模板次龙骨:3 000 mm 高梁下为 150 mm×150 mm 木方、其他梁下为 100 mm×100 mm 木方、梁侧和板下为 100 mm×100 mm 木方,间距均为 200 mm。

②纵向主梁(3 000 mm 高梁),2 500 mm 宽梁下,垂直梁方向采用 0.7 m 塔架、1.0 m

横杆、0.7 m 塔架形式搭设;3 700 mm 宽梁下,垂直梁方向采用 0.7 m 塔架、0.7 m 横杆、0.7 m 塔架、0.7 m 横杆、0.7 m 塔架形式搭设,塔架成格构柱,顺梁方向塔架之间用 1.5 m 横杆连接,塔架片步距 1.0 m,横杆步距 2.0 m。

③横向主梁下(2 500 mm 梁),垂直梁方向根据梁宽的不同分别采用双 0.7 m 塔架或 0.7 m 单塔架的形式搭设,顺梁方向塔架之间用 1.5 m 横杆连接,塔架形成格构柱,塔架片步距 1.0 m,横杆步距 2.0 m。

④轨道处板厚为 500 mm,站台处板厚度为 250 mm,支撑板的脚手架以梁板分支的形式搭设,板下立杆的纵向立杆间距为 1.5 m,横向间距采用 1.0 m 和 0.7 m,根据具体板块进行组合调整,横杆的步距主要为 2 m。

脚手脚搭设现场如图 8-8 所示。

图 8-8　ADG 60 脚手架搭设

(4)支撑体系施工

①堆载预压试验

架体搭设使用前,选择一代表性完整跨的梁体下脚手架进行承重堆载试验,收集支架沉降变形数据,检验架体的安全稳定性能。

堆载用脚手架严格按照设计架体形式进行搭设,搭设完成后,铺设主次龙骨及模板,然后在试验架体上利用混凝土配重块进行堆载,配重总重 328 t(>1.1 倍梁体荷载自重 287 t)。加载前,选择 8 个有代表性立柱,在立柱的顶端和底部分别设置观测点进行变形观测。

在梁底范围内分 3 级加载,依次为单元预压荷载值的 60%、80%、100%,每级加载完成后预留架体变形时间并记录每次加载后的沉降值。经 72 h 预压完成后,立杆顶端沉降平均值为 4.5 mm,立杆整体压缩值 2.625 mm。架体变形较小,整体稳定,能够达到施工承载力和安全性要求。

②脚手架搭设

搭设前先根据支架设计图进行配杆,将所需杆件运至现场,分类堆码。清理整平场地后,放线定位,按放线位置准确确立摆放地脚的位置,将扫地杆、第一步横杆和斜杆锁定在立杆上,保持其稳定;然后用水平尺或水平仪调整整个基础部分的水平和垂直,挂线调整纵、横排立杆是否在一条直线上,用钢卷尺检查每个方格的方正;检验合格后再进行上部标准层架体的搭设。在施工中随着架体的升高随时检查和校正架体的垂直度(控制在3‰内)。可调底座与顶托的丝杆出露长度不大于370 mm,最底排横杆与底座板以及最上排横杆与顶托板的距离不大于600 mm。

(5)施工注意事项

①搭设应由一个标准单元开始,在搭设过程中不得随意改变原设计、减少材料使用量、配件使用量或卸载,节点搭设方式不得混乱、颠倒,锁销一定要打紧。

②脚手架的整体稳定性主要由横杆和斜栏杆来保证,因此搭设过程中必须按要求正确设置横杆和斜拉杆,做到方向正确、无缺失。

③由于梁板架体分别支设,各自形成独立的架体单元,为保证整体的稳定性,必须进行水平拉结,水平拉结杆的间距水平和垂直方向均不宜大于4 m,施工中要特别注意加强外侧梁体的拉结检查。

4. 大跨度预应力张弦钢结构体系施工技术

(1)结构概况

钢结构是大连北站高架候车厅屋盖的主要结构形式,站房钢结构总计约9 060 t,张弦屋盖在区间CB轴~CK轴为拱形—折线形钢屋盖,屋盖钢结构连接方式为焊接和栓接,结合下部柱位共有断面为正放三角形的空间主桁架,主桁架最大跨度为72 m,每一榀都在区间S4轴~S7轴用垂度为4.5 m的3根拉索进行张拉;主结构之间布置有平面次桁架,平面次桁架通过断面为正放三角形的空间托架支承在钢管混凝土柱上。站房结构立面如图8-9所示。

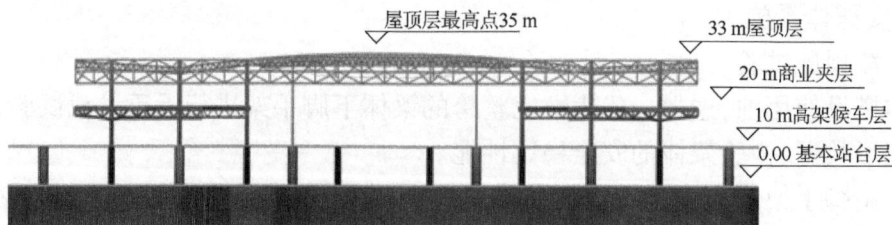

图8-9 站房结构立面示意

(2)施工方案

钢结构拼装,商业夹层高度在2.5 m以下的桁架梁在工厂拼装完成,高度为4.4 m的桁架梁采用高空原位散装的方法进行安装。屋盖桁架则采取杆件运输至现场,地面拼装胎架上拼装,分单元吊装就位的方法。

钢结构吊装在综合考虑各部分钢结构重量、形状、工序、工作面、工期要求等因素基础上,采用履带吊、塔吊、汽车吊相结合的方式,主要配备1台250 t履带吊、1台300 t履带吊、2台50 t汽车吊、6台ZJ7030塔吊以及25 t汽车吊若干(小吨位汽车吊视现场具体情况随时调配)。250 t 及 300 t 履带吊主要负责屋盖桁架吊装、商业夹层钢结构吊装以及 21 m 以上钢柱吊装,50 t 汽车吊主要负责屋盖桁架吊装、21 m 标高以下钢柱吊装,塔吊主要负责屋盖支撑、檩条等重量轻但是数量多的构件的吊装。

受吊装设备吊臂覆盖范围所限,屋盖桁架吊装采用"双机抬吊"方案,即屋盖桁架钢结构吊装采用一台 300 t 履带吊(东)和一台 250 t 履带吊(西)进行主要桁架构件吊装,同时选择一台 50 t 汽车吊上高架辅助大型履带吊吊装主桁架主跨吊装单元。

预应力张拉采用单榀张拉的方法,各榀桁架依次张拉。每次张拉时仅同步张拉 6 个张拉点,配置 6 套工装、12 台千斤顶和 6 台油泵。单榀张拉结束后,该榀桁架的临时支撑及时移除,周转使用。施工过程中对支座采取先滑动、后固定措施,减少预应力张拉对柱子的影响。钢结构焊接组织有经验的焊接工程师和焊接工人进行施工,冬季焊接采取必要的低温环境施工措施。

(3)钢结构吊装

①钢结构吊装流程

根据现场实际情况分为 A、B、C 三个施工区。A 区的范围为 CD~CG 轴、B 区的范围为 CG~NB 轴、C 区的范围为 CD~SD 轴,施工顺序为 A 区→B 区→C 区。钢结构吊装流程如图 8-10 所示。

②拼装胎架设计

根据屋盖桁架的结构类型,拼装胎架设计成三种型式,以满足不同类型的桁架拼装:

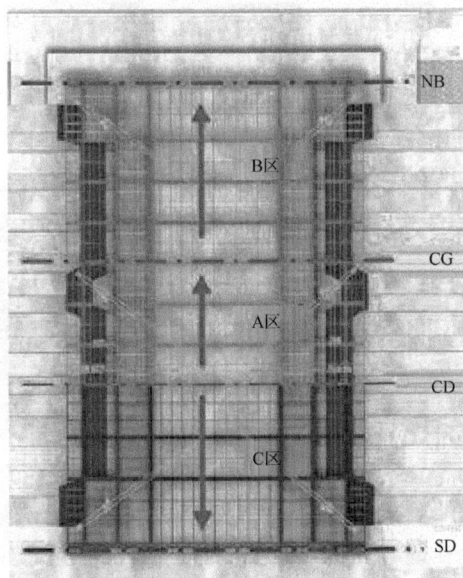

(a)流程一:施工段划分   (b)流程二:吊装机械布置

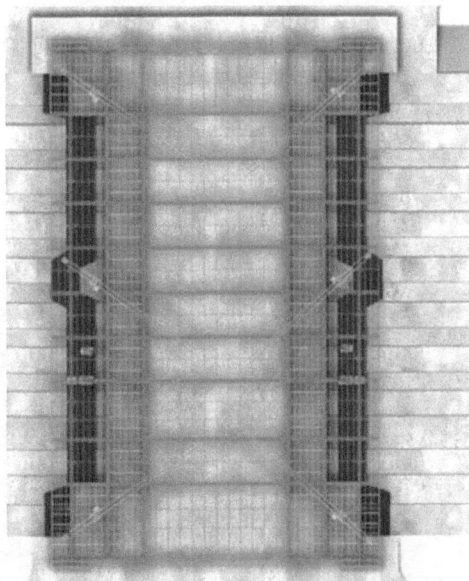

图 8-10

(c)流程三:吊机就位

(d)流程四:CD~CE轴商业夹层吊装

(e)流程五:CD~CE屋盖安装

(f)流程六:CD~CG屋盖安装

(g)流程七:CG~CJ屋盖安装

(h)流程八:NB轴幕墙桁架安装

图 8-10

(i)流程九:幕墙桁架与主桁架间托架安装

(j)流程十:CD-CC 轴夹层安装

(k)流程十一:CD-CC 轴屋盖安装

(l)流程十二:屋盖安装完毕

图 8-10　钢结构吊装流程(流程一~十二)

　　a. 三角型拼装胎架:主要用于屋盖主桁架、托架的拼装,以上两种桁架的截面类型均为三角形。三角形拼装胎架竖向杆采用 H150 × 150 × 7 × 10 型钢,其余拉杆、连杆主要采用 L75 × 5 角铁,每个立杆区域横向铺设 500 × 10 的钢板。三角形拼装胎架截面型式如图 8-11 所示。

　　b. 片式拼装胎架:主要用于檩桁架、次桁架、边桁架现场拼装。片式拼装胎架单元如图 8-12 所示。

　　c. 幕墙桁架拼装胎架:专用于幕墙桁架地面拼装。幕墙桁架拼装胎架单元形式如图 8-13 所示。

　　③桁架拼装

　　拼装分地面、+10 m 楼面两个场所进行。 +10 m 楼面上主要进行屋盖主桁架拼装,其他桁架则放在地面拼装。

　　考虑到施工现场地质条件,在设置地面拼装胎架前,先对地面整平压实,然后铺设200 mm 碎石。拼装分成两块大的拼装区域,每块区域配备 2 台 25 t 汽车吊进行拼装。

考虑到主桁架以及幕墙桁架重量都在 20 t 以上,选择 50 t 的汽车吊以及平板车作为桁架倒运工具。

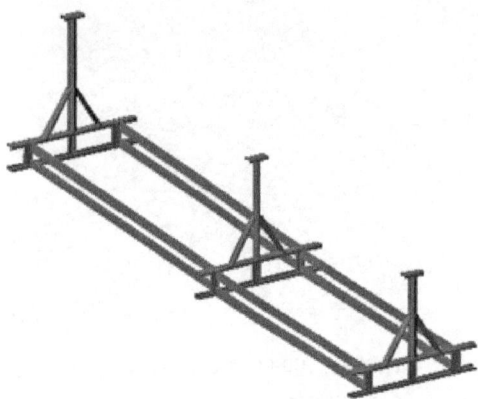

图 8-11　三角形拼装胎架组合形式

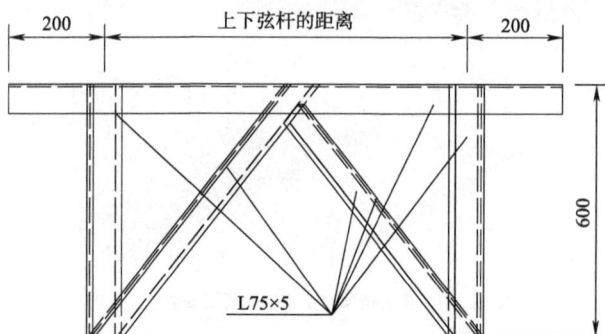

图 8-12　片式拼装胎架示意(单位:mm)

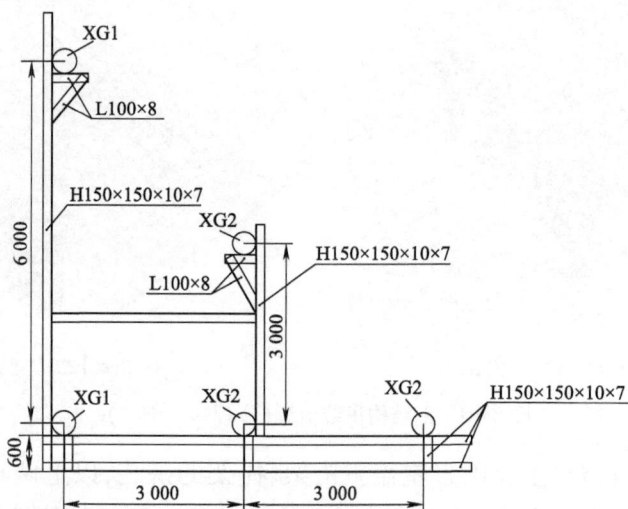

图 8-13　幕墙桁架拼装胎架示意(单位:mm)

④屋盖主桁架钢结构吊装

根据主桁架和钢柱的连接形式对主桁架分六段进行吊装,主跨分两段,中间设置临时支撑架,如图 8-14 所示。

屋盖桁架钢结构吊装采用一台 300 t 履带吊(东)和一台 250 t 履带吊(西)进行主要桁架构件吊装;同时考虑到 C7030 塔吊和 300 t 履带吊均无法覆盖 CC ~ CD 轴中间部分檩桁架、次桁架等次构件以及 300 t 履带吊无法单独完成 72 m 主跨桁架吊装等因素,选择一台 50 t 汽车吊上高架进行上述构件吊装以及辅助大型履带吊吊装主桁架主跨吊装单元。

(4)72 m 跨主桁架预应力张拉

①张拉顺序

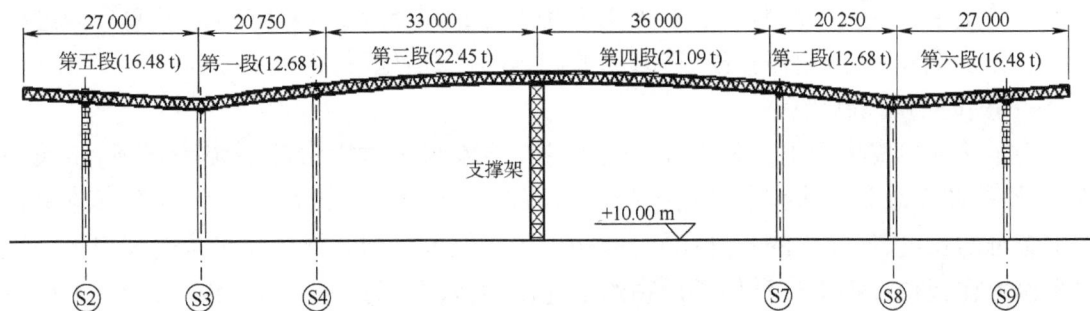

图 8-14　主桁架分段示意(单位:mm)

张拉顺序为 A 区→B 区→C 区,先张拉第一榀(CD 轴桁架)张弦梁拉索至 50% 张拉控制力;每榀张弦梁的 3 根拉索同时张拉,采用两端张拉的方式;CD 轴桁架张拉完成后,再张拉 CE 轴线桁架至 100% 张拉控制力,以此类推按顺序依次张拉其他轴线,最后张拉 CD 轴张弦主桁架至 100%。

②拉索安装

为了现场施工方便,在加工厂内将每根索体单独缠绕成盘,到现场后吊装到事先加工好的放索盘上,放索前将索盘吊至该索所在榀的一端端头,借助倒链和卷扬机由一端向另一端牵引放索。

为防止索体在移动过程中与地面接触,损坏拉索防护层或损伤索股,在地面沿放索方向铺设一些圆钢管(长度≥1 m,间距约 2.5 m),以保证索体不与地面接触,同时也减少了拉索摩擦力。

将同一桁架的三根拉索平放至本榀张弦梁的正下方后,采用卷扬机提升拉索和倒链、吊机辅助的方法整体将拉索提升至安装位置;用葫芦将两端与钢梁有效连接,先安装中间拉索,再安装两侧拉索;按索夹标记点位置将带索夹安装在拉索相应的位置上,并拧紧索夹螺栓(由于拉索调节长度有限,安装拉索时可以考虑先不将索夹与撑杆进行焊接,便于安装拉索时,将拉索整体提高,超出索夹高度)。

③张拉工艺

a. 张拉前标定张拉设备

张拉设备采用相应的千斤顶和配套油泵。根据设计和预应力工艺要求的实际张拉力对千斤顶、油压表进行标定。实际使用时,由此标定曲线上找到控制张拉力值相对应的值,并将其计算打印成表格,以方便操作和查验。

b. 张拉钢索

预应力钢索张拉控制应力根据设计要求取值。为保证张拉同步,分 6 级张拉,分级张拉程序为:预紧→25% →50% →75% →90% →100%。

油泵启动供油正常后,开始加压,当压力达到钢索设计拉力时,适当超张拉,然后停止加压,完成预应力钢索张拉。张拉时,要控制给油速度,给油时间不应低于 0.5 min。

预应力钢索张拉采取双控,即控制钢索的拉力及钢结构变形值。张拉完成后,除了张拉力的记录,还应立即测量校对,把钢结构变形记录下来,以对结构施工期行为进行监测。如发现异常,应暂停张拉,待查明原因,并采取措施后,再继续张拉。

c. 张拉同步控制措施

为了保证单榀桁架下三根拉索张拉同步,要求张拉时六台油泵统一指挥,步伐一致,严格按照 6 级分步张拉。控制张拉同步有两个步骤。首先在张拉前调整索体锚杯露出螺母的长度,使露出的长度相同,即初始张拉位置相同。第二在张拉过程中将每级的张拉力在张拉过程中尽量使千斤顶给油速度同步,在张拉完成每小级后,所有千斤顶停止给油,测量索体的伸长值。如果同一索体两侧的伸长值不同,则在下一级张拉的时候,伸长值小的一侧首先张拉出这个差值,然后另一端再给油。如此通过每一个小级停顿调整的方法来达到整体同步的效果。

④张拉注意事项

a. 钢结构吊装就位后进行钢结构的尺寸复核检查,预应力张拉索力和变形根据复核后尺寸作适当调整。

b. 张拉设备形心应与预应力钢索在同一轴线上,以保证预应力钢索在进行张拉时不产生偏心。

c. 认真检查张拉设备及与张拉设备相接的钢索,以保证张拉安全、有效。

d. 张拉应严格按照操作规程进行,张拉力应按标定数值进行,并做好变形测量核对。

⑤预应力施工仿真分析及监控

采用有限元分析软件 MIDAS,对钢屋盖预应力施工进行仿真模拟,分析关键施工阶段的结构状态,为施工控制提供参考依据。同时,在实际施工过程中,对桁架跨中位移进行监测,掌握结构变形变化情况,确保施工质量与安全。

经计算,在屋面构件安装完成,拉索已全部张拉到位时,该状态下桁架最大组合应力为 154 MPa,单榀张弦桁架的跨中上抬 140 ~ 150 mm,S4 轴端支座沿主桁架方向滑动 15 ~ 20 mm。

实际监测张弦桁架跨中位移最终上抬 100 ~ 128 mm,S4 轴端支座沿桁架方向位移 17 ~ 20 mm,偏差均在允许范围内,说明施工过程控制比较精准,结构变形符合预期要求,施工质量可靠度高。

(5)冬季施工低温焊接技术措施

大连冬季最低温度达到 - 21 ℃,冬季低温下钢结构的焊接质量是本工程控制重点之一。为此,制定了如下措施。

①低温焊接工艺评定

在焊接前需根据环境温度进行焊接工艺评定,确保电焊时的工艺系数如施工工序、电流、电压、预热温度、保温时间及冷却速度等满足要求。焊接工艺评定时需针对仰焊、立焊、平焊分别进行评定。

②焊接材料选择

焊接施工时,采用 E5016 焊条。焊条应按照产品说明书上的规定进行烘焙,使用时应取出放在保温桶内,随用随取,焊条外露超过 2 h 时,应重新进行烘焙,焊条的烘焙次数不应超过 2 次;受潮的焊条不应使用。

③调整保护气流流量

根据施焊作业层风速的变化,气保焊的保护气体流量适当作调整,具体要求见表 8-8。

表 8-8　气保焊保护气体流量要求

序号	风　速	焊枪型号	保护气体气压	保护气体流量
1	≤2.0 m/s	500 A 或 350 A	0.4 MPa	25 ~ 50 L/min
2	2.0 ~ 5.0 m/s	500 A 或 350 A	0.5 MPa	平、横焊 50 ~ 70 L/min 立焊 60 ~ 70 L/min
3	5.0 ~ 6.0 m/s	500 A 或 350 A	0.5 MPa	平、横焊 70 ~ 90 L/min
4	≥6.0 m/s	防　风　枪	0.5 MPa	90 ~ 100 L/min

注:风速测定位置为距施焊处 1 m 以内焊缝坡口段部,风向为焊接前进的方向。

④预热及后热处理

焊前严格按照预热温度对焊缝进行预热,预热的加热区域应在焊接坡口两侧,宽度应各为焊件施焊处厚度的 1.5 倍,为 100 mm;必要时采用伴随预热的方法,确保预热温度和层间温度。焊前预热温度按表 8-9 取用。

表 8-9　焊前预热温度取用

钢材分类	接头最厚部件的板厚 t(mm)				
	$t < 25$	$25 ≤ t ≤ 40$	$40 < t ≤ 60$	$60 < t ≤ 80$	$t > 80$
I	—	—	60 ℃	80 ℃	100 ℃
II	—	60 ℃	80 ℃	100 ℃	140 ℃

注:①焊接接头板厚不同时,应按接头中较厚板的板厚选择最低预热温度和层间温度。
　②焊接接头材质不同时,应按接头中较高强度、较高碳当量的钢材选择最低预热温度。
　③预热范围为较厚板件的 1.5 倍且不小于 100 mm。

焊缝预热采用火焰加热器进行加热,测温采用远红外测温仪,测温点在距坡口边缘 75 mm 处,平行于焊缝中心的两条直线上。严格控制焊缝层间温度,测温点在焊缝坡口内部。焊缝层间温度控制要求见表 8-10。

表 8-10　焊缝层间温度控制

钢材牌号	接头最厚部件的板厚 t(mm)		
	$40 < t ≤ 60$	$60 < t ≤ 80$	$t > 80$
Q345	100 ℃	100 ℃ ~ 200 ℃	140 ℃ ~ 200 ℃

在负温度下厚钢板焊接完成后,在焊缝两侧 500 mm 范围内,立即进行焊后热处理。焊缝焊完或焊后热处理完后,应采取保暖措施,并使焊缝缓慢冷却,冷却速度不超过 10 ℃/min。

⑤保温措施

对于 Q345 材料的焊接,当环境温度低于 0 ℃ 时不应进行焊接;确因工期需要的,则在焊接区域周围搭设局部封闭防护棚,在防护棚中放置适当的取暖器或碘钨灯,提高焊接的环境温度,确保封闭区域内环境温度达到能够进行施焊的要求。保暖棚搭设尺度为 2 m×1.5 m×3 m,如图 8-15、图 8-16 所示。

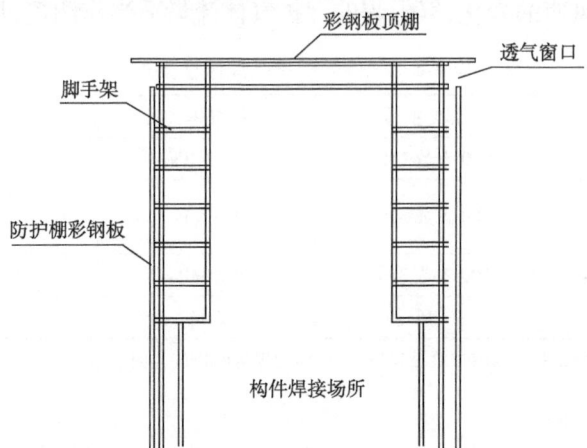

图 8-15　保暖棚搭设示意

5. 双曲面仿石铝板幕墙施工技术

（1）基本情况

南、北立面 +10.000 m 以上高架候车层的双曲面造型设计,按照建筑的设计理念及构思,斜面部分采用 3 mm 厚仿石喷涂铝单板作为外装饰材料,曲面最大弧度为 $R105$ m,最高点标高 +31.000 m,单块铝板最大面积 0.68 m^2、重量 5.5 kg,南、北立面双曲面仿石铝板幕墙总面积 1 120 m^2。双曲面幕墙效果如图 8-17 所示。

图 8-16　保暖棚实物图

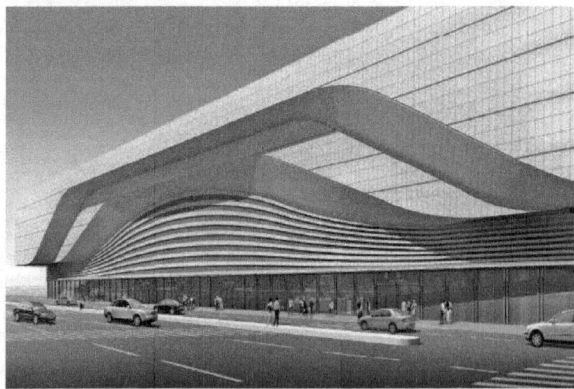

图 8-17　双曲面幕墙效果图

（2）双曲面仿石铝板施工工艺

①仿花岗岩真石漆的制备

仿花岗岩真石漆用于外墙装饰,其主要组成材料选择如下:

岩片选用彩色岩片,乳液选用无皂聚合硅丙乳液,成膜助剂选用 Texanol 酯醇和醇醚类成膜助剂复配使用,彩砂选用天然彩砂或人工彩砂,增稠剂选用触变性强的疏水改性碱溶性增稠剂与纤维素增稠剂复配使用。试验配合比见表8-11。

表8-11　仿花岗岩真石漆配合比

序号	材料名称	质量份	备注
1	水	适量	—
2	丙二醇	1~2	—
3	增稠剂	10~20	复配方
4	乳液	150~250	—
5	消泡剂	1~3	—
6	成膜助剂	5~15	复配方
7	杀菌剂	1~3	—
8	彩砂	500~900	—
9	岩片	10~15	—
10	氨水	1~2	—

②双曲面仿石铝板加工工艺

鉴于本工程曲面仿石喷铝板规格形状部分呈扭曲状的特点,结合效果图所显示的大面效果,对生产工艺作如下安排:

a. 将所有扭曲部分工件按照加工图统一优化后上数控冲床或铣床一次性全部开料完成。

b. 针对扭曲板整体扭曲度(中间部位弦高只有20 mm)的情况,合理利用好现有的卷圆设备,对其上下混轴作相应改装。具体是取所有工件扭曲度的最大值来改装设备。在混轴的上滚和下滚轴上加装橡胶皮,让其上下呈曲度,然后将铝板直接用卷圆机滚为扭曲状。

c. 针对部分曲面板弦高较小的情况下,运用以直代曲的简化方法,用直线所代圆弧的弦高,在弦高越小的情况下,直线就越接近弧线,以直代曲加工出来的双曲面铝板就比较浑圆。根据已往工程实际经验,本工程考虑长弧形方向弦高4 mm为界,弦高 h 小于等于4 mm,即可用直线代替弧线以简化双曲面造型的设计加工。

d. 针对滚成形后的工作,弦高较大,回边折边采用焊接,弦高较小的则采用靠模校正,为保证成形后的工件不反弹变形,沿扭曲的主要方向加加背筋固定。

③铝板仿花岗岩真石漆喷涂工艺

根据喷涂生产线的特点及对仿石材的效果要求,采用以下喷涂工艺:采用普通真石漆喷枪,枪头距饰物表面40~60 cm,施工一般为二道,每道间隔时间不少于2 h,干燥后涂膜厚度为2~3 mm,参考用量为3~5 kg/m²。施工环境温度应高于5 ℃,湿度小于85%。喷涂完毕待表面稍干后可用海绵滚筒或光面滚筒蘸水轻滚表面即可,也可用镘刀蘸水轻轻批刮,不能重压,目地是增加涂料的平整度和紧密性。胶带最好使用双面海绵胶带,喷涂完后滚平撕下第一层保护纸,胶带旁有溢出料再用滚筒轻轻压平,等隔天干燥后再将胶带全部撕掉。

④仿石铝板安装工艺

a. 龙骨安装要求

(a)安装前先要熟悉图纸,同时要熟悉订料图,准确了解各部位使用何种龙骨,避免张冠李戴。

(b)检查龙骨用料规格与型号,截面是否与设计相符(包括截面高度、角度、壁厚等),长度是否合要求。

(c)龙骨先安装三角架(三角架在地面放样按加工图加工好),根据龙骨安装三维图定位三角架三维标高及距轴线距离,三角架底部与钢结构主架管支座螺接,用经纬仪与水平仪调整三角架立面与轴线距离和中间与底部角点的三维标高,安装偏差不超过±3 mm,点焊临时固定,复查三角架三维标高及轴线距离无误后方可将其固定牢固。

(d)安装圆弧形龙骨前先在地面放样,将圆弧形钢方管(弧形钢方管厂家拉弯)焊接对准放样线条按大分格分断,按图纸尺寸将圆弧形龙骨与三角架连接,连接的三维坐标偏差不超过±3 mm,只有精确安装龙骨才能保证面材铝板双曲面弧形顺滑。

b. 仿石铝板安装

安装流程:检查铝板编号→核对加工尺寸→铝板临时固定→测量铝板三维标高及轴线距离→调整→固定→注胶→撕保护膜→清洁。

基本操作要求:

(a)按编号与加工图核对加工尺寸,加工偏差要求不超过2 mm。

(b)临时螺钉固定铝板四个角,用经纬仪与水平仪调整铝板四角三维坐标并在角两边挂耳用螺钉固定牢固,防止角移位。

(c)铝板四个角固定后再固定四条边中间,两竖边为直线边、上下边也为平面直线,定位完成后用拉线方法调整边的直线度。

(d)接缝铝板阶差不超过±1 mm,有阶差的边应该用胶皮垫平,安装时要保证接缝阶差不能超标才能保证双曲面弧形顺滑。

(3)施工注意事项

①所有扭曲件为防止运输变形,采用装箱固定发货,同时配好相应的靠模,便于工地现场安装时有针对性调试。

②为保证整体质量效果和进度,所有工作一次下单生产,一次性发货安装,特别是扭曲部分。

③仿花岗岩真石漆喷涂,必须在上一道喷涂完全干燥后方能喷涂下一道。

④铝板加工与安装过程中,应注意做好半成品、成品的保护工作。

6. 玻璃墙面节点构造与安装技术

(1)墙面节点构造

高架候车厅辅助用房墙面采用10 mm厚钢化烤漆玻璃,颜色有青色和浅灰色两种。单片玻璃最大规格为1.790 m×0.995 m,最小规格0.865 m×0.995 m,边角处做

1 mm 倒角处理,倒角材料为铝扣片。横向龙骨采用 60 mm ×60 mm ×3 mm 镀锌方钢,竖向龙骨采用 120 mm ×60 mm ×3 mm 镀锌方钢。

(2)墙面安装工艺

①工艺流程

测量放线→后置预埋件安装→竖向主龙骨安装→横向次龙骨安装→龙骨隐蔽验收→烤漆玻璃加工→铝边框安装→镶挂烤漆玻璃、安装铝扣片→墙面清洗→检查验收

②测量放线

由于墙体施工允许误差较大,而墙体装修施工精度很高,所以烤漆玻璃墙面的施工基准不能依靠土建基准线,必须由其基准轴线和水准点重新测量复核与定位。

首先使用水准仪和经纬仪放出墙面水平控制线、竖向控制线;根据墙面烤漆玻璃分格弹出膨胀螺栓位置线、龙骨位置线及烤漆玻璃分格布置线。主龙骨竖向布置随玻璃分格宽度间距 1 800 mm,次龙骨水平布置随玻璃分格高度间距 1 000 mm。

放线定位后要对标志控制线定时校核,以确保垂直度和龙骨位置的正确。

③后置预埋件安装

后置预埋件固定采用 M10 ×100 mm 膨胀螺栓将 200 mm ×150 mm ×8 mm 镀锌钢板与混凝土结构楼板连接牢固。

④竖向主龙骨安装

将加工好的竖向主龙骨(120 mm ×60 mm ×3 mm 方钢)用 E43 焊条满焊固定于预埋钢板和墙面加固钢龙骨上,间距随玻璃分格宽度安装,应满焊连接。

⑤水平(横向)次龙骨安装

水平次龙骨(60 mm ×60 mm ×3 mm 方钢)间距随玻璃分格高度安装,主龙骨与次龙骨连接为现场施焊,应上下满焊连接,焊点补刷两道防锈漆。

⑥烤漆玻璃加工

烤漆玻璃加工采用玻璃厂家直接加工的方式,根据现场排版尺寸,编制玻璃加工单,玻璃厂家根据加工单加工玻璃。

⑦铝边框安装

把 L 形铝边框采用自攻钉与横纵向钢龙骨固定。

⑧镶挂烤漆玻璃、安装铝扣片

把加工好的烤漆玻璃嵌入铝边框料中,贴上密封条,并扣上铝扣片。烤漆玻璃安装采用从下向上的顺序进行。

⑨墙面清洗、验收

墙面烤漆玻璃镶挂完毕后,墙面及现场应及时清理干净并报监理单位验收。

(3)细节处理措施

①墙面阳角部位采用铝合金圆弧条做圆弧处理。

②墙面消火栓采用暗装处理方式,做整体烤漆玻璃门。

③墙面根部做 192 mm ×1.2 mm 砂钢踢脚,并设置 ϕ51 mm ×1.5 mm 不锈钢管防

撞杆。

④墙面留缝处理：横向留缝 3 mm，纵向留缝 20 mm。并在安装铝边框前留缝中垫铝合金装饰条，与铝边框一起采用自攻钉与横纵龙骨固定。

五、主要成效

取得的主要成效如下：

（1）对大截面、小空间复杂梁柱节点采用 CAD 三维建模进行钢筋排布，直观、形象地表示出钢筋、预应力、抗剪牛腿、钢柱之间的施工顺序关系，确保了工序质量。

（2）制定了符合本工程耐久性要求的通廊底板高性能纤维混凝土配合比，提出了合理的底板混凝土浇筑与养护工艺，解决了超长大体积混凝土水化热难题，有效避免了有害裂缝的产生，确保了结构强度与耐久性符合设计要求。

（3）成功运用 ADG 新型自锁式模块脚手架作为大跨度、超高、重载混凝土结构模架支撑体系，与普通碗扣支架相比，大大减少了工程量，节约材料用量近 800 t，搭设速度提高近一倍，节约了施工工期，综合效益显著。

（4）大型站房钢结构施工，采取了合理的吊装方案、精准的预应力张拉控制工艺以及可靠的冬季焊接施工措施，解决了大跨度张弦钢结构预应力张拉精度、结构稳定性控制、寒冷季节施工等技术难题，且极大提高了工作效率，确保了工程进度、安全与质量。

（5）双曲面铝板完全按照加工图尺寸及角度加工完成，仿石铝板表面喷涂、定位、安装等关键步骤控制到位，有效地降低了铝板面的阶差，杜绝了仿石漆脱落及变色现象。玻璃墙面采用后置埋板安装工艺，施工周期短，节点连接方式安全可靠。铝板幕墙与玻璃墙面安装质量优良，符合建筑设计理念与效果要求。

（6）大连北站站房工程，在建设过程中大量采用了前所未有的新技术、新材料、新工艺，克服了诸多复杂技术难题和细部工艺、工法问题，工程安全、质量、工期、成本有序可控，装饰装修效果美观，作为"窗口"工程展示了哈大高速铁路的良好形象。

第二节　营口东站、盖州西站站房钻孔灌注桩工程施工技术

一、工程概况

营口东站、盖州西站的站房基础为钻孔灌注桩基础，本工程站房部位钻孔灌注桩，桩入持力层 1 m，桩径 600 mm，桩长约 21 m，地基承载力特征值 180 kPa，单桩承载力特征值 950 kN。

二、工程特点及难点

由于本标段工程工期较短，并且经历两个冬季施工阶段，所以主体阶段施工时间更短。为此营口东站和盖州西站准备投入多套钻孔桩设备，将桩基础工程施工划分为多

个分区同时施工。

由于站房工程为各施工管理区的控制性工程,所以先进行站房主体桩基础施工,全部完成后再施工该站雨棚柱桩基础。

因原线路施工便道穿过站房,而便道是采用挖泥回填 CFG 桩头,表层山皮土压实而成,道路承载各种施工大型机械和车辆,换填深度 2 m 以上,不适宜钻孔灌注桩的土质要求,必须挖桩头换土回填,回填深度在 2 m 以上满足桩基施工需要。

地势低洼,双联桩、三联桩钻孔要求的标高在 −2.6 m 以上处,单桩要求钻孔标高在 −2.1 m 以上,现场实际标高在 −3 m 以下,必须回填。

消防水池处桩基的标高在 −6.4 m,现有标高在 −2.9 ~ −3.3 m 左右,因此必须下挖 3.3 ~ 4.5 m 左右,由于地下水位高不采用开挖后钻孔,而是在自然坪上钻孔,控制桩顶的标高。待桩完成后,施工基础时开挖。

三、施工组织

1. 作业条件

场地平整,道路畅通,水电接通,泥浆有排放池;钢筋加工场地满足要求,钢筋笼有地方存放,并且场地经过硬化。图纸是正式施工图,并经过会审。

2. 资源配置

(1)劳动力配置

营口东站、盖州西站站房钻孔灌注桩工程主要劳动力配置见表 8-12。

表 8-12　主要劳动力配置(每个站房的配备数量)

序号	工种	人数	负责内容
1	班　长	3	班组生产进度、质量、安全
2	钢筋工	26	钢筋制作
3	钻孔工	15	钻孔、成孔
4	起重工	2	吊　装
5	混凝土工	7	混凝土浇注
6	电焊工	6	钢筋焊接
7	电　工	2	现场施工用电
8	安全员	1	现场安全
	合计	62	—

(2)机械设备及测量仪器配置

营口东站、盖州西站站房钻孔灌注桩工程主要机械设备配置见表 8-13。

表 8-13　主要机械设备配置(每个站房的配备数量)

序号	设备名称	型号	单位	数量	备注
1	螺旋钻机	Sp5-300	台	5	

序号	设备名称	型号	单位	数量	备注
2	立式泥浆泵	2pnl	台	4	
3	汽车吊	QY16	台	1	
4	挖掘机	卡特彼勒	台	1	
5	泥浆车	8 t	台	1	
6	钢筋切断机	GQ-40	台	1	
7	钢筋弯曲机	GW-40	台	1	
8	钢筋调直机	TZJ-10	台	1	
9	电焊机	BX-500	台	2	
10	电焊机	BX-300	台	3	

营口东站、盖州西站站房钻孔灌注桩工程测量仪器配置见表8-14。

表 8-14 测量仪器配置（每个站房的配备数量）

序号	仪器名称	型号	单位	数量	备注
1	全站仪	DTM102	台	1	
2	水准仪	DS-32	台	1	
3	钢卷尺	50 m	把	1	
4	测绳	30 m	根	3	
5	泥浆稠度仪、比重仪	NB-1	套	1	
6	混凝土试模	150×150×150	组	6	
7	抗渗试模	185×175×150	组	6	
8	混凝土塌落度筒		只	1	

（3）材料准备

①钢筋：二级钢 ϕ18 mm，圆钢 ϕ16 mm，按照材料计划单准备。提前进场，证件齐全，见证取样复试，复检合格后再用。

②周转材料：钢管 10 t、扣件 1 000 个、密目网 300 m²，木方 3 m³，枕木 20 块。

③混凝土：C35p8，商混凝土，由 TJ-1 标段中铁五局集团有限公司哈大项目部拌和站提供。

3. 技术准备

本工程技术准备主要有：图纸必须经过会审；施工要有方案和技术交底；技术、质检人员对规范熟悉。对入场的工人进行安全教育和技术培训，对桩基施工工艺全面交底，保证桩基的施工质量。测量人员对图纸轴线相对位置关系熟悉，平面控制网在放线定位前必须经过复核。

四、关键施工技术及措施

（1）测量放线

测量前必须对轴线控制点进行复核,防止发生控制桩位移位、被破坏的现象,造成测量事故发生。

①建筑平面定位;根据桩位和二级控制网中控制点的位置关系,以控制点为测站点用全站仪在施工现场内测放出桩位并用钢筋进行标记。

②桩位位置放样、标高引测均通过自检(技术负责人)、现场监理、建设单位复核、验收合格后方可施工。

③保证测量原始记录的完整、技术资料符合要求。

④控制误差小于 ±5 mm,桩位误差小于 10 mm。

(2)施工顺序及施工工艺流程

钻孔灌注桩工艺流程具体如图 8-18 所示。

①土方施工

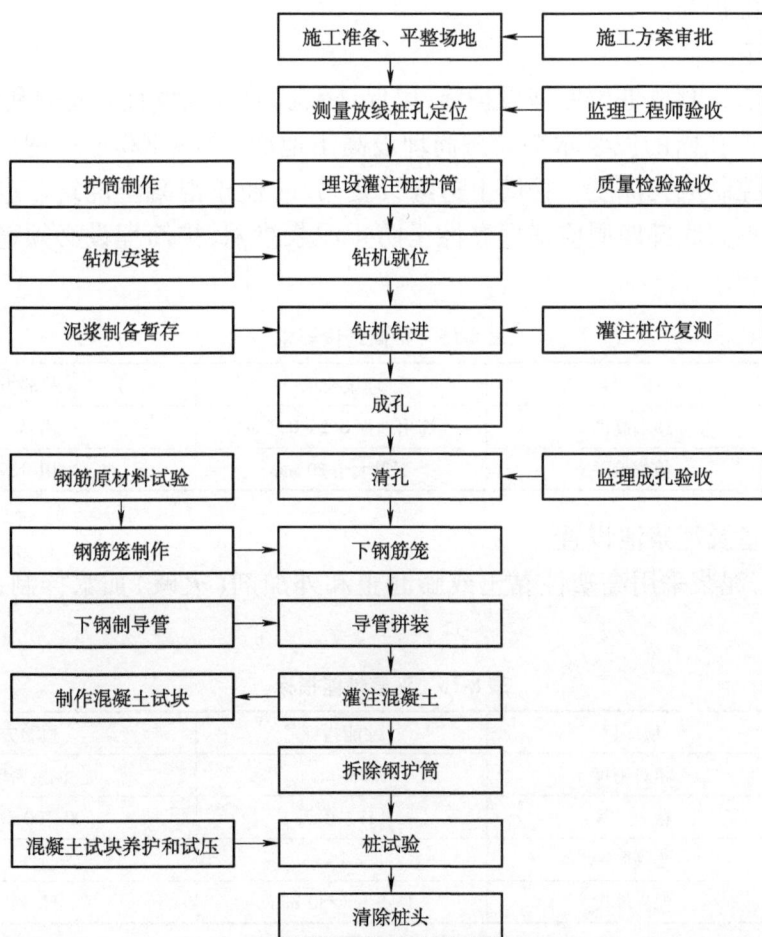

图 8-18 钻孔灌注桩工艺流程示意

原线路施工便道穿过站房,而便道是采用挖泥回填 CFG 桩头,表层山皮土压实而成,道路承载各种施工大型机械和车辆,换填深度 2 m 以上,不适宜钻孔灌注桩的土质要求,必须挖桩头换土回填,回填深度在2 m以上满足桩基施工需要。

地势低洼,双联桩、三联桩钻孔要求的标高在-2.6 m以上,单桩要求钻孔标高在-2.1 m以上,现场实际标高在-3 m以下,必须回填。

消防水池处桩基的标高在-6.4 m,现有标高在-2.9~-3.3 m左右,因此必须下挖3.3~4.5 m左右,由于地下水位高不采用开挖后钻孔,而是在自然坪上钻孔,控制桩顶的标高。待桩完成后,施工基础时开挖。

综上所述,为便于施工、保证场地的平整、桩机移位就位准确,一次性回填土方至-1.7 m位置。

②钻孔作业

a. 护筒制作

为确保护筒刚度需采用8~10 mm厚的钢板制作,护筒长2 m左右,直径0.8 m桩采用内径1 m的护筒。

b. 埋设护筒

钻孔开始前先测放桩位后埋设护筒,以保证钻机沿桩位垂直方向顺利工作,同时保护孔口和提高桩孔内的泥浆水头。护筒埋设高出地面200~400 mm,埋设完毕后测量护筒标高以便控制成孔深度。护筒上边缘设置吊环,便于混凝土浇筑后进行吊装回收和循环利用。护筒底部四周应铺埋黏性土防止泥浆渗漏,护筒埋设必须稳固。护筒埋设要求见表8-15。

表8-15 护筒埋设要求

序号	项 目	埋设要求	检验方法
1	顶端高度	高出地面0.2~0.4 m	用尺量
2	筒位偏差	不得大于20 mm	用尺量

c. 泥浆制备及泥浆池设置

泥浆制备:泥浆采用高塑性黏土或膨润土和外加剂(火碱)加水拌制,泥浆性能指标见表8-16。

表8-16 泥浆性能指标

序号	项 目	性能指标	检验方法
1	相对密度	1.03~1.1	泥浆密度计
2	粘 度	17~0 s	500/700 mL漏斗
3	含 砂 率	<2%	—
4	泥皮厚度	1~3 mm/30 min	尺 量

泥浆池设置:桩施工在距孔边3 m处设置小泥浆池,本项目共设置小泥浆池5个,在候车大厅中间部位设置泥浆和泥渣存放池,根据情况随时清理。

d. 钻孔施工

钻孔顺序:Ⅲ段(消防水池处桩先行)—Ⅰ段—Ⅱ段,双孔桩跳打,由于桩间距不符合规范要求(桩间距大于等于 3.5 倍直径,可不必跳打),必须跳打,桩身才不会被破坏。

钻机就位:钻机就位面必须平整夯实,用枕木铺垫,用水准仪操平,安装钻头,下钻头,对准桩位点,再用经纬仪纠正垂直度偏差,保证偏差控制在误差范围之内,作业过程中随时监测。

钻进作业:当孔深达到要求时立即进行终孔检查,经现场监理确认。

清孔作业:成孔到设计深度后进行清孔。利用成孔结束后钻机不提慢转孔,调制性能好的泥浆替换孔内稠泥浆与钻渣,以泥浆性能参数和测温进行。

成孔质量标准:钻孔灌注桩施工成孔质量标准见表 8-17。

表 8-17　钻孔灌注桩施工成孔质量标准

序号	项目	允许偏差	检验方法
1	中心位置	不大于 50 mm	用尺量
2	孔径	不小于设计孔径	用检孔器测定
3	倾斜度	不大于 1/100	用仪器测定
4	孔深	不小于设计深度	用测绳量
5	孔底沉渣厚度	不大于 50 mm	—

e. 钢筋笼绑扎吊装作业

钢材的各种力学性能必须符合设计要求,进场必须具备合格证和材质证明单及相关资料,进场后必须报验,在监理工程师的监督下取样抽检,抽检合格后才能使用。因此,钢材计划和进场必须提前做好,复检前必须挂设待检状态标识牌,复检合格后挂合格状态标识牌,防止不合格产品流入工程。如果出现不合格品按规定处置,需要退场的钢材必须在监理的监督下退场。

垫块制作:用与桩身相同标号的混凝土制作 5.5 cm × 5.5 cm × 5.5 cm 的垫块,上面插上 22 号镀锌绑丝,待混凝土强度达到 50% 以上时绑扎在钢筋笼的主筋上,保证桩身钢筋的保护层。

钢筋笼制作:钢筋笼加工严格按设计和规范要求进行。钢筋加工区必须悬挂明显的下料牌,尺寸、规格型号、用途明晰,制作完毕后必须挂牌标识。箍筋加工必须样板开路。钢筋接头采用焊接连接,同一截面积接头个数为纵向钢筋根数的一半,钢筋接头错开且错开长度不小于 $35d = 700$ mm(d 为钢筋直径)。钢筋笼分两段制作,分段钢筋笼之间采用搭接焊,单边焊缝长度 $10d$,双边焊缝长度 $5d$(d 为钢筋直径)。由于桩长 15 m,钢筋笼可以制作成一个整体不分段,完毕后绑上混凝土垫块并自检合格后报请监理验收,验收完毕后在钢筋笼上挂牌标记。未经验收的钢筋笼不得安放。

钢筋笼吊装:钢筋笼采用扁担起吊法,起吊点设在钢筋笼加固筋和主筋连接处。钢筋笼吊装一次进行,吊筋采用 $\phi 20$ mm 或 $\phi 25$ mm 钢筋,使用 16 t 汽车吊进行起吊。运输途中和下吊时注意不得使钢筋笼变形,钢筋笼应缓慢吊放,整个安放过程中由起重工指挥负责,下放到设计标高时即固定,请监理进行隐蔽验收。钢筋笼的固定采用两根工字钢插入吊筋的吊环内并将工字钢平放于护筒两侧垫木上。调整垫木标高,确保钢筋笼顶标高准确。当混凝土初凝后应割断钢骨架的吊环,使钢骨架不影响混凝土收缩,避免钢筋和混凝土分离。

f. 混凝土灌注作业

混凝土采用水下 C35 强度等级混凝土,坍落度为 180~210 mm。混凝土采用商品混凝土,水泥材质报告、进场时间、复检报告以及砂石料检测报告、配合比报告、商混凝土厂家资质、实验室资质在浇注之前报监理审核,监理下达浇注混凝土令。供应混凝土时,必须出具商混凝土出厂合格证。浇注前计算一次浇注混凝土量,通知商混凝土厂家提供足够的运输车辆,每根桩的浇注混凝土量:0.502 m³/m × 15.75 m = 7.907 m³,每根桩的混凝土浇注必须保证连续性,混凝土灌注前做好一切准备工作,使用导管灌注保证灌注混凝土连续进行。

最小初灌量根据桩径通过计算确定,桩径为 800 mm 的混凝土封底量至少保证 1 m³,保证第一次浇注混凝土后导管底端埋入混凝土中大于 1.0 m。

混凝土灌注前必须放入导管中直径相当的隔水球胆,保证导管中不漏气、不漏水,上盖铸铁压盖,浇注时利用混凝土的压力将球胆压下,从导管和孔底间隙中随泥浆一起排出并及时提出压铁盖,保证混凝土浇注中没有混入泥浆,从而保证桩身质量。

混凝土浇注过程中导管应始终埋在混凝土中,严格控制导管入混凝土面以下至少 2~3 m 导管不能提出混凝土面。

混凝土实际灌注高度应高出设计桩顶标高 500 mm 以上,以保证设计标高以下混凝土符合设计要求。

g. 混凝土桩头处理

当桩混凝土强度达到 50% 后进行桩头剥凿清理,采用小型挖掘机挖桩间土,人工清理桩身周围土,专人指挥,不可用挖掘机挖桩身或桩头。人工将钢筋剥离桩体,然后将多余部分剥除,将桩头钢筋校正,桩头用水冲洗干净。

五、主要管理措施

1. 试验检验措施

(1)本项目桩身检测和静载试验严格按图纸和规范要求做。检测单位必须具有相应资质并报监理审批。工程桩采用单桩静载试验单桩承载力,根据设计要求:单桩极限抗压承载力大于 1 300 kN;单桩静载试验为总桩数的 1%,单桩竖向加载量不小于 1 300 kN。本工程桩没有高应变检测要求,只进行低应变检测,为总桩数量的 30% 且不少于 20 根。检测过程中发现桩身质量较差或声测管堵塞无法进行超声波透射法检测时采用钻孔取芯法进行补充检测,取芯检测数量及位置根据实际情况确定。工程桩检测全部合格后才能进行下一步施工工序。

（2）对同牌号、炉号、规格、进场时间且重量不大于 60 t 的钢筋原材作为一个检验批取样进行力学试验,确保钢筋质量满足力学性质的要求。

（3）每批进场钢筋按规格先做接头工艺检验试验,合格后方可使用;接头现场检验试验以每批钢筋笼加工为检验批,每 300 个接头为一个验收批,不足 300 个接头也按一个验收批计,每批接头取样一组进行力学试验。

（4）按每次混凝土浇筑量每 100 m³ 的同配比混凝土,取样一次,一根桩每次浇筑数量约为 9 m³ 混凝土,留置标养试块一组进行混凝土试验,检验混凝土性能是否符合要求。

2. 质量保证措施

（1）斜孔的预防和处理措施

施工前先探明地下障碍物情况并预先清除干净,在有倾斜状的软硬土层处钻进时吊紧钻具,控制钻进速度以低速钻进。场地平整,桩机就位后要调整,使转盘与底座水平,钻架顶端的起重滑轮边缘同固定钻杆的卡孔和护筒中心三者在同一轴线上并注意经常检查和校正,钻杆、接头逐个检查,及时调整,弯曲的钻杆及时更换。

（2）坍孔预防和处理措施

回填土或流砂层中钻进时,控制钻进速度并选用比重、黏度、胶体率等均合适的优质泥浆。

（3）钢筋笼制作及安放措施

钢筋笼堆放场地平整整洁,堆放最多二层。在起吊、运输和安装过程中采取措施防止变形。起吊点设在加强箍筋部位,钢筋笼入孔遇阻时不得强行下放,分析、查明原因后采取相应的措施进行处理。钢筋笼质量标准见表 8-18。

表 8-18　钢筋笼质量标准

序号	项　目	允许偏差（mm）	检验方法
1	主筋间距	−10, +10	用钢尺量
2	箍筋间距	−20, +20	用钢尺量
3	长　度	−50, +50	用钢尺量
4	钢筋笼直径	−10, +10	用钢尺量

（4）混凝土灌注

下导管时认真检查每根导管的密封圈和连接丝扣是否完好,保证套管不漏气、不漏水。选用隔水性良好的隔水球胆以顺利地通过导管,不发生堵管事故。导管底端距孔底高度控制在 30~50 cm,使隔水球胆能顺利排出。混凝土灌注过程中防止钢筋上浮。混凝土质量标准要求见表 8-19。

表 8-19　混凝土质量标准

序号	项　目	允许偏差	检验方法
1	混凝土抗压强度	不低于设计强度	试压报告
2	桩顶标高	10 mm	用水准仪测
3	相关试验	合　格	试压报告

（5）其他保证措施

护筒埋置不宜低于地面，以保持孔内浆液标高高于孔外地面。护筒埋置后，应用黏土在筒外围封填堵塞，用脚踩实，然后在四周堆砌草袋与黏土。钻机就位时必须安置在牢固地基基础上并保证钻机水平、稳固，确保作业时不发生移位或倾斜。开孔时必须使钻头对准孔中心。钻进过程中每钻进 1~2 m 要检查成孔的垂直度。开始钻进或穿过软硬互层交界时缓慢进尺，保证钻具垂直，在钻进含水量大的软塑性黏土层时尽量控制钻杆晃动，防止扩径。钻进不稳定地层采用低钻速钻进，以保证成孔顺直。

3. 安全与环境管理措施

（1）现场所有施工人员严格遵守安全规章制度和本工种的操作规程，严禁违章操作和指挥。

（2）实行"三级配电，两级保护"，每天要对漏电保护器进行检查，及时排除隐患，防止打桩时触电。

（3）做好地质勘察和调查研究，掌握地质和地下埋设物情况，如：地下障碍物，电缆、管线等，钻孔过程中如发现异常情况立即停止施工，及时排查。另外桩机周围 5 m 范围内应无高压线路。

（4）泥浆排入预先挖好的排放池随时外运，待桩基完成后全部清理。

（5）桩机不得超负荷作业，严禁桩机坐在软地基上，防止机械事故的倒塌。

（6）对盲孔部位进行钢管密目网防护，高度 1.2 m。

六、主要成效

取得的主要成效如下：

（1）施工过程中成孔质量效果较好，无斜孔、塌孔等情况发生。

（2）通过桩处理，桩端承载力和桩侧摩阻力都能得到正常的发挥，对于桩长在 50 m 以内，桩端持力层为第一、第二类的桩，有显著的经济效益和社会效益。

（3）通过处理，有效消除桩底隐患，减小桩基竖向承载力的离散性和不均匀沉降，保证桩基质量的稳定性，且施工工艺及设备简单，投入的设备资金少，并可缩短工期。

（4）通过对桩头土体的换填，提升了上层土体的承载力，确保了该部位的施工安全。

第三节　鞍山西站站房钢结构屋面滑移工程施工技术

一、工程概况

鞍山西站候车厅屋面为焊接球网架结构，南北长 120 m，东西长 60 m，顶面高 21.4 m。南北两侧各有 12 m 宽混凝土楼板，中间东西两侧为混凝土框架梁。

二、工程特点及难点

本工程网架尺寸为 123 m×63 m,网架高度为 2.4 m,覆盖面积为 7 749 m²,总重量为 420 t。杆件共 8 206 个,球体 1 785 个,施工难度大。施工难点主要如下:

(1)施工工期紧,在候车厅内搭设满堂红脚手架工程量巨大,耗时长,费用高,容易造成交叉作业,存在严重安全隐患。脚手架容易晃动难以保证尺寸准确。

(2)焊接工程量大焊接质量不易保证。焊接球拼装困难,同轴同心不易保证。

(3)网架跨度大,需进行跨中下凹控制。滑移后下凹量超过规定值,则需移回处理。

(4)滑移精度要求高,控制难度大。

三、施工组织

根据屋面结构特点及现场条件屋面网架采用滑移方法施工。

1. 资源配置

(1)劳动力配置

本工程为焊接球网架,由于焊接工作全部为现场焊接,所以需要焊工较多,主要劳动力配置见表 8-20。

表 8-20 主要劳动力配置

工 种	电焊工	电 工	起重工信号工	起重司机	测量工	壮 工
数 量	18	1	2	1	3	8
岗位要求	上岗证	上岗证	上岗证	上岗证	上岗证	—

(2)材料

本工程应用材料有焊接球、杆件、支座、电焊条和防锈漆等,所有材料必须有产品合格证、检测报告。

(3)机械设备配置

主要机械设备配置详见表 8-21。

表 8-21 主要机械设备配置

序号	设备名称	数量	序号	设备名称	数量
1	电焊机	24	5	千斤顶	32
2	焊条烘培仪	24	6	全站仪	1
3	汽车吊	1	7	超声波探伤仪	1
4	角磨机	2	8	对讲机	6

四、关键施工技术及措施

将网架按照支座位置划分若干单元,在顶板上搭设操作平台,每个单元在操作平台上进行组装,组装完成一个单元后应用轨道将网架向前滑移一个单元位置,组装第二单元网架,第二单元网架组装完成后将第一单元网架和第二单元网架拼接成整体,拼接完成后将第一单元网架和第二单元网架整体向前滑移一个单元位置。通过上述方法将剩余单元逐次施工滑移,当网架整体滑移完成后在网架每个支座位置设置一台液压千斤顶同时将网架整体顶升,顶升完成后将滑移轨道拆除安装网架支座,支座安装完成后将千斤顶同时降落使网架就位,最后拆除千斤顶,网架滑移结束。

(1)测量放线

用全站仪将网架底标高抄测到混凝土结构柱上,将轴线测放到柱顶和梁顶,将第一单元网架杆件投影线和支座位置线测放到钢筋混凝土平台上,每滑移一个单元重新测放一次。

(2)滑道安装及固定

选用普通 QU80 轨道,在 A、E 轴上用 $\phi16$ min 螺栓@1 000 mm 加钢板固定在轨道两侧,轨道与钢板进行焊接,为了减小滑移阻力在轨道上抹润滑油,同时在轨道起点与终点之间进行找坡,轨道平整度和顺直度允许误差 1 mm,轨道中心距预埋螺栓距离为120 mm(轨道在轴线外侧)。轨道起点在 8 轴,终点在 16、17 轴中间,轨道起点下表面距梁面 50 mm,轨道终点下表面距梁面 30 mm;轨道下用钢板找平,间距 750 mm/块。滑道用 30 mm 厚钢板与球托用 4 个 M32 螺栓连接,轨道平面布置和节点如图 8-19所示。

该滑移制作主要采用一块 30 mm 厚钢板和 12 号槽钢焊接而成,最后与网架支座采用螺栓连接。滑轨与支座钢板连接和滑移支座与网架支座螺栓连接。

(3)操作平台搭设

利用 8~9 轴钢筋混凝土屋面作为网架单元拼装操作平台(如图 8-20 所示),根据放线位置在每个焊接球下制作球支座。球支座用 4 根 $\phi20$ mm 圆管和 30 mm 厚边长为500 mm 的正方形钢板焊接成,由于网架拼装时需要起拱 3‰,所以各球支座高度不等。

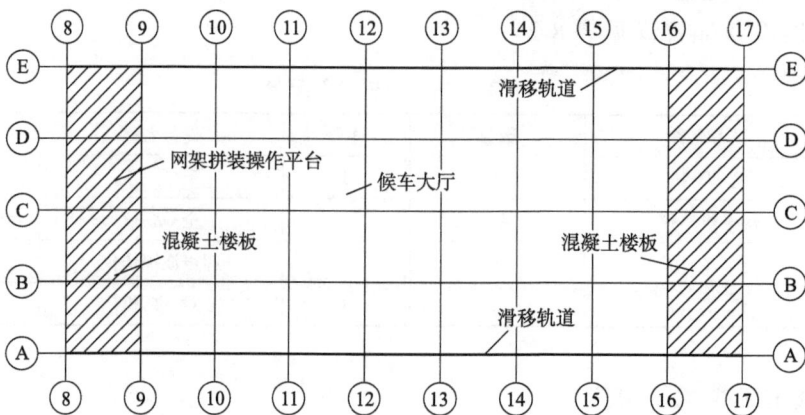

图 8-19 滑移轨道平面布置示意

图 8-20　网架拼装操作平台

（4）单元网架拼装

①小拼胎具的制作

网架在专门的拼装模架上进行小拼，以保证小拼单元的形状及尺寸的准确性。小拼制作前保证胎膜底部地面的平整度及刚性，制作小拼胎具时，首先利用Ⅰ25工字钢作为胎具底座并利用水准仪找平、经纬仪找方，其次保证底座的标高（高于网架安装支座地脚螺栓地面标高）。在底座上用经纬仪找出各球球心及杆件轴线在支座上的投影位置并用红油漆在底座上作出明显标记，随后在相应的位置安装四个下弦球对应的固定支撑，凭借四个支撑管来控制对应各球

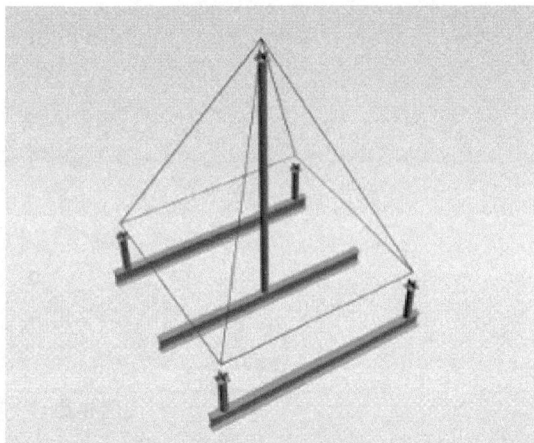

图 8-21　小拼制作

的球心，使之处于要求标高，最后复检合格后方可拼装，如图 8-21 所示。

②小拼单元拼装

在拼装胎具上进行小单元拼装，拼装时严格控制各部分尺寸，先将小单元下弦四个球进行定位，定位后焊接下弦水平杆，下弦水平杆对称焊接，焊接完下弦水平杆后再进行斜杆及上弦中心球定位，焊接斜杆与下弦球，最后焊接斜杆与上弦球。

下弦杆与下弦球的组装：根据安装球的编号先将四个下弦球放到小拼胎架上，固定下弦球。

挂线法：在轴线一侧用经纬仪弹出一平行线，距离为球半径，沿该直线设挂线直角支架，在支架间挂线，用水准仪控制线绑扎点标高，使其与球心标高一致，该直线与球的最外侧边缘靠齐，确保同轴线的球共线。

用挂线法对下弦球和上弦球进行精确定位，找准球中心连接下弦杆，用水准仪测量尺寸准确后进行点焊。把下弦球摆放到位后用水准仪复核，用木楔子调节。严格要求

下弦水平度,将下弦杆件与下弦球连接并用经纬仪复核,以保证杆球同心。拼装完成后应及时进行检查和复核防止尺寸偏差过大。

③腹杆组装

安装腹杆时校正上弦球和下弦杆的位置后进行焊接。腹杆分别与上弦球、下弦球进行点焊。

④上弦杆组装

四根上弦杆组合即成向下四角锥体系,根据已装好腹杆锥体排列。拼装时点焊要牢固,焊缝要均匀且不得过多,每个焊口点焊2~3点,每点长度30~50 mm。一单元装好后,再按以上方法依次拼装第二单元,直至拼装完毕。整个拼装过程中随时检查焊接质量、支承点轴线的偏差、网架安装时产生的挠度,如碰到问题及时调整解决。具体组装如图8-22所示。

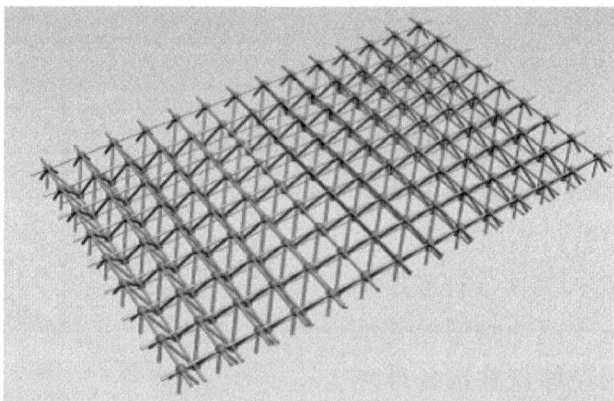

图8-22　上弦杆组装

⑤绞磨机安装

本工程网架滑移采用2台人工绞磨进行牵引,人工绞磨固定在16~17/D~E轴和16~17/A~B轴17.3 m楼板上,用8根φ16 mm膨胀螺栓固定在楼板上,螺栓与绞磨底板焊接。为了减小滑移牵引力,在17/A、E轴各设置一组动滑轮组,每个动滑轮组设置两个动滑轮。

⑥滑移前准备工作

验收轨道是否符合要求,即滑轨上涂抹润滑油,涂抹长度大于滑移距离。检查人工绞磨,人工绞磨应固定好,滑移前检查人工角磨机锁定装置应在可用状态。检查牵引用钢丝绳,禁止出现断丝现象。滑移人员应到位,每个滑轨旁控制刻度人员应到位,控制滑移精度的刻度应准确。控制滑移精度的人员应拿对讲机。检查控制滑移精度的刻度是否标在轨道上,每个刻度线代表50 mm。安全通道是否畅通和符合要求。指挥滑移人员应在平台上,带对讲机与滑移人员、控制滑移精度人员联系。

⑦网架滑移

首先用全站仪按照图纸对柱顶支承位置打好坐标,固定好柱顶支承。在东、西两侧支撑上安装滑移轨道,在 8 ~9 轴之间的东、西两侧各搭设 12 m×1.5 m 的操作平台,平台顶面标高 17.3 m。于两平台之间借用相对标高为 17.3 m 混凝土楼面(48 m × 12 m),南北面各用脚手架搭成 48 m×2 m 操作平台。在单元拼装操作平台上进行一跨单元网架的焊接拼装,每成型一跨,用牵引设备进行空中牵引滑移,其中两侧悬挑部分在地面组拼焊接完成后与滑移单元进行焊接,此部分悬挑用 25 t 汽车吊进行吊装就位后与滑移单元焊接。在拼装平台上先拼装、焊接完成 15 ~16 轴之间网架,用人工绞磨通过轨道滑移到 9 ~10 轴位置;后拼装焊接 14 ~15 轴网架,并与 15 ~16 轴网架拼接牢固完成后,一起滑移至下一跨位置。以此类推继续拼装 13 ~14 轴网架,与 14 ~16 轴网架拼装焊接,按照之前的滑移方法施工,直到完成 8 ~9 轴之间网架的安装,单元累积滑移完毕。其间网架单元累积滑移 7 个单元,每个滑移单元 12 m,总的滑移行程为 84 m。最后完成 8 ~9 轴、16 ~17 轴及其两端悬挑部分网架的安装与焊接。在检查施工合格后撤去轨道、支撑台架和平台。

滑移时统一指挥协调,通过对讲机与 A、E 轴控制滑移距离的人员随时联系,每滑移 30 mm 控制滑移距离的人员分别报数,当滑移距离偏差超过 20 mm 时需调整滑移进度,指挥人员应立刻通知控制人工绞磨机操作人员停止绞磨,调整进度,当两侧滑移进度同步时再进行滑移。网架滑移如图 8-23 所示。

图 8-23 网架第一榀和第二榀累计滑移

⑧滑移精度控制

滑移前先用化石笔在轨道内侧标明刻度,以 5 mm 为一个刻度,因为每次只滑移 12 m,所以只需要在前进的 12 m 范围内标明刻度即可,控制滑移精度从两方面进行:

一是控制滑轨与轨道间距。滑轨与轨道理论间距为每边 17.5 mm,当滑轨与轨道间距缩小至快接近轨道时停止滑移,如向左偏移,采用左侧绞磨牵引,右侧绞磨停止牵引,当调整完毕,两侧在同时牵引。

二是控制牵引前进距离。每滑移 100 mm,两侧读滑移距离数据人员报数,如偏差不超过 30 mm 继续滑移,如超过 30 mm 停止滑移,调整方法为若左侧超过,停止左侧人工绞磨,牵引右侧,当调整完毕后,再同时进行牵引。

⑨拆除滑轨及网架就位

当网架滑移全部完成且到达设计位置后用 16 个 20 t 千斤顶将网架同时顶起

150 mm,将滑轨和轨道拆除,拆除采取一侧向另一侧拆除千斤顶。当滑轨和滑移支座拆除后球托即可就位,采取千斤顶同时每次降低 10 mm 方式,防止产生降低速度过快产生网架倾斜,当球托完全落在预埋钢板上后即可进行螺栓连接,螺栓连接完成,支座调整完毕后,螺栓垫板与球托底座钢板进行焊接。

五、主要管理措施

1. 质量控制措施

(1)严格遵守《钢结构工程施工质量验收规范》(GB 50205—2001)和《网架结构设计与施工规程》(JGJ 7—91)。

(2)网架所用钢材、焊条必须有出场合格证,材质证明,符合设计要求方可使用。

(3)电焊工必须持证上岗方可作业,主要焊件上要打上焊工的工号。

(4)网架所用的钢尺、水准仪、经纬仪等仪器必须经过校核。

(5)对高空拼接要进行精确放线,精度误差为 1/10 000,台架必须牢固,防止下沉。

(6)网架安装时短跨预起拱 1‰ ~ 3‰。

(7)网架单元长度不大于 20 m 时,拼接长度允许偏差为 ± 10 mm,单元长度大于20 m 时,拼接长度允许偏差为 ± 20 mm。

(8)每个单元网架焊接完成后,立即进行焊缝探伤试验,焊缝等级为二级,合格后进行下一道工序施工。

(9)在施工过程中和施工完成后吊顶前定期进行网架挠度测量,网架挠度允许值为 120 mm。

(10)网架在滑移时同步尺寸偏差应小于 30 mm。

2. 安全管理措施

(1)滑移轨道与混凝土柱顶和连系梁的连接方式采用预埋件焊接固定,中线与梁中线重合,滑行轨道摩擦面涂满黄油,支座底板及挡板前缘棱角用砂轮打磨圆滑以减小摩擦等阻力。

(2)采用人工绞磨进行牵引滑行,在 8 ~ 9 轴与轨道正对的楼面平台位置设置两个绞磨,采用两根直径 17.5 mm 钢丝绳长度为 100 m。网架滑行时控制速度,每分钟进程按 0.5 m 掌握。每滑移单元终点设阻进器,防止超滑,距离终点约 1 m 时必须将不同步差调至 5 mm 内,确保网架准确定位。

(3)保证网架同步滑移,滑移轨道侧面范围内预先标注好进度刻度,在进行滑移过程中,派专人对网架滑移进程进行观察,当发现滑移同步差大于 30 mm 时,立即用对讲机向指挥台报告要求停止滑移,调整完善后再进行滑移。

(4)第一单元滑移时,先用千斤顶在跨端处进行多点顶移,等网架发生位移后再用导链进行牵引,宜减小因克服静摩擦力产生的惯性,防止网架变形。第一、二、三、四单元滑移时网架的重量较轻,每侧的牵引力不超过 10 t,因此不需要定滑轮,牵引固定点设在支座预埋孔内(孔内插 4 个 ϕ76 mm 钢管,用钢丝绳组合捆扎共同受力),网架预先用钢丝绳捆绑两个节间,用导链预先收紧,以减小滑移时对杆件产生的拉力。但随着滑移单元的增加,被滑移网架越来越重,考虑选择动滑轮和固定点,同时增加捆绑节间,以防止两侧受拉杆件变形过大。最后一个单元无法用导链滑移到位,采取用两侧滑移点上设对称千斤顶将之移到位。

(5)五级以上的大风和雨天不进行滑移施工。

3. 环保措施

(1)粉尘控制措施。场区未硬化的地面,要压实地面并定期洒水,减少灰尘对周围环境的污染。禁止在施工现场焚烧有毒、有害和有恶臭气味的物质。严禁向建筑物外抛掷垃圾,所有垃圾装袋或装桶投入指定地点并及时运走。运输车辆冲洗干净后方能离场上路行驶;驶离现场前必须对车厢进行检查防止裸露现象。

(2)噪声控制措施。编制施工方案时采用低噪声工艺和施工方法,施工方案实施前经过环境保护小组的审核。合理安排施工工序,禁止夜间进行产生噪声的建筑施工作业。进入施工现场内的车辆、所有场内施工用机械设备不允许鸣笛;地面和高层的联系采用对讲机;工人施工时禁止大声喧哗。施工场地外围进行噪声监测,对于一些产生噪声的施工机械,采取有效措施减少噪声,如切割金属和锯模板场地均搭设工棚、设置隔音屏以屏蔽噪声。

(3)光污染控制措施。电焊、金属切割产生的弧光采用围板与周围环境进行隔离,防止弧光满天散发。现场围墙上布设的灯具原则上不得超过围墙高度;塔吊及周围场地照明的大镝灯调整照射方向向场内,不得直接照射到居民住宅区,施工场地朝向外侧的照明采用柔光灯,不可采用强光灯具。操作平台四周用密目安全网封闭,防止电焊弧光对人眼伤害。

(4)现场防污染控制措施。现场使用的油料设置专人进行保管,防止产生油料扩散现象;现场摆放的易扩散油料或施工用料进行密闭储存,防止扩散。机械修理等地方必须于地面上采取木板等进行铺垫,防止污染地面。现场垃圾实行分类管理,设置足够的垃圾池和垃圾桶,建筑垃圾集中堆放并及时清运。现场禁止焚烧油毡、橡胶等会产生有毒、有害烟尘和恶臭气体的物质。化学物品,外加剂等妥善保管,库内存放,防止污染环境。滑轨上润滑油用包装袋回收统一存放,防止剩余润滑油对其他构件造成污染。

六、主要成效

高空散拼累计滑移施工网架结构,由于网架拼装是在前厅顶板平台上进行,减少了高空作业的危险;与高空拼装比较,拼装平台小,节约了大量的搭设材料和人工费用,并保证了网架的施工质量;由于网架拼装和滑移施工可以与土建施工平行流水和立体交叉,因而可以缩短整个工程的工期;高空滑移法施工设备简单,一般不需要大型起重设备,所以施工费用也可以大大降低。

与采用满堂红脚手架相比,只采用操作平台周边维护脚手架,节约脚手架费用约 $4\,000\,m^2 \times 30\,天 \times 6\,元/天 = 720\,000\,元$,经济效益显著。

第四节 辽阳天桥结构工程施工技术

一、工程概况

辽阳站北侧 1.2 km,跨线天桥中心里程为 DK332+605,跨度 35 m,桥宽 4.0 m,基础、立柱及踏步为混凝土结构,天桥平台部分为钢桁架结构,总重量约为 39 t,结构安全等级为二级。

天桥横跨 5 条既有线路,基础边距既有线轨道边 3.4 m,为既有线施工,桁架部分与 13 号、14 号、15 号、16 号接触网立柱间高压线垂直距离 1.2 m;踏步面与 006 号、007 号辽溪贯通线,025 号、026 号辽太自闭双回线无安全距离。

二、工程特点及难点

该天桥横跨 5 条既有线路,包括辽溪线及 4 条客运线,其中辽溪线是沟通沈大、沈丹两大干线的联络线,也是沟通沿线工厂矿业的主干线;其余 4 条线路承担着 48 趟客车的运营任务,客流量较大,无法长期申请点内施工计划,既有线内无法完成施工任务,将严重影响整个工期进度,因此只能采取线外拼装,进行大跨度钢构整体吊装。

既有线运营任务较重,施工计划不易审批且天窗点作业时间较短,吊装过程中一旦出现任何纰漏,将会造成难以估计的经济损失。如何保证大跨度钢结构一次吊装到位成为施工的关键,施工过程中需对支座埋件定位、尺寸、标高以及钢构尺寸等反复进行核验,确保准确无误。

构件分两段在加工厂进行加工,每段构件在加工厂进行组立并焊接完毕,两段分别运输到现场。一些细小的构件如钢网片等在现场拼装完毕后再进行安装。采用合理的焊接工艺控制焊接变形,是本工程的技术难点,特别是 H 形钢的加工将是重中之重。

三、施工组织

1. 施工方案总体规划

该工程施工前需进行现场"四电"迁改,迁改方案由设计院出具,施工单位根据方案进行施工。迁改完毕后根据图纸进行天桥楼梯独立基础的开挖,4、5 轴基础距线路 3.4 m 采用人工挖土,其余基础距线路较远,根据辽阳站供电段提供数据,此位置无地下电缆及光缆,采用机械开挖,挖深自现场地面向下 2.7 m,采用 1:0.1 放坡。独立基础及天桥楼梯的施工分两次进行,首先进行独立基础的施工,模板采用 15 mm 厚多层板,支撑体系采用钢管脚手架。楼梯柱、梁、板一次性浇筑完毕。待楼梯混凝土强度达到 100% 后进行天桥桁架的整体吊装,天桥桁架在既有线路西侧现场拼装,吊装使用 350 t 吊车,利用"天窗"时间一次性吊装到位。

2. 施工总体进度计划安排

该工程施工总体工期为 46 d,原计划 6 月 1 日开始施工,因"四电"等原因推迟施工。

其中天桥桁架吊装施工时,提前掌握天气变化动向,如遇大雨、雷暴、大雾、五级及以上大风,为保证施工安全必须停止梁体吊装施工,工期顺延。

3. 资源配置

(1)人员组织安排及职责

项目部人员配置及主要岗位职责见表 8-22。

表 8-22　项目部主要岗位职责及人员配置

序号	部门(岗位)	人员配置	职称	主要工作范围及职责
1	项目经理	1 人	工程师	全权负责协调、调集工程项目整体资源,对工程全面负责
2	生产副经理	1 人	工程师	负责落实工程生产、安全、设备、物资及文明化施工的实施和协调管理
3	项目总工	1 人	工程师	负责工程技术、资料指导管理,进行质量监控,领导工程创优
4	经营成本室	3 人	造价员	负责工程所有合约管理以及经营计划、工程成本控制及外联工作
5	安质室	2 人	工程师助工	负责施工质量安全管理工作及事故处理。制定质量计划,组织质量安全检查、项目及物料验收,参与工程创优工作
6	工程技术室	3 人	工程师助工	负责本工程施工技术、技术资料、用料计划和试验工作管理
7	施工管理室	2 人	工程师助工	负责对施工生产、安全、质量及现场管理和协调工作
8	物资采购室	2 人	材料员	负责工程材料、设备价格信息收集,统一采购招标,以及材料供应、协调管理
9	财务室	2 人	会计员	负责工程资金管理和对成本进行监控
10	综合办公室	1 人	—	负责外联接待、文件管理和后勤管理工作
11	试验室	1 人	试验员	负责工程试验工作的管理
12	测量室	1 人	测量员	负责工程测量工作的管理

主要劳动力配置见表 8-23。

表 8-23　主要劳动力配置

工　　种	人　　数	要　　求
钢筋工	20	有上岗证
壮　工	20	有经验
测量工	4	有上岗证
木　工	20	有经验
架子工	20	有上岗证
混凝土工	10	有经验

(2)机械设备配置

机械设备配置见表 8-24。

表 8-24　机械设备配置

机具名称	规格型号	单位	数量	备注
汽车吊	350 t	台	1	
挖掘机	PC300	台	1	
钢筋调直机	—	台	1	
钢筋切断机	—	台	1	
钢筋弯曲机	—	台	1	

四、关键施工技术及措施

1. 天桥独立基础及楼梯结构施工

（1）施工工序

"四电"迁改→测量放线→基础开挖→基础碎石换填→浇筑垫层→钢筋绑扎→支设独立基础及联系梁模板→浇注独立基础及连系梁混凝土→施工缝凿毛→支设楼梯柱及楼梯板模板→浇注楼梯柱及楼梯板混凝土→拆模养护。

（2）测量放线

①控制点选择

根据测绘院提供的控制点（BCPⅡ248,CPⅡ249,BCPⅡ250,CPⅡ251）和水准点（CPⅡ249,CPⅡ251）进行内业校算和外业校测。将控制点引至站后高速场及普速场两侧并做好桩点保护。

②平面控制网与高程控制网的建立

a. 平面控制网：根据设计院提供的控制点将天桥施工范围北侧做控制点，施工时结合 CPⅡ251 点及控制点建立天桥施工平面控制网对天桥位置进行控制。

b. 高程控制网：从 CPⅡ249 到 CPⅡ251 做复核水准线路，依据水准线路上的点向站台位置进行引侧。

c. 新建轴线控制网及高程控制网须经建设、监理、设计复测合格后方可使用，并做好签认手续作为竣工文件存档。

③平面施工放线

a. 基础平面放线：利用平面控制网向槽底引点，然后利用全站仪、钢尺在槽底进行角度、距离闭合，复测合格后在基础垫层上弹出独立基础轴线、边线，如图 8-24 所示。

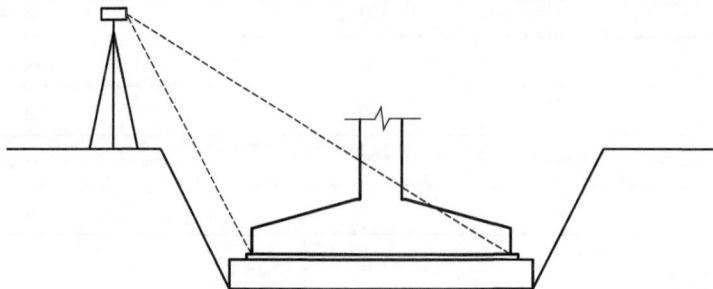

图 8-24　基础平面放线示意

b. ±0.00 以上部分平面放线:利用平面控制网中的控制桩点建立轴线 1 m 控制线,根据坐标位置设置挑檐竖向模板位置,对该模板位置严格控制,确认符合图纸及设计要求后再进行下一步工序,如图 8-25 所示。

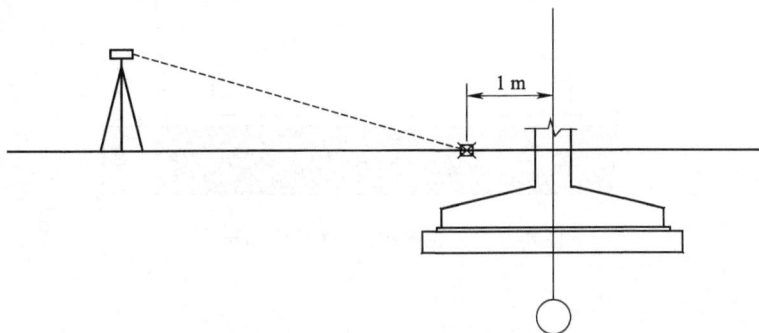

图 8-25 ±0.000 以上轴线控制示意

④高程施工测量

a. ±0.00 以下高程控制:利用高程控制网,用水准仪及塔尺直接施测于脚手架上,然后用钢卷尺下拉传递高程。

b. ±0.00 以上高程控制:利用水准仪及塔尺可直接进行投测,每个休息平台引测两个临时水准点,在钢筋上引测建筑 +500 mm 控制线,用红漆做好标志,作为楼梯表面控制标高的依据。

(3)基础开挖

根据设计要求,天桥独立基础下需换填 500 mm 的碎石,土方开挖区域处于粉质黏土层。采用 PC300 挖掘机进行开挖,人工修槽,1:0.1 放坡。

①现状调查及管线保护

及时清除开挖范围内的地上障碍物,掌握地下管线标高、位置、规格等情况,并采取有效的保护措施。同时与铁路相关单位接洽,落实在该范围内是否有管线等,若存在则要求其做出标示。

②机械开挖

使用挖掘机进行开挖,直接开挖到基底上 200 mm,人工清槽处理至距槽底 50 mm处。

③清槽、验槽

人工清槽至基底后,会同建设、设计、监理、勘察部门进行验槽,对于需处理的地基按设计要求处理并做好记录。

(4)基础碎石换填

①人工换填

人工换填碎石采用气夯夯实,由于换填深度为 500 mm,所以应分两层施工。每层夯实不少于 4 遍,换填模式如图 8-26 所示。

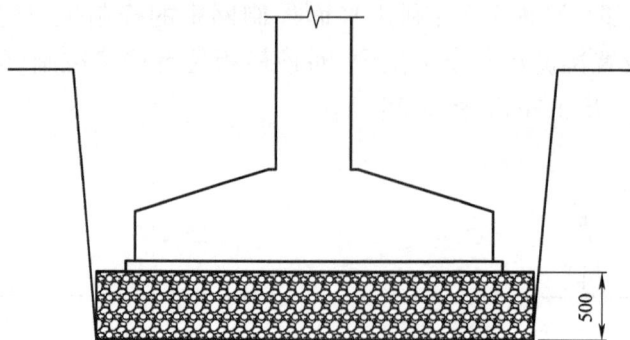

图 8-26　人工换填示意(单位:mm)

②材料要求

碎石材料不得含有草根、树叶、塑料袋等有机杂物及垃圾。碎石或卵石最大粒径不得大于垫层或虚铺厚度的 2/3 并不宜大于 50 mm。碎石夯入地基内,压实系数≥0.97,承载力特征值≥200 kPa。

③施工工艺

工艺流程:检验碎石质量→分层铺筑碎石→夯实或碾压→找平验收。

a. 分层铺筑砂石,铺筑碎石的每层厚度,一般为 20～30 cm,分层厚度可用样桩控制。视不同条件选用夯实或压实的方法,气夯夯实。分段施工时接槎处应做成斜坡,每层接岔处的水平距离应错开 0.5～1.0 m 并应充分压(夯)实。

b. 铺筑的碎石应级配均匀。如发现砂窝或石子成堆现象应将该处砂子或石子挖出,分别填入级配好的砂石。

c. 反复夯实。一般夯实不少于 4 遍,一夯压半夯,夯夯相连,行行相连,纵横交叉。在铺级配砂石前先用气夯将基底压实,不少于 4 遍。边缘和转角处应用人工或蛙式打夯机补夯密实。

d. 找平和验收。施工时分层找平,夯压密实,并设置纯砂检查点,用 200 cm³ 的环刀取样;测定干砂的质量密度。下层密实度合格后方可进行上层施工。用贯入法测定质量时,用贯入仪、钢筋或钢叉等以贯入度进行检查,小于试验所确定的贯入度为合格。最后一层压(夯)完成后,表面应拉线找平且标高须符合设计规定。

(5)模板工程

①模板配板概况

垫层、基础、连系梁、梯柱、梯板采用 15 mm 厚的多层板进行配置,加固支撑体系采用 φ48 mm 钢管、100 mm×100 mm 木方、50 mm×100 mm 的木方进行,支撑体系采用钢管加顶托进行。

②技术准备

根据施工图纸设计要求绘制各节点模板配板图、计算模板配置数量及周转料使用数量,确定各部位模板施工方法。制定详细的有针对性和操作性的技术交底,对于节点大样及特殊作法要给出详细的大样图。项目技术负责人及主管技术员对操作班组做好岗前培训,明确模板加工、安装标准及要求。专业技术工人按工长下达的交底及质量标准和其他要求进行施工。

③模板支设

a. 垫层模板:挡墙垫层为 100 mm 厚 C10 素混凝土垫层,垫层范围为挡墙底板外扩100 mm。使用 10 mm×10 mm 木方作为垫层两侧模板,木方外侧使用 φ12 mm 钢筋头固定在地面上,如图 8-27 所示。

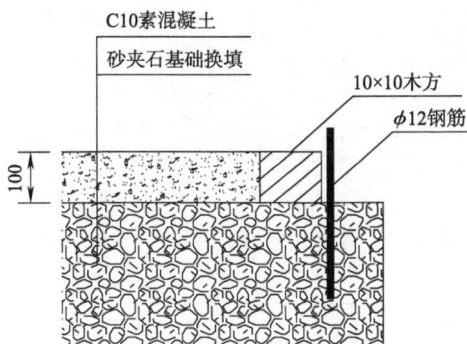

图 8-27 垫层模板示意(单位:mm)

b. 独立基础及连系梁模板支设:独立基础及连系梁模板均采用 15 mm 厚多层板,板间采用硬拼缝,接缝宽度不得大于 2 mm。转角处模板接触部位必须粘贴海绵条,防止混凝土浇筑时漏浆。次龙骨采用 50 mm×100 mm 木方,主龙骨及主龙骨支撑均采用100 mm×100 mm 木方,如图 8-28 所示。

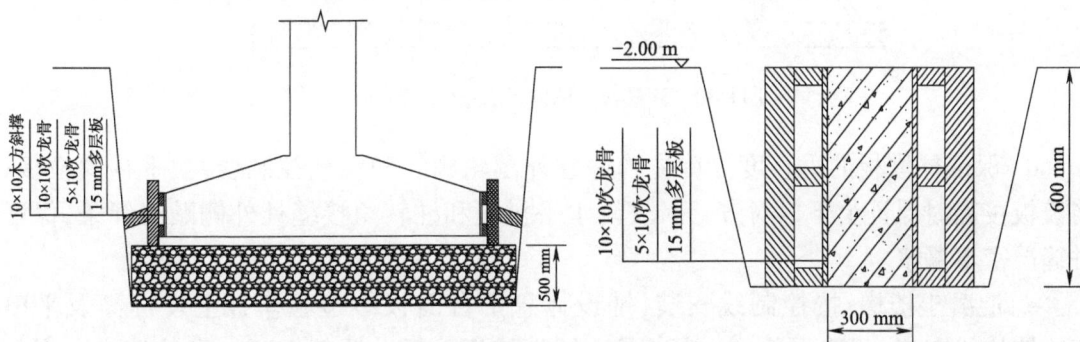

图 8-28 主龙骨及主龙骨支撑示意(单位:cm)

c. 楼梯柱模板支设:人行天桥楼梯柱为方柱,梯柱截面有 600 mm×600 mm 与500 mm×500 mm 两种。模板采用 15 mm 厚覆膜多层板制作,竖棱采用 100 mm×100 mm 方木(单面压刨找平),每 300 mm 一道;柱箍采用 φ48 mm×3.5 mm 钢管,竖向每 600 mm 一道,最底层柱箍距地面高度为 300 mm;此外竖向每 600 mm 设 φ14 mm 对拉螺栓两道(纵横各一);支撑体系采用 φ48 mm×3.5 mm 钢管刚性支撑。楼梯柱模板及支撑如图 8-29 和图 8-30 所示。

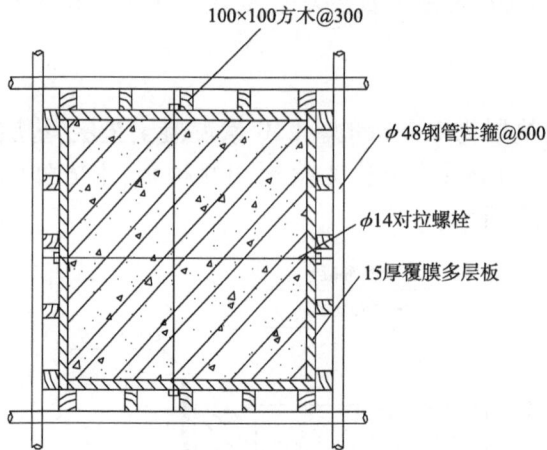

图 8-29　楼梯柱模板支设示意(单位:mm)

100×100方木@300
φ48钢管柱箍@600
φ14对拉螺栓
15厚覆膜多层板

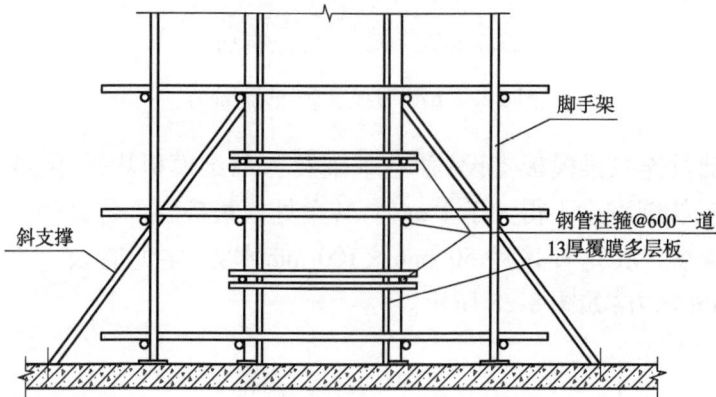

图 8-30　注模板支撑体系示意(单位:mm)

脚手架
斜支撑
钢管柱箍@600一道
13厚覆膜多层板

　　d. 保证柱模板的垂直度。首先弹好柱外围轮廓线和模板控制线,找平柱周模板;当模板接高时保证上下口对齐,无错槎;水平拼缝和柱转角接缝处外侧贴海绵条,保证拼缝严密不漏浆。

　　e. 混凝土楼梯:按控制线安装、铺设休息平台面板→检验模板上皮标高及平整度→按放线安装、调整顶托、主、次龙骨→铺楼梯板面板→调整标高→绑扎楼梯→固定踏步模具→调整标高及截面尺寸→安装踏步板。具体如图8-31所示。

　　f. 利用碗扣架作为顶板支撑。碗扣架立杆间距900 mm,要求横杆每600 mm联系一道。安装休息平台板主、次龙骨,主龙骨使用100 mm×100 mm方木,平行休息平台短方向布置放于可调顶托上。主龙骨间距600 mm、次龙骨间距200 mm。在最外排碗扣架以外悬挑不超过200 mm,如悬挑部分超过200 mm,在靠近墙体处另加一道立杆放主龙骨。次龙骨使用100 mm×100 mm方木,次龙骨立放于主龙骨之上并垂直于主龙骨方向。

　　g. 利用可调顶托调整次龙骨顶面标高,由建筑50 cm线上反至模板板底,用已弹

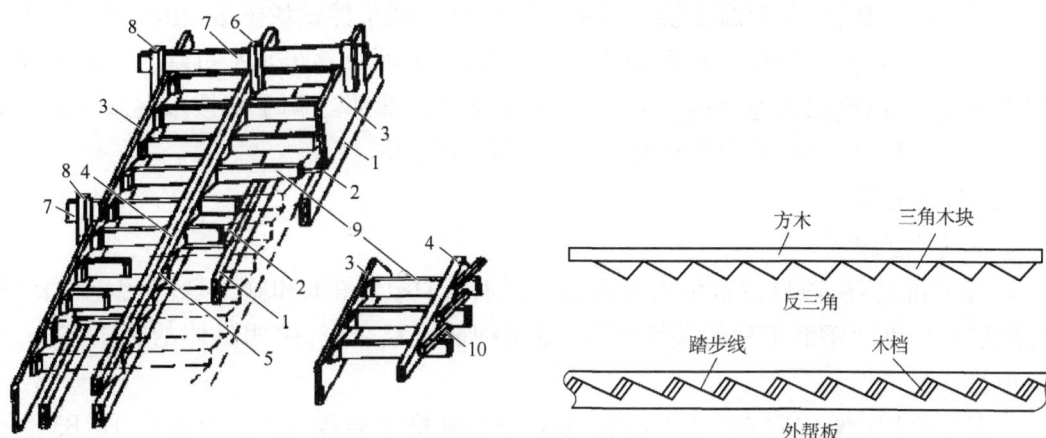

图 8-31 楼梯模板构造

1—楞木;2—底模;3—外帮板;4—反三角木;5—三角板;6—吊木;7—横楞;8—立木;9—踏步侧板;10—顶木

板底线校核铺面板,面板采用 18 mm 厚多层板,板长边沿次龙骨方向铺设。多层板与墙体的拼缝加海绵条,铺板顺序由一个方向依次向前铺设,板与板要顶紧,保证接缝严密不漏浆。新板与新板拼缝不使用海绵条。保证两块板接缝处必须有一道次龙骨。固定面板使用 30 mm 铁钉,钉子间距 600 mm × 600 mm,板的边缘、中间要有钉子。校正顶板上皮标高,50 cm 线下反 500 mm 板厚。

h. 安装支撑顶托。安装主龙骨,平行踏步方向安装间距 900 mm。安装次龙骨,垂直主龙骨方向,间距 200 mm。按照放线调整次龙骨标高,沿次龙骨方向铺多层板面板,多层板应与侧墙接连紧密,以免漏浆。

④隔离剂的选用

木模板选用水质脱模剂,钢模板选用油性脱模剂,机油:柴油 = 3:7 且不能使用废机油。

⑤模板拆除

模板拆除时混凝土的强度要求见表 8-25。

表 8-25 模板拆除时混凝土强度要求

构建类型	构件跨度(m)	达到设计的混凝土立方体抗压强度标准值的百分率(%)
板	≤2	≥50
	>2,≤8	≥75
	>8	≥100
梁	≤8	≥75
	>8	≥100
悬臂构件	—	≥100

模板拆除遵循"先支的后拆、后支的先拆、先高后低"的原则。模板拆除时由工长

提前填写拆模申请,注明混凝土浇筑时间、浇筑部位,同条件试块强度,由技术部门签署意见,同意后方可拆除模板。在拆除穿墙螺栓后,从上而下逐步水平拆除。先在次龙骨增加临时支撑,以确保主龙骨拆完时,不至全面脱落。满堂红脚手架按步逐步拆除。拆下的模板及时清理干净,并分类整理码放于指定位待用。

(6) 钢筋工程

①钢筋施工准备

a. 技术准备:由项目技术负责人组织,仔细核对施工图纸和施工规范,编制钢筋技术交底措施。针对钢筋工程的关键环节,编制钢筋工程交底,说明具体的施工方法,使控制项目一目了然。

由图纸可知,本工程钢筋总用量约 20 t,钢筋规格主要有 HPB235 钢筋,HRB335 钢筋。考虑在望水台设置一临时钢筋加工区,钢筋直接运至现场绑扎成型。钢筋接头绑扎及混凝土强度等级见表 8-26。

表 8-26　钢筋接头绑扎及混凝土强度等级

钢筋接头形式	部　位	搭接绑扎
主要钢筋规格		B12(HRB335) B14(HRB335) B16(HRB335) B20(HRB335) B22(HRB335) B25(HRB335) A10(HPB235) A8(HPB235)
混凝土强度等级	梁 板 柱	C30 混凝土
	基　　础	C35 混凝土
	垫　　层	C10 混凝土

b. 材料准备:钢筋原材进场由专职人员检查核实收料,按规格分类堆放整齐,存放钢筋场地要进行地面硬化,堆放时钢筋下面要垫以垫木,离地面不宜少于 20 cm,以防钢筋锈蚀和污染,并挂好标识牌。钢筋进场时,应附有厂家的质量证明书,并且按规定取样复试(其中 30% 进行见证取样)和外观检查,包括规格、直径公差、有无裂纹、气孔、表面锈蚀情况,并应符合 GB 1499—1998 等的规定。所有钢筋必须在质量证明书齐全及经复试合格后,才能使用。热轧钢筋进场分批验收。每批由同一牌号、同一规格和同一炉号的钢筋组成,重量不大于 60 t。允许由同一牌号、同一冶炼和浇筑方法的不同炉罐号的钢筋组成混合批。不同炉罐号的钢筋含碳量差不得超过 0.02%,含锰量差不得超过 0.15%。从每批钢筋中任选两根钢筋,每根取两个试样分别进行拉力试验和冷弯试验,如有一项不满足规范要求,则从同一批中另取双倍数量的试样重做各项试验。如仍不合格,则该批钢筋不予验收,不能用在工程上。

保护层垫块要求见表 8-27。

②钢筋施工要点

当钢筋的品种、级别或规格需作变更时,应办理设计变更文件。

表 8-27 保护层垫块

序号	部　位	保护层要求(mm)	控制措施
1	基　础	50	混凝土垫块
2	框架柱、框架梁	35	混凝土垫块
3	现浇板	25	混凝土垫块

a. 在浇筑混凝土之前,应进行钢筋隐蔽工程验收,其内容包括:纵向受力钢筋的品种、规格、数量、位置等;钢筋的连接方式、接头位置、接头数量、接头百分率等;箍筋、横向钢筋的品种、规格、数量、间距等。

b. 钢筋加工要求:钢筋在加工前应洁净、无损伤,油渍漆污和铁锈等在使用前清理干净。HPB235 级拉筋末端作 135°弯钩,其弯钩内径不小于钢筋直径的 4 倍,拉筋内径以箍筋外径为准,弯后平直部分长度以设计图纸为准(ϕ10 mm 为 120 mm、ϕ12 mm 为 150 mm)。箍筋的末端应作 135°弯钩,箍筋弯后平直部分长度以设计图纸为准,为 150 mm。钢筋半成品的加工质量、定位梯,定位卡具、马凳等需提前加工并进行预检,确保尺寸准确。加工好的钢筋半成品要在现场指定范围内堆放,且挂牌标识,注明钢筋的型号、尺寸、使用部位及数量,防止使用时发生误用。钢筋加工的允许偏差见表 8-28。

表 8-28 钢筋加工的允许偏差

项　目	允许偏差(mm)
受力钢筋顺长度方向全长的净尺寸	±10
弯起钢筋的弯折位置	±20
箍筋内净尺寸	±5

c. 钢筋锚固要求:钢筋锚固具体要求见表 8-29。

表 8-29 纵向受拉钢筋最小锚固长度

钢筋类型		混凝土强度等级	
		C30	C35
光圆钢筋	HPB235 级	27d	25d
带肋钢筋	HRB335 级	34d	31d

③绑扎搭接要求

a. 同一构件中相邻纵向受力钢筋的绑扎搭接接头宜相互错开。绑扎搭接接头中钢筋的横向净距不小于钢筋直径,且不应小于 25 mm。

b. 钢筋绑扎搭接接头连接区段的长度为 1.3L,凡搭接接头中点位于该连接区段长度内的搭接接头均属于同一连接区段。

c. 同一连接区段内,纵向受拉钢筋搭接接头百分率符合设计要求,当设计无具体要求时,应符合下列规定:对梁类、板类构件,不宜大于 25%。对柱、墙类构件,不宜大于 50%。对有抗震设防要求的结构构件,其受力钢筋的最小搭接长度对一、二级抗震等级应按相应数值乘以系数 1.15 采用。在任何情况下,受拉钢筋的搭接长度不应小于

300 mm。纵向受压钢筋搭接时,其最小搭接长度应根据规范规定确定相应数值后,乘以系数 0.7。在任何情况下,受压钢筋的搭接长度不应小于 200 mm。

④柱钢筋施工

工艺流程:套柱箍筋→连接竖向受力筋→放箍筋→封闭箍筋对焊→绑箍筋。

a. 将插筋上锈皮、水泥浆等污垢清理干净,并整理调直插筋。

b. 按事先计算好的箍筋数量将箍筋套在基础或楼层的插筋上;先连接四角主筋,并绑好箍筋,再连接其余主筋。

c. 在立好的柱子钢筋上用粉笔画箍筋间距,将箍筋往上移动,由上往下采用缠扣绑扎,箍筋与主筋垂直,箍筋转角与主筋的交点均要绑扎,主筋与箍筋平直部分的相交点成梅花式交错绑扎。箍筋弯钩重合处或焊点,应沿柱子竖向交错布置。

⑤梁钢筋绑扎

工艺流程:画主次梁箍筋间距→放主次梁箍筋→穿主梁底纵筋并与箍筋固定住→穿次梁底纵向筋并与箍筋固定住→穿主梁上层纵向架立筋及弯起筋→按箍筋间距绑扎→穿次梁上层纵向筋→按箍筋间距绑牢→放置保护层垫块。

a. 绑扎箍筋:箍筋弯钩叠处在梁中应交错绑扎,绑梁箍筋采用套扣法。

b. 梁端与柱交接处箍筋加密,其间距及加密区长度执行图纸和规范要求。梁的保护层垫块每面不小于两个,间距为 600 mm。

⑥板钢筋绑扎

工艺流程:检查模板标高→弹钢筋位置线→摆放下铁下层筋、绑扎搭接接头→调整定位→摆下铁上层筋、绑接头→绑下层网片→铺垫块→摆放马凳→摆上铁下层筋、绑接头→调整定位→摆上铁上层筋、绑扎搭接接头→绑扎上层网片→验收。

a. 在梁四角主筋画箍筋分隔线,对接头进行连接,将四角主筋穿上箍筋,按分隔线绑扎牢固,然后绑扎其他钢筋。对于多排钢筋,采用纵横相互支撑或附加撑铁,从而控制钢筋之间的排距。钢筋绑扎一般采用八字扣,绑扎时钢筋相交点须全部绑扎。

b. 在楼板、楼梯、屋面结构中,板面筋一般可在跨中搭接,端部应锚入梁或钢筋混凝土墙中过中线,并满足锚固要求;板底筋可在梁或钢筋混凝土等支撑处锚固且伸至梁或钢筋混凝土等支撑处的外边缘并满足锚固长度$\geqslant 15d$ 的要求。

c. 当板上部钢筋为负弯矩筋,绑扎时在负弯矩筋端部拉通长小白线就位绑扎,保证钢筋在同一直线上,端部平齐,外观美观。

d. 板筋绑好后及时架设脚手板,防止混凝土浇筑作业时踩坏钢筋。

⑦钢筋定位和保护层控制

板采用钢筋马凳控制双层钢筋间距,梁、板下铁使用预制混凝土垫块,侧面采用专用混凝土垫块确保保护层厚度;柱使用定位箍和混凝土垫块控制位置和保护层。浇筑混凝土时须有专人看守成品钢筋,测量工配合,随时检查墙、柱钢筋位置,发现移位随时修复。

(7)混凝土工程

①混凝土基本参数

a. 混凝土强度等级:梁板柱 C30、基础垫层 C10、基础混凝土 C35、其他构件 C30。

b. 混凝土耐久性要求:最大水灰比 0.45、最小水泥用量 300 kg/m³、最大氯离子含量 0.1%(水泥用量百分比)。

c. 混凝土坍落度为 140~200 mm。混凝土浇注前做好一切准备工作,使用汽车泵和导管浇注,保证浇注混凝土连续紧凑地进行。

②混凝土供应及运输

本工程全部由预拌混凝土浇筑,混凝土材料符合《预防混凝土工程碱集料反应技术管理规定》,按Ⅱb类环境类别控制。混凝土浇注采用汽车泵浇注。为确保混凝土的连续浇注,避免出现施工冷缝,混凝土从搅拌机中卸出到浇注完毕时间要求见表8-30。

表8-30 混凝土运输、浇注和间歇的允许时间(min)

混凝土强度等级	气 温	
	不高于 25 ℃	高于 25 ℃
≤C30	180	150
>C30	120	90

③混凝土振捣

a. 垫层混凝土:平板振捣器振捣密实,表面抹压平整。

b. 基础混凝土浇筑:基础混凝土分两次浇筑完成,首先浇筑基础矩形部位混凝土,再浇筑上部斜面混凝土。根据混凝土泵送时自然形成坡度的实际情况,在每个浇筑带的前、后布置两道振动棒,第一道布置在混凝土卸料点,主要解决上部的振实,第二道布置在混凝土坡脚处,确保下部混凝土的密实,为防止混凝土集中堆积,先振捣出料口处混凝土,形成自然流淌坡度,然后全面振捣。混凝土在振捣时,要做到"快插慢拔",将振捣棒上下略有抽动,以使上下振捣均匀。振捣棒移动间距不大于 400 mm。为增强混凝土的密实度,提高混凝土的抗裂能力,采用二次振捣的方法,使上下两层混凝土在初凝前结合良好。振捣时不得振捣模板,且尽量避免碰撞钢筋。浇筑导墙时混凝土塌落度应相应较小,导墙浇筑振捣时混凝土会大量留向底板,应将流出混凝土及时铲回导墙。且在浇筑底板时导墙位置混凝土要振捣密实,可减少导墙混凝土外流。混凝土初凝前,首先用刮杠刮平,并用木抹子反复抹压表面。初凝后至终凝前再用铁抹子抹压并扫毛。

c. 柱混凝土浇筑:柱混凝土浇筑前底部先填 5~10 cm 厚与混凝土配合比相同的减石子砂浆,柱混凝土应分层浇筑振捣,使用插入式振捣器时每层厚度不大于 50 cm,振捣棒不得触动钢筋和预埋件。柱高在 2 m 之内可在柱顶直接下灰浇筑,超过 2 m 时采取措施(用串桶)或在模板侧面开洞口安装斜溜槽分段浇筑。每段高度不得超过 2 m,每段混凝土浇筑后将洞模板封闭严实,并用箍箍牢。柱混凝土的分层厚度应当经过计算确定,并且还应当计算每层混凝土的浇筑量,用专制料斗容器称量,保证混凝土的分层准确,并用混凝土标尺杆计量每层混凝土的浇筑高度,混凝土振捣人员配备充足的照明设备,保证振捣人员能够看清混凝土的振捣情况。柱子混凝土应一次浇筑完毕,如需留施工缝时应留在主梁下面。无梁楼板应留在柱帽下面。在与梁板整体浇筑时,应在柱浇筑完毕后停歇 1 ~ 1.5 h,使其初步沉实,再继续浇筑。浇筑完后应及时将伸出的搭接钢筋整理到位。

d. 楼梯混凝土浇筑:楼梯段混凝土自下而上浇筑,先振实底板混凝土,达到踏步位置时再与踏步混凝土一起浇捣,不断连续向上推进,并随时用木抹子(或塑料抹子)将踏步上表面抹平。

④混凝土的养护与保护

梁、板混凝土初凝后立即覆盖塑料薄膜保湿保温,终凝后浇水养护,普通混凝土养护不少于 14 d;柱混凝土采用周圈围塑料薄膜养护。

⑤混凝土试块留置

混凝土试块应在浇筑地点随机抽取。同批混凝土每 100 m³、每一工作班、每一流水段,留置标养及同条件各一组;一次连续浇筑超过 1 000 m³ 时,同一配合比的混凝土每 200 m³ 取样不得少于一次。每流水段的顶板、墙体均留置足够同条件试件,作为拆模依据。抗渗混凝土,同等级、同配比、生产工艺基本相同的预拌混凝土每 500 m³ 留置一组抗渗试件,且单位工程不得少于两组。

工程中各混凝土强度等级均应留置结构实体检验,用同条件试件、同一强度等级的试件数量不少于 3 组,试件具体留置部位及数量根据监理批准的试验计划确定。根据监理计划及混凝土的工程量进行见证取样,见证取样次数不少于总送检次数的 30%。

⑥施工缝的处理

首先弹出墙体边线,沿线内 5 mm,用砂轮切割机(换金刚片)切齐,深度视浮浆厚度而定,一般为 10 mm,剔凿至石子,清理干净。

施工缝处混凝土表面做凿毛处理,剔除水泥浮浆及松动石子,清除钢筋上粘附混凝土,并充分润湿冲净,且不得积水,在浇筑混凝土之前,铺一层 3 ~ 5 cm 厚同混凝土配比的无石子砂浆。

2. 钢桁架整体吊装

辽阳站北侧 1.2 km,跨线天桥中心里程为 K332 + 605,跨度 35 m,桥宽 4.0 m,天桥平台部分为钢桁架结构,总重量约为 39 t,天桥构件加工在厂家完成,用汽车运至施工现场,现场进行整体拼装,用 350 t 汽车吊完成整体吊装作业。

(1)钢桁架吊装施工总体方案

①根据钢结构设计图纸进行深化设计,深化设计过程中充分考虑现场实际情况,提出了合理化建议,其中天桥与接触网线交叉位置垂直距离仅有 1.2 m,接触网线和承力锁与天桥交叉位置采用加防护绝缘套措施,对既有线接触网做好长久防护,同时保证既有线运营安全和天桥整体吊装施工安全。

②天桥加工在厂家进行,加工完毕后,自厂家采用汽车运至天桥吊装地点。

③天桥运至现场,利用现场拼装场地进行拼装。

④吊车起吊位置四个支腿需进行地基加固处理,采用垫钢板方式扩大与地面接触面积。

⑤拼装完毕后进行现场试吊,根据试吊情况进行分析,确保整体吊装工作在 50 min 内完成。

⑥天桥吊装前做好两侧工人操作平台搭设,确保钢桁架准确快速就位,在混凝土牛腿桁架埋件位置,做 V 形槽,引导桁架支腿入位。

⑦现场具备吊装条件后,根据中国铁路沈阳局集团有限公司提供的天窗时间,提前做好吊装准备,充分利用时间,在天窗时间前将桁架提前吊装至高度范围,天窗时间只进行摆臂、下落、就位等工序,节省吊装时间。

⑧吊装完毕后做好桁架接地,现场清理工作,线路通电,铁路开始运行。

(2)钢桁架吊装施工计划

辽阳站天桥吊装施工总体工期初步定为 2009 年 6 月 20 日~2009 年 6 月 29 日,具体日期根据现场"四电"迁改完成情况顺延。具体时间根据现场实际情况提前向沈阳铁路局报批,在 50 min 天窗时间内完成整体吊装工作。

施工时,提前掌握天气变化动向,如遇大雨、雷暴、大雾、五级及以上大风,为保证施工安全必须停止梁体吊装施工,工期顺延。

(3)人员组织安排及职责

根据本项目实际情况,成立了辽阳站跨线人行天桥吊装小组。其中,组长负责全面指挥协调;副组长负责对外协调;现场施工组织 1 人;负责技术组织安排 1 人;负责现场安全监督、巡视 1 人。组员:负责钢桁架现场拼装 1 人;负责拼装场地平整,及吊车基础加固,吊车就位 1 人;负责在现场吊车及构件运至现场道路平整及铁路线平交道位置防护 1 人;负责梁体吊装指挥、现场施工安全控制、既有线安全防护及防护员、驻站员的培训管理 1 人;负责保障施工物资、机具的及时供应 1 人;负责现场技术 1 人;负责现场施工人员组织及安排 1 人;辽阳站驻站联络员,负责通知辽阳站及现场负责人现场进行情况和列车运行情况 1 人。

主要劳动力配置见表 8-31。

表 8-31 主要劳动力配置

工种、级别	天桥安装所需人员
安 装 工	4 人
焊 工	4 人
起 重 工	4 人
总 计	12 人

(4)机械设备配置

主要机械设备配置见表 8-32。

表 8-32 主要机械设备配置

序号	机械或设备名称	型号规格	数量	产地	功率(kW)	计划进场日期
1	350 t 及带超起装置汽车吊	—	1	—	—	2010
2	导　链	—	2	—	—	2010
3	千斤顶	—	3	—	—	2010
4	直流电焊机	ZXE1-3×500/400	4	南通	15	2010

根据现场实际情况,吊车站好位置后缓慢起吊至桁架上空位置,吊车最大旋转半径不超过 20 m,吊车杆长为 32~33 m,吊杆最高点聚桁架距离为 24 m,如图 8-32 所示。

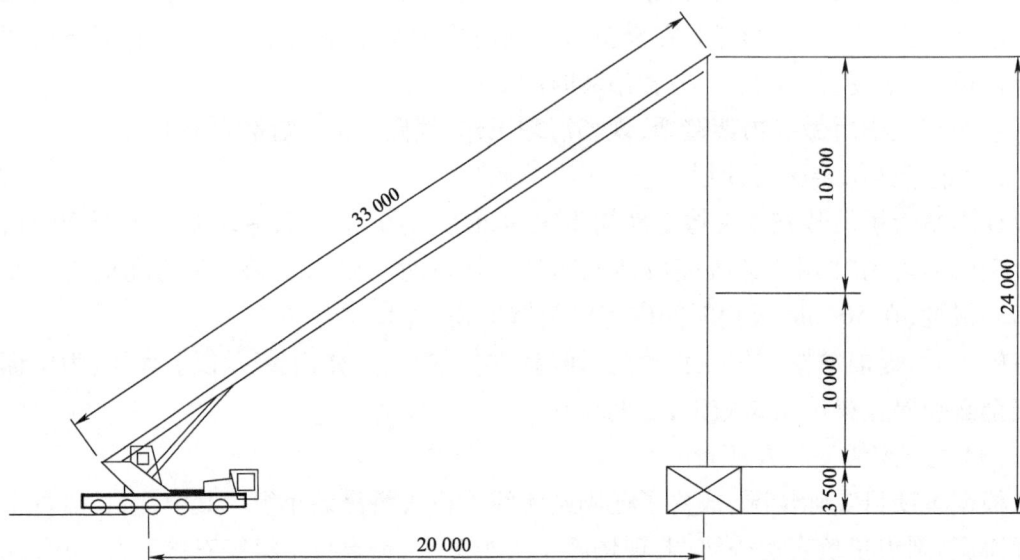

图 8-32 吊车最大旋转半径及主臂长度示意(单位:mm)

由吊车技术参数表可知,在吊装最大旋转半径内,吊车可吊起 50 t 的重物。因此可以进行吊装。

(5)钢桁架吊装相关计算

①吊装地基承载力计算

因为吊车自重 $P_1 = 170$ t,吊车配重 $P_2 = 142$ t,吊具重 $P_4 = 3$ t,地基承载力为 120 kPa。

又有支撑面积 $\geqslant \dfrac{P_1 + P_2 + P_3 + P_4}{12} = (170 + 142 + 3)/12 = 26.25$ m²。

所以单个支撑面积 $\geqslant 26.25/4 = 6.6$ m² 钢板自重,即每个支腿所垫钢板应该 $\geqslant 7$ m²。

又因为桁架自重 38 t,当吊起桁架时,对于中心轴线的吊车支腿内力加大,$38/12 = 3.2$ m²。

所以中心轴线上的支腿所垫钢板面积应该 $\geqslant (7 + 3.2/2) = 8.6$ m²。

吊车进入现场指定位置后,将吊车支腿下的杂填土和粉土清理并用碎石填平到指定高度,然后将预先准备的钢板垫在支腿下面,如图 8-33 所示。

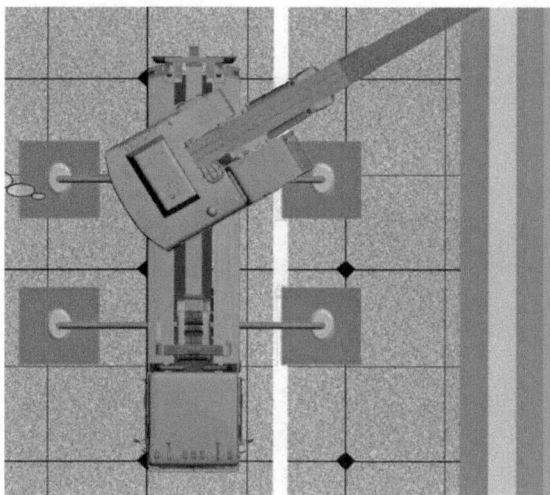

图 8-33 现场吊车支点示意

②吊装过程构件受力分析

采用结构分析软件,对桁架吊装过程中的受力进行了分析。计算表明,吊装时吊索受力最大,为 123.6 kN,如图 8-34 所示;Z 方向(竖向)最大位移发生在桁架两端,为 22.5 mm,如图 8-35 所示。

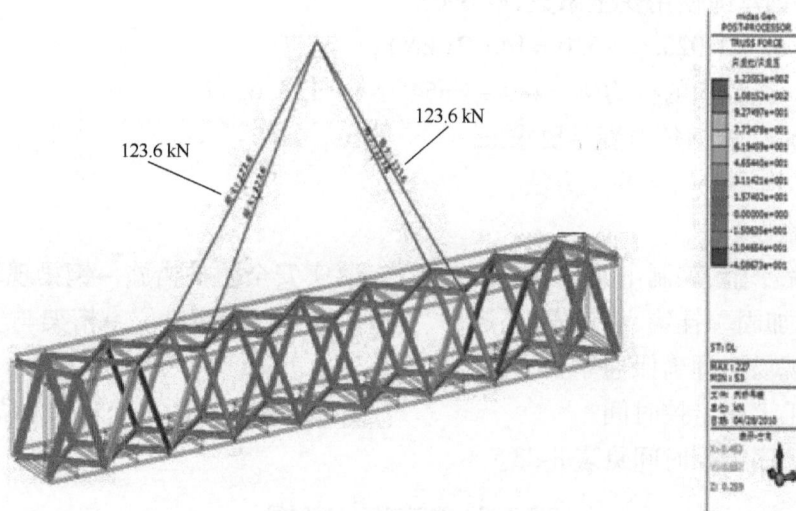

图 8-34 吊装时桁架受力示意

③吊梁用钢丝绳受力计算

本次梁体吊装采用直径为 40.0 mm 的 6×19 钢丝绳,梁体两端各并排使用 2 根,共 4 根钢丝绳将梁体吊起。梁体及钢丝绳总质量取 40 t、钢丝绳与水平方向夹角为 540°、钢丝强度极限 1 700 N/mm²、钢丝破断拉力总和 1 025.0 kN、参考质量 571.7 kg/100 m。

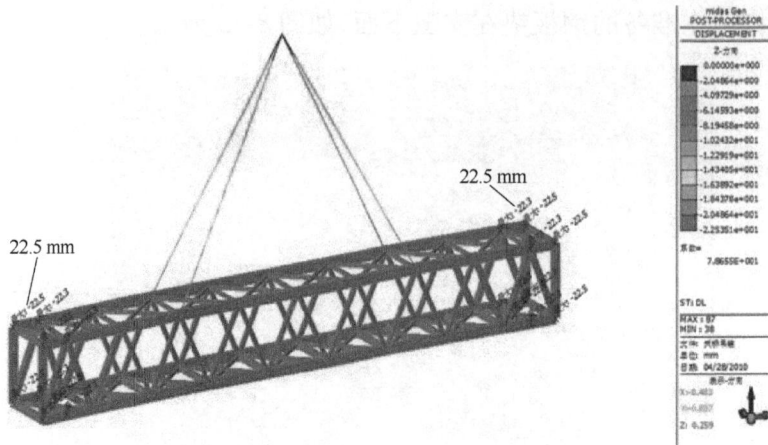

图 8-35　吊装时 Z 方向位移示意

计算方法及公式：

$$S = S_b \div K,其中 S_b = a \times P_g$$

式中　S——钢丝绳的容许拉力(kN)；

　　　S_b——钢丝绳的破断拉力(kN)；

　　　P_g——钢丝绳的破断拉力总和(kN)；

　　　a——钢丝绳之间荷载不均匀系数,取 0.85；

　　　K——钢丝绳使用安全系数,取 6.0。

则 $S = 0.85 \times 1\,025.0 \div 6.0 = 145.2(kN)$；

每根钢丝绳分担的拉力 $F = 400 \div \sin 54° \div 4 = 123.6(kN)$；

可知：$S > F$,故钢丝绳满足要求。

(6)钢结构桁架吊装施工方法

①施工流程

施工道路平整、编制吊梁计划→准备工作、落实安全防护措施→钢梁现场组拼→吊车就位、支腿加固→挂钩、确认安全,起吊、提升→转臂、下落对位→桁架与支座连接固定→摘钩→现场清理确保通车安全。

②各施工工序卡控时间

各施工工序卡控时间见表 8-33。

表 8-33　施工工序卡控时间

施工项目	施工时间(min)	备　注
钢梁拼装	—	已完成
吊车走行及就位	—	19 日进入现场
吊车支腿下基础加固	—	19 日完成
挂钩及安全确认	—	20 日前进行

续上表

施工项目	施工时间(min)	备　　注
起吊、提升	—	20日前进行
转　　臂	15	在桁架两端拴控制方向绳索,每侧派4人拉绳。控制桁架旋转位置
下落对位	15	在牛腿桁架埋件位置做V形槽,引导桁架支腿入位(点前进行)
桁架与支座连接固定	10	对角用螺栓进行连接稳定,其余位置进行加固
摘　　钩	5	—
现场清理确保行车安全	5	—
总　时　间	50	—

③施工准备

编制吊梁计划,合理安排吊装作业、及时排空返回,提高运输效率。

编制梁体吊装作业指导书,对施工管理人员及施工人员进行交底。检查作业场地地面状况,根据起吊重量和吊机自重对地基承载力进行验算,如不能满足承载要求,对地基采取加固措施,支腿下垫铁板,面积大于 7.35 m²。

提前三天掌握天气变化动向,如遇大雨、大雾、五级及以上大风时,必须停止梁体吊装施工。

④构件加工及现场拼装工艺

构件分段及制作工艺:实际考察现场后,构件在加工厂分两段进行加工,每段构件在加工厂进行组立并焊接完毕,两段分别运输到现场。一些细小的构件如钢网片等在现场拼装完毕后再进行安装。采用合理的焊接工艺控制焊接变形,是本工程的技术难点,特别是H形钢的加工将是重中之重。

本工程构件的制作精度高,主要通过完善的加工工艺和先进的加工设备来加以保证。同时采取工厂主结构单元预拼装措施来检验,保证出厂构件的加工精度。

场拼装工艺:构件运输到现场后,为了保证拼接完成后快速的吊装,在指定拼装场地内选择与踏步方向平行的方向搭建平台,然后将两段构件进行拼装。现场共四个拼装节点,每个节点处设置衬板,且每个节点在拼装时先采用螺栓进行连接,再将衬板围焊(焊缝尺寸依据图纸要求进行焊接)。现场拼装如图8-36所示。

⑤吊装工艺

根据现场情况,本工程钢结构部分采用QUY350t汽车吊并带超起装置进行吊装,由于现场特殊原因,为了保证在天窗时间内快速准确的安装到位,采取以下几点措施:

a. 吊架在现场整体拼装并焊接完毕。

b. 吊装时间前进行试验吊装,保证在正式吊装过程中无误。

c. 构件四周设置缆风绳,由人工进行控制,防止构件在吊装过程中过度转动。

d. 在正式吊装前 1～2 h 内,将构件提升到所需高度位置,且一切安装和焊接人员

图 8-36　现场拼装示意

及焊机准备完毕。

e. 正式吊装时,吊车以最快且最为安全的方式将构件送到安装位置。

f. 桁架吊装前在天桥两侧搭设工人操作平台,确保钢桁架准确快速就位,在混凝土牛腿桁架埋件位置做 V 形槽,引导桁架支腿入位,安装工在安装槽处,将构件准确就位。

g. 构件就位并安装完毕后,焊工及时对需焊接位置进行焊接,待构件焊住后,吊车进行撤钩。

五、主要管理措施

1. 主要安全防护技术措施

辽阳站人行天桥工程跨 5 线进行吊装,为保证铁路运输安全采取如下安全防护技术措施:

①吊装前在天桥底部对应接触网位置安装防电板对接触网线进行防护,确保既有线运营安全和天桥整体吊装施工安全。

②桥加工在厂家进行,加工完毕后,自厂家采用汽车运至天桥吊装地点进行组拼,减少既有线作业,一次性吊装就位。

③吊车起吊位置四个支腿地基加固处理(清除表面 60 cm 杂填土,采用碎石换填并夯实),采用垫钢板方式扩大与地面接触面积(钢板采用 2 cm 厚钢板,面积 8.7 m²)。

④天桥吊装前两侧工人操作平台搭设,确保钢桁架准确快速就位,在混凝土牛腿桁架埋件位置做 V 形槽,引导桁架支腿入位,如图 8-37 所示。

⑤考虑天桥走道板荷载较大有 30 t,天桥桁架 40 t,共计 70 t,无法同时进行吊装,在天桥桁架吊装完毕后施工走道板;为确保在既有线上空施工不掉落物件造成事故,提前在天桥桁架上做好装修防护措施,在吊装前做好天桥外围护钢丝网,网眼不大于 0.25 m²;天桥平台栏杆焊接完毕;天桥桁架底部采用闭口压型钢板封底,压型钢板厚度

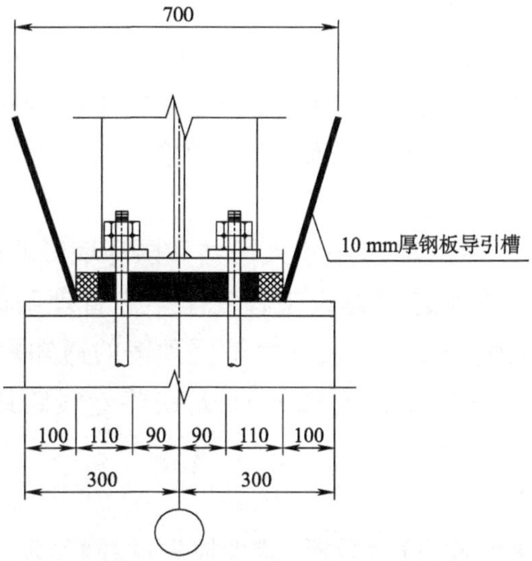

图 8-37 V 形槽设置示意(单位:mm)

0.6 mm,肋高 15 mm,每平方米能够承受 227 kg 重量,侧边采用 1 mm 厚钢板焊接挡板高度 13 cm,避免走道板施工物品下落,走道板结构厚度 10 cm。天桥吊装如图 8-38所示。

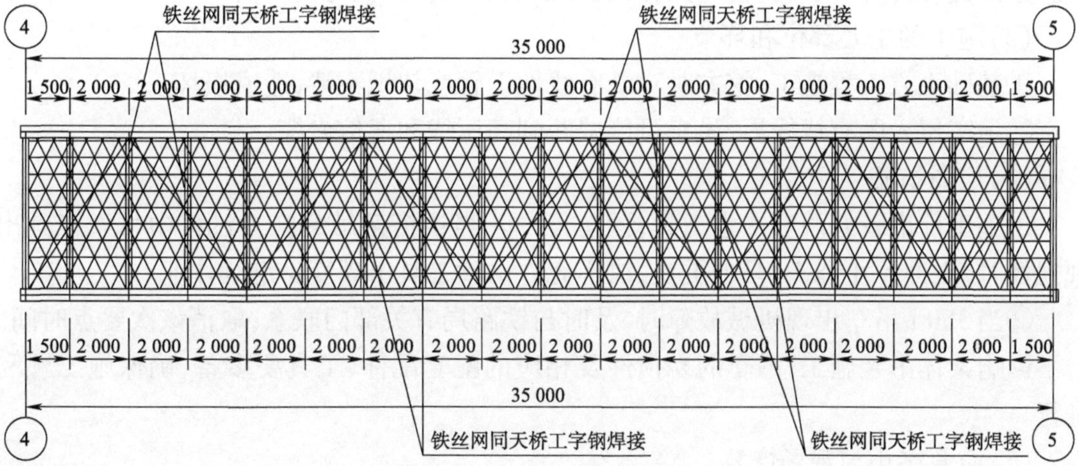

图 8-38 天桥吊装示意(单位:mm)

⑥桁架两端各设置 1 根缆风绳,每侧由 4 个工人进行控制,防止构件在吊装过程中过度转动,确保快速对位。

⑦在正式吊装前 1~2 h 内,将构件提升到所需高度位置,且一切的安装人员及工具准备完毕,要求四个支座处各配备 1 名工人,四点同时作业,对角用螺栓进行连接稳定,在其余位置点后进行加固,节省天窗时间。

⑧利用天窗点吊装完毕后,做好桁架接地,现场清理工作,线路通电,铁路开始运行。

2. 既有线施工安全应急预案

为加强既有线旁施工安全的管理和监控,预防和控制该危险源可能出现的紧急情况,最大限度地减少人员伤亡和财产损失,维护正常的生产秩序和工作秩序,企业对各级危险源的分析研究,制定既有线施工安全应急预案。

(1)制定依据

《中华人民共和国安全生产法》《中华人民共和国环境影响评价法》《国务院关于特大安全事故行政责任追究的规定》《建设工程安全生产管理条例》《辽宁省人民政府办公厅关于转发辽宁省特大生产安全事故应急救援预案的通知》、辽阳市安监局《转发关于加强重要危险源监督管理的意见通知》《哈大铁路专线跨线人行天桥施工设计图 K322 + 605》。

(2)制定方针与原则

方针:以人为本,强化预控;抢险救援,减少损失;控制蔓延,防治结合;高度协调,持续改进。

原则:保护人员安全优先,防止事故蔓延优先,减少损失救援优先,持续改进高效优先。做到以人为本,制订切实可行的预防监控措施,建立统一指挥、职责明确、运转有序、反应迅速、处置有力的应急救援体系,最大限度减少既有线安全事故的损失。体现应急救援优先,保护人员安全优先,防止和控制事故扩大优先的原则。

(3)施工的主要部位和环节

①基础土方工程施工,挖方时对既有线地下管线认识不清,造成损坏。

②吊车侵入既有线线界,吊车可能威胁到高压线和通信光缆。

(4)应急措施

①施工前准备好两套吊索工具,预防万一。当钢桁架吊装施工过程中吊索工具出现损坏时,立即停止施工,马上更换,决不允许吊索工具出现变形继续作业。

②当350 t吊车出现机械故障时,及时与铁路局有关部门联系,取消该次要点时间。为不影响梁体吊装施工,吊车的易损件及相应的配套配件、工具要多备,确保施工顺利进行。

(5)应急终止与现场恢复

当事态得到有效控制,危险得以消除时,由总指挥下达终止应急令。终止应急令由安质部专人用扩音喇叭传达至应急救援现场,终止应急救援。当终止应急救援后,事故现场仍然存在可能的不明隐患时,现场警戒不予解除,直至经技术部门技术鉴定确认无不明隐患后,告知公安分处长,由公安分处长下令解除现场警戒。警戒解除后,由应急救援队伍负责恢复现场。主要清理临时设施、救援过程中产生的废弃物、恢复现场办公生活基本功能等。由党工委书记负责组织被疏散人员的回撤和安置。

(6)应急预案培训与演练

应急预案的培训由安质部组织实施,培训对象包括参与应急救援的指挥人员、救援队伍人员、辅助等人员。培训方式采用集中培训。培训地点为项目会议室。对培训结果应组织考核,并应保存培训考核的记录。

六、主要成效

取得的主要成效如下:

(1)采用既有线外拼装,整体吊装,缩短了工期,减少既有线内作业时间,同时大幅度降低了对铁路正常运营的影响。

(2)大跨度钢构件零误差一次吊装到位,也避免了线内施工可能涉及的既有线行车安全因素,为今后类似大跨度钢构件跨线路设计、施工提供参考及经验。

(3)辽阳站外天桥为连接铁路东、西两侧居民的交通要道,解决了多年以来线路两侧居民无法跨越线路的难题,并在短时间内完成天桥施工任务,受到当地政府及居民的一致好评。

第五节 无站台柱风雨棚钢结构施工

一、工程概况

新建哈尔滨至大连高速铁路工程无站台柱风雨棚由多榀桁架组成,结构采用钢管桁架体系,刚架由钢管柱、桁架梁、H形钢实腹檩条、系杆水平支撑组成,桁架梁采用空间三角形钢管桁架,覆盖整座旅客站台,长度 450 m,跨度达到 40 m,结构高度在 10 m以上,单件管桁架重 9.5 t。

二、工程特点及难点

全部吊装作业均在宽度为 9 m 的岛式站台进行。雨棚结构纵向长度大、施工机械活动区域狭小、构件拼装精度要求高、钢结构桁架跨度大给施工带来了挑战。

(1)因哈大高速铁路站台雨棚长度达到 450 m,雨棚柱沿平行轨道方向纵向排列,且正线与到发线接触网固定在钢柱上,钢柱施工放线的精度,将直接影响到钢结构及线路接触网的安装质量,因此钢柱定位放线精度控制是本工程的重点。

(2)哈大线全线均采用岛式高站台,雨棚施工时因站台中部线路正在施工,钢结构吊装机械只能在 9 m 宽的岛式站台行走,如何在 9 m 宽的站台上组织流水施工及进行大跨度钢结构吊装是钢结构施工的重点及难点。

(3)雨棚钢结构管桁架因跨度大,施工运输不便,工厂加工时分三段进行加工,在施工现场进行整体拼装。因构件尺寸大、拼装精度要求高、管桁架的拼装精度控制为钢结构施工的难点。

(4)雨棚管桁架跨度达到 40 m,属于大跨度钢结构吊装,且单品桁架重量达 9.5 t,

吊装时需动用重型机械,构件起吊后进行空中转体。在 9 m 宽站台上组织大跨度构件整体吊装为钢结构施工的难点。

三、施工组织

以下安排部署按两台四线站台进行论述。

1. 劳动力配置

主要劳动力配置见表8-34。

表 8-34 主要劳动力配置

序　号	工　种	数　量
1	铆　工	6
2	架　工	7
3	电焊工	10
4	气焊工	7
5	其他配合工种	20

2. 机械设备配置

主要机械设备配置详见表8-35。

表 8-35 主要机械设备配置

序　号	机具名称	数　量
1	50 t 履带吊	2 台
2	16~25 t 液压吊	2 台
3	电焊机	8 台
4	40 t 拖车	2 台
5	20 t 汽车	2 台
6	5 t 汽车	2 台

四、关键施工技术及措施

1. 施工总体安排及安装顺序

1~8 轴及 15~22 轴的桁架编号为 GHJ1(GHJ1a),每榀重约 20.8 t,包括边柱 2 根每根重约 3.6 t;中间单管柱 2 根,每根重约 2 t,拱形钢管桁架 1 榀,重约 9.5 t,拱形钢管桁架分 3 段出厂,工地接口位置大约在 AD 跨中三分之一处,边柱和边柱外侧的挑檐整体出厂(如图 8-39 所示)、中间单管柱单独出厂。

9~14 轴线共 6 榀桁架(件号:GHJ2、GHJ2a)在 A、D 列外侧的挑檐加长到 6.65 m,其他部分和桁架 GHJ1、GHJ1a 相同,A、D 列外侧的 6.65 m 长的挑檐单独出厂,到工地

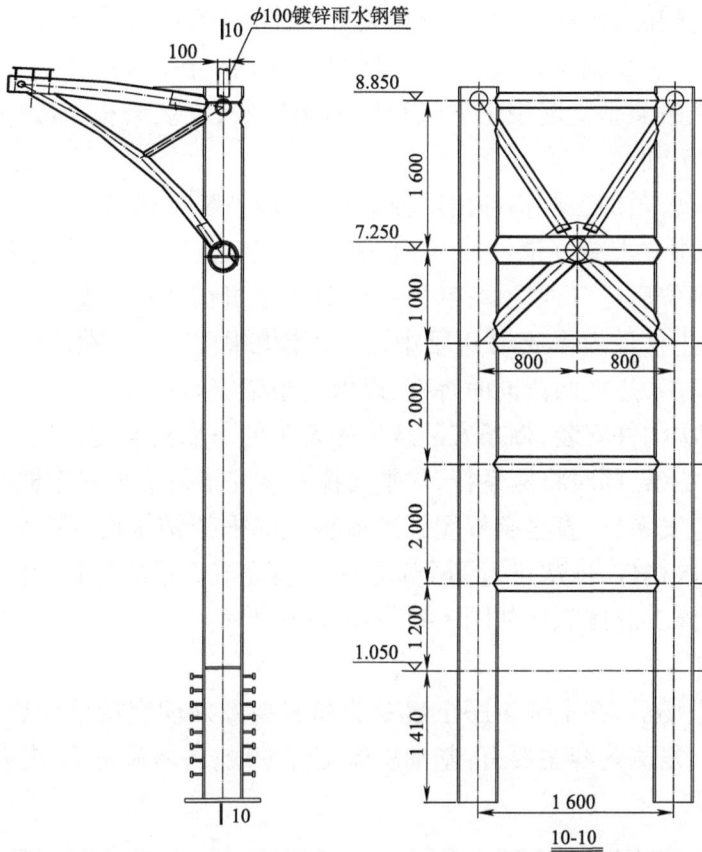

图 8-39 桁架边柱示意(单位除高程以 m 计,其余均以 mm 计)

后和双肢柱拼装到一起后,进行整体安装(图 8-40),其他部分出厂形式和桁架 GHJ1相同。

图 8-40 轴边柱和挑檐整体组装示意(单位:mm)

根据现场情况和结构特点,本工程吊装分 3 个区段进行:先吊装 16 ~ 22 轴/A ~ D 轴,其次 1 ~ 7 轴/A ~ D 轴,再吊装 8 ~ 15 轴/A ~ D 轴。在吊装过程中,先吊装中柱,后吊装边柱,待钢柱吊装垂直度校正后进行管桁架安装,安装管桁架顺序依次为 16 ~ 22 轴,7 ~ 1 轴,8 ~ 15 轴。

管桁架吊装,公司加工厂构件出厂分 2 段,现场吊装时利用一台 50 t 吊机先将 C ~ D 段放置到 C 轴中柱上穿好销轴,然后下落,在 D 轴边柱设计安装标高预先焊好定位板,待桁架放置到位后进行现场焊接,另一台 70 t 吊机在 A ~ B 段位置将另一段插入已经安装好的桁架主杆件内再放到 B 轴中柱上用销轴固定,另一端放到预先焊好的定位板上,等桁架定位后,边柱两段同时焊接,以保证桁架安装精度。

屋面檩条及次构件安装,檩条安装从最先安装的一榀桁架起开始安装,安装时先安装檐口 2 根屋面檩条,同时将刚系杆、水平支撑安装完毕待形成稳定框架后继续安装其他檩条,边安装边安系杆,直至整榀屋架形成稳定的框架结构再安装另一榀管桁架,同步跟随安装檩条次构件,依次进行到全部框架安装完成。最后进行屋面安装。

桁架及屋面施工总体顺序如图 8-41 ~ 图 8-49 所示。

2. 桁架安装

人员、设备进场后,在上道工序土建专业和安装方办理交接手续后,对桁架柱子基础进行全面复测,复测内容主要有:基础总体定位轴线;各基础标高;各基础轴线及地脚螺栓位置等。

图 8-41 首先 B、C 轴单柱安装

图 8-42 用缆风绳固定钢柱

图 8-43 A、D 轴钢柱安装

图 8-44 以依次顺序安装剩余钢柱

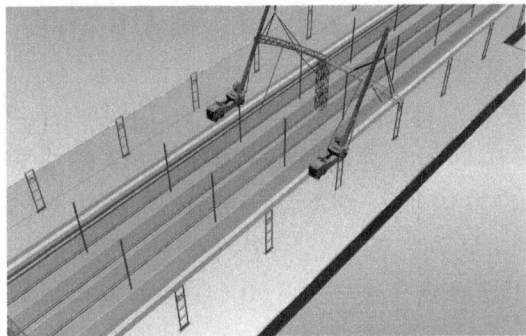

图 8-45 钢柱安装完毕后开始桁架安装

图 8-46 一榀桁架安装后进行第二榀桁架安装

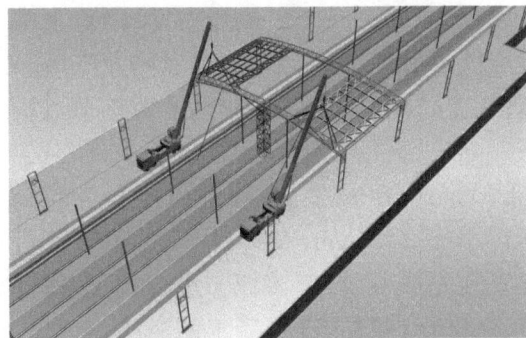

图 8-47 两榀桁架安装完毕后进行屋面檩条安装

图 8-48 随后屋架外挑檐开始安装,依次顺序进行

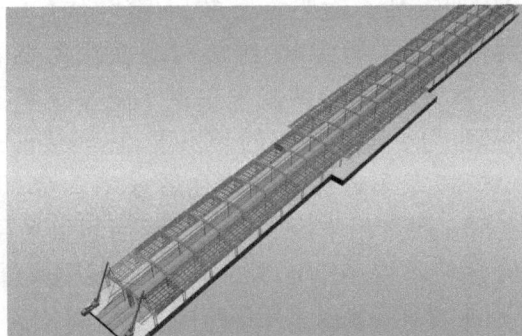

图 8-49 依次顺序安装完成

①桁架柱子安装

柱子运至现场后,放置在柱基础旁边,焊爬梯,搭设跳板,钢绳选用公称抗拉强度
1 700 MPa,钢丝直径 ϕ19.5 mm(6×37)。柱子到现场后,全面核查柱子的尺寸。柱子
安装前需要对基础标高、轴线进行复测,并有复测报告和相关技术质量人员的认可和签
字,方可进行安装。在柱子的四个面,打出中心线、标高,按保证桁架接口标高为基准用
调整基础柱脚垫板尽量消除制作误差。框架柱的定位轴线的控制,柱的定位轴线应从
地面控制轴线引上去。柱子吊装就位后,先调整柱子中心线,再调整柱子垂直度,利用

经纬仪,楔铁校正,并在柱子上端设好拖拉绳,确认吊装牢固方能卸钩。确认中心标高,垂直度无误后,进行柱底脚螺栓紧固,并拴好拖拉绳。

构件安装顺序从 22 轴向 1 轴线方向进行安装。首先安装桁架边柱(双肢柱),1 ~ 8 轴及 15 ~ 22 轴的桁架边柱和外侧的挑檐整体出厂每个边柱重约 3.6 t,9 ~ 14 轴线共 6 榀桁架件号:GHJ2、GHJ2a 在 A、D 列外侧的挑檐加长到 6.65 m,A、D 列外侧的 6.65 m 长的挑檐单独出厂,到工地后和双肢柱拼装到一起后进行整体安装,组装后每钩重量约 5.2 t。吊装所用钢丝绳规格不得小于 ϕ19.5 mm。采用 50 t 履带吊进行吊装(50 t 履带吊采用 31 m 主臂,当起重半径为 14 m 时,起重量为 6.88 t)。吊装所用钢丝绳规格不得小于 ϕ19.5 mm,对柱子上部横梁绑扎牢固后方可起吊。边柱安装找正完毕后采用缆风绳进行固定,之后交付下道工序进行柱脚二次混凝土的浇灌。

B 列及 C 列柱子为 ϕ377 mm ×6 单管支柱,柱子长度约 10.5 m,重约 2.1 t。上端为和屋面桁架梁连接的铰接点。为了使该铰接点能够和屋面桁架梁连接紧密及安装精度,在出厂前将桁架的节点板及销轴组装在单管柱上,待桁架安装完毕后再对该节点板和桁架进行焊接。

单管柱采用 50 t 履带吊进行安装(50 t 履带吊采用 31 m 主臂,当起重半径为 20 m 时,起重量为 4.06 t)。吊装所用钢丝绳规格不得小于 ϕ15 mm。单管柱安装暂时不进行找正,采用缆风绳进行临时固定,待屋面桁架安装完毕后,再对该柱子进行找正,使柱头铰接点和屋面桁架结合紧密,之后交付下道工序进行柱脚二次混凝土的浇注。

②柱间桁架安装

每轴线的 A 列、D 列双肢柱安装完毕,土建专业柱脚二次混凝土施工完毕交付后,进行 A 列、D 列双肢柱间桁架安装。桁架弦长 40 m 重约 9.6 t,分 3 段出厂,每段长约 13.3 m。桁架运至现场后在地面进行组装,组装时应注意桁架的几何尺寸及起拱度。组装方法:中间一段桁架圆弧方向贴地,两侧采用道木或型钢垫实,之后采用 50 t 履带吊先后安装其他两侧的桁架,为了确保桁架的起拱度,在焊接前采用 14 号工字钢对两侧的桁架进行临时支护。焊接完毕经检查合格之后采用 2 台 50 t 履带吊进行双机作业,对桁架进行整体安装(50 t 履带吊采用 31 m 主臂,当起重半径为 14 m 时,起重量为 6.88 t)。吊装所用钢丝绳规格不得小于 ϕ19.5 mm。吊装钢丝绳绑扎在距离桁架端部 5 ~ 8 m 处 50 t 履带吊分别布置在 AB 跨及 CD 跨中。

3. 屋面系统安装

屋面系统包括檩条、天沟、水平支撑、系杆。首先安装屋面檩条,屋面檩条断面形式为 H500 mm ×200 mm ×8 mm ×10 mm,长度为 83 ~ 105 m,每米重约 69.1 kg。由于运输不便,每根檩条分段出厂,现场组装 25 m 长左右(重约 1.73 t)进行吊装。吊车采用 25 t 汽车吊,25 t 履带吊采用 25 m 主臂,当起重半径为 14 m 时,起重量为 3.9 t,为了防止檩条在吊装时产生变形,吊装时采用 4 点吊装法。吊装绳扣采用 ϕ15 mm。相邻檩条安装完毕后安装水平支撑、系杆、天沟等,采用 25 t 汽车吊进行吊装。

4. 桁架接口的焊接工艺

焊接施工流程:坡口准备→点固焊→施焊→自检/专检→无损检验(焊缝质量一级

合格）。

（1）焊接作业的基本要求

所有对接焊缝及等强连接均为全熔透焊缝,焊缝质量等级为二级。对于受拉全熔透焊缝需100%超声波检查,角焊缝为三级。焊缝的外观质量和超声波探伤检验应符合国家现行标准《建筑钢结构焊接技术规程》（JGJ 81—2002）的规定,对于焊缝缺陷的控制和处理,应符合国家现行标准《钢焊缝手工超声波探伤方法和探伤结果分级》的相关规定。

（2）焊接工艺

通过对 Q345 钢的焊接性分析,制定措施如下:焊接材料的选用,由于 Q345 钢的冷裂纹倾向较大,应选用低氢型的焊接材料,同时考虑到焊接接头应与母材等强的原则,选用 E5015（J507）型电焊条;坡口形式根据图纸选择;焊接电流为了避免焊缝组织粗大,造成冲击韧性下降,必须采用小规范焊接。具体措施为:选用小直径焊条、窄焊道、薄焊层、多层多道的焊接工艺。焊道的宽度不大于焊条的 3 倍,焊层厚度不大于 5 mm。第 1 层采用 ϕ3.2 mm 电焊条,焊接电流 100～130 A;其余各层采用 ϕ4.0 mm 的电焊条,焊接电流 120～180 A。

（3）焊接检验

焊口采用超声波探伤法进行检验,检验比例为 100%。焊缝返修应按返修工艺进行,同一部位不得出现三次返修,超过二次时应由制作单位的技术负责人签字认可。焊接完毕,焊工应清理焊缝表面的溶渣及两侧的飞溅物,检查焊缝外观质量。

5. 钢构件油漆

钢结构件安装现场涂装按设计要求进行,颜色由业主选定。钢结构件在安装验收完毕后再进行油漆。涂装前对表面进行清理,清除安装焊缝焊药,对烧去或碰去漆的构件还应事先补漆。为保证涂装质量、施工进度、节约材料和降低成本,采用手工滚涂法。由于油漆干燥缓慢,依次按涂敷、抹平和修饰三道工序进行。涂刷顺序:应按自上而下、从左到右、先里后外、先斜后直、先难后易的原则,使漆膜均匀、致密、光滑和平整。刷油的走向,刷涂垂直平面时,最后一道应由上而下进行;刷涂水平表面时,最后一道应按光线照射的方向进行。涂料应倒入装有滚涂板的容器内,将滚子的一半浸入涂料,然后提起在滚涂板上来回滚涂几次,使滚子全部均匀浸透涂料,并把多余的涂料滚压掉。将滚子按 W 形轻轻滚动,将涂料大致的涂布于被涂物上,然后滚子上、下密集滚动,将涂料均匀地分布开,最后使滚子按一定的方向滚平表面修饰。滚动时,初始用力要轻以防止流淌,随后逐渐用力使涂层均匀。滚子使用后应尽量压掉残存的油漆涂料,或使用涂料稀释剂清晰干净,晾干后保存好,以备后用。

6. 高强螺栓施工控制

（1）人员控制

高强螺栓安装必须配备专业班组进行作业。作业前,由技术负责人对全体人员进行技术、质量交底,认真学习规范标准,使全体参与施工作业人员掌握施工顺序、施工规程。同时,对所有施工人员加强质量意识教育,提高施工人员的责任心,遵循公司的相关规定,做到奖优罚劣。

(2)机具配置

高强螺栓紧固使用的机具见表8-36。

表8-36 高强螺栓紧固使用机具

序号	名 称	规 格	单 位	数 量
1	带把扳手或风扳机	—	台	4~6
2	TC 电动扳手	TC6922、6924	台	4
3	链式起重机	3~5 t	台	2~4
4	磨光机		台	2

(3)高强螺栓的储存

高强螺栓的储运和保管:高强螺栓加强储运和保管的目的主要是防止螺栓、螺母、垫圈组成的连接副的扭矩系数发生变化,影响高强螺栓所要求的紧固力矩的规定相矩值,在运输、现场保管等过程要保证出厂状态,直到安装前才能开箱检查使用。高强螺栓要按包装箱注明的规格、批号、编号、供货时期进行分类保管,存放在仓库中,堆积不要高于3层以上,室内需长期保持干燥,防止生锈,其底层应距地面高度≥300 mm 以上。

(4)高强螺栓施工方法

螺栓穿入方向要一致,以便于操作;螺栓连接副安装时,螺母凸台一侧应与垫圈有倒角的一面接触。螺栓应自由穿入螺栓孔,对不能自由穿入的螺栓孔,应用绞刀进行修整,不得将螺栓强行装入或用火焰切割。修整后的螺栓孔最大直径不得大于 1.2D(D 为螺栓孔的公称直径),修孔时应将周围螺栓全部拧紧,使叠板密贴,防止切屑落入叠板间;不得在雨天安装高强螺栓。

高强螺栓摩擦面的处理需要符合下列要求:螺栓摩擦面处理后的抗滑移系数值应符合设计的要求;用砂轮打磨处理摩擦面时,打磨范围不应小于螺栓孔径的4倍,打磨方向应与构件受力方向垂直;处理的摩擦面,出厂前应按批作抗滑移系数试验,最小值应符合设计的要求,出厂时应按批附3套与构件相同材质,相同处理方法的试件,由安装单位复验抗滑移系数。在运输过程中试件摩擦面不得损伤;处理好的摩擦面,不得有毛刺、飞边、焊疤或污损等。除设计要求外,摩擦面不得涂漆。

高强螺栓的紧固:高强螺栓的扭矩扳手,应进行校对,误差大于5%的要更换或重新标定;紧固应分初拧和终拧两次进行,对大型接点还应进行复拧,直到叠板密贴方可进行终拧。

高强螺栓的紧固顺序应由接头中心向外侧进行。初拧、复拧和终拧螺栓应用不同颜色的涂料在螺母上做出标志。经检查合格的高强螺栓节点,在终拧24 h 以后进行封闭。

(5)环境因素的控制

为保证施工作业面,施工脚手架要用二块跳板,搭跳选用角钢,必须在 75 mm 以上,外伸长度不准超过 800 mm,否则应焊斜支撑。施工人员上、下所用爬梯必须由专人负责确认。

(6)高强螺栓施工标准

高强螺栓施工标准见表 8-37。

表 8-37 高强螺栓施工标准

名 称		公称直径及允许偏差(mm)						
螺栓	公称直径	12	16	20	22	24	27	30
	允许偏差	+0.43		+0.52			+0.84	
螺栓孔	公称直径	13.5	17.5	22	24	26	30	33
	允许偏差	+1						
圆度		—	1.00		1.50			
垂直度		—	不得大于 0.03 t,且不大于 2.0 多层板叠组合不得大于 3.0					

7. 桁架梁连接接口的焊接

(1)人员的控制

与高强度螺栓要求相同。

(2)机械设备配置

桁架梁连接接口的焊接使用的主要机械设备见表 8-38。

表 8-38 主要机械设备配置

序号	名 称	规 格	单 位	数 量
1	电焊机	直 流	台	5
2	磨光机	—	台	5

焊接作业所使用的设备出库时必须经过确认其完好性(包括标识),作业前和作业中要每天由专人进行检查,尤其是接点部位。同时安装严密统一的防雨棚,电源开关设置要标准,由专人负责。所有设备的日常维护由施工人员负责(电焊班长)。对检查出有问题的设备不得使用,及时向上级领导汇报进行修复同时更换设备。

(3)材料管理控制

焊接材料与母材的匹配应符合设计要求及国家现行行业标准《建筑钢结构焊接技术规程》(JGJ 81—2002)的规定。焊条在使用前,应按产品说明书及焊接工艺文件的规定进行存放。焊材的保管:焊条的管理首先重视吸潮问题,吸潮后不仅影响焊接质量,甚至造成焊接材料变质。

(4)施工方法的控制

①焊接作业前的检查:检验技术文件是否齐全。焊接材料和钢材原材料的质量检验,构件装配和焊接件边缘质量检验、焊接设备是否完善。施焊前应对坡口组装质量进行检查,同时对坡口进行清理,去除坡口处的油污、铁锈等,焊前检验。

②焊接过程中的检验:主要是对焊接设备运行情况、焊接规范和焊接工艺的执行情况,以及多层焊接过程中夹渣、未焊透等缺陷的自检等,目的是防止焊接过程中缺陷的形成。桁架梁的对接焊手工电弧焊采用 E5015 焊条,CO_2 气体保护焊采用焊丝 $\phi1.2$ mm,采用多层、多道焊接。梁接头的焊缝一般先焊梁的下翼缘板,再焊上翼缘板。

③焊接后的检验:全部焊接工作结束,焊缝清理干净后进行成品检验。外观检查:焊缝的外观用肉眼或低倍放大镜进行检查表面气孔、夹渣、裂纹、弧坑、焊瘤等,并用测量工具检查焊缝尺寸是否符合要求。无损探伤:采用超声波检测仪进行探伤 100% 检查,探伤打磨区域应在检测焊缝的边缘至少各 100 mm 以上。根据规范要求,对检测未合格的焊缝,采用碳弧气刨进行清根后补焊,重新检测。

(5)环境因素的控制

焊材应有出厂合格证及复试报告。焊材在储存过程中要注意防潮,仓库保存时不得将焊材直接接触地面,需采用固定支架存放,支架离地面需保证 300 mm 的距离,距离墙面要保证 300 mm 的距离,不同型号的焊材禁止混放。焊接作业前,对焊接设备进行校准,检查焊接地线与焊件接触是否良好。合理选择焊接工艺参数,避免因返工而造成弧光、烟尘、焊接噪声的过量排放及电能的消耗。雨天禁止露天焊接作业,焊接防雨棚要严密统一。

五、主要管理措施

1. 质量措施

(1)明确质量、环境、职业健康安全方针

打造精品满足客户期望,控制风险维护生命健康,预防污染营造绿色环境,遵规守法塑造诚信形象。

(2)科学制定质量目标并层层分解

具体质量目标见表 8-39。

表 8-39　质量目标明细

目　标	目标名称	近期目标值	中长期目标值
产品质量目标	分项(检验批)工程合格率	100%	100%
	安装单位工程优良率	90%	95%
	关键工序一次合格率	90%	98%
	重大质量事故	0	0
顾客满意度目标	顾客满意度分值	90 分(很满意)	100 分(超常满意)
合约管理目标	合同履约率	100%	100%
设备管理目标	设备完好率	90%	95%
	设备利用率	68%	80%

(3)严格质量控制措施

①严格贯彻执行"三检制",不自检、互检的项目不报;专检、联检,联检不合格的要

严肃考核。

②认真做好技术、质量交底工作,使操作者对自己承担的施工任务心中有数,认真贯彻质量目标,提高全员质量意识,不得蛮干、乱干。

③严格按施工程序、施工方案、图纸,施工,不得随意更改或省略。

④按哈大客运专线公司有关文件要求,建立严格的质量考核制度,按章办事,实行质量否决制度。

⑤对关键过程、关键工序设置质量检查控制点。

⑥运到现场的备品备件及材料要分类堆放整齐并设好标识牌。构件安装前,要把表面的污渍清洗干净。

⑦构件要经过检查验收后才能进场,对有缺陷的构件及材料不得接收,谁接收、谁负责处理。

2. 安全措施

(1)明确职业健康安全目标

具体的职业健康安全目标、指标见表8-40。

表 8-40　职业健康安全目标、指标明细

职业健康安全目标		指标
不发生人身死亡事故		0
不发生重大及以上火灾事故		0
不发生我方负主要责任的重大及以上交通事故		0
不发生重大及以上机械设备事故		0
千人负伤率		0
安全防护措施完善	临时安全设施(防护栏杆、空洞盖板、安全网)合格率	100%
安全防护措施完善	水平、垂直防护绳合格率	100%
	安全自锁器的合格率	—
临时作业平台、脚手架搭、拆作业规范化	临时作业平台、脚手架搭拆实施率	100%
	脚手架验收率和挂牌率($h \geqslant 5$ m 或 $L \geqslant 10$ m)	100%
	射线探伤作业时,报警式计量仪的配置率	—
完善电焊作业防护措施	电焊机二次线合格率	100%
加强施工用电管理	现场配电室合格率	100%
	配电箱、开关箱合格率(其中标准化电源箱使用率)	100%(90%)
	现场使用漏电保护器合格率	100%
	物料提升机验收合格率	—
加强索具的管理	吊装卡具、索具合格率	100%

(2)强化安全管理措施

①本工程由于施工条件限制,施工中存在物体打击、高处坠落、机械伤害等重大伤害伤亡事故的可能。因此在施工中需做好防护措施,避免发生伤害伤亡事故。

②安全生产工作以"严肃安全法规,落实责任,消灭违章,强化管理"为中心,努力提高企业的安全技术管理水平,确保全体施工人员的安全生产。

③施工人员必须坚持"安全第一,预防为主"的方针,层层建立岗位责任制,遵守国家的安全规程,任何情况下不得违章指挥及违章作业。

④甲乙双方必须认真执行共同制定的《安全合同协议》,施工单位在开工前,必须认真编制切实可行的《安全技术措施》,并要求在施工中得到很好落实。

⑤各单位工程应分别编制施工方案及安全技术措施,施工前认真向施工人员进行详细交底。

⑥进入施工现场必须遵守各项规章制度,佩带齐各类劳动保护用品,认真做好"三工"教育,进入现场必须通过安全通道,上下作业面处必须设有安全斜跑道。

⑦严禁非工作人员随意进入现场,2 m以上高处作业应系好安全带,进入主体交叉作业区域时,必须戴好安全帽,严禁随意抛掷各种工具及杂物;夜间施工必须有可靠、足够的照明设施及照明度,施工区域内的孔洞应及时掩盖或设好围栏示警。

⑧各种车辆出入现场由专人指挥走指定路线;各工种的施工人员必须严格按照本工种的操作规程施工,遵守施工现场的各种规章制度。

⑨现场电气线路和设备应由专人负责安装、维护和管理,他人不得擅自乱动,并做好防雨、接零等保护措施。严禁非专业人员随意拆改。

⑩现场各种电线接头、开关应装入开关箱内,用后加锁,停电必须拉下电闸。

⑪吊车作业前,由吊车机长确认吊车站位和吊车走行区域的承载力,对满足不了吊车正常作业的措施,可以拒绝吊装,待措施达到要求后作业。吊车施工,在起吊前,操作司机对吊车的刹车、回转等性能要逐一试验、项目部派专人对绳索、吊具等进行安全检查,确认安全后,方可起吊。起吊时,必须设专人指挥,指挥信号要统一、鲜明、准确。起重机驾驶员必须听从指挥,指挥人所在位置必须恰当。

⑫高处操作人员使用的工具、零配件等,应放在随身佩带的工具袋内,不可随意向下丢掷。

⑬临时设施按统一规划位置设立,不得随意乱建乱放,造成现场拥挤,布局混乱。施工现场要做到工完料清场地净,安全通道畅通无阻,安全标志清新醒目,安全设施完善可靠;工地及生活区均设垃圾箱,所有垃圾均放入垃圾箱内,不得随地乱扔。

⑭严格现场平面管理,制定平面规划,达到道路畅通;施工区域要设禁区,有专人监护,并挂有明显的安全标志。

⑮吊车不允许超重,吊物行走时构件距地面不宜过高(300 mm左右),并用溜绳保持构件稳定,履带吊车满负荷时不得行走,吊杆回转半径内严禁站人。

⑯构件放置要垫平、垫稳,防止滑落伤人,吊车梁立放要在两端加设支撑,以保证其稳定。

⑰施工作业前,施工人员对各种投入使用的机、电器设备进行试运转,确认无误后,方允许进行正常的施工作业,严禁无证人员上岗作业;各工种的施工人员必须严格按照

本工种的操作规程施工,遵守施工现场的各种规章制度。

3. 文明施工措施

(1)施工垃圾、生活垃圾应及时清理并送到指定地点,不得随意乱弃。

(2)进场构件分类摆放,并设置标识,构件不得直接放于地面。

(3)每天施工结束后,对现场进行清理,当天产生的废钢、废物要当天清理干净,安全通道保持畅通。

4. 环保措施

(1)防止水源污染。工程废水及生活废水集中处理,不得直接排放。各种设备要每天进行检查,损坏的设备工具不得随意废弃,应按可回收和不可回收分类处理。

(2)预防空气污染。施工现场必须每天进行打扫环境卫生,必要时设洒水车进行喷淋以降低扬尘。施工现场禁止焚烧油毡、橡胶等产生有毒、烟尘的物件。此类废弃物要集中堆放,并送至指定地点按有关要求进行处理。

(3)降低噪声污染。在进行大噪声作业时,如:气刨、打磨等,应合理安排作业时间,严格控制人为噪声。加强施工机械设备、运输车辆的维修保护,减少施工机械状态不良时产生的噪声。

(4)现场环境保护。施工期间任何施工队和个人不得随意破坏现场附近的绿化及生产设施。因工程需要时,必须请示有关部门,办理相关手续后方可进行施工。施工垃圾、生活垃圾应及时清理并送到指定地点,不得随意乱弃。

5. 对用电设备定时进行维护,同时电焊机、卷扬机在不作业时,要将电源关闭,严禁设备空转。

六、主要成效

取得的主要成效如下:

(1)通过对钢柱反复测控调整及柱脚二次浇筑,解决了钢柱定位的问题,为接触网等构件的安装提供了有力保证。

(2)利用临时支架对挑檐进行定位固定,焊接完毕经检查合格之后采用2台吊车进行双机作业,对桁架进行整体安装,解决了长跨度挑檐定位难的问题。

(3)通过合理安排、科学组织,进行施工工序交叉作业,合理利用工作面,圆满实现了哈大线站台雨棚工期目标,雨棚工程一次性通过竣工验收工作,为哈大客专暨国内首条高寒高铁总体工期的实现提供了有力保证,全面实现了施工进度、安全和质量目标。

第六节 中间站站台风雨棚金属板屋面施工

一、工程概况

哈大高速铁路设计的中间站站台风雨棚屋面防水等级为二级,构造如下:0.8 mm 厚银灰色镀铝锌压型钢板屋面板;50 mm 厚玻璃丝棉毡隔音隔热层;热镀锌钢丝网;结构刚桁架;卷边冷弯薄壁型钢檩条;0.6 mm厚白色镀铝锌波型钢衬板;3.0 mm厚铝板封檐。

白色镀铝锌波形钢衬板应选择暗钉式压型板,钉眼不要外露,板型要满足灯具等设备安装要求。衬板板面平整度、色差及施工质量均按有关施工操作规程、标准执行,施工时各工种应当相互紧密配合。衬板安装前应预留灯孔,安装时应做局部样板,待甲方、监理、设计等有关单位认可后方可进行施工。板面应平整,中心挠度不得大于3 mm。板缝应密实,正常使用及风压下不得出现开口现象。

金属屋面为防雷接闪器,由檩条导向桁架钢管柱,利用钢管柱基础内的钢筋导入地下。

二、工程特点及难点

哈大线站台雨棚屋面板采用180°直立锁边镀铝锌压型钢板,底板采用镀铝锌波形铝衬板,固定螺钉采用隐藏式设计。屋面及底衬板表面均无螺钉,弯管简洁、大方,整体效果出色。哈大线雨棚板面洁白、优雅、大方,板面拼缝均匀一致,灯具均匀点缀,为整体装饰效果增色不少。

因屋面及底板面板材料尺寸单一,板材加工采用工厂加工或现场加工,加工简便。本工程施工重难点主要在成品板材保护现场安装环节。

(1)成品板材保护。因哈大线雨棚屋面金属屋面板均采用整条板材,板副大,搬运过程中易扭曲变形并留下折痕,影响装饰效果,所以成品板材的保护是施工的重点及难点。

(2)哈大线雨棚底板安装高度在8 m左右,同时因工期影响及站前单位施工影响不能搭设满堂脚手架,底板安装时才有走架与吊篮结合的施工方法。吊篮挂设及移动是施工难点。

(3)因哈大线雨棚屋面施工整治东北严冬且屋面施工高度高、风力大,严寒地区施工组织及使施工的重点及难点。

三、施工组织

1. 劳动力配置

在施工人员组织上精心安排,做到监督到位管理到位,并及时解决交叉施工问题,保证施工人员到位,顺利施工。

劳动力实行专业化组织,按不同工种,不同施工部位来划分作业班组,使各专业班组从事性质相同的工作,提高操作的熟练程度和劳动生产率,每一个施工班组和施工环节设置质量监控和安全监控,以确保工程质量和施工进度,主要劳动力配置见表8-41。

表8-41 主要劳动力配置

工种	电工	安装工	力工	测量工	电焊工	合计
人数	2	60	14	2	18	96

根据设计施工图纸及工程量,各专业工种根据工程进度,组织劳动力进场,项目经理部对现场劳动力实行动态管理。

2. 机械设备配置

现场的主要机械设备配置见表8-42。

表8-42 现场的主要机械设备配置

序号	机械或设备名称	型号规格	数量	额定功率	用于施工部位
1	氩弧焊机	Ws5-200	3 台	—	天沟
2	交流电焊机	Bx6-300A	6 台	10 kW	副檩
3	自攻钻	GBM500RE	40 把	450 W	—
4	小型切割机	—	4 台	1 200 W	—
5	电冲剪刀	JS1600	4 把	800 W	—
6	锁缝机	—	4 台	1.5 kW	—
7	二芯电缆	2×2.5	1 000 m	—	—
8	拉铆枪	—	10 把	—	—
9	分配电箱	—	6 台	—	—

四、关键施工技术及措施

1. 施工准备

（1）踏勘现场，了解工程概况

派专人对工地现场进行踏勘，了解、熟悉现场情况和有关施工单位施工状况包括业主、总包公司、监理公司的有关规定和要求，熟悉施工用水源、电源、垂直运输、外脚手架等以及现场施工状况。

（2）技术资料准备

组织有关施工人员充分阅读、熟悉设计图纸，提出问题并解决疑难处；收集准备有关图集、质量验收标准和钢结构施工的有关资料，准备施工所需的各种表格；收集、准备对钢结构进行复核的有关技术资料。

（3）工具、设备准备

对所需的工具、设备提出供应计划，具体到型号、数量、供应时间等，同时要将计划送交仓库、采购等部门，共同做好工具、设备的准备。

（4）材料准备

根据施工图纸，列出材料清单；根据工程施工进度计划，同时编制材料进场和供货计划。

（5）人员准备

项目部按施工进度计划和现场实际情况，合理组织施工人员，列出各工种施工人员进出场计划。

（6）临时设施

根据工程的进度计划、材料人员的进场时间和计划情况，对临时设施包括办公、生活、住宿、仓库等进行有计划的准备。

（7）施工计划准备

根据工程的前期情况和施工合同工期要求，先排出一个总的施工进度计划，该计划要考虑到各工序合理的工期要求；计划的均衡性；技术、人员、材料、设备的计划准备情况；充分做好施工前的计划工作，为以后的各工序的详细施工计划以及计划的调整、各项工作的有序开展提供依据。

（8）施工方案准备

组织专业技术人员按现有的施工图和所了解的工地现场实际情况编制施工方案、安全文明措施方案，并组织有关人员讨论，力求切合实际，具有可操作性。

2. 工艺流程

工艺流程：测量→下层副檩→屋面底板→保温棉→T码安装→上层直立锁边屋面板。

3. 操作要点

（1）下层副檩定位、安装

其难点在于副檩定位。工程的最后效果是要达到底板、面板形成整体光滑或近似光滑的曲面。为此骨架的各点或各条曲线符合设计的要求，作为主要骨架的钢结构已经安装完毕，但是由于其在制作、安装等过程中不可避免地存在误差，为此只有通过檩条来调整各点，只有下层檩条位置达到设计要求后屋面的效果即满足要求，而檩条直接与副檩连接位置标高相关，因此下层副檩的准确定位、安装为本项目的重点之一。

解决方案：在主体钢结构卸载并静定后，通过测定钢架有关部位的实际标高值，即测定出每榀桁架上主檩安装点的标高，比较设计模型上的相应值，设计确定相邻两榀桁架同一根主檩上所有檩托板连接孔位尺寸，出图加工，现场按设计图定位安装檩条，并通过调整下层副檩使得各点的标高符合设计值，从而使径向的曲线能符合设计的效果，横向则"自动"根据相应位置的标高和檩条的走向来满足设计的效果。

（2）底板的安装

坡度平缓处采用木跳板铺在檩条上部作业，在坡度较大处采用类似墙板的安装方法，用挂梯作业。

（3）面板的伸缩和安装

屋面板因季节变化而产生的涨、缩变形和板安装过程中的运输是本项目面板设计和安装的重点。其解决方案：

①在同一径向方向，将板设计成多块区域施工以解决同一径向钢结构曲率不同的问题。

②因屋面面积较大且不同轴线区坡度变化较大，面板不可能在某个区域集中存放，故采取在地面压板，分区域人工拉动办法将板垂直运输到屋面，在屋面用人工搬运到位，在地面多分区域以减少屋面水平搬运距离。

屋面板安装及成型如图 8-50、图 8-51 所示。

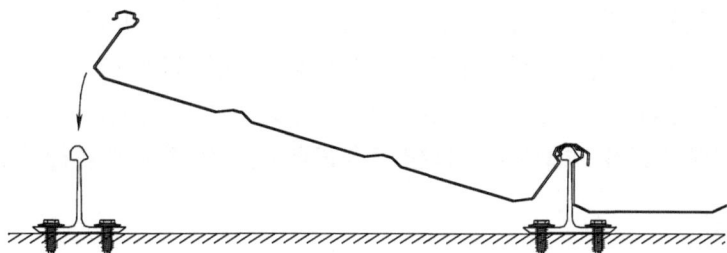

图 8-50 屋面板安装

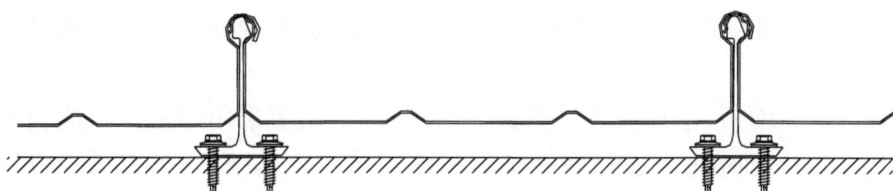

图 8-51 安装好的直立缝金属面板示意

五、主要管理措施

1. 组建现场管理机构

本工程采用项目经理下辖职能部门的管理方式。项目经理下设置技术负责人、施工经理,并设立施工技术部、材料部、工程部、安质部四个职能部门,在项目经理授权范围内分别向下下达命令和指示,对下垂直管理,有效地发挥项目部的计划、组织、控制和指挥职能。

2. 明确各级人员管理职责

(1)项目经理职责。履行工程合同、确保项目目标的实现、提高企业的信誉;设计项目的组织机构、恰当选配人员、组织精干高效的领导班子;接受企业的委托或在其授权下,负责处理项目以外的各项关系;组织有关的协调会议,进行信息交流;对工程成本、质量、安全检查进行监督管理,负责工程变更、交工验收和交工文件,负责合同规定的售后服务。

(2)技术负责人职责。分管施工技术、质量监督检验组的日常工作;组织编制项目质量计划,组织编制单位工程施工组织设计、施工方案和作业指导书;负责规范、标准、设计文件、质量体系文件和技术资料的控制,负责项目的技术培训。参加图纸会审、处理设计变更、负责向施工人员进行技术交流;组织技术攻关,开展 QC 小组活动,运用统计技术分析或解决施工技术难题,确保工程质量符合规定要求;负责本工程的质量检验、评定工作,具有质量否决权;建立工程现场与公司之间的技术质量信息传递反馈渠道。

(3)施工经理在项目经理及分管领导的领导下负责本专业的施工管理,其职责是:参加设计交底、图纸会审,办理设计变更、经济签证、负责图纸资料的收发和保管;编制分部分项工程施工方案,并结合施工实际,制订具体的技术革新组织措施,向班组进行安全检查技术交底并督促班组执行;编制与控制本专业的施工计划(包括施工进度计划、施工机具计划、施工劳力计划、材料设备进场计划等);检查督促班组自检,参加本专业分项、分部工程的质量评定活动,负责整理本专业性分项、分部工程质量检验评定的原始资料,并对其同步性、真实性、完整性负责,支持质检员的质量检查工作,对班组违章造成质量问题或发生质量失控,有权责令班组或操作者返工或停止作业。

六、主要成效

取得的主要成效如下:

(1)通过对檐口铝板使用方管连接固定,对滴水板、檐口下侧边缘附件及天沟的加固,使得弧形铝板可以在不拆除重新安装的情况下进行,保证了工期以及避免了对接触网破坏的可能性。

(2)通过对屋面板、吊顶板及封檐板的加固,即屋面板采用的是在屋面板上部增加工字钢压梁进行加固的方案。吊顶板采用在原安装工艺基础上,下方增加方钢管龙骨加固。封檐铝板处在原有连接做法基础上,沿屋面板与封檐铝板长边交接支座处全长增加纵向方管(40×3)边缘构件与主檩条及铝板间采用焊接、自攻钉紧固连接的方案,提高安全度,彻底消除了安全隐患。

(3)在主体钢结构卸载并静定后,通过测定钢架有关部位的实际标高值,即测定出每榀桁架上主檩安装点的标高,比较设计模型上的相应值,设计确定相邻两榀桁架同一根主檩上所有檩托板连接孔位尺寸,出图加工,现场按设计图定位安装檩条,并通过调整下层副檩使得各点的标高符合设计值,从而使径向的曲线能符合设计的效果。

(4)通过科学组织、精心施工,该工程达到了"安全、优质、高效"的预期建设目标,工程一次验收合格率100%,全部工程质量全面达到工程质量验收标准,并满足设计开通速度要求,在联调联试、试运行以及运行阶段均为发生因质量问题导致的各类事故。

(5)通过哈大客专金属屋面施工总结施工经验,提炼形成火车站雨棚屋面施工工法,为今后站房及站场施工打下了基础。

第七节　铝板幕墙施工

一、工程概况

作为首条高寒高速铁路,哈大线全线站房在设计时充分考虑地域特色,站房建筑立面端庄大方、各具特色,尤其是铝板幕墙的加入,在突出端庄大方的同时营造出灵活多变、线条复杂外立面效果。车站站房屋面悬挑檐口及大雨棚采用的3 mm厚银灰色铝板幕墙进行装修。

二、工程特点及难点

铝板幕墙具有物理性能佳、自重轻、加工组装快、防火性能优、表面处理方便、质感独特、色泽丰富持久等特点,与周围环境搭配协调,在建筑外装饰中得到广泛应用。

（1）大面积铝板、异型及曲面铝板下料制作困难，需由厂家结束人员现场配合放样下料，以保证铝板加工精度及提高良品率。铝板加工制作环节是质量控制的重点、难点。

（2）造型铝板拼装精度高，施工难度大。因异型及曲面铝板是突出立面效果的关键，且安装精度要求高，偏差稍大就会导致无法安装或返工，因此铝板安装精度控制是铝板幕墙施工的重点。

三、施工组织

1. 劳动力配置

在施工人员组织上，精心安排，做到监督到位、管理到位，并及时解决交叉施工问题，保证施工人员到位，顺利施工。

劳动力实行专业化组织，按不同工种，不同施工部位来划分作业班组，使各专业班组从事性质相同的工作，提高操作的熟练程度和劳动生产率，每一个施工班组和施工环节设置质量监控和安全监控，以确保工程质量和施工进度，主要劳动力配置见表8-43。

表8-43 主要劳动力配置

工种	电工	安装工	力工	测量工	电焊工	合计
人数	2	45	14	2	25	88

根据设计施工图纸及工程量，各专业工种根据工程进度，组织劳动力进场，项目经理部对现场劳动力实行动态管理。

2. 机械设备配置

现场的主要机械设备配置见表8-44。

表8-44 主要机械设备配置

序号	机械或设备名称	型号规格	数量	额定功率	用于施工部位
1	交流电焊机	Bx6-300A	15 台	10 kW	龙骨
2	自攻钻	GBM500RE	35 把	450 W	—
3	小型切割机	—	4 台	1 200 W	—
4	锁缝机	—	4 台	1.5 kW	—
5	五芯电缆	5×2.5	1 000 m	—	—
6	拉铆枪	—	10 把	—	—
7	分配电箱	—	25 台	—	—

四、关键施工技术及措施

1. 施工准备

（1）铝板幕墙施工前应按设计要求准确提供所需材料的规格及各种配件的数量，以便加工。

（2）施工前，对照铝板幕墙的骨架设计，复检主体结构的质量，特别是墙面垂直度、平整度的偏差。

(3)详细核查施工图纸和现场实测尺寸以确保设计加工的完善。

(4)作业条件

①现场单独设置库房,防止进场材料受到损伤。构件进入库房后应按品种和规格堆放在垫木上。构件安装前均应进行检验和校正,构件应平直、规方,不得有变形和刮痕。不合格的构件不得安装。

②铝板幕墙依靠脚手架进行施工,根据幕墙骨架设计图纸规定的高度和宽度,搭设施工双排脚手架。

③安装施工前将铝板及配件运至各施工面层上。

2. 测量放线

(1)将所有预埋打出,并复测其位置尺寸。

(2)根据基准线在底层确定墙的水平宽度和出入尺寸。

(3)经纬仪向上引数条垂线,以确定幕墙转角位和立面尺寸。

(4)根据轴线和中线确定立面的中线。

(5)测量放线时应控制分配误差,不使误差积累。

(6)测量放线时在风力不大于4级情况下进行。放线后应及时校核,以保证幕墙垂直度及在立柱的正确位置。

3. 幕墙型材骨架加工

(1)各种型材下料长度尺寸允许偏差为 ±1 mm;横梁的允许偏差为 ±0.5 mm;竖框的允许偏差为 ±1 mm;端头斜度的允许偏差为 −15 mm。

(2)各加工面须去毛刺、飞边,截料端头不应有加工变形,毛刺不应大于0.2 mm。

(3)螺栓孔应由钻孔和扩孔两道工序完成。

(4)螺孔尺寸要求:孔位允许偏差 ±0.5 mm;孔距允许偏差 ±0.5 mm;累计偏差不应大于 ±1 mm。

(5)钢型材在公司车间加工,并在型材成型、切割、打孔后,进行防腐处理。

4. 幕墙型材骨架安装

(1)铝板幕墙骨架的安装,依据放线的具体位置进行。安装工作从底层开始逐层向上推移进行。

(2)安装前,首先要清理预埋铁件。测量放线前,应逐个检查预埋铁件的位置,并把铁件上的水泥灰渣剔除,所有锚固点中,不能满足锚固要求的位置,应该把混凝土剔平,以便增设埋件。

(3)清理工作完成后,开始安装连接件。铝板幕墙所有骨架外立面,要求同在一个垂直平整的立面上。因此,施工时所有连接件与主体结构铁板焊接或膨胀螺栓锚定后,其外伸端面也必须处在同一个垂直平整的立面上才能得到保证。具体做法:以一个平整立面为单元,从单元的顶层两侧竖框锚固点附近,定出主体结构与竖框的适当间距,上下各设置一根悬挑铁桩,用线锤吊垂线找出同一立面的垂面、平整度,以调整合格后,各拴一根铁丝绷紧,定出立面单元两侧,各设置悬挑铁桩,并在铁桩上按垂线找出各楼层垂直平整点。各层设置铁桩时,应在同一水平线上。然后,在各楼层两侧悬挑铁桩所刻垂直点上,栓铁丝绷紧,按线焊接或锚定各条竖框的连接铁件,使其外伸端面做到垂直平整。连接件与埋板焊接时要符合操作规程,对于电焊所采用的焊条型号,焊缝的高度及长度,均应符合设计要求,并应做好检查记录。现场焊接或螺接或螺栓紧固的构件定位后,应及时进行防锈处理。

(4)连接件固定好后,开始安装竖框。竖框安装的准确和质量,影响整个铝板幕墙的安装质量,因此,竖框的安装是铝板幕墙安装施工的关键工序之一。铝板幕墙的平面轴线与建筑物外平面轴线距离的允许偏差应控制在 2 mm 以内。竖框与连接件要用螺栓连接,螺栓要采用不锈钢件,同时要保证足够长度,螺母紧固后,螺栓要长出螺母3 mm 以上。连接件与竖框接触处要加设尼龙衬垫隔离,防止电位差腐蚀。尼龙垫片的面积不能小于连接件与竖框接触的面积。第一层竖框安装完后,进行上一层竖框的安装。在竖框的安装过程中,应随时检查竖框的中心线。如有偏差,应立即纠正。竖框的尺寸准确与否,将直接关系到幕墙质量。竖框安装的标高偏差不应大于 3 mm;轴线前后偏差不应大于 2 mm,左右偏差不应大于 3 mm;相邻两根竖框安装的标高偏差不应大于 3 mm;同层竖框的最大标高不应大于 5 mm;相邻两根竖框的距离偏差不应大于2 mm。竖框调整固定后,就可以进行横梁的安装了。

(5)要根据弹线所确定的位置安装横梁。安装横梁时最重要的是要保证横梁与竖框外表面处于同一立面上。横梁竖框间采用角码进行连接,角码用镀锌铁件制成。角码的一肢固定在横梁上,另一肢固定在竖框上,固定件及角码的强度应满足设计要求。横梁与竖框间也应设有伸缩缝,待横梁固定后,用硅酮密封胶将伸缩缝密封。横梁安装时,相邻两根横梁的水平标高偏差不应大于 1 mm。同层标高偏差:当一幅铝板幕墙的宽度大于或等于 3 mm 时,不应大于 5 mm;当一幅铝板幕墙的宽度大于 35 m 时,不应大于 7 mm。横梁的安装应自下而上进行。当安装完一层高度时,应进行检查、调整、校正,使其符合质量标准。

5. 铝板幕墙的安装

(1)铝板与副框组合完成后,开始在主体框架上进行安装。

(2)板间接缝宽度按设计而定,安装板前要在竖框上拉出两根通线,定好板间接缝的位置,按线的位置安装板材。拉线时要使用弹性小的线,以保证板缝整齐。

(3)副框与主框接触处应加设一层胶垫,不允许刚性连接。

(4)板材定位后,将压片的两脚插到板上副框的凹槽里,将压片上的螺栓紧固就可以了。压片的个数及间距要根据设计而定。

(5)铝板与铝板之间的缝隙一般为 10～20 mm,用硅酮密封胶或橡胶条等弹性材料封堵。在垂直接缝内放置衬垫棒。

(6)注胶封闭。铝板固定以后,板间接缝及其他需要密封的部位要采用耐候硅酮密封胶进行密封。注胶时,需将该部位基材表面用清洁剂清洗干净后,再注入密封胶。

（7）耐候硅酮密封胶的施工厚度要控制在 3.5~4.5 mm,如果注胶太薄对保证密封质量及防止雨水渗漏不利。但也不能注胶太厚,当胶受拉力时,太厚的胶容易被拉断,导致密封受到破坏,防渗漏失效。耐候硅酮密封胶的施工宽度不小于厚度的二倍或根据实际接缝宽度而定。

（8）耐候硅酮密封胶在接缝内要形成两面粘结,不要三面粘接。否则,胶在受拉时,容易被撕裂,将失去密封和防渗漏作用。因此,对于较深的板缝采用聚乙烯泡沫条填塞,以保证耐候硅酮密封胶的设计施工位置和防止形成三面粘结。对于较浅的板缝,在耐候硅酮胶施工前,用无粘结胶带施于缝隙底部,将缝底与胶分开。

（9）注胶前,要将需注胶的部位用丙酮、甲苯等清洁剂清理干净。使用清洁剂时应准备两块抹布,用第一块抹布蘸清洁剂轻抹将污物发泡,用第二块抹布用力拭去污物和溶物。

（10）注胶工人一定要熟练掌握注胶技巧。注胶时,应从一面向另一面单向注,不能两面同时注胶。垂直注胶时,应自下而上注。注胶后,在胶固化以前,要将节点胶层压平,不能有气泡和空洞,以影响胶和基材的粘结。注胶要连续,胶缝应均匀饱满,不能断断续续。

（11）注胶时,周围环境的湿度及温度等气候条件要符合耐候胶的施工条件,方可进行施工。

（12）待密封胶完全固化后,将铝板表面的保护膜拆下,铝板制作完成。

五、主要管理措施

1. 主要质量控制项目

（1）金属幕墙工程所使用的各种材料和配件,应符合设计要求及国家现行产品标准和工程技术规范的规定。

检验方法:检查产品合格证书、性能检测报告、材料进场验收记录和复验报告。

（2）金属幕墙的造型和立面分格应符合设计要求。

检验方法:观察、尺量检查。

（3）金属面板的品种、规格、颜色、光泽及安装方向应符合设计要求。

检验方法:观察、检查进场验收记录。

（4）金属幕墙主体结构上的预埋件、后置埋件的数量、位置及后置埋件的拉拔力必须符合设计要求。

检验方法:检查拉拔力检测报告和隐蔽工程验收记录。

（5）金属幕墙的金属框架立柱与主体结构预埋件的连接、立柱与横梁的连接、金属面板的安装必须符合设计要求,安装必须牢固。

检验方法:手扳检查、检查隐蔽工程验收记录。

（6）金属幕墙的防火、保温、防潮材料的设置应符合设计要求,并应密实、均匀、厚度一致。

检验方法:检查隐蔽工程验收记录。

（7）金属框架及连接件的防腐处理应符合设计要求。

检验方法：检查隐蔽工程验收记录和施工记录。

（8）金属幕墙的防雷装置必须与主体结构的防雷装置可靠连接。

检验方法：检查隐蔽工程验收记录。

（9）各种变形缝、墙角的连接节点应符合设计要求和技术标准的规定。

检验方法：观察、检查隐蔽工程验收记录。

（10）金属幕墙的板缝注胶应饱满、密实、连续、均匀、无气泡,宽度和厚度应符合设计要求和技术标准的规定。

检验方法：观察、尺量检查、检查施工记录。

（11）金属幕墙应无渗漏。

检验方法：在易渗漏部位进行淋水检查。

2. 一般质量控制项目

（1）金属板表面应平整、洁净、色泽一致。

检验方法：观察。

（2）金属幕墙的压条应平直、洁净、接口严密、安装牢固。

检验方法：观察、手扳检查。

（3）金属幕墙的密封胶缝应横平竖直、深浅一致、宽窄均匀、光滑顺直。

检验方法：观察。

（4）金属幕墙上的滴水线、流水坡向应正确、顺直。

检验方法：观察、用水平尺检查。

（5）每平方米金属板的表面质量和检验方法应符合表 8-45 的规定。

表 8-45　每平方米金属板的表面质量和检验方法

项次	项　目	质量要求	检验方法
1	明显划伤和长度 >100 mm 的轻微划伤	不允许	观　察
2	长度≤100 mm 的轻微划伤	≤8 条	用钢尺检查
3	擦伤总面积	≤500 mm²	用钢尺检查

3. 成品保护措施

（1）加工与安装过程中,应特别注意轻拿轻放,不能碰伤、划伤,加工好的铝材应贴好保护膜和标签。

（2）加强半成品、成品的保护工作,保持与土建单位的联系,防止已安装好的幕墙受划伤。

（3）质检员与安全员紧密配合,采取措施搞好半成品、成品的保护工作。

（4）建议总包单位在靠近安装好的玻璃幕墙处安装简易的隔离栏杆,避免施工人员对铝制品、玻璃有意或无意的损坏。

4. 安全文明施工措施

（1）作业人员进场前,必须学习现场的安全规定,遵守业主、监理、总包等各单位制定的规章制度,进行安全技术交底;广泛宣传、教育作业人员牢固树立"安全第一"的思想,提高安全意识。

(2)必须携带和正确使用安全帽和安全带。

(3)作业时要穿整洁合体并适合作业特点的工作服,不得裸身作业,要穿适合作业特点的工作鞋,不得穿凉鞋和拖鞋。

(4)凡要带入楼内的机械事先必须接受安全检查,合格后方可使用。另外携带电动工具时,必须在作业前先作自我检查,在进入场地时将检查记录交甲方。

(5)每天作业前后检查所用工具。

(6)作业前清理作业场地,下班后整理场地,不要将材料工具乱放,在作业中断或结束时当天清扫垃圾并投放到指定地点。

(7)不得随意拆除脚手架等临时作业设施,不得已必须拆除脚手架或搭板时,需得到安全人员的允许,作业结束务必将装置复原。

六、主要成效

取得的主要成效如下:

(1)将三维建模软件运用到实际施工管理当中,施工前建立建筑模型,到达施工前对施工的预控效果,切实提高了施工效率,颠覆传统的施工工序,提高了幕墙安装一次性成功率。

(2)由于双曲面铝板幕墙处于三维立体空间中,因而对整个铝板幕墙的线形的光滑过渡要求较高,直接关系到整个幕墙外观的美观效果。本工程质量管理控制点控制在了铝板板材的尺寸及安装,达到了良好的效果。

(3)幕墙铝板安装施工先进行临时固定,对板材排版,达到整体线性效果后加设次龙骨,最后拆除临时固定进行下道工序,提升了安装精度,减少了返工。

(4)本工程为高寒地区异型程幕墙,总工程量大,施工操作难度大,若采用一般方案安装,人工、材料消耗量巨大,返工机率极其高,既增加成本又容易造成异形铝板幕墙自身及与周围铝板幕墙接缝、收口等质量问题。转接件的安装、接缝及收口质量的成功试点,铝板拼缝与玻璃幕墙、石材幕墙分格对缝,装饰效果达到预期效果,运行阶段未发生渗漏现象,大大降低了成本,取得了较大的经济效益。

第八节 玻化砖墙面背槽式干挂施工

一、工程概况

站房候车大厅、售票厅、出站厅、VIP厅以及旅客通道等墙面装饰工程采用 800 mm × 800 mm × 10 mm 玻化砖,采用工厂化背槽式机械加工工艺用环氧树脂系胶结剂将铝合金挂件与玻化砖连接,干燥固化后用 AB 组分结构胶及不锈钢螺栓将其与 T 形不锈钢挂榫固定在墙面龙骨体系上,形成完整的墙面玻化砖 T 形干挂系统。

二、工程特点及难点

背槽式玻化砖干挂法应用在室内时,玻化砖厚度不小于 10 mm;应用于室外时,玻化砖厚度不小于 12 mm,该法有以下几个特点。

(1)安全复合层

在玻化砖的背面复合一层 0.6 mm 厚高强度的纤维安全增强层,克服了陶玻化砖脆性、易破碎的缺点,增加了陶瓷幕墙板的强度和安全性(应用于室内干挂时,安全复合层可取消)。

(2)专用锚固件

在玻化砖背面铣锚固槽并嵌入专用的背槽式锚固件,锚固件与玻化砖采用机械和化学胶粘相结合的锚固方式,锚固方式合理,锚固时不产生集中应力;锚固所需的玻化砖构造厚度薄(6 mm);锚固件与玻化砖接触面大,锚固点的承载力大,各项强度离散性小,可靠性高;锚固件材质为铝合金 T6063,常用型式如图 8-52 所示。

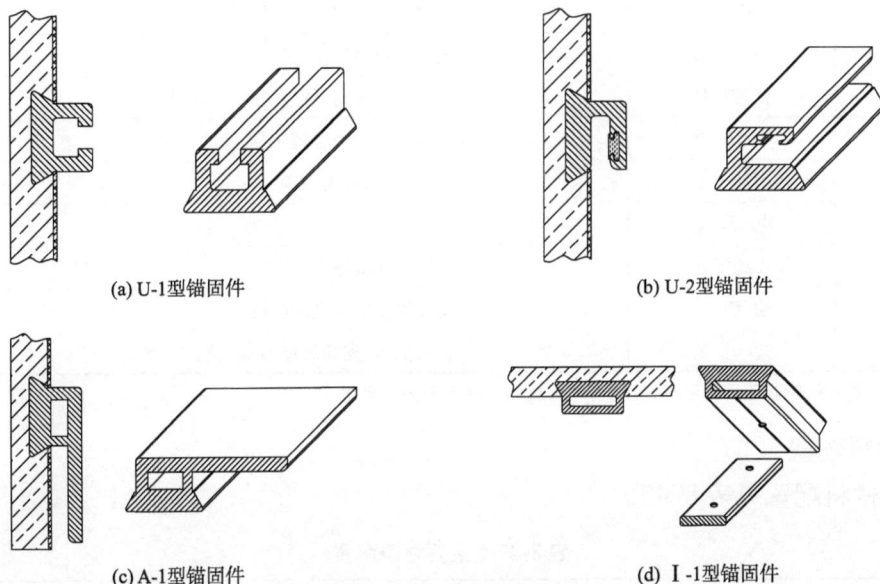

(a) U-1型锚固件   (b) U-2型锚固件

(c) A-1型锚固件   (d) Ⅰ-1型锚固件

图 8-52　常用的锚固件型式

(2)完整的工艺体系

与传统的陶瓷干挂安装工艺相比,背槽式玻化砖干挂技术根据陶玻化砖的特点,结合不同的建筑基体、不同的技术条件、不同的使用环境和不同的经济承受能力,依据严谨的设计与结构计算理论为基础,形成了一套完整、实用的技术体系,方便用户在实际使用过程中进行选用。就背槽式干挂砖来说,有四种工艺体系:Ⅰ型、L型、C型、T型。

由于以上的特点,使得背槽式玻化砖干挂技术在施工中存在以下优势:

(1)良好的安全性。此工艺在脆性易碎的玻化砖背面复合一层安全增强层(用于室内时可不需要);背槽式锚固件与板材接触面积大,机械和胶粘相结合的锚固方式不会产生大的初始施工应力,锚固点牢固可靠承载力大,二者结合使用提高了脆性易碎玻化砖的安全性。

(2)安装简单方便,破损率低。背槽式玻化砖干挂技术体系完整,与其他墙面干挂支撑连接体系有着良好的兼容性,安装工艺简单便捷,安装效率高,安装施工破碎率低。

(3)具有良好的经济性。背槽式玻化砖干挂技术经济性能良好,当应用施工中时,板材厚度可以按规范计算确定,综合经济优势明显。

三、施工组织

1. 劳动力配置

主要劳动力配置见表8-46。

表8-46　主要劳动力配置

序号	人员	人数	职责
1	技术人员	1~2	负责排砖、下料、交底等技术管理工作
2	工程人员	1	负责施工组织、协调及现场管理
3	质检员	1	负责过程中质量监控和质量验收工作
4	材料员	1	负责材料采购、供应、发放等工作
5	安全员	1	负责现场安全管理工作
6	背槽加工工人	3	铣槽、锚固件安装等
7	电焊工	2	龙骨安装等
8	玻化砖干挂工	2	墙体干挂砖施工
9	油漆工	1	龙骨焊接部位涂刷防锈漆
10	杂工	2	材料倒运、现场清理等施工配合工作

注:本表为每班组作业劳动力组织情况,管理人员同时服务于多个班组。

2. 材料配置

主要材料配置见表8-47。

表8-47　主要材料配置

序号	材料名称	规格型号	技术指标
1	玻化砖	据设计	—
2	锚固件	A-1型	铝合金T6063,阳极氧化
3	环氧树脂灌缝胶	无色	抗拉强度:25 MPa,抗压强度:65 MPa
4	槽钢	8号槽钢	热镀锌槽钢
5	角钢	L40 mm×40 mm×4 mm	热镀锌角钢
6	不锈钢干挂件	50 mm宽×3 mm厚×50~70 mm长	—
7	膨胀螺栓	M10 mm×130 mm	热镀锌
8	钢板	200 mm×200 mm×8 mm	热镀锌钢板
9	防锈漆	铁红醇酸	—
10	石材干挂胶	环氧树脂AB胶	抗拉强度:25 MPa,抗压强度:80 MPa,粘合抗拉强度:10 MPa,抗剪强度:15 MPa

3. 机械设备配置

主要机械设备配置见表 8-48。

表 8-48 主要机械设备配置

序号	材料名称	规格型号	功　率
1	异形石材磨抛机	SYM-10(DA-2)型	2 kW
2	云石机	4100NB	—
3	电锤	TE-15	0.65 kW
4	电焊机	BX1-500	23 kVA
5	手提磨光机	220 V-100-0.5	0.57 kW
6	台钻	—	—
7	扳手	—	—
8	靠尺	2 m	—
9	水平尺	60 cm	—
10	盒尺	5 m	—

四、关键施工技术及措施

背槽式玻化砖干挂工艺主要分为两部分,包括玻化砖背槽加工和玻化砖干挂。现就以上两部分进行分别说明。

1. 玻化砖背槽加工

玻化砖背槽加工可分为工厂化标准加工和工地现场临时车间加工两种,现以工地现场临时车间加工来说明:

工地现场临时车间加工流程:标准规格玻化砖→实测分切非标准规格板→背面复合安全增强层(室内干挂施工时复合安全增强层可取消)→背槽式锚固件镶嵌安装→成品质量检验。

(1)实测分切非标准规格板

根据现场实际工程需要,将标准规格板进行再次加工,包括切割、磨边、倒角等,以达到满足现场施工的尺寸需要,玻化砖在墙面阳角部位倒圆角。

(2)背槽式锚固件镶嵌安装

非标准规格板加工后,根据现场实际情况,进行玻化砖背槽加工,如图 8-53 所示。首先,在异型石材磨抛机上确定好开槽位置,然后将玻化砖背面向上平放在操作台上,同时打开水源,打开磨抛机开关,进行背槽加工。开槽深度不小于 5 mm,且不大于板厚的 1/2,锚固件纵向中心设计位置距离板块边缘不大于 130 mm,锚固件横向中心设计位置距离板块边缘尺寸由现场需要来确定。

将开完槽的玻化砖放置于阳光及通风良好的地方,待玻化砖干透后,将玻化砖背面向上,平放在地面上,玻化砖下垫细木条,保证玻化砖平放。然后将槽口用透明胶带封死,再将锚固件按照现场施工要求放入已开好的背槽内,最后用环氧树脂胶将槽口灌满灌实,如图8-54所示。待胶完全凝固后,将玻化砖码放整齐,待48 h后再进行使用。

图 8-53　玻化砖开槽

图 8-54　玻化砖晾晒及灌胶

（3）成品质量检验

玻化砖背槽加工完成后,要对照施工要求对其进行检验。检验玻化砖是否破损、开槽尺寸是否正确、锚固件是否牢固、环氧树脂胶是否灌满密实等。待成品经过检查合格后,方可以应用在施工中,如图8-55、图8-56所示。

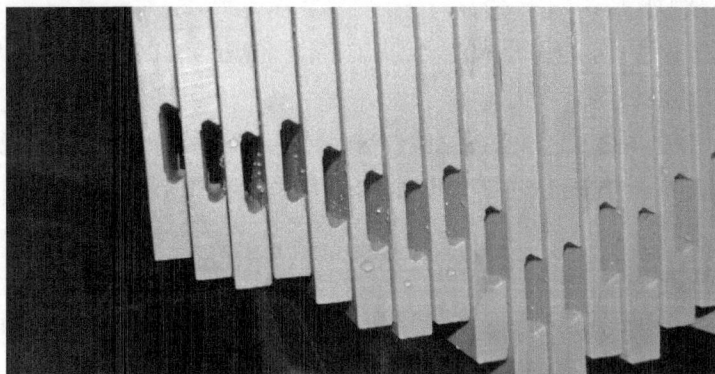

图 8-55　玻化砖楔形槽开设标准

2. 玻化砖干挂

玻化砖干挂的工艺流程:弹线找规矩→龙骨固定和连接→挂件安装→玻化砖安装→嵌缝→玻化砖表面清理。

（1）弹线找规矩

①在墙面上弹出构造柱及圈梁位置线,便于龙骨固定。

②按照墙面分格图,在墙面上弹出砖的分块线。

砖背面

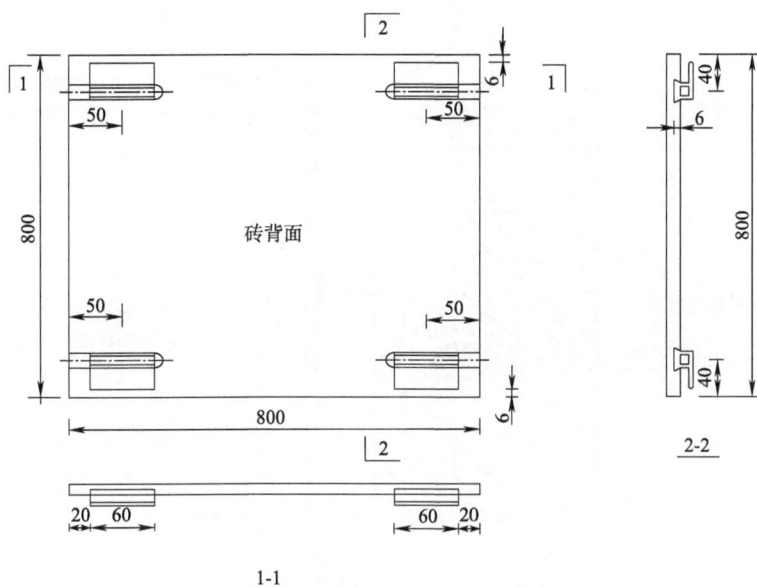

图 8-56 背槽式干挂玻化砖标准板加工示意(单位:mm)

③在墙面上,根据砖的分块线和砖被槽位置弹出竖、横向龙骨位置线。竖龙骨间距按设计(一般为 1 000~1 500 mm),横龙骨位置根据砖大小确定。

④在墙地面上弹出砖完成面线,与轴线控制线找方正。

(2)龙骨固定和连接

纵龙骨为 8 号热镀锌槽钢,横向龙骨为 40 mm×40 mm 的热镀锌角钢,构成干挂龙骨体系,预埋板横向间距不大于 1 500 mm,纵向间距不大于 3 000 mm,纵、横龙骨采用焊接,经检查水平高度和焊接缝合格后将焊渣敲干净。龙骨骨架完成后需在钢材及焊点上涂刷 2 遍防锈漆,要求涂刷均匀,不得漏刷。龙骨在墙面变形缝处需断开,若地面为非承重结构楼板,固定龙骨的下部预埋件不得安装在地面,需固定在墙面结构梁、柱或现浇钢筋混凝土构造柱、圈梁及板带上,如图 8-57、图 8-58 所示。

(3)挂件安装

将挂件用螺栓临时固定在横龙骨的打眼处,安装时螺栓的螺帽朝上,同时应将平垫、弹簧垫安放齐全并适当拧紧。将首层玻化砖逐块进行试挂,位置不相符时应调整挂件的左右使其相符。

(4)玻化砖安装

首层玻化砖安装:将沿地面层的挂件进行检查,如平垫、弹簧垫安放齐全则拧紧螺帽。

将玻化砖上的不锈钢锚固件槽内抹满 AB 胶,然后将玻化砖插入;调整砖的左右位置找完水平、垂直、方正后将玻化砖上的不锈钢背挂件槽内抹满 AB 胶。

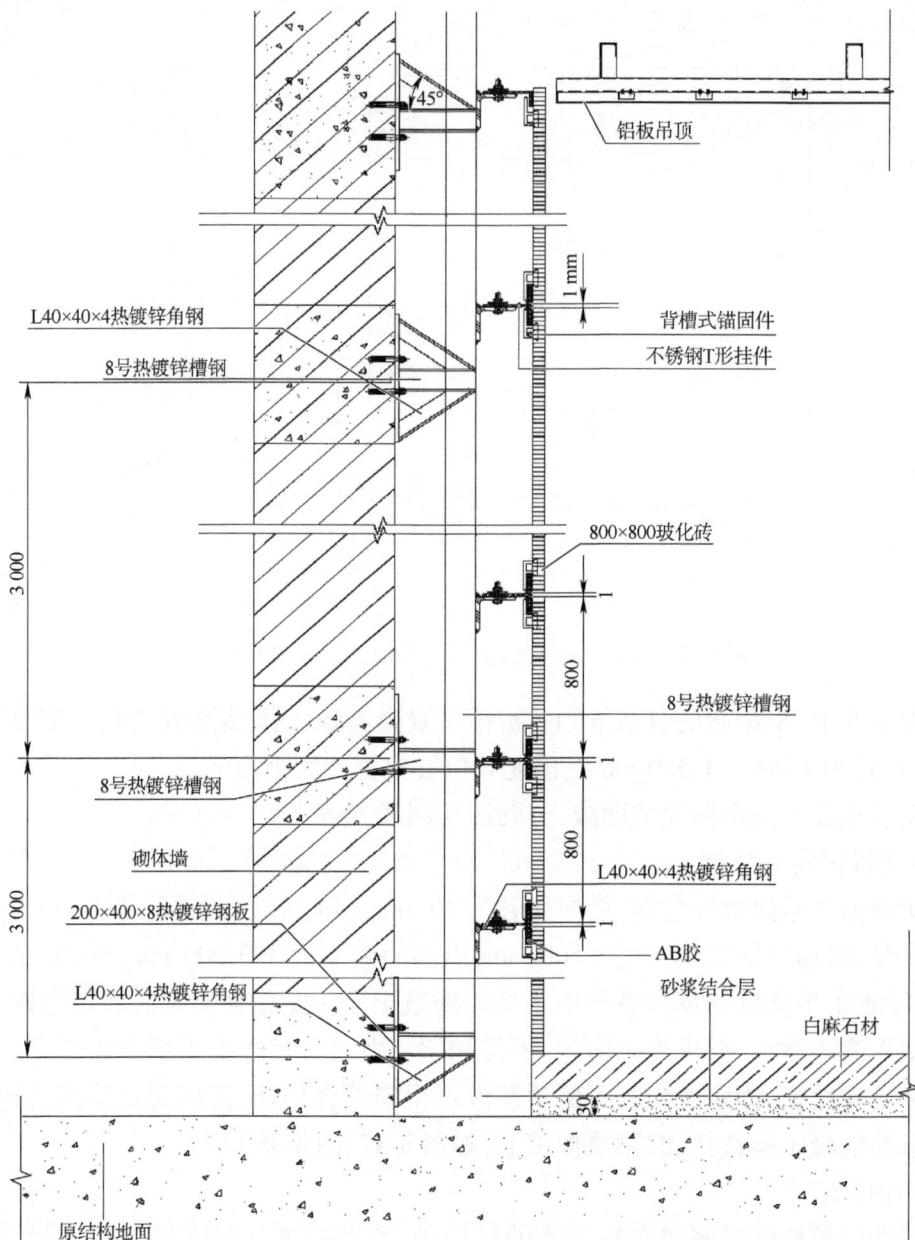

图 8-57 干挂玻化砖墙面纵剖节点示意(单位:mm)

将上部的挂件支撑板插入抹胶后的槽并拧紧固定挂件的螺帽,再用靠尺板检查有无变形。等 AB 胶凝固后按同样方法按编号依次进行玻化砖的安装。首层安装完毕后再用靠尺板找垂直、水平尺找平整、方尺找阴阳角方正、用游标卡尺检查板缝,发现玻化砖安装不符合要求应进行修正。玻化砖之间留有 1 mm 缝。按上述方法的第(2)、(3)步进行第 2 层及各层的玻化砖安装。

在第 2 层以上玻化砖安装时,如玻化砖规格不准确或水平龙骨位置偏差造成挂件与水平龙骨之间有缝隙,应在挂件与龙骨间采用不锈钢垫片予以垫实。

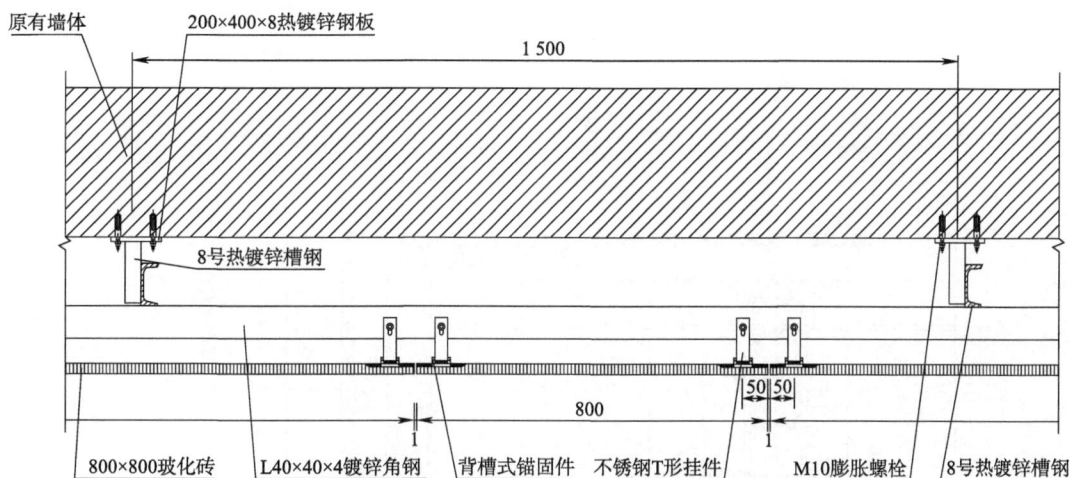

图 8-58 干挂玻化砖墙面横剖节点示意(单位:mm)

（5）墙面干挂玻化砖细部做法

①墙体阳角、阴角横向剖面示意图如图 8-59 与图 8-60 所示。

②玻化砖墙面与地面交接处做法示意图如图 8-61 所示。

针对东北气候严寒特点,为防止地面可能产生的冻胀挤压墙面干挂玻化砖,玻化砖墙面与地面装修完成面间适当留有间隙,间隙内填塞耐候密封胶,注意打胶应均匀、深浅一致。

（6）嵌缝

清理拼接缝,沿面板边缘贴防污条,用注胶器进行嵌缝。防污条选用 4 cm 左右宽的纸带型不干胶带,边沿要贴齐、贴严,嵌缝应按设计要求的材料和深度进行,如胶面不平顺,可用不锈钢小勺刮平,小勺要随用随擦。根据玻化砖颜色可在胶中加适量矿物质颜料调整嵌缝颜色。填缝尽量不用白水泥填缝剂,以免因瓷砖热胀冷缩造成填缝剂掉落影响美观。

（7）玻化砖表面清理

玻化砖安装完毕,将嵌缝时贴的美纹纸清理干净,将砖面全部清理一遍,除去施工时造成的污染。在室内高大空间施工时,拆除脚手架前最好将砖面清理干净,以免日后重新清理。

五、主要管理措施

1. 质量措施

（1）干挂玻化砖的竖、横龙骨体系要经过设计,其安装基本要求同干挂石材墙面龙骨安装,安装牢固、位置准确。

（2）水平龙骨的间距均匀,其间距尺寸要依据理论计算和现场试装合适后确定。

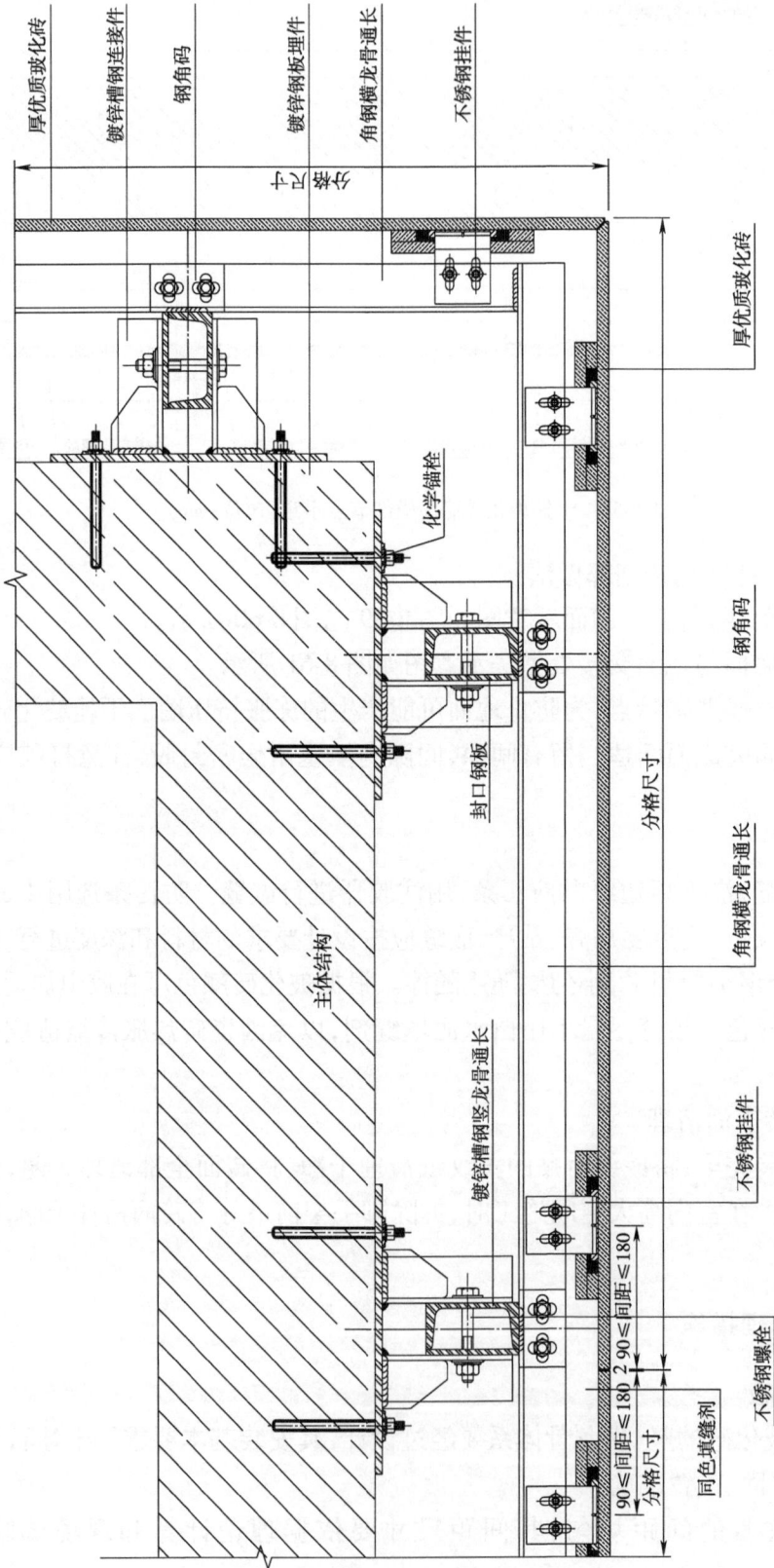

图 8-59 墙体阳角横向剖面示意（单位：mm）

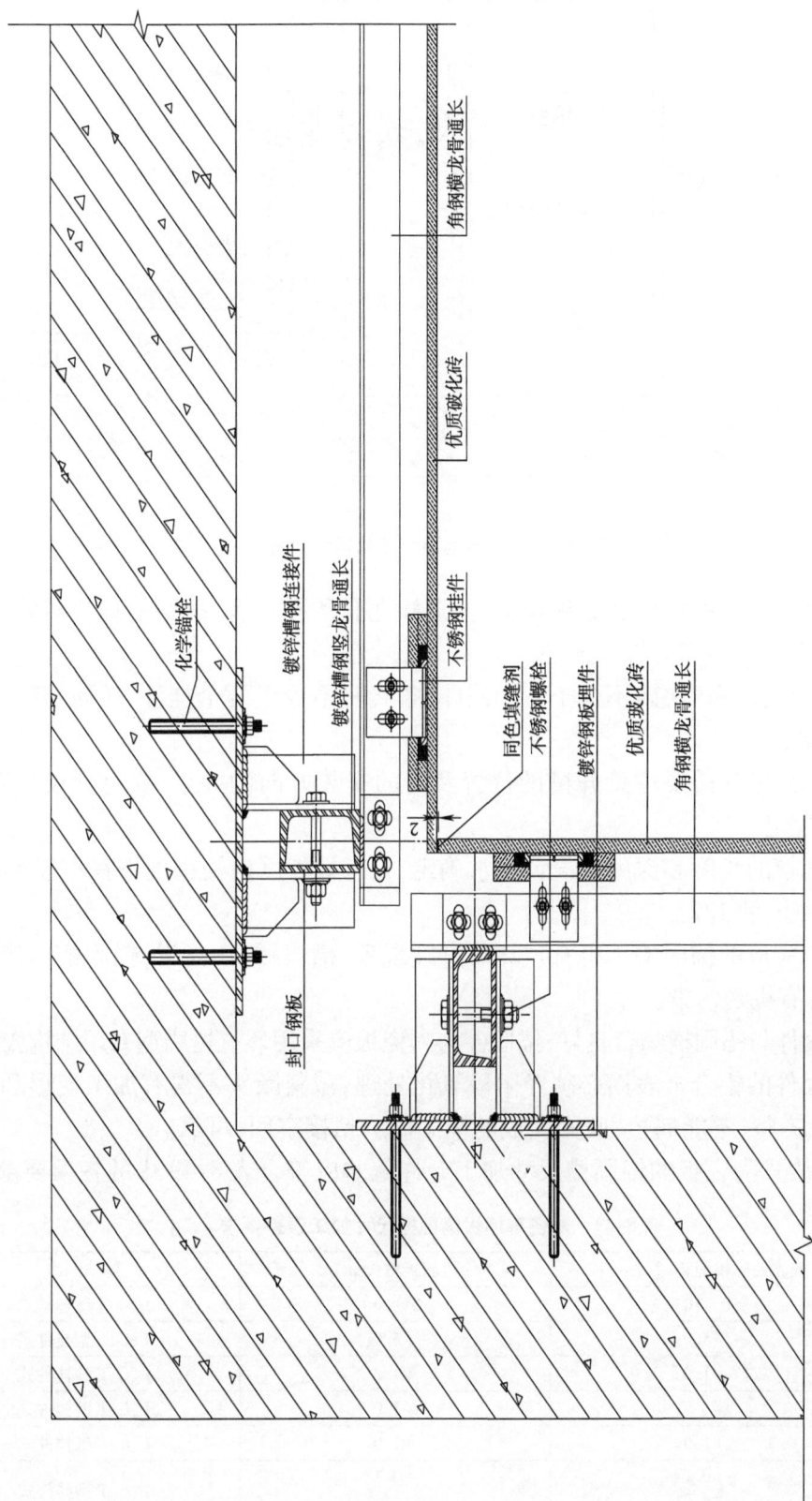

图 8-60 墙体阴角横向剖面示意

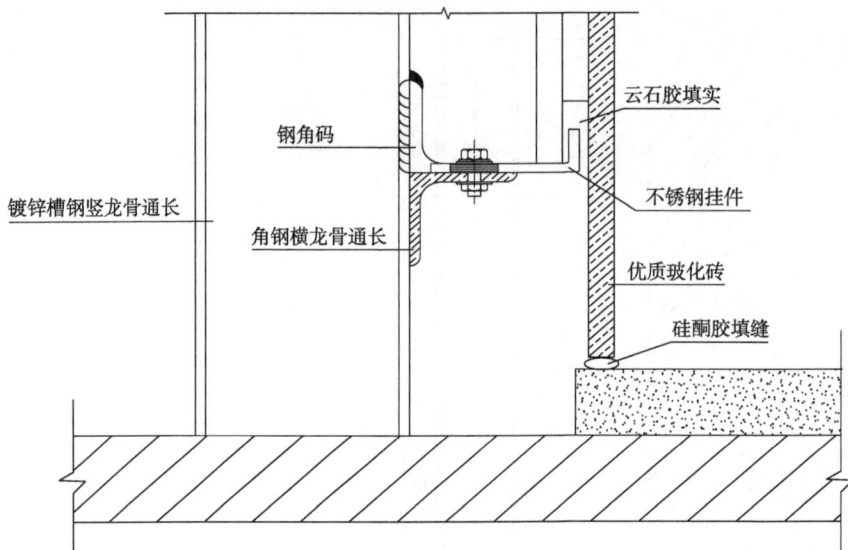

图 8-61　墙面与地面交接处留缝示意

（3）水平龙骨上的挂件孔必须均匀，上下横龙骨的孔对齐，孔距与玻化砖背槽锚固件中心距一致。

（4）正常情况下每块砖不少于 4 个挂件，条砖时不少于两个挂件，任何情况下都不得无挂件安装。

（5）背槽式干挂砖要注意开槽的位置及砖的安装方向的关系，要符合设计要求和技术标砖的规定。

（6）锚固槽的长度和深度按设计要求确定，在有效长度内槽深度不宜小于 5 mm 且不宜大于板厚度的 1/2。

（7）加工完成的锚固槽不得有损坏或迸裂现象，槽口顺直、光滑；锚固槽内应清洁、干燥，不得有有机物污染。

（8）锚固件与锚固槽吻合良好；锚固件与陶瓷板应采用环氧树脂型专用结构胶粘结。

（9）锚固件的铝合金表面必须经阳极氧化处理，截料断头不得有加工变形和毛刺，槽边应顺直、齐整，不能崩边，胶固完成的锚固件应粘接牢固、可靠。

（10）背槽式陶瓷板的锚固槽尺寸加工允许偏差应符合表 8-49 中的各项要求。

表 8-49　陶瓷幕墙板锚固槽尺寸加工误差要求

项目	亚光面和镜面板材（mm）	粗面板材（mm）	备　注
L3	0 ~ 10	0 ~ 10	L、C、T 型挂件式
L4	+5.0	+5.0	L、C、T 型挂件式
L5	+1.0	+1.0	L、C、T 型挂件式
L6	+1.0	+1.0	L、C、T 型挂件式
H	+1.0	+1.0	L、C、T 型挂件式
H0	+0.1 0	+0.1 0	L、C、T 型挂件式

（11）干挂玻化砖墙面的允许偏差和检验方法应符合表 8-50 的规定。

表 8-50 干挂玻化砖墙面的允许偏差和检验方法

项次	项 目	允许偏差（mm） 光 面	检验方法
1	立面垂直度	2	2 m 垂直检测尺检查
2	表面平整度	2	2 m 靠尺、塞尺检查
3	阴阳角方正	2	直角检测尺、塞尺检查
4	接缝直线度	2	拉 5 m 线，不足 5 m 拉通线，钢直尺检查
5	勒脚上口直线度	2	拉 5 m 线，不足 5 m 拉通线，钢直尺检查
6	接缝高低差	0.5	钢直尺、塞尺检查
7	接缝高度差	1	钢直尺检查

2. 安全措施

（1）作业人员入场前必须经入场教育考试合格后方可上岗作业。

（2）作业人员进入施工现场必须戴合格的安全帽，系好下额带，锁好带口，严禁赤背，穿拖鞋。

（3）作业人员严禁酒后作业，现场严禁吸烟，禁止在施工现场追逐打闹。

（4）登高（2 m 以上）作业时必须系合格的安全带，系挂牢固，高挂低用，应穿防滑鞋，应把手头工具放在工具袋内。

（5）施工中使用的电动工具及电气设备，均应符合国家现行标准《施工现场临时用电安全技术规范》（JGJ 46—2005）的规定。

（6）施工中使用的各种工具（高梯、条凳等）、机具应符合相关规定要求，利于操作，确保安全，材料在搬运时注意安全，防止夹手，重量超过 20 kg 以上的必须由 2 人操作。

（7）电、气焊等特殊工种作业人员应持证上岗，配备劳动保护用品。并严格执行用火管理制度，预防火灾事故。

（8）施工人员用电必须申请，由项目临电负责安装。

（9）施工垃圾应袋装清运，严禁从架子上往下抛撒。

（10）使用手持电动工具时应戴绝缘手套，并配有漏电保护装置。夜间施工时移动照明应采用 36 V 低压电源，电源线必须使用橡胶护套电缆。

（11）明火作业前需办理施工现场动火审批，作业区域配置足够的消防设施。夜间施工时，应保证充足的照明。

3. 环保措施

（1）根据实施情况，在背槽式玻化砖干挂施工过程中出现的环境管理因素主要有：施工垃圾堆放、施工废水污染、噪声污染。

（2）加强对施工人员的培训与教育，提高施工人员的环保意识。

（3）背槽式玻化砖干挂工艺在施工中，会产生玻化砖边角等施工垃圾，施工垃圾需要进行分类堆放，集中清运至垃圾堆放处。

（4）在玻化砖开背槽施工时，需要不间断的使用水源，因此需将废水引入指定的排水管线中，统一流入污水井处，不可将废水随意排放。

（5）由于玻化砖背槽加工过程中会产生噪声，因此加工场地应在加工棚内，不得露天进行加工，且无特殊情况，不得在夜间进行加工，以免影响到周围居民的生活休息。

（6）控制工程的一次合格率，减少不合格品的产生造成的返工浪费。

（7）切割玻化砖的工人应佩戴口罩、穿长袖衣服、还应带手套，防止吸入粉尘、损伤皮肤。

六、主要成效

取得的主要成效如下：

（1）玻化砖背槽干挂工艺，克服了陶玻化砖脆性、易破碎的缺点，增加了陶瓷幕墙板的强度和安全性。

（2）室内干挂玻化砖自重轻，运输安装较方便；无放射性污染；可加工成各种颜色、图案、纹路；色泽一致，视觉无色差；大批量加工、订货方便、快捷；强度高，尺寸精确；经济便宜。在等同的受力条件下，不仅可降低板材本身的弯曲应力，提高承载能力，关键是确保了墙面整体安全性。

（3）与传统的陶瓷干挂安装工艺相比，背槽式玻化砖干挂技术根据陶玻化砖的特点，结合不同的建筑基体、不同的技术条件、不同的使用环境和不同的经济承受能力，依据严谨的设计与结构计算理论为基础，形成了一套完整、实用的技术体系，在以后的施工中用可方便的进行选用。

第九章　四　电　工　程

"四电"工程是高铁系统最重要的组成部分之一,良好的"弓网"关系、稳定的电力供应是保障高铁安全平稳运行的重要基础。在严寒地区修建高速铁路,需克服严寒气候的不利影响,保证接触网架设与设备安装的工效与质量。

第一节　严寒地区冬季恒张力接触线架设施工

一、工程概况

哈大高速铁路电气化工程处于我国北部寒冷地区,年平均气温4.4 ℃ ~8.4 ℃,极端最低温度 −39.9 ℃ ~ −32.8 ℃,最大积雪厚度17 ~30 cm,最大季节冻土深度1.37 ~2.05 m。根据东北三省气候特点,一般为每年的10月中旬至第二年的4月份为冬季施工期。严寒气候条件下,如何确保接触网架设施工质量和工期,是哈大高速铁路电气化工程的一大技术难点。

二、工程特点及难点

接触网的施工质量集中体现在接触线的导高拉出值的变化上,哈大高铁接触网施工的难点主要表现在:

(1)标准高,误差均保证在毫米级。

(2)寒冷地区人工、机械设备功效都会发生变化,要满足相应的精度要求,需要采取特殊措施方能保证正常施工。

三、施工组织

1. 施工准备

(1)劳动力配置

主要劳动力配置见表9-1。

表9-1　主要劳动力配置

序号	项　目	单位	数量	备　注
1	组　长	人	1	负责架线全过程的全面指挥工作
2	副组长	人	1	由作业队技术人员担任
3	起锚人员	人	2	—

序号	项　目	单位	数量	备　　注
4	落锚人员	人	2	—
5	作业人员	人	5	挂"S"钩滑轮
6	防护人员	人	2	—

（2）机械设备配置

高寒地区冬季施工的主要施工设备仍采用非严寒气温接触线恒张力架线施工设备。测量设备选用 DJJ-8 激光测量仪,现场做好保温措施,配备备用电池,保证测量的连续性。

主要机械设备配置见表9-2。

表9-2　主要机械设备

序号	名称	规格型号	单位	数量	备　　注
1	恒张力放线车	—	组	1	—
2	平板车	—	辆	1	装备用线盘
3	轨道吊车	—	辆	1	吊线盘用
4	放线滑轮	闭口	个	160	采用尼龙滑轮
5	"S"钩	—	个	120	钩上套塑料套
6	断线钳	弧口	把	1	落锚用
7	倒链葫芦	5 t	个	1	落锚用
8	尼龙绳套	—	个	160	挂放线滑轮
9	紧线器	—	个	1	夹接触线用
10	尼龙绳	$\phi 15 \text{ mm} \times 10 \text{ m}$	条	2	传递线条用
11	尼龙绳	$\phi 15 \text{ mm} \times 15 \text{ m}$	条	2	起、落锚各1条
12	尼龙绳	$\phi 15 \text{ mm} \times 50 \text{ m}$	条	2	张力盘上引导线条用
13	安全帽	—	顶	若干	每人一顶
14	安全带	—	条	4	—
15	脚扣	—	套	4	起落锚各2套,型号根据杆型定
16	防护用具	—	套	各3	防护及行车指挥用
17	温度计	摄氏	个	2	起落锚各1
18	钢丝套	—	个	4	临时固定坠砣用
19	工具袋	—	个	2	—
20	喇叭	—	个	2	或口笛
21	报话机	—	台	4	—
22	钢卷尺	5 m	把	2	起落锚各1把
23	棉纱	—	kg	若干	打回头
24	开口扳手	—	把	2	起、落锚用;安装终端锚固线夹用
25	接触线平直度检测尺	—	把	1	—

（3）主要材料、设备

主要材料、设备详见表9-3。

表9-3　主要材料、设备

序号	名　称	规格型号	单位	数量	备　注
1	接　触　线	按施工图定	km	若干	与锚段相配套
2	接触线终端线夹	按施工图定	套	若干	每锚段2套
3	复合绝缘子	按施工图定	套	若干	每锚段2套

四、关键施工技术及措施

1. 操作程序

（1）工艺流程

工艺流程如图9-1所示。

图9-1　工艺流程示意

（2）作业准备

①内业技术准备

编制作业指导书,在开工前组织技术人员认真学习实施性施工组织设计,阅读、审核施工图纸澄清有关技术问题,熟悉规范和技术标准。制定施工安全保证措施,提出应急预案。对施工人员进行技术交底,对参加施工人员进行上岗前技术培训,考核合格后持证上岗。

②施工准备

a. 检查架线锚段的承力索已架设并归位,检查补偿装置是否安装正确灵活。

b. 检查放线机械、工具及材料的质量及数量是否符合作业要求并将工具和材料装在架线车上。

c. 事先向架线人员进行技术交底培训,使每个作业人员均为合格的操作者。

d. 起锚人员提前到达现场,检查支柱强度及拉线、坠砣及棘轮轮体是否垂直、补偿绳缠绕圈数、排列等是否符合要求。起锚侧棘轮和底座用双股 $\phi4.0$ mm 镀锌铁线固定。

e. 架线车编组顺序为:恒张力架线车(头车)＋轨道吊车＋平板车。

f. 技术人员按设计图纸提前做好放线计划及示意图,发给架线车司机、驻站联络人和施工负责人每人一份。

g. 提前将架线封闭线路要点的架线作业计划提交给线路临管单位运输部门调度,以便安排作业封闭点计划。

h. 施工前应将架线车组停放在需架线区间的邻近车站,将所放锚段的线盘装在车上并由接触线生产厂家将接触线平直度整正器安装调试好,并用油漆进行标记,以便放线过程观察平直度整正器工作状态。

i. 架线当天,架线全体人员应在封闭点前一个小时到达车站并上车准备。

j. 检查线盘号与锚段号是否符合,打开线盘注意线头方向是否正确。

k. 架线人员配合将卷扬机钢丝绳缠绕在绞盘上,恒张力架线车司机按操作程序将张力和百分比的设定值设为"0",工况转换开关用 1 号位;将压块与绞盘的间隙适当调大,把卷扬机离合器扳到脱开位(离合器手把在内侧),按走线方向绕过绞盘(绕 1 圈半),最后从绞盘下面向线盘方向引出(架线作业人员配合)并将接触线与网套连接好。助理司机摇动支架,将立柱顶部张力滑轮抬高。

l. 司机按程序操作,先把线盘与两个绞盘上的线收紧,将百分比设为 20%,工况转换开关用 1 号位。将"绞盘缓解"按钮按下后,线盘应缓慢转动,直到把线收紧为止。

m. 司机按程序把选择开关(电器柜上)打到遥控位,工况转换开关用 2 号位,把卷扬机离合器扳到接合位,操作遥控器收回卷扬机钢丝绳,同时将线盘上的金属线引出,缠绕在两个绞盘上。

n. 司机按程序操作,解除线盘移动定位,并用细绑线将打开后的线盘移动定位板固定住。把工况转换开关扳到 3 号位,用手稍微推、拉摇动杆,线盘应随着左右横向移动。

o. 司机按程序操作,将液压装置全部恢复到原始位置,所有的定位销(定位板)置于锁定位。

p. 提前将接触线校直器安装在架线上立柱位置并调整好。

q. 将接触线头与网套分离,将卷扬机离合器扳到脱位,人工将卷扬机钢丝绳收回,把接触线拉向作业台。待放接触线起锚端引过柱顶部张力滑轮(接触线平直度校正器)将其拉到作业平台,架线人员按《接触线锥套式终端锚固线夹安装》指导书安装好起锚端终端锚固线夹,使终端锚固线夹的位置置于作业平台长度的 2/3 处并将接触线放在校正器内,合好校正器,拧紧连接螺栓。

(3)施工工艺

①起锚

a. 接到线路封锁命令后架线车组运行至起锚支柱位置停车,司机摘开高速运行挡转换到液压走行挡位。将工作台栏杆扶起固定好解除作业台回转定位,绞盘架摆动定位。把工况转换开关扳到 1 号位并在操作室计算机显示器上确认,同时确认张力和百分比皆为"0"。

b. 司机按程序把工况控制板上"线盘制动缓解"和"绞盘制动缓解"按钮持续按住,将线盘和绞盘缓解。

c. 架线作业人员人工转动线盘与绞盘,将线索端头拉到补偿装置附近。

d. 司机按程序操作将立柱升到工作高度,同时将立柱张力轮托起。

e. 架线车司机遥控操作,旋转并升作业平台靠近锚柱补偿装置位置处。起锚人员一人上杆,配合架线车上人员将补偿连接件复合绝缘子递给架线车上人员并检查补偿绳是否在棘轮槽内、平衡绳是否平顺,缠绕圈数是否正确,棘轮轮体是否垂直,起锚侧棘轮和底座是否用双股 $\phi4.0$ mm 镀锌铁线固定。架线车上作业人员将接触线终端锚固线夹与复合绝缘子连接上。

f. 司机遥控操作,使架线平台归位。将架线车与轨道吊和平板车解体,起锚人员下杆,起锚完成。

②接触线展放

a. 架线车司机在操作台上将放线距离数值清零,计算机故障确认(清零)设定架线参数(即架线张力等)。架线速度选1速。将张力轮下降,司机用遥控器操作放线车开始放线。

b. 作业负责人负责观察线条的走向,并负责指挥司机和作业人员操作,1人准备"S"钩和滑轮,三人挂"S"钩和滑轮,架线车边走边挂,每跨不少于4个,且所挂"S"钩的长度及位置必须正确。先将滑轮挂在接触线上,再将"S"钩与滑轮连接,然后2个放线人员将承力索用特制的钩子向下拉,1个放线人员将"S"钩挂在承力索上。为避免产生波浪弯,不可人为抬动接触线,如图9-2所示。

图9-2　挂"S"钩放接触线

c. 展放过程中指挥人员特别注意协调张力车走行速度和挂线作业人员的一致性,恒张力车应尽可能避免停车、启动。立柱高度应刚好合适,不能太高或太低,正好适合挂"S"钩和滑轮。如为吉斯玛放线应避免两车间距过大(对接触线平直度影响较大)。

d. 架线车上的作业平台基本接近下锚柱时停止展线,指挥人员与起锚人员随时联系,掌握起锚处的变化状况,并根据此情况指挥司机和架线人员使架线车停止前进,准备进行落锚。

③落锚

a. 架线到落锚地点后司机将工况选择开关保持在3号位不动,司机遥控操作,将作业平台转向锚柱并操作使放线车体倾向下锚侧(田野侧)。

b. 落锚施工人员在接触线和下锚连线的适当位置安装紧线器,用链条葫芦把补偿装置用特制的工具与接触线连接。紧链条葫芦,当链条葫芦加力至葫芦逐渐向田野侧偏移,司机配合逐渐降低接触线的张力,待实际张力稳定后把张力与百分比的给定值同时设为"0",此时线索基本到下锚方向。

c. 链条葫芦继续紧,起、下锚人员观察坠砣串,当坠砣串与棘轮受力抬起来,棘轮坠砣均受力时通知紧线作业人员停止紧线。

d. 司机将立柱缓慢下落,使立柱顶线索松开。立柱下落后如张力与百分比值都已到零,但从外观看不出从架线车立柱顶部引出的线索完全松弛,此时可应下锚人员要求向起锚方向稍微移动架线车(距离约 0.5 ~ 1 m)以彻底使金属线松弛。此时,严禁使用遥控器移动架线车,必须在司机室内操作。

e. 断线安装终端锚固线夹:根据《接触线锥套式终端锚固线夹安装》指导书工艺制作要求,先准确对位(在起锚、落锚坠砣高度都符合设计要求的情况下,进行对位剪线)剪线后,严格按接触线终端锚固线夹安装作业指导书安装好终端线夹。

f. 将接触线锥套式终端锚固线夹与落锚补偿装置的复合绝缘子连接牢靠,将接触线校正器螺栓松开,抬起校正器,取出接触线。

g. 紧线操作人员缓慢松链条葫芦,拆除链条葫芦和紧线器,架线车归位,即完成正式落锚连接。架线车司机操作使作业平台及车体归位到正常位置。

h. 架线人员将卷扬机和钢丝绳与剩余线头连接,开关在"1"号位,百分比设 25%,张力为 0。按控制板上线盘制动缓解和绞盘制动缓解钮,把线头收回到立柱滑轮附近。司机将工况转换开关用 2 号位,百分比设 25%,用遥控器收线。

i. 用塞尺检查导线与检测尺之间的间隙,其间隙不得大于 0.1 mm,建议每 300 m检测 1 处。

④结束

a. 架线车液压装置复位:司机将工况转换开关扳到 1 号位,拆下线盘摆动传感器,把绞盘架调整到水平位置,绞盘架摆动定位销及线盘移动定位板放到"锁定"位置,检查滑轮托架在最低位置后,把立杆落到原始位置,把作业平台落到最低位,并把作业平台回转锁定销放到锁定位。放倒作业平台栏杆。

b. 现场负责人要求架线人员检查全锚段的接触网状况,人员机具、材料全部撤除施工现场,检查有无问题。

c. 施工负责人填写施工记录。

2. 技术标准

(1)工具"S"钩的长度应事先根据设计额定张力计算,分为 A、B、C 三种,即靠近悬挂点为 A,跨中为 B,关节里结构高度大于 1 600 mm 时为 C,放线时按型号位置安装。导线架设的关键是就是"S"钩的安装,"S"钩在放线之前必须按类型分开准备充足,"S"钩的安装位置及各个位置"S"钩的长度类型必须正确,必须确保"S"钩底面都在同一水平面上,放出的接触线应处于平顺状态,这是影响接触线平直度的关键。

(2)用塞尺检查导线与检测尺之间的间隙,其间隙不得大于 0.1 mm,每 300 m 检测

1处。

（3）接触线展放后，应及时按照施工程序将定位器卡上，否则自由放置的导线会引起自然扭面。扭面后的导线，如果实施矫正，波浪弯无法彻底根除。

（4）严禁使用质量不合格材料。放线时，线盘处应设专人检查接触线在线盘上的缠绕是否密贴，否则可能引起导线扭面。

（5）接触线下锚终端线夹安装严格执行《接触线锥套式终端锚固线夹安装》指导书的工艺要求，确保一次安装到位达标。坠砣串重量应符合设计要求，施工允许偏差为±1%（坠砣重量包括坠砣、坠砣杆、防盗螺栓、坠砣抱箍及连接补偿绳的楔形线夹等重量）。

（6）放线采用恒张力架线车，行驶速度 3～5 km/h，接触线架线张力由接触线生产厂家设定，宜为 12 kN。

（7）接触线质量应符合铁道行业现行标准《电气化铁道用铜及铜合金接触线》（TB/T 2809）的规定。接触线的规格、型号应符合设计要求。

（8）接触线应按设计锚段长度对号架设，接触线不得有接头。

（9）正线接触悬挂工作支改变方向时，该线与原方向的水平夹角不宜大于4°，困难情况下不宜大于6°。

（10）站场正线及重要线的接触线应在下方，侧线及次要线的接触线应在上方。

（11）补偿装置应符合设计要求，补偿绳应无磨支柱和拉线现象，坠砣完整无损。

五、主要管理措施

1. 施工组织安排

（1）人员保障

严寒地区的有效作业时间段为 10:30～16:00，此时段野外气温在 -20 ℃以上。作业时，由于气温过低，上部作业人员要增加一倍，进行轮换作业来保证人员安全与施工质量，同时做好各方面的防寒、防冻、防滑措施。

（2）设备保障

当夜间温度低于 -20 ℃以后，对于公路交通车辆夜间必须停放在暖库，以保证第二天正常运转。

与汽车受温度影响程度相比，轨行车辆受影响程度更大，通过一个冬季的施工经验，一般当气温低于 -20 ℃后，轨行车辆发生无法启动的频率较高，需要夜间频繁启动才能保证第二天的正常施工。在采取各种冬季防护措施的同时尽量采用轨行车辆集中停放和集中在一个作业面施工的方式进行冬季接触线架设施工。轨行车辆分散施工和停放不利于冬季防护措施的实施，且一旦受低温影响导致车辆无法启动后，再延误一两天后会导致整个冬季都无法再次启动。采用集中停放和集中一个作业面施工的方式既有利于冬季防护措施的实施，同时某一两台受温度影响无法启动时，通过其他动力的牵引，一般 30 min 内能再次启动。同时增加专职司机进行夜间值班、启动车辆。可将冬季对施工的影响降到最低。由于严寒天气其他施工单位均停止了施工,此时与铺轨单位协商,将区间全部封锁,组织集中架线施工。

接触网测量设备选用 DJJ-8 激光测距仪,对接触网导高、拉出值进行测量,为施工调整提供依据。在测量时需携带 2 块电池,保证测量连续性并对备用电池做好保温措施,以保证其使用。

(3)物资保障

冬季受道路、雨雪天气及汽车、吊车、轨行车辆故障等方面因素的影响,物资从中心料库到施工现场应用整个流程中,无论哪个环节出现问题都会导致安排的施工项目无法实施,为尽量减少以上各种因素对冬季施工安排产生的影响,增加现场施工作业项目选择的多样性,避免某个环节出现问题施工无法进行。进行冬季施工组织时,定期根据实际情况提前将大宗料(线盘、补偿装置、腕臂装置、设备)集中运至施工现场堆放,由专人看护,将冬季物资运输的影响降至最低。

2. 安全管理措施

(1)专人负责,统一指挥。为保证施工安全,现场实行专人统一指挥,并设一名专职安全员负责现场安全工作。

(2)加强安全教育,强化安全意识。坚持班前进行安全讲话、上岗之前进行安全培训。

(3)做好安全防范,避免人为安全事故。作业人员均应戴安全帽,以防工具、材料坠落伤人。登高作业系好安全带,以防坠落。上、下传递工具材料用小绳、工具袋,严禁抛扔。

(4)严格操作规程,抓好安全控制关键点。补偿绳不得跳槽。紧线器安装要牢固可靠。事先检查锚柱的顺线路倾斜率,调整拉线调整螺栓,保证其符合标准,紧线时认真观察,如大于标准时,应紧拉线调整螺栓,并达标。恒张力架线车司机严格执行《CEM100.121 恒张力架线车安全技术操作规程》。放线紧线过程中应安排专业人员对拉线进行调整,预防支柱反倾。

(5)做好冬季施工防冻、防滑措施,在确保工期的同时,确保安全、质量目标。

六、主要成效

接触网架设施工按期完成任务,为哈大高速铁路顺利开通创造了条件。

第二节　接触网腕臂预配施工技术

一、工程概况

哈大高速铁路是国内严寒地区第一条高速铁路,接触网平腕臂及斜腕臂均采用直径70 mm铝合金材料,893 km 正线范围均采用该型号腕臂,接触网零部件均能满足350 km/h 高速列车运行要求。

二、工程特点及难点

按照高铁施工管理模式,接触网腕臂预配要求工厂化,这样减少了现场安装工作量,提高了工作效率。同时工厂化预配有利于产品质量的控制,节约了工程材料,减少了现场工人劳动时间,降低了安全风险。

哈大高速铁路接触网零件采用 $AlSi_7Mg_{0.3}$ 和 $AlSi_7Mg_{0.6}$ 的铝合金材料,接触网零件在 $-40\,℃$ 环境,进行了滑动负荷、工作负荷、破坏负荷试验等低温适应性试验,均能满足正常工作状态要求。

三、施工组织

1. 劳动力配置

每个预配组主要劳动力配置见表9-4。

表9-4　人员配置表(每个预配组)

序　号	项　目	单　位	数　量	备　注
1	负责人	人	1	—
2	预配人员	人	28	下料、加工、预配、组装

2. 材料配置

主要材料配置及要求见表9-5。

表9-5　材料配置及要求

序号	名　　称	规　格	单位	数量	备　注
1	铝管(平、斜腕臂)	$\phi70\,mm×6\,mm$	m	若干	长度依据计算切割
2	铝管(定位管、腕臂支撑)	$\phi42\,mm×4\,mm$	m	若干	长度依据计算切割
3	铝合金承力索座	BJL0103 D	套	—	数量按工程所需
4	铝合金套管座	BJL0104	套	—	数量按工程所需
5	套管单耳	BJL0106(70)	套	—	数量按工程所需
6	套管单耳	BJL0106(55)	套	—	数量按工程所需
7	双耳套筒	$\phi42\,mm$	套	—	腕臂支撑用单顶紧螺栓
8	铝合金定位环	BJL0311	套	—	数量按工程所需
9	$\phi55$ 双耳套筒	BJL031002	套	—	定位管用双顶紧螺栓
10	铝管(定位管)	$\phi55\,mm×6\,mm$	m	—	长度依据计算切割
11	组合定位器	按设计要求定	套	若干	数量按工程所需
12	电连接跳线	BJL030203	套	若干	联结定位器与定位支座
13	管帽(70)(55)	按设计要求定	个	若干	数量按工程所需
14	镀锌铁线	$\phi1.6\,mm$	kg	若干	绑扎吊线头

3. 主要设备选型

哈大高速铁路接触网采用的腕臂三角支持结构(简称腕臂结构)能够起到承载接触网荷重和定位、调整承力索等导线的空间位置、连接和固定接触线定位装置等作用。

每套腕臂支撑配两套腕臂支撑线夹连接加固平腕臂和斜腕臂的中后部,每套腕臂支撑组件配两套套管单耳,套管单耳分别安装于外径为 ϕ70 mm 的平腕臂与 ϕ70 mm 斜腕臂上,单耳耳环厚 19 mm,耳孔直径 ϕ20 mm,分别与腕臂支撑两端双耳(耳孔直径 ϕ20 mm,双耳间距 20 mm)通过 ϕ19 mm 半圆头销钉铰接配合,连接、支撑于平腕臂和斜腕臂之间,半圆头销钉铰接处配 β 型弹性开口销。腕臂支撑管本体、套管单耳及双耳套筒均采用铝合金材质,腕臂支撑管本体采用6082-T6 无缝铝合金管,套管单耳及双耳套筒采用 $AlSi_7Mg_{0.3}$-T6。

在腕臂结构组合状态下,承力索座处最大水平工作荷重 6.0 kN,最大垂直工作荷重6.0 kN,滑动荷重不小于9.0 kN。同时通过腕臂定位环作用在斜腕臂上的拉或压工作荷重为3.5 kN(即破坏荷重10.5 kN,耐拉伸荷重5.25 kN,耐压缩荷重3.5 kN,定位环或腕臂上固定连接件与腕臂管之间的滑动荷重满足5.25 kN)。在以上工作状态下,腕臂的挠度不大于1.0% L(L 为腕臂长度),在以上性能指标的1.5 倍组合力的作用下,腕臂不产生塑性变形。

接触网零部件均满足《电气化铁道接触网零部件技术条件》(TB/T 2073—2003)《电气化铁道接触网零部件产品图纸及工厂技术条件》(TB/T 2075—2003)。

接触网零部件的抽查试验按照现行《电气化铁道接触网零部件试验方法》(TB/T 2074—2003)进行。接触网零部件在 -40 ℃环境下外观尺寸、抗拉强度、延伸率、低温下的动力学性能等均满足要求。

4. 主要设备配置

主要机械设备配置见表9-6。

表9-6 主要机械设备配置

序号	名 称	规 格	单 位	数 量	备 注
1	切割机	台式	台	2	含卡具
2	电 钻	台式	台	1	含卡具
3	铝管测量和下料平台	—	台	1	—
4	腕臂预配平台	—	台	3	—
5	定位预配平台	—	台	2	—
6	支撑预配平台	—	台	1	—
7	开口销煨角器	—	套	1	—
8	便携式开口销专用掼弯器	—	套	1	—
9	一字螺丝刀	300 mm	把	4	—
10	力矩扳手	100 nm/50 nm	套	12	—
11	开口力矩扳手	50 nm	把	4	—

续上表

序号	名　　称	规　　格	单　位	数　量	备　注
12	钢卷尺	5 m	把	3	—
13	电动刻字笔	—	把	1	—
14	包装、检查平台	—	台	2	—
15	钳　子	200 mm	把	12	人均1把
16	油性记号笔	粗、细	支	若干	标记用
17	胶　带	—	盘	若干	—

四、关键施工技术及措施

1. 接触网腕臂预配工艺流程

施工程序为:测量工具准备→现场测量→内业整理→输入计算→加工数据→结束。具体工艺流程如图9-3所示,腕臂安装如图9-4所示。

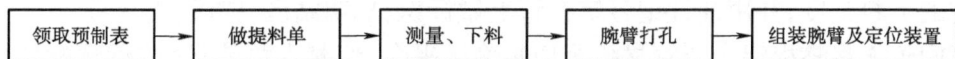

图9-3　接触网腕臂工艺流程示意

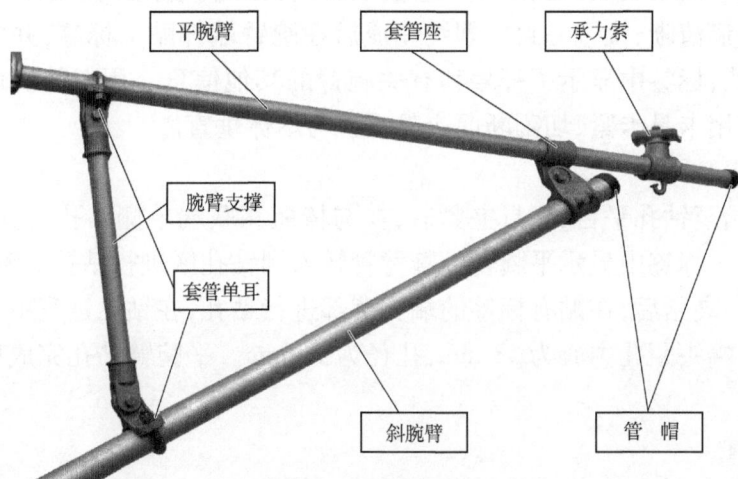

图9-4　腕臂安装示意

2. 操作要点

（1）技术准备

①内业技术准备

作业指导书编制后,应在开工前组织技术人员认真学习实施性施工组织设计,阅读、审核施工图纸,澄清有关技术问题,熟悉规范和技术标准。制定施工安全保证措施,提出应急预案。对施工人员进行技术交底,对参加施工人员进行上岗前技术培训,考核合格后持证上岗。

CATLAB 软件计算所得的数据表和 AutoCAD 图形,两者相互参照才能预配出腕臂。为方便中心库预配,制定统一表格。

②外业技术准备

接触网预配组负责支柱装配预配工作,应在物流预配中心进行预配。

(2)工程施工

①提料

预制组根据腕臂预配表提取材料,从库房领取,并进行外观检查和型号数量确认,严禁使用不合格品。

②下料

车间从切割下料开始进入预配实做。两台切割下料流水线,一台专门切割 $\phi70$ mm 的腕臂管,另一台专门切割 $\phi55$ mm 的定位管和 $\phi42$ mm 的支撑管,每个工序的工艺流程完全一样。

根据腕臂预制表,在切割作业台上分别测量出平、斜腕臂、定位管、腕臂支撑、定位管支撑的下料长度,并用油性记号笔在管上做标识,标明站区、锚段、支柱号。

车间工人将整根铝合金管材抬至切割输送平台,切割人员依据《腕臂预配任务单》上面的数据,首先确定下料长度并进行定位,在进行切割下料的同时进行零件位置的测量并划线,切割与测量划线人员形成呼应复核机制,保证了数据的准确性。划线时垂直腕臂纵切面,线痕清晰,位置一致。划线完成后在腕臂端部贴上标签,并要注意标签方向和位置应一致,标签中显示了杆号和有关腕臂的其他信息。用切割机切取预配所需用料,切割时应用卡具卡紧,切割断面应整齐且与本体垂直。

③钻孔打眼

平腕臂管抬至钻孔平台,夹具夹紧后,在与棒瓶相联端单侧钻孔,打眼。在切割下料标签完成后,对标签中显示平腕臂的腕臂管转入到钻孔区进行钻孔。利用孔距、孔位专用模具定位并夹紧后,在贴有标签的端头背部进行钻孔,在钻孔过程中要随时校核模具的位置,保证端头距孔中心为 58 mm,孔径为 16 mm。平腕臂钻孔完成后移至腕臂预配平台。

④预配腕臂

按支柱装配预制表尺寸,在平腕臂上测量出安装腕臂支撑的套管单耳、双套筒联结器、承力索支撑线夹(以及反定位的定位支撑用的套管单耳)的安装位置,用油性记号笔划线标识,并按安装位置套上零件。

将平、斜腕臂安放在预配平台上,通过双套管连接器将平、斜腕臂连接在一起,采用激光角度尺对零件中心,先用手初拧进螺帽(或顶紧螺栓),对位正确后,再用梅花扳手预拧紧定位环、套管单耳的连接 U 螺栓、承力索座、双套管连接器顶紧螺栓,最后用力矩扳手检测达标,所有螺栓(螺帽)紧固应遵循交叉、循环紧固的原则,带上平、斜腕臂管帽。将承力索座托线夹固定在基座上,将盖板顶螺栓拧紧。

按支柱装配预制表尺寸,在斜腕臂上用钢卷尺测量出双套管连接器、定位环、安装腕臂支撑、定位管支撑的套管单耳安装位置,用油性记号笔划线标识。根据定位方式套上定位环和不同数量的套管单耳等所需安装零件。

平、斜腕臂管上组装平台,腕臂管上穿腕臂支撑定位环、套管座、承力索座及定位管支撑定位环(反定位)等零件,根据标记线找到纵向位置,用手拧紧螺母,对好位,根据红外线水平仪确定水平线,腕臂管上穿定位环、腕臂支撑定位环、定位管支撑定位环(正定位)、套管座等固定零件水平位置,用快扳手或棘轮扳手对螺栓进行交替紧固,用扭力扳手将螺栓紧固至标准扭矩值。

根据切割下料、测量划线、钻孔各工序后,一组腕臂管便转入到了组装紧固区。在将腕臂零部件承力索座、套管单耳、套管座、定位环依次套入平腕臂与斜腕臂后,将平腕臂上的孔与平台定位装置顶紧,确保了腕臂管不会随意滚动和移动。在向腕臂管套入零件前应检查零件的外观有无损伤,所配螺母等是否正确,有无缺失。根据标记线痕确定零件位置,注意零件的外沿不能将划线位置遮盖。利用激光水准仪在腕臂中心打出激光水平线,按照水准线,确定零部件在腕臂管上的中心位置,在用扭力扳手对各个零部件进行交替紧固的过程中参照水准线随时校核中心位置,紧固后再次检查各零部件中心是否与水准线一致,最后用电动扭力扳手进行最终紧固,达到标准力矩值。腕臂平台设置的每一个工装、每一件工具,特别是利用激光水准仪的测量方法,保证了每一组腕臂预配后零件的水平度、垂直度和标准的力矩值。

⑤腕臂(定位)支撑预配

支撑预配也是在专用平台进行,同时可预配 2 组支撑,预配时将两个 $\phi 42$ mm 的双耳套筒分别插入平台设置的工装中,将支撑管分别插入双耳套筒,移动能够活动的工装,检查支撑管在双耳套筒底部的位置,将工装锁紧,用力矩扳手紧固双耳套筒上顶紧螺栓至标准力矩值。

反定位管的预配与腕臂预配使用的是同样的平台,质量控制流程基本一样。正定位管是在专用的平台上进行预配,并同时可预配 2 组定位管。预配时先将 $\phi 55$ mm 的双耳套筒插入固定在平台一侧的工装中,在定位管上套入定位底座和套管单耳后,插入双耳套筒,先将套入的定位底座用力矩扳手进行紧固,紧固至标准值后将定位底座放倒至平台上专门设置的定位面上,检查定位管在双耳套筒底部的位置,然后再对套管单耳和双耳套筒进行紧固。这种工装的设置、工艺流程的设计,确保了零部件中心位置的控制质量。

按支柱装配预制表尺寸,将切好长度的支撑管,两端套上双耳套筒,放在预配专用平台上,对正双耳套筒朝向,按力矩拧紧顶紧螺栓及防松顶母即可。预配好的腕臂支撑与斜腕臂进行组合,上端待安装时与平腕臂联结。定位支撑下端与定位相连。安装时,上端与腕臂相连。

⑥预配组合定位装置

将切割好的定位管,在一端套上双耳套筒,预拧紧,测出安装定位器支座、定位管支撑的套管单耳安装位置,用油性记号笔划线标识,从另一头穿入定位器支座(或锚支定位卡子)、套管单耳,并按设计要求安装在各自位置,用梅花(棘轮)扳手拧紧其连接螺栓,并用力矩扳手检测达标,把定位管和定位器连接在一起,用 $\phi 2$ mm 铁线捆扎在一起,在定位管上清晰的标记出需安装的支柱号,把定位支座与定位器的电连接,固定一端在定位支座,另一端待正式安装时再进行连接,把预配好的定位支撑一端与定位管组合在一起。另一端待安装时与斜腕臂或平腕臂相连。

⑦检验、标记

在腕臂组装预配完成后,进入检验包装区。检验人员在检验过程中重点检验零部件位置的正确,特别是相对固定的零件位置是否有变化;检查零件的水平和垂直方向是否在一条线上;检查开口销是否扳到位、腕臂支撑是否有标记,在核对杆号无误并合格后,戴上管帽并用电动刻字机在腕臂端头刻上杆号及有关信息,主要是对所贴标签的一个补充,也是代表经检验合格,准予包装出厂的一个标示。在成品检验区还建立了腕臂实景模型,便于预配人员、检验人员随时参照检查。

车间检验人员核对零件方向、尺寸、标记等并戴管帽,在开放端扣上匹配规格的PVC管帽,用塑料型榔头轻轻敲紧,敲击时应敲打管帽的边沿,以免管帽被损伤,包装人员用电动刻字笔在腕臂端头刻上杆号。

⑧成品存储、登记

为避免腕臂预配成品在运输、倒运过程中对腕臂及零部件的磕碰、划伤,保证腕臂预配后的外观质量,采取了对成组腕臂、定位管、支撑分别进行包装的措施,包装时先将平腕臂、斜腕臂上的套管单耳用塑料气泡膜单独包扎,防止对腕臂管表面的摩擦,再将成组腕臂进行包装;包装完成后,为便于识别在包装外贴上标签,再每层 3 组、每批 15 组批量码放打包,用叉车移至成品区存放。

包装人员对成组腕臂进行包装,并按每 15 组一捆进行包装,预配完成的成捆腕臂转移至成品区、需发货的转入待发货区,车间材料员对成品进行登记,做好随车明细卡。

五、主要管理措施

1. 质量管理措施

(1)严格质量控制

①精确测量和核对的数据资料。配备专职计算数据收集整理人员和计算工程师,对现场精确测量的数据进行核对,以确保数据的准确性,对发现的疑问及时与现场测量负责人进行核对、澄清。计算过程中技术人员对每组计算结果利用软件进行仿真图形与数据的核对,经复核无误后,为预配车间生成预配任务单,经转化的任务单简洁明了,对每个零部件的安装位置直接转换为边沿尺寸,易于加工预配,并对关键点数据涂背景色进行提醒,确保了计算结果的准确性,也确保了腕臂零部件能够准确定位、快速预配安装。

②支柱装配的预配采用专用预配台具进行,预配完毕后,进行复测,未达标应重新预配。顶紧螺栓顶端为圆形杯口状,确保安装稳定的重要部件,不得用其他零件替代,确保紧固力矩值。

③严格规定腕臂及定位装置上的螺栓、销钉的穿向。水平穿向的螺栓、销钉均穿向来车方向(面向支柱从右手穿向左手)。垂直穿向的螺栓、销钉均由上方穿向下方。腕臂支撑、定位管支撑上的双耳套筒顶紧螺丝统一朝上安装;定位管上的双耳套筒顶紧螺丝安装在来车方向(面向支柱左手侧);斜腕臂上的套管座顶紧螺丝安装在来车方向(面向支柱左手侧),平腕臂上的套管座顶紧螺丝安装在相反方向(面向支柱右手侧)。组合承力索座顶紧螺丝安装在来车方向(面向支柱左手侧)。同一支柱有多根腕臂时,腕臂上明确标明安装位置(如 123 号有三根腕臂可用 123-北、123-中、123-南来区分)。力矩扳手,应用专人管理,预配前由专人设定力矩值,预配完毕,应使力矩设定值归零,使用次数达五千次,校准一次。紧固力矩达标后,用红色油漆标记;正式到位开口销开口角度大于 120°。定位线线夹等,在预配环节不需要紧固的零配件,为防止螺母松脱,可考虑用胶带临时固定。

④加强对腕臂管的保护。在切割输送平台的滚轮上加装了热缩管,在所有预配平台与铝合金管接触的平面上加装了橡胶面,确保了在预配过程中每一道工序对铝合金管的保护。

(2)加强质量检验

金具、零配件运达现场应进行检查,其质量应符合《电力金具通用技术条件》(GB 2314)《电气化铁道接触网零配件通用技术条件》(GB/T 2073)和《电气化铁道接触网零部件》(GB/T 2075)及有关标准规定;规格应相符,零件配套齐全;表面光滑、无裂纹、伤痕、砂眼、气泡等缺陷;线夹与线索接触面应平滑、平整,并与线索截面规格相符;凡经热镀锌的零件,锌层均匀,无锌层剥落、漏镀、锈蚀现象;螺杆与螺母的配合良好,并具有放缓措施。

2. 安全管理措施

(1)为保证施工测量的安全,现场设专人统一指挥,并设一名专职安全员负责现场安全工作。

(2)坚持班前安全教育制度。

(3)施工现场供配电系统采用三相五线制,各用电设备的线路均采用与之相适应的方式进行敷设。保护零线不得装设开关或熔断器,且单独敷设,不得他用,重复接地线应与保护零线相连接。保护零线的统一标志为黄/绿双色线,在任何情况下严禁使用黄/绿双色线作负荷线使用,保护零线的截面不小于工作零线的截面,同时满足机械强度要求。

(4)用电人员应做到以下几点:掌握安全用电基本知识和所用设备性能。使用设备前按规定穿戴和配备好相应的劳动保护用品;检查电气装置和保护设备是否完好,严禁设备带故障运行。停用的设备必须拉闸断电,锁好开关箱。保护好所用设备的负荷线、保护零线和开关箱,发现问题及时报告解决。

3. 环保管理措施

(1)加大在环境保护方面的投入,真正将各项环保措施落实到位。

(2)生产中的废弃物及时处理,运到当地环保部门指定的地点弃置。

(3)按照环保部门要求,集中处理测量和生活中产生的污水及废水。

六、主要的成效

哈大高速铁路全线腕臂采用该预配方法,质量全部合格,在联调联试及试运行,以及正式运营期间,工作状态良好。比较传统腕臂预配施工,提高施工效率在 5 倍以上,为哈大高速铁路的按期开通提供了保障,取得了良好的经济和社会效益。

第三节　电缆爬架安装施工

一、工程概况

哈大高速铁路电缆上下桥设计有电缆爬架,用于固定和保护电缆,解决电缆交叉问题,确保摆放整齐。由于所在的地区冬季白天的时间较短且气温较低,严寒地区的有效作业时间段为 10:30 ~ 16:00,有效作业时间短。作业时,由于在低温下频繁和金属部件接触,因此需加强作业人员手部的保暖防寒措施,同时进行轮换作业来保证人员安全与施工质量,并做好各方面的防寒、防冻、防滑措施。

二、工程特点及难点

哈大高速铁路桥梁多,桥墩高,需要沿着桥墩上网的电缆数量多、电缆直径大,电缆敷设困难;电缆爬架施工既涉及电气化专业、电力专业、通信专业、信号专业,又与桥梁专业密切相关,又需要与 AT 所、分区所、牵引变电所、变配电所、箱变、基站、中继站等位置吻合,接口众多,必须量身定做特殊的电缆爬架才能满足高铁运营需要。

桥墩与箱梁位置爬架在结构设计与施工安装时比较困难,既要保证布局美观、安全可靠,又要保证电缆转角满足技术要求,还要施工方便、检修方便,对于高度比较高的桥上,电缆的下穿和固定也更加困难,需要制定专项方案才能满足现场施工需要。

三、施工组织

1. 严寒地区施工机械、工器具组织差别

当夜间温度低于 – 20 ℃以后,对于公路交通车辆,夜间必须停放在暖库,以保证第二天正常运转。与汽车受温度影响程度相比,轨行车辆受影响程度更大。在采取各种冬季防护措施的同时,尽量采用车辆集中停放或集中在一个作业面施工的方式进行冬季施工。同时增加专职司机进行夜间值班、启动车辆。由于严寒天气其他施工单位均停止了施工,与铺轨单位协商,将区间全部封锁,组织集中架线施工。

2. 严寒地区物资存放、运输施工组织

冬季受道路、雨雪天气及汽车、吊车、轨行车辆故障等方面因素的影响,物资从中心料库到施工现场应用整个流程中,无论哪个环节出现问题都会导致安排的施工项目无法实施,为尽量减少以上各种因素对冬季施工安排产生的影响,增加现场施工作业项目选择的多样性,避免某个环节出现问题该项施工无法进行,在进行冬季施工组织时,定期根据实际情况提前将物资集中运至施工现场,由专人看护,将冬季物资运输的影响降至最低。

3. 劳动力配置

电缆爬架安装主要劳动力配置见表9-7。

表 9-7　主要劳动力配置

序 号	项 目	单位	数量	备 注
1	施工技术负责人	人	1	负责架线全过程的全面指挥工作
2	测 量	人	2	由作业队技术人员担任
3	辅 助	人	4	—
4	防护人员	人	2	—

4. 材料与机械设备配置

（1）材料与设备配置

电缆爬架安装材料与设备配置见表9-8。

表 9-8　材料与设备配置

序号	名 称	规格型号	单位	数量	备 注
1	化学锚栓	—	个	若干	根据现场需要
2	爬架线槽	按施工图定	m	若干	根据桥墩高度
3	电缆固定卡子	按施工图定	套	若干	根据电缆型号
4	取暖工具	—	台	若干	—

（2）工机具配置

电缆爬架安装工机具配置见表9-9。

表 9-9　工机具配置

序号	名 称	规格型号	单位	数量	备 注
1	测高仪	—	台	1	—
2	温度计	摄氏	个	2	测量现场温度
3	皮卷尺	50 m	把	1	—
4	测量绳	$L=100$ m	根	1	—
5	尼龙绳	$\phi15$ mm×10 m	条	2	传递工器具用
6	安全帽	—	顶	若干	每人一顶
7	安全带	—	条	2	—
8	防护用具	—	套	2	—
9	安装工具	—	套	2	爬架安装 终端锚固线夹用
10	锤 子	—	把	2	—
11	电 锤	—	台	—	—
12	安装架	—	副	若干	根据现场需要
13	钢 钎	—	根	4	打 拉 线
14	记号笔	—	只	3	标记固定位置

四、关键施工技术及措施

1. 电缆爬架安装工艺流程

电缆爬架安装工艺流程如图 9-5 所示,爬架效果如图 9-6、图 9-7 所示。

搭建平台 → 测量 → 弹线定位 → 预埋锚栓 → 爬架安装

图 9-5 电缆爬架安装工艺流程示意

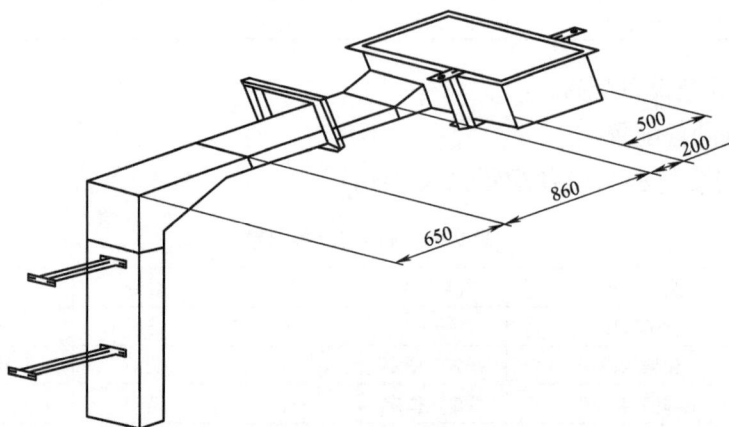

图 9-6 10 kV 爬架效果示意(单位:mm)

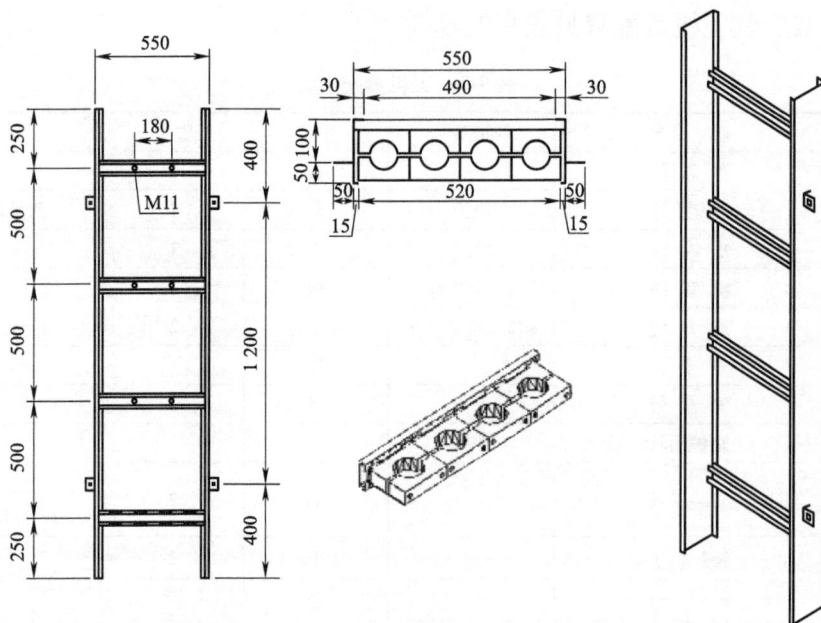

图 9-7 27.5 kV 爬架效果示意(单位:mm)

2. 操作要点

（1）作业准备

①业内技术准备

作业指导书编制后,应在开工前组织技术人员认真学习实时性施工组织设计,阅读、审核安装图纸,澄清有关技术问题,熟悉规范和技术标准。制定施工安全保证措施,提出应急预案。对施工人员进行技术交底,对参加施工人员进行上岗前技术培训,考核合格后持证上岗。

②施工注意事项

组织有关人员学习爬架各项施工方案,并向具体操作人员交底。学习本工作范围的有关知识,明确职责,专人负责。安排专人进行气温观测并做好记录,与气象部门保持联系,及时了解天气情况,防止寒流袭击,积极采取措施。

根据施工进度计划,材料部门提前组织有关机具、外加剂和保温供暖设备、材料的进场。对各种加热的设备、保温材料仔细检查其安全可靠性。

制定冬季施工计划,检查督促冬期施工方案的实施。冬期施工前要认真组织有关人员分析冬期施工计划,所需材料要在冬季施工来临前准备好。落实冬季施工必备的保温设施和职工保温劳动保护用品。

组织相关人员进行一次全面检查施工现场的准备工作,包括临时设施、临电、机械设备保温、取暖等项工作,检查施工现场及生产生活基地的保温取暖及排水设施,保证雨雪天排水通畅。

备齐爬架安装形式配置表、安装图、箱梁活动及固定底座的方位等技术资料。

爬架安装可采用脚手架或吊架承载人进行安装,高空施工作业前要按操作规程严格检查脚手架、拉线绳是否存在安全隐患,如有破损应立即更换。要注意爬架安装用具的架梯,不能超载;不得在爬架上集中荷载,桥墩较高时需要架设辅助拉线进行安全加固,高空作业人员必须系安全带。安装架拆除时地下作业人员必须佩戴安全帽,应注意拆除架梯的顺序与安装时相反。

（2）工艺操作

弹线定位:根据箱梁固定支座设计图确定电缆桥架安装固定位置,确保不能由于冬夏季节桥梁的伸缩导致爬架的松动。爬架依据采用箱梁底座固定端为爬架的固定端,从始端至终端找好水平或垂直线,在线路的中心线进行弹线,按照设计图要求分匀档距并用笔标出具体位置。

钻孔直径的误差不得超过 +0.5 ~ -0.3 mm;深度误差不得超过 +3 mm;钻孔后应将孔内残存的碎屑清除干净。待螺栓凝固后,可用螺母配上相应的垫圈将支架或吊架直接固定在螺栓上。严禁将桥架直接点焊在金属结构上。桥架应可靠地紧固在支架上,不得有明显的扭曲或向一边倾斜。

弯头的延续连接应接合自如,接口处不应受力,连接后不得有凸起或扭曲现象,其纵向横向中心线应相互垂直,经弯头前后的中心线应重合或相互平行,其偏差均不得大于 5 mm。

桥架延续连接及附件的紧固螺栓均应注意螺栓安装方向,螺栓头应在桥架内侧,螺帽在外侧,螺栓长度应适中,紧固后约伸出 10 mm 为宜。螺栓固定后,其头部偏斜值不应大于 2 mm。桥架内部紧固后不应大于 3 mm。

桥架盖板安装要求:盖板两端应光滑,无毛刺或卷口现象。除伸缩缝外,盖板的中间连接应严密,接头处间隙不得大于 2 mm,有加设隔板要求的桥架,盖板覆盖应保持畅通不得在转弯或立上、立下处中断。盖板应卡接严密,卡锁连接可靠。

距地表 2.5 m 以下的电缆槽连接、固定应用五角防盗螺帽,防止外部人员的破坏。电缆桥架入地 60 cm 和地面预制电缆沟连通。

(3)技术标准

确认箱梁两端固定支座方位,明确爬架活动吊架的安装端。从始端至终端找好水平或垂直线,利用桥墩的中心线进行弹线,按施工样图及爬架效果图要求分匀档距并用笔标出具体位置,偏差不得超过 +5 mm。化学锚栓预埋钻孔直径的误差不得超过 +0.5 ~ -0.3 mm;深度误差不得超过 +3 mm;保证孔内残存的碎屑清除干净。爬架安装保证内部的光滑,以免割伤电缆。

五、主要管理措施

主要管理措施如下:

(1)汽车司机及机械操作人员应做好对所以机械的保养及保暖措施。

(2)施工现场要做到活完场清,电缆桥架要堆放到安全地方,不易挤压与碰撞。

(3)各种起重设备必须有完善的制动装置,吊具绳索,必须保持清洁无霜,捆扎设备必须采取防滑措施。

(4)汽车在积雪冰层地行驶,要降低车速,上下坡或转弯时,要避免使用紧急制动,严禁在冰面上停放。

(5)攀高架搭建过程中划出工作标志区,禁止行人、车辆进入,统一指挥,严禁在无人指挥下工作。

(6)施工中,制订合理的作业程序和机械车辆走行路线,现场设专人指挥、调度,并设立明显标志确保协调、安全施工。

六、主要成效

优化后的电缆爬架方案,电缆路径合理、外形整齐美观,转角处的弯曲半径满足技术要求,并在爬架转弯及箱梁锯齿口、圆形孔洞位置采取有效的防护措施,保护电缆本身不受力、外护套不受划伤,另外爬架外侧加盖防护板,避免雨水、外力损坏电缆,防止其他人攀爬及偷盗。

第四节 高寒地区 220 kV 组合电器牵引变电所施工

一、工程概况

辽阳牵引变电所是哈大高速铁路占地面积最小的牵引变电所,由中铁电气化局集团公司西安电化公司承建,铁三院设计,北京铁城铁科院联合体监理站北京铁城"四电"监理分站监理。牵引变电所的主要施工项目有牵引变压器安装 4 台、220 kV 组合电器 2 套、27.5 kVGIS 开关柜安装 11 面、控制保护盘安装 9 面、交直流屏安装 6 面、220 kV 外部电源配套信息上传专用盘安装 5 面等相关设备基础浇筑、设备运输安装、接地网敷设、电缆敷设、二次线施工、设备单体试验、整组试验、系统联调等工作。

二、工程特点及难点

(1)由于征地工作由地方政府组织完成,征地工作严重滞后,导致所址变更且征地面积由 70 m×75 m 变为 57 m×40 m,给项目顺利实施带来困难。

(2)本工程施工场地狭窄,整个牵引变电所的面积仅为 57 m×40 m。房建、电气化、电力、通信等专业在此交叉施工,工程物资存放、基础开挖、基础浇筑、电缆沟砌筑、防雷接地网制作、设备运输、成品保护等方面互相影响大,各专业在不断地为其他专业腾施工场地的同时还需做好本专业成品、半成品保护措施,增加了施工组织难度。

(3)本工程位于严寒地区,基础底应位于冻结线以下 0.25 m 并符合混凝土耐久性的规定,因此需要采取冬季施工措施。

(4)本工程是施工方案招标非施工图招标,造成设计工作滞后。加之部分物资供货商提供的成套设备与合同中的技术规格书有差异,设计时需提供产品的设计图纸和相关技术说明书,由于设计信息反馈周期较长,造成设计工作滞后。为按期履约工程目标,施工单位配合相关单位进行了大量深化设计工作,增加了工作量。

三、施工组织

1. 资源配置

(1)劳动力配置

根据哈大高速铁路要求工期计划,项目部配足施工人员,保证工程能按期完成。辽阳牵引变电主要劳动力配置见表9-10。

表9-10 主要劳动力配置

部 门	人 数	备 注
负责人	1	负责辽阳变电全面施工
总 工	1	负责整体施工计划、总结关键工序的卡控
技术主管	1	负责辽阳变电所施工中技术问题

部　门	人　数	备　　注
安质员	1	负责辽阳变电所工程质量、施工安全和文明、环保等
材料员	2	负责辽阳变电所的材料、设备接收、检验、保管、出库
资料员	2	收集、整理所有与施工有关的资料
作业人员	8	负责分管段变电专业施工

(2)机械设备配置

由于场地限制,辽阳变电所只能选择220 kVGIS组合电器并采取室内安装的形式,变压器选择普通室外安装的形式。主要机械设备配置见表9-11。

表9-11　主要机械设备配置

序号	名　　称	规格型号	状况	数量(台)
一、机械设备				
1	汽车起重机	QY-12	良好	1
二、仪器仪表				
1	接地电阻测试仪	ZC-8	良好	4
2	数字万用表	DT9901C	良好	4
3	经纬仪	JZ-1	良好	6
4	水准仪	DS3	良好	6
5	电子磅秤	—	良好	3
6	验电器	35 kV	良好	16
7	兆欧表	2 500 V	良好	8
8	电感电容表	UT603	良好	1
9	变压比电桥	QJ35A	良好	1
10	智能介质测试仪	GC-2004A	良好	1
11	直流电阻测试仪	FH-8808	良好	1
12	大型地网接地电阻测试仪	HTDW-Ⅲ	良好	1
13	变压器直流电阻测试仪	JYR-10B	良好	1
14	全自动变比测试仪	FH-8803	良好	1
15	开关动特性测试仪	GCKC-3	良好	2
16	继电保护测试仪	PW30A	良好	1
17	直流高压发生器	ZCS-C	良好	1
18	绝缘油介电强度自动测试仪	GC2005	良好	1
19	高压绝缘电阻测试仪	3123	良好	1
20	数字接地电阻测试仪	HT2571	良好	1
21	直流双臂电桥	QJ44	良好	2
22	直流双臂电桥	QJ23	良好	1
23	钳型电流表	312	良好	5

2. 主要施工方案

（1）基础施工方案

①基础定位测量

结合施工图纸设备布置情况与房建专业施工单位的技术人员共同核对和确定所内设备、架构的平面坐标位置、水准点及场坪标高。

根据设计给定标高，从距变电所较近处的水准点（国家、原铁道部建立认可的水准点），用水平仪将其正确引入所内某一事先确定的固定位置，做好标高标记，并与房建专业标高基准点核对无误，把此点共同作为所内测量的基准点。

根据施工设计图上电气设备与房屋建筑的相对位置，将变电所房屋的基础轴线延长或平移引出，以该线作为基础定位的基准线，同时建立所内平面坐标系。

将经纬仪支立在某一被测基础的纵向或横向基础基准线，按该基础平面布置图的尺寸，用钢卷尺测定同一纵向或横向基准线上的距离，用经纬仪测定该基础的中心桩及辅助桩，并根据基础尺寸放大开挖尺寸，做好开挖标记。

②基底承载力确认

基础开挖至基础的基底标高时，于牵引所的基础基底的中心位置选取数个点（注：牵引变压器基础、断路器基础、220 kV 架构基础必须全选）进行基底承载力测试。

牵引所基础地基钎探：钎探采用轻便触探的方法，检查地基持力土层是否均匀一致，有无过软过硬之处，并测算持力层的承载力。

地基钎探采用的主要机具有轻便触探器、尖锥头、触探杆、穿心锤等。触探杆采用 ϕ25 mm 圆钢，长度 2.2 m，穿心锤 10 kg，并配备钢卷尺、凳子、撬棍、麻绳等。

钎探点的布点位置主要根据基础平面布置图的位置及基础浇筑后应能承受的垂直冲击力、水平冲击力来确定。具体单个基础而言，基底宽每 0.8 m 布一排钎探点，钎探间距为 1.5 m。具体布置如下：基底宽 1 m 以内，中心布一排；基底宽 1.0~2.0 m，两排错开 1/2 钎孔距离，每排距槽边为 0.2 m；槽宽 2 m 以上按梅花状布置，并绘制钎探平面布置图。钎探平面布置图应与实际基坑相一致，标出方向及基坑轴线，并对钎探孔进行编号。按钎探孔位平面布置图放线，在现场洒白灰标识钎探探孔位置，要与平面图布置相一致。

地基钎探方法主要包括：就位打钎（将触探杆尖对准孔位，再把穿心锤套在钎杆上，一人扶下钎杆，一人站在操作凳子上，拉起穿心锤，使其自由下落，锤距为 50 cm，将触探杆竖直打入土层中）、记录锤击数（在钎杆上预先划好 30 cm 横线，钎杆每打开入土层 30 cm 时记录一次锤击数，每一钎探点必须钎探五步，1.5 m 深）、拔钎（用麻绳将钎杆绑好，留出活套，插入撬棍，利用杠杆原理，将钎杆拔出）、移位（将触探器搬到下一孔位，继续下一孔打钎）、灌砂（打完的钎孔，经过质量检查人员和有关技术负责人，工长检查孔深与记录无误后，方可进行灌砂。灌砂在每天打完钎后，统一灌一次，灌砂时，每灌入 30 cm 左右深度，可用钢筋棒捣实一次，下至地基表面）、整理记录（钎探孔按顺序编号，每打一孔应将锤击数工整填入统一表内。记录表中钎位、锤重、自由落距、日期等均要依据现场情况填写,技术负责人、钎探负责人和钎探记录人的签字要齐全。打钎中如有异常情况,要写在备注栏内)。

由于是冬季施工,要求钎探时每打几孔后及时掀盖保温材料一次,不得大面积掀盖以免基土受冻。钎探完毕后应作好标记保护好钎孔,未经监理工程师进行确认不得堵塞或灌砂。钎探过程做好影像记录以备查验。

注意事项:如打钎打不下去应请示有关技术人员或取消钎孔、移位打钎,不得不打而任意填写锤击数。记录和平面布置图的整理:打钎完后应及时整理有关数据。在记录表上用有色铅笔式符号将不同(锤击数)的钎孔分开。在钎孔平面布置图上,注明过硬或过软孔号的位置,把基地上障碍物等尺寸画上,以便监理、施工技术、设计等相关人员验槽时分析处理。地基钎探记录作为一项重要的技术资料,一定要保存完整,不得遗失。记录表原则上应用原始记录表,对污损严重的要重新抄写,但原始记录仍要原样保存好,重新抄写的记录数据文字应与原件一致并要注明原件保存处及有抄件人签字。

基坑验槽工作完成后,如基础基底的承载力不能满足设计要求时应及时与相关单位联系,将基坑验槽触探记录拷贝件上报给相关单位(部门),以便相关单位(部门)根据牵引变电所现场基坑地质承载力等因素决定地基处理方法。

③混凝土外加剂的选择

冬期施工中从接触网基础浇制工程的结构类型、性质、施工部位以及外加剂使用的目的来选择外加剂。选择中应考虑:改善混凝土或砂浆的和易性,减少用水量,提高拌和物的品质,提高混凝土的早期强度;降低拌和物的冻结冰点,促使水泥在低温或负温下加速水化;促进早中期强度的增长,减少干缩性,提高抗冻融性;在保证质量的情况下提高模板的周转速度,缩短工期,缩短或取消加热养护;外加剂的选择时要注意其对混凝土后期强度的影响、对钢筋的锈蚀作用及对环境的影响,如含氨的混凝土外加剂;冬期施工尽量不使用水化热较小的矿渣水泥等。

冬期施工所有的外加剂,其技术指标必须符合相应的质量标准,应有产品合格证。对已进场外加剂性能有疑问时须补做试验,确认合格后方可使用。外加剂成分的检验内容包括:成分、含量、纯度、浓度等。常用外加剂的掺加量在一般情况下,可按有关规定使用。遇特殊情况时要根据结构类型、使用要求、气候情况、养护方法通过试验,确定外加剂掺加量。

冬期施工搅拌混凝土和砂浆使用的外加剂配置和掺加应设专人负责,认真做好记录。外加剂溶液应事先配成标准浓度,再根据使用要求配成混合溶液。各种外加剂要分置于标识明显的容器内,不得混淆。每配置一批溶液,最少满足一天的使用量。

外加剂使用时要经常测定浓度,注意加强搅拌,保持浓度均匀。

④基础浇筑

设备基础位置在轴线上的误差为 ± 10 mm;标高误差 − 10 mm;外型尺寸误差为 + 20 mm。地脚螺栓预埋其顶端标高误差为 + 20 mm;各预埋螺栓位置或间距误差为 ± 2 mm。

浇筑混凝土前及时将模板上的冰、雪清理干净。做好准备工作,提高混凝土的浇筑速度。在混凝土泵体料斗、泵管上包裹阻燃草帘被。

基础浇筑尽可能采用商用混凝土,在选择配合比时应有 10%~15% 的强度储备。

冬季施工要严格控制混凝土受冻临界强度,其受冻临界强度不应低于规范要求,混凝土温度降至 0 ℃前,其抗压强度不得低于抗冻临界强度。采用硅酸盐或普通硅酸盐水泥配制的混凝土临界强度不应低于设计强度标准值30%;要求混凝土的入模温度不得低于5 ℃。气温在 0 ℃以上时,可以只在 2 m 以上的混凝土中加入防冻剂;-5 ℃~0 ℃时应全部掺加防冻剂,浇筑完的混凝土及时覆盖保温。

泵送混凝土的管道采取保温材料包裹,保证混凝土在运输中不得有表层冻结、混凝土离析、水泥砂浆流失等现象。保证运输中混凝土降温度速度不得超过5 ℃/h,保证混凝土的入模温度不得低于5 ℃。严禁使用有冻结现象的混凝土。

④混凝土养护

混凝土养护措施十分关键,正确的养护能避免混凝土产生不必要的温度收缩裂缝和受冻。在冬施条件下必须采取冬施测温,监测混凝土表面和内部温差不超过 25 ℃。浇筑完混凝土及时覆盖,先用塑料膜覆盖后再用保温材料予以覆盖,在保温材料上及其周围埋上不少于 0.5 m 厚的土。在边角等薄弱部位必须加盖毡帘被并密封严实。

每个主要设备基础在浇制过程中应同时制作一组试块与基础进行同等养护,作为基础抗压强度的依据;其他基础每个工作日取不少于一组混凝土试块。混凝土试块的抗压极限强度应符合原铁道部现行《铁路混凝土与砌体工程施工质量验收标准》(TB 10424)的有关规定且不低于设计值。

基础表面平整光洁、棱角完整,无跑浆、露筋等缺陷,地面以上裸露的基础不应进行外装修。

(3)220 kV GIS 施工方案

①现场施工条件的检查

土建施工符合图纸要求,主要包括开孔位置、预埋件是否符合设计;地面平整度、墙面及天花板的清洁度;门窗以及通风设备(户内)的完整、现场物料的管理与安全;有无行车、吊车、吊钩;货物进场方便性以及吊装的方便性;采光/照明的合理性以及备用(临时)电源。

②220 kV GIS 到货检验

确认到货 220 kV GIS 设备包装有适当的防水、防尘、防虫、防动物的保护措施;充有绝对气压为 150 kPa 的 N2,PT 和 SA 应充 150 kPa 的 SF6;在运输和存储期间,气压应不低于 110 kPa;所有暴露的法兰必须用运输端盖密封;设备的包装和拆装应在干燥的环境中;拆除开关组件的包装时应谨慎,确认包装设备上的振动指示器。

③开箱与验货

按照 GIS 设备生产厂家提供的货物运输单编号和装箱清单进行清点;开箱验收时GIS 设备生产厂家的现场工程师应在现场;开箱前应观察箱体是否受损,开箱后立刻进行外观检查;如包装或设备有任何损坏应拍照并找来保险公司;任何有关包装或设备保存的纠正措施应详细记录;确认运输气体充装及压力状况;在非安装需要时不允许打开任何单元上的气阀;保持存储区的清洁,对于长期不安装的设备要按照 GIS 设备生产厂家提供的《操作手册》中产品的保管与储存条件要求重新包装和储存。

④现场安装的安全措施

严格遵守国家颁布的有关安全作业的规程规范、设备使用方的主管部门及建设管理部门的有关安全作业的规程规范;严格遵守 GIS 设备生产厂家提供的《GIS 设备使用手册》中的安全信息所要求的安全步骤;安全方面包括环境、人身、设备及其他财物等。

⑤GIS 安装流程

画安装轴线→间隔就位→模块拼装→气室抽真空→气室充 SF6 气体→设备固定→二次电缆敷设、接线→安装接地→安装高压电缆头。

⑥安装前的清洁

打开气室之前用吸尘器彻底清洁安装区域,特别是气室法兰连接处附近,而且应避免在安装区域内扬起灰尘。确保安装区域和安装部件清洁、干燥。

安装前清洁所有要安装的金属部件和连接面、密封面、O 形槽、O 形圈、导体接触面、连接件、屏蔽罩和绝缘子。清洁时应选用工业无水乙醇(99.7%)和洁拭(不起绒毛的棉布),安装时湿度≤85%;用纯净水或肥皂水清洁 GIS 喷漆表面,用硅油乳剂清洗硅橡胶套管裙套。

⑦安装注意事项

SF6 受到污染后其绝缘及灭弧能力均会下降。因此所有与 SF6 接触的表面及部件均在工厂中做过彻底的清洁并在非常清洁的环境中装配。在开启的部件或气室上工作时应避免让灰尘、汗水及湿气进入其中。

一旦拆去运输端盖,法兰的安装必须连续作业直至完成。如果间断无法避免,必须用干净的塑料薄膜把开启的法兰封闭起来。

电压互感器和避雷器未经制造商同意不得打开或抽空;任何情况下不得使用有损伤或变形的 O 形圈;气室如果打开超过 10 h 必须更换干燥剂。

⑧GIS 现场安装

根据一次图纸画地面轴线,目的在于将 GIS 准确就位,保证安装后 GIS 符合设计要求;仔细阅读基础方案图,横向找出基准点,画出母线轴线、断路器轴线、电缆孔的轴线(有电缆孔的项目);纵向找出基准点,划出间隔的轴线、墙孔的中心线、电缆孔洞的中心线;仔细复查土建的尺寸是否符合图纸要求。包括地面的平整度、二次电缆沟(孔)的位置及深度、电缆孔的位置及尺寸、开墙孔的位置及尺寸、接地预留的点位置等,若不符及时要求整改。

拆开设备包装,移进 GIS 室并按划在地面的轴线将 GIS 间隔移到适当的位置,将待拼接模块、配件等放置到恰当的位置。

主间隔的定位:仔细分析图纸,根据现场的实际情况确定第一个定位的间隔;用铅笔画出第一个定位间隔断路器底座的中心线,用线锤定位确保断路器底座的四个中心线都与所画的轴线重合;以定位的间隔为基准向两边安装其他间隔。

间隔与间隔的连接安装流程:放气(运输气体 N2)→拆盖→酒精清洁→装密封圈→塑料罩密封→拆除伸缩节外壳→酒精清洁→塑料罩密封→酒精清洁→打磨去除划痕→对接、调整→调整断路器底座→调整安装伸缩节(350 mm ± 5 mm)→安装 O 形密封圈→安装高频触头弹簧→固定安装伸缩节。

模块拼装:间隔就位后,将隔离开关、管道等小模块往间隔上拼接,就如拼积木一样,简单易行。次序为:安装导体连接接头→安装 O 形密封圈→法兰连接(包括检查密封面是否有划痕或类似损伤、用细砂纸把划痕砂平、用吸尘器除尘、清洁密封面等)→法兰螺栓扭紧力矩检查(未涂胶时的螺栓锁紧力矩)未涂胶的螺栓的锁紧力矩安装密度继电器。

气室抽真空:GIS 由多个独立气室组成,各气室由气体隔离绝缘子分开。每个气室装有各自独立的气体密度继电器和充气接头(均装有自动截止阀)。

模块拼接后,立即对气室抽真空,气室压力通过气压计测量;第一次抽真空约 4 h(或小于 100 Pa 后再抽 1 h)后,静置 8 h 以上,检查真空度是否反弹→真空检漏;继续抽真空 2 h 后就可以进行气室充气。

真空泵注意事项:是否反转,反转会造成倒抽;是否有逆止阀及接口阀门;一旦停电应立即拆除连接以防倒抽;在处于运行状态下连接或拆除连接阀门。

气室充 SF6 气体:气室真空处理完,向气室内充 SF6 气体;先充至 150 kPa,待所有气室都已充到 150 kPa;再充到额定压力(断路器气室、独立 CT 气室、PT 气室 700 kPa,其他气室 600 kPa)。

全部安装工作完成以前,禁止将各气室的 SF6 压力充至额定压力。

GIS 设备固定通常采用化学锚栓固定和预埋焊接固定两种方式。

根据设计布局的不同,二次电缆在现场有不同的敷设及接线方式。a. 挂柜式:现场电缆多为插拔式电缆,其他电缆端子(如 CT、PT 二次线)也已在车间做好,不须现场制作,大大减少现场工作量。b. 立柜式:根据现场电缆敷设的走向,截取相应的电缆长度制作拔插式插座及其他电缆端子(如 CT、PT 二次线)。

安装接地:根据设计图纸进行接地连接的制作与安装;GIS 间隔各个模块通过外壳相互连接,所有模块外壳都是等电位的;GIS 外壳必须接地;不属于任何主辅回路的金属部分应单独接地,焊接或螺栓固定到 GIS 外壳的框架和支撑不需要个别接地;GIS 接地线尺寸应符合额定短时耐受电流:40 kA/3 s。

GIS 短路电流主接地:(将两侧间隔断路器底板用 $2 \times 120 \text{ mm}^2$ 的接地线与接地网的短路主接地点相连,如果只有一个间隔则需 $4 \times 120 \text{ mm}^2$ 接地线)。

GIS 等电位接地:(将每个 GIS 间隔的断路器底板与地面内的钢筋引出端或 GIS 底座用 $1 \times 120 \text{ mm}^2$ 的接地线相连接)。

就地控制柜接地:保护接地通过 $1 \times M12$ 螺栓和接地导体与 GIS 外壳($>16 \text{ mm}^2$ Cu)

连接,根据设计图纸进行接地连接的制作与安装。

⑨安装高压电缆头

紧凑型插拔式电缆终端筒由一个三相浇铸树脂绝缘子插座组成,由压环固定在GIS法兰上;通过插接式触头与GIS导体相连,插座的测试和安装在工厂进行,安装和测试高压电缆时无需打开隔离开关气室。浇铸式树脂绝缘子插座内运输时充N2(150 kPa),组装前先放气;插拔式电缆密封终端头发送到现场,先安装到电缆上然后插入安装到插座内。

IEC标准型电缆终端筒由三个浇铸树脂绝缘子插座组成,由压环固定在GIS法兰上,用插接式触头与GIS导体连接;隔离开关、浇铸式树脂绝缘子插座内运输时充N2(150 kPa),组装前先放气;电缆密封插头发送到现场,先安装到电缆上然后插入安装到浇铸树脂绝缘子插座内;电缆头安装必须有GIS设备生产厂家人员现场监督,必须遵守电缆和电缆终端供应商的指导和规定。

(4)控制保护设备安装施工方案

①开工前认真阅读、审核施工图纸,澄清有关技术问题,熟悉规范和技术标准。制定施工安全保证措施,提出应急预案。组织施工人员认真学习作业指导书,使全体作业人员熟悉作业内容、进度要求、作业标准及安全注意事项。对作业人员进行技术交底,对参加作业人员进行上岗前技术培训,考核合格后持证上岗。

②配电盘(柜)到达现场后,要进行全面的检查,在前后基础槽钢上各选三个点(两头、中间),用水准仪测量基础槽钢的水平度和不直度,不直度每米小于1 mm、全长小于5 mm;水平度每米小于1 mm、全长小于5 mm;且基础槽钢上表面应高于地面5~10 mm。如不符合要求,请房建专业处理。

③按照设计文件规定,将盘、柜按顺序搬放到安装位置。首先把每面盘、柜大致调平,然后从成列盘、柜一端的第一面开始调整。使正列盘柜水平、垂直、接缝密贴、模拟线对应,然后安装盘柜间连接螺栓。

④盘柜独立或成列安装时,其垂直度、水平度以及盘、柜面不平度和盘、柜间接缝的指标符合相关标准、规范要求。

⑤根据盘柜的结构,采用在基础槽钢上焊接固定螺栓或压板固定,每面盘柜不少于4个固定点。焊接后的螺栓要牢固垂直,与盘座角钢外缘间应有5~10 mm的间隙。

⑥根据盘柜表面的颜色,将油漆调配好。调好的油漆颜色尽量和盘柜表面颜色一致。用砂纸将盘柜缺漆部位打磨干净,然后用油漆刷沾漆认真修补。用25 mm²的软铜扁平编织线将每列盘柜内的接地母线连通,软铜扁平编织线两端应搪锡。盘柜内的接地母线在整列盘柜两端与电缆沟内接地母线连接。清除连接点氧化膜后,涂一层电力复合脂。基础螺栓紧固后,螺栓长度宜露出螺母2~4扣;盘、柜的接地要牢固,接触良好;盘、柜的漆层完整无损伤,修补后的颜色应与原色一致;盘、柜间模拟线应整齐对应。

⑦盘、柜在搬运、安装时要避免强烈震动;盘、柜在未固定牢靠前应有防倾倒措施;安装时,禁止用大锤等工具敲打盘、柜;盘、柜搬运安装时,工作人员要注意力集中,听从

统一指挥,防止挤压手脚和撞坏盘、柜上的设备。

(5)电缆敷设施工方案

牵引变电所内所需敷设的电缆主要有 27.5 kV、10 kV 的中压电缆,1 kV 及以下的低压电缆、控制电缆,通信光缆等。如何使电缆沟的宽度、深度,电缆支架层间距离,电缆允许弯曲半径,电缆与电缆、管道、道路、建筑物之间平行或交叉的最小允许距离,电缆排列、固定、防火封堵、标识等方面均满足施工规范的要求,且敷设后的电缆排列整齐、互不交叉,就要求在电缆敷设前制定切实可行的施工方案。

①电缆敷设施工前的检查

预埋件按设计要求安装牢固,预留孔、洞、槽正确;所内建筑电缆沟、夹层、电缆竖井、电缆桥架等房建工程已结束并清理干净,施工道路畅通;所内建筑电缆沟排水通畅、盖板齐全,电缆夹层的门窗完好;电缆沟的宽度、深度及电缆支架层间距离符合设计要求。当设计未作要求时,电缆沟的宽度和深度、电缆支架层间距离应结合当地气象条件和施工规范的要求,取其指标高的。

保护管设置:通过水沟、公路、铁路、出入建筑物时;沿电杆、构架、建筑物引上,其地下 0.5 m 至距地面 2 m 高内;单芯交流电缆保护管采用内壁光滑的塑料管(PE)作为保护管。

保护管加工:内壁及管口光滑无毛刺;弯制后,无裂缝和明显的凹瘪现象;采用金属保护管应镀锌、涂防腐漆或沥青;保护管内径大于电缆外径的 1.5 倍;每根电缆管直角弯不超过两个,弯曲半径符合电缆弯曲半径的规定。

明敷保护管应用卡子固定在支架或墙上,电缆管支持点的距离,当设计无要求时,不宜超过 3 m。

保护管的连接:金属保护管采用带丝扣的管接头时应密封良好,采用大一级的短管套接时,短管两端焊牢密封,短管长度不小于电缆管外径的 2.2 倍;硬质塑料保护管采用套接或插接,其深度为管子内径的 1.1 倍以上,插接面粘牢密封,采用套接时套管两端应封焊。

引至设备的保护管口位置,应便于电缆与设备的连接并不妨碍设备拆装和进出,并列敷设的保护管口高度应一致。

加工的支架、吊架、桥架平直,切口无卷边毛刺;连接用电焊连接或螺栓连接,固定牢固;金属支架进行防腐处理。

前期安装支架、吊架、桥架牢固,横平竖直,固定方式符合设计要求;各支架的同层横档应在同一水平面上,在有坡度的电缆沟或建筑物上安装应有与电缆沟或建筑物相同的坡度;已可靠接地。

②电缆敷设

电缆盘在滚动前,应检查电缆盘的牢固性,滚动应顺着电缆盘上的箭头指示或电缆的缠紧方向;敷设电缆将电缆盘安置在专用放线架上,放线架安置稳妥,敷设时电缆从电缆盘上端引出;敷设较长电缆宜用座式或吊式滚轮,避免电缆在支架或地面上摩擦拖拉;电缆不得有铠装压扁、铰拧、铠装或护套折裂等损伤;电缆弯曲半径满足施工规范的要求。

当现场环境温度低于 -4 ℃时,不宜敷设电缆。必须施工时,将电缆预热加温,加热后的电缆尽快施放。在终端头或接头附近宜留有备用长度。

每条电缆的两端、电缆层及电缆井内均应设标志牌,注明线路编号,字迹应清晰,不易褪色。标志牌规格统一,宜用全天候塑料标牌挂装牢固。

直埋电缆埋深不小于 700 mm,且满足冻土层以下 200 mm 的要求。直埋电缆的上下铺不少于 100 mm 厚的软土或砂层并在上面盖混凝土板或砖块保护,软土或砂子中不应有石块等硬质杂物。

电缆与电缆、管道、道路、建筑物等之间平行和交叉时的最小距离满足施工规范的规定。

电缆在支架上的排列:电力电缆和控制电缆不排列在同一层支架上;各类电缆在支架上分层排列,由上而下分别为:中压电力电缆、低压电力电缆、照明电缆、控制电缆;电缆在普通支架上配置,不宜超过一层;在桥架上配置,控制电缆不超过三层,交流三芯电缆不超过二层。

电缆在支架上的固定:垂直敷设的电缆在每个支架处,水平敷设的电缆在其首末端、转弯及接头处均应将电缆固定;电缆水平固定间距一般为 900 mm,最大不超过 2 m。电缆垂直固定间距不超过 600 mm;单芯交流电缆固定夹具应为非磁性材料、防紫外线辐射及适应恶劣天气条件。

③电缆敷设完毕后,应进行的工作

电缆出入电缆沟、槽、建筑物及保护管时,应将出入口侧用专用材料防水和防火封堵;盖好盖板或按规定进行回填;直埋电缆应在直线段每隔 50 m、电缆接头处、转弯处、进入建筑物处设置明显的标志。

④电缆终端头和中间接头的制作安装

牵引变电所围墙内的电缆敷设不得中间接头;电缆终端头的附件规格、型号及电压等级应与电缆和 GIS 开关柜或变压器出线端子的规格、型号相吻合,且符合设计要求。

电缆终端头和中间接头接续,接头连接处导电良好,能长久稳定传输额定电流;端头和接头处的绝缘能承受电缆工作条件下的额定电压和瞬时过电压;接头外壳具有良好密封性和足够机械强度;27.5 kV 及以上单芯供电电缆的终端头的屏蔽层接地线与铠装层的接地线相互绝缘,终端头的屏蔽层、铠装层的接地线应分别引出,如不接地的需做绝缘处理。剥切电缆不应损伤芯线和保留的绝缘层。

电缆芯线连接的要求:连接前核对芯线相位;芯线端部剥切长度大于接线端子孔深或连接管长度的一半;接线端子或连接管规格与电缆芯线配套;在压接或焊接前将连接部分表面的氧化层清除干净;在压接后接线管和接线端子均不得出现裂纹,焊接应使孔内或槽内焊锡饱满并不损伤芯线绝缘。电缆终端头的出线保持固定位置,电缆芯线弯曲不破坏芯线绝缘和损伤根部。

电缆头制作完成后应根据产品技术文件要求的时间静置摆放,之后按《电气装置安装工程电气设备交接试验标准》(GB 50150)进行耐压试验,试验合格后方可进行电缆头安装。

电缆终端头应固定牢固,各带电部位符合相应电压等级电气距离规定;电缆终端头上应有明显的相色标志且应与系统一致。

电缆护层保护器按下列要求安装:电缆护层保护器型号、规格应与被保护电缆外护层绝缘相匹配并符合设计要求;电缆护层保护器的连接线应尽量短且截面应符合最大电流通过时的热稳定要求,接地端子应与接地体可靠连接;电缆终端头与电缆护层保护器间的连接线需做绝缘处理。

(6)系统调试方案

设备安装及配线完毕后在设备安装组的基础上成立系统联调组。首先配合设备厂商技术代表对设备进行单机调试。

由于其他通信系统以传输系统为主干构成整个系统网络,因此传输系统对实现整个系统功能起着决定性的作用,所以联调从传输系统的调试开始。传输系统的联调应充分利用网管系统对各指标进行测试。

与其他系统的联调,按照其他系统的需要,提供透明的传输通道,指标达到各系统要求。

根据工程的设计要求,对通过传输系统构成的各站的设备及系统,对其应具有的功能及应达到的指标进行全面的测试和试验,各项指标应达到设计及有关标准的要求。

系统性能检验以确定安装施工的项目全部或部分设备达到合同及设计中所规定的系统技术标准及要求。

通信系统的试运行,由联调技术人员值班,确保通信系统按实际操作模式无故障连续正常运行。

由于系统调试技术性强,成立的两个调试组负责有线系统与无线系统的调试工作。由于系统调试时受供电、故障查找、厂家人员配合、点多线长等多种因素影响,系统调试至少要保证一到二个月的工期,所以前期的施工安排尽量靠前,同时提前做好电源联系与准备,确保调试电源的稳定与供应。

四、关键施工技术及措施

本项目的关键技术包括两个:一是基础。对于220 kV组合电器的基础施工要求极其严格,首先是要地基承载力满足安装条件。由于是冬季施工,需要严格控制混凝土受冻临界强度,其受冻临界强度不应低于规范要求,温度低于 −5 ℃时,不可进行基础施工。其次是室内、外基础的轴线对应问题,必须保证室外套管基础与室内设备轴线对应。二是GIS组合电器接地布置。室内GIS组合电器设备接地必须在基础施工时进行预留的应在混凝土浇筑前将接地线敷设完成,并将室内预留的接地点预留出来,保证将来220 kV组合电器的接地有可靠的接地点。

1. 从施工界面入手,抓好接口管理

为控制施工质量,以项目部协调管理为主、现场监控为辅抓好接口管理,按规定和相关技术、规范要求做好各项工程施工。

2. 加强对 27.5 kV 电缆保护

3 km 范围内 27.5 kV 电缆的护层接地采用一端直接接地,一端用护层保护器接地的形式运行,这样当护层的电压达到一定值时,护层保护器瞬间动作,释放电流,达到安全运行的要求。理由是接触网供电线采用 27.5 kV 电缆为单芯电缆,其电缆线路自身感应电动势约为 11 V/km,3 km 设置一处直接接地,自身感应电动势约为 33 V(以上数据未考虑牵引供电对电缆线路感应电动势),满足电缆设计规范要求的低于 50 V。依据高速铁路设计规范,牵引供电对电缆线路感应电动势约为 20 V/km,3 km 范围内产生的感应电动势为 $20 \times 3 + 11 \times 3 = 93$ V,满足电缆设计规范要求的低于 300 V 要求。若超出 3 km 范围,则考虑加装电缆接头箱等方式来实现一端直接接地,一端用护层保护器接地。

27.5 kV 接触网供电线电缆直埋地段统一采用电缆槽或电缆保护管进行防护。电缆槽要求采用模压成品无钢筋水泥电缆槽(带侧旁或槽底泄水孔)或预制成品有钢筋水泥电缆槽(带侧旁或槽底泄水孔)。电缆槽可根据需要选择窄电缆槽(普速铁路以前使用的敷设一个回路的电缆槽)、宽电缆槽,宽电缆槽内的净宽要求电缆敷设后电缆间的距离不小于 150 mm。介于每个接触网供电回路至少 3 根 27.5 kV 电缆(可能需加 1 根作为备用),一个典型所 4 个接触网供电回路,就有 12 ~ 16 根 27.5 kV 电缆。为此,在牵引变电所亭围墙下(按设计图设置,典型所为 3 处),所内电缆沟与所外直埋地段连接处预留不少于 12 个内径为 100 mm 的预留孔。布置形式为方形蜂窝型布置,预留孔按 3 排布置,每排不少于 4 个孔,孔与孔的水平及垂直距离均大于 200 mm,且将蜂窝型预留孔的最上层设置于所内地面 600 mm 以下。牵引变电所亭内的电缆沟在蜂窝型预留孔位置进行顺坡处理,以满足 27.5 kV 接触网供电线电缆敷设的要求。27.5 kV 接触网供电线电缆过维修通道保护采用内径为 110 mm 的 PE 管,且埋设深度不小于 1 m。

安装的电缆爬架及其支吊架、连接件和附件的质量应符合现行的有关技术标准。电缆爬架的规格、支吊架间距,防腐类型应符合设计要求,严禁降低等级。爬架在每个支架上的固定应牢固,爬架间的连接板螺栓应齐全紧固,螺母位于爬架外侧,这样便于安装调整,也可以防止螺母划伤电缆。支吊架的安装要吊线,托架的组合安装也要吊线,确保安装后的托架平整、牢固。当直线段钢制托架超过 30 m 时应有伸缩缝,其连接宜采用伸缩连接板;电缆桥架跨越建筑物伸缩缝处应设置伸缩缝。采取以上措施可以使桥架不受环境温度的变化及建筑物的沉降的影响而变形。电缆桥架转弯处的转弯半径严禁小于该桥架上的电缆最小允许弯曲半径的最大者。沿电缆支架全长应敷设接地线并将托架沿全长可靠接地。电缆支吊架、电缆爬架等材料均为镀锌件,严禁破坏镀层。原先的施工中如遇整片托架过长或直段与弯头处连接等情况时需用无齿锯切割托架,用电钻打孔,有时还会自制弯头进行安装。为进一步提高施工工艺,提前计算出需用的托架长度及弯头长度,让托架厂预制托架及弯头在现场进行组合安装。托架的布置应符合设计要求,断面在托架施工中要编号,为敷设电缆做好准备。

27.5 kV 单芯电缆垂直地面时的固定方式采用两个电木制品(塑料制品、橡胶制品、铝合金制品均可,其颜色尽可能的采用褐色)的 U 形模块加穿钉螺栓的组合,以防电缆因受力挤压而损伤。U 形的电木制品的内径根据电缆外径加以确定。

3. 确保接地装置连接可靠

哈大高速铁路牵引变电所设置独立避雷针作直击雷防护。接地网接入综合接地系统,所内采用复合接地体接地。接地装置的水平接地体,直埋部分采用铜绞线,且埋设与冻土层以下;电缆支架接地线采用扁钢,在接地平面布置图规定位置与接地网相连接。垂直接地体采用离子接地极与铜包钢接地极的混合模式。电缆夹层设置的接地干线采用热镀锌的 50 mm × 5 mm 扁钢,沿墙水平敷设,距夹层地面高度 300 mm,用支持卡子固定在墙上。高压室设备接地采用热镀锌的 50 × 5 扁钢焊接,扁钢预埋在装修层内,扁钢一端焊接在预埋槽钢上,另一端穿过楼板与夹层中接地干线相连接。接地干线穿墙、穿过楼板时均穿管保护,管口两端用防火堵料严密封堵。室外接地装置的所有交叉及连接部位均采用火泥熔接。

确认接地装置连接可靠的措施:接地装置的火泥熔接或焊接处的隐蔽工程部分,由工班安质人员或项目部督导人员的确认后掩埋。作为单项工程的接地装置施工结束前,作业队的安质人员必须对接地装置进行一次全面检查。就隐蔽工程部分,采用下述方法进行:采用数字式万用表,将数字式万用表拨到飞鸣档,一端接至接地网的任何一点固定后,另一端依次与接地装置的每一处接地引下线、设备接地线进行连接,以听到飞鸣声为判断是否与牵引变电所的地网可靠连接的依据。变电所的接地电阻值,按施工图设计文件标注执行。接地电阻测量时,必须将变电所亭与综合接地的连接间、接触网 PW 线及轨回流电缆与集中接地箱连接间以及变电所与 220 kV 接地引线间接地螺栓解开。确认合格后恢复。

五、主要管理措施

1. 质量控制措施

(1)创新专业化专业模式,统一质量标准

为保证施工质量统一标准,项目经理部根据工序特点,在各专业作业队的管段内成立专业化作业小组,实行"大循环,小流水"专业化作业管理模式,做到测量精确化,计算微机化,预配工厂化,施工机械化,作业专业化,工艺标准化。对设计文件进行三级会审制,认真进行现场调查,真正领会设计意图,随时和业主及设计人员进行沟通联系,解决发现的问题,确保施工质量。

(2)以工序质量控制为核心,设置质量控制点

对施工过程的质量控制,必须以工序质量控制为基础和核心。施工过程质量控制的主要工作是:以工序质量控制为核心,设置质量控制点,进行预控,严格质量检查和加

强成品保护。

依据工程项目的特点,抓住影响质量的重要部位和薄弱环节,分析原因,制定各工序的质量控制点,提出措施进行预控;对于关键工序,制定相应的作业指导书来指导施工。作业指导书下发后,对专业施工小组进行技术培训工作,并进行考核,合格后方可在现场进行施工。

(3)健全质量管理制度,规范质量行为

执行工程质量检查制度,做好"六检"工作,即自检、互检、交接检和施工前、施工中、施工后的检查程序;坚持定期召开质量分析会制度;质量跟踪卡制度;材料设备进货检验和试验制度;图纸会审及技术交底制度;工班日志填写制度和作业卡制度;工程质量事故申报制度;工程防护制度等,规范质量行为。

(4)以工程物资质量优良,确保工程优良

①选择合格的工程物资供应商

根据《关于客运专线系统集成物资设备招标采购有关事宜的通知》(铁建设函〔2007〕723号)文件及相关要求,结合哈大高铁"四电"系统集成招投标资料中关于专用物资设备选择的约定,本着技术标准匹配、技术接口完整,业绩优良、质量可靠,构建不低于京津、武广线标准的物资设备选型平台。严格按照原铁道部的系统选型标准要求,利用集成商对京津、武广等多条高铁系统设备联调联试的成功经验,在充分考虑严寒地区特殊要求的情况下,按照300 km/h及以上高铁的设备选择标准,确定了电力、电气化供电系统专用物资设备供货商的初步方案,并向原铁道部运输局客专技术部报送了《关于选定哈大铁路客运专线电力、电气化供电系统专用物资设备供货商的函》(哈大客专物设函〔2009〕126号)进行备案。

哈大高速铁路物资设备主要有合同内专用物资、通用物资及甲控自采物资。合同内专用物资、通用物资由中铁电气化局"四电"集成事业部采用竞争性谈判及公开挂网招标的方式统一采购。

②做好设计联络工作

为保证供电设备和土建工程设计与后期设备安装的配合尽可能准确,保证供电设备系统内各项设备之间的接口(包括硬件接口和软件接口)在安装调试时的正确无误,与高铁系统内其他设备系统内的设备联调联试时的正确无误,同时为保证设计单位施工图设计和设备供应商的设备设计工作的顺利开展,在设备设计阶段,本项目部依据设计进程和安装施工计划时间表的要求,组织设备供应商、设计单位及业主开展设计联络工作。

根据项目总工期计划表,制定设计联络计划。在制定设计联络计划时,结合对施工设计和土建配合的影响程度、设备之间的接口关系、安装施工计划的早晚和生产工期的长短,充分考虑设计联络执行过程中的不确定因素,制定并及时修正联络计划。

③召开设计联络会议

第一次设计联络会议的目标:对合同中的"技术规格书"进行澄清,以"技术规格书"为基础,完成系统、设备的详细技术规格书编制;确定合同系统技术条件、设备的制造标准,包括工艺、结构形式、零件和模型等;确定工程物资供货商提供的第一批技术资料;讨论确定第二次设计联络会议的议程。此时工程物资供货商提供进行审查、确认的文件、图纸包括下列主要项目:按合同中的"技术规格书"的相关条目、内容、提供系统、设备的相关技术标准;提供设计的图纸和技术说明,并详细说明各相关设备的接口标准;提供设备基本布置要求及相关图纸;设备的主要电源要求和功耗;设备和其他系统设备之间的接口及标准;设备总图、电气原理图等。

第二次设计联络会议的目标:审查系统及设备的原理接线图,系统、设备的检测、单机测试、系统测试、联调联试等的程序和标准等,审查培训计划,子系统之间的接口设计文件及图纸,本系统与其他相关系统的接口设计文件和图纸;这一阶段供货商提供详细的培训计划(包括时间、地点、培训大纲和科目等)。提供业主进行审查、确认的文件、图纸,包括下列主要项目:各种设备的详细说明书,应包含详细的技术指标、功能说明、标准等;各种设备的安装方法;系统及设备电气原理接线图、系统及设备内部元器件布置图;子系统之间及本系统与其他系统设备之间的原理接线图;供应商检测、安装、测试的程序、标准;培训计划、设备监造计划。

第三次设计联络会议的目标:以技术规格书和第二次联络会议确认的有关文件、图纸、标准为基础,完成整个设备技术文件的审查、确认。此时供货商应提供设备的最终功能规格说明、设备的有关标准或补充、设备的最终设计图纸,其中包括设备的端子排图,设备之间电缆连接图(或手册)等,并在会议前 10 d,提供 4 份详细的文件、资料、图纸给业主、设计单位、采购单位等。

④做好工程物资进货验收

哈大高速铁路电力、变电专业的生产厂商按照设计联络确定的技术要求进行生产,对 GIS 开关柜、牵引变压器、箱变等主要设备派专人到厂家驻厂监造、验收,待各项目指标达到要求、验收合格后方能发货。

物资到达现场后及时向监理单位报验。报验按单位工程划分,一个单位工程必须单独进行报验,即一种物资在两个单位工程中使用的需两份报验表。

物资到达现场后,及时收集物资的相关资料,即合格证、出厂检测报告等,同时填写出厂质量保证书(合格证)表格;然后组织现场的施工负责人、技术负责人、材料员、安质员等对物资设备进行自检,填写自检报告;最后填写 TA6 表,并到监理单位报验。在设备到达现场后,事先通知监理单位,组织设备开箱(需通知设备厂家),设备开箱时监理、供货厂家、施工单位等相关人员在场,开箱后按铁程检规范填写铁程检(即设备开箱检查证),并收集各种设备资料,再填写 TA6 及其附表(即出厂质量保证书、自检报告、TA6 表)。

开箱后,施工单位负责安装,供货商协助安装、调试,安装完成后,通过试验车对设备进行单体试验及整组试验,确保了送电后设备安全运行。

⑤提供低温试验报告

鉴于哈大高速铁路地处我国东北三省,很多电气元器件在 $-40\ ℃$ 以下时将无法正常工作,将影响高铁的安全运行。在工程物资订货环节要求各供货商在生产哈大高速铁路材料、设备时,必须考虑材料、设备及设备内元器件在低温条件下,所采用的材质及生产工艺。不能造成材料、设备及设备内元器件在低温与高温交替过程中出现设备壳体破裂、设备漆皮脱落及运行不正常等情况发生。

为此,要求哈大高速铁路各材料、设备供货商提供扫描电子版或书面的材料、设备的型式试验报告以及设备本体和设备内各种元器件(包括外购件)在低温条件下功能检测测试结果的试验证明(国家权威机构)。如果不能提供某些元器件在低温条件下的检测证明报告,须提供如何来解决元器件在低温条件下运行的方案或解决办法(比如设备内增加温控装置、加热器等装置,设备本体采用耐温材料等),对于附录中接触网设备器材,还须专题说明采用(添加)何种材料或何种工艺能保证接触网设备器材在严寒低温条件下的性能。

哈大高速铁路电力、电气化所有材料、设备共计 49 项:技术规格书中要求做低温试验的 18 项(相关供货商对需做低温试验 18 项,全部提供了低温试验报告);其他 31 项虽然技术规格书中未提要求,但本项目部根据材料、设备的特点,对其中的 20 项也要求做了低温试验。所有材料、设备做低温试验的占总体比例达到 77.55%。确保了严寒低温下物资设备的质量。

(5)建立质量督导机制,强化过程控制

①建立质量监督检查指导机制(简称督导),按"分级管理、各负其责、相互配合"的原则,充分发挥各级质量督导检查人员的主动性、积极性,最大限度地规范、控制施作工序;监督、卡控施作过程;确保质量。

②质量督导人员接受培训计划后,对其工作能力进行考核,考核内容包括:主专业施工技术知识及工艺工法、安全质量工作程序、督导检查工作方法、应对突发事件快速反应处置能力等,经考核合格的安全质量督导人员方准上岗。

③监督检查各项目分部质量管理体系运行,督促各项目分部适时补充完善各项管理规章制度。参与重点部位、关键环节、特殊作业等施工方案的审定。督促各项目分部开展工地标准化建设活动。对施工现场的质量管理、施工工序、操作工艺、技术标准、质量规定实施监督检查和处治签认。对违章指挥、违章操作、未按图纸施工、未按作业指导书施工的,应立即制止并有权视情暂停作业,经教育认识改正后方准予继续施工。

④督导人员认真履行安全质量督导人员岗位责任制,做到公平、公正、公开,及时填写督导工作日志。并按施工工序实行安全质量督导实名制签认,对督导检查的工序、分部、分项、单位工程安全质量负责。查处的问题,本着从源头治理的原则,提出整改建议,签发《安全质量督导检查通知书》。对存在潜在危险,有可能危及施工人身安全、铁路运输安全、造成永久性质量缺陷的,在签发《安全质量督导整改通知书》的同时,下发《安全质量奖罚通知书》,并实施旁站追踪督导整改。

⑤督导小组了解所督导项目分部的施工周计划、月计划,以此编制督导组周安全质量督导工作计划,并严格履行实施。

⑥发生突发事件、安全事故,安全质量督导人员应在第一时间赶赴事发现场,参与保护现场、收集证物、开展初步调查;协助调查组分析原因,制订防范措施,制定整治方案,并监督实施。

⑦服从项目部的领导和管理,接受项目部安质部的工作安排和业务指导,认真填写督导工作日志,做到文字精练、描述准确、内容详实、有可追溯性。有条件的,尽可能附报相应的照片或录像资料;编制安全质量督导工作周计划,按时提交安全质量督导工作周报。按照《督导办法》有关规定,及时提报月安全质量督导工作小结、半年安全质量督导工作总结、年度安全质量督导工作总结。

2. 进度管理措施

(1)认真制定进度目标及计划

由于征地工作严重滞后且变更所址,施工队伍于 2010 年 11 月 8 日进场开始进行施工测量等前期准备工作。根据合同要求,工程建成日期:2011 年 6 月 30 日,"四电"集成联调联试及试运行完成日期:2011 年 12 月 15 日。为保证合同工期目标的实现,项目部通过科学分析,制定了如下具体进度目标:

①2010 年 12 月 31 日前完成主变及构架基础的开挖、浇筑;2011 年 1 月 15 日前完成室外防雷接地网的敷设及所有交叉、连接部位的火泥熔接工作;2011 年 3 月 15 日前完成全部的基础浇筑工作。

②室外构支架安装 2011 年 3 月 31 日前完成全部完成。

③牵引变压器等室外设备 2011 年 3 月 31 日前全部到货,GIS 组合电器、开关柜、控制保护盘等室内设备要求 2011 年 4 月 10 日前到货,2011 年 4 月 1 日开始设备安装,4 月 30 日前完成设备安装、单体调试工作。

④电缆敷设工作在 2011 年 5 月 5 日前完成,二次线施工在 2011 年 5 月 25 日前完成。

⑤整组试验工作在 2011 年 6 月 10 日前完成,使牵引变电所具备当地操作投入运行的程度。

⑥2011 年 6 月 11 日开始进行牵引供电系统的联调,要求在联调联试前尽可能多的完成调试工作量,力争在联调联试前达到牵引变电所具备远动操作投入运行的程度。

(2)规范进度管理流程

为了规范进度管理,本项目部制定了严格的进度控制流程,如图 9-8 所示。

(3)采取有效措施确保工期

①按照施工合同中规定的关键工期和总工期要求,运用系统工程管理方法,使用网络计划技术,合理安排每一工序;并将施工的"人、机、料、法、环"诸要素纳入网络计划中,优化关键路线,优化资源配置,实现对工程全过程的动态控制。

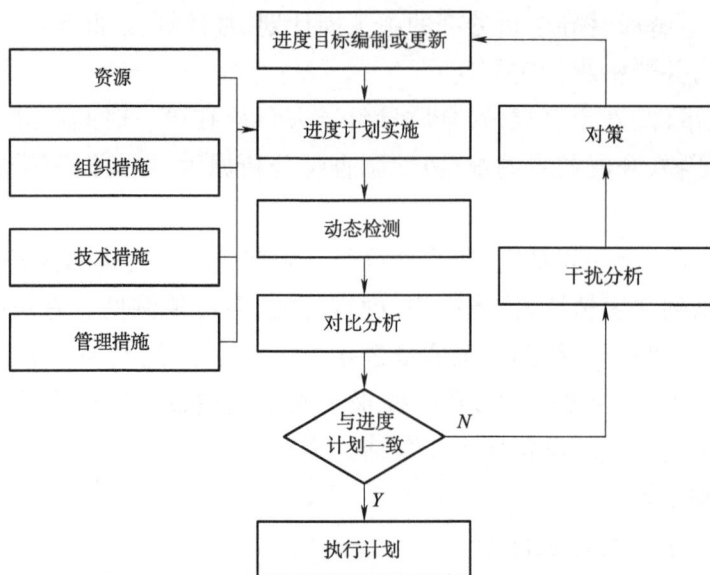

图 9-8　进度控制流程示意

②按照项目部制定的《施工进度考核办法》,定期、不定期对进度计划执行情况进行检查,对计划完成情况及施工节点情况进行考核,对未完成施工节点的进行通报批评,对完成施工节点的进行表扬;对关键施工节点计划完成情况,按《施工进度考核办法》的进行必要的奖惩。同时对未按期完成施工的节点分析原因,及时调整机械设备、人力、物力,确保计划的完成。

③随时根据施工进度要求、材料供应、人力资源等情况,调整优化施工方案、改进施工方法,均衡组织生产,协调施工,做到工期与质量并重,关键工序优先的原则,组织好各工序的施工。

3. 安全管理措施

(1)健全组织机构,构建了由领导层、管理层和操作层组成的安全管理体系网络,实现安全管理的全覆盖。

(2)制定安全管理制度,包括安全教育制度、安全培训上岗制度、干部盯岗制度、施工作业票制度、施工防护制度、安全班前讲话制度、安全生产例会制度、安全操作挂牌制度、安全包保责任状制度等相关制度,规范安全管理。

(3)制定了电缆施工安全、高空作业安全、电气试验安全、既有设备保护、保证人身安全、确保安全应急等相关措施,通过各种有效措施,将安全隐患防范于未然。

(4)组织了安全标准工地建设活动,加强安全文化建设。

4. 环境保护及文明施工措施

(1)为了加强环保工作的领导,切实把环保措施落到实处,牢固树立"预防为主,保护优先,开发与保护并重"的环保原则,把生态保护理念贯穿到整个施工过程中,成立了以项目经理为组长的环保领导小组。

（2）强化环保、水保意识，遵守法律法规，实现绿色施工，坚持污染预防，追求持续改进；控制水污染，保护水资源，保障人体健康，维护生态平衡。

（3）以设计文件、施工规范为依据，认真贯彻执行有关环境保护的要求，在编制施工方案的同时编制环境保护预案。加强领导，精心组织，文明施工，把环境保护工作落实到工程施工的各个环节，把生态保护理念贯穿到施工全过程。

（4）施工前与相关施工单位签订了施工配合协议，并对全体施工人员进行文明施工的宣传教育工作，施工人员统一着装，挂牌作业，注重施工队伍的精神面貌，举止文明，礼貌待人；并在施工现场都设立了工程简介牌，张贴安全、质量、环保的宣传标语，树立了良好的企业形象。

六、主要成效

克服征地拆迁及冬季施工诸多困难，采取各种有效措施，在确保工期条件下全面实现质量、安全、环保等目标，为哈大高速铁路项目顺利开通创造了条件。

第五节　综合接地系统

一、工程概况

综合接地是为了保护高铁电子、电气设备安全可靠运行和人身安全防护的一项重要技术措施，综合接地系统由贯通地线、接地装置（或接地极）、引接线、接地端子等构成，施工与主体工程同步实施。综合接地系统的接地电阻应不大于 $1\ \Omega$。综合接地系统以贯通地线为主干，充分利用沿线桥梁、隧道、路基地段构筑物设施内的接地装置作为接地体，形成低阻等电位综合接地平台。沿线距接触网带电体 5 m 范围内的金属构件和需接地的构筑物和设备应通过引接线就近接入综合接地系统。

二、工程特点及难点

（1）涉及专业接口多。贯通地线沿铁路两侧的敷设，将铁路沿线的所有金属构造物作为接地体，与隧道、桥梁、路基、房屋、接触网、通信、信号等专业行程众多接口。这些接口虽标准统一，但数量庞大，施工过程中容易出现遗漏、非标、或错误预留等问题。

（2）综合接地系统是一个主要为隐蔽工程的施工。贯通地线及接地体均需要做隐蔽性处理，贯通地线或埋于路基槽道下、或密封于隧道槽道底部、或密封于桥槽底部，接地体均是在地面以下或混凝土构造物内。隐蔽工程在施工过程中需做好各种位置记录和质量检查，一旦出现不合格或不符合标准的情况，势必造成很大的返工。

（3）参与施工单位多。综合地线因其特殊的施工内容，在工程中往往由多家施工单位分段实施。路、桥、隧往往都是不同标段或不同部门在实施，站前单位和站后单位都有施工内容，因此协调沟通的问题比较多，出现问题后推诿扯皮，整改处理慢。

（4）综合接地系统的检测工作比较复杂。综合接地系统在检测时,不同的地段的检测方法不一样,判别接地阻值容易出现偏差,容易造成检测不准,难以通过常规观察发现问题。

三、关键施工技术及措施

1. 路基综合接地

（1）路基地段接地极及接地端子设置

①在路基地段,约每隔 100 m 设置一处接地端子(视具体情况而定)。接地端子作为四电设备的接地体,直接从所敷设的地线引出,采用 316L 不锈钢材质内径 $\phi16$ mm 的接地端子,固定于电缆槽壁中,露出约 1 cm 的长度,用于以后的各种设备的接地连接,如图 9-9 所示。

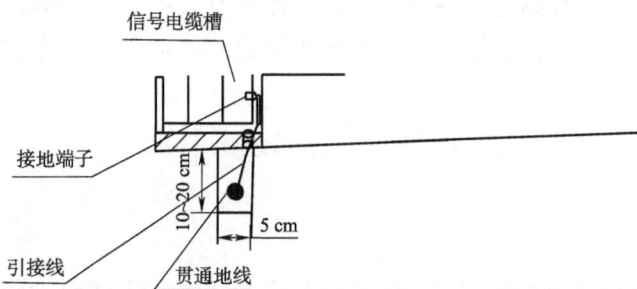

图 9-9　路基接地示意

②路基地段利用接触网支柱基础作为接地极使用。在施做接触网支柱基础时,在基础沿线路方向小里程侧面预留接地端子,接地端子的连接钢筋要求与基础内结构钢筋和至少两根接触网支柱基础螺栓可靠焊接;接地端子供轨旁设备及无砟轨道板等设施接地;接地极通过不锈钢连接线与通信信号电缆槽内的接地端子连接。

③每个接触网基础处的通信信号电缆槽内侧壁预留接地端子,供接触网支柱基础（接地极）及轨旁设备接地连接。

④电力电缆槽接地端子原则上约 1 000 m 设置一处,小于 1 000 m 的路基段不考虑,大于 1 000 m 的路基等分设置,间隔以不大于 1 000 m 为原则;接地端子与接触网支柱同坐标,供电力设施接地。接地端子尾端应与分支引接线压接。

⑤接触网支柱基础上的接地端子采用桥隧型接地端子,并与接触网基础内的结构钢筋可靠焊接。电缆槽内的接地端子采用路基型接地端子。

（2）路基地段声屏障综合接地

由导电材料制成的声屏障及支架应在结构内预留接地端子,就近与路基电缆槽或接触网基础预留的接地端子连接。

2. 桥梁综合接地

（1）桥墩接地设置

①每座桥梁的每个桥墩均应按照要求设置接地装置,并接入综合接地系统,如图9-10 所示。

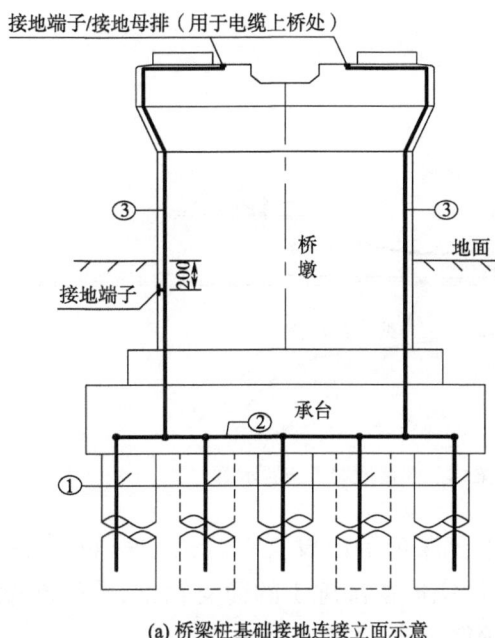

(a) 桥梁桩基础接地连接立面示意

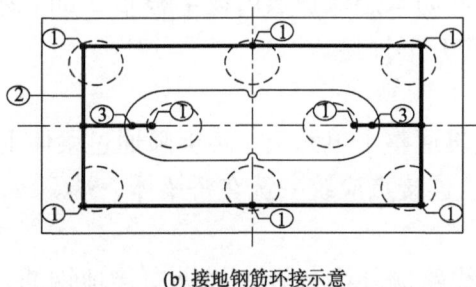

(b) 接地钢筋环接示意

说明:
① 桩内结构钢筋
② 承台内的环接结构钢筋
③ 墩内结构钢筋
④ 基底接地钢筋网
⑤ 垂直接地钢筋

图 9-10　桥梁内部接地钢筋示意(单位:mm)

②在每根桩中应有一根通长接地钢筋,桩中的接地钢筋在承台中应环接,桥墩中应有二根接地钢筋,一端与承台中的环接钢筋相连另一端与墩帽处的接地端子相连,以上接地钢筋均可用桩、承台、桥墩中的结构钢筋桥。

③在每个桥墩垂直于线路方向的小里程侧面、距地面－10 cm 处,设一个不锈钢接地端子(水中墩除外),供测试和拴接附加接地极之用。贯通地线的接地电阻经测试大于1 Ω时,应另设附加接地极。

④桥台接地设置:台体内设置接地钢筋,桥台面接地钢筋参照桥梁体的接地设置要求实施。

(2)梁体接地设置

①桥梁梁体内设纵、横向接地钢筋(利用梁体内结构钢筋),接地钢筋闭合成环。

在每孔简支梁端设接地端子。梁底预埋 2 个,通过不锈钢连接线与墩顶接地端子相连。梁面设在两侧防撞墙、竖墙侧面及电缆槽内,每侧设 3 个共 6 个。电缆槽内的接地端子与贯通地线连接,如图 9-11 所示。

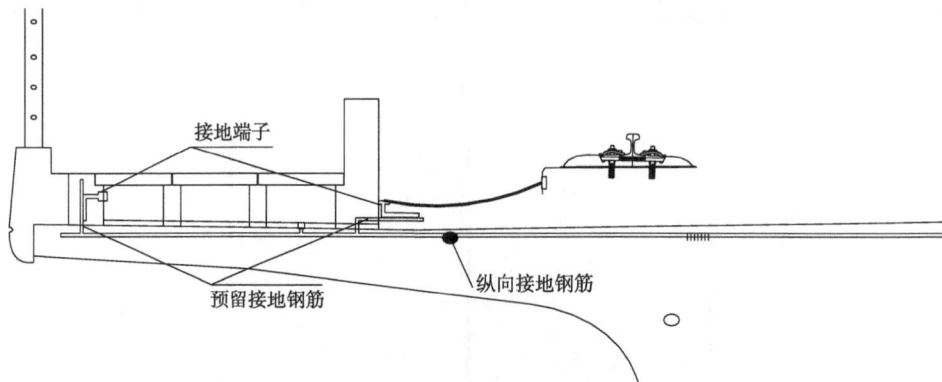

图 9-11　梁体上部接地端子布置示意

②桥面系变更后无砟轨道简支梁在保护层内设置综合接地钢筋,利用保护层内的 4 根 ϕ12 mm 钢筋。对于在变更前已经完成梁部施工的简支箱梁,梁端部梁顶增加横向综合接地钢筋与防撞墙内综合接地钢筋 L 形焊接。

③无砟轨道梁部无砟轨道底座间防水层保护层内设 4 根 ϕ12 mm 钢筋作为综合接地钢筋,在梁端与横向综合接地钢筋 L 形焊接。

(3)桥梁地段声屏障综合接地

金属声屏障单元板利用连接线贯通整个单元板。声屏障通过梁体上部的横向接地钢筋与贯通地线实现单点 T 形连接,连接点应统一选在桥梁体一端。

3. 隧道综合接地

(1)在两侧通信信号电缆槽的线路侧外缘各设一根纵向接地钢筋,每 100 m 断开一次。用于隧道内接地极、接触网断线保护接地及接地钢筋间的等电位连接。

(2)隧道二次衬砌中的接地钢筋设置

①二次衬砌中有结构钢筋的隧道:

a. 利用二次衬砌的内层纵、环向结构钢筋作为接触网断线保护接地钢筋。

b. 接触网线垂直向上在拱顶的投影线两侧,以 0.5 m 为间隔,各选 3 根纵向结构钢筋作为接地钢筋。

c. 上述投影线两侧各 1.5 m 外的其他位置,以 1 m 为间隔,选择纵向结构钢筋作为接地钢筋。

d. 在每个台车位(作业段)中部选一根环向结构钢筋作为环向接地钢筋,环、纵向接地钢筋间可靠焊接;纵向接地钢筋在作业段间可不连接。

e. 每个作业段内的环向接地钢筋与两侧通信信号电缆槽靠线路侧外缘的纵向接地钢筋连接。

②二次衬砌中无结构钢筋的隧道,除接触网吊柱基础接地外,不再单独考虑接地钢筋设置。环向接地钢筋设置位置根据接触网专业提供的里程位置埋设。

③线路两侧的贯通地线通过隧道内环向接地钢筋实现横向连接。

(3)隧道接地极设置

①一般拱墙设防水板的衬砌隧道

对于一般拱墙设防水板的衬砌隧道,应充分利用隧道的初期支护锚杆、钢架、钢筋网或底板钢筋。

a. Ⅰ、Ⅱ级围岩有底板钢筋的隧道及明洞地段,利用隧道底板下层的结构钢筋做为接地极。

b. Ⅲ级围岩隧道,利用锚杆和专用环向接地钢筋作为接地极。

c. Ⅳ、Ⅴ级以上围岩隧道,利用锚杆、钢拱架(或钢网片)作为接地极。

d. 隧道底板接地极按照1 m间隔选用底板结构钢筋,即在隧道底板的底层形成一个1 m×1 m的单层钢筋网,中部十字交叉的两根钢筋上的网格节点要求施以L形焊接,其他节点绑扎;底板接地钢筋网按照一个台车位的长度考虑,间隔一个台车位设置一处。

e. 锚杆接地极以约一个台车长度为间隔设置,用作接地极的锚杆环向间距要求为2倍锚杆长度;接地锚杆与钢网片、钢拱架或专用环向接地钢筋可靠焊接。

②抗水压衬砌及全封闭衬砌瓦斯隧道

在仰拱填充层内间隔一个台车位设置一处钢筋网作为接地极。即在仰拱填充层内设置一个1 m×1 m的单层钢筋网,中部十字交叉的两根钢筋上的网格节点要求施以L形焊接,其他节点绑扎;底板接地钢筋网按照一个台车位的长度考虑,间隔一个台车位设置一处。

(4)接地钢筋间的连接

隧道内的锚杆接地极、底板接地极和二次衬砌内的接地钢筋等接地装置均应通过连接钢筋与两侧电缆槽靠线路侧外缘的纵向接地钢筋连接。

(5)接地端子设置

①隧道内接地装置均采用桥隧型接地端子。

②从隧道进口2 m处开始,在两侧电力电缆槽内侧壁,每间隔100 m设置一个接地端子,小于100 m的隧道在中部设一处。接地端子供隧道接地装置与贯通地线的接地连接。

③从隧道进口2 m处开始,在两侧通信信号电缆槽内每间隔100 m在靠水沟侧内侧壁预埋1个接地端子,供接地装置与贯通地线的连接。

每间隔50 m在通信信号电缆槽靠线路侧侧墙外缘预埋1个接地端子,小于50 m的隧道在中部设一处。接地端子供轨旁设备、设施接地。

④在每个专用洞室、变压器洞室两侧壁下部设置接地端子(距地面20~30 cm),供洞室内设备、设施接地。

⑤上述所有的接地端子均通过连接钢筋与电缆槽外缘的纵向接地钢筋连接。

⑥当接触网槽道基础采用预埋方式时,需将基础与二次衬砌内的环向或纵向接地钢筋焊接;当基础采用后植入安装方式时,需在安装基础的位置预埋接地端子,并与二次衬砌内的环向或纵向接地钢筋焊接。

4. 无砟轨道综合接地

(1)无砟轨道板的接触网断线保护接地应充分利用轨道板结构钢筋,并在结构物内预埋接地端子。

(2)原则上按每100 m与线路两侧桥梁、隧道、路基接触网基础预埋的接地端子单点 T 形连接,每100 m 段落内的轨道板单元之间进行等电位连接。T 形连接及板间等电位连接均采用不锈钢连接线。

(3)道岔区接地端子设在道床板内,将道床板在纵向上划分成长度不大于100 m 的接地单元,在两侧预留接地端子,用不锈钢连接线分别与沿线两侧贯通地线的接地端子连接。

5. 综合接地系统检测

对于接地端子必须进行检测是否与综合贯通地线可靠连接;通过接地端子排测试综合贯通地线上的接地电阻均应满足接地电阻小于等于1 Ω。

(1)接地电阻测试原理

三极法:应按图9-12 三极法的原理接线或者按照图9-13 三角形法的原理接线所规定的方法去测试。

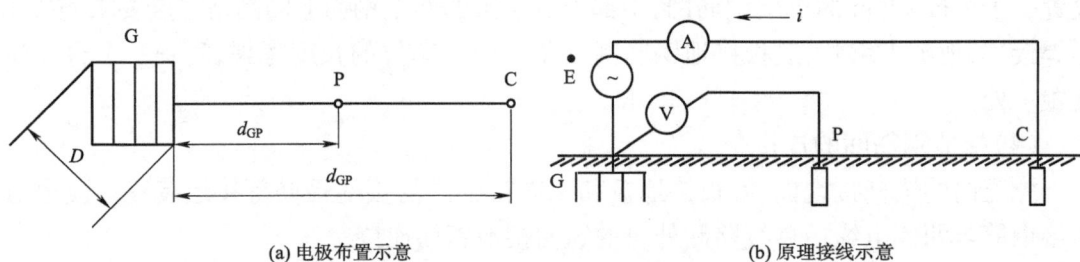

(a) 电极布置示意　　　　(b) 原理接线示意

图9-12　三极法的原理接线示意

注:G—被测接地装置;P—测量用的电压极;C—测量用的电流极;E—测量用的工频电源;A—交流电流表;

V—交流电压表;D—被测接地装置的最大对角线长度

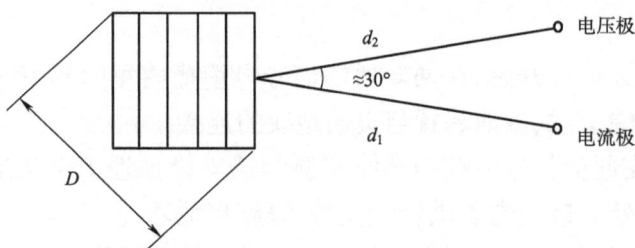

图9-13　三角形法原理接线示意

电流极与接地网边缘之间的距离 d_{13}，一般取接地网最大对角线长度 D 的 $3 \sim 5$ 倍，以使其间的电位分布出现一平缓区域。在一般情况下，电压极到接地网的距离约为电流极到接地网的距离的 $50\% \sim 60\%$。测量时，沿接地网和电流极的连线移动三次，每次移动距离 d_{13} 的 5% 左右，如三次测得值接近即可。

若 d_{13} 取 $3D \sim 5D$ 有困难，在土壤电阻率较均匀的地区，可取 $2D$，d_{12} 取 D；在土壤电阻率不均匀的地区或城区，d_{13} 可取 $3D$，d_{12} 取值 $1.7D$。

规范规定 d_{13} 和 d_{12} 从地网边缘算起，是分析了大量地网，并且通过理论分析和测试而确定的，不取 $d_{12} = 0.618d_{13}$ 而是取 d_{12} 为 $0.5 \sim 0.55d_{13}$，这其中已经考虑了地网边缘至地网中心的一段距离，这样，由地网中心到电压极也约相当是到电流极的距离的 0.618。电压极、电流极也可采用三角形布置方法。一般取 $d_{12} = d_{13} > 2D$，夹角 $\theta = 290 \approx 300$。

由于地质结构的不均匀性，以及难以了解地下矿藏情况的可能影响，采用几个方向的测量值互相比较，互相校核的方法是必要的，而且也可用三角法和直线法的对比互校。另外，电流极和电压极应可靠的接地，如果接地不良，甚至晃动而致使与土壤形成空气间隙，则可能导致较大的误差。

电压极、电流极也可采用图 9-13 所示的三角形布置方法。一般取 $d_2 = d_1 \geqslant 2D$，夹角约为 $30°$。

（2）接地电阻测试方法

测试仪器采用 ZC 系列（ZC-8、ZC-9、ZC-28、ZC-29）接地电阻测试仪。

接地电阻值测试的准确性，与接地电阻测试仪测量电极布置的位置有直接关系，按测量电极的不同布置方式，有直线布极法（图 9-14）和三角形布极法（图 9-15）等。首选直线布极法，受测试场地限制时，选择三角形布极法。

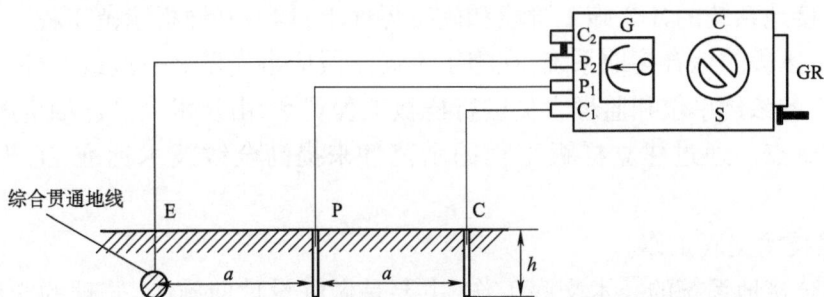

图 9-14 用 ZC 系列地阻仪测接地电阻（直线布极）示意

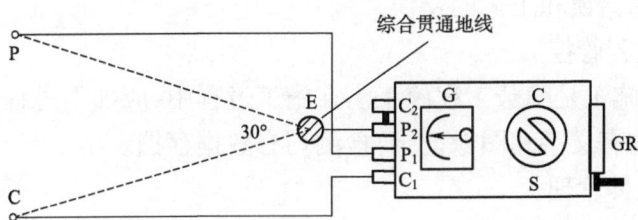

图 9-15 用 ZC 系列地阻仪测接地电阻（三角形布极，夹角 30°）示意

当土壤电阻率不均匀时,为了得到较可信的测试结果,宜将电流极离被测接地装置的距离增大,同时电压及离被测综合贯通地线的距离也相应地增大。

使用接地电阻测试仪进行接地电阻值测量时,应将接地电阻测试仪平放,调整 G 的指针至零位。然后将倍率调整旋钮 S 放在较高挡位,慢摇发电机 GR,同时转动测量度盘 C,使指针至零时测量度盘 C 示数乘以倍率调整旋钮倍数之积即为接地电阻值。若 C 转至读数最小而指针不为零,这时应将倍率调整旋钮 S 换到较小倍率档后继续调整测量度盘 C 直至指针正好为零,这时测量度盘 C 示数乘以倍率调整旋钮倍数之积即为接地电阻值。

当土壤电阻率不均匀时,为了得到较可信的测试结果,宜将电流极离被测接地装置的距离增大,同时电压及离被测综合贯通地线的距离也相应地增大。

使用接地电阻测试仪进行接地电阻值测量时,应将接地电阻测试仪平放,调整 G 的指针至零位。然后将倍率调整旋钮 S 放在较高挡位,慢摇发电机 GR,同时转动测量度盘 C,使指针至零时测量度盘 C 示数乘以倍率调整旋钮倍数之积即为接地电阻值。若 C 转至读数最小而指针不为零,这时应将倍率调整旋钮 S 换到较小倍率档后继续调整测量度盘 C 直至指针正好为零,这时测量度盘 C 示数乘以倍率调整旋钮倍数之积即为接地电阻值。

当测试现场不是平地而是斜坡时,测试电极棒距综合贯通地线的距离应是水平距离投影到斜坡上的距离。

四、主要管理措施

1. 做好样板工程。

在综合接地系统的各个施工阶段和施工界面上,均做好样板示范工程。对隧道、桥梁、路基施工区段的综合接地系统,在施工不同阶段应事先做好一段或一部分的样板工程,业主组织各参建单位和监理人员进行样板工程观摩,由技术人员详细讲解施工工艺上的要点和难点。通过建立样板工程的示范性来提高全线技术标准、工艺标准的统一性。

2. 加强技术交底工作。

做好综合接地系统的技术交底工作,主要是做好设计向施工、监理的交底,做好管理层内部交底、做好管理层向操作层交底,以达到施工内容清晰、技术标准明确、工艺工法准确,避免施工的错误和工艺的错误。

3. 强化施工过程管控。

综合接地系统施工是隐蔽工程施工。在施工过程中,应加强过程管控,每一道工序均有旁站和记录,均有文字和图像记录,检测均有数据存档。

4. 严把施工文件管理。

所有施工过程中形成的文字和图像记录,均有专门的施工文件管理人员进行保管,不能出现记录遗失和不完整情况,并做好施工人员、技术人员、质量人员的签认,以使后期全线验收和测量时有据可依,能有效发现问题。

5. 接口管理手续化。

凡是需专业之间或施工单位之间要进行接口施工的内容,在施工前,应有接口双方进行技术指标确认且应有签认手续。在施工完毕后,上道施工方应与下道施工方进行接口交接确认,办理好交接手续,防止交接不清或交接错误的情况发生。

五、主要成效

通过对综合接地系统从关键技术方面的卡控以及从管理手段上的有效管控,极大提高了全线综合接地系统的施工质量。在验收中确保了综合贯通地线的合格率,在各区段各施工接口点进行的综合接地阻值测验中,均达到了小于 $1\ \Omega$ 的技术标准。在抽样隐蔽工程施工内容检查上,各施工单位、各施工类型上均保持了工艺和质量的合格。

综合接地系统的质量可靠,为哈大高速铁路四电系统的稳定可靠运行起到了保障作用,为高铁沿线各类设备设施防雷起到了决定性的安全保障,确保了四电系统设备的安全、铁路的运行安全。

第十章　科技创新

在严寒地区修建一条高标准的高速铁路,国内外没有可以借鉴的成功经验。公司指挥部坚持以科学发展观为指导,成立了科技领导小组,与设计、科研等单位合作,结合工程实际梳理出多项科研课题,组织各参建项目部积极开展科技攻关活动,取得了一系列研究成果并全面推广应用,有效解决了季节性冻土路基、跨海特大桥、高性能混凝土、900 t箱梁制运架、无砟轨道制铺、无缝线路铺设、接触网架设、大跨度预应力钢结构、站房高标准装饰装修等施工中的各项技术难题,提升了项目施工技术水平,培养一批技术业务能力突出、科研水平过硬的专业人才,为高标准、高质量建设哈大高速铁路项目提供了技术和人才保障。

第一节　高速铁路季节性冻土路基变形机理及地基沉降控制技术

高速铁路修建于季节性冻土地区,动荷载作用下地基的冻胀、融沉变形是路基系统中必须考虑的重要问题之一。工总指挥部、中铁九局集团有限公司项目部、辽宁工程技术大学联合开展了高速铁路季节性冻土路基变形机理及地基沉降控制技术研究。通过现场测试和室内试验,研究了季节性冻土路基在水分场、温度场及外荷载耦合作用下的冻胀与融沉规律,揭示了高速铁路季节性冻土路基变形机理并提出控制措施,主要研究成果如下。

1. 季节性冻土路基变形机理研究

(1)建立了综合考虑季节性冻土变温冻结、恒温冻结、变温融化、恒温融化等过程的结构性量化指标,实现了考虑土体结构性的三场耦合。

(2)利用施工期的实际沉降监测值验证了量化指标计算地基土体沉降量的合理性。

(3)指明了土体结构演化过程中,结构可稳性与结构可变性同时存在于同一状态下的土体中,只是不同状态变量(荷载、含水量、孔隙比等)下,结构可稳性与结构可变性的强弱不同。

(4)通过冻融过程土体微结构观察得出在没有补给水源的情况下,土中水分在冻结过程中也会出现局部的分凝现象以及土中盐类经一个冻融循环后发生重新分布的结论。

(5)将冻融循环次数引入量化指标方程,利用其计算出不同冻融循环次数对应的冻融循环与列车动载耦合作用下高速铁路地基的累积沉降量,并与MIDAS数值计算结果相对比,证明了量化指标计算冻融循环与列车动载耦合作用下高速铁路地基沉降的可行性。

2. 地基沉降控制措施

(1)综合各种因素和具体工程情况,提出了防治冻害的具体措施。依据应变等效原理,在循环加载冻融试验的基础上,通过均匀设计得出在经历6次冻融循环的条件下,换填层深度、换填层厚度、地下水位深度三个因素与季节性冻土土体变形率之间的关系,明确了在长期振动荷载及冻融循环下,三个指标的最佳值:置换层深度在冻融影响范围内50%~60%;换层厚度为冻融影响范围的20%~25%;地下水位应在冻融影响范围之外。

(2)通过高速列车动荷载对季节性冻土路基的沉降变形影响分析,并综合具体工程地质情况和我国高铁建设的经验,采用CFG桩复合地基、置换桩间土体和路基排水三种措施并举的方法,实现了高速铁路路基冻害防治和沉陷控制的双重作用。

第二节　深厚软土层CFG桩板复合地基工作机理及变形控制技术

哈大高速铁路营口东站位于滨海相沉积地区,地基松软土层厚度大于50 m,设计采用CFG桩复合地基进行处理,最大桩长达30 m。在前期CFG桩试验段施工过程中,发现软塑液化层CFG桩普遍存在下沉、窜孔、缩颈等现象,CFG桩成桩质量控制困难。为此,工总指挥部组织中铁五局集团有限公司哈大项目部开展科技攻关,对桩板基础CFG桩复合地基工作机理进行了研究,确定了CFG桩板结构施工工艺,保证了复合地基施工质量,确保了工后沉降满足高速铁路验收标准,主要成果如下。

1. CFG桩复合地基工作机理及沉降变形特征

(1)揭示了桩板基础CFG桩复合地基工作机理及其受力和变形特性。通过分析CFG桩与搅拌桩单独工作原理与协同作用机理,确定了钢筋混凝土板受力与变形特性、褥垫层受力与变形特性以及影响桩板基础CFG桩复合地基力学性状的相关因素及工作机理。

(2)确定了桩板基础CFG桩复合地基承载力。研究了CFG桩单桩和三角形布置的三桩承载力、水泥搅拌桩单桩和三角形布置的三桩承载力、复合地基承载力、桩间土承载力,确定了桩土荷载分担比。

(3)分析了桩板基础CFG桩复合地基沉降与变形特性。建立了桩板基础CFG桩复合地基沉降与变形计算分析模型,计算了桩板基础CFG桩复合地基最终沉降量,根据路基施工荷载加载情况,建立了沉降与时间关系的分析模型,对工后沉降进行了预测。

(4)比较与评估了桩板基础CFG桩复合地基与常规CFG桩复合地基加固效果。研究了沉降量和工后沉降控制技术、时间效应、工程量大小,确定了工艺水平、桩板基础CFG桩复合地基的实用性和有效性等。

2. CFG 桩板结构施工工艺

(1)研究确定了 CFG 桩板结构施工工艺。研究了 CFG 桩施工设备选型,分析了 CFG 桩下沉原因及机理,确定了 CFG 桩施工工艺参数。

(2)提出了桩板复合地基施工组织方案。研究了 CFG 桩及水泥搅拌桩设备选型,确定了各工序施工组织设计,形成了工法。

第三节　高速铁路季节性冻土路基施工关键技术

哈大高速铁路地处中国东北严寒地区,路基经受周期性冻融循环作用,易引起冻害,对线路基础影响大。再加之路基沉降控制标准要求严格,无砟轨道地段允许的工后沉降不大于 15 mm,差异沉降不大于 5 mm。路基冻胀问题是哈大高速铁路修建中的一大技术难题。工总指组织各参建单位,开展不同填料防冻胀路基施工工艺以及路基过渡段施工变形控制技术研究,取得了一系列成果。

1. 不同填料防冻胀路基施工工艺

(1)创新了级配碎石生产、制备、碾压、检测全过程细粒含量控制关键技术。首次明确了铁路级配碎石生产端加入水(风)洗的工艺环节,拌和和碾压后细粒含量采用湿筛法进行检测,有效解决了其制备、碾压等施工过程中细粒含量的控制问题。

(2)进行了现场填筑压实工艺试验,确定了不同压实机械、不同填料施工含水量的控制范围、适宜的松铺厚度和相应的碾压次数、最佳的机械配套和施工组织。

(3)研究了低温环境下填料的压实性能以及冻融循环对顶层填料冻胀破坏的影响,确定了减少这一影响的措施。

(4)选择了双指标(细粒含量与不均匀系数)均满足经典防冻胀理论的填料进行填筑压实工艺试验,达到了铁路路基设计规范规定的压实性能要求。

(5)对不同填料填筑后进行了冻胀观测,对同一填料段在封闭及开敞情况下进行了冻胀观测。

2. 路基过渡段施工变形控制技术

(1)通过对过渡段填筑施工、试验检测及工后沉降观测等方面的研究,确定了掺加水泥后碾压时间对级配碎石检测指标的影响、检测时间对检测指标的影响以及过渡段刚度变化、导致沉降不均匀对行车的影响。

(2)通过分析路桥、路涵过渡段与结构物的荷载特点及区别,确定了桥台、涵洞等结构物沉降与过渡段处路基沉降量的差异。

第四节　路基数字化施工技术

高速铁路路基土石方施工,整平控制是非常关键的一道工序,而且每一层填料的厚度及表面的平整度都是至关重要的质量指标。为提高路基施工效率,降低施工成本,较好的控制填料摊铺碾压厚度及压实平整度等指标,中铁一局集团有限公司哈大项目部与北京麦格天宝公司合作,在路基施工中引入 GPS 控制技术,实现路基数字化施工,取得了良好应用效果。

1. 路基数字化施工工艺

(1)在工地固定位置架设一套 SPS881 GPS 接收机作为基准站,为流动站和 3D 机械控制系统提供差分信号。通过平面和高程控制点校正,将 GPS 系统的 WGS84 坐标转换成施工现场坐标,从而控制铲刀达到厘米级精度。

(2)通过办公软件(SVO)对施工场地表面进行设计,确定场地内各点的三维坐标信息,以此作为工作过程中的作业控制标准。

(3)平整采用加装 Trimble 公司 GCS900 显示系统的推土机。通过 RTK 技术,系统实时采集铲刀的三维坐标,并与工作前存储的三维坐标数据进行比较,确保整个场地的地形能够按照设计者的要求进行精确的修整。

(4)碾压采用加装 Trimble 公司 CCS900 压实控制系统的压路机。建立 CCS 900 系统的 CMV 参数与传统施工方法检验结果的匹配关系,以此作为控制碾压的标准。实时采集数据并对比,及时发现不符合要求的区域进行补充碾压,确保精确压实且不漏压。

(5)边坡修整采用配备了天宝激光和传感器显示控制系统(GCS600 HEX)的挖掘机。通过 GCS600HEX 系统,实时显示路基坡度和作业控制情况,机手可根据可视化的参考线进行施工,显著提高了作业效率和工程质量。

2. 路基数字化施工数据分析

(1)根据现场施工过程中采集的数据,重点对推土机、压路机、挖掘机等三种设备的经济技术指标进行分析,从而确定路基施工效率提高程度和成本节约情况,为施工组织与管理提供了数据支撑。

(2)施工效率提高,施工周期缩短。摊铺工期缩短 42.29%;碾压次数减少 25%;边坡修整效率提高 100%。

(3)节省了管理和施工成本,项目利润提高。摊铺费用节省 42.68%;碾压费用节省 25%。

(4)节省能耗,实现了绿色施工。摊铺过程油耗节省 24.61%;碾压过程油耗节省 25%;节约夜间施工照明能耗。

(5)减少现场人员流动,确保工地安全。施工过程的测量人员减少 66.67%;摊铺过程辅助人员减少 100%。

(6)提高了设备操作的自动化程度,降低了机手技术水平、疲劳度等因素对施工质量的影响,保证了施工质量的一致性。

第五节　海湾深水区域岩溶地质条件下高速铁路桥梁施工技术

普兰店海湾特大桥位于辽宁省普兰店渤海区域,桥址区分布有软土,地震液化层,岩溶、岩石构造破碎带、断层,地质条件复杂,深水区域段基础施工是桥梁工程的重点,并且其中56 m跨预应力混凝土节段悬拼简支箱梁,施工难度大、受地域限制多,同时该特大桥所处位置部分地表水及地下水对混凝土具有侵蚀作用。工总指挥部组织中铁大桥局集团有限公司哈大项目部针对普兰店海湾特大桥施工关键技术进行了一系列研究,取得的主要研究成果如下。

1. 跨海特大桥防腐蚀混凝土配制及质量监控技术

(1)研制了跨海特大桥防腐蚀混凝土。通过防腐蚀混凝土的配比设计过程,对各种原材料对防腐蚀高性能混凝土性能的影响程度进行了研究,提出了能够满足现场防腐要求的混凝土配比,确定了采用以防腐蚀为主的高性能结构混凝土原材料的质量控制和混凝土制备的关键技术。

(2)建立了跨海特大桥全过程动态质量监控体系。结合对混凝土施工原材料和各生产环节的控制,以及施工过程对混凝土配合比的调整、优化,总结出适应现场施工生产过程的质量控制指标和合理的浮动范围,提出了现场施工时的控制要点和关键环节,建立起以防腐蚀混凝土全过程动态质量监控体系。

2. 海湾地区岩溶地质条件深水基础施工工艺

(1)提出了深水基础施工技术,进行了深水基础水上钻孔平台施工方案设计比选,确定了平台施工技术。

(2)确定了岩溶地质深水基础钻孔桩施工质量控制技术。包括:选择合适的钻机及钻头,确定开孔措施、溶洞顶板钻进措施、溶洞内钻进措施,选择溶洞封堵材料,控制岩溶压力注浆,提出施工事故的处理及质量保证措施,确定清孔及水下混凝土浇注技术要求。

(3)确定了深水基础承台施工方案及施工技术。研究了水上平台的定位、插打等施工技术,确定了泥浆止漏及溶洞封堵技术、溶洞顶板及溶洞内钻进技术、岩溶注浆设计和施工技术以及深水承台钢板桩围堰法施工技术(定位、插打、支撑、清基、封底)。

3. 大跨度预应力混凝土简支箱梁节段预制桥位拼架法施工工艺与装备

(1)确定了大跨度预应力混凝土简支箱梁节段预制施工工艺。选择了节段预制场布置及主要制、运设备配备,研究了CFG桩地基加固技术,确定了钢筋整体绑扎、吊装施工工艺,设计并配置了节段箱梁模板,确定了箱梁高性能混凝土配制、浇筑、外观质量控制以及节段箱梁预制冬季施工措施。

(2)选择了桥位整孔拼架法施工装备。通过设计及改制移动支架、托架,确定了移动支架的拼拆及检测技术。

(3)研究了桥位整孔拼架法施工工艺。通过选择节段箱梁的运、架施工方案,控制节段箱梁架设线形、湿接缝施工质量等,确定了箱梁预应力钢束张拉、压浆工艺以及节段梁拼架冬季施工措施。

第六节 高性能混凝土抗冻性研究及冬季施工技术

哈大高速铁路混凝土主要结构的设计使用年限为 100 年,高性能混凝土使用量高达 804.1 万 m³,管段内部分混凝土工程处于冻融破坏环境,多处地段存在抗冻性要求。一方面必须配制出经济、适用的高性能抗冻混凝土,以抵御外部环境的不利影响;另一方面因工期要求,工程建设中必须采取可靠有效的冬期施工措施,以确保混凝土的施工质量。为此,股份公司指挥部组织进行科技攻关,针对高性能混凝土的抗冻性能及高性能混凝土冬季施工技术进行研究,取得的主要成果如下。

1. 高性能混凝土各组分对其抗冻性的影响趋势

(1)胶凝材料用量对高性能混凝土的抗冻性基本没什么影响或者说影响很小。

(2)外掺料的掺量对高性能混凝土的抗冻性有显著的影响,随着外掺料掺量的增大,混凝土的 200 次及 300 次冻融质量的损失率逐渐减小,相对动弹模量逐渐增大。

(3)粉煤灰掺量对高性能混凝土抗冻性有一定的影响,特别是对 300 次冻融性能更为显著。随着粉煤灰用量的增大,混凝土的质量损失逐减小,相对动弹模量逐渐增大,25% 达到峰值;当超过 25% 时,混凝土的质量损失逐增大,相对动弹模量逐渐减小。

(4)水胶比对高性能混凝土的抗冻性有显著的影响,随着水胶比的增大,混凝土的质量损失逐增大,相对动弹模量逐渐减小。水胶比越大,混凝土中孔结构越多,可冻水的含量越多,混凝土中的水结冰速度越快,气泡结构越差,平均气泡间距越大,强度也越低,抗冻融能力越差。

(5)用水量对混凝土的抗冻性有明显的影响,用水量越低,混凝土凝结硬化后形成的毛细孔越少,越容易配制抗冻混凝土,高性能抗冻混凝土的单方用水量宜控制在 160 kg/m³ 以内。

2. 高性能抗冻混凝土配制原则

(1)采用优质的引气剂,使混凝土中的含气量≥5%。

(2)严格控制水胶比,水胶比宜≤0.4。

(3)严格控制混凝土的用水量,高性能抗冻混凝土的单方用水量宜控制在 160 kg/m³ 以内。

(4)外掺料的掺量不宜低于 40%,采用矿粉和粉煤灰复合掺入,其中粉煤灰的掺量不宜超过胶凝材料总量的 25%。

3. 高性能混凝土冬季施工技术

(1)提出了拌和站冬季施工保暖措施,砂、石料仓搭设保温棚并设置加温设施,配料机、倾角机、搅拌主机等采取封闭处理,外加剂保温储存。

(2)通过热工计算和实际试拌结果来确定各种组成材料的加热温度,保证混凝土出机温度不宜低于 20 ℃。通过优化运输组织、混凝土罐车包裹保温等措施,缩短运输时间,减少热量损失,保证混凝土的入模温度不低于 10 ℃。

(3)针对桥梁钻孔桩、承台、墩身、现浇梁的工序特点,提出了一套完备的冬季混凝土浇注与养护技术措施,确保了现场混凝土冬施质量。

(4)总结了高铁预制梁的生产经验,提出了包含后张预制梁孔道冬季灌注水泥浆技术和工艺要求的哈大高速铁路冬季制梁质量控制技术。

第七节 严寒地区 32 m/900 t 后张法预应力混凝土箱梁制运架技术

哈大高速铁路地处东北寒冷地区,为保证箱梁预制、架设施工质量,提高施工效率,工总指挥部组织了课题组进行技术攻关,解决了哈大铁路大吨位预应力混凝土箱梁整体预制、梁上运输架设的关键技术,提出了一套实施性的施工技术方案,确保了本工程施工的顺利进行,主要研究成果如下。

1. 寒冷地区简支箱梁预制施工技术

梁场采用横向布置、搬运机搬梁方式。箱梁模板采用整体式钢模板,外侧模与底模焊接成一个整体,内模采用液压结构;梁体底、腹板钢筋和桥面钢筋分别在专用绑扎胎模上集中预扎、整体吊装方案;混凝土采用三套拌和站生产,输送泵加布料机布料灌筑方式,一次灌筑成型,冬季施工采用蒸汽养生混凝土;为防止混凝土早期开裂,采用带模预张拉工艺;箱梁初张拉后用搬运机搬运至存梁区,终张拉后进行灌浆、封锚。

2. 寒冷地区 32 m/900 t 级箱梁高性能耐久混凝土施工技术

为提高箱梁混凝土满足结构设计 100 年耐久性的要求,对高性能耐久混凝土的配合比选择以及施工过程中的关键技术进行了研究,自主研制了"粉煤灰与矿粉双掺、两种粗骨料按比例复合并采用高效减水剂"的性能优良、经济合理的箱梁 C50 高性能耐久混凝土,提出了"坍落度、扩展度、含气量三控、拌和机搅拌电流监控"的施工控制措施。为控制混凝土养护过程中的内外温差和保证良好湿度的养护环境,同时避免养护温度过高对混凝土耐久性和后期强度的影响,采取了高温控制在 45 ℃ 以下"保温保湿蒸汽养护"措施。为控制箱梁温度裂纹的产生,采取了低强度下进行部分预应力张拉的"带模预张拉"工艺。

3. 寒冷地区 32 m/900 t 级箱梁运架成套施工技术

(1)大跨度 900 t 轮胎式搬运机研制及梁场内装运施工技术

通过对大吨位预应力混凝土整体箱梁各种起吊方案的研究,结合哈大项目制梁场比较方正、制梁区和存梁区横向并列,为了适应该情况,采用了大跨度的 900 t 轮胎式搬运机进行大吨位预应力混凝土箱梁场内装运作业,并对该方案的搬运机纵、横向通道及关键施工技术进行配套开发,研制了技术先进、经济合理、施工安全、操作方便的大吨位预应力混凝土箱梁场内装运的综合施工技术。

(2)900 t 轮胎式运梁车梁上运梁施工技术

采用了低温变频及冷启动技术、防滑轮胎及链条、液压系统升温保温等措施,以保证在冬季寒冷气候下,桥面结冰或积雪时能安全、正常的进行施工作业。

（3）JQ900A架桥机研究及箱梁架设施工技术

首次在900 t级架桥机上采用胶轮式纵移及液压闭式回路走行系统,架桥机二步纵移到位,过孔作业简便、减少人工作业、效率高。过孔作业中,前支腿设置刚性连杆机构,大大增加架桥机过孔的稳定性。研制的排绳器,确保了排绳的安全性。吊具采取可调结构,适应不同梁型的吊装孔位置变化。液压驮运支架可方便进行架桥机不解体桥间转移;并可作为架桥机的组装平台。采用了实时控制无线局域网、自主编制的完全屏幕化操作软件可有效杜绝误操作;故障记录数据库可长期保存,有利于故障分析。重新加工制造了机臂连接板、铰销并采用D形钢材防止因寒冷气候造成低温冷脆失效,提高了螺栓等级以增强结构强度。

4. 600 t级桥梁支座重力式灌浆施工技术

（1）在架梁支座安装时,传统的砂浆找平方法会使箱梁四支点不平整,产生"三条腿"现象,将使梁体横向承受附加应力,当不平整量较大时会引起箱梁顶、底板的开裂。本项目采用600 t测力千斤顶作为临时支点,确保箱梁四支点的反力差在5%之内;选择合适的重力式灌注材料水胶比,保证灌浆料的扩展性、流动度和早期强度满足设计要求。采用重力灌浆方式,在支承垫石与支座底面之间注浆填实,2 h后浆体强度达到20 MPa,进行架桥机纵移作业,保证架梁质量。

（2）在寒冷地区进行桥梁支座重力式灌浆施工时,应对环境温度进行监测,每天测量6时、14时、22时室外气温,求平均值计算环境昼夜平均气温。当环境昼夜平均温度连续3 d低于5 ℃,或最低温度低于−3 ℃时,采用冬季施工措施。

第八节　严寒地区 CRTS Ⅰ型无砟轨道板预制铺设技术

哈大高速铁路CRTS Ⅰ型无砟轨道板设计为后张法双向预应力混凝土结构,为确保CRTS Ⅰ型轨道板生产质量及精度满足相关要求,工总指挥部组织各参建单位,结合严寒地区无砟轨道工程施工实际特点及特殊要求,从轨道板预制、底座施工、水泥乳化沥青砂浆制备、铺板等四方面进行研究,着重解决了轨道板预制质量、铺设精度、水泥乳化沥青砂浆质量稳定性、结构抗裂防冻胀、成套设备选型及配置、施工工效等关键技术问题,取得的主要成果如下。

1. 严寒地区 CRTS Ⅰ型轨道板预制技术

（1）轨道板模型将底模作为轨道板顶面模板进行设计,保证轨道板预埋绝缘套管的准确定位和表面的平整美观。采用侧模、端模包底模方式,侧模、端模采用滚轮水平外移,紧固采用自锁机构,组、拆操作简便。侧模、端模与底模之间装有锥形定位销,以保证侧模、端模在合模后与底模的相对位置准确。

（2）轨道板采用具有自动温控功能的蒸汽养护工艺和水中养护工艺。研发了一套轨道板蒸养自动温控系统,微机自动控制,具有自动测温、自动调温功能,能对养护过程全程监控,准确测出实时环境、蒸汽、板表及板芯温度,并自动形成温度变化曲线,直观明了,便于合理确定拆模时间。轨道板拆模后再水养 3 d 以上,提高了混凝土早期强度增长速度,有效控制了轨道板开裂。

(3)轨道板预应力张拉采用自动张拉工艺。研制了一套预应力张拉自动控制系统,具有单端张拉和双端同时张拉功能,张拉控制精度为设计载荷值 ±2%、设计伸长量 ±0.5 mm,传感器测量和显示精度为载荷值 ±0.1 kN、伸长量 ±0.1 mm,双端同步张拉时张拉力差值不大于 0.37 kN(即对应于原油压表读数不大于 0.1 MPa)。自动张拉系统能有效保证张拉力和数据的准确性,确保预应力体系得以正确实施,并降低工人劳动强度,提高了工作效率。

(4)锚穴凿毛采用锚穴成孔器增加胶条成槽工艺。研制成功了锚穴凿毛器,将其与锚穴成孔器配合能自动生成环形槽道,增强了封锚砂浆与板体的粘结强度,有效控制了锚穴开裂、脱落现象发生,同时大大减轻了工人劳动强度,提高了工效。

2. CRTS I 型轨道结构底座板施工技术

(1)桥面采用凿毛机凿毛工艺,提高了底座与基础之间的连接质量,增强了结构的稳定性。

(2)伸缩缝模型设计为由三块钢板叠拼而成的分离式模型,模板拆除、倒用非常方便,伸缩缝成型美观,解决了伸缩缝拆模、成型困难技术难题。

(3)底座及凸台施工放样、收面测量采用 CPⅢ 网控制,有效减少了误差,确保了底座及凸台的成型精度,将底座标高、凸台中心位置及标高有效控制在设计允许偏差范围内。

3. 水泥乳化沥青砂浆施工成套设备及技术

(1)国内首次现场建站生产水泥乳化沥青砂浆干料,采用站式布局方案,选用犁刀式混合机搅拌设备,干料搅拌均匀;采用螺旋式喂料方式及高精度电子计量装置,能实现不同性质的物料分类计量,计量精度高且能满足不同的卸料顺序要求;微电脑控制,自动化程度高,人机交流界面简洁易懂,操作方便,从投料、搅拌到打包出厂均实现了机械自动化。成套设备稳定性好,产能高,每盘混合时间仅需 120 ~ 180 s,均匀度能达到1:100 000。

(2)确定了合理的加料搅拌顺序及时间,找出了原材料、拌制工艺参数等对干料质量的影响规律,通过适当调整配合比、搅拌时间参数等方式,确保干料质量符合要求,从而有效降低了原材料质量不稳定对干料质量的影响程度,保证了干料质量的稳定性,提高了生产工艺的适用性。

(3)水泥乳化沥青砂浆拌制采用水泥乳化沥青砂浆车现场加料拌制工艺。在大量试拌、揭板试验基础上,改进优化了砂浆拌制工艺,确定了高速、低速搅拌的合理时间范围以及其与砂浆性能之间的关联程度,初步掌握了配合比工地调整规律,确保了砂浆质量的稳定性。

4. 严寒地区 CRTS I 型轨道板铺设技术

(1)国内率先全线采用"螺栓孔速调标架法"进行精调。在 CP3 网基础上,用全站仪自由设站,测取轨道板实测三维坐标值,通过轨道板精调测量软件分析计算得出实测坐标与理论坐标值偏差,采用双向调整器对轨道板进行精调。该法操作简便,自动化程度高,精调精度高且速度快。

(2)优化了水泥乳化沥青砂浆灌注工艺。在反复试验的基础上,确定了合理工艺参数,确保砂浆垫层填充饱满、平整,防止大气泡、空隙、气泡夹层等质量通病的发生。

(3)研制了一套轨道板限位装置。在力学分析、工艺试验基础上,确定了限位装置合理安装位置,有效解决了水泥乳化沥青砂浆灌注时的轨道板上浮、横移问题,保证了轨道板铺设精度。

第九节 严寒地区跨区间无缝线路及大号码高速无砟道岔施工技术

哈大高速铁路是我国在严寒地区修建的第一条设计时速350 km的高速铁路,轨道工程技术标准高,施工难度大。为保证轨道铺设质量,工总指组织铺轨单位中铁二局集团有限公司哈大项目部开展严寒地区跨区间无缝线路及大号码高速无砟道岔施工技术研究,着重解决500 m长钢轨运铺、严寒地区低温锁定、大号码无砟道岔施工等技术难题,取得的主要成果如下。

1. 严寒地区跨区间无缝线路施工技术及关键设备

(1)跨区间无砟轨道无缝线路"寒冷地区低温锁定"施工技术

针对工程特殊的低温环境和工期要求,研究寒冷地区无砟轨道跨区间无缝线路低温锁定施工技术,采用拉伸法锁定长轨和加热法锁定短轨,补偿实际轨温低于锁定温度时的钢轨应力,可满足轨温 -15 ℃以上条件下锁定无缝线路施工的需要,突破东北地区冬季不能施工无缝线路的禁区,开创东北地区长大无砟轨道跨区间无缝线路低温锁定施工的先河。

(2)无砟轨道500 m长钢轨运输、铺设施工技术及关键设备

根据京津拖拉法铺设500 m长轨和国外有砟轨道无缝线路施工的经验,经过对推送法和拖拉法进行深入研究,确定了采用拖拉法铺设500 m长钢轨的技术方案,形成无砟轨道500 m长钢轨拖拉法铺设施工工法。在哈大无砟轨道长轨铺设的基础上,改进拖拉法铺轨的关键设备,实现500 m长轨的拖拉法铺设。

对WZ500型长轨拖拉设备进行改进。其先进的技术性能主要表现在:一是选择轨道板上走行技术,不仅解决了牵引机走行道路问题,而且使牵引机有足够的轮距,从而保证设备的稳定性;二是配置了足够的牵引动力,实现一次拖拉两根500 m长轨,避免轨道板表面摩擦系数减小引起的打滑,保证在牵引车在大坡道拖拉长轨的作业效率。

2. 大号长枕埋入式无砟道岔施工技术

哈大高速铁路沈大段工程采用了72组大号长枕埋入式无砟道岔,其中的42号道岔分为4段7节。针对大号长枕埋入式无砟道岔结构设计的特点,采用"现场预组装、大节段运输、分节组装和纵移就位、高精度定位和线性控制、现场灌注道床混凝土"的

创新技术,形成了大号长枕埋入式无砟道岔施工工法。

(1)道岔现场组装技术

改进了用于道岔节段吊装的专用吊具,解决了道岔组件长度大和柔韧性大不易吊装的问题,减少了现场组装工作量,提高了工效。

(2)大号道岔"散件运输、现场组装"施工技术

为实现大号道岔的分节组装、纵移就位,进行道岔工厂安装调试后,散件运输至现场,组装调试合格后,分节段运输至现场吊装铺设。

(3)改进了道岔精调的支架系统

为确保道岔的调整精度,在借鉴哈大高精度测量设备的基础上,改进道岔精调的支架系统,确保了轨道线形和高程。

第十节　大连北站综合施工技术研究

大连北站位于大连市甘井子区境内,总建筑面积约 14.1 万 m^2,其中站房面积 6.85 万 m^2,无站台柱雨棚面积 7.3 万 m^2。车站采用高架候车、通道出站的设计,空间体系与结构复杂,建筑设计新颖,装修标准高。中铁建工集团有限公司哈大项目部根据工程实际情况,对复杂梁柱节点、大跨度预应力钢结构、大体积超长混凝土结构、双曲面仿石铝板幕墙及室内墙面钢化烤漆玻璃等关键施工技术进行了研究,解决了施工期间的一系列技术难题,积累了类似工程施工宝贵经验,赢得了建设单位及社会各界的一致认可和好评,取得较好的经济与社会效益,主要成果如下。

1. 大截面、小空间复杂梁柱节点钢筋排布技术

(1)针对大截面、小空间复杂梁柱节点施工存在问题,提出了 CAD 三维建模钢筋排布方法,解决了此类复杂梁柱节点钢筋及管线排布技术难题。

(2)总结了大截面、小空间钢筋节点的施工方法、操作要求、控制要点和注意事项,形成了一套成熟的施工工艺,填补了大截面、小空间钢筋施工领域的空白。

2. 大体积、大面积超长、高性能纤维混凝土裂缝控制技术

(1)根据理论分析及试配结果,通过大量的试验数据,编制了多种符合本工程耐久性要求的高性能纤维混凝土配合比设计说明,为以后类似工程提供了有利的参考。

(2)分析了聚丙烯纤维的防裂抗渗机理,通过聚丙烯纤维的添加阻止了混凝土的离析现象,提高了构件的整体性,有效控制了各层的不均匀收缩,降低生成贯通裂缝的可能性,提高了抗渗能力。

(3)分析了混凝土裂缝产生原因,通过混凝土裂缝计算,确定了混凝土降温保温措施,提出了合理的混凝土浇筑及养护工艺,解决了混凝土的水化热问题,避免了有害裂缝的产生。

3. 大跨度、超高、重载混凝土结构模架支撑体系研究

(1)将 ADG 新型脚手架的成功运用于大跨度超高重载模架支撑体系,节约了周转

材料,减少了工程量,加快了施工速度,取得了较好的施工效果。

(2)通过模架预压试验的实施,确定了该支撑体系的可靠性能,保证了施工安全,试验数据可为以后类似施工提供参考。

4. 大跨度预应力张弦钢结构体系施工技术

(1)运用 MIDAS 软件对钢结构施工过程进行了仿真分析,为单元分块、吊装、预应力张拉等方案的制定与实施提供了参考。

(2)制定了合理的钢结构吊装方案,确保了吊装安全有序进行,综合效益显著。

(3)优化了钢结构预应力张拉工艺,解决了大跨度预应力钢结构施工中的结构稳定性及张拉精度控制技术难题。

(4)通过对钢结构变形的实时监测,及时优化调整施工工艺与施工参数,保证了施工质量与安全,同时也印证了施工仿真分析的正确性,为类似工程的信息化设计与施工积累了一定经验。

(5)提出了可靠的冬季钢结构焊接施工技术措施,确保了寒冷季节焊接施工质量。

5. 双曲面仿石铝板幕墙施工技术

(1)应用 SAP2000 软件对双曲面仿石铝板幕墙结构进行建模,分析结构受环境影响后各部位的变形,计算结果为设计施工方案的编制及实施提供了有力支持。

(2)优化了仿石漆配合比,改进了铝板加工、安装、表面喷涂工艺,有效降低了铝板面的阶差,杜绝了仿石漆脱落及变色现象的发生,最终达到了预期的施工效果。

6. 玻璃墙面节点构造与安装技术

(1)优化了玻璃墙面节点构造设计,通过安全可靠的节点连接方式,确保了墙面安装后的稳定性。

(2)改进了玻璃墙面安装工艺,提出了一些细部处理措施,确保了幕墙安装质量与整体成形效果。

第十一节 接触网腕臂及吊弦数控预配技术

腕臂及吊弦预配是接触网工程施工质量的关键控制过程,也是保证现场安装精调一次到位的首要条件。哈大高速铁路接触网腕臂及吊弦预配要求精度高,如何提高腕臂及吊弦预配合格率,实现接触网安装精调一次到位,进而提高接触网现场安装质量及效率,是哈大高速铁路接触网工程的关键所在。针对此情况,中铁电化局哈大高速铁路项目部研制了接触网腕臂及吊弦数控预配平台,取得主要成果如下。

1. 接触网腕臂数控预配平台

接触网腕臂数控预配平台由数控切管平台及数控零部件组装平台两部分组成。

(1)数控切管平台

主要应用于腕臂管的切割。由计算机控制部分、切割机、数控定长装置、打孔机等组成,打孔机固定在定长装置上。使用时,通过 U 盘将平、斜腕臂计算长度批量导入数控计算机控制装置内,由计算机控制伺服电机带动定长装置按照先输入的长度数据沿轨道进行移动,可以精确定位腕臂管的切割长度。同时,此切管平台集打孔装置为一体,在切割机切割腕臂管的同时,由计算机控制台钻,对平腕臂进行打孔。当切割与打孔工作全部完成时,PLC控制装置才允许进行下一组腕臂管的切割。数控切管平台可满足平、斜腕臂管及定位管的自动、精确加工切割,精度可达到±3 mm。

(2)数控零部件组装平台

主要应用于腕臂各零部件的组装。由计算机控制部分,A、B、C三工位数控定位装置等组成。使用时,通过U盘将腕臂计算数据批量导入数控PLC控制装置内,由计算机控制伺服电机带动A、B、C三个工位同时按照事先输入的数据沿丝杠进行移动,精确定位腕臂各零部件安装位置。数控腕臂零部件组装平台可实现腕臂管上各零部件的精确定位,其安装精度可达到±3 mm。

2. 接触网吊弦数控预配平台

主要应用于接触网吊弦的预制。由计算机控制部分,定位装置,压接装置、吊弦线拉紧装置等组成。其工作原理是由机控制伺服电机带动定位装置按照事先输入的数据沿丝杠进行移动,使定位装置按照软件计算的吊弦长度进行精确定位,然后由吊弦线拉紧装置对吊弦线施加事先设定的拉力后,由压接装置对吊弦压接管进行压接,完成吊弦预制加工作业。其加工精度可达到±1 mm。

接触网数控腕臂及吊弦预配平台设计合理,功能齐全,操作简单,能够满足高速铁路接触网腕臂及吊弦预配质量标准要求,将接触网腕臂及吊弦预配由传统人工加工方式革新为数控系统控制的智能化加工方式,完成了接触网腕臂及吊弦预配工艺的一次技术革新。把腕臂及吊弦预配与数控技术相结合,成功完成了高速铁路接触网施工计算电脑化、预配数控化的转变。为哈大高速铁路接触网施工提供了有力的技术保障。

参 考 文 献

［1］ 中华人民共和国铁道部. 高速铁路设计规范(试行):TB 10621—2009［S］. 北京:中国铁道出版社,2009.

［2］ 中华人民共和国铁道部. 客运专线铁路无砟轨道铺设条件评估技术指南:铁建设〔2006〕158 号［S］. 北京:中国铁道出版社,2006.

［3］ 中华人民共和国铁道部. 高速铁路工程测量规范:TB 10601—2009［S］. 北京:中国铁道出版社,2009.

［4］ 中华人民共和国铁道部. 铁路混凝土结构耐久性设计规范:TB 10005—2010［S］. 北京:中国铁道出版社,2010.

［5］ 中华人民共和国铁道部. 铁路工程卫星定位测量规范:TB 10054—2010［S］. 北京:中国铁道出版社,2010.

［6］ 中华人民共和国铁道部. 铁路建设项目工程试验室管理标准:TB 10442—2009［S］. 北京:中国铁道出版社,2009.

［7］ 铁道部经济规划研究院. 铁路后张法混凝土梁预制场建设技术指南:TZ 321—2009［S］. 北京:中国铁道出版社,2009.

［8］ 中华人民共和国铁道部. 铁路边坡防护及防排水工程设计补充规定:铁建设〔2009〕172 号［S］. 北京:中国铁道出版社,2009.

［9］ 中华人民共和国铁道部. 铁路混凝土工程施工技术指南:铁建设〔2010〕241 号［S］. 北京:中国铁道出版社,2010.

［10］ 中华人民共和国铁道部. 高速铁路路基工程施工技术指南:铁建设〔2010〕241 号［S］. 北京:中国铁道出版社,2010.

［11］ 中华人民共和国铁道部. 高速铁路桥涵工程施工技术指南:铁建设〔2010〕241 号［S］. 北京:中国铁道出版社,2010.

［12］ 中华人民共和国铁道部. 高速铁路隧道工程施工技术指南:铁建设〔2010〕241 号［S］. 北京:中国铁道出版社,2010.

［13］ 中华人民共和国铁道部. 高速铁路轨道工程施工技术指南:铁建设〔2010〕241 号［S］. 北京:中国铁道出版社,2010.

［14］ 铁道部经济规划研究院. 铁路电力工程施工技术指南:TZ 207—2007［S］. 北京:中国铁道出版社,2007.

［15］ 铁道部经济规划研究院. 铁路电力牵引供电接触网支柱施工作业指南:TZ 371—2009［S］. 北京:中国铁道出版社,2009.

［16］ 铁道部经济规划研究院. 铁路信号 ZPW-2000 轨道电路工程施工技术指南:经规标准〔2011〕86 号［S］. 北京:中国铁道出版社,2011.

［17］ 中华人民共和国铁道部. 铁路混凝土梁支架法现浇施工技术规程:TB 10110—2011［S］. 北京:中国铁道出版社,2011.

［18］ 铁道部经济规划研究院. 铁路预应力混凝土连续梁(刚构)悬臂浇筑施工技术指南:TZ 324—2010［S］. 北京:中国铁道出版社,2011.

［19］ 铁道部经济规划研究院. 铁路隧道防排水施工技术指南:TZ 331—2009［S］. 北京:中国铁道出版社,2009.

［20］ 中华人民共和国铁道部. 高速铁路路基工程施工质量验收标准:TB 10751—2010［S］. 北京:中国铁道出版社,2010.

［21］ 中华人民共和国铁道部. 高速铁路桥涵工程施工质量验收标准:TB 10752—2010［S］. 北京:中国铁道出版

社,2010.

[22] 中华人民共和国铁道部.高速铁路隧道工程施工质量验收标准:TB 10753—2010[S].北京:中国铁道出版社,2010.

[23] 中华人民共和国铁道部.高速铁路轨道工程施工质量验收标准:TB 10754—2010[S].北京:中国铁道出版社,2010.

[24] 中华人民共和国铁道部.高速铁路通信工程施工质量验收标准:TB 10755—2010[S].北京:中国铁道出版社,2010.

[25] 中华人民共和国铁道部.高速铁路信号工程施工质量验收标准:TB 10756—2010[S].北京:中国铁道出版社,2010.

[26] 中华人民共和国铁道部.高速铁路电力工程施工质量验收标准:TB 10757—2010[S].北京:中国铁道出版社,2010.

[27] 中华人民共和国铁道部.高速铁路电力牵引供电工程施工质量验收标准:TB 10758—2010[S].北京:中国铁道出版社,2010.

[28] 中华人民共和国铁道部.铁路工程岩土分类标准:TB 10077—2001[S].北京:中国铁道出版社,2001.

[29] 中华人民共和国铁道部.铁路工程基桩检测技术规程:TB 10218—2008[S].北京:中国铁道出版社,2008.

[30] 中华人民共和国铁道部.铁路隧道防水板铺设工艺技术规定:建技〔2010〕13 号[S].北京:中国铁道出版社,2010.

[31] 中华人民共和国铁道部.铁路工程基本作业施工安全技术规程:TB 10301—2009[S].北京:中国铁道出版社,2009.

[32] 中华人民共和国铁道部.铁路路基工程施工安全技术规程:TB 10302—2009[S].北京:中国铁道出版社,2009.

[33] 中华人民共和国铁道部.铁路桥涵工程施工安全技术规程:TB 10303—2009[S].北京:中国铁道出版社,2009.

[34] 中华人民共和国铁道部.铁路隧道工程施工安全技术规程:TB 10304—2009[S].北京:中国铁道出版社,2009.

[35] 中华人民共和国铁道部.铁路轨道工程施工安全技术规程:TB 10305—2009[S].北京:中国铁道出版社,2009.

[36] 中华人民共和国铁道部.铁路通信、信号、电力、电力牵引供电施工安全技术规程:TB 10306—2009[S].北京:中国铁道出版社,2009.

[37] 中华人民共和国铁道部.客运专线铁路工程静态验收指导意见:铁建设〔2009〕183 号[S].北京:中国铁道出版社,2009.

[38] 中华人民共和国铁道部.高速铁路工程动态验收指导意见:铁建设〔2010〕214 号[S].北京:中国铁道出版社,2010.